Das Java 6 Codebook

Dirk Louis, Peter Müller

Das Java 6 Codebook

ADDISON-WESLEY

An imprint of Pearson Education

München • Boston • San Francisco • Harlow, England
Don Mills, Ontario • Sydney • Mexico City
Madrid • Amsterdam

Bibliografische Information Der Deutschen Bibliothek

Die Deutsche Bibliothek verzeichnet diese Publikation in der Deutschen Nationalbibliografie; detaillierte bibliografische Daten sind im Internet über <http://dnb.ddb.de> abrufbar.

10 9 8 7 6 5 4 3 2 1

09 08 07

ISBN 978-3-8273-2465-8

Korrektorat: Petra Alm
Lektorat: Brigitte Bauer-Schiewek, bbauer@pearson.de
Herstellung: Elisabeth Prümm, epruemm@pearson.de
Satz: Kösel, Krugzell (www.KoeselBuch.de)
Umschlaggestaltung: Marco Lindenbeck, webwo GmbH (mlindenbeck@webwo.de)
Druck und Verarbeitung: Kösel, Krugzell (www.KoeselBuch.de)

Printed in Germany

Inhaltsverzeichnis

GUI 287

Grafik und Multimedia 425

Teil I Einführung

Über dieses Buch

Wenn Sie glauben, mit dem vorliegenden Werk ein Buch samt Begleit-CD erstanden zu haben, befinden Sie sich im Irrtum. Was Sie gerade in der Hand halten, ist in Wahrheit eine CD mit einem Begleitbuch.

Auf der CD finden Sie – nach Themengebieten geordnet – ungefähr 300 Rezepte mit ready-to-use Lösungen für die verschiedensten Probleme. Zu jedem Rezept gibt es im Repository den zugehörigen Quelltext (in Form eines Codefragments, einer Methode oder einer Klasse), den Sie nur noch in Ihr Programm zu kopieren brauchen.

Wer den Code eines Rezepts im praktischen Einsatz erleben möchte, findet auf der CD zudem zu fast jedem Rezept ein Beispielprogramm, das die Verwendung des Codes demonstriert.

Und dann gibt es noch das Buch.

Im Buch sind alle Rezepte abgedruckt, beschrieben und mit Hintergrundinformationen erläutert. Es wurde für Programmierer geschrieben, die konkrete Lösungen für typische Probleme des Programmieralltags suchen oder einfach ihren Fundus an nützlichen Java-Techniken und -Tricks erweitern wollen. In diesem Sinne ist das Java-Codebook die ideale Ergänzung zu Ihrem Java-Lehr- oder -Referenzbuch.

Auswahl der Rezepte

Auch wenn dreihundert Rezepte zweifelsohne eine ganz stattliche Sammlung darstellen, so bilden wir uns nicht ein, damit zu jedem Problem eine passende Lösung angeboten zu haben. Dazu ist die Java-Programmierung ein zu weites Feld (und selbst das vereinte Wissen zweier Autoren nicht ausreichend). Wir haben uns aber bemüht, eine gute Mischung aus häufig benötigten Techniken, interessanten Tricks und praxisbezogenen Designs zu finden, wie sie zum Standardrepertoire eines jeden fortgeschrittenen Java-Programmierers gehören sollten.

Sollten Sie das eine oder andere unentbehrliche Rezept vermissen, schreiben Sie uns (*autoren@carpelibrum.de*). Auch wenn wir nicht versprechen können, jede Anfrage mit einem nachgereichten Rezept beantworten zu können, so werden wir zumindest versuchen, Ihnen mit einem Rat oder Hinweis weiterzuhelfen. Auf jeden Fall aber werden wir ihre Rezeptvorschläge bei der nächsten Auflage des Buches berücksichtigen.

Fragen an die Autoren

Trotz aller Sorgfalt lässt es sich bei einem Werk dieses Umfangs erfahrungsgemäß nie ganz vermeiden, dass sich Tippfehler, irreführende Formulierungen oder gar inhaltliche Fehler einschleichen. Scheuen Sie sich in diesem Fall nicht, uns per E-Mail an *autoren@carpelibrum.de* eine Nachricht zukommen zu lassen. Auch für Lob, Anregungen oder Themenwünsche sind wir stets dankbar.

Errata werden auf der Website *www.carpelibrum.de* veröffentlicht.

Sollten Sie Fragen zu einem bestimmten Rezept haben, wenden Sie sich bitte direkt an den betreffenden Autor. In den Quelltexten im Ordner *Beispiele* sind dazu die Namen der Autoren angegeben. Von Ausnahmen abgesehen gilt aber auch die folgende Zuordnung.

Kategorien	Autor(en)
Zahlen und Mathematik Strings Datum und Uhrzeit	Dirk Louis, *dirk@carpelibrum.de*
System	Peter Müller, *leserfragen@gmx.de*
Ein- und Ausgabe	Peter Müller, *leserfragen@gmx.de*
GUI Grafik und Multimedia	Dirk Louis, *dirk@carpelibrum.de*
Reguläre Ausdrücke und Pattern Matching	Dirk Louis, *dirk@carpelibrum.de*
Datenbanken	Peter Müller, *leserfragen@gmx.de*
Netzwerke und E-Mail XML	Peter Müller, *leserfragen@gmx.de*
Internationalisierung	Dirk Louis, *dirk@carpelibrum.de*
Threads	Peter Müller, *leserfragen@gmx.de*
Applets	Dirk Louis, *dirk@carpelibrum.de*
Objekte, Collections, Design-Pattern Sonstiges	Dirk Louis, *dirk@carpelibrum.de*

Kompilieren der Buchbeispiele

Wenn Sie eines der Beispiele von der CD ausführen und testen möchten, gehen Sie wie folgt vor:

1. Kopieren Sie das Verzeichnis auf Ihre Festplatte.
2. Kompilieren Sie die Quelldateien.

   In der Regel genügt es dem Java-Compiler den Namen der Programmdatei mit der `main()`-Methode zu übergeben. Meist heißt die Programmdatei *Start.java* oder *Program.java.*

   ```
   javac Start.java
   ```

   oder

   ```
   javac Program.java
   ```

   Bei einigen Programmen müssen Sie externe Bibliotheken in Form von jar-Archiven in den CLASSPATH aufnehmen oder mit der Option *-cp* als Parameter an *javac* übergeben *(javac -cp xyz.jar Program.java).*
3. Führen Sie das Programm aus:

   ```
   java Start
   ```

   oder

   ```
   java Program
   ```

   Bei einigen Programmen müssen Sie externe Bibliotheken in Form von jar-Archiven in den CLASSPATH aufnehmen oder mit der Option *–cp* als Parameter an *java* übergeben (*java -cp xyz.jar Program*).

Für Beispielprogramme mit abweichendem Aufruf finden Sie im Verzeichnis des Beispiels eine Readme-Datei mit passendem Aufruf.

Teil II Rezepte

Zahlen und Mathematik
Strings
Datum und Uhrzeit
System
Ein- und Ausgabe (IO)
GUI
Grafik und Multimedia
RegEx
Datenbanken
Netzwerke und E-Mail
XML
International
Threads
Applets
Objekte
Sonstiges

Zahlen und Mathematik

1 Gerade Zahlen erkennen

Wie alle Daten werden auch Integer-Zahlen binär kodiert, jedoch nicht, wie man vielleicht annehmen könnte, als Zahlen im Binärsystem, sondern als nach dem 2er-Komplement kodierte Folgen von Nullen und Einsen.

Im 2er-Komplement werden positive Zahlen durch ihre korrespondierenden Binärzahlen dargestellt. Das oberste Bit (MSB = Most Significant Bit) kodiert das Vorzeichen und ist für positive Zahlen 0. Negative Zahlen haben eine 1 im MSB und ergeben sich, indem man alle Bits der korrespondierenden positiven Zahlen gleichen Betrags invertiert und +1 addiert. Der Vorzug dieser auf den ersten Blick unnötig umständlich anmutenden Kodierung ist, dass die Rechengesetze trotz Kodierung des Vorzeichens im MSB erhalten bleiben.

Das Wissen um die Art der Kodierung erlaubt einige äußerst effiziente Tricks, beispielsweise das Erkennen von geraden Zahlen. Es lässt sich leicht nachvollziehen, dass im 2er-Komplement alle geraden Zahlen im untersten Bit eine 0 und alle ungeraden Zahlen eine 1 stehen haben. Man kann also leicht an dem untersten Bit (LSB = Least Significant Bit) ablesen, ob es sich bei einer Integer-Zahl um eine gerade oder ungerade Zahl handelt.

Ein einfaches Verfahren ist, eine bitweise AND-Verknüpfung zwischen der zu prüfenden Zahl und der Zahl 1 durchzuführen. Ist das Ergebnis 0, ist die zu prüfende Zahl gerade.

```
/**
 * Stellt fest, ob die übergebene Zahl gerade oder ungerade ist
 */
public static boolean isEven(long number) {
   return ((number & 1l) == 0l) ? true :  false;
}
```

Listing 1: Gerade Zahlen erkennen

2 Effizientes Multiplizieren (Dividieren) mit Potenzen von 2

Wie im Dezimalsystem die Verschiebung der Ziffern um eine Stelle einer Multiplikation bzw. Division mit 10 entspricht, so entspricht im Binärsystem die Verschiebung um eine Stelle einer Multiplikation bzw. Division mit 2. Multiplikationen und Divisionen mit Potenzen von 2 können daher mit Hilfe der bitweisen Shift-Operatoren << und >> besonders effizient durchgeführt werden.

Um eine Integer-Zahl mit 2^n zu multiplizieren, muss man ihre Bits einfach nur um n Positionen nach links verschieben:

```
/**
 * Multiplizieren mit Potenz von 2
 */
 public static long mul(long number, int pos) {
   return number << pos;
}
```

Listing 2: Multiplikation

Um eine Integer-Zahl durch 2^n zu dividieren, muss man ihre Bits einfach nur um `n` Positionen nach rechts verschieben:

```
/**
 * Dividieren mit Potenz von 2
 */
 public static long div(long number, int pos) {
   return number >> pos;
}
```

Listing 3: Division

Beachten Sie, dass bei Shift-Operationen mit `<<` und `>>` das Vorzeichen erhalten bleibt (anders als bei einer Verschiebung mit `>>>`)!

Die Division mit `div()` erwies sich trotz des Function Overheads durch den Methodenaufruf als um einiges schneller als die /-Operation.

3 Primzahlen erzeugen

Primzahlen sind Zahlen, die nur durch sich selbst und durch 1 teilbar sind. Dieser schlichten Definition stehen einige der schwierigsten und auch fruchtbarsten Probleme der Mathematik gegenüber: Wie viele Primzahlen gibt es? Wie kann man Primzahlen erzeugen? Wie kann man testen, ob eine gegebene Zahl eine Primzahl ist? Wie kann man eine gegebene Zahl in ihre Primfaktoren zerlegen?

Während die erste Frage bereits in der Antike von dem griechischen Mathematiker Euklid beantwortet werden konnte (es gibt unendlich viele Primzahlen), erwiesen sich die anderen als Inspiration und Herausforderung für Generationen von Mathematikern – und Informatikern. So spielen Primzahlen beispielsweise bei der Verschlüsselung oder bei der Dimensionierung von Hashtabellen eine große Rolle. Im ersten Fall ist man an der Generierung großer Primzahlen interessiert (und nutzt den Umstand, dass sich das Produkt zweier genügend großer Primzahlen relativ einfach bilden lässt, es aber andererseits unmöglich ist, in angemessener Zeit die Primzahlen aus dem Produkt wieder herauszurechnen). Im zweiten Fall wird berücksichtigt, dass die meisten Hashtabellen-Implementierungen Hashfunktionen[1] verwenden, die besonders effizient arbeiten, wenn die Kapazität der Hashtabelle eine Primzahl ist.

1. Hashtabellen speichern Daten als Schlüssel/Wert-Paare. Aufgabe der Hashfunktion ist es, aus dem Schlüssel den Index zu berechnen, unter dem der Wert zu finden ist. Eine gute Hashfunktion liefert für jeden Schlüssel einen eigenen Index, der direkt zu dem gesuchten Wert führt. Weniger gute Hashfunktionen liefern für verschiedene Schlüssel den gleichen Index, so dass hinter diesen Indizes Wertelisten stehen, die noch einmal extra durchsucht werden müssen. In der Java-API werden Hashtabellen beispielsweise durch `HashMap`, `HashSet` oder `Hashtable` implementiert.

Der wohl bekannteste Algorithmus zur Erzeugung von Primzahlen ist das Sieb des Eratosthenes.

1. Schreibe alle Zahlen von 2 bis N auf.
2. Rahme die 2 ein und streiche alle Vielfachen von 2 durch.
3. Wiederhole Schritt 2 für alle n mit n <= sqrt(N), die noch nicht durchgestrichen wurden.
4. Alle eingerahmten oder nicht durchgestrichenen Zahlen sind Primzahlen.

Eine mögliche Implementierung dieses Algorithmus verwendet die nachfolgend definierte Methode sieve(), die die Primzahlen aus einem durch min und max gegebenen Zahlenbereich als LinkedList-Container zurückliefert.

```
import java.util.LinkedList;
...
/**
 * Sieb des Eratosthenes
 */
public static LinkedList<Integer> sieve(int min, int max) {
  if( (min < 0) || (max < 2) || (min > max) )
     return null;

  BitSet numbers = new BitSet(max);      // anfangs liefern alle Bits false
  numbers.set(0);                        // keine Primzahlen -> auf true setzen
  numbers.set(1);

  int limit = (int) Math.sqrt(max);

  for(int n = 2; n <= limit; ++n)
    if(!numbers.get(n))
       for(int i = 2*n; i < max; i+=n)
           numbers.set(i);

  // Primzahlen im gesuchten Bereich zusammenstellen
  LinkedList<Integer> prims = new LinkedList<Integer>();

  for(int i = min; i < max; ++i)
    if(!numbers.get(i))
       prims.add(i);

  return prims;
}
```

Listing 4: Primzahlen erzeugen

Die Methode prüft zuerst, ob der angegebene Bereich überhaupt Primzahlen enthält. Dann legt sie einen BitSet-Container zahlen an, der die Zahlen von 0 bis max repräsentiert. Anfangs sind die Bits in numbers nicht gesetzt (false), was bedeutet, die Zahlen sind noch nicht ausgestrichen. In zwei verschachtelten for-Schleifen werden die Nicht-Primzahlen danach ausgestrichen. Zu guter Letzt werden die Primzahlen zwischen min und max in einen LinkedList-Container übertragen und als Ergebnis zurückgeliefert.

Wenn es Sie interessiert, welche Jahre im 20. Jahrhundert Primjahre waren, können Sie diese Methode beispielsweise wie folgt aufrufen:

```
import java.util.LinkedList;
...
// Primzahlen erzeugen
LinkedList<Integer> prims = MoreMath.sieve(1900, 2000);

if(prims == null)
   System.out.println("Fehler in Sieb-Aufruf");
else
   for(int elem : prims)
      System.out.print(" " + elem);
```

Wenn Sie in einem Programm einen Hashtabellen-Container anlegen wollen, dessen Anfangskapazität sich erst zur Laufzeit ergibt, benötigen Sie allerdings eine Methode, die ihnen genau *eine* passende Primzahl zurückliefert. Dies leistet die Methode `getPrim()`. Sie übergeben der Methode die gewünschte Mindestanfangskapazität und erhalten die nächsthöhere Primzahl zurück.

```
import java.util.LinkedList;
...
/**
 * Liefert die nächsthöhere Primzahl zurück
 */
public static int getPrim(int min) {

     LinkedList<Integer> l;
     int max = min + 20;

     do {
        l = sieve(min, max);
        max += 10;
     } while (l.size() == 0);

     return l.getFirst();
}
```

Listing 5: Die kleinste Primzahl größer n berechnen

Die Erzeugung eines HashMap-Containers mit Hilfe von `getPrim()` könnte wie folgt aussehen:

```
java.util.HashMap map = new java.util.HashMap(MoreMath.getPrim(min));
```

4 Primzahlen erkennen

Das Erkennen von Primzahlen ist eine Wissenschaft für sich – und ein Gebiet, auf dem sich vor kurzem (im Jahre 2001) Erstaunliches getan hat.

Kleinere Zahlen, also Zahlen < 9.223.372.036.854.775.807 (worin Sie unschwer die größte positive `long`-Zahl erkennen werden), lassen sich schnell und effizient ermitteln, indem man prüft, ob sie durch irgendeine kleinere Zahl (ohne Rest) geteilt werden können.

```
/**
 * Stellt fest, ob eine long-Zahl eine Primzahl ist
 */
public static boolean isPrim(long n) {

   if (n <= 1)            // Primzahl sind positive Zahlen > 1
      return false;

   if ((n & 1l) == 0l)    // gerade Zahl
      return false;


   long limit = (long) Math.sqrt(n);

   for(long i = 3; i < limit; i+=2)
      if(n % i == 0)
         return false;

   return true;
}
```

Listing 6: »Kleine« Primzahlen erkennen

Die Methode testet zuerst, ob die zu prüfende Zahl `n` kleiner als 2 oder gerade ist. Wenn ja, ist die Methode fertig und liefert `false` zurück. Hat `n` die ersten Tests überstanden, geht die Methode in einer Schleife alle ungeraden Zahlen bis `sqrt(n)` durch und probiert, ob `n` durch die Schleifenvariable `i` ohne Rest geteilt werden kann. Gibt es einen Teiler, ist `n` keine Primzahl und die Methode kehrt sofort mit dem Rückgabewert `false` zurück. Gibt es keinen Teiler, liefert die Methode `true` zurück.

Leider können wegen der Beschränkung des Datentyps `long` mit dieser Methode nur relativ kleine Zahlen getestet werden. Um größere Zahlen zu testen, könnte man den obigen Algorithmus für die Klasse `BigInteger` implementieren. (`BigInteger` und `BigDecimal` erlauben die Arbeit mit beliebig großen (genauen) Integer- bzw. Gleitkommazahlen, *siehe Rezept 26*.) In der Praxis ist dieser Weg aber kaum akzeptabel, denn abgesehen davon, dass die `BigInteger`-Modulo-Operation recht zeitraubend ist, besitzt der Algorithmus wegen der Modulo-Operation in der Schleife von vornherein ein ungünstiges Laufzeitverhalten.

Mangels schneller deterministischer Verfahren werden Primzahlen daher häufig mit Hilfe probabilistischer Verfahren überprüft, wie zum Beispiel dem Primtest nach Rabin-Miller.

So verfügt die Klasse `BigInteger` über eine Methode `isProbablePrime()`, mit der Sie `BigInteger`-Zahlen testen können. Liefert die Methode `false` zurück, handelt es sich definitiv um keine Primzahl. Liefert die Methode `true` zurück, liegt die Wahrscheinlichkeit, dass es sich um eine Primzahl handelt, bei $1 - 1/2^n$. Den Wert `n` übergeben Sie der Methode als Argument. (Die Methode testet intern nach Rabin-Miller und Lucas-Lehmer.)

```
import java.math.BigInteger;

/**
 * Stellt fest, ob eine BigInteger-Zahl eine Primzahl ist
 * (erkennt Primzahl mit nahezu 100%-iger Sicherheit (1 - 1/28 = 0,9961))
 */
```

```
public static boolean isPrim(BigInteger n) {
    return n.isProbablePrime(8);
}
```

Abschließend sei noch erwähnt, dass es seit 2002 ein von den indischen Mathematikern Agrawal, Kayal und Saxena gefundenes deterministisches Polynomialzeitverfahren zum Test auf Primzahlen gibt.

5 Gleitkommazahlen auf n Stellen runden

Die von `Math` angebotenen Rundungsmethoden runden – wie das Casting in einen Integer-Typ – stets bis zu einem Integer-Wert auf oder ab.

Rundungsmethode	Beschreibung
`Cast ()`	Rundet immer ab.
`Math.rint(double x)`	Rundet mathematisch (Rückgabetyp `double`).
`Math.round(double x)` `Math.round(float x)`	Rundet kaufmännisch (Rückgabetyp `long` bzw. `int`).
`Math.ceil(double x)`	Rundet auf die nächste größere ganze Zahl auf (Rückgabetyp `double`).
`Math.floor(double x)`	Rundet auf die nächste kleinere ganze Zahl ab (Rückgabetyp `double`).

Tabelle 1: Rundungsmethoden

Möchte man Dezimalzahlen auf Dezimalzahlen mit einer bestimmten Anzahl Nachkommastellen runden, bedarf es dazu eigener Methoden: eine zum mathematischen und eine zum kaufmännischen Runden auf x Stellen.

Das kaufmännische Runden betrachtet lediglich die erste zu rundende Stelle. Ist diese gleich 0, 1, 2, 3 oder 4, wird ab-, ansonsten aufgerundet. Dieses Verfahren ist einfach, führt aber zu einer gewissen Unausgewogenheit, da mehr Zahlen auf- als abgerundet werden. Das mathematische Runden rundet immer von hinten nach vorne und unterscheidet sich in der Behandlung der 5 als zu rundender Zahl:

- Folgen auf die 5 noch weitere von 0 verschiedene Ziffern, wird aufgerundet.
- Ist die 5 durch Abrundung entstanden, wird aufgerundet. Ist sie durch Aufrundung entstanden, wird abgerundet.
- Folgen auf die 5 keine weiteren Ziffern, wird so gerundet, dass die vorangehende Ziffer gerade wird.

Der letzte Punkt führt beispielsweise dazu, dass die Zahl 8.5 von `rint()` auf 8 abgerundet wird, während sie beim kaufmännischen Runden mit `round()` auf 9 aufgerundet wird.

Mit den folgenden Methoden können Sie kaufmännisch bzw. mathematisch auf n Stellen genau runden.

```
/**
 *  Kaufmännisches Runden auf n Stellen
 */
public static double round(double number, int n) {
   return (Math.round(number * Math.pow(10,n))) / Math.pow(10,n);
}
```

```
/**
 * Mathematisches Runden auf n Stellen
 */
public static double rint(double number, int n) {
   return (Math.rint(number * Math.pow(10,n))) / Math.pow(10,n);
}
```

Die Methoden multiplizieren die zu rundende Zahl mit 10^n, um die gewünschte Anzahl Nachkommastellen zu erhalten, runden das Ergebnis mit `round()` bzw. `rint()` und dividieren das Ergebnis anschließend durch 10^n, um wieder die alte Größenordnung herzustellen.

Abbildung 1: Kaufmännisches und mathematisches Runden auf drei Stellen

6 Gleitkommazahlen mit definierter Genauigkeit vergleichen

Gleitkommazahlen können zwar sehr große oder sehr kleine Zahlen speichern, jedoch nur mit begrenzter Genauigkeit. So schränkt der zur Verfügung stehende Speicherplatz den Datentyp `float` auf ca. sieben und den Datentyp `double` auf ungefähr zehn signifikante Stellen ein. Ergeben sich im Zuge einer Berechnung mit Gleitkommazahlen Zahlen mit mehr signifikanten Stellen oder fließen Literale mit mehr Stellen ein, so entstehen Rundungsfehler.

Kommt es bei einer Berechnung nicht auf extreme Genauigkeit an, stören die Rundungsfehler meist nicht weiter. (Wenn Sie beispielsweise die Wohnfläche einer Wohnung berechnen, wird es nicht darauf ankommen, ob diese 95,45 oder 94,450000001 qm beträgt.)

Gravierende Fehler können allerdings entstehen, wenn man Gleitkommazahlen mit Rundungsfehlern vergleicht. So ergibt der Vergleich in dem folgenden Codefragment wegen Rundungsfehlern in der Zahlendarstellung nicht die erwartete Ausgabe »gleich Null«.

```
double number = 12.123456;
number -= 12.0;
number -= 0.123456;

if (number == 0.0)
   System.out.println("gleich Null");
```

Dabei weicht `number` nur minimal von 0.0 ab! Um mit Rundungsfehlern behaftete Gleitkommazahlen korrekt zu vergleichen, bedarf es daher einer Vergleichsfunktion, die mit einer gewissen Toleranz (epsilon) arbeitet:

```
/**
 * Gleitkommazahlen mit definierter Genauigkeit vergleichen
 */
public static boolean equals(double a, double b, double eps) {
   return Math.abs(a - b) < eps;
}
```

Mit dieser Methode kann die »Gleichheit« wie gewünscht festgestellt werden:

```
double number = 12.123456;
number -= 12.0;
number -= 0.123456;

if(MoreMath.equals(number, 0.0, 1e10))
   System.out.println("gleich Null");
```

Achtung

Apropos Vergleiche und Gleitkommazahlen: Denken Sie daran, dass Sie Vergleiche gegen NaN oder Infinity mit `Double.isNaN()` bzw. `Double.isInfinity()` durchführen.

7 Strings in Zahlen umwandeln

Benutzereingaben, die über die Konsole (`System.in`), über Textkomponenten von GUI-Anwendungen (z.B. `JTextField`) oder aus Textdateien in eine Anwendung eingelesen werden, sind immer Strings – selbst wenn diese Strings Zahlen repräsentieren. Um mit den Zahlenwerten rechnen zu können, müssen die Strings daher zuerst in einen passenden numerischen Typ wie `int` oder `double` umgewandelt werden.

Die Umwandlung besteht grundsätzlich aus zwei Schritten:

- Dem Aufruf einer geeigneten Umwandlungsmethode
- Der Absicherung der Umwandlung für den Fall, dass der String keine gültige Zahl enthält

Für die Umwandlung selbst gibt es verschiedene Möglichkeiten und Klassen:

- Die `parse`-Methoden der Wrapper-Klassen

  Die Wrapper-Klassen zu den elementaren Datentypen (`Short`, `Integer`, `Double` etc.) verfügen jede über eine passende statische `parse`-Methode (`parseShort()`, `parseInt()`, `parseDouble()` etc.), die den ihr übergebenen String in den zugehörigen elementaren Datentyp umwandelt. Kann der String nicht umgewandelt werden, wird eine `NumberFormatException` ausgelöst.

  Die `parse`-Methoden der Wrapper-Klassen für die Ganzzahlentypen, `Byte`, `Short`, `Int` und `Long`, sind überladen, so dass Sie neben dem umzuwandelnden String auch die Basis des Zahlensystems angeben können, in dem die Zahl im String niedergeschrieben ist: `parseInt(String s, int base)`.

  ```
  try {
     number = Integer.parseInt(str);
  }
  catch(NumberFormatException e) {}
  ```

- Die `parse()`-Methode von `DecimalFormat`

Die Klasse `DecimalFormat` wird zwar vorzugsweise zur formatierten Umwandlung von Zahlen in Strings verwendet (*siehe Rezept 8*), mit ihrer `parse()`-Methode kann aber auch der umgekehrte Weg eingeschlagen werden.

Die `parse()`-Methode parst die Zeichen im übergebenen String so lange, bis sie auf ein Zeichen trifft, das sie nicht als Teil der Zahl interpretiert (Buchstabe, Satzzeichen). Aber Achtung! Das Dezimalzeichen, gemäß der voreingestellten Lokale der Punkt, wird ignoriert. Die eingeparsten Zeichen werden in eine Zahl umgewandelt und als `Long`-Objekt zurückgeliefert. Ist der Zahlenwert zu groß oder wurde zuvor für das `DecimalFormat`-Objekt `setParseBigDecimal(true)` aufgerufen, wird das Ergebnis als `Double`-Objekt zurückgeliefert. Kann keine Zahl zurückgeliefert werden, etwa weil der String mit einem Buchstaben beginnt, wird eine `ParseException` ausgelöst.

Der Rückgabetyp ist in jedem Fall `Number`. Mit den Konvertierungsmethoden von `Number` (`toInt()`, `toDouble()` etc.) kann ein passender elementarer Typ erzeugt werden.

Die `parse()`-Methode ist überladen. Die von `NumberFormat` geerbte Version übernimmt allein den umzuwandelnden String, die in `DecimalFormat` definierte Version erhält als zweites Argument eine Positionsangabe vom Typ `ParsePosition`, die festlegt, ab wo mit dem Parsen des Strings begonnen werden soll.

```
import java.text.DecimalFormat;
import java.text.ParseException;

DecimalFormat df = new DecimalFormat();
try {
   number = (df.parse(str)).intValue();
}
catch(ParseException e) {}
```

- Die next-Methoden der Klasse `Scanner`

Mit der Klasse `Scanner` können Eingaben aus Strings, Dateien, Streams oder auch der Konsole (`System.in`) eingelesen werden. Die Eingabe wird in Tokens zerlegt (Trennzeichen (Delimiter) sind standardmäßig alle Whitespace-Zeichen – also Leerzeichen, Tabulatoren, Zeilenumbrüche).

Die einzelnen Tokens können mit `next()` als Strings oder mit den nextTyp-Methoden (`nextInt()`, `nextDouble()`, `nextBigInteger()` etc.) als numerische Typen eingelesen werden.

Im Falle eines Fehlers werden folgende Exceptions ausgelöst: `InputMismatchException`, `NoSuchElementException` und `IllegalStateException`. Letztere wird ausgelöst, wenn der Scanner zuvor geschlossen wurde. Die beiden anderen Exceptions können Sie vermeiden, wenn Sie vorab mit `next()`, `nextInt()`, `nextDouble()` etc. prüfen, ob ein weiteres Token vorhanden und vom gewünschten Format ist.

```
import java.util.Scanner;

Scanner scan = new Scanner(str);  // new Scanner(System.in), um
                                  // von der Konsole zu lesen
if (scan.hasNextInt())
   number = scan.nextInt();
```

Methode	Beschreibung	Absicherung	Laufzeit (für »154« auf PIII, 2 GHz)
`Integer.parseInt()`	Übernimmt als Argument den umzuwandelnden String und versucht ihn in einen `int`-Wert umzuwandeln. »154« -> 154 »15.4« -> Exception »15s4« -> Exception »s154« -> Exception	`NumberFormatException`	< 1 sec
`DecimalFormat.parse()`	Übernimmt als Argument den umzuwandelnden String, parst diesen Zeichen für Zeichen, bis das Ende oder ein Nicht-Zahlen-Zeichen erreicht wird, und liefert das Ergebnis als `Long`-Objekt (bzw. `Double`) zurück. »154« -> 154 »15.4« -> 154 »15s4« -> 15 »s154« -> Exception	`ParseException`	~ 100 sec
`Scanner.nextInt()`	»154« -> 154 »15.4« -> hasNextInt() ergibt false »15s4« -> hasNextInt() ergibt false »s154« -> hasNextInt() ergibt false	`Scanner.hasNextInt()`	~ 2500 sec

Tabelle 2: Vergleich verschiedener Verfahren zur Umwandlung von Strings in Zahlen

Mit dem folgenden Programm können Sie Verhalten und Laufzeit der verschiedenen Umwandlungsmethoden auf Ihrem Rechner prüfen:

```
import java.util.Scanner;
import java.text.DecimalFormat;
import java.text.ParseException;

public class Start {

   public static void main(String[] args) {
      System.out.println();

      if (args.length != 1) {
         System.out.println(" Aufruf: Start <Ganzzahl>");
```

Listing 7: Vergleich verschiedener Umwandlungsverfahren

```
            System.exit(0);
        }

        long   start, end;       // für die Zeitmessung
        int    number;
        String str   = args[0];  // Die umzuwandelnde Zahl als String


        // Umwandlung mit parseInt()
        number = -1;
        start = System.currentTimeMillis();
        for(int i = 0; i <= 10000; ++i) {
           try {
              number = Integer.parseInt(str);
           }
           catch(NumberFormatException e) {}
        }
        end = System.currentTimeMillis();
        System.out.printf("%15s liefert %d nach %5s sec \n", "parseInt()",
                          number, (end-start));

        // Umwandlung mit DecimalFormat
        number = -1;
        start = System.currentTimeMillis();
        for(int i = 0; i <= 10000; ++i) {
           DecimalFormat df = new DecimalFormat();
           try {
              number = (df.parse(str)).intValue();
           }
           catch(ParseException e) {}
        }
        end = System.currentTimeMillis();
        System.out.printf("%15s liefert %d nach %5s sec \n", "DecimalFormat",
                          number, (end-start));

        // Umwandlung mit Scanner
        number = -1;
        start = System.currentTimeMillis();
        for(int i = 0; i <= 10000; ++i) {
           Scanner scan = new Scanner(str);
           if (scan.hasNextInt())
              number = scan.nextInt();
        }
        end = System.currentTimeMillis();
        System.out.printf("%15s liefert %d nach %5s sec \n", "Scanner", number,
                          (end-start));

    }
}
```

Listing 7: Vergleich verschiedener Umwandlungsverfahren (Forts.)

8 Zahlen in Strings umwandeln

Die Umwandlung von Zahlen in Strings gehört wie ihr Pendant, die Umwandlung von Strings in Zahlen, zu den elementarsten Programmieraufgaben überhaupt. Java unterstützt den Programmierer dabei mit drei Varianten:

- der auf `toString()` basierenden, (weitgehend) automatischen Umwandlung (für größtmögliche Bequemlichkeit),
- der auf `NumberFormat` und `DecimalFormat` basierenden, beliebig formatierbaren Umwandlung (für größtmögliche Flexibilität)
- sowie der von C übernommenen formatierten Ausgabe mit `printf()`. (`printf()` eignet sich nur zur Ausgabe auf die Konsole und wird hier nicht weiter behandelt. Für eine Beschreibung der Methode siehe Lehrbücher zu Java oder die Java-API-Referenz.)

Zahlen in Strings umwandeln mit toString()

Wie Sie wissen, erben alle Java-Klassen von der obersten Basisklasse die Methode `toString()`, die eine Stringdarstellung des aktuellen Objekts zurückliefert. Die Implementierung von `Object` liefert einen String des Aufbaus `klassenname@hashCodeDesObjekts` zurück. Abgeleitete Klassen können die Methode überschreiben, um sinnvollere Stringdarstellungen ihrer Objekte zurückzugeben. Für die Wrapper-Klassen zu den numerischen Datentypen ist dies geschehen (*siehe Tabelle 3*).

toString()-Methode	zurückgelieferter String

`Integer.toString()`
`Byte.toString()`
`Short.toString()`
	Stringdarstellung der Zahl, bestehend aus maximal 32 Ziffern. Negative Zahlen beginnen mit einem Minuszeichen.
	`123`
	`-9000`

`Long.toString()`	Wie für Integer, aber mit maximal 64 Ziffern.

`Float.toString()`
`Double.toString()`
	Null wird als `0.0` dargestellt.
	Zahlen, deren Betrag zwischen 10^{-3} und 10^{7} liegt, werden als Zahl mit Nachkommastellen dargestellt. Es wird immer mindestens eine Nachkommastelle ausgegeben. Der intern verwendete Umwandlungsalgorithmus kann dazu führen, dass eine abschließende Null ausgegeben wird.
	Zahlen außerhalb des Bereichs von 10^{-3} und 10^{7} werden in Exponentialschreibweise dargestellt oder als `infinity`.
	Negative Zahlen werden mit Vorzeichen dargestellt.
	`-333.0      // -333`
	`0.0010      // 0.001`
	`9.9E-4      // 0.00099`
	`Infinity    // 1e380 * 10`

Tabelle 3: Formate der toString()-Methoden

Bei Ausgaben mit `PrintStream.print()` und `PrintStream.println()` oder bei Stringkonkatenationen mit dem +-Operator wird für primitive numerische Daten intern automatisch ein Objekt der zugehörigen Wrapper-Klasse erzeugt und deren `toString()`-Methode aufgerufen. Dieser Trick erlaubt es, Zahlen mühelos auszugeben oder in Strings einzubauen – sofern man sich mit der Standardformatierung durch die `toString()`-Methoden zufrieden gibt.

```
int number = 12;
System.out.print(number);
System.out.print("Wert der Variablen: " + number);
```

Zahlen in Strings umwandeln mit NumberFormat und DecimalFormat

Wem die Standardformate von `toString()` nicht genügen, der kann auf die abstrakte Klasse `NumberFormat` und die von ihr abgeleite Klasse `DecimalFormat` zurückgreifen. Die Klasse `DecimalFormat` arbeitet mit Patterns (Mustern). Jedes `DecimalFormat`-Objekt kapselt intern ein Pattern, das angibt, wie das Objekt Zahlen formatiert. Die eigentliche Formatierung erfolgt durch Aufruf der `format()`-Methode des Objekts. Die zu formatierende Zahl wird als Argument übergeben, der formatierte String wird als Ergebnis zurückgeliefert.

Die Patterns haben folgenden Aufbau:

$\texttt{Präfix}_{opt}$ `Zahlenformat` $\texttt{Suffix}_{opt}$

Präfix und Suffix können neben beliebigen Zeichen, die unverändert ausgegeben werden, auch die Symbole % (Prozentsymbol), \u2030 (Promillesymbol) und \u00A4 (Währungssymbol) enthalten. Die eigentliche Zahl wird gemäß dem mittleren Teil formatiert, der folgende Symbole enthalten kann:

Symbol	Bedeutung
0	obligatorische Ziffer
#	optionale Ziffer
.	Dezimalzeichen
,	Tausenderzeichen
-	Minuszeichen
E	Exponentialzeichen

Tabelle 4: Symbole für DecimalFormat-Patterns

Integer- und Gleitkommazahlen können nach folgenden Schemata aufgebaut werden:

`#,##0`

`#,##0.00#`

Die Vorkommastellen können durch das Tausenderzeichen gruppiert werden. Es ist unnötig, mehr als ein Tausenderzeichen zu setzen, da bei mehreren Tausenderzeichen die Anzahl der Stellen pro Gruppe gleich der Anzahl Stellen zwischen dem letzten Tausenderzeichen und dem Ende des ganzzahligen Teils ist (in obigem Beispiel 3). Im Vorkommateil darf rechts von einer obligatorischen Ziffer (0) keine optionale Ziffer mehr folgen. Die maximale Anzahl Stellen im Vorkommateil ist unbegrenzt, optionale Stellen müssen lediglich zum Setzen des Tausenderzeichens angegeben werden. Im Nachkommateil darf rechts von einer optionalen Ziffer keine obligatorische Ziffer mehr folgen. Die Zahl der obligatorischen Ziffern entspricht hier der Mindestzahl an Stellen, die Summe aus obligatorischen und optionalen Ziffern der Maximalzahl an Stellen. Optional kann sich an beide Formate die Angabe eines Exponenten anschließen (*siehe Rezept 9*).

Negative Zahlen werden standardmäßig durch Voranstellung des Minuszeichens gebildet, es sei denn, es wird dem Pattern für die positiven Zahlen mittels ; ein spezielles Negativ-Pattern angehängt.

Landesspezifische Symbole wie Tausenderzeichen, Währungssymbol etc. werden gemäß der aktuellen Lokale der JVM gesetzt.

```
import java.text.DecimalFormat;
...

double number = 3344.588;

DecimalFormat df = new DecimalFormat("#,##0.00");
System.out.println(df.format(number));                // Ausgabe: 3,344.59
```

Statt eigene Formate zu definieren, können Sie sich auch von den statischen Methoden der Klasse `NumberFormat` vordefinierte `DecimalFormat`-Objekte zurückliefern lassen:

NumberFormat-Methode	Liefert
`getInstance()` `getNumberInstance()`	Format für beliebige Zahlen: `#,##0.###` (= Zahl mit mindestens einer Stelle, maximal drei Nachkommastellen und Tausenderzeichen nach je drei Stellen)
`getIntegerInstance()`	Format für Integer-Zahlen: `#,##0` (= Zahl mit mindestens einer Stelle, keine Nachkommastellen und Tausenderzeichen nach je drei Stellen)
`getPercentInstance()`	Format für Prozentangaben: `#,##0%` (= Zahl mit mindestens einer Stelle, keine Nachkommastellen, Tausenderzeichen nach je drei Stellen und abschließendem Prozentzeichen) (Achtung! Die zu formatierende Zahl wird automatisch mit 100 multipliziert.)
`getCurrencyInstance()`	Format für Preisangaben: `#,##0.00 ¤` (= Zahl mit mindestens einer Stelle, genau zwei Nachkommastellen, Tausenderzeichen nach je drei Stellen und abschließendem Leer- und Währungszeichen)

Tabelle 5: Factory-Methoden der Klasse NumberFormat

```
import java.text.NumberFormat;
...

double number = 0.3;
NumberFormat nf = NumberFormat.getPercentInstance();
System.out.print(nf.format(number));                  // Ausgabe: 30%

number = 12345.6789;
nf = NumberFormat.getNumberInstance();
System.out.print(nf.format(number));                  // Ausgabe: 12.345,679
```

Formatierungsobjekte anpassen

Die von einem `DecimalFormat`-Objekt vorgenommene Formatierung kann jederzeit durch Aufruf der entsprechenden set-Methoden angepasst werden.

Methode	Beschreibung
`void setCurrency(Currency c)`	Ändert die zu verwendende Währung.
`void setDecimalSeparatorAlwaysShown(boolean opt)`	Wird `true` übergeben, wird das Dezimalzeichen auch am Ende von Integer-Zahlen angezeigt.
`void setGroupingSize(int n)`	Anzahl Stellen pro Gruppe.
void setGroupingUsed(boolean opt)	Legt fest, ob die Vorkommastellen gruppiert werden sollen.
void setMaximumFractionDigits(int n)	Maximale Anzahl Stellen im Nachkommateil.
void setMaximumIntegerDigits(int n)	Maximale Anzahl Stellen im Integer-Teil.
void setMinimumFractionDigits(int n)	Minimale Anzahl Stellen im Nachkommateil.
void setMinimumIntegerDigits(int n)	Minimale Anzahl Stellen im Integer-Teil.
`void setMultiplier(int n)`	Faktor für Prozent- und Promille-Darstellung.

`setNegativePrefix(String new)`
`setNegativeSuffix(String new)`
`setPositivePrefix(String new)`
`setPositiveSuffix(String new)`
	Setzt Präfixe und Suffixe der Patterns für negative bzw. positive Zahlen.

Tabelle 6: Set-Methoden von DecimalFormat (die hervorgehobenen Methoden sind auch für NumberFormat definiert)

```
import java.text.DecimalFormat;
import java.text.NumberFormat;
...

double number = 12345.6789;
NumberFormat nf = NumberFormat.getNumberInstance();
nf.setMaximumFractionDigits(2);
nf.setGroupingUsed(false);
if (nf instanceof DecimalFormat)
  ((DecimalFormat) nf).setPositiveSuffix(" Meter");

System.out.print(nf.format(number));            // Ausgabe: 12345,68 Meter
```

Eigene, vordefinierte Formate

Wenn Sie an verschiedenen Stellen immer wieder dieselben Formatierungen benötigen, lohnt sich unter Umständen die Definition eigener vordefinierter Formate, beispielsweise in Form von `static final`-Konstanten, die mittels eines `static`-Blocks konfiguriert werden.

Die folgenden Definitionen gestatten die schnelle Formatierung von Gleitkommazahlen gemäß US-amerikanischer Gepflogenheiten, mit maximal drei Nachkommastellen und je nach ausgewählter Konstante mit oder ohne Gruppierung.

```
import java.text.NumberFormat;
import java.util.Locale;

public class MoreMath {
```

```
    public static final NumberFormat NFUS;
    public static final NumberFormat NFUS_NOGROUP;

    static {
       NFUS = NumberFormat.getNumberInstance(Locale.US);
       NFUS_NOGROUP = NumberFormat.getNumberInstance(Locale.US);
       NFUS_NOGROUP.setGroupingUsed(false);
    }

    // Instanzbildung unterbinden
    private MoreMath() { }
}
```

Aufruf:

```
public static void main(String args[]) {
...
   double number = 12345.6789

   System.out.println(MoreMath.NFUS.format(number));
   System.out.println(MoreMath.NFUS_NOGROUP.format(number));
}
```

Ausgabe:

```
12,345.679
12345.679
```

Hinweis

Mehr zur landesspezifischen Formatierung in der Kategorie »Internationalisierung«.

9 Ausgabe: Dezimalzahlen in Exponentialschreibweise

Es mag verwundern, aber die Ausgabe von Dezimalzahlen in Exponentialschreibweise stellt in Java insofern ein Problem dar, als es (derzeit) keine standardmäßige Unterstützung dafür gibt.

Wenn Sie für die Umwandlung einer Dezimalzahl in einen String der `toString()`-Methode vertrauen, sind die Zahlen mal als normale Dezimalbrüche und mal in Exponentialschreibweise formatiert. Wenn Sie `NumberFormat.getNumberInstance()` bemühen, erhalten Sie immer einfache Dezimalbrüche. Eine vordefinierte `NumberFormat`-Instanz für die Exponentialschreibweise gibt es nicht. Lediglich `printf()` bietet Unterstützung für die Formatierung in Exponentialschreibweise (Konvertierungssymbol %e), doch eignet sich `printf()` nur für die Konsolenausgabe.

Will man also Dezimalzahlen in Exponentialschreibweise darstellen, muss man für ein geeignetes Pattern ein eigenes `DecimalFormat`-Objekt erzeugen. (Mehr zu `DecimalFormat`-Patterns in *Rezept 8*).

DecimalFormat-Patterns für die Exponentialdarstellung

Patterns für die Exponentialdarstellung bestehen wie jedes `DecimalFormat`-Pattern aus Präfix, Zahlenformat und Suffix. Das Zahlenformat hat den Aufbau:

```
#0.0#E0
```

Die Umwandlung eines solchen Patterns in eine formatierte Zahl ist etwas eigentümlich. Grundsätzlich gilt: Sie geben die maximale und minimale Anzahl Vorkommastellen an und das DecimalFormat-Objekt berechnet den passenden Exponenten. Aus diesem Grund kann für den Exponenten auch nur die minimale Anzahl Stellen angegeben werden. Die maximale Zahl ist unbeschränkt.

Für die Berechnung des Exponenten gibt es zwei Modelle, die über den Aufbau des Vorkommateils ausgewählt werden:

- Besteht der Vorkommateil nur aus obligatorischen Stellen (0), berechnet DecimalFormat den Exponenten so, dass exakt die vorgegebene Zahl Stellen vor dem Komma erreicht wird.

Zahl	Pattern	String
12.3456	0.#E0	1,2E1
12.3456	000.#E0	123,5E-1
12.3456	000.#E00	123,5E-01

- Enthält der Vorkommateil optionale Stellen (#), ist der Exponent stets ein Vielfaches der Summe an Vorkommastellen.

Zahl	Pattern	String
12.3456	#.#E0	1,2E1
12.3456	##0.#E0	12,35E0
123456	##0.#E0	123,5E3

Die Anzahl signifikanter Stellen in der Mantisse entspricht der Summe aus obligatorischen Vorkomma- und maximaler Anzahl Nachkommastellen.

Tausenderzeichen sind nicht erlaubt.

Vordefinierte Patterns

Wenn Sie an verschiedenen Stellen immer wieder dieselben Formatierungen benötigen, lohnt sich unter Umständen die Definition eigener vordefinierter Formate, beispielsweise in Form von static final-Konstanten, die mittels eines static-Blocks konfiguriert werden.

Die folgenden Definitionen gestatten die schnelle Formatierung von Gleitkommazahlen in Exponentialschreibweise mit

- einer Vorkommastelle und sechs signifikanten Stellen (DFEXP),
- sechs signifikanten Stellen und Exponenten, die Vielfache von 3 sind (DFEXP_ENG).

```
import java.text.DecimalFormat;

public class MoreMath {

    public static final DecimalFormat DFEXP;
    public static final DecimalFormat DFEXP_ENG;
```

Listing 8: Vordefinierte DecimalFormat-Objekte für die Exponentialdarstellung

```
    static {
        DFEXP = new DecimalFormat("0.#####E0");
        DFEXP_ENG = new DecimalFormat("##0.#####E0");
    }
...
}
```

Listing 8: Vordefinierte DecimalFormat-Objekte für die Exponentialdarstellung (Forts.)

Eigene Formatierungsmethode

`DecimalFormat` verwendet zur Kennzeichnung des Exponenten ein großes E und zeigt positive Exponenten ohne Vorzeichen an. Wer ein kleines E bevorzugt oder den Exponenten stets mit Vorzeichen dargestellt haben möchte (so wie es `printf()` tut), muss den von `DecimalFormat.format()` zurückgelieferten String manuell weiterverarbeiten.

Die Methode `formatExp()` kann Ihnen diese Arbeit abnehmen. Sie formatiert die übergebene Zahl in Exponentialschreibweise mit einer Vorkommastelle. Die maximale Anzahl Nachkommastellen in der Mantisse wird als Argument übergeben. Optional können Sie über Boolesche Argumente zwischen großem und kleinem E und zwischen Plus- und Minuszeichen oder nur Minuszeichen vor dem Exponenten wählen.

```
import java.text.DecimalFormat;

public class MoreMath {
    ...

    /**
     *  Formatierung als Dezimalzahl in Exponentialschreibweise
     */
    public static String formatExp(double number, int maxStellen) {
        return MoreMath.formatExp(number, maxStellen, false, false);
    }

    public static String formatExp(double number, int maxStellen,
                                   boolean smallExp) {
        return MoreMath.formatExp(number, maxStellen, smallExp, false);
    }

    public static String formatExp(double number, int maxDigits,
                                   boolean smallExp, boolean plus) {

        // Pattern für Exponentialschreibweise erzeugen
        StringBuilder pattern = new StringBuilder("0.#");

        if(maxDigits > 1)
            pattern.append(MoreString.charNTimes('#',maxDigits-1));

        pattern.append("E00");
```

Listing 9: Dezimalzahlen in Exponentialschreibweise

```
        // Zahl als String formatieren
        String str = (new DecimalFormat(pattern.toString())).format(number);

        // Exponentzeichen und/oder Pluszeichen
        if (smallExp || (plus && Math.abs(number) >= 1)) {

           int pos = str.indexOf('E');
           StringBuilder tmp = new StringBuilder(str);

           if (smallExp)
              tmp.replace(pos, pos+1, "e");

           if (plus && Math.abs(number) >= 1)
              tmp.insert(pos+1, '+');

           return tmp.toString();
        } else
           return str;
     }
  }
```

Listing 9: Dezimalzahlen in Exponentialschreibweise (Forts.)

Die Methode `formatExp(double number, int maxStellen, boolean smallExp, boolean plus)` baut zuerst das gewünschte Pattern auf, wobei sie zur Vervielfachung der optionalen Nachkommastellen die Methode `MoreString.charNTimes()` aus *Rezept 32* aufruft. Dann erzeugt sie den gewünschten Formatierer und noch in der gleichen Zeile durch Aufruf der `format()`-Methode die Stringdarstellung der Zahl. Für eine Darstellung mit kleinem e wird das große E im String durch das kleine e ersetzt. Wurde die Darstellung mit Pluszeichen vor dem Exponent gewünscht und ist der Betrag der Zahl größer oder gleich 1, wird das Pluszeichen hinter dem E (bzw. e) eingefügt.

Für die Nachbearbeitung des Strings wird dieser in ein `StringBuilder`-Objekt umgewandelt – nicht wegen der Unveränderbarkeit von `String`-Objekten (die dazu führt, dass bei `String`-Manipulationen stets Kopien erzeugt werden), sondern wegen der `insert()`-Methode, die `String` fehlt.

Mit dem zugehörigen Testprogramm können Sie das Ergebnis verschiedener Formatierungsmöglichkeiten vergleichen.

10 Ausgabe: Zahlenkolonnen am Dezimalzeichen ausrichten

Die meisten Programmierer betrachten die Formatierung der Ausgaben als ein notwendiges Übel – sicherlich nicht ganz zu Unrecht, denn neben der Berechnung korrekter Ausgaben ist deren Formatierung natürlich nur zweitrangig. Trotzdem sollte die Formatierung der Ausgaben, insbesondere die Präsentation von Ergebnissen, nicht vernachlässigt werden – nicht einmal dann, wenn sich dieses notwendige Übel als unnötig kompliziert erweist, wie beispielsweise bei der Ausrichtung von Zahlenkolonnen am Dezimalzeichen. In der API-Dokumentation zur Java-Klasse `NumberFormat` findet sich hierzu der Hinweis, dass sich besagtes Problem durch Übergabe eines `FieldPosition`-Objekts an die `format()`-Methode von `Number-`

Abbildung 2: Formatierung von Dezimalzahlen

`Format` (bzw. `DecimalFormat`) lösen lässt. Wie dies konkret aussieht, untersuchen die beiden folgenden Abschnitte.

Ausgaben bei proportionaler Schrift

Als Beispiel betrachten wir das folgende Zahlen-Array:

```
double[] numbers = { 1230.45, 100, 8.1271 };
```

Um diese Zahlenkolonne untereinander, ausgerichtet am Dezimalzeichen, ausgeben zu können, müssen drei Dinge geschehen:

1. Die Zahlen müssen in Strings umgewandelt werden.

   Dies geschieht durch Erzeugung einer passenden `NumberFormat`- oder `DecimalFormat`-Instanz und Übergabe an die Methode `format()`, *siehe Rezept 8*.

2. Die gewünschte Position des Dezimalzeichens muss festgelegt werden.

   Hier ist zu beachten, dass die gewählte Position nicht zu weit vorne liegt, damit nicht bei der Ausgabe der Platz für die Vorkommastellen der einzelnen Strings fehlt. Liegen die auszugebenden Strings bereits zu Beginn der Ausgabe komplett vor, empfiehlt es sich, die Strings mit den Zahlen in einer Schleife zu durchlaufen und sich an dem String zu orientieren, in dem das Dezimalzeichen am weitesten hinten liegt.

3. Den einzelnen Strings müssen so viele Leerzeichen vorangestellt werden, bis ihr Dezimalzeichen an der gewünschten Stelle liegt.

Die nachfolgend abgedruckte Methode `alignAtDecimal()` erledigt alle drei Schritte in einem. Die Methode übernimmt ein `double`-Array der auszugebenden Zahlen und einen Formatstring für `DecimalFormat` und liefert die für die Ausgabe aufbereiteten Stringdarstellungen als Array von `StringBuffer`-Objekten zurück. Für die häufig benötigte Ausgabe von Zahlen mit zwei Nachkommastellen gibt es eine eigene überladene Version, der Sie nur das Zahlen-Array übergeben müssen.

```
import java.text.DecimalFormat;
import java.text.FieldPosition;
...
/**
 *  Array von Strings am Dezimalzeichen ausrichten
```

Listing 10: Ausrichtung am Dezimalzeichen bei proportionaler Schrift

```
 * (Version für proportionale Schrift)
 */
public static StringBuffer[] alignAtDecimal (double[] numbers) {
    return alignAtDecimalPoint(numbers, "#,##0.00");
}

public static StringBuffer[] alignAtDecimal (double[] numbers,
                                              String format) {
    DecimalFormat df = new DecimalFormat(format);
    FieldPosition fpos =
                  new FieldPosition(DecimalFormat.INTEGER_FIELD);
    StringBuffer[] strings = new StringBuffer[numbers.length];
    int[] charToDecP = new int[numbers.length];
    int maxDist = 0;

    // nötige Vorarbeiten
    //    Strings initisieren, Position des Dezimalpunkts
    //    feststellen, max. Zahl Vorkommastellen ermitteln
    for(int i = 0; i < numbers.length; ++i) {
        strings[i] = new StringBuffer("");
        df.format(numbers[i], strings[i], fpos);
        charToDecP[i] = fpos.getEndIndex();
        if (maxDist < charToDecP[i])
            maxDist = charToDecP[i];
    }

    // nötige Anzahl Leerzeichen voranstellen
    char[] pad;
    for(int i = 0; i < numbers.length; ++i) {
        pad = new char[maxDist - charToDecP[i]];
        for(int n = 0; n < pad.length; ++n)
            pad[n] = ' ';

        strings[i].insert(0, pad);
    }

    return strings;
}
```

Listing 10: Ausrichtung am Dezimalzeichen bei proportionaler Schrift (Forts.)

Wie findet diese Methode die Position der Dezimalzeichen? Denkbar wäre natürlich, einfach mit `indexOf()` nach dem Komma zu suchen. Doch dieser Ansatz funktioniert natürlich nur, wenn `DecimalFormat` gemäß einer Lokale formatiert, die das Komma als Dezimalzeichen verwendet. Lauten die Alternativen demnach, entweder eigenen Code zur Unterstützung verschiedener Lokale zu schreiben oder aber eine feste Lokale vorzugeben und damit auf automatische Adaption an nationale Eigenheiten zu verzichten? Mitnichten. Sie müssen der `format()`-Methode lediglich als drittes Argument eine `FieldPosition`-Instanz übergeben und können sich dann von diesem die Position des Dezimalzeichens zurückliefern lassen. Für die `alignAtDecimal()`-Methode sieht dies so aus, dass diese eingangs ein `FieldPosition`-Objekt erzeugt. Dieses liefert Informationen über den ganzzahligen Anteil, zu welchem Zweck die Konstante `INTEGER_FIELD` übergeben wird. (Wenn Sie die ebenfalls vordefinierte Konstante

FRACTION_FIELD übergeben, beziehen sich die Angaben, die die Methoden des FieldPosition-Objekts zurückliefern, auf den Nachkommaanteil.)

In einer ersten Schleife werden dann die Zahlen mit Hilfe der format()-Methode in Strings umgewandelt und in StringBuffer-Objekten abgespeichert. Die Position des Dezimalzeichens wird für jeden String mit Hilfe der FieldPosition-Methode getEndIndex() abgefragt und im Array charToDecP zwischengespeichert. (Enthält der String kein Dezimalzeichen, wird die Position hinter der letzten Ziffer des Vorkommateils zurückgeliefert.) Gleichzeitig wird in maxDist der größte Abstand von Stringanfang bis Dezimalzeichen festgehalten.

In der anschließenden, zweiten for-Schleife werden die Strings dann so weit vorne mit Leerzeichen aufgefüllt, dass in allen Strings das Dezimalzeichen maxDist Positionen hinter dem Stringanfang liegt.

Der Einsatz der Methode könnte nicht einfacher sein: Sie übergeben ihr das Array der zu formatierenden Zahlen und erhalten die fertigen Strings in Form eines StringBuffer-Arrays zurück:

```
// aus Start.java
double[] numbers = { 1230.45, 100, 8.1271 };
StringBuffer[] strings;

strings = MoreMath.alignAtDecimal(numbers);
System.out.println();
System.out.println(" Kapital      :  " + strings[0]);
System.out.println(" Bonus        :  " + strings[1]);
System.out.println(" Rendite (%)  :  " + strings[2]);
```

Sagt Ihnen die vorgegebene Formatierung mit zwei Nachkommastellen nicht zu, übergeben Sie einfach Ihren eigenen Formatstring, *siehe auch Rezept 8*.

```
// aus Start.java
strings = MoreMath.alignAtDecimal(numbers, "#,##0.0######");
System.out.println();
System.out.println(" Kapital      :  " + strings[0]);
System.out.println(" Bonus        :  " + strings[1]);
System.out.println(" Rendite (%)  :  " + strings[2]);
```

Ausgaben bei nichtproportionaler Schrift

Etwas komplizierter wird es, wenn die Zahlen in nichtproportionaler Schrift in ein Fenster oder eine Komponente (vorzugsweise eine Canvas- oder JPanel-Instanz) gezeichnet werden sollen. Da in einer nichtproportionalen Schrift die einzelnen Buchstaben unterschiedliche Breiten haben, können die Strings mit den Zahlendarstellungen nicht durch Einfügen von Leerzeichen ausgerichtet werden. Stattdessen muss für jeden String berechnet werden, ab welcher x-Koordinate mit dem Zeichnen des Strings zu beginnen ist, damit sein Dezimalzeichen in einer Höhe mit den Dezimalzeichen der anderen Strings liegt.

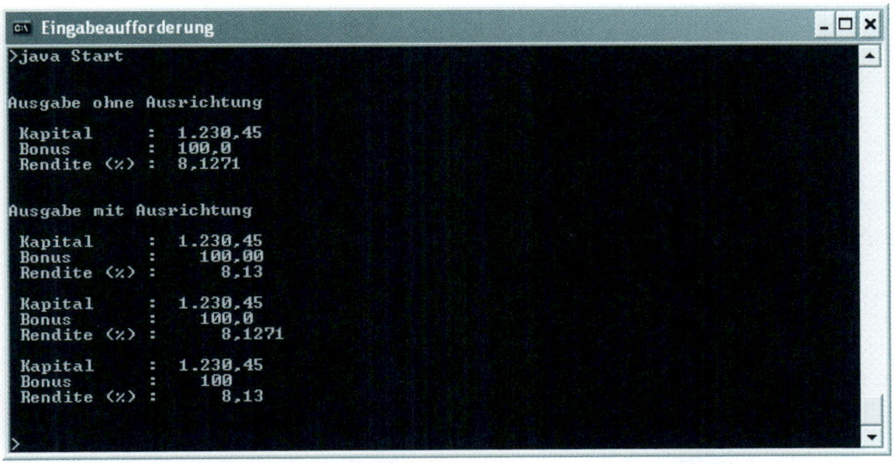

Abbildung 3: Ausgerichtete Zahlenkolonnen (Formate: »#,##0.00« (Vorgabe der überladenen alignAtDecimal()-Version), »#,##0.0######« und »#,##0.##«)

Hinweis

Statt die aufbereiteten Stringdarstellungen auf die Konsole auszugeben, können Sie sie auch in Dateien oder GUI-Komponenten schreiben oder in eine GUI-Komponente, beispielsweise ein `JPanel`-Feld, zeichnen. Einzige Bedingung: Es wird eine proportionale Schrift verwendet.

```
public void paintComponent(Graphics g) {
    super.paintComponent(g);

    int x = 50;
    int y = 50;
    FontMetrics fm;

    g.setFont(new Font("Courier", Font.PLAIN, 24));
    fm = g.getFontMetrics();

    strings = MoreMath.alignAtDecimal(numbers, "#,##0.0######");
    g.drawString("Kapital      :  " + strings[0].toString(), x, y );
    g.drawString("Bonus        :  " + strings[1].toString(),
                 x, y + fm.getHeight());
    g.drawString("Rendite (%) :  " + strings[2].toString(),
                 x, y + 2 * fm.getHeight());
}
```

```
import java.text.DecimalFormat;
import java.text.FieldPosition;
import java.awt.FontMetrics;

/**
 *  Array von Strings am Dezimalzeichen ausrichten
```

Listing 11: Ausrichtung am Dezimalzeichen bei nichtproportionaler Schrift

```
 * (Version für nicht-proportionale Schrift)
 */
public static StringBuffer[] alignAtDecimal(double[] numbers,
                                            FontMetrics fm,
                                            int[] xOffsets) {
    return alignAtDecimal(numbers, "#,##0.00", fm, xOffsets);
}

public static StringBuffer[] alignAtDecimal(double[] numbers,
                                            String format,
                                            FontMetrics fm,
                                            int[] xOffsets) {
    DecimalFormat df = new DecimalFormat(format);
    FieldPosition fpos =
              new FieldPosition(DecimalFormat.INTEGER_FIELD);
    StringBuffer[] strings = new StringBuffer[numbers.length];
    int[] pixToDecP = new int[numbers.length];
    int maxDist = 0;

    if(numbers.length != xOffsets.length)
       throw new IllegalArgumentException("Fehler in Array-Dimensionen");

    // nötige Vorarbeiten
    //    Strings erzeugen, Position des Dezimalpunkts
    //    feststellen, Pixelbreite bis Dezimalpunkt ermitteln
    for(int i = 0; i < numbers.length; ++i) {
        strings[i] = new StringBuffer("");
        df.format(numbers[i], strings[i], fpos);

        pixToDecP[i] = fm.stringWidth(strings[i].substring(0,
                                          fpos.getEndIndex()));
        if (maxDist < pixToDecP[i])
            maxDist = pixToDecP[i];
    }

    // xOffsets berechnen
    for(int i = 0; i < numbers.length; ++i) {
        xOffsets[i] = maxDist - pixToDecP[i];
    }

    return strings;
}
```

Listing 11: Ausrichtung am Dezimalzeichen bei nichtproportionaler Schrift (Forts.)

Für die Ausrichtung von Zahlen in nichtproportionaler Schrift übernimmt die `alignAtDecimal()`-Methode zwei weitere Argumente:

- Zum einen muss sie für jeden formatierten String den Abstand vom Stringanfang bis zum Dezimalzeichen in Pixeln berechnen. Da sie dies nicht allein leisten kann, übernimmt sie ein `FontMetrics`-Objekt, das zuvor für den gewünschten Ausgabefont erzeugt wurde (*siehe*

Listing 12). Deren `stringWidth()`-Methode übergibt sie den Teilstring vom Stringanfang bis zum Dezimalzeichen und erhält als Ergebnis die Breite in Pixel zurück, die sie im Array `pixToDecP` speichert.

- Neben den formatierten Strings muss die Methode dem Aufrufer für jeden String den x-Offset übergeben, um den die Ausgabe verschoben werden muss, damit die Dezimalzeichen untereinander liegen. Zu diesem Zweck übernimmt die Methode ein `int`-Array, in dem es die Offsetwerte abspeichert. Die Offsetwerte selbst werden in der zweiten `for`-Schleife als Differenz zwischen der Pixelposition des am weitesten entfernt liegenden Dezimalzeichens (`maxDist`) und der Position des Dezimalzeichens im aktuellen String (`pixToDecP`) berechnet.

Im folgenden Beispiel werden letzten Endes zwei Spalten ausgegeben. Die erste Spalte besteht aus den Strings des Arrays `prefix` und wird rechtsbündig ausgegeben. Die zweite Spalte enthält die Zahlen des Arrays `numbers`, die am Dezimalzeichen ausgerichtet werden sollen. Um dies zu erreichen, berechnet das Programm die Länge des größten Strings der 1. Spalte (festgehalten in `prefixlength`) sowie mit Hilfe von `alignAtDecimal()` die x-Verschiebungen für die Strings der zweiten Spalte.

```
import java.awt.*;
import java.awt.event.*;
import javax.swing.*;

public class StartGUI extends JFrame {
   double[] numbers = { 1230.45, 100, 8.1271 };
   String[] prefix = {"Kapital :  ","Bonus :  ","Rendite (%):  "};
   StringBuffer[] strings = new StringBuffer[numbers.length];

   class MyCanvas extends JPanel {

      public void paintComponent(Graphics g) {
         super.paintComponent(g);

         int x = 50;
         int y = 50;
         FontMetrics fm;

         g.setFont(new Font("Times New Roman", Font.PLAIN, 24));
         fm = g.getFontMetrics();
         int prefixLength = 0;
         for (int i = 0; i < prefix.length; ++i)
            if (prefixLength < fm.stringWidth(prefix[i]))
               prefixLength = fm.stringWidth(prefix[i]);

         int[] xOffsets = new int[numbers.length];
         strings = MoreMath.alignAtDecimal(numbers,
                                          "#,##0.0######",
                                          fm, xOffsets);
         for (int i = 0; i < strings.length; ++i) {
            g.drawString(prefix[i], x, y + i*fm.getHeight() );
            g.drawString(strings[i].toString(),
                         x + prefixLength + xOffsets[i],
```

Listing 12: Fenster mit ausgerichteten Zahlen (aus StartGUI.java)

```
                        y + i*fm.getHeight() );
            }
        }
    } // Ende von MyCanvas
...
```

Listing 12: Fenster mit ausgerichteten Zahlen (aus StartGUI.java) (Forts.)

Die Strings der ersten Spalte werden einfach mit `drawString()` an der X-Koordinate `x` gezeichnet. Die Strings der zweiten Spalte hingegen werden ausgehend von der Koordinate `x` zuerst um `prefixlength` Pixel (um sich nicht mit der ersten Spalte zu überschneiden) und dann noch einmal um `xOffsets[i]` Positionen (damit die Dezimalzeichen untereinander zu liegen kommen) nach rechts verschoben.

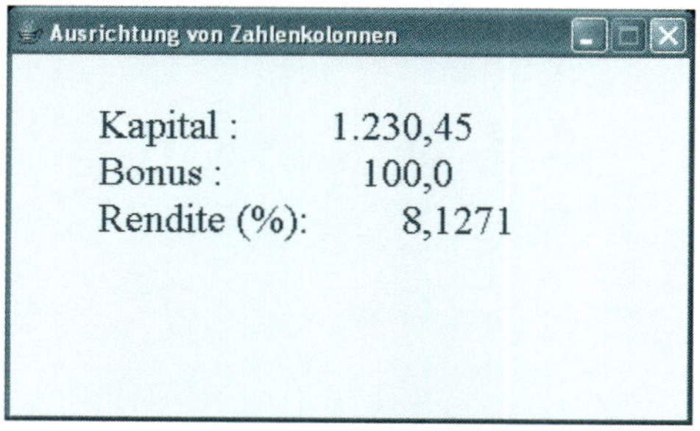

Abbildung 4: Ausrichtung von Zahlenkolonnen bei nichtproportionaler Schrift

11 Ausgabe in Ein- oder Mehrzahl (Kongruenz)

Kongruenz im sprachwissenschaftlichen Sinne ist die formale Übereinstimmung zusammengehörender Satzglieder, ihre wohl bekannteste Form die Übereinstimmung von attributivem Adjektiv und Beziehungswort in Kasus, Numerus und Genus wie in »das kleine Haus« oder »dem kleinen Hund«. Es gibt sprachliche Wendungen, in denen selbst Leute mit gutem Sprachgefühl nicht gleich sagen können, ob der Kongruenz Genüge getan wurde (wie z.B. in »Wie wäre es mit einem Keks oder Törtchen?«), doch dies ist ein Thema für ein anderes Buch.

Als Programmierer leiden wir vielmehr unter einer ganz anderen Form der Kongruenz, einer Kongruenz im Numerus, die dem Redenden oder Schreibenden eigentlich nie Probleme bereitet, sondern eben nur dem Programmierer: der Kongruenz zwischen Zahlwort und Beziehungswort.

Angenommen, Sie arbeiten mit einem Online-Bestellsystem für eine Bäckerei und wollen dem Kunden zum Abschluss anzeigen, wie viele Brote er bestellt hat. Sie lesen die Anzahl der bestellten Brote aus einer Variablen `countBreads` und erzeugen folgenden Ausgabestring: `"Sie haben " + countBreads + " Brote bestellt."` Hat der Kunde zwei Brote bestellt, erhält er die Mitteilung:

```
Sie haben 2 Brote bestellt.
```

Hat er kein oder ein Brot bestellt, liest er auf seinem Bildschirm:

```
Sie haben 0 Brote bestellt.
```

oder noch schlimmer:

```
Sie haben 1 Brote bestellt.
```

Die meisten Programmierer lösen dieses Problem, indem sie das Substantiv in Ein- und Mehrzahl angeben – in diesem Fall also Brot(e) – oder die verschiedenen Fälle durch if-Verzweigungen unterscheiden. Darüber hinaus gibt es in Java aber noch eine eigene Klasse, die speziell für solche (und noch kompliziertere) Fälle gedacht ist: `java.text.ChoiceFormat`.

`ChoiceFormat`-Instanzen bilden eine Gruppe von Zahlenbereichen auf eine Gruppe von Strings ab. Die Zahlenbereiche werden als ein Array von `double`-Werten definiert. Angegeben wird jeweils der erste Wert im Zahlenbereich. So definiert das Array

```
double[] limits = {0, 1, 2};
```

die Zahlenbereiche

$[0, 1)$

$[1, 2)$

$[2, \infty)$

Werte, die kleiner als der erste Bereich sind, werden diesem zugesprochen.

Als Pendant zum Bereichsarray muss ein String-Array definiert werden, das ebenso viele Strings enthält, wie es Bereiche gibt (hier also drei):

```
String[] outputs = {"Brote", "Brot", "Brote"};
```

Übergibt man beide Arrays einem `ChoiceFormat`-Konstruktor, erzeugt man eine Abbildung der Zahlen aus den angegebenen Bereichen auf die Strings:

```
ChoiceFormat cf = new ChoiceFormat(limits, outputs);
```

Der Ausgabestring für unsere Online-Bäckerei lautete damit:

```
"Sie haben " + countBreads + " " + cf.format(countBreads) + " bestellt.\n"
```

und würde für 0, 1, 2 und 3 folgende Ausgaben erzeugen:

```
Sie haben 0 Brote bestellt.
Sie haben 1 Brot bestellt.
Sie haben 2 Brote bestellt.
Sie haben 3 Brote bestellt.
```

Hinweis

Wäre `countBreads` eine `double`-Variable, würde obiger Code leider auch Ausgaben wie »Sie haben 0.5 Brote bestellt.« oder »Sie haben 1.5 Brot bestellt.« erzeugen. Um dies zu korrigieren, könnten Sie die Grenzen als `{0, 0.5, 1}` festlegen, auf `{"Brote", "Brot", "Brote"}` abbilden und in der Ausgabe `x.5` als `"x 1/2"` schreiben, also beispielsweise: »Sie haben 1 1/2 Brote bestellt.«.

Parameter in Ausgabestrings

Leider ist es nicht möglich, das Argument der `format()`-Methode in den zurückgelieferten String einzubauen. Dann bräuchte man nämlich statt

```
countBreads + " " + cf.format(countBreads)
```

nur noch

```
cf.format(countBreads)
```

zu schreiben, und was wichtiger wäre: Man könnte in den Ausgabestrings festlegen, ob für einen Bereich der Zahlenwert ausgegeben soll. Beispielsweise ließe sich dann das unschöne »Sie haben 0 Brote bestellt.« durch »Sie haben kein Brot bestellt.« ersetzen.

Die Lösung bringt in diesem Fall die Klasse `java.text.MessageFormat`:

```
// ChoiceFormat-Objekt erzeugen, das Zahlenwerte Strings zuordnet
double[] limits =  {0, 1, 2};
String[] outputs = {"kein Brot", "ein Brot", "{0} Brote"};
ChoiceFormat cf = new ChoiceFormat(limits, outputs);

// MessageFormat-Objekt erzeugen und mit ChoiceFormat-Objekt verbinden
MessageFormat mf = new MessageFormat(" Sie haben {0} bestellt.\n");
mf.setFormatByArgumentIndex(0, cf);

// Ausgabe
Object[] arguments = {new Integer(number)};
System.console().printf("%s \n", mf.format(arguments)); // zur Verwendung von
                                                         // System.console()
                                                         // siehe Rezept 85
```

Sie erzeugen das gewünschte `ChoiceFormat`-Objekt und fügen mit `{}` nummerierte Platzhalter in die Strings ein. (Beachten Sie, dass `ChoiceFormat` den Platzhalter nicht ersetzt, sondern unverändert zurückliefert. Dies ist aber genau das, was wir wollen, denn das im nächsten Schritt erzeugte `MessageFormat`-Objekt, das intern unser `ChoiceFormat`-Objekt verwendet, sorgt für die Ersetzung des Platzhalters.)

Dann erzeugen Sie das `MessageFormat`-Objekt mit dem Ausgabetext. In diesen Text fügen Sie einen Platzhalter für den Zahlenwert ein. Da der Zahlenwert von dem soeben erzeugten `ChoiceFormat`-Objekt verarbeitet werden soll, registrieren Sie Letzteres mit Hilfe der `setFormatByArgument()`-Methode als Formatierer für den Platzhalter.

Anschließend müssen Sie nur noch die `format()`-Methode des `MessageFormat`-Objekts aufrufen und ihr die zu formatierende Zahl (allerdings in Form eines einelementigen `Object`-Arrays) übergeben.

12 Umrechnung zwischen Zahlensystemen

Der Rechner kennt keine Zahlensysteme, er unterscheidet allein zwischen den binären Kodierungen für Integer- und Gleitkommazahlen. Für diese Kodierungen ist die Hardware ausgelegt, in diesen Kodierungen finden alle Berechnungen statt. Will ein Programm dem Anwender die Verarbeitung von Zahlen aus einem bestimmten Zahlensystem erlauben, muss es lediglich dafür sorgen, dass Zahlen aus dem betreffenden Zahlensystem eingelesen und ausgegeben werden können. Soweit es die Integer-Zahlen betrifft, ist die hierfür benötigte Funktionalität bereits in den Java-API-Klassen vorhanden.

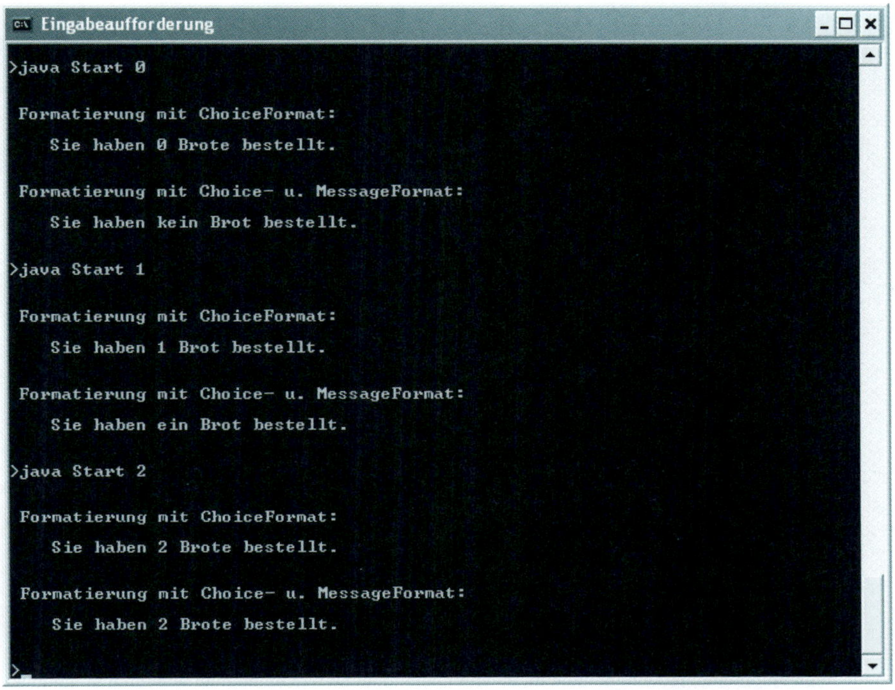

Abbildung 5: Mit ChoiceFormat können Sie (unter anderem) Mengen korrekt in Ein- oder Mehrzahl angeben.

Einlesen		Ausgeben	
Zehnersystem	Andere Systeme	Zehnersystem	Andere Systeme

`Byte.parseByte (String s)`
`Short.parseShort (String s)`
`Integer.parseInt (String s)`
`Long.parseLong (String s)`
	`Integer.parseInt (String s, int radix)`	`Byte.toString()`
		`Byte.toString(byte n)`
		`Short.toString()`
		`Short.toString(short n)`
		`Integer.toString()`
		`Integer.toString(int n)`
		`Long.toString()`
		`Long.toString(long n)`
			`Integer.toString(int i, int radix)`
			`Integer.toBinaryString(int i)`
			`Integer.toOctalString(int i)`
			`Integer.toHexString(int i)`
			
			`System.out.printf()`

Tabelle 7: Ein- und Ausgabe für Zahlen verschiedener Zahlensysteme

Mit Hilfe dieser Methoden lässt sich auch leicht ein Hilfsprogramm schreiben, mit dem man Zahlen zwischen den in der Programmierung am weitesten verbreiteten Zahlensystemen (2, 8, 10 und 16) umrechnen kann:

```
public class Start {

    public static void main(String args[]) {
```

Listing 13: Programm zur Umrechnung zwischen Zahlensystemen

```
        System.out.println();

        if (args.length != 3) {
           System.out.println(" Aufruf: Start <Ganzzahl> "
                             + "<Orgin. Basis: 2, 8, 10, 16> "
                             + "<Zielbasis: 2, 8, 10, 16>");
           System.exit(0);
        }

        try {
            int number = 0;
            int srcRadix = Integer.parseInt(args[1]);
            int tarRadix = Integer.parseInt(args[2]);

            if ( ! (srcRadix ==  2 || srcRadix == 8 || srcRadix == 10
                || srcRadix == 16 || tarRadix == 2 || tarRadix == 8
                || tarRadix == 10 || tarRadix == 16) ) {
               System.out.println(" Ungueltige Basis");
               System.exit(0);
            }

            number = Integer.parseInt(args[0], srcRadix);

            System.out.println("  Basis \t Zahl");
            System.out.println(" --------------------------------");
            System.out.println("  " + srcRadix + " \t\t " + args[0]);
            System.out.println("  " + tarRadix + " \t\t "
                              + Integer.toString(number, tarRadix));
        }
        catch (NumberFormatException e) {
            System.err.println(" Ungueltiges Argument");
        }

    }
}
```

Listing 13: Programm zur Umrechnung zwischen Zahlensystemen (Forts.)

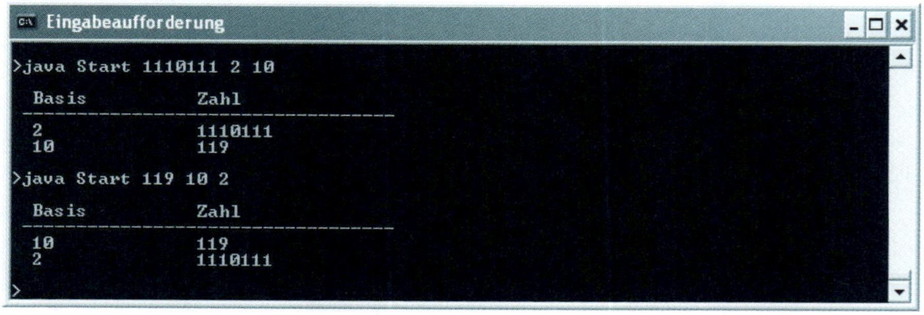

Abbildung 6: Zahlensystemrechner; Aufruf mit <Ganzzahl> <Originalbasis> <Zielbasis>

13 Zahlen aus Strings extrahieren

Manchmal sind die Zahlen, die man verarbeiten möchte, in Strings eingebettet. Beispielsweise könnte die Kundennummer eines Unternehmens aus einem Buchstabencode, einem Zahlencode, einem Geburtsdatum im Format TTMMJJ und einem abschließenden einbuchstabigen Ländercode bestehen:

```
KDnr-2345-150474a
```

Wenn Sie aus einem solchen String die Zahlen herausziehen möchten, können Ihnen die im *Rezept 8* vorgestellten Methoden nicht mehr weiterhelfen.

Gleiches gilt, wenn Sie Zahlen aus einem größeren Text, beispielsweise einer Datei, extrahieren müssen. Eine Möglichkeit, dies zu bewerkstelligen, wäre das Einlesen des Textes mit einem `Scanner`-Objekt. Dies geht allerdings nur, wenn der Text so in Tokens zerlegt werden kann, dass die Zahlen als Tokens verfügbar sind. Außerdem ist diese Lösung, obwohl im Einzelfall sicher gangbar und auch sinnvoll, per se doch recht unflexibel.

Eine recht praktische und flexible Lösung für beide oben angeführten Aufgabenstellungen ist dagegen das Extrahieren der Zahlen (oder auch anderer Textpassagen) mittels regulärer Ausdrücke und Pattern Matching. Zur einfacheren Verwendung definieren wir gleich zwei Methoden:

```
ArrayList<String> getPatternsInString(String s, String p)

ArrayList<String> getNumbersInString(String s)
```

Die Methode `getPatternsInString()` übernimmt als erstes Argument den String, der durchsucht werden soll, und als zweites Argument den regulären Ausdruck (gegeben als String), mit dem der erste String durchsucht werden soll. Alle gefundenen Vorkommen von Textpassagen, die durch den regulären Ausdruck beschrieben werden, werden in einer `ArrayList<String>`-Collection zurückgeliefert.

Für das Pattern Matching sind in dem Paket `java.util.regex` die Klassen `Pattern` und `Matcher` definiert. Die Methode `getPatternsInString()` »kompiliert« zuerst den String mit dem regulären Ausdruck `p` mit Hilfe der statischen Pattern-Methode `compile()` in ein `Pattern`-Objekt `pat`. Als Nächstes wird ein Matcher benötigt, der den String `s` unter Verwendung des in `pat` gespeicherten regulären Ausdrucks durchsucht. Dieses `Matcher`-Objekt liefert die `Pattern`-Methode `matcher()`, der als einziges Argument der zu durchsuchende String übergeben wird. Der Matcher enthält nun alle benötigten Informationen (das Pattern und den zu durchsuchenden String); die Methoden zum Finden der übereinstimmenden Vorkommen stellt die Klasse `Matcher` selbst zur Verfügung:

- Mit `boolean matches()` kann man prüfen, ob der gesamte String als ein »Match« für den regulären Ausdruck angesehen werden kann.
- Mit `boolean find()` kann man den String nach übereinstimmenden Vorkommen (»Matches«) durchsuchen. Der erste Aufruf sucht ab dem Stringanfang, nachfolgende Aufrufe setzen die Suche hinter dem letzten gefundenen Vorkommen fort.
- Mit `int start()` und `int end()` bzw. `String group()` können Sie sich Anfangs- und Endposition bzw. das komplette zuletzt gefundene Vorkommen zurückliefern lassen.

Da die Methode `getPatternsInString()` einen String nach allen Vorkommen des übergebenen Musters durchsuchen soll, ruft sie `find()` in einer `while`-Schleife auf und speichert die gefundenen Übereinstimmungen in einem `ArrayList`-Container.

```
import java.util.regex.Pattern;
import java.util.regex.Matcher;
import java.util.ArrayList;

/**
 * Pattern in einem Text finden und als ArrayList zurückliefern
 */
public static ArrayList<String> getPatternsInString(String s, String p) {
   ArrayList<String> matches = new ArrayList<String>(10);

   Pattern pat = Pattern.compile(p);
   Matcher m   = pat.matcher(s);

   while(m.find())
      matches.add( m.group() );


   return matches;
}
```

Listing 14: Strings nach beliebigen Patterns durchsuchen

Die zweite Methode, `getNumbersInString()`, liefert im String gefundene Zahlen zurück. Dank `getPatternsInString()` fällt die Implementierung von `getNumbersInString()` nicht mehr sonderlich schwer: Die Methode ruft einfach `getPatternsInString()` mit einem regulären Ausdruck auf, der Zahlen beschreibt:

```
/**
 * Zahlen in einem Text finden und als ArrayList zurückliefern
 */
public static ArrayList<String> getNumbersInString(String s) {
   return getPatternsInString(s, "[+-]?\\d+(\\,\\d+)?");
}
```

Listing 15: Strings nach Zahlen durchsuchen

Der reguläre Ausdruck von `getNumbersInString()` setzt Zahlen aus drei Teilen zusammen: einem optionalen Vorzeichen (`[+-]?`), einer mindestens einelementigen Folge von Ziffern (`\\d+`) und optional einem dritten Teil, der mit Komma eingeleitet wird und mit einer mindestens einelementigen Folge von Ziffern (`(\\,\\d+)?`) endet. Dieser reguläre Ausdruck findet ganze Zahlen, Gleitkommazahlen mit Komma zum Abtrennen der Nachkommastellen und ohne Tausenderzeichen, Zahlen mit und ohne Vorzeichen, aber auch Zahlenschrott (beispielsweise Teile englisch formatierter Zahlen, die das Komma als Tausenderzeichen verwenden). Wenn Sie Zahlenschrott ausschließen, gezielt nach englischen Gleitkommazahlen, beliebig formatierten Zahlen, Hexadezimalzahlen oder irgendwelchen sonstigen Textmustern suchen wollen, können Sie nach dem Muster von `getNumbersInString()` eine eigene Methode definieren oder `getPatternsInString()` aufrufen und den passenden regulären Ausdruck als Argument übergeben.

```
System.out.println("\n Suche nach (deutschen) Zahlen: \n");

ArrayList<String> numbers = MoreMath.getNumbersInString(str);
for (String n : numbers)
   System.out.println(n);

System.out.println("\n Suche nach Zahlen und ähnlichen Passagen: \n");

numbers = MoreMath.getPatternsInString(str, "[+-]?[\\d.,]+\\d+|\\d+");
for (String n : numbers)
   System.out.println(n);

System.out.println("\n Suche in Kundennummer: \n");

numbers = MoreMath.getPatternsInString("KDnr-2345-150474a", "\\d+");
for (String n : numbers)
   System.out.println(n);
```

Listing 16: Aus Start.java

14 Zufallszahlen erzeugen

Zur Erzeugung von Zufallszahlen gibt es in der Java-Klassenbibliothek den »Zufallszahlengenerator« `java.util.Random`. Die Arbeit mit dieser Klasse sieht so aus, dass Sie zuerst ein Objekt der Klasse erzeugen und sich dann durch Aufrufe der entsprechenden next-Methoden der Klasse `Random` die gewünschten Zufallswerte zurückliefern lassen.

```
import java.util.Random;

Random generator = new Random();

double  d = generator.nextDouble();      // liefert Wert zwischen [0.0, 1.0)
boolean b = generator.nextBoolean();     // liefert true oder false
long    l = generator.nextLong();        // liefert zufälligen long-Wert
int     i = generator.nextInt();         // liefert zufälligen int-Wert
        i = generator.nextInt(10);       // liefert Wert zwischen [0, 1)

// Fünf ganzzahlige Zufallszahlen zwischen 0 und 100 ausgeben
for(int i = 0; i < 5; ++i)
    System.out.println(generator.nextInt(100));
```

Wenn Sie an `double`-Zufallszahlen aus dem Bereich 0.0 bis 1.0 interessiert sind, brauchen Sie `Random` nicht selbst zu instanzieren, sondern können direkt die `Math`-Methode `random()` aufrufen:

```
double d = Math.random();
```

Hinweis

Die Erzeugung von Zufallszahlen mit Hilfe von Computern ist im Grunde gar nicht zu realisieren. Dies liegt daran, dass die Zahlen letzten Endes nicht zufällig gezogen werden, sondern von einem mathematischen Algorithmus errechnet werden. Ein solcher Algorithmus bildet eine Zahlenfolge, die sich zwangsweise irgendwann wiederholt. Allerdings sind die Algorithmen, die man zur Erzeugung von Zufallszahlen in Programmen verwendet, so leistungsfähig, dass man von der Periodizität der erzeugten Zahlenfolge nichts merkt.

Gaußverteilte Zufallszahlen

Die oben aufgeführten next-Methoden sind so implementiert, dass sie alle Zahlen aus ihrem Wertebereich mit gleicher Wahrscheinlichkeit zurückliefern. In Natur und Technik hat man es dagegen häufig mit Größen zu tun, die normalverteilt sind.

Exkurs

Normalverteilung

Normalverteilte Größen zeichnen sich dadurch aus, dass die möglichen Werte um einen mittleren Erwartungswert streuen. Der Erwartungswert ist am häufigsten vertreten, die Wahrscheinlichkeit für andere Werte nimmt kontinuierlich ab, je mehr die Werte vom Erwartungswert abweichen.

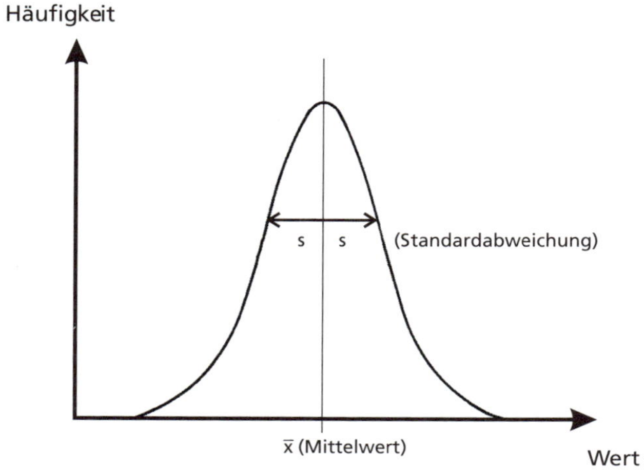

Abbildung 7: Gaußsche Normalverteilung; die Standardabweichung ist ein Maß dafür, wie schnell die Wahrscheinlichkeit der Werte bei zunehmender Abweichung vom Mittelwert abnimmt.

Eine Firma, die Schrauben herstellt, könnte beispielsweise Software für eine Messanlage in Auftrag geben, die sicherstellen soll, dass die Durchmesser der produzierten Schrauben normalverteilt sind und die Standardabweichung unterhalb eines vorgegebenen Qualitätslimits liegt. Die zum Testen einer solchen Software benötigten normalverteilten Zufallszahlen liefert die Random-Methode `nextGaussian()`:

```
Random generator = new Random();

double d = generator.nextGaussian();
```

Der Erwartungswert der zurückgelieferten Zufallszahlen ist 0, die Standardabweichung 1. Durch nachträgliche Skalierung und Addition eines Offsets können beliebige normalverteilte Zahlen erzeugt werden.

Zufallszahlen zum Testen von Anwendungen

Beim Testen von Anwendungen, die mit Zufallszahlen arbeiten, ergibt sich das Problem, dass die Anwendung bei jedem neuen Start mit anderen Zufallszahlen arbeitet und daher unterschiedliche Ergebnisse produziert. Das Aufspüren von Fehlern ist unter solchen Bedingungen natürlich sehr schwierig. (Gleiches gilt, wenn Sie Zufallszahlen als Eingaben zum Testen der Anwendung benutzen.)

Aus diesem Grunde lassen sich Zufallsgeneratoren in der Regel so einstellen, dass sie auch reproduzierbare Folgen von Zufallszahlen erzeugen können. Zur Einstellung dient der so genannte *Seed*. Jeder Seed erzeugt genau eine vordefinierte Folge von Zufallszahlen. Wenn Sie also dem `Random`-Konstruktor einen festen Seed-Wert vorgeben:

```
Random generator = new Random(3);
```

erzeugt der zugehörige Zufallsgenerator bei jedem Start der Anwendung die gleiche Folge von Zufallszahlen und Sie können die Anwendung mit reproduzierbaren Ergebnissen testen.

Hinweis

Wenn Sie den `Random`-Konstruktor ohne Argument aufrufen (siehe vorangehende Abschnitte), wählt er den Seed unter Berücksichtigung der aktuellen Zeit. So wird gewährleistet, dass bei jedem Aufruf ein individueller Seed und damit eine individuelle Zahlenfolge erzeugt wird.

15 Ganzzahlige Zufallszahlen aus einem bestimmten Bereich

Mit Hilfe der Methode `Random.nextInt(int n)` können Sie sich eine zufällige Integer-Zahl aus dem Bereich von 0 bis n (exklusive) zurückliefern lassen.

Wenn Sie Integer-Zahlen aus einem beliebigen Bereich benötigen, müssen Sie entweder die Anzahl Zahlen im Bereich selbst berechnen, als Argument an `nextInt()` übergeben und zu der zurückgelieferten Zufallszahl die erste Zahl im gewünschten Bereich hinzuaddieren ...

... oder Sie definieren sich nach dem Muster von `Math.random()` eine eigene Methode `randomInt(int min, int max)`, der Sie nur noch die gewünschten Bereichsgrenzen übergeben müssen:

```
import java.util.Random;

public class MoreMath {
    ...
    // private Instanz des verwendeten Zufallsgenerators
    private static Random randomNumberGenerator;

    // nur einen Zufallsgenerator verwenden
    private static synchronized void initRNG() {
        if (randomNumberGenerator == null)
            randomNumberGenerator = new Random();
    }

    /**
     * Zufallszahl aus vorgegebenem Bereich zurückliefern
     */
    public static int randomInt(int min, int max) {
        if (randomNumberGenerator == null)
            initRNG();
```

Listing 17: Ganzzahlige Zufallszahlen aus einem definierten Bereich

```
        int number = randomNumberGenerator.nextInt( max+1-min );

        return min + number;
    }
}
```

Listing 17: Ganzzahlige Zufallszahlen aus einem definierten Bereich (Forts.)

Zwei Dinge sind zu beachten:

- Die Methode liefert eine Zahl aus dem Bereich [min, max] zurück, im Gegensatz zu `Random.nextInt(n)`, das eine Zahl aus [0, n) zurückliefert, ist die Obergrenze also in den Wertebereich mit eingeschlossen.
- Die Methode muss sicherstellen, dass sie nur beim ersten Aufruf einen `Random`-Zufallsgenerator erzeugt, der bei nachfolgenden Aufrufen verwendet wird. Zu diesem Zweck wurde für den Generator ein privates statisches Feld definiert. Eine einfache if-Bedingung prüft, ob der Generator erzeugt werden muss oder schon vorhanden ist.

  Ein wenig umständlich erscheint die Auslagerung der `if`-Abfrage in eine eigene private Methode, doch dies erlaubt es, die Methode als `synchronized` zu deklarieren und die Erzeugung des Zufallszahlengenerators so threadsicher zu machen.

16 Mehrere, nicht gleiche Zufallszahlen erzeugen (Lottozahlen)

Wenn Sie sich von der Methode `nextInt(int n)` Zufallszahlen aus dem Wertebereich [0, n) zurückliefern lassen, kann es schnell passieren, dass Sie die eine oder andere Zahl mehrfach erhalten. Je kleiner der Wertebereich, umso größer die Wahrscheinlichkeit, dass dies passiert. Sofern Sie also an einmaligen Zufallszahlen, wie sie beispielsweise zur Simulation einer Lottoziehung benötigt werden, interessiert sind, müssen Sie die Dubletten herausfiltern. Eine besonders elegante Möglichkeit dafür dies zu tun, bietet die Collection-Klasse `TreeSet`. Deren `add()`-Methode fügt neue Elemente nämlich nur dann ein, wenn diese noch nicht im `TreeSet`-Container enthalten sind.

Die folgende Methode erzeugt einen `TreeSet`-Container für `size` Integer-Zahlen und füllt diesen mit Werten aus dem Bereich [min, max].

```
import java.util.Random;
import java.util.TreeSet;

/**
 *  Erzeugt size nicht gleiche Zufallszahlen aus Wertebereich von
 *  min bis max
 */
public static TreeSet<Integer> uniqueRandoms(int size, int min, int max) {
   TreeSet<Integer> numbers = new TreeSet<Integer>();
   Random generator = new Random();
   int n;
```

Listing 18: Methode zur Erzeugung einmaliger Zufallszahlen

```
    if (size > max+1-min)
       throw new IllegalArgumentException("Gibt nicht genügend " +
                                          "eindeutige Zahlen im Bereich!");

    if (size == max+1-min) {
        for(int i= min; i <= max; ++i)
            numbers.add(i);

    } else {
        while(numbers.size() != size) {
            n = min + generator.nextInt(max+1 - min);

            // Zahl einfügen, falls nicht schon vorhanden
            numbers.add(n);
        }
    }

    return numbers;
 }
```

Listing 18: Methode zur Erzeugung einmaliger Zufallszahlen (Forts.)

Wenn es in dem spezifizierten Wertebereich nicht genügend Zahlen gibt, um den Container ohne Dubletten zu füllen, wird eine `IllegalArgumentException` ausgeworfen.

Wenn der spezifizierte Wertebereich gerade genau so viele Zahlen enthält, wie Zahlen in den Container eingefügt werden sollen, werden die Zahlen mit Hilfe einer for-Schleife in den Container eingefügt. (In diesem Fall kann eigentlich nicht mehr von Zufallszahlen die Rede sein.)

Ist der Wertebereich größer als die gewünschte Anzahl Zufallszahlen, werden die Zahlen zufällig gezogen, bis der Container die gewünschte Anzahl Elemente enthält. Beachten Sie, dass wir uns hier nicht die Mühe machen, den Rückgabewert der `add()`-Methode zu überprüfen (`true` oder `false`), da die Bedingung der while-Schleife bereits sicherstellt, dass die Ziehung nicht vorzeitig beendet wird.

Das folgende Programm zeigt, wie mit Hilfe von `uniqueRandoms()` die Ziehung der Lottozahlen (6 aus 49) simuliert werden kann.

```
import java.util.TreeSet;

public class Start {

    public static void main(String args[]) {
        System.out.println();

      System.out.println("Willkommen zur Ziehung der Lottozahlen!");

      TreeSet<Integer> randomNumbers = MoreMath.uniqueRandoms(6, 1, 49);
```

Listing 19: Lottozahlen

```
      for(int elem : randomNumbers)
         System.out.println("   " + elem);
   }
}
```

Listing 19: Lottozahlen (Forts.)

Tipp

Wenn Sie selbst Lotto spielen, bauen Sie das Programm und die Methode `uniqueRandoms()` doch so aus, dass häufig getippte Zahlenkombinationen (siehe Fachliteratur zu Spielsystemen) aussortiert werden. Viel mehr dürfte hinter den Spielsystemen kommerzieller Anbieter auch nicht stecken.

17 Trigonometrische Funktionen

Bei Verwendung der trigonometrischen Methoden ist zu beachten, dass diese Methoden als Parameter stets Werte in Bogenmaß (Radiant) erwarten. Beim Bogenmaß wird der Winkel nicht in Grad, sondern als Länge des Bogens angegeben, den der Winkel aus dem Einheitskreis (Gesamtumfang 2 π) ausschneidet: 1 rad = 360°/2 π; 1° = 2 π/360 rad.

360 Grad entsprechen also genau 2 π, 180 Grad entsprechen 1 π, 90 Grad entsprechen 1/2 π. Wenn Sie ausrechnen wollen, was 32 Grad in Radiant sind, multiplizieren Sie einfach die Winkelangabe mit 2 * π und teilen Sie das Ganze durch 360 (oder multiplizieren Sie mit π und teilen Sie durch 180).

```
bogenlaenge = Math.PI/180 * grad;
```

`Math` stellt zur bequemen Umrechnung von Grad in Radiant und umgekehrt die Methoden `toDegrees()` und `toRadians()` zur Verfügung. Beachten Sie aber, dass diese Umrechnung nicht immer exakt ist. Gehen Sie also beispielsweise nicht davon aus, dass `sin(toRadians(180.0))` exakt 0.0 ergibt. (*Siehe auch Rezept 6* zum Vergleichen mit definierter Genauigkeit.)

18 Temperaturwerte umrechnen (Celsius <-> Fahrenheit)

Während die Wissenschaft und die meisten Völker dieser Welt die Temperatur mittlerweile in Grad Celsius messen, ist in den USA immer noch die Einheit Fahrenheit gebräuchlich. Die Formel zur Umrechnung von Fahrenheit in Celsius lautet:

$$c = (f - 32) * 5/9$$

Aus dieser Formel lassen sich schnell zwei praktische Methoden zur Umrechnung von Fahrenheit in Celsius und umgekehrt ableiten:

```
/**
 *  Umrechnung von Fahrenheit in Celsius
 */
public static double fahrenheit2Celsius(double temp) {
   return (temp - 32) * 5.0/9.0;
}

/**
 *  Umrechnung von Celsius in Fahrenheit
 */
```

```
public static double celsius2fahrenheit(double temp) {
   return (temp * 9 / 5.0) + 32;
}
```

> **Achtung**
>
> Die Mathematik unterscheidet nicht zwischen 5/9 und 5.0/9.0 – wohl aber der Compiler, der im ersten Fall eine Ganzzahlendivision durchführt, d.h. den Nachkommaanteil unterschlägt.

Mit dem Programm *Start.java* zu diesem Rezept können Sie beliebige Temperaturwerte umrechnen. Geben Sie einfach in der Kommandozeile die Ausgangseinheit (`-f` für Fahrenheit oder `-c` für Celsius) und den umzurechnenden Temperaturwert an.

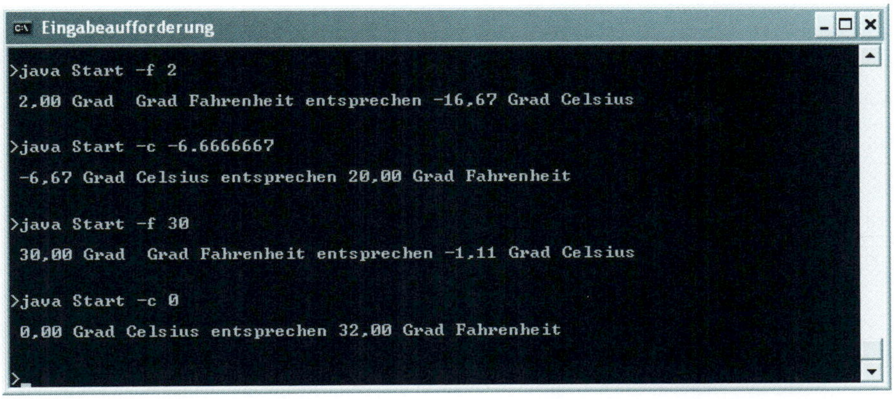

Abbildung 8: Programm zur Umrechnung zwischen Fahrenheit und Celsius

19 Fakultät berechnen

Mathematisch ist die Fakultät definiert als:

```
n! = 1,                          wenn n = 0

n! = 1 * 2 * 3 ... * (n-1) * n,   für n = 1, ..
```

oder rekursiv formuliert:

```
fac(0) = 1;

fac(n) = n * fac(n-1);
```

Die Fakultät ist vor allem für die Berechnung von Wahrscheinlichkeiten wichtig. Wenn Sie beispielsweise sieben Kugeln, nummeriert von 1 bis 7, in einen Behälter geben und dann nacheinander ziehen, gibt es 7! Möglichkeiten (Permutationen), die Kugeln zu ziehen.

```
/**
 *  Fakultät berechnen
```

Listing 20: Methode zur Berechnung der Fakultät

```
    */
   public static double factorial(int n) {
      double fac = 1;

      if (n < 0)
         throw new IllegalArgumentException("Fakultaet ist nur fuer "
                                        + "positive Zahlen definiert");

      if (n < 2)
         return fac;

      while(n > 1) {
         fac *= n;
         --n;
      }

      return fac;
   }
```

Listing 20: Methode zur Berechnung der Fakultät (Forts.)

Achtung. Die Fakultät ist eine extrem schnell ansteigende Funktion. Bereits für relativ kleine Eingaben wie die Zahl 10 ergibt sich ein sehr hoher Wert (10! = 3.628.800) und 171! liegt schon außerhalb des Wertebereichs von `double`!

Mit dem Start-Programm zu diesem Rezept können Sie sich die Fakultäten von 0 bis n ausgeben lassen. Übergeben Sie n beim Aufruf in der Konsole und denken Sie daran, dass Sie ab 171 nur noch `infinity`-Ausgaben ernten.

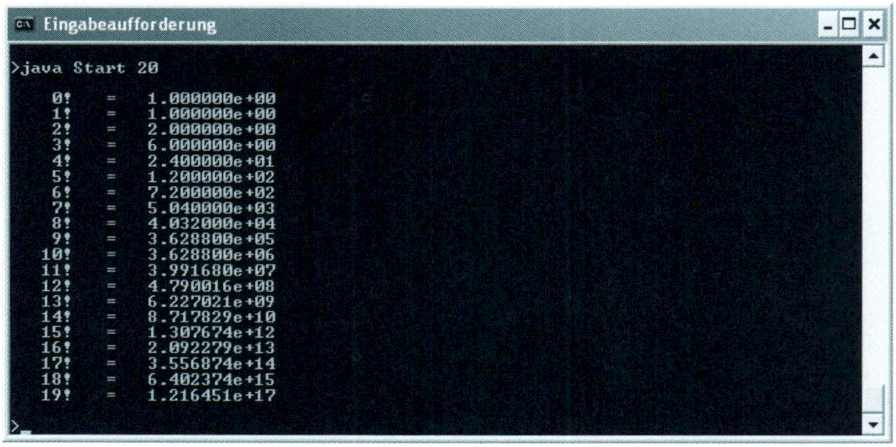

Abbildung 9: Fakultät

20 Mittelwert berechnen

Wenn wir den Mittelwert oder Durchschnitt einer Folge von Zahlen berechnen, bilden wir üblicherweise die Summe der einzelnen Werte und dividieren diese durch die Anzahl der Werte. In der Mathematik bezeichnet man dies als das arithmetische Mittel und stellt es weiteren Mittelwerten gegenüber.

Mittelwert	Berechnung
arithmetischer	$\bar{x} = \frac{x_1 + x_2 + \ldots + x_n}{n}$
geometrischer	$\bar{x} = \sqrt[n]{x_1 \cdot x_2 \cdot \ldots \cdot x_n}$
harmonischer	$\bar{x} = \frac{n}{\frac{1}{x_1} + \frac{1}{x_2} + \ldots + \frac{1}{x_n}}$
quadratischer	$\bar{x} = \sqrt{\frac{1}{n}\left(x_1^2 + x_2^2 + \ldots + x_n^2\right)}$

Tabelle 8: Mittelwerte

Die folgenden Methoden zur Berechnung der verschiedenen Mittelwerte wurden durchweg mit einem `double...`-Parameter definiert. Als Argument kann den Methoden daher ein `double`-Array oder eine beliebig lange Folge von `double`-Werten übergeben werden.

```
/**
 *  Arithmetisches Mittel (Standard für Mittelwertberechnungen)
 */
public static double arithMean(double... values) {
   double sum = 0;

   for (double d : values)
       sum += d;

   return sum/values.length;
}

/**
 *  Geometrisches Mittel
 */
public static double geomMean(double... values) {
   double sum = 1;

   for (double d : values)
       sum *= d;

   return Math.pow(sum, 1.0/values.length);
}
```

```
/**
 *  Harmonisches Mittel
 */
public static double harmonMean(double... values) {
   double sum = 0;

   for (double d : values)
       sum += 1.0/d;

   return values.length / sum;
}

/**
 *  Quadratisches Mittel
 */
public static double squareMean(double... values) {
   double sum = 0;

   for (double d : values)
       sum += d*d;

   return Math.sqrt(sum/values.length);
}
```

Mögliche Aufrufe wären:

```
double[] values = {1, 5, 12.5, 0.5, 3};
MoreMath.arithMean(values);
```

oder

```
MoreMath.geomMean(1, 5, 12.5, 0.5, 3)
```

Achtung

Die Methode `geomMean()` liefert NaN zurück, wenn die Summe der Werte negativ ist (wegen Ziehen der n-ten Wurzel).

21 Zinseszins berechnen

Die Grundformel zur Zinseszinsrechnung lautet:

$$K_n = K_0 \cdot (1+i)^n$$

wobei n die Laufzeit in Jahren und i den Jahreszinssatz (p/100) bezeichnet. K_n ist das Endkapital, das man erhält, wenn man das Startkapital K_0 für n Jahre (oder allgemein Zinsperioden) zu einem Zinssatz i verzinsen lässt.

Kommen monatliche Raten dazu, erweitert sich die Formel zu:

$$K_n = K_0 \cdot (1+i)^n + R \cdot \frac{(1+i)^n - 1}{(1+i)^{1/12} - 1}$$

In der Finanzwelt wird aber meist mit der folgenden Variante für vorschüssige Renten gerechnet:

$$K_n = K_0 \cdot (1+i)^n + R \cdot \frac{(1+i)^n - 1}{(1+i)^{1/12} - 1} \cdot (1+i)^{1/12}$$

Die Methode capitalWithCompoundInterest() berechnet nach obiger Formel das Endkapital nach n Jahren monatlicher Ratenzahlung und Zinseszinsverzinsung. Als Argumente übernimmt die Methode das Startkapital, das 0 sein kann, die Höhe der Raten (installment), den Zins in Prozent (interest), der nicht 0 sein darf, und die Laufzeit (term).

```
/**
 *  Kapitalentwicklung bei monatlicher Ratenzahlung und Zinseszins
 */
public static double capitalWithCompoundInterest(double startCapital,
                                                  double installment,
                                                  double interest,
                                                  int term) {

    if(interest == 0.0)
       throw new IllegalArgumentException("Zins darf nicht Null sein");

    double interestRate = interest/100.0;
    double accumulationFactor = 1 + interestRate;
    double endCapital = startCapital * Math.pow(accumulationFactor , term)
                     + installment * (Math.pow(accumulationFactor , term) - 1)
                                  / (Math.pow(accumulationFactor ,1/12.0) - 1)
                                  * Math.pow(accumulationFactor , 1/12.0);

    return endCapital;
}
```

Die Höhe der reinen Einzahlungen berechnet paidInCapital():

```
/**
 *  Berechnung des eingezahlten Kapitals
 */
public static double paidInCapital(double startCapital,
                                    double installment,
                                    int term) {
    double endCapital = startCapital;

    for (int n = 1; n <= term; ++n)
        endCapital = endCapital + 12*installment;

    return endCapital ;
}
```

Das Start-Programm zu diesem Rezept nutzt obige Methoden zur Implementierung eines Zinsrechners. Startkapital, monatliche Raten, Verzinsung in Prozent und Laufzeit in Jahren werden über JTextField-Komponenten abgefragt. Nach Drücken des BERECHNEN-Schalters wird die jährliche Kapitalentwicklung berechnet und in der JTextArea-Komponente links angezeigt.

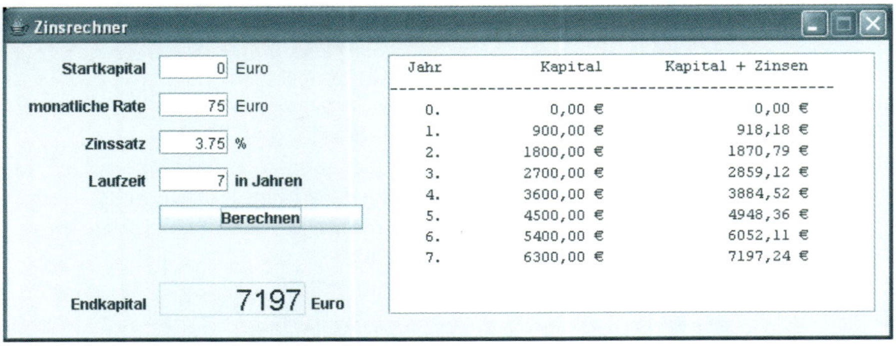

Abbildung 10: Zinsrechner

22 Komplexe Zahlen

Komplexe Zahlen gehören zwar nicht unbedingt zum täglichen Handwerkszeug eines Programmierers, bilden aber ein wichtiges Teilgebiet der Algebra und finden als solches immer wieder Eingang in die Programmierung, so zum Beispiel bei der Berechnung von Fraktalen.

Komplexe Zahlen haben die Form

$$z = x + iy$$

wobei x als Realteil, y als Imaginärteil und i als die imaginäre Einheit bezeichnet wird (mit $i^2 = -1$). Vereinfacht werden Zahlen oft als Paare aus Real- und Imaginärteil geschrieben: (x, y).

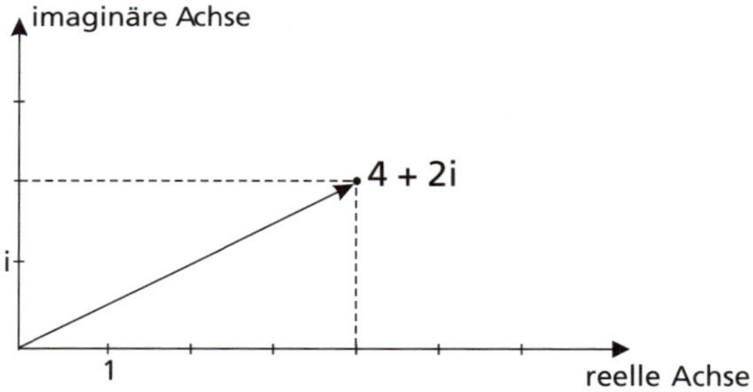

Abbildung 11: Komplexe Zahlen in Koordinatendarstellung

Grafisch werden komplexe Zahlen in einem Koordinatensystem dargestellt (Gaußsche Zahlenebene, *siehe Abbildung 11*).

Statt als Paar aus Real- und Imaginärteil können komplexe Zahlen daher auch als Kombination aus Radius und Winkel zwischen der Verbindungslinie zum Koordinatenursprung und der positiven reellen x-Achse angegeben werden (Polarkoordinaten). Der Radius wird dabei üblicherweise als *Betrag*, der Winkel als *Argument* bezeichnet.

Rechnen mit komplexen Zahlen

Operation	Beschreibung
Betrag	Der Betrag einer komplexen Zahl ist die Quadratwurzel aus der Summe der Komponentenquadrate. $\lvert z\rvert = \sqrt{x^2 + y^2}$
Addition	Komplexe Zahlen werden addiert, indem man die Realteile und Imaginärteile addiert. (x, y) + (x', y') = (x + x', y + y')
Subtraktion	Komplexe Zahlen werden subtrahiert, indem man die Realteile und Imaginärteile voneinander subtrahiert. (x, y) - (x', y') = (x - x', y - y') Die Subtraktion entspricht der Addition der Negativen (-z = -x -yi)
Vervielfachung	Vervielfachung ist die Multiplikation mit einer reellen Zahl. 3 * (x, y) = (3*x. 3*y)
Multiplikation	Die Multiplikation zweier komplexer Zahlen ist gegeben durch: (x, y) * (x', y') = (xx'-yy', xy' + yx')
Division	Die Division z/z' ist gleich der Multiplikation mit der Inversen $z*z^{-1}$. Die Inverse einer komplexen Zahl ist definiert als: $z^{-1} = \frac{x}{x^2 + y^2} - \frac{y}{x^2 + y^2}i$

Tabelle 9: Rechenoperationen für komplexe Zahlen

Die Klasse Complex

Die Klasse `Complex` definiert neben verschiedenen Konstruktoren Methoden für die Berechnung von Betrag, Negativer, Konjugierter und Inverser sowie Methoden für die Grundrechenarten Addition, Subtraktion, Vervielfachung und Multiplikation. Die Division kann durch Multiplikation mit der Inversen berechnet werden. Die Methoden für die Grundrechenarten sind durch statische Versionen überladen. Die nichtstatischen Methoden verändern das aktuelle Objekt, die statischen Methoden liefern das Ergebnis der Operation als neues `Complex`-Objekt zurück.

Zur Unterstützung der Polarkoordinatendarstellung gibt es einen Konstruktor, der eine komplexe Zahl aus Radius (Betrag) und Winkel (Argument) berechnet, sowie Get-Methoden, die Radius und Winkel eines gegebenen `Complex`-Objekts zurückliefern.

Methode	Beschreibung

`Complex()`
`Complex(double real, double imag)`
`Complex(double r, double phi, byte polar)`
	Konstruktoren.
	Der Standardkonstruktor erzeugt eine komplexe Zahl, deren Real- und Imaginärteil 0.0 ist.
	Der zweite Konstruktor erzeugt eine komplexe Zahl mit den übergebenen Werten für Real- und Imaginärteil.
	Der dritte Konstruktor rechnet die übergebenen Werte für Radius und Winkel in Real- und Imaginärteil um und erzeugt das zugehörige `Complex`-Objekt. Um diesen Konstruktor von dem zweiten Konstruktor unterscheiden zu können, ist ein drittes Argument notwendig, dem Sie einfach die Konstante `Complex.POLAR` übergeben.

`double getReal()`	Liefert den Realteil der aktuellen komplexen Zahl zurück.
`void setReal(double real)`	Weist dem Realteil der aktuellen komplexen Zahl einen Wert zu.
`double getImag()`	Liefert den Imaginärteil der aktuellen komplexen Zahl zurück.
`void setImag(double real)`	Weist dem Imaginärteil der aktuellen komplexen Zahl einen Wert zu.
`double getR ()`	Liefert den Radius (Betrag) der aktuellen komplexen Zahl zurück. (Polarkoodinatendarstellung)
`double getPhi ()`	Liefert den Winkel (Argument) der aktuellen komplexen Zahl zurück. (Polarkoodinatendarstellung)
`void add(Complex a)` `public static Complex add(Complex a, Complex b)`	Addiert die übergebene komplexe Zahl zur aktuellen komplexen Zahl. Die statische Version addiert die beiden übergebenen komplexen Zahlen und liefert das Ergebnis zurück.
`void add(double s)` `public static Complex add(Complex a, double s)`	Addiert die übergebene reelle Zahl zur aktuellen komplexen Zahl. Die statische Version addiert die reelle Zahl `s` zur übergebenen komplexen Zahl `a` und liefert das Ergebnis zurück.
`void subtract(Complex a)` `public static Complex subtract(Complex a, Complex b)`	Subtrahiert die übergebene komplexe Zahl von der aktuellen komplexen Zahl. Die statische Version subtrahiert die zweite übergebene komplexe Zahl von der ersten und liefert das Ergebnis zurück.
`void subtract(double s)` `public static Complex subtract(Complex a, double s)`	Subtrahiert die übergebene reelle Zahl von der aktuellen komplexen Zahl. Die statische Version subtrahiert die reelle Zahl `s` von der übergebenen komplexen Zahl `a` und liefert das Ergebnis zurück.

Tabelle 10: Methoden der Klasse Complex

Methode	Beschreibung
`void times(double s)` `public static Complex times(Complex a, double s)`	Multipliziert die aktuelle komplexe Zahl mit der übergebenen reellen Zahl `s`. Die statische Version multipliziert die übergebene komplexe Zahl `a` mit der reellen Zahl `s` und liefert das Ergebnis zurück.
`void multiply(Complex a)` `public static Complex multiply(Complex a, Complex b)`	Multipliziert die aktuelle komplexe Zahl mit der übergebenen komplexen Zahl. Die statische Version multipliziert die beiden übergebenen komplexen Zahlen und liefert das Ergebnis zurück.
`void negate()`	Negiert die aktuelle komplexe Zahl (-x, -yi).
`double abs()`	Liefert den Betrag der komplexen Zahl zurück.
`Complex conjugate()`	Liefert die konjugiert komplexe Zahl (x, -y) zur aktuellen komplexen Zahl zurück.
`Complex inverse()`	Liefert die Inverse zur aktuellen komplexen Zahl zurück.
`Object clone()`	Erzeugt eine Kopie der aktuellen komplexen Zahl. Zur Überschreibung der `clone()`-Methode *siehe auch Rezept 250.*
`boolean equals(Object obj)` `static boolean equals(Complex a, Complex b, double eps)`	Liefert `true` zurück, wenn das übergebene Objekt vom Typ `Complex` ist und Real- und Imaginärteil die gleichen Werte wie die aktuelle komplexe Zahl besitzen. Zur Überschreibung der `equals()`-Methode *siehe auch Rezept 252.* Die statische Version erlaubt für den Vergleich die Angabe einer Genauigkeit `eps`. Die Real- bzw. Imaginärteile der beiden komplexen Zahlen werden dann als »gleich« angesehen, wenn ihre Differenz kleiner `eps` ist.
`int hashCode()`	Liefert einen Hashcode für die aktuelle komplexe Zahl zurück.
`String toString()`	Liefert eine String-Darstellung der komplexen Zahl zurück: `x + yi`

Tabelle 10: Methoden der Klasse Complex (Forts.)

```
/**
 *  Klasse für komplexe Zahlen
 */
public class Complex implements Cloneable {
    public final static byte POLAR = 1;

    private double real = 0.0;      // Realteil
    private double imag = 0.0;      // Imaginärteil

    /*** Konstruktoren ***/
```

Listing 21: Complex.java

```
public Complex() {
    this.real = 0.0;
    this.imag = 0.0;
}
public Complex(double real, double imag) {
    this.real = real;
    this.imag = imag;
}
public Complex(double r, double phi, byte polar) {
    this.real = r * Math.cos(phi);
    this.imag = r * Math.sin(phi);
}


/*** Get- und Set-Methoden ***/

public double getReal() {
    return real;
}
public void setReal(double real) {
    this.real = real;
}

public double getImag() {
    return imag;
}
public void setImag(double imag) {
    this.imag = imag;
}

public double getR() {
    return this.abs();
}
public double getPhi() {
    return Math.atan2(this.imag, this.real);
}


/*** Rechenoperationen ***/

// Addition this += a
public void add(Complex a ) {
    this.real += a.real;
    this.imag += a.imag;
}
// Addition c = a + b
public static Complex add(Complex a, Complex b) {
    Complex c = new Complex();
    c.real = a.real + b.real;
    c.imag = a.imag + b.imag;
```

Listing 21: Complex.java (Forts.)

```
        return c;
    }

    // Addition einer Gleitkommazahl
    public void add(double s) {
        this.real += s;
    }
    // Addition einer Gleitkommazahl
    public static Complex add(Complex a, double s) {
        Complex c = new Complex();
        c.real = a.real + s;
        c.imag = a.imag;
        return c;
    }

    // Subtraktion this -= a
    public void subtract(Complex a ) {
        this.real -= a.real;
        this.imag -= a.imag;
    }
    // Subtraktion c = a - b
    public static Complex subtract(Complex a, Complex b) {
        Complex c = new Complex();
        c.real = a.real - b.real;
        c.imag = a.imag - b.imag;
        return c;
    }

    // Subtraktion einer Gleitkommazahl
    public void subtract(double s) {
        this.real -= s;
    }
    // Subtraktion einer Gleitkommazahl
    public static Complex subtract(Complex a, double s) {
        Complex c = new Complex();
        c.real = a.real - s;
        c.imag = a.imag;
        return c;
    }

    // Vervielfachung durch Multiplikation mit Gleitkommazahl
    public void times(double s) {
        this.real *= s;
        this.imag *= s;
    }
    public static Complex times(Complex a, double s){
        double r, i;

        r = a.real * s;
        i = a.imag * s;
        return new Complex(r, i);
```

Listing 21: Complex.java (Forts.)

```
    }

    // Multiplikation this *= b
    public void multiply(Complex b){
        double r, i;

        r = (this.real * b.real) - (this.imag * b.imag);
        i = (this.real * b.imag) + (this.imag * b.real);

        this.real = r;
        this.imag = i;
    }

    // Multiplikation c = a * b
    public static Complex multiply(Complex a, Complex b){
        double r, i;

        r = (a.real * b.real) - (a.imag * b.imag);
        i = (a.real * b.imag) + (a.imag * b.real);
        return new Complex(r, i);
    }



    /*** Sonstige Operationen ***/

    // Negation
    public void negate() {
        this.real *= -1;
        this.imag *= -1;
    }

    // Betrag
    public double abs() {
        return Math.sqrt(real*real + imag*imag);
    }

    // Konjugierte
    public Complex conjugate() {
        return new Complex(this.real, -this.imag);
    }

    // Inverse
    public Complex inverse() {
        double r, i;

        r = this.real / ((this.real * this.real) + (this.imag * this.imag));
        i = -this.imag  / ((this.real * this.real) + (this.imag * this.imag));

        return new Complex(r, i);
```

Listing 21: Complex.java (Forts.)

```
}

/*** Überschriebene Object-Methoden ***/

public Object clone() {
    try {
        Complex c = (Complex) super.clone();
        c.real = this.real;
        c.imag = this.imag;
        return c;
    } catch (CloneNotSupportedException e) {
        // sollte nicht vorkommen
        throw new InternalError();
    }
}

public boolean equals(Object obj) {
   if (obj instanceof Complex) {
     Complex tmp = (Complex) obj;
     // wenn beide NaN, dann als gleich ansehen
     if (    (Double.isNaN(this.real) || Double.isNaN(this.imag))
         && (Double.isNaN(tmp.real) || Double.isNaN(tmp.imag)) )
         return true;

     if ( (this.real == tmp.real) && (this.imag == tmp.imag) )
        return true;
     else
        return false;
   }
   return false;
}

public static boolean equals(Complex a, Complex b, double eps) {
    if (a.equals(b))
        return true;
    else {
        if( (Math.abs(a.real - b.real) < eps)
          &&(Math.abs(a.imag - b.imag) < eps) )
            return true;
        else
            return false;
    }
}

public int hashCode() {
    long bits = Double.doubleToLongBits(this.real);
    bits ^= Double.doubleToLongBits(this.imag) * 31;
    return (((int) bits) ^ ((int) (bits >> 32)));
}

public String toString() {
```

Listing 21: Complex.java (Forts.)

```
        String sign = " + ";
        if(this.imag < 0.0)
           sign = " - ";

        java.text.DecimalFormat df = new java.text.DecimalFormat("#,##0.##");
        String str_rt = df.format(this.real);
        String str_it = df.format(Math.abs(this.imag));

        return str_rt + sign + str_it + "i";
    }
}
```

Listing 21: Complex.java (Forts.)

Das Programm aus Listing 22 demonstriert den Einsatz der Klasse `Complex` anhand der Berechnung einer Julia-Menge. Die Berechnung der Julia-Menge erfolgt der Einfachheit halber direkt in `paintComponent()`, auch wenn dies gegen den Grundsatz verstößt, in Ereignisbehandlungscode zeitaufwendige Berechnungen durchzuführen. Die Folge ist, dass die Benutzerschnittstelle für die Dauer der Julia-Mengen-Berechnung lahm gelegt wird, was uns hier aber nicht weiter stören soll. (Korrekt wäre die Auslagerung der Berechnung in einen eigenen Thread, *siehe Kategorie »Threads«*.)

```
import java.awt.*;
import java.awt.event.*;
import javax.swing.*;

public class Start extends JFrame {

   class MyCanvas extends JPanel {

       public void paintComponent(Graphics g) {
           super.paintComponent(g);

           Complex c = new Complex(-0.012, 0.74);

           for(int i = 0; i < getWidth(); ++i)
               for(int j = 0; j < getHeight(); ++j) {
                   Complex x = new Complex(0.0001*i, 0.0001*j);
                   for(int n = 0; n < 100; ++n) {
                       if (x.abs() > 100.0)
                          break;
                       x.multiply(x);
                       x.add(c);
                   }
                   if (x.abs() < 1.0) {
                       g.setColor(new Color(0, 0, 255));
                       g.fillRect(i, j, 1, 1);
                   } else {
                       g.setColor(new Color((int)x.abs()%250, 255, 255));
```

Listing 22: Fraktalberechnung mit Hilfe komplexer Zahlen

```
                        g.fillRect(i, j, 1, 1);
                    }
                }
            }
        }


    public Start() {
        setTitle("Julia-Menge");

        getContentPane().add(new MyCanvas(), BorderLayout.CENTER);

        setDefaultCloseOperation(JFrame.EXIT_ON_CLOSE);
    }

    public static void main(String args[]) {
       // Fenster erzeugen und anzeigen
       Start  mw = new Start();
       mw.setSize(500,350);
       mw.setResizable(false);
       mw.setLocation(200,300);
       mw.setVisible(true);
    }

}
```

Listing 22: Fraktalberechnung mit Hilfe komplexer Zahlen (Forts.)

Abbildung 12: Julia-Menge

23 Vektoren

Vektoren finden in der Programmierung vielfache Anwendung – beispielsweise zur Repräsentation von Koordinaten, für Berechnungen mit gerichteten, physikalischen Größen wie Geschwindigkeit oder Beschleunigung und natürlich im Bereich der dreidimensionalen Computergrafik. So können – um ein einfaches Beispiel zu geben – Punkte in der Ebene P(5; 12) oder im Raum (5; 12; -1) als zwei- bzw. dreidimensionale Ortsvektoren (d.h. mit Beginn im Ursprung des Koordinatensystems) repräsentiert werden.

$$\vec{p} = \begin{pmatrix} 5 \\ 12 \end{pmatrix}, \text{bzw. } \vec{p} = \begin{pmatrix} 5 \\ 12 \\ -1 \end{pmatrix}$$

Der Abstand zwischen zwei Punkten P und Q ist dann gleich der Länge des Vektors, der vom einen Punkt zum anderen führt.

$$\overline{PQ} = \left\| \vec{q} - \vec{p} \right\|$$

Rechnen mit Vektoren

Operation	Beschreibung
Länge	Die Länge (oder der Betrag) eines Vektors ist die Quadratwurzel aus der Summe der Komponentenquadrate. (Für zweidimensionale Vektoren lässt sich dies leicht aus dem Satz des Pythagoras ableiten.) $\left\|\vec{v}\right\| = \sqrt{(1*1)+(3*3)}$, für v = (1; 3)
Addition	Vektoren werden addiert, indem man ihre einzelnen Komponenten addiert. $\begin{pmatrix} 1 \\ 3 \end{pmatrix} + \begin{pmatrix} 5 \\ 0 \end{pmatrix} = \begin{pmatrix} 1+5 \\ 3+0 \end{pmatrix} = \begin{pmatrix} 6 \\ 3 \end{pmatrix}$ Das Ergebnis ist ein Vektor, der vom Anfang des ersten Vektors zum Ende des zweiten Vektors weist.
Subtraktion	Vektoren werden subtrahiert, indem man ihre einzelnen Komponenten subtrahiert. $\begin{pmatrix} 1 \\ 3 \end{pmatrix} - \begin{pmatrix} 5 \\ 0 \end{pmatrix} = \begin{pmatrix} 1-5 \\ 3-0 \end{pmatrix} = \begin{pmatrix} -4 \\ 3 \end{pmatrix}$ Für zwei Ortsvektoren p und q erhält man den Vektor, der von P nach Q führt, indem man p von q subtrahiert.
Vervielfachung	Vervielfachung ist die Multiplikation mit einem skalaren Faktor. $2\begin{pmatrix} 10 \\ -7 \end{pmatrix} = \begin{pmatrix} 2*10 \\ 2*-7 \end{pmatrix} = \begin{pmatrix} 20 \\ -14 \end{pmatrix}$ Durch die Vervielfachung wird lediglich die Länge, nicht die Richtung des Vektors verändert. Einer »Division« entspricht die Multiplikation mit einem Faktor zwischen 0 und 1.

Tabelle 11: Vektoroperationen

Operation	Beschreibung
Skalarprodukt	Das Skalarprodukt (englisch »dot product«) ist das Produkt aus den Längen (Beträgen) zweier Vektoren multipliziert mit dem Kosinus des Winkels zwischen den Vektoren. $\vec{v} \cdot \vec{w} = \lvert\vec{v}\rvert \lvert\vec{w}\rvert \cos\alpha$ Für zwei- und dreidimensionale Vektoren kann es als die Summe der Komponentenprodukte berechnet werden: $\begin{pmatrix}1\\3\end{pmatrix} \cdot \begin{pmatrix}5\\0\end{pmatrix} = 1*5+3*0=5$ Das Skalarprodukt ist ein skalarer Wert. Stehen die beiden Vektoren senkrecht zueinander, ist das Skalarprodukt gleich null.
Vektorprodukt	Das Vektorprodukt (englisch »cross product«) ist das Produkt aus den Längen (Beträgen) zweier Vektoren multipliziert mit dem Sinus des Winkels zwischen den Vektoren. $\vec{v} \times \vec{w} = \lvert\vec{v}\rvert \lvert\vec{w}\rvert \sin\alpha$ Für dreidimensionale Vektoren kann es wie folgt aus den Komponenten berechnet werden: $\begin{pmatrix}\alpha_1\\\alpha_2\\\alpha_3\end{pmatrix} \times \begin{pmatrix}\beta_1\\\beta_2\\\beta_3\end{pmatrix} = \begin{pmatrix}\alpha_2\beta_3-\alpha_3\beta_2\\\alpha_3\beta_1-\alpha_1\beta_3\\\alpha_1\beta_2-\alpha_2\beta_1\end{pmatrix}$ Das Vektorprodukt zweier Vektoren v und w ist ein Vektor, der senkrecht zu v und w steht. Die drei Vektoren bilden ein Rechtssystem (Drei-Finger-Regel). Der Betrag des Vektorprodukts ist gleich dem Flächeninhalt des von v und w aufgespannten Parallelogramms. In der 3D-Grafikprogrammierung kann das Vektorprodukt zur Berechnung von Oberflächennormalen verwendet werden.

Tabelle 11: Vektoroperationen (Forts.)

Die Klasse Vector3D

Die Klasse `Vector3D` ist für die Programmierung mit dreidimensionalen Vektoren ausgelegt. Vektoren können als Objekte der Klasse erzeugt und bearbeitet werden. Für die Grundrechenarten (Addition, Subtraktion und Vervielfachung) gibt es zudem statische Methoden, die das Ergebnis der Operation als neuen Vektor zurückliefern. In Anwendungen, die nicht übermäßig zeitkritisch sind, kann man die Klasse auch für zweidimensionale Vektoren verwenden, indem man die dritte Dimension (Feld `z`) auf null setzt. (Achtung! Das Vektorprodukt liefert stets einen Vektor, der zur Ebene der Ausgangsvektoren senkrecht steht.) Tabelle 12 stellt Ihnen die Methoden der Klasse vor.

Methode	Beschreibung
`Vector3D()` `Vector3D(double x, double y, double z)`	Konstruktoren. Der Standardkonstruktor erzeugt einen Vektor, dessen x,y,z-Felder auf 0.0 gesetzt sind. Der zweite Konstruktor weist den Feldern die übergebenen Werte zu.
`void add(Vector3D v)` `static Vector3D add(Vector3D v1, Vector3D v2)`	Addiert den übergebenen Vektor zum aktuellen Vektor. Die statische Version addiert die beiden übergebenen Vektoren und liefert das Ergebnis als neuen Vektor zurück.
`double angle(Vector3D v)`	Berechnet den Winkel zwischen dem aktuellen und dem übergebenen Vektor. Der Winkel wird in Bogenmaß zurückgeliefert (und kann beispielsweise mit `Math.toDegrees()` in Grad umgerechnet werden).
`Object clone()`	Erzeugt eine Kopie des aktuellen Vektors. Zur Überschreibung der `clone()`-Methode *siehe auch Rezept 250.*
`Vector3D crossProduct(Vector3D v)`	Berechnet das Vektorprodukt aus dem aktuellen und dem übergebenen Vektor.
`double dotProduct(Vector3D v)`	Berechnet das Skalarprodukt aus dem aktuellen und dem übergebenen Vektor.
`boolean equals(Object obj)`	Liefert `true` zurück, wenn das übergebene Objekt vom Typ `Vector3D` ist und die Felder `x`, `y` und `z` die gleichen Werte wie im aktuellen Vektor haben. Zur Überschreibung der `equals()`-Methode *siehe auch Rezept 252.*
`double length()`	Berechnet die Länge des Vektors.
`void scale(double s)` `static Vector3D scale(Vector3D v, double s)`	Skaliert den aktuellen Vektor um den Faktor `s`. Skaliert den übergebenen Vektor um den Faktor `s` und liefert das Ergebnis als neuen Vektor zurück.
`void subtract(Vector3D v)` `static Vector3D subtract(Vector3D v1, Vector3D v2)`	Subtrahiert den übergebenen Vektor vom aktuellen Vektor. Die statische Version subtrahiert den zweiten vom ersten Vektor und liefert das Ergebnis als neuen Vektor zurück.
`String toString()`	Liefert eine String-Darstellung des Vektors zurück: `(x; y; z)`

Tabelle 12: Methoden der Klasse Vector3D

```
/**
 * Klasse für dreidimensionale Vektoren
 *
 */
public class Vector3D implements Cloneable {
    public double x;
    public double y;
    public double z;

    // Konstruktoren
    public Vector3D() {
       x = 0;
       y = 0;
       z = 0;
    }
    public Vector3D(double x, double y, double z) {
       this.x = x;
       this.y = y;
       this.z = z;
    }

    // Addition
    public void add(Vector3D v) {
       x += v.x;
       y += v.y;
       z += v.z;
    }
    public static Vector3D add(Vector3D v1, Vector3D v2) {
       return new Vector3D(v1.x+v2.x, v1.y+v2.y, v1.z+v2.z);
    }

    // Subtraktion
    public void subtract(Vector3D v) {
       x -= v.x;
       y -= v.y;
       z -= v.z;
    }
    public static Vector3D subtract(Vector3D v1, Vector3D v2) {
       return new Vector3D(v1.x-v2.x, v1.y-v2.y, v1.z-v2.z);
    }

    // Skalierung (Multiplikation mit Skalar)
    public void scale(double s) {
       x *= s;
       y *= s;
       z *= s;
    }
    public static Vector3D scale(Vector3D v, double s) {
       return new Vector3D(v.x*s, v.y*s, v.z*s);
    }
```

Listing 23: Vector3D.java

```
// Skalarprodukt
public double dotProduct(Vector3D v) {
   return x*v.x + y*v.y + z*v.z;
}

// Vektorprodukt
public Vector3D crossProduct(Vector3D v) {
   return new Vector3D(y*v.z - z*v.y,
                       z*v.x - x*v.z,
                       x*v.y - y*v.x);
}

// Winkel zwischen Vektoren ( arccos(Skalarprodukt/(LängeV1 * LängeV2)) )
public double angle(Vector3D v) {
   return Math.acos( (x*v.x + y*v.y + z*v.z) /
                     Math.sqrt( (x*x + y*y + z*z) *
                                (v.x*v.x + v.y*v.y + v.z*v.z)));
}

// Länge
public double length() {
   return Math.sqrt(x*x + y*y + z*z);
}

// Umwandlung in String
public String toString() {
   return "(" + x + "; " + y + "; " + z + ")";
}

// Kopieren
public Object clone() {
    try {
        Vector3D v = (Vector3D) super.clone();
        v.x = x;
        v.y = y;
        v.z = z;
        return v;
    } catch (CloneNotSupportedException e) {
        // sollte nicht vorkommen
        throw new InternalError();
    }
}

// Vergleichen
public boolean equals(Object obj) {
   if (obj instanceof Vector3D) {
     if (   x == ((Vector3D) obj).x
         && y == ((Vector3D) obj).y
         && z == ((Vector3D) obj).z)
       return true;
   }
```

Listing 23: Vector3D.java (Forts.)

```
        return false;
    }
}
```

Listing 23: Vector3D.java (Forts.)

Das Programm aus *Listing Listing 24:* demonstriert den Einsatz der Klasse Vector3D anhand eines geometrischen Problems. Mittels Vektoren wird ausgehend von den Punktkoordinaten eines Dreiecks der Flächeninhalt berechnet.

```
public class Start {

    public static void main(String args[]) {
        System.out.println();

        System.out.println(" Flaecheninhalt eines Dreiecks berechnen");
        System.out.println();

        System.out.println(" Gegeben: Dreieck zwischen Punkten: ");
        System.out.println("\t A (2;   3; 0)");
        System.out.println("\t B (2.5; 5; 0)");
        System.out.println("\t C (7;   4; 0)");

        // Punktvektoren
        Vector3D a = new Vector3D(2,   3, 0);
        Vector3D b = new Vector3D(2.5, 5, 0);
        Vector3D c = new Vector3D(7,   4, 0);

        // Kantenvektoren
        Vector3D ab = Vector3D.subtract(b, a);
        Vector3D ac = Vector3D.subtract(c, a);

        double cross = (ab.crossProduct(ac)).length();

        double area = 0.5 * cross;

        // Für MoreMath.rint siehe Rezept 5
        System.out.println("\n Berechnete Flaeche: " +
                           MoreMath.rint(area, 2));
    }
}
```

Listing 24: Testprogramm: Berechnung eines Flächeninhalts mit Vektoren

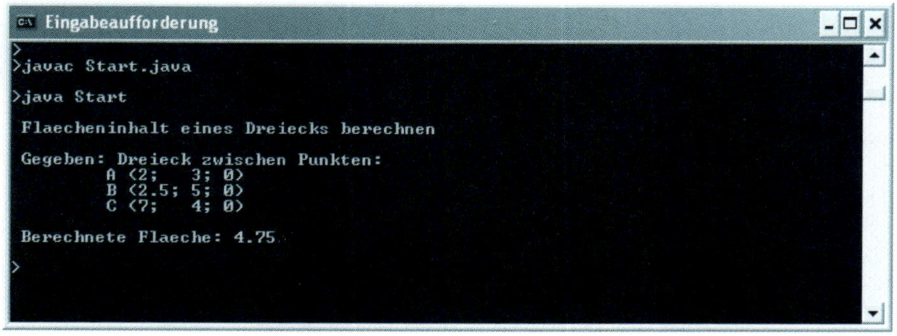

Abbildung 13: Ausgabe des Testprogramms

24 Matrizen

In der Mathematik ist eine Matrix ein rechteckiges Zahlenschema. Als (m,n)-Matrix oder Matrix der Ordnung m × n bezeichnet man eine Anordnung aus m Zeilen und n Spalten:

$$A = \begin{pmatrix} \alpha_{11} & \alpha_{12} & \alpha_{13} \\ \alpha_{21} & \alpha_{22} & \alpha_{23} \end{pmatrix} \text{ (Beispiel für eine (2, 3)-Matrix)}$$

Matrizen können lineare Abbildungen repräsentieren (eine (m,n)-Matrix entspricht einer linearen Abbildung vom Vektorraum V^n nach V^m) oder auch lineare Gleichungssysteme. In der Programmierung werden Matrizen vor allem zur Lösung linearer Gleichungssysteme sowie für Vektortransformationen in 3D-Grafikanwendungen eingesetzt.

Rechnen mit Matrizen

Operation	Beschreibung
Addition	Matrizen werden addiert, indem man ihre einzelnen Komponenten addiert. $\begin{pmatrix} \alpha_{11} & \alpha_{12} \\ \alpha_{21} & \alpha_{22} \end{pmatrix} + \begin{pmatrix} \beta_{11} & \beta_{12} \\ \beta_{21} & \beta_{22} \end{pmatrix} = \begin{pmatrix} \alpha_{11}+\beta_{11} & \alpha_{12}+\beta_{12} \\ \alpha_{21}+\beta_{21} & \alpha_{22}+\beta_{22} \end{pmatrix}$ Zwei Matrizen, die addiert werden, müssen der gleichen Ordnung angehören.
Subtraktion	Matrizen werden subtrahiert, indem man ihre einzelnen Komponenten subtrahiert. $\begin{pmatrix} \alpha_{11} & \alpha_{12} \\ \alpha_{21} & \alpha_{22} \end{pmatrix} - \begin{pmatrix} \beta_{11} & \beta_{12} \\ \beta_{21} & \beta_{22} \end{pmatrix} = \begin{pmatrix} \alpha_{11}-\beta_{11} & \alpha_{12}-\beta_{12} \\ \alpha_{21}-\beta_{21} & \alpha_{22}-\beta_{22} \end{pmatrix}$ Zwei Matrizen, die subtrahiert werden, müssen der gleichen Ordnung angehören.
Vervielfachung	Vervielfachung ist die Multiplikation mit einem skalaren Faktor. $k\begin{pmatrix} \alpha_{11} & \alpha_{12} \\ \alpha_{21} & \alpha_{22} \end{pmatrix} = \begin{pmatrix} k\alpha_{11} & k\alpha_{12} \\ k\alpha_{21} & k\alpha_{22} \end{pmatrix}$

Tabelle 13: Matrixoperationen

Operation	Beschreibung
Multiplikation	Bei der Matrizenmultiplikation C = A*B ergeben sich die Elemente der Ergebnismatrix C durch Aufsummierung der Produkte aus den Elementen einer Zeile von A mit den Elementen einer Spalte von B: $c_{ij} = \sum_{k=1}^{\text{Spalten von } A} a_{ik} b_{kj}$ Eine Multiplikation ist nur möglich, wenn die Anzahl von Spalten von A gleich der Anzahl Zeilen von B ist. Das Ergebnis aus der Multiplikation einer (m,n)-Matrix A mit einer (n,r)-Matrix B ist eine (m,r)-Matrix. $\begin{pmatrix} \alpha_{11} & \alpha_{12} \\ \alpha_{21} & \alpha_{22} \end{pmatrix} * \begin{pmatrix} \beta_{11} \\ \beta_{21} \end{pmatrix} = \begin{pmatrix} (\alpha_{11} * \beta_{11}) + (\alpha_{12} * \beta_{21}) \\ (\alpha_{21} * \beta_{11}) + (\alpha_{22} * \beta_{21}) \end{pmatrix}$

Tabelle 13: Matrixoperationen (Forts.)

Die Klasse Matrix

Die Klasse `Matrix` ist für die Programmierung mit Matrizen beliebiger Ordnung ausgelegt. Sie unterstützt neben den Grundrechenarten auch die Berechnung der Transponierten, der Invertierten und der Determinanten.

Ist die Matrix quadratisch und repräsentiert sie ein lineares Gleichungssystem, können Sie dieses mit der Methode `solve()` lösen. Zur Lösung des Gleichungssystems wie auch zur Berechnung der Inversen und der Determinanten wird intern eine LR-Zerlegung der Ausgangsmatrix berechnet, die durch ein Objekt der Hilfsklasse `LUMatrix` repräsentiert wird. Die LR-Zerlegung liefert die Methode `luDecomp()`, die auch direkt aufgerufen werden kann.

Eine spezielle Unterstützung für Vektortransformationen, wie sie für 3D-Grafikanwendungen benötigt werden, bietet die Klasse nicht. Die grundlegenden Operationen, von der Addition von Transformationen über die Anwendung auf Vektoren durch Matrizenmultiplikation bis hin zur Berechnung der Inversen, um Transformationen rückgängig machen zu können, sind zwar allesamt mit der Klasse durchführbar, dürften aber für die meisten Anwendungen zu viel Laufzeit beanspruchen. (Für professionelle Grafikanwendungen sollten Sie auf eine Implementierung zurückgreifen, die für (4,4)-Matrizen optimiert ist, siehe beispielsweise Java 3D.)

Methode	Beschreibung

`Matrix(int m, int n)`
`Matrix(int m, int n, double s)`
`Matrix(int m, int n, double[][] elems)`
	Konstruktoren.
	Erzeugt wird jeweils eine (m,n)-Matrix (n Zeilen, m Spalten). Die Elemente der Matrix werden je nach Konstruktor mit 0.0, mit `s` oder mit den Werten aus dem zweidimensionalen Array `elems` initialisiert.
	Negative Zeilen- oder Spaltendimensionen führen zur Auslösung einer `NegativeArraySizeException`.
	Wird zur Initialisierung ein Array übergeben, müssen dessen Dimensionen mit m und n übereinstimmen. Ansonsten wird eine `IllegalArgumentException` ausgelöst.

Tabelle 14: Methoden der Klasse Matrix

Methode	Beschreibung
`void add(Matrix B)` `static Matrix add(Matrix A, Matrix B)`	Addiert die übergebene Matrix zur aktuellen Matrix. Die statische Version addiert die beiden übergebenen Matrizen und liefert das Ergebnis als neue Matrix zurück. Gehören die Matrizen unterschiedlichen (n,m)-Ordnungen an, wird eine `IllegalArgumentException` ausgelöst.
`Object clone()`	Erzeugt eine Kopie der Matrix. Zur Überschreibung der `clone()`-Methode *siehe auch Rezept 250.*
`boolean equals(Object obj)`	Liefert `true` zurück, wenn das übergebene Objekt vom Typ `Matrix` ist und die Elemente die gleichen Werte wie die Elemente der aktuellen Matrix haben. Zur Überschreibung der `equals()`-Methode *siehe auch Rezept 252.*
`double det()`	Liefert die Determinante der aktuellen Matrix zurück. Für nichtquadratische oder singuläre Matrizen wird eine `IllegalArgumentException` ausgelöst.
`double get(int i, int j)`	Liefert den Wert des Elements in Zeile `i`, Spalte `j` zurück.
`double[][] getArray()`	Liefert die Elemente der Matrix als zweidimensionales Array zurück.
`int getColumnDim()`	Liefert die Anzahl der Spalten (n).
`static Matrix getIdentity(int n, int m)`	Erzeugt eine Identitätsmatrix mit m Zeilen und n Spalten. In einer Identitätsmatrix haben alle Diagonalelemente den Wert 1.0, während die restlichen Elemente gleich null sind. Bei der 3D-Grafikprogrammierung kann die Identität als Ausgangspunkt zur Erzeugung von Translations- und Skalierungsmatrizen verwendet werden.
`int getRowDim()`	Liefert die Anzahl der Zeilen (m).
`Matrix inverse()`	Liefert die Inverse der aktuellen Matrix zurück. Existiert die Inverse, gilt `A*A-1 = I` Wenn die aktuelle Matrix nicht quadratisch oder singulär ist, wird eine `IllegalArgumentException` ausgelöst.

Tabelle 14: Methoden der Klasse Matrix (Forts.)

Methode	Beschreibung
`LUMatrix luDecomp()`	Liefert die LR-Zerlegung der aktuellen Matrix als Objekt der Hilfsklasse `LUMatrix` zurück. Die Zerlegung, die der Konstruktor von `LUMatrix` vornimmt, erfolgt nach dem Verfahren von Crout. Die `LUMatrix` hat den folgenden Aufbau: $LU = \begin{pmatrix} u_{11} & u_{12} & u_{13} & \dots \\ l_{21} & u_{22} & u_{23} & \dots \\ l_{31} & l_{32} & u_{33} & \dots \\ \dots & \dots & \dots & \dots \end{pmatrix}$ Die u(i,j)-Elemente bilden die obere Dreiecksmatrix U, die l(i,j)-Elemente die untere Dreiecksmatrix L. Zur L-Matrix gehören zudem noch die l(i,i)-Elemente, die alle 1 sind und daher nicht extra in LU abgespeichert sind. Das Produkt aus L*U liefert nicht direkt die Ausgangsmatrix A, sondern eine Permutation von A. Die Permutationen sind in den privaten Feldern von `LUMatrix` gespeichert und werden bei der Rückwärtssubstitution (`LUMatrix.luBacksolve()`) berücksichtigt. Für nichtquadratische oder singuläre Matrizen wird eine `IllegalArgumentException` ausgelöst.
`Matrix multiply(Matrix B)`	Multipliziert die aktuelle Matrix mit der übergebenen Matrix und liefert das Ergebnis als neue Matrix zurück: `Res = Akt * B` Wenn die Spaltendimension der aktuellen Matrix nicht gleich der Zeilendimension der übergebenen Matrix ist, wird eine `IllegalArgumentException` ausgelöst.
`void print()`	Gibt die Matrix auf die Konsole (`System.out`) aus (vornehmlich zum Debuggen und Testen gedacht).
`void set(int i, int j, double s)`	Weist dem Element in Zeile `i`, Spalte `j` den Wert `s` zu.
`double[] solve(double[] bvec)`	Löst das Gleichungssystem, dessen Koeffizienten durch die aktuelle (quadratische) Matrix repräsentiert werden, für den Vektor B (gegeben als Argument `bvec`). Das zurückgelieferte Array ist der Lösungsvektor X, so dass gilt: `A*X = B` Wenn die aktuelle Matrix nicht quadratisch oder singulär ist, wird eine `IllegalArgumentException` ausgelöst. (*Siehe auch Rezept 25*)
`void subtract(Matrix B)` `static Matrix subtract(Matrix A, Matrix B)`	Subtrahiert die übergebene Matrix von der aktuellen Matrix. Die statische Version subtrahiert die zweite von der ersten Matrix und liefert das Ergebnis als neue Matrix zurück. Gehören die Matrizen unterschiedlichen (m,n)-Ordnungen an, wird eine `IllegalArgumentException` ausgelöst.

Tabelle 14: Methoden der Klasse Matrix (Forts.)

Methode	Beschreibung
`void times(double s)` `static Matrix times(Matrix A, double s)`	Multipliziert die Elemente der aktuellen bzw. der übergebenen Matrix mit dem Faktor `s`.
`void transpose()` `static Matrix transpose(Matrix A)`	Transponiert die Matrix bzw. liefert die Transponierte zur übergebenen Matrix zurück. Die Transponierte ergibt sich durch Spiegelung der Elemente an der Diagonalen, sprich durch paarweise Vertauschung der Elemente a(ij) mit a(ji). Wenn die zu transponierende Matrix nicht quadratisch ist, wird eine `RuntimeException` bzw. `IllegalArgumentException` ausgelöst.

Tabelle 14: Methoden der Klasse Matrix (Forts.)

```
/**
 *  Klasse für Matrizen
 *
 *  @author   Dirk Louis
 */
import java.text.DecimalFormat;

class Matrix implements Cloneable {

    private double[][] elems = null;      // Zum Speichern der Elemente
    private int m;                        // Zeilen-Dimension
    private int n;                        // Spalten-Dimension

    // Leere Matrix (mit 0.0 gefüllt)
    public Matrix(int m, int n) {
        this.m = m;
        this.n = n;
        elems = new double[m][n];
    }

    // Konstante Matrix (mit s gefüllt)
    public Matrix(int m, int n, double s) {
        this.m = m;
        this.n = n;
        elems = new double[m][n];
        for (int i = 0; i < m; i++)
           for (int j = 0; j < n; j++)
              elems[i][j] = s;
    }

    // Matrix (mit Werten aus zweidimensionalem Array gefüllt)
    public Matrix(int m, int n, double[][] elems) {
        // Dimension des Arrays mit m und n vergleichen
        if (m != elems.length)             // Anzahl Zeilen gleich m?
           throw new IllegalArgumentException("Fehler in Zeilendimension");
```

Listing 25: Matrix.java

```
      for (int i = 0; i < m; ++i)      // für alle Zeilen die Anzahl Spalten
         if (n != elems[i].length)     // gleich m?
           throw new IllegalArgumentException("Fehler in Spaltendimension");

      this.m = m;
      this.n = n;
      this.elems = elems;
   }

   // Addition  THIS = THIS + B
   public void add(Matrix B) {
      if (this.m != B.m || this.n != B.n)
         throw new IllegalArgumentException("Matrix-Dim. passen nicht.");

      double[][] addElems = B.getArray();
      for (int i = 0; i < m; i++)
         for (int j = 0; j < n; j++)
            elems[i][j] += addElems[i][j];
   }

   // Addition  C = A + B
   public static Matrix add(Matrix A, Matrix B) {
      int m = A.getRowDim();
      int n = A.getColumnDim();

      if (m != B.getRowDim() || n != B.getColumnDim() )
         throw new IllegalArgumentException("Matrix-Dim. passen nicht.");

      double[][] newElems = new double[m][n];
      double[][] elemsA = A.getArray();
      double[][] elemsB = B.getArray();

      for (int i = 0; i < m; i++)
         for (int j = 0; j < n; j++)
            newElems[i][j] = elemsA[i][j] + elemsB[i][j];

      return new Matrix(m, n, newElems);
   }

   // Subtraktion  THIS = THIS - B
   public void subtract(Matrix B) {
      if (this.m != B.m || this.n != B.n)
         throw new IllegalArgumentException("Matrix-Dim. passen nicht.");

      double[][] subtractElems = B.getArray();
      for (int i = 0; i < m; i++)
         for (int j = 0; j < n; j++)
            elems[i][j] -= subtractElems[i][j];
   }
```

Listing 25: Matrix.java (Forts.)

```
// Subtraktion  C = A - B
public static Matrix subtract(Matrix A, Matrix B) {
   int m = A.getRowDim();
   int n = A.getColumnDim();

   if (m != B.getRowDim() || n != B.getColumnDim() )
      throw new IllegalArgumentException("Matrix-Dim. passen nicht.");

   double[][] newElems = new double[m][n];
   double[][] elemsA = A.getArray();
   double[][] elemsB = B.getArray();

   for (int i = 0; i < m; i++)
      for (int j = 0; j < n; j++)
         newElems[i][j] = elemsA[i][j] - elemsB[i][j];

   return new Matrix(m, n, newElems);
}

// Vervielfachung  THIS = THIS * s
public void times(double s) {
   for (int i = 0; i < m; i++)
      for (int j = 0; j < n; j++)
         elems[i][j] *= s;
}

// Vervielfachung  C = B * s
public static Matrix times(Matrix B, double s) {
   int m = B.getRowDim();
   int n = B.getColumnDim();
   double[][] newElems = new double[m][n];
   double[][] elemsB = B.getArray();

   for (int i = 0; i < m; i++)
      for (int j = 0; j < n; j++)
         newElems[i][j] = elemsB[i][j] * s;

   return new Matrix(m, n, newElems);
}

// Multiplikation  C = THIS * B
public Matrix multiply(Matrix B) {
   if (this.n != B.getRowDim())
      throw new IllegalArgumentException("Matrix-Dim. passen nicht.");

   int m = this.getRowDim();
   int n = B.getColumnDim();
   double[][] newElems = new double[m][n];
   double[][] elemsB = B.getArray();
   double sum = 0;
```

Listing 25: Matrix.java (Forts.)

```
      for (int i = 0; i < m; i++) {
         for (int j = 0; j < n; j++) {
            sum = 0;
            for (int k = 0; k < this.getColumnDim(); k++)
                sum += this.elems[i][k] * elemsB[k][j];
            newElems[i][j] = sum;
         }
      }

      return new Matrix(m, n, newElems);
   }


   // Transponieren  THIS = THIS^T  [a(ij) -> a(ji)]
   public void transpose() {
      if (this.n != this.m)
          throw new RuntimeException("Matrix-Dimensionen passen nicht.");

       double[][] transelems = new double[m][n];
       for (int i = 0; i < m; i++)
           for (int j = 0; j < n; j++)
               transelems[j][i] = this.elems[i][j];

       this.elems = transelems;
   }

   // Transponieren  C = THIS^T  [a(ij) -> c(ji)]
   public static Matrix transpose(Matrix A) {
       int m = A.getRowDim();
       int n = A.getColumnDim();

       if (m != n)
          throw new IllegalArgumentException("Matrix-Dim. passen nicht.");

       double[][] transelems = new double[m][n];
       double[][] elemsA = A.getArray();
       for (int i = 0; i < m; i++)
           for (int j = 0; j < n; j++)
               transelems[j][i] = elemsA[i][j];

       return new Matrix(n, m, transelems);
   }

   // Identitätsmatrix  C = mxn-I
   public static Matrix getIdentity(int m, int n) {
       double[][] idelems = new double[m][n];
       for (int i = 0; i < m; i++)
          for (int j = 0; j < n; j++)
             idelems[i][j] = (i == j ? 1.0 : 0.0);

       return new Matrix(m, n, idelems);
```

Listing 25: Matrix.java (Forts.)

```
   }


   // LR-Zerlegung
   public LUMatrix luDecomp() {
      return new LUMatrix(this);
   }


   // Gleichungssystem lösen
   public double[] solve(double[] bvec) {
      LUMatrix LU = luDecomp();
      double[] xvec = LU.luBacksolve(bvec);

      return xvec;
   }


   // Inverse THIS^-1, so dass THIS*THIS^-1 = I
   public Matrix inverse() {
      double[] col = new double[n];
      double[] xvec = new double[n];
      double[][] invElems = new double[n][n];

      LUMatrix LU = luDecomp();

      for (int j=0; j < n; j++) {
          for(int i=0; i< n; i++)
             col[i] = 0.0;

          col[j] = 1.0;
          xvec = LU.luBacksolve(col);

          for(int i=0; i< n; i++)
             invElems[i][j] = xvec[i];
      }

      return new Matrix(n, n, invElems);
   }


   // Determinante
   public double det() {

      LUMatrix LU = luDecomp();

      double d = LU.getD();

      for (int i=0; i < n; i++)
          d *= LU.elems[i][i];
```

Listing 25: Matrix.java (Forts.)

```
      return d;
   }


   // Get/Set-Methoden
   public double[][] getArray() {
      return elems;
   }

   public int getRowDim() {
      return m;
   }
   public int getColumnDim() {
      return n;
   }

   public double get(int i, int j) {
      return elems[i][j];
   }
   public void set(int i, int j, double s) {
      if( (i >= 0 && i < m) && (j >= 0 && j < n) )
         elems[i][j] = s;
   }

   // Kopieren
   public Object clone() {
       try {
          Matrix B = (Matrix) super.clone();
          B.elems = new double[m][n];
          for (int i = 0; i < m; i++)
             for (int j = 0; j < n; j++)
                B.elems[i][j] = this.elems[i][j];

          return B;
       } catch (CloneNotSupportedException e) {
          // sollte nicht vorkommen
          throw new InternalError();
       }
   }

   // Vergleichen
   public boolean equals(Object obj) {
      if (obj instanceof Matrix) {
         Matrix B = (Matrix) obj;
         if (B.getRowDim() == m && B.getColumnDim() == n) {
            for (int i = 0; i < m; i++)
               for (int j = 0; j < n; j++)
                  if(B.get(i, j) != this.elems[i][j])
                     return false;
            return true;
         }
```

Listing 25: Matrix.java (Forts.)

```
            return false;
        }
        return false;
    }

    // Ausgeben auf Konsole
    public void print() {
        DecimalFormat df = new DecimalFormat("#,##0.###");
        int maxLength = 0;

        for (int i = 0; i < m; ++i)
            for (int j = 0; j < n; ++j)
                maxLength = (maxLength >= df.format(elems[i][j]).length())
                            ? maxLength : df.format(elems[i][j]).length();

        for (int i = 0; i < m; ++i) {
            System.out.print (" [ ");
            for (int j = 0; j < n; ++j)
                System.out.printf(MoreString.strpad(df.format(elems[i][j]),
                                                    maxLength) + "  " );
            System.out.println ("]");
        }
    }
}
```

Listing 25: Matrix.java (Forts.)

Das Programm aus Listing 26 demonstriert die Programmierung mit Objekten der Klasse Matrix anhand einer Matrixmultiplikation und der Berechnung einer Inversen.

```
public class Start {

    public static void main(String args[]) {

        System.out.println("\n /*** Matrixmultiplikation ***/ \n");

        // Matrizen aus Arrays erzeugen
        double[][] elemsA = { { 2,  4,  -3},
                              { 1,  0,   6} };
        Matrix A = new Matrix(2, 3, elemsA);

        double[][] elemsB = { {1},
                              {2},
                              {6} };
        Matrix B = new Matrix(3, 1, elemsB);

        A.print();
        System.out.println("\n multipliziert mit \n");
        B.print();
        System.out.println("\n ergibt: \n");
```

Listing 26: Rechnen mit Matrizen

```
        // Matrizen multiplizieren
        Matrix C = A.multiply(B);

        C.print();

        System.out.println("\n\n /*** Inverse ***/ \n");

        System.out.println(" Inverse von: \n");

        double[][] elemsD = { { 1,  0 },
                              { 1,  2} };
        Matrix D = new Matrix(2, 2, elemsD);
        D.print();

        System.out.println("\n ist: \n");

        // Inverse berechnen
        C = D.inverse();
        C.print();

        System.out.println();
    }
}
```

Listing 26: Rechnen mit Matrizen (Forts.)

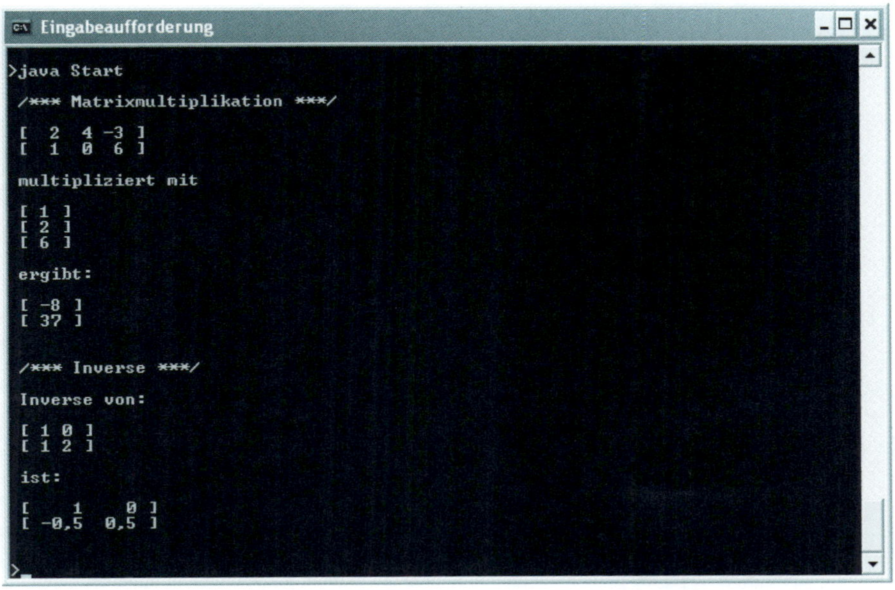

Abbildung 14: Matrixmultiplikation und Berechnung der Inversen

25 Gleichungssysteme lösen

Mit Hilfe der Methode `solve()` der im vorangehenden Rezept beschriebenen Klasse `Matrix` können Sie lineare Gleichungssysteme lösen, die sich durch quadratische Matrizen repräsentieren lassen. Intern wird dabei ein Objekt der Hilfsklasse `LUMatrix` erzeugt, welches die LU-Zerlegung der aktuellen Matrix repräsentiert. Die Klasse selbst ist hier nicht abgedruckt, steht aber – wie alle anderen zu diesem Buch gehörenden Klassen – als Quelltext auf der Buch-CD zur Verfügung. Der Code der Klasse ist ausführlich kommentiert.

Das Programm aus Listing 26 demonstriert, wie mit Hilfe der Klasse `Matrix` ein lineares Gleichungssystem gelöst werden kann.

```
public class Start {

    public static void main(String args[]) {
        System.out.println();

        System.out.println(" /*** Lineare Gleichungssysteme ***/ ");
        System.out.println("\n");

        System.out.println(" Gesucht werden x, y und z, sodass:\n");
        System.out.println("\t   x  +  5y  -   z  =   1");
        System.out.println("\t -3x  +   y  -   z  =   1");
        System.out.println("\t  3x  +   y  +   z  =  -3");
        System.out.println("\n");

        // Koeffizientenmatrix erzeugen
        double[][] elems = { {  1,  5,  -1},
                             { -3,  1,  -1},
                             {  3,  1,   1} };
        Matrix A = new Matrix(3, 3, elems);

        double[] bvec =     { 1, 1, -3 };

        System.out.println("\n Koeffizientenmatrix: ");
        A.print();
        System.out.println();

        // Gleichungssystem lösen
        double[] loesung = A.solve(bvec);

        System.out.println("\n Gefundene Loesung: ");
        System.out.println(" x = " + loesung[0]);
        System.out.println(" y = " + loesung[1]);
        System.out.println(" z = " + loesung[2]);

        System.out.println();
    }
}
```

Listing 27: Testprogramm: Lösung eines linearen Gleichungssystems

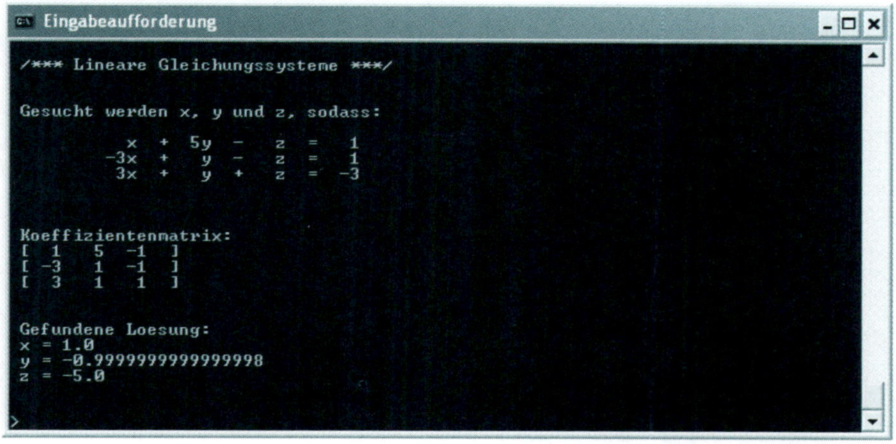

Abbildung 15: Lösung eines linearen Gleichungssystems durch Zerlegung der Koeffizientenmatrix

26 Große Zahlen beliebiger Genauigkeit

Alle elementaren numerischen Typen arbeiten aufgrund ihrer festen Größe im Speicher mit begrenzter Genauigkeit (wobei die beiden Gleitkommatypen den größeren Integer-Typen sogar bezüglich der Anzahl signifikanter Stellen unterlegen sind).

Die Lage ist allerdings bei weitem nicht so tragisch, wie es sich anhört: Die Integer-Typen arbeiten in ihrem (für `long` durchaus beachtlichen) Wertebereich absolut exakt und die Genauigkeit des Datentyps `double` ist meist mehr als zufrieden stellend. Trotzdem gibt es natürlich Situationen, wo Wertebereich und Genauigkeit dieser Datentypen nicht ausreichen, etwa bei quantenphysikalischen Berechnungen oder in der Finanzmathematik, wo manchmal schon geringfügige Rundungs- oder Darstellungsfehler durch Multiplikation mit großen Faktoren zu extremen Abweichungen führen.

Für solche Fälle stellt Ihnen die Java-Bibliothek die Klassen `BigInteger` und `BigDecimal` aus dem Paket `java.math` zur Verfügung.

Beide Klassen

- arbeiten mit unveränderbaren Objekten, die Integer- (`BigInteger`) oder Gleitkommazahlen (`BigDecimal`) beliebiger Genauigkeit kapseln.
- definieren neben anderen Konstruktoren auch solche, die als Argument die String-Darstellung der zu kapselnden Zahl erwarten. (So lassen sich die zu erzeugenden Instanzen mit Zahlen initialisieren, die nicht mehr als Literale numerischer Datentypen geschrieben werden können.)
  - **BigInteger**`(String zahl)`
  - **BigDecimal**`(String zahl)`
- definieren numerische Methoden für die vier Grundrechenarten.

  Beachten Sie, dass alle diese Methoden das Ergebnis der Operation als neues Objekt zurückliefern (da einmal erzeugte Big-Objekte wie gesagt unveränderlich sind):

- BigInteger **add**(BigInteger wert)
- BigInteger **subtract**(BigInteger wert)
- BigInteger **multiply**(BigInteger wert)
- BigInteger **divide**(BigInteger wert)
- BigInteger **pow**(int exponent)

- definieren verschiedene weitere Methoden zur Umwandlung in oder aus elementaren Datentypen:
  - long **longValue**()
  - double **doubleValue**()
  - static BigInteger **valueOf**(long wert)
- definieren Vergleichsmethoden und verschiedene weitere nützliche Methoden (siehe API-Dokumentation)
  - boolean **equals**(Object o)
  - int **compareTo**(BigInteger wert)

Ein Anfangskapital von 200 € soll für 9 Jahre bei einer vierteljährlichen Verzinsung von 0,25% p.Q. angelegt werden.

Das folgende Programm berechnet das Endkapital gemäß der Zinseszins-Formel $K_n = K_0 (1 + p/100)^n$ in den drei Datentypen float, double und BigDecimal.

```
import java.math.BigDecimal;

public class Start {

    /*
     * Zinseszins-Berechnung mit float-Werten
     */
    static float compoundInterest(float startCapital,
                                  float interestRate, int term) {
        return startCapital *
                      (float) Math.pow(1.0 + interestRate, term);
    }

    /*
     * Zinseszins-Berechnung mit double-Werten
     */
    static double compoundInterest(double startCapital,
                                   double interestRate, int term) {
        return startCapital * Math.pow(1.0 + interestRate, term);
    }

    /*
     * Zinseszins-Berechnung mit BigDecimal-Werten
     */
```

Listing 28: Rechnen mit BigDecimal

```
    static BigDecimal compoundInterest(BigDecimal startCapital,
                                       BigDecimal interestRate, int term) {
        interestRate = interestRate.add(new BigDecimal(1.0));

        BigDecimal factor = new BigDecimal(0);
        factor = factor.add(interestRate);

        for (int i = 1; i < term  ; ++i)
           factor = factor.multiply(interestRate);

        return startCapital.multiply(factor);
    }


    public static void main(String args[]) {
        System.out.println();

        System.out.println(compoundInterest(200.0f, 0.025f, 36));
        System.out.println(compoundInterest(200.0,  0.025,  36));
        System.out.println(compoundInterest(new BigDecimal("200.0"),
                                  new BigDecimal("0.025"),36).doubleValue());
    }
}
```

Listing 28: Rechnen mit BigDecimal (Forts.)

Ausgabe:

```
486.50708
486.5070631435786
486.50706314358007
```

Achtung

Für die Ausgabe des `BigDecimal`-Werts ist die Umwandlung in `double` notwendig, da `toString()` eine Stringdarstellung des `BigDecimal`-Objekts liefert, aus der der tatsächliche Wert praktisch nicht herauszulesen ist. Den mit der Umwandlung einhergehenden Genauigkeitsverlust müssen wir also in Kauf nehmen. Er ist aber nicht so tragisch. Entscheidend ist, dass die Formel (insbesondere die Potenz!), mit erhöhter Genauigkeit berechnet wurde.

Strings

27 In Strings suchen

Da Strings nicht sortiert sind, werden sie grundsätzlich sequentiell (von vorn nach hinten oder umgekehrt von hinten nach vorn) durchsucht: Trotzdem lassen sich drei alternative Suchverfahren unterscheiden, nämlich die Suche nach

- einzelnen Zeichen,
- Teilstrings,
- Mustern (regulären Ausdrücken).

Grundsätzlich gilt, dass die aufgeführten Suchverfahren von oben nach unten immer leistungsfähiger, aber auch immer teurer werden.

Suchen nach einzelnen Zeichen

Mit den String-Methoden indexOf() und lastIndexOf() können Sie nach einzelnen Zeichen in einem String suchen.

Als Argument übergeben Sie das zu suchende Zeichen und optional die Position, ab der gesucht werden soll. Als Ergebnis erhalten Sie die Position des nächsten gefundenen Vorkommens, wobei die Methode indexOf() den String von vorn nach hinten und die Methode lastIndexOf() von hinten nach vorn durchsucht.

Die wichtigsten Einsatzmöglichkeiten sind

- die Suche nach dem ersten Vorkommen eines Zeichens:

```
// Erstes Vorkommen von 'y' in String text
int pos = text.indexOf('y');
```

- die Suche nach dem letzten Vorkommen eines Zeichens:

```
// Letztes Vorkommen von 'y' in String text
int pos = text.lastIndexOf('y');
```

- die Suche nach allen Vorkommen eines Zeichens:

```
// Alle Vorkommen von 'y' in String text
int found = 0;
while ((found = text.indexOf('y', found)) != -1 ) {
    // hier Vorkommen an Position end verarbeiten
    ...
    ++found;
}
```

Suchen nach Teilstrings

Ebenso wichtig wie die Suche nach Zeichen ist die Suche nach Teilstrings in einem String. Doch leider gibt es in der String-Klasse derzeit keine Methode, mit der man einen String nach den Vorkommen eines Teilstrings durchsuchen könnte. Mit Hilfe der String-Methoden indexOf() und substring() ist eine solche Methode aber schnell implementiert:

```
/**
 *  String nach Teilstrings durchsuchen
 */
public static int indexOfString(String text, String searched) {
    return indexOfString(text, searched, 0);
}


public static int indexOfString(String text, String searched, int pos) {
    String tmp;
    int lenText = text.length();
    int lenSearched = searched.length();
    int found = pos;

    // Nach Anfangsbuchstaben suchen
    while ((found = text.indexOf(searched.charAt(0), found)) != -1 ) {

        // Wenn String noch groß genug, Teilstring herauskopieren
        // und mit dem gesuchten String vergleichen
        if (found + lenSearched <= lenText) {
           tmp = text.substring(found, found + lenSearched);

           if (tmp.equals(searched))
              break;  // Vorkommen gefunden
        }
        ++found;
    }

    return found;
}
```

Listing 29: Methoden zum Suchen nach Strings in Strings

Die erste der beiden Methoden übernimmt als Argumente den zu durchsuchenden String und den zu suchenden String und beginnt mit der Suche am Anfang des Strings, d.h., sie ruft einfach die zweite Methode mit der Startposition 0 auf. Diese zweite Methode übernimmt als zusätzliches Argument besagte Positionsangabe und durchsucht dann ab dieser Position den String `text` nach dem nächsten Vorkommen von `searched`. Sie geht dabei so vor, dass sie zuerst mit `indexOf()` nach dem Anfangsbuchstaben von `searched` sucht. Wurde ein Vorkommen dieses Buchstabens gefunden, kopiert die Methode ab seiner Position aus `text` einen String heraus, der ebenso groß ist wie der gesuchte String (sofern die Länge von `text` dies zulässt), und vergleicht diesen mit `searched`. Stimmen beide Strings überein, wird die Suche abgebrochen und die gefundene Position zurückgeliefert. Wird kein Vorkommen von `searched` gefunden, liefert die Methode -1 zurück.

Eingesetzt wird die Methode so wie `indexOf()`:

```
// Erstes Vorkommen von "John Maynard" in String text
int pos = MoreString.indexOfString(text, "John Maynard");

// Alle Vorkommen von "John Maynard" in String text
found = 0;
```

```
while((found = MoreString.indexOfString(text, "John Maynarc", found)) != -1) {
    // hier Vorkommen an Position end verarbeiten
    ...
    ++found;
}
```

Suchen nach Mustern

Mit Hilfe der RegEx-Unterstützung von Java können Sie auch nach Vorkommen eines Musters suchen.

1. Zuerst definieren Sie das Muster, nach dem gesucht werden soll.

   Beispielsweise könnten Sie einen deutschen Text mit folgendem Muster nach Substantiven durchsuchen:

   ```
   "[A-ZÄÖÜ][a-zA-ZäöüßÄÖÜ]+"
   ```

   Dieses Muster beschreibt ein Wort, das mit einem Großbuchstaben beginnt, dem beliebig viele Kleinbuchstaben folgen.

2. Dann kompilieren Sie das Muster in ein Pattern-Objekt und besorgen sich für das Pattern-Objekt und den zu durchsuchenden String einen Matcher.

   ```
   import java.util.regex.Pattern;
   import java.util.regex.Matcher;
   ...

   Pattern pat = Pattern.compile("[A-ZÄÖÜ][a-zA-ZäöüßÄÖÜ]+");
   Matcher m   = pat.matcher(text);
   ```

3. Schließlich lassen Sie die Matcher-Methode find() das nächste Vorkommen suchen.

   Achtung! Die Methode find() setzt die Suche automatisch immer an der Position fort, an der die letzte find()-Suche beendet wurde. Um die Suche wieder am Anfang zu beginnen, rufen Sie reset() auf. Wenn Sie die Suche an einer bestimmten Position starten wollen, übergeben Sie find() als zweites Argument die gewünschte Position.

   Das letzte gefundene Vorkommen wird intern vom Matcher-Objekt gespeichert und kann durch Aufruf der Methode group() abgefragt werden.

   ```
   // Erstes Vorkommen suchen
   if (m.find())
      System.console().printf("Erstes Vorkommen:  %s\n",
                              m.group());

   // Alle Vorkommen suchen, gegebenenfalls nach m.reset();
   while (m.find()) {
       System.console().printf("%s\n", m.group());
   }
   ```

Achtung

Die String-Methode matches() ist nicht zum Durchsuchen von Strings geeignet. Sie prüft lediglich, ob der aktuelle String einem übergebenen Muster entspricht!

Im Start-Programm zu diesem Rezept werden die hier vorgestellten Suchverfahren alle noch einmal eingesetzt und demonstriert.

28 In Strings einfügen und ersetzen

- Wenn Sie **alle Vorkommen eines Zeichens durch ein anderes Zeichen ersetzen** wollen, rufen Sie die String-Methode

  ```
  String replace(char oldChar, char newChar)
  ```

  auf. Der resultierende String wird als Ergebnis zurückgeliefert.

- Wenn Sie **alle Vorkommen eines Teilstrings durch einen anderen Teilstring ersetzen** wollen, rufen Sie die String-Methode

  ```
  String replaceAll(String regex, String replacement)
  ```

  auf. Als erstes Argument übergeben Sie einfach den zu ersetzenden Teilstring. Der resultierende String wird als Ergebnis zurückgeliefert.

- Wenn Sie **alle Vorkommen eines Musters durch einen anderen Teilstring ersetzen** wollen, rufen Sie die String-Methode

  ```
  String replaceAll(String regex, String replacement)
  ```

  auf und übergeben Sie das Muster als erstes Argument. Der resultierende String wird als Ergebnis zurückgeliefert.

- Wenn Sie **die Zeichen von `start` bis einschließlich `end-1` durch einen anderen Teilstring ersetzen** wollen, wandeln Sie den String in ein `StringBuilder`-Objekt um und rufen Sie die Methode

  ```
  StringBuilder replace(int start, int end, String str)
  ```

  auf. Da `StringBuilder`-Objekte nicht wie `String`-Objekte immutable sind, bearbeitet die `StringBuilder`-Methode direkt das aktuelle Objekt. Den zugehörigen String können Sie sich durch Aufruf von `toString()` zurückliefern lassen:

  ```
  StringBuilder tmp = new StringBuilder(text);
  tmp.replace(0, 10, "   ");
  text = tmp.toString();
  ```

- Wenn Sie **Zeichen oder Strings an einer bestimmten Position in den String einfügen** wollen, wandeln Sie den String in ein `StringBuilder`-Objekt um und rufen Sie eine der überladenen Versionen von

  ```
  StringBuilder insert(int offset, char c)
  StringBuilder insert(int offset, String str)
  StringBuilder insert(int offset, boolean b)
  StringBuilder insert(int offset, int i)
  ...
  ```

  auf. Den zugehörigen String können Sie sich durch Aufruf von `toString()` zurückliefern lassen.

Das Start-Programm zu diesem Rezept demonstriert die Ersetzung mit der `replace()`-Methode von `StringBuilder` und der `replaceAll()`-Methode von String. (Hinweis: Das Programm ist trotz der Erwähnung eines bekannten Politikers nicht als politischer Kommentar gedacht, sondern spielt lediglich – in Anlehnung an den »Lotsen« Bismarck – mit der Vorstellung vom Kanzler als Steuermann.)

```
public class Start  {

    public static void main(String args[]) {

        String text = "John Maynard!\n"
                    + "\"Wer ist John Maynard?\"\n"
                    + "\"John Maynard war unser Steuermann,\n"
                    + "Aus hielt er, bis er das Ufer gewann,\n"
                    + "Er hat uns gerettet, er traegt die Kron,\n"
                    + "Er starb fuer uns, unsre Liebe sein Lohn.\n"
                    + "John Maynard.\"\n";
        int pos;
        int found;

        // Originaltext ausgeben
        System.console().printf("\n%s", text);


        // Zeichen von 156 bis einschließlich 160 ersetzen
        StringBuilder tmp = new StringBuilder(text);
        tmp.replace(156,161,"tat es");
        text = tmp.toString();

        // "John Maynard" durch "Gerhard Schroeder" ersetzen
        text = text.replaceAll("John Maynard", "Gerhard Schroeder");


        // Bearbeiteten Text ausgeben
        System.console().printf("\n%s", text);

    }
}
```

Listing 30: Ersetzen in Strings

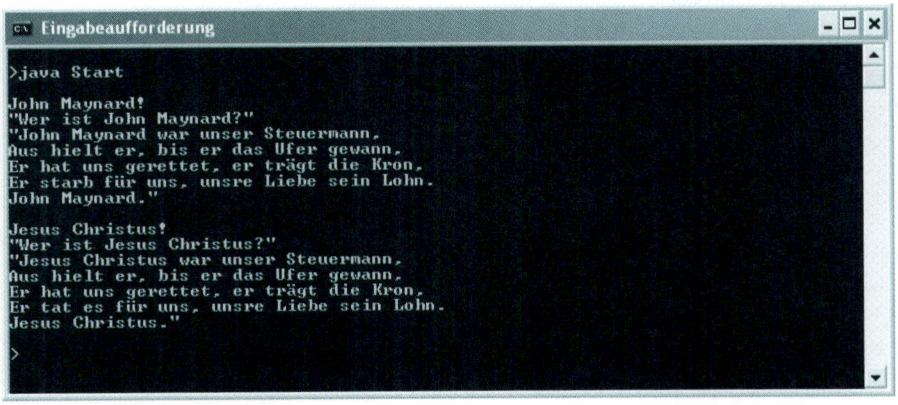

Abbildung 16: Textfälschung mittels replace()

29 Strings zerlegen

Zum Zerlegen von Strings steht die String-Methode `split()` zur Verfügung.

```
String[] split(String regex)
```

Der `split()`-Methode liegt die Vorstellung zugrunde, dass der zu zerlegende Text aus mehreren informationstragenden Passagen besteht, die durch spezielle Zeichen oder Zeichenfolgen getrennt sind. Ein gutes Beispiel ist ein String, der mehrere Zahlenwerte enthält, die durch Semikolon getrennt sind:

```
String data = "1;-234;5623;-90";
```

Die Zahlen sind in diesem Fall die eigentlich interessierenden Passagen, die extrahiert werden sollen. Die Semikolons dienen lediglich als Trennzeichen und sollen bei der Extraktion verworfen werden (d.h., sie sollen nicht mehr als Teil der zurückgelieferten Strings auftauchen).

Für solche Fälle ist `split()` ideal. Sie übergeben einfach das Trennzeichen (in Form eines Strings aus einem Zeichen) und erhalten die zwischen den Trennzeichen stehenden Textpassagen als String-Array zurück.

```
String[] buf = data.split(";");
```

Selbstverständlich können Sie auch Strings aus mehreren Zeichen als Trennmarkierung übergeben. Da der übergebene String als regulärer Ausdruck interpretiert wird, können Sie sogar durch Definition einer passenden Zeichenklasse nach mehreren alternativen Trennmarkierungen suchen lassen:

```
String[] buf = data.split("[;/]");          // erkennt Semikolon und
                                            // Schrägstrich als Trennmarkierung
```

Abbildung 17: Beispiel für die Zerlegung eines Textes in einzelne Wörter

oder beliebig komplexe Trennmarkierungen definieren:

```
// aus Start.java
// Text, der mit Zeilenumbrüchen und zusätzlichen Leerzeichen formatiert wurde
String text = "Sei getreu bis in den Tod,\n so will ich dir  die Krone des "
          + "Lebens  geben.";

String[] words = text.split("\\s+");        // Beliebige Folgen von Whitespace
                                            // als Trennmarkierung erkennen
```

Listing 31: Strings mit split() zerlegen

30 Strings zusammenfügen

Dass Strings mit Hilfe des +-Operators oder der String-Methode `concat()` aneinander gehängt werden können (Konkatenation), ist allgemein bekannt.

Zu beachten ist allerdings, dass diese Operationen, wie im Übrigen sämtliche Manipulationen von `String`-Objekten, vergleichsweise kostspielig sind, da `String`-Objekte *immutable*, sprich unveränderlich, sind. Alle String-Operationen, die den ursprünglichen String verändern würden, werden daher nicht auf den Originalstrings, sondern einer Kopie ausgeführt!

Wenn Sie also – um ein konkretes Beispiel zu geben – an einen bestehenden String einen anderen String anhängen, werden die Zeichen des zweiten Strings nicht einfach an das letzte Zeichen des ersten Strings angefügt, sondern es wird ein ganz neues `String`-Objekt erzeugt, in welches die Zeichen der beiden aneinander zu hängenden Strings kopiert werden.

Solange die entsprechenden String-Manipulationen nur gelegentlich durchgeführt werden, ist der Overhead, der sich durch die Anfertigung der Kopie ergibt, verschmerzbar. Sobald aber auf einen String mehrere manipulierende Operationen nacheinander ausgeführt werden, stellt sich die Frage nach einer ressourcenschonenderen Vorgehensweise.

Java definiert zu diesem Zweck die Klassen `StringBuilder` und `StringBuffer`. Diese stellen Methoden zur Verfügung, die direkt auf dem aktuellen Objekt (letzten Endes also der Zeichenkette, die dem String zugrunde liegt) operieren und mit deren Hilfe Konkatenations-, Einfüge- und Ersetzungsoperationen effizient durchgeführt werden können.

```
String partOne   = "Der Grund, warum wir uns über die Welt täuschen, ";
String partTwo   = "liegt sehr oft darin, ";
String partThree = "dass wir uns über uns selbst täuschen.";

// StringBuilder-Objekt auf der Grundlage von partOne erzeugen
StringBuilder text = new StringBuilder(partOne);

// Text in StringBuilder-Objekt bearbeiten
text.append(partTwo);
text.append(partThree);

// String-Builder-Objekt in String verwandeln
String s = text.toString();
```

Listing 32: String-Konkatenation mit StringBuilder

Wenn Sie einen String in ein StringBuilder-Objekt verwandeln wollen, um es effizienter bearbeiten zu können, dürfen Sie nicht vergessen, die Kosten für die Umwandlung in StringBuilder und wieder zurück in String in Ihre Kosten-Nutzen-Analyse mit einzubeziehen.

Denken Sie aber auch daran, dass der Geschwindigkeitsvorteil von StringBuilder.append() nicht nur darin besteht, dass kein neues String-Objekt erzeugt werden muss. Mindestens ebenso wichtig ist, dass die Zeichen des Ausgangsstrings (gemeint ist der String, an den angehängt wird) nicht mehr kopiert werden müssen. Je länger der Ausgangsstring ist, umso mehr Zeit wird also eingespart.

Mit dem Start-Programm zu diesem Rezept können Sie messen, wie viel Zeit 10.000 String-Konkatenationen mit dem String-Operator + und mit der StringBuilder-Methode append() benötigen.

Exkurs

StringBuilder oder StringBuffer?

Die Klassen StringBuilder und StringBuffer verfügen über praktisch identische Konstruktoren und Methoden und erlauben direkte Operationen auf den ihnen zugrunde liegenden Strings. Die Klasse StringBuffer wurde bereits in Java 1.2 eingeführt und ist synchronisiert, d.h., sie eignet sich für Implementierungen, in denen mehrere Threads gleichzeitig auf einen String zugreifen.

So vorteilhaft es ist, eine synchronisierte Klasse für String-Manipulationen zur Verfügung zu haben, so ärgerlich ist es, in den 90% der Fälle, wo Strings nur innerhalb eines Threads benutzt werden, den unnötigen Ballast der Synchronisierung mitzuschleppen. Aus diesem Grund wurde in Java 5 StringBuilder eingeführt – als nichtsynchronisiertes Pendant zu StringBuffer.

Sofern Sie also nicht mit einem älteren JDK (vor Version 1.5) arbeiten oder Strings benötigen, auf die von mehreren Threads aus zugegriffen wird, sollten Sie stets StringBuilder verwenden. Im Übrigen kann Code, der mit StringBuilder arbeitet, ohne große Mühen nachträglich auf StringBuffer umgestellt werden: Sie müssen lediglich alle Vorkommen von StringBuilder durch StringBuffer ersetzen. (Gilt natürlich ebenso für die umgekehrte Richtung.)

31 Strings nach den ersten n Zeichen vergleichen

Die Java-String-Klassen bieten relativ wenig Unterstützung zur bequemen Textverarbeitung. Nicht, dass elementare Funktionalität fehlen würde; was fehlt, sind Convenience-Methoden, wie man sie von stärker textorientierten Programmiersprachen kennt und die einem die eine oder andere Aufgabe vereinfachen würden. Die folgenden Rezepte sollen helfen, diese Lücke zu schließen.

Für String-Vergleiche gibt es in Java auf der einen Seite die String-Methoden compareTo() und compareToIgnoreCase(), die nach dem Unicode der Zeichen vergleichen, und auf der anderen Seite die Collator-Methode compare() für Vergleiche gemäß einer Lokale (*siehe Rezept 205*). Diese Methoden vergleichen immer ganze Strings.

Wenn Sie lediglich die Anfänge zweier Strings vergleichen wollen, müssen Sie die zu vergleichenden String-Teile als Teilstrings aus den Originalstrings herausziehen (substring()-Methode). Das folgende Listing demonstriert dies und kapselt den Code gleichzeitig in eine Methode.

```
/**
 * Strings nach ersten n Zeichen vergleichen
 * Rückgabewert ist kleiner, gleich oder größer Null
 */
public static int compareN(String s1, String s2, int n) {
    if (n < 1)
        throw new IllegalArgumentException();

    if (s1 == null || s2 == null)
        throw new IllegalArgumentException();

    // Kürzen, wenn String mehr als n Zeichen enthält
    if (s1.length() > n)
        s1 = s1.substring(0, n);
    if (s2.length() > n)
        s2 = s2.substring(0, n);

    // Die Stringanfänge vergleichen
    return s1.compareTo(s2);
}
```

Listing 33: Strings nach den ersten n Zeichen vergleichen

Die Methode `compareN()` ruft für den eigentlichen Vergleich die String-Methode `compareTo()` auf. Folglich übernimmt sie auch die `compareTo()`-Semantik: Der Rückgabewert ist kleiner, gleich oder größer null, je nachdem, ob der erste String kleiner, gleich oder größer als der zweite String ist. Verglichen wird nach dem Unicode und der zurückgelieferte Zahlenwert gibt die Differenz zwischen den Unicode-Werten des ersten unterschiedlichen Zeichenpaars an (bzw. der Stringlängen, falls die Zeichenpaare alle gleich sind).

Sollen die Strings lexikografisch verglichen werden, muss der Vergleich mit Hilfe von `Collator.compare()` durchgeführt werden:

```
/**
 *  Strings nach ersten n Zeichen gemäß Lokale vergleichen
 *  Rückgabewert ist -1, 0 oder 1
 */
public static int compareN(String s1, String s2, int n, Locale loc) {
    if (n < 1)
        throw new IllegalArgumentException();

    if (s1 == null || s2 == null)
        throw new IllegalArgumentException();

    // Kürzen, wenn String mehr als n Zeichen enthält
    if (s1.length() > n)
        s1 = s1.substring(0, n);
    if (s2.length() > n)
        s2 = s2.substring(0, n);
```

Listing 34: Strings lexikografisch nach den ersten n Zeichen vergleichen

```
    Collator coll = Collator.getInstance(loc);
    return coll.compare(s1, s2);
}
```

Listing 34: Strings lexikografisch nach den ersten n Zeichen vergleichen (Forts.)

Hinweis

In der Datei *MoreString.java* zu diesem Rezept sind noch zwei weitere Methoden definiert, mit denen Strings ohne Berücksichtigung der Groß-/Kleinschreibung verglichen werden können:

```
static int compareNIgnoreCase(String s1, String s2, int n, Locale loc)

static int compareNIgnoreCase(String s1, String s2, int n)
```

Das Start-Programm zu diesem Rezept liest über die Befehlszeile zwei Strings und die Anzahl der zu vergleichenden Zeichen ein. Dann vergleicht das Programm die beiden Strings auf vier verschiedene Weisen:

- gemäß Unicode, mit Berücksichtigung der Groß-/Kleinschreibung.
- gemäß Unicode, ohne Berücksichtigung der Groß-/Kleinschreibung.
- gemäß der deutschen Lokale, mit Berücksichtigung der Groß-/Kleinschreibung.
- gemäß der deutschen Lokale, ohne Berücksichtigung der Groß-/Kleinschreibung.

```
import java.util.Locale;

public class Start {

    public static void main(String args[]) {
        System.out.println();

        if (args.length != 3) {
           System.out.println(" Aufruf: Start <String> <String> <Ganzzahl>");
           System.exit(0);
        }

        try {
            int n = Integer.parseInt(args[2]);

            System.out.println("\n Vergleich nach Unicode ");
            int erg = MoreString.compareN(args[0], args[1], n);

            if(erg < 0) {
                System.out.println(" String 1 ist kleiner");
            } else if(erg == 0) {
                System.out.println(" Strings sind gleich");
            } else {
                System.out.println(" String 1 ist groesser");
            }
```

Listing 35: Testprogramm für String-Vergleiche

```
...

            System.out.println("\n Vergleich nach Lokale");
            erg = MoreString.compareN(args[0], args[1], n,
                                      new Locale("de", "DE"));

            switch(erg) {
            case -1:   System.out.println(" String 1 ist kleiner");
                       break;
            case  0:   System.out.println(" Strings sind gleich");
                       break;
            case  1:   System.out.println(" String 1 ist groesser");
                       break;
            }

...

        }
        catch (NumberFormatException e) {
            System.err.println(" Ungueltiges Argument");
        }
    }
}
```

Listing 35: Testprogramm für String-Vergleiche (Forts.)

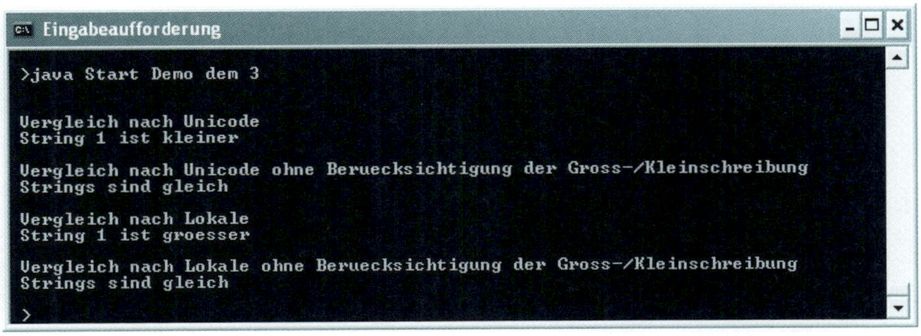

Abbildung 18: Ob ein String größer oder kleiner als ein anderer String ist, hängt vor allem von der Vergleichsmethode ab!

Tipp

Die in diesem Rezept vorgestellten Methoden sind, man muss es so hart sagen, alles andere als effizient implementiert: Die Rückführung auf vorhandene API-Klassen sorgt für eine saubere Implementierung, bedeutet aber zusätzlichen Function Overhead, und die Manipulation der tatsächlich ja unveränderbaren `String`-Objekte führt im Hintergrund zu versteckten Kopieraktionen. Wesentlich effizienter wäre es, die Strings in `char`-Arrays zu verwandeln (`String`-Methode `toCharArray()`) und diese selbst Zeichen für Zeichen zu vergleichen. Der Aufwand lohnt sich aber nur, wenn Sie wirklich exzessiven Gebrauch von diesen Methoden machen wollen.

32 Zeichen (Strings) vervielfachen

Strings zu vervielfachen oder ein Zeichen n Mal in einen String einzufügen, ist nicht schwer. Das Aufsetzen der nötigen Schleifen, eventuell auch die Umwandlung in StringBuilder-Objekte, ist allerdings lästig und stört die Lesbarkeit des Textverarbeitungscodes. Convenience-Methoden, die Zeichen bzw. Strings vervielfachen und als String zurückliefern, können hier Abhilfe schaffen.

Die Methode `charNTimes()` erzeugt einen String, der aus `n` Zeichen `c` besteht.

```
import java.util.Arrays;

/**
 * Zeichen vervielfältigen
 */
public static String charNTimes(char c, int n) {
   if (n > 0) {
      char[] tmp = new char[n];

      Arrays.fill(tmp, c);

      return new String(tmp);
   } else
      return "";
}
```

Listing 36: String aus n gleichen Zeichen erzeugen

Beachten Sie, dass die Methode nicht einfach ein leeres `String`-Objekt erzeugt und diesem mit Hilfe des +-Operators `n` Mal das Zeichen `c` anhängt. Diese Vorgehensweise würde wegen der Unveränderbarkeit von `String`-Objekten dazu führen, dass n+1 `String`-Objekte erzeugt würden. Stattdessen wird ein `char`-Array passender Größe angelegt und mit dem Zeichen `c` gefüllt. Anschließend wird das Array in einen String umgewandelt und als Ergebnis zurückgeliefert.

Achtung

Zur Erinnerung: `String`-Objekte sind *immutable*, d.h. unveränderbar. Jegliche Änderung an einem `String`-Objekt, sei es durch den +-Operator oder eine der String-Methoden führt dazu, dass ein neues `String`-Objekt mit den gewünschten Änderungen erzeugt wird.

Die Schwestermethode heißt `strNTimes()` und erzeugt einen String, der aus `n` Kopien des Strings `s` besteht.

```
/**
 * String vervielfältigen
 */
public static String strNTimes(String s, int n) {
   StringBuilder tmp = new StringBuilder();
```

Listing 37: String aus n Kopien einer Zeichenfolge erzeugen

```
    for(int i = 1; i <= n; ++i)
       tmp.append(s);

    return tmp.toString();
}
```

Listing 37: String aus n Kopien einer Zeichenfolge erzeugen (Forts.)

Diese Methode arbeitet intern mit einem `StringBuilder`-Objekt, um die Mehrfacherzeugung von `String`-Objekten zu vermeiden.

Hinweis

`StringBuilder`- und `StringBuffer`-Objekte erlauben die direkte Manipulation von Strings, d.h., die Methoden dieser Klassen operieren auf dem aktuellen Objekt und verändern dessen Zeichenfolge (statt wie im Fall von `String` ein neues Objekt zu erzeugen). Die Klassen `StringBuilder` und `StringBuffer` besitzen identische Methoden. Die `StringBuilder`-Methoden sind in der Ausführung allerdings schneller, weil sie im Gegensatz zu den `StringBuffer`-Methoden nicht threadsicher sind.

Die zurückgelieferten Strings können Sie in andere Strings einbauen oder direkt ausgeben.

```
public class Start {

   public static void main(String args[]) {
      System.out.println();

      System.out.println(" /" + MoreString.charNTimes('*', 40));
      System.out.println();
      System.out.println("\t Zeichen und ");
      System.out.println("\t Zeichenfolgen vervielfachen ");
      System.out.println();
      System.out.println(" " + MoreString.strNTimes("*-", 20) + "/");

   }
}
```

Listing 38: Testprogramm zu charNTimes() und strNTimes()

33 Strings an Enden auffüllen (Padding)

Die Klasse `String` definiert eine Methode `trim()` zum Entfernen von Whitespace-Zeichen an den Enden eines Strings, aber keine Methode, um Strings an den Enden bis zu einer gewünschten Länge aufzufüllen.

Die statische Methode `MoreString.strpad()` übernimmt einen String, füllt ihn bis auf die gewünschte Zeichenlänge auf und liefert den resultierenden String zurück. Das Füllzeichen ist frei wählbar. Der Parameter `end` bestimmt, ob am Anfang oder Ende des Strings aufgefüllt wird. Als Argumente können ihm die vordefinierten Konstanten `MoreString.PADDING_LEFT` und `MoreString.PADDING_RIGHT` übergeben werden. Der letzte Parameter `cut` legt fest, wie vorzugehen ist, wenn die gewünschte Länge kleiner als die Originallänge des Strings ist. Ist `cut` gleich `true`, wird der String am Ende gekürzt, ansonsten wird der Originalstring zurückgeliefert.

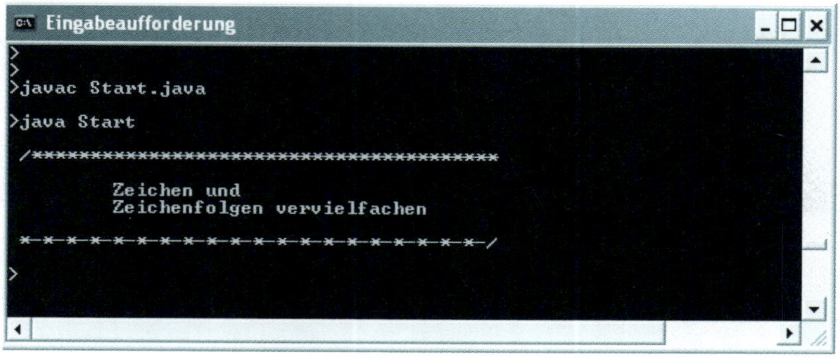

Abbildung 19: Ausgabe vervielfachter Zeichen und Zeichenfolgen

```
public class MoreString {
    public static final short PADDING_LEFT  = 0;
    public static final short PADDING_RIGHT = 1;

    ...

    /**
     * Padding (Auffüllen) für String
     */
    public static String strpad(String s, int length, char c, short end,
                                boolean cut) {
        if(length < 1 || s.length() == length)
           return s;

        if(s.length() > length)
           if (cut)                            // String verkleinern
              return s.substring(0, length);
           else                                // String unverändert zurückgeben
              return s;

        // Differenz berechnen                 // String vergrößern
        int diff = length - s.length();

        char[] pad = new char[diff];
        for(int i = 0; i < pad.length; ++i)
           pad[i] = c;

        if(end == MoreString.PADDING_LEFT)
           return new String(pad) + s;
        else
           return s + new String(pad);
    }
    ...
```

Listing 39: String auf gewünschte Länge auffüllen

Häufig müssen Strings linksseitig mit Leerzeichen aufgefüllt werden. Für diese spezielle Aufgabe gibt es eine überladene Version der Methode:

```
public static String strpad(String s, int length) {

    return MoreString.strpad(s, length,' ', MoreString.PADDING_LEFT);
}
```

Listing 40 demonstriert den Einsatz der Methode.

```
public class Start {

  public static void main(String args[]) {
     System.out.println();
     String s = "Text";

     System.out.println(" Padding rechts mit . auf Laengen 3, 5, 7 und 9");
     System.out.println();
     System.out.println(MoreString.strpad(s, 3,'.',MoreString.PADDING_RIGHT));
     System.out.println(MoreString.strpad(s, 5,'.',MoreString.PADDING_RIGHT));
     System.out.println(MoreString.strpad(s, 7,'.',MoreString.PADDING_RIGHT));
     System.out.println(MoreString.strpad(s, 9,'.',MoreString.PADDING_RIGHT));
     System.out.println();

     System.out.println(" Padding links mit Leerzeichen auf Laengen 3, 5, 7 "
                        + "und 9");
     System.out.println();
     System.out.println(MoreString.strpad(s, 3));
     System.out.println(MoreString.strpad(s, 5));
     System.out.println(MoreString.strpad(s, 7));
     System.out.println(MoreString.strpad(s, 9));

     System.out.println();
  }
}
```

Listing 40: Testprogramm zu strpad()

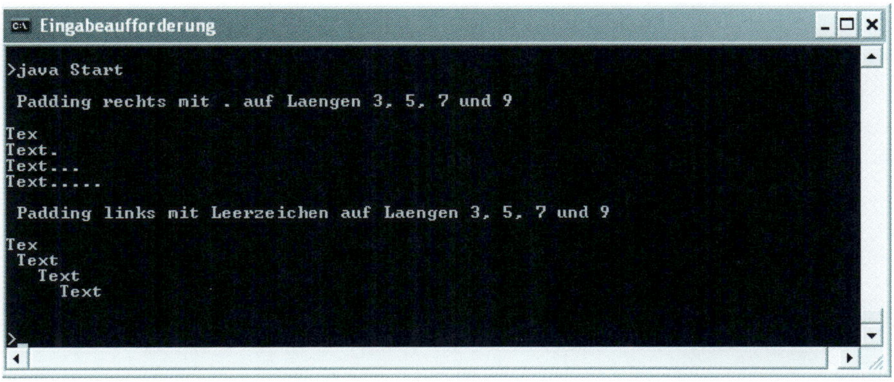

Abbildung 20: String-Padding

34 Whitespace am String-Anfang oder -Ende entfernen

Zu den Standardaufgaben der String-Verarbeitung gehört auch das Entfernen von Whitespace (Leerzeichen, Zeilenumbruch, Tabulatoren etc.). Die String-Klasse stellt zu diesem Zweck die Methode `trim()` zur Verfügung – allerdings mit dem kleinen Wermutstropfen, dass diese immer von beiden Seiten, Stringanfang wie -ende, den Whitespace abschneidet. Um Ihnen die Wahlmöglichkeit wiederzugeben, die `trim()` verweigert, erhalten Sie hier zwei Methoden `ltrim()` und `rtrim()`, mit denen Sie Whitespace gezielt vom String-Anfang (`ltrim()`) bzw. String-Ende (`rtrim()`) entfernen können.

```
/**
 * Whitespace vom Stringanfang entfernen
 */
public static String ltrim(String s) {
    int len = s.length();
    int i = 0;
    char[] chars = s.toCharArray();

    // Index i vorrücken, bis Nicht-Whitespace-Zeichen
    // (Unicode > Unicode von ' ') oder Stringende erreicht
    while ((i < len) && (chars[i] <= ' ')) {
       ++i;
    }

    // gekürzten String zurückliefern
    return (i > 0) ? s.substring(i, len) : s;
}


/**
 *  Whitespace vom Stringende entfernen
 */
public static String rtrim(String s) {
    int len = s.length();
    char[] chars = s.toCharArray();

    // Länge len verkürzen, bis Nicht-Whitespace-Zeichen
    // (Unicode > Unicode von ' ') oder Stringanfang erreicht
    while ((len > 0) && (chars[len - 1] <= ' ')) {
       --len;
    }

    // gekürzten String zurückliefern
    return (len < s.length()) ? s.substring(0, len) : s;
}
```

Listing 41: Methoden zur links- bzw. rechtsseitigen Entfernung von Whitespace

Beide Methoden lassen sich von der String-Methode `toCharArray()` das Zeichenarray zurückliefern, das dem übergebenen String zugrunde liegt. Dieses Array gehen die Methoden in einer `while`-Schleife Zeichen für Zeichen durch: `ltrim()` vom Anfang und `rtrim()` vom Ende ausgehend. Die Schleife wird so lange fortgesetzt, wie der Unicode-Wert der vorgefundenen Zeichen kleiner oder gleich dem Unicode-Wert des Leerzeichens ist (dies schließt Whitespace und nicht druckbare Sonderzeichen aus). Anschließend wird je nachdem, ob Whitespace gefunden wurde oder nicht, ein vom Whitespace befreiter Teilstring oder der Originalstring zurückgeliefert.

Um einen String mit Hilfe dieser Methoden am Anfang oder Ende von Whitespace zu befreien, übergeben Sie den String einfach als Argument an die jeweilige Methode und nehmen den bearbeiteten String als `return`-Wert entgegen:

```
String trimmed = MoreString.ltrim(str);
```

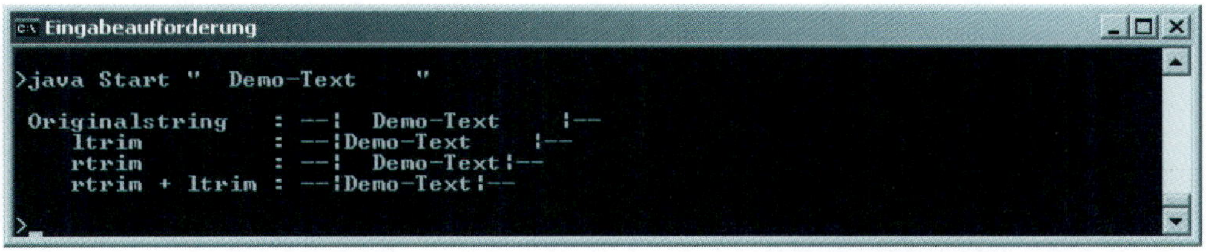

Abbildung 21: Effekt der Methoden ltrim() und rtrim()

35 Arrays in Strings umwandeln

Als Java-Programmierer denkt man bei der Umwandlung von Objekten in Strings natürlich zuerst an die Methode `toString()`.

toString()

Für Arrays liefert `toString()` allerdings nur den Klassennamen und den Hashcode, wie in der Notimplementierung von `Object` festgelegt.

```
int[] ints = { 1, -312, 45, 55, -9, 7005};
System.out.println(ints);  // ruft intern ints.tostring() auf
```

Ausgabe:

```
[I@187c6c7
```

Angesichts der Tatsache, dass man sich von der Ausgabe eines Arrays in der Regel verspricht, dass die einzelnen Array-Elemente in der Reihenfolge, in der sie im Array gespeichert sind, in Strings umgewandelt und aneinander gereiht werden, ist die Performance von `toString()` enttäuschend. Andererseits ist bekannt, dass die Array-Unterstützung von Java nicht in den Array-Objekten selbst, sondern in der Utility-Klasse `Arrays` implementiert ist. Und richtig, es gibt auch eine `Arrays`-Methode `toString()`.

Arrays.toString()

Die `Arrays`-Methode `toString()` übernimmt als Argument ein beliebiges Array und liefert als Ergebnis einen String mit den Elementen des Arrays zurück. Genauer gesagt: Die Elemente im Array werden einzeln in Strings umgewandelt, durch Komma und Leerzeichen getrennt aneinander gehängt, schließlich in eckige Klammern gefasst und zurückgeliefert:

```
int[] ints = { 1, -312, 45, 55, -9, 7005};
System.out.println(Arrays.toString(ints));
```

Ausgabe:

```
[1, -312, 45, 55, -9, 7005]
```

Enthält das Array als Elemente weitere Arrays, werden diese allerdings wiederum nur durch Klassenname und Hashcode repräsentiert (siehe oben). Sollen Unterarrays ebenfalls durch Auflistung ihrer Elemente dargestellt werden, rufen Sie die Arrays-Methode deepToString() auf.

Auch wenn die Array-Methode toString() der Vorstellung einer praxisgerechten Array-to-String-Methode schon sehr nahe kommt, lässt sie sich noch weiter verbessern. Schön wäre zum Beispiel, wenn der Programmierer selbst bestimmen könnte, durch welche Zeichen oder Zeichenfolge die einzelnen Array-Elemente getrennt werden sollen. Und auf die Klammerung der Array-Elemente könnte man gut verzichten.

MoreString.toString()

Die statische Methode MoreString.toString() ist weitgehend identisch zu Arrays.toString(), nur dass der erzeugte String nicht in Klammern gefasst wird und der Programmierer selbst bestimmen kann, durch welche Zeichenfolge die einzelnen Array-Elemente getrennt werden sollen (zweites Argument: separator). Ich stelle hier nur die Implementierungen für int[]- und Object[]-Arrays vor. Für Arrays mit Elementen anderer primitiver Datentypen (boolean, char, long, double etc.) müssen nach dem gleichen Muster eigene überladene Versionen geschrieben werden:

```
/**
 *  int[]-Arrays in Strings umwandeln
 */
public static String toString(int[] a, String separator) {
    if (a == null)
        return "null";
    if (a.length == 0)
        return "";

    StringBuilder buf = new StringBuilder();
    buf.append(a[0]);

    for (int i = 1; i < a.length; i++) {
        buf.append(separator);
        buf.append(a[i]);
    }

    return buf.toString();
}


/**
 *  Object[]-Arrays in Strings umwandeln
 */
public static String toString(Object[] a, String separator) {
    if (a == null)
        return "null";
    if (a.length == 0)
        return "";

    StringBuilder buf = new StringBuilder();
```

Listing 42: Arrays in Strings verwandeln

```
        buf.append(a[0].toString());

        for (int i = 1; i < a.length; i++) {
            buf.append(separator);
            buf.append(a[i].toString());
        }

        return buf.toString();
    }
```

Listing 42: Arrays in Strings verwandeln (Forts.)

Mit Hilfe dieser Methoden ist es ein Leichtes, die Elemente eines Arrays wahlweise durch Leerzeichen, Kommata, Semikolons oder auch Zeilenumbrüche getrennt in einen String zu verwandeln:

```
int[] ints = { 1, -312, 45, 55, -9, 7005};
String intStr;

intsStr = MoreString.toString(ints, ", ");
intsStr = MoreString.toString(ints, "\t");
intsStr = MoreString.toString(ints, "\n");
```

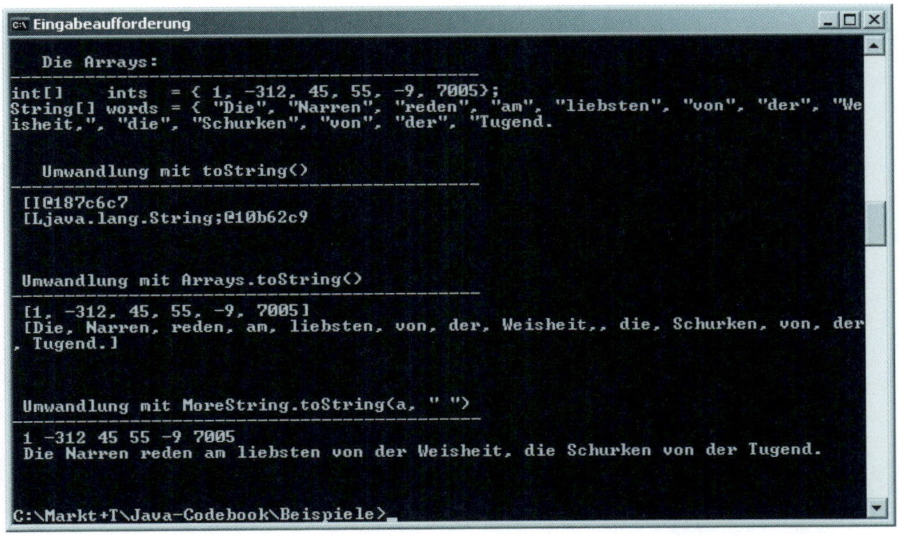

Abbildung 22: Vergleich der verschiedenen Array-to-String-Methoden

36 Strings in Arrays umwandeln

Ebenso wie es möglich ist, Array-Elemente in Strings zu verwandeln und zu einem einzigen String zusammenzufassen, ist es natürlich auch denkbar, einen String in Teilstrings zu zerlegen, in einen passenden Datentyp umzuwandeln und als Array zu verwalten. Mögliche Anwendungen wären zum Beispiel die Zerlegung eines Textes in ein Array von Wörtern oder die Extraktion von Zahlen aus einem String.

1. Als Erstes zerlegen Sie den String in Teilstrings. Dies geschieht am effizientesten mit der `split()`-Methode (*siehe Rezept 29*).

   Als Argument übergeben Sie einen regulären Ausdruck (in Form eines Strings), der angibt, an welchen Textstellen der String aufgebrochen werden soll. Im einfachsten Fall besteht dieser reguläre Ausdruck aus einem oder mehreren Zeichen respektive Zeichenfolgen, die als Trennzeichen zwischen den informationstragenden Teilstrings stehen. Die Teilstrings werden als String-Array zurückgeliefert.

   ```
   String[] buf = aString.split(" ");           // Leerzeichen als
                                                // Trennzeichen

   String[] substrings = aString.split("\\s+"); // Whitespace als
                                                // Trennzeichen
   ```

Wenn es darum ginge, den String in ein Array von Teilstrings zu zerlegen, ist die Arbeit an diesem Punkt bereits getan (von einer eventuell erforderlichen Nachbearbeitung der Teilstrings einmal abgesehen). Ansonsten:

2. Wandeln Sie das String-Array in ein Array von Elementen des gewünschten Zieltyps um.

Das Start-Programm zu diesem Rezept demonstriert die Umwandlung in Arrays an zwei Beispielen. Im ersten Fall wird ein Text in Wörter zerlegt (mit Whitespace als Trennzeichen), im zweiten Fall wird ein String, der durch Tabulatoren getrennte Zahlenwerte enthält, zerlegt und in ein Array von `int`-Werten umgewandelt:

```
public class Start {

   public static void main(String args[]) {
      String paul_ernst = "Die Narren reden am liebsten von der Weisheit, "
                        + "die Schurken von der Tugend.";
      String data = "1\t-234\t5623\t-90";



      System.out.println("\n\n Text in Woerter-Array zerlegen:\n");
      System.out.println(" \"" + paul_ernst + "\"\n\n");

      // String in Array verwandeln
      String[] words = paul_ernst.split("\\s+");

      // Ausgabe der Array-Elemente
      System.out.println(" Array nach split(\"\\\\s+\") :\n");
      for (String s : words)
         System.out.println("\t" + s);



      System.out.println("\n\n String mit int-Daten in Zahlen zerlegen:\n");
      System.out.println(" \"" + data + "\"\n\n");

      // String in Array verwandeln
```

Listing 43: Demo-Programm zur Umwandlung von Strings in Arrays

```
        String[] buf = data.split("\t");
        int[] numbers = new int[buf.length];
        try {
            for (int i = 0; i < numbers.length; ++i)
                numbers[i] = Integer.parseInt(buf[i]);

        } catch (NumberFormatException e) {
            System.err.println(" Fehler bei Umwandlung in Integer");
        }

        // Ausgabe der Array-Elemente
        System.out.println(" Array nach split(\"\\t\"):\n");
        for (Integer i : numbers)
            System.out.println("\t" + i);

    }
}
```

Listing 43: Demo-Programm zur Umwandlung von Strings in Arrays (Forts.)

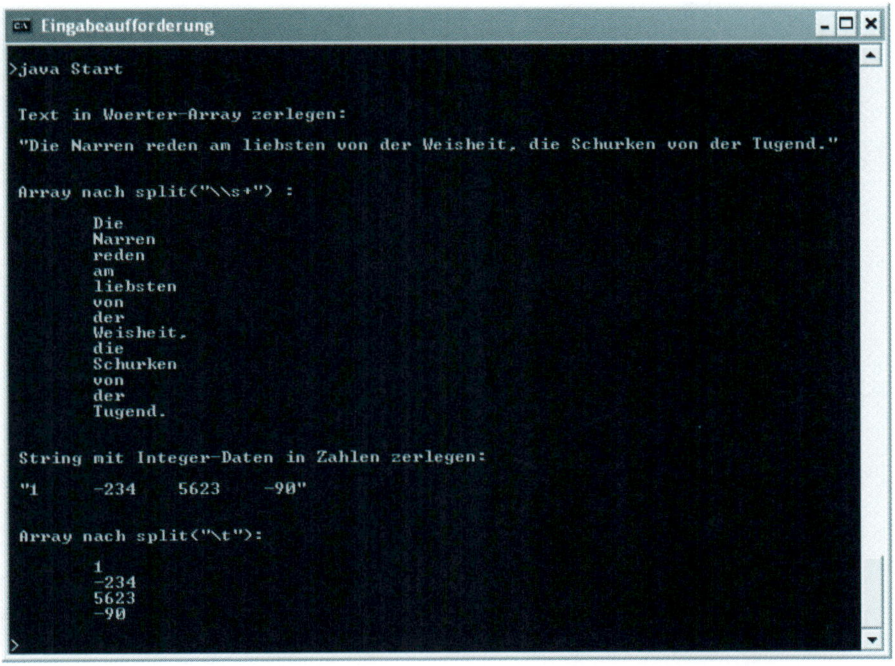

Abbildung 23: Umwandlung von Strings in Arrays

37 Zufällige Strings erzeugen

Für Testzwecke ist es oft hilfreich, eine große Anzahl an unterschiedlichen, zufällig zusammengesetzten Zeichenketten zur Verfügung zu haben. Als Java-Programmierer haben Sie natürlich die besten Möglichkeiten, solche Zufallsstrings zu erzeugen. Für den Zufall sorgt dabei die Klasse `java.util.Random`, die man zur Generierung von gleichverteilten Zufallszahlen verwenden kann, beispielsweise aus dem Bereich von 65 bis 122, in dem die ASCII-Codes der Groß- und Kleinbuchstaben liegen. Aus einem ASCII-Wert kann dann einfach per Cast das entsprechende Zeichen erzeugt werden. Das folgende Beispiel zeigt eine mögliche Implementierung zur Erzeugung von solchen Zufallsstrings mit einer wählbaren Mindest- und Maximallänge:

```
/**
  * Klasse zur Erzeugung zufälliger Zeichenketten aus dem Bereich a-Z
  */
import java.util.*;

class RandomStrings {

   /**
    * Erzeugt zufällige Zeichenketten aus dem Bereich a-Z
    *
    * @param num  Anzahl zu generierender Zeichenketten
    * @param min  minimale Länge pro Zeichenkette
    * @param max  maximale Länge pro Zeichenkette
    * @return     ArrayList<String> mit Zufallsstrings
    */
   public static ArrayList<String> createRandomStrings(int num,
                                                     int min, int max) {
      Random randGen = new Random(System.currentTimeMillis());
      ArrayList<String> result = new ArrayList<String>();

      if(min > max || num <= 0) // nichts zu tun
         return result;

      for(int i = 1; i <= num; i++) {
         int length;

         // Länge des nächsten Strings zufällig wählen
         if(min == max)
            length = min;
         else
            length = randGen.nextInt(max + 1 - min) + min;

         StringBuilder curStr = new StringBuilder();
         int counter = 0;

         while(counter < length) {
            // Bereichsgrenzen: von A = 65 bis z = 122
            // Bereich 91-96 sind Sonderzeichen -> überspringen
            int value = randGen.nextInt(122 + 1 -65) + 65;
```

Listing 44: RandomStrings.java – ein String-Generator

```
            if(value >= 91 && value <= 96)
               continue;
             else
               counter++;

            char z = (char) value;
            curStr.append(z);
         }

         result.add(curStr.toString());
      }

      return result;
   }
}
```

Listing 44: RandomStrings.java – ein String-Generator (Forts.)

Das Start-Programm zu diesem Rezept benutzt den String-Generator zur Erzeugung von zehn Strings mit vier bis fünfzehn Buchstaben.

```
public class Start {

   public static void main(String[] args) {

      // Zehn Strings mit vier bis fünfzehn Zeichen erzeugen
      ArrayList<String> strings;
      strings = RandomStrings.createRandomStrings(10, 4, 15);

      for(String str : strings)
         System.out.println(str);
   }
}
```

Listing 45: Erzeugung zufälliger Zeichenketten

Abbildung 24: Zufällige Strings der Länge 4 bis 15

38 Wortstatistik erstellen

Das Erstellen einer Wortstatistik, d.h. das Erkennen der Wörter inklusive ihrer Häufigkeit, lässt sich mit Java sehr elegant realisieren. Die Kombination zweier Klassen stellt alles Nötige bereit:

- Mit `java.util.StringTokenizer` wird der Text in die interessierenden Wörter zerlegt. Bequemerweise kann man der Klasse auch einen String mit allen Zeichen mitgeben, die als Trennzeichen interpretiert werden sollen. Dadurch kann man beispielsweise neben dem üblichen Leerzeichen auch andere Satzzeichen beim Lesen überspringen.
- Alle gefundenen Wörter werden in einer Hashtabelle (z.B. `java.util.HashMap`) abgespeichert, zusammen mit ihrer aktuellen Häufigkeit. Wenn ein Wort bereits vorhanden ist, wird lediglich der alte Zählerwert um eins erhöht.

```
/**
 *  Klasse zur Erstellung von Wortstatistiken
 */
import java.util.*;
import java.io.*;

class WordStatistics {

   /**
    *  Erstellt eine Wortstatistik; Rückgabe ist eine Auflistung aller
    *  vorkommenden Wörter und ihrer Häufigkeit; Satzzeichen und gängige
    *  Sonderzeichen werden ignoriert.
    *
    * @param text  zu analysierender Text
    * @return      HashMap<String, Integer> mit Wörtern und ihren Häufigkeiten
    */
   public static HashMap<String, Integer> countWords(String text) {
       StringTokenizer st = new StringTokenizer(text,
                                   "\n\" -+,&%$§.;:?!(){}[]");
       HashMap<String, Integer> wordTable = new HashMap<String, Integer>();

       while(st.hasMoreTokens()) {
          String word = st.nextToken();
          Integer num = wordTable.get(word);

          if(num == null) {
             // bisher noch nicht vorhanden -> neu einfügen mit Zählwert = 1
             num = new Integer(1);
             wordTable.put(word, num);
            }
          else {
            // Wort bereits vorhanden -> Zähler erhöhen
            int numValue = num.intValue() + 1;
            num = new Integer(numValue);
            wordTable.put(word, num);
          }
```

Listing 46: WordStatistics.java

```
        }

        return wordTable;
    }
}
```

Listing 46: WordStatistics.java (Forts.)

Das Start-Programm zu diesem Rezept demonstriert den Aufruf.

```
public class Start {

   public static void main(String[] args) {

      if(args.length != 1) {
         System.out.println("Aufruf: <Dateiname>");
         System.exit(0);
      }

      // Datei einlesen
      StringBuilder text = new StringBuilder();

      try {
         BufferedReader reader = new BufferedReader(
                                       new FileReader(args[0]));
         String line;

         while((line = reader.readLine()) != null)
            text.append(line + "\n");

      } catch(Exception e) {
         e.printStackTrace();
      }


      // Statistik erstellen
      HashMap<String, Integer> statistic;
      statistic = WordStatistics.countWords(text.toString());

      // Statistik ausgeben
      System.console().printf("\n Anzahl unterschiedlicher Wörter: %d\n",
                              statistic.size());
      Set<String> wordSet = statistic.keySet();
      Iterator<String> it = wordSet.iterator();

      while(it.hasNext()) {
         String word = it.next();
         int num  = statistic.get(word).intValue();
         System.console().printf(" %s : %d \n", word, num);      }
```

Listing 47: Erstellen einer Wortstatistik

```
        }
      }
   }
```

Listing 47: Erstellen einer Wortstatistik (Forts.)

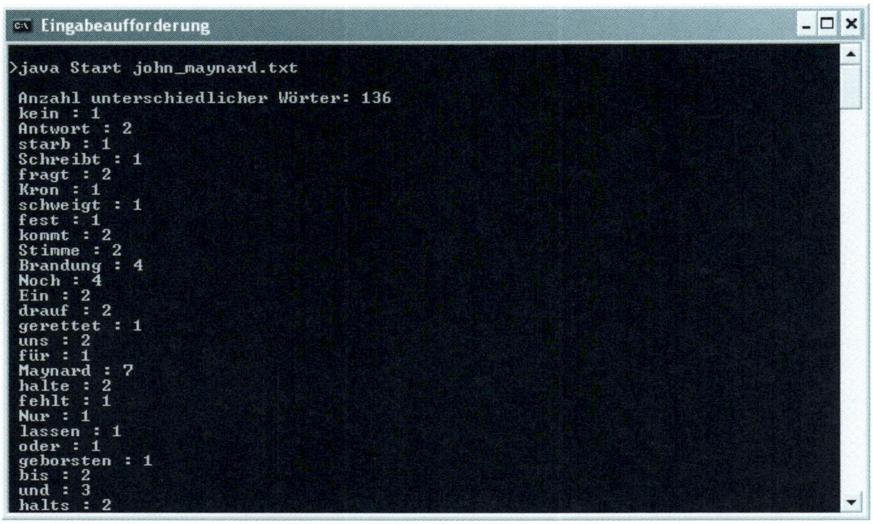

Abbildung 25: Ausgabe von Worthäufigkeiten

Hinweis

Die Gesamtzahl an unterschiedlichen Wörtern kann man wie oben gezeigt über die Methode `size()` der Hashtabelle ermitteln. Falls man allerdings die gesamte Anzahl an Wörtern (inklusive Wiederholungen) benötigt, bietet `StringTokenizer` die Methode `countTokens()` an:

```
StringTokenizer st = new StringTokenizer(meinText, "\n\" -+,&%$§.;:?!(){}[]");
System.out.println("Gesamtzahl Wörter: " + st.countTokens());
```

Datum und Uhrzeit

39 Aktuelles Datum abfragen

Der einfachste und schnellste Weg, das aktuelle Datum abzufragen, besteht darin, ein Objekt der Klasse `Date` zu erzeugen:

```
import java.util.Date;

Date today = new Date();
System.out.println(today);
```

Ausgabe:

```
Thu Mar 31 10:54:31 CEST 2005
```

Wenn Sie dem Konstruktor keine Argumente übergeben, ermittelt er die aktuelle Systemzeit als Anzahl Millisekunden, die seit dem 01.01.1970 00:00:00 Uhr, GMT, vergangen sind, und speichert diese in dem `Date`-Objekt. Wenn Sie das `Date`-Objekt mit `println()` ausgeben (oder in einen String einbauen), wird seine `toString()`-Methode aufgerufen, die aus der Anzahl Millisekunden das Datum berechnet. Und genau hier liegt das Problem der `Date`-Klasse.

Die `Date`-Klasse arbeitet nämlich intern mit dem gregorianischen Kalender. Dieser ist zwar weit verbreitet und astronomisch korrekt, jedoch bei weitem nicht der einzige Kalender. Bereits im JDK 1.1 wurden der Klasse `Date` daher die abstrakte Klasse `Calendar` und die von `Calendar` abgeleitete Klasse `GregorianCalendar` an die Seite gestellt. Die Idee dahinter:

- Neben `GregorianCalendar` können weitere Klasse für andere Kalender implementiert werden.
- Von der statischen Methode `Calendar.getInstance()` kann sich der Programmierer automatisch den passenden Kalender zur Lokale des aktuellen Systems zurückliefern lassen.

Leider gibt es derzeit nur drei vordefinierte Kalenderklassen, die von `getInstance()` zurückgeliefert werden: `sun.util.BuddhistCalendar` für die Thai-Lokale (`th_TH`), `JapaneseImperialCalendar` (für `ja_JP`) und `GregorianCalendar` für alle anderen Lokalen.

Trotzdem sollten Sie den Empfehlungen von Sun folgen und die Klasse `Date` nur dann verwenden, wenn Sie an der reinen Systemzeit interessiert sind oder die chronologische Reihenfolge verschiedener Zeiten prüfen wollen. Wenn Sie explizit mit Datumswerten programmieren müssen, verwenden Sie `Calendar` oder `GregorianCalendar`.

```
// Aktuelles Datum mit Calendar abfragen
import java.util.Calendar;

Calendar calendar = Calendar.getInstance();
// verwende zur Ausgabe System.console() anstelle von System.out, um evt.
// enthaltene Umlaute korrekt auszugeben (siehe Rezept 85)
System.console().printf("%s\n",
      java.text.DateFormat.getDateTimeInstance().format(calendar.getTime()) );
```

Der Aufruf `Calendar.getInstance()` liefert ein Objekt einer `Calendar`-Klasse zurück (derzeit für nahezu alle Lokalen eine `GregorianCalendar`-Instanz, siehe oben). Das `Calendar`-Objekt repräsentiert die aktuelle Zeit (Datum und Uhrzeit) gemäß der auf dem System eingestellten Lokale und Zeitzone.

Die Felder (Jahr, Monat, Stunde ...) eines Calendar-Objekts können mit Hilfe der get-/set-Methoden der Klasse abgefragt bzw. gesetzt werden.

Methode	Beschreibung

`int get(int field)`	Zum Abfragen der verschiedenen Feldwerte. Die Felder werden durch folgende Konstanten ausgewählt:
	`AM_PM // AM (Vormittag) oder PM (Nachmittag)`
	`DATE // entspricht DAY_OF_MONTH`
	`DAY_OF_MONTH // Tag im Monat, beginnend mit 1`
	`DAY_OF_WEEK // Tag in Woche (1 (SUNDAY) - 7 (SATURDAY))`
	`DAY_OF_WEEK_IN_MONTH // 7-Tage-Abschnitt in Monat, beginnend mit 1`
	`DAY_OF_YEAR // Tag im Jahr, beginnend mit 1`
	`DST_OFFSET // Sommerzeitverschiebung in Millisekunden`
	`ERA // vor oder nach Christus`
	`HOUR // Stunde vor oder nach Mittag (0 - 11)`
	`HOUR_OF_DAY // Stunde (0 - 23)`
	`MILLISECOND // Millisekunden (0-999)`
	`MINUTE // Minuten (0-59)`
	`MONTH // Monat, beginnend mit JANUARY`
	`SECOND // Sekunde (0-59)`
	`WEEK_OF_MONTH // Woche in Monat, beginnend mit 0`
	`WEEK_OF_YEAR // Woche in Jahr, beginnend mit 1`
	`YEAR // Jahr`
	`ZONE_OFFSET // Verschiebung für Zeitzone in Millisekunden`

`Date getTime()`	Liefert das Datum als `Date`-Objekt zurück.
`long getTimeInMillis()`	Liefert das Datum als Millisekunden seit/bis zum 01.01.1970 00:00:00 Uhr, GMT zurück.
`void set(int field, int value)`	Setzt den angegebenen Feldwert. Zur Bezeichnung der Felder siehe `get()`.

`void set(int year, int month, int date)`
`void set(int year, int month, int date, int hourOfDay, int minute)`
`void set(int year, int month, int date, int hourOfDay, int minute, int second)`
	Setzt Jahr, Monat (0-11) und Tag (1-31). Optional können auch noch Stunde (0-23), Minute und Sekunde angegeben werden.

`void setTime(Date d)`	Setzt das Datum gemäß dem übergebenen `Date`-Objekt.
`void setTimeInMillis(long millis)`	Setzt das Datum gemäß der übergebenen Anzahl Millisekunden seit/bis zum 01.01.1970 00:00:00 Uhr, GMT.

Tabelle 15: Get-/Set-Methoden zum Abfragen und Setzen der Datumsfelder der Calendar-Klasse

Achtung

Die Klasse Date enthält ebenfalls Methoden zum Abfragen und Setzen der einzelnen Datums- und Zeitfelder. Diese sind jedoch als »deprecated« eingestuft, von ihrem Gebrauch wird abgeraten.

40 Bestimmtes Datum erzeugen

Es gibt verschiedene Wege, ein Objekt für ein bestimmtes Datum zu erzeugen.

Handelt es sich um ein Datum im gregorianischen Kalender, können Sie direkt ein Objekt der Klasse GregorianCalendar erzeugen und dem Konstruktor Jahr, Monat (0–11) und Tag (1–31) übergeben:

```
import java.util.GregorianCalendar;
...
Calendar birthday = new GregorianCalendar(1964, 4, 20);
```

Andere Kalender werden – mit Ausnahme des buddhistischen, des imperialistischen japanischen und des julianischen Kalenders (siehe unten) – derzeit nicht unterstützt.

Wenn Sie den Kalender nicht vorgeben, sondern gemäß den Ländereinstellungen des aktuellen Systems auswählen möchten, lassen Sie sich von Calendar.getInstance() ein Objekt des lokalen Kalenders zurückliefern und ändern das von diesem Objekt repräsentierte Datum durch Setzen der Felder für Jahr, Monat und Tag:

```
import java.util.Calendar;
...
Calendar birthday = Calendar.getInstance();
birthday.set(1964, 4, 20);
```

Auf einem System, das für die Thai-Lokale (th_TH) konfiguriert ist, liefert getInstance() eine Instanz von sun.util.BuddhistCalendar, für die Lokale ja_JP eine Instanz von JapaneseImperialCalendar und für alle anderen Lokalen eine Instanz von GregorianCalendar.

Achtung

Für Daten vor dem 15. Oktober 1582 berechnet die Klasse GregorianCalendar das Datum nach dem julianischen Kalender. Dies ist sinnvoll, da an diesem Tag – der dem 5. Oktober 1582 im julianischen Kalender entspricht – der gregorianische Kalender erstmals eingeführt wurde (in Spanien und Portugal). Andere Länder folgten nach und nach. In England und Amerika begann der gregorianische Kalender beispielsweise mit dem 14. September 1752. Wenn Sie die Lebensdaten englischer bzw. amerikanischer Persönlichkeiten oder Daten aus der englischen bzw. amerikanischen Geschichte, die vor der Einführung des gregorianischen Kalender liegen, historisch korrekt darstellen möchten, müssen Sie das Datum der Einführung mit Hilfe der Methode setGregorianChange(Date) umstellen.

```
GregorianCalendar change = new GregorianCalendar(1752, 8, 14, 1, 0, 0);
((GregorianCalendar) birthday).setGregorianChange(change.getTime());
```

Wenn Sie Interesse halber beliebige Daten nach dem gregorianischen Kalender berechnen möchten, rufen Sie setGregorianChange(Date(Long.MIN_VALUE)) auf. Wenn Sie beliebige Daten nach dem julianischen Kalender berechnen wollen, rufen Sie setGregorianChange(Date(Long.MAX_VALUE)) auf.

Der Vollständigkeit halber sei erwähnt, dass es auch die Möglichkeit gibt, ein Date-Objekt durch Angabe von Jahr (abzgl. 1900), Monat (0-11) und Tag (1-31) zu erzeugen:

```
Date birthday1 = new Date(64, 4, 20);
```

Vom Gebrauch dieses Konstruktors wird allerdings abgeraten, er ist als deprecated markiert.

Exkurs

Der gregorianische Kalender und die Klasse GregorianCalendar

Vor der Einführung des gregorianischen Kalenders im Jahre 1582 durch Papst Gregor XIII. galt in Europa der julianische Kalender. Der julianische Kalender, von dem ägyptischen Astronomen Sosigenes ausgearbeitet und von Julius Cäsar im Jahre 46 v. Chr. in Kraft gesetzt, war ein reiner Sonnenkalender, d.h., er richtete sich nicht nach den Mondphasen, sondern nach der Länge des mittleren Sonnenjahres, die Sosigenes zu 365,25 Tagen berechnete. Der julianische Kalender übernahm die zwölf römischen Monate, korrigierte aber deren Längen auf die noch heute gültige Anzahl Tage, so dass das Jahr fortan 365 Tage enthielt. Um die Differenz zum »angenommenen« Sonnenjahr auszugleichen, wurde *alle* vier Jahre ein Schaltjahr eingelegt.

Tatsächlich ist das mittlere Sonnenjahr aber nur 365,2422 Tage lang (tropisches Jahr). Der julianische Kalender hinkte seiner Zeit also immer weiter hinterher, bis im Jahre 1582 das Primar-Äquinoktium auf den 11. statt den 21. März fiel.

Um die Differenz auszugleichen, verfügte Papst Gregor XIII. im Jahr 1582, dass in diesem Jahr auf den 4. Oktober der 15. Oktober folgen sollte. Gleichzeitig wurde der gregorianische Kalender eingeführt, der sich vom julianischen Kalender in der Berechnung der Schaltjahre unterscheidet. Während der julianische Kalender *alle* vier Jahre ein Schaltjahr einlegte, sind im gregorianischen Kalender alle Jahrhundertjahre, die nicht durch 400 teilbar sind, keine Schaltjahre. Durch diese verbesserte Schaltregel ist ein Jahr im gregorianischen Kalender durchschnittlich 365,2425 Tage lang, was dem tatsächlichen mittleren Wert von 365,2422 Tagen (tropisches Jahr) sehr nahe kommt. (Erst nach 3000 Jahren wird sich die Abweichung zu einem Tag addieren.)

Spanien, Portugal und Teile Italiens führten den gregorianischen Kalender wie vom Papst vorgesehen in der Nacht vom 4. auf den 5./15. Oktober ein. Die meisten katholischen Länder folgten in den nächsten Jahren, während die protestantischen Länder den Kalender aus Opposition zum Papst zunächst ablehnten. Die orthodoxen Länder Osteuropas führten den gregorianischen Kalender gar erst im 20. Jahrhundert ein.

Land	Einführung
Spanien, Portugal, Teile Italiens	04./15. Oktober 1582
Frankreich	09./20. Dezember 1582
Bayern	05./16. Oktober 1583
Hzm. Preußen	22. August/02. September 1612
England, Amerika	02./14. 1752
Schweden	17. Februar/1. März 1753
Russland	31. Januar/14. Februar 1918
Griech.-Orthodoxe Kirche	10./24. März 1924
Türkei	1927

Tabelle 16: Einführung des gregorianischen Kalenders

Die Klasse GregorianCalendar implementiert eine Hybridform aus gregorianischem und julianischem Kalender. Anhand des Datums der Einführung des gregorianischen Kalenders interpretiert sie Datumswerte entweder als Daten im gregorianischen oder julianischen Kalender (siehe Hinweis weiter oben). Das Datum der Einführung kann mit Hilfe der Methode setGregorianChange(Date d) angepasst werden.

Das Datum, das eine GregorianCalendar-Instanz repräsentiert, kann durch Angabe der Datumsfelder (Jahr, Monat, Tag ...), als Date-Objekt oder als Anzahl Millisekunden seit/bis zum 01.01.1970 00:00:00 Uhr, GMT, festgelegt und umgekehrt auch als Werte der Datumsfelder, Date-Objekt oder Anzahl Millisekunden abgefragt werden. Für die korrekte Umrechnung zwischen Datumsfeldern und Anzahl Millisekunden sorgen dabei die von Calendar geerbten und in GregorianCalendar überschriebenen protected-Methoden computeFields() und computeTime().

41 Datums-/Zeitangaben formatieren

Zur Formatierung von Datums- und Zeitangaben gibt es drei Wege zunehmender Komplexität, aber auch wachsender Gestaltungsfreiheit:

- toString()
- DateFormat-Stile
- SimpleDateFormat-Muster

Formatierung mit toString()

Die einfachste Form der Umwandlung einer Datums-/Zeitangabe in einen String bietet die toString()-Methode. Ist die Datums-/Zeitangabe in ein Date-Objekt verpackt, erhält man auf diese Weise einen String aus (engl.) Wochentagskürzel, (engl.) Monatskürzel, Tag im Monat, Uhrzeit, Zeitzone und Jahr:

```
Thu Mar 31 10:54:31 CEST 2005
```

Wer Gleiches von der toString()-Methode der Klasse Calendar erwartet, sieht sich allerdings getäuscht. Die Methode ist rein zum Debuggen gedacht und packt in den zurückgelieferten String alle verfügbaren Informationen über den aktuellen Zustand des Objekts. Um dennoch einen vernünftigen Datums-/Zeit-String zu erhalten, müssen Sie sich die im Calendar-Objekt gespeicherte Zeit als Date-Objekt zurückliefern lassen und dessen toString()-Methode aufrufen:

```
Calendar calendar = Calendar.getInstance();
Date today = calendar.getTime();
System.out.println(date);
```

Ausgabe:

```
Thu Mar 31 10:54:31 CEST 2005
```

Formatierung mit DateFormat-Stilen

Die Klasse DateFormat definiert vier vordefinierte Stile zur Formatierung von Datum und Uhrzeit: SHORT, MEDIUM (= DEFAULT), LONG und FULL.

Die Klasse DateFormat selbst ist abstrakt, definiert aber verschiedene statische Factory-Methoden, die passende Objekte abgeleiteter Klassen (derzeit nur SimpleDateFormat) zur Formatierung von Datum, Uhrzeit oder der Kombination aus Datum und Uhrzeit zurückliefern.

Die Formatierung mit DateFormat besteht daher aus zwei Schritten:

1. Sie rufen die gewünschte Factory-Methode auf und lassen sich ein Formatierer-Objekt zurückliefern.

   ```
   import java.text.DateFormat;

   // Formatierer für reine Datumsangaben im SHORT-Stil
   DateFormat df = DateFormat.getDateInstance(DateFormat.SHORT);
   ```

2. Sie übergeben die Datums-/Zeitangabe als Date-Objekt an die format()-Methode des Formatierers und erhalten den formatierten String zurück.

   ```
   Calendar calendar = Calendar.getInstance();
   String str = df.format(calendar.getTime()));
   ```

Die Klasse DateFormat definiert vier Factory-Methoden, die gemäß der auf dem System eingestellten Lokale formatieren:

```
getInstance()            // Formatierer für Datum und Uhrzeit im SHORT-Stil
getDateInstance()        // Formatierer für Datum im DEFAULT-Stil (= MEDIUM)
getTimeInstance()        // Formatierer für Uhrzeit im DEFAULT-Stil (= MEDIUM)
getDateTimeInstance()    // Formatierer für Datum und Uhrzeit
                         // im DEFAULT-Stil (= MEDIUM)
```

Die letzten drei Methoden sind zweifach überladen, so dass Sie einen anderen Stil bzw. Stil und Lokale vorgeben können, beispielsweise:

```
getDateInstance(int stil)
getDateInstance(int stil, Locale loc)
```

gibt eine Übersicht über die Formatierung durch die verschiedenen Stile.

Stil	Formatierung (Lokale de_DE)
Datum	
SHORT	31.03.05
MEDIUM (= DEFAULT)	31.03.2005
LONG	31. März 2005
FULL	Donnerstag, 31. März 2005
Uhrzeit	
SHORT	19:51
MEDIUM (= DEFAULT)	19:51:14
LONG	19:51:14 CEST
FULL	19.51 Uhr CEST

Tabelle 17: DateFormat-Stile

Hinweis

Zur landesspezifischen Formatierung mit Lokalen *siehe auch Rezepte in Kategorie »Internationalisierung«.*

Formatierung mit SimpleDateFormat-Mustern

Wer mit den vordefinierten `DateFormat`-Formatstilen nicht zufrieden ist, kann sich mit Hilfe der abgeleiteten Klasse `SimpleDateFormat` einen individuellen Stil definieren. `SimpleDateFormat` besitzt einen Konstruktor

```
SimpleDateFormat(String format, Locale loc)
```

der neben der Angabe der Lokale auch einen Formatstring erwartet. Dieser String enthält feste datums- und zeitrelevante Formatanweisungen und darf beliebig durch weitere Zeichenfolgen, die in ' ' eingeschlossen sind, unterbrochen sein.

```
SimpleDateFormat df = new SimpleDateFormat("'Heute ist der 'dd'. 'MMMM");
```

Dieser Aufruf erzeugt eine Ausgabe der Art:

```
"Heute ist der 12. Juni".
```

Die wichtigsten Formatanweisungen für Datum und Zeit lauten:

Format	Beschreibung
`G`	»v. Chr.« oder »n. Chr« (in englischsprachigen Lokalen »BC« oder »AD«)
`yy`	Jahr, zweistellig
`yyyy`	Jahr, vierstellig
`M, MM`	Monat, einstellig (soweit möglich) bzw. immer zweistellig (01, 02 ...)
`MMM`	Monat als 3-Buchstaben-Kurzform
`MMMM`	voller Monatsname
`w, ww`	Woche im Jahr, einstellig (soweit möglich) bzw. immer zweistellig (01, 02 ...)
`W`	Woche im Monat
`D, DD, DDD`	Tag im Jahr, einstellig bzw. zweistellig (soweit möglich) oder immer dreistellig (001, 002 ...)
`d, dd`	Tag im Monat, einstellig (soweit möglich) bzw. immer zweistellig (01, 02 ...)
`E`	Wochentag-Kürzel: »Mo«, »Di«, »Mi«, »Do«, »Fr«, »Sa«, »So« (für englischsprachige Lokale werden dreibuchstabige Kürzel verwendet)
`EEEE`	Wochentag (ausgeschrieben)
`a`	»AM« oder »PM«
`H, HH`	Stunde (0-23), einstellig (soweit möglich) bzw. immer zweistellig (00, 01 ...)
`h, hh`	Stunde (1-12), einstellig (soweit möglich) bzw. immer zweistellig (00, 01 ...)
`K, KK`	Stunde (1-24), einstellig (soweit möglich) bzw. immer zweistellig (00, 01 ...)
`k, kk`	Stunde (1-12), einstellig (soweit möglich) bzw. immer zweistellig (00, 01 ...)

Tabelle 18: SimpleDateFormat-Formatanweisungen

Format	Beschreibung
m, mm	Minuten, einstellig (soweit möglich) bzw. immer zweistellig (00, 01 ...)
s, ss	Sekunden, einstellig (soweit möglich) bzw. immer zweistellig (00, 01 ...)
S, SS, SSS	Millisekunden, einstellig bzw. zweistellig (soweit möglich) oder immer dreistellig (001, 002 ...)
z	Zeitzone
Z	Zeitzone (gemäß RFC 822)

Tabelle 18: SimpleDateFormat-Formatanweisungen (Forts.)

42 Wochentage oder Monatsnamen auflisten

Manchmal ist es nötig, die Namen der Wochentage oder Monate aufzulisten – beispielsweise um sie über ein Listenfeld zur Auswahl anzubieten, sie in eine Tabelle einzubauen oder Ähnliches. Die Strings mit den Namen der Wochentage oder Monate können Sie selbst aufsetzen ... oder sich von einer passenden Java-Klasse zurückliefern lassen. Letztere Vorgehensweise produziert in der Regel weniger Code und gestattet Ihnen zudem die Wochentage und Monate in der Sprache des aktuellen Systems anzuzeigen.

Bleibt noch zu klären, von welcher Klasse Sie sich die Namen der Wochentage und Monate zurückliefern lassen. Im Paket `java.text` gibt es eine Klasse namens `DateFormatSymbols`, die alle wichtigen Bestandteile von Datums- oder Zeitangaben in lokalisierter Form zurückliefert. Zwar empfiehlt die API-Dokumentation diese Klasse nicht direkt zu verwenden, doch gilt dies vornehmlich für die Formatierung von Datums- bzw. Uhrzeitstrings. (Für diese Aufgabe bedient man sich besser eines `DateFormat`-Objekts, *siehe Rezept 41*, welches dann intern mit `DateFormatSymbols` arbeitet.) Für die Abfrage der lokalisierten Wochentags- und Monatsnamen gibt es hingegen kaum etwas Besseres als die `DateFormatSymbols`-Methoden `getWeekdays()` und `getMonths()`:

```
String[] getWeekdays()        // liefert die Wochentagsnamen
String[] getShortWeekdays()   // liefert die Kurzformen der Wochentagsnamen
String[] getMonths()          // liefert die Monatsnamen
String[] getShortMonths()     // liefert die Kurzformen der Monatsnamen
```

String-Arrays der Monats- oder Wochentagsnamen anlegen

Der Einsatz der Methoden ist denkbar einfach. Zuerst erzeugen Sie ein `DateFormatSymbols`-Objekt, dann rufen Sie eine der Methoden auf und erhalten ein String-Array mit den Namen der Wochentage von Sonntag bis Samstag bzw. der Monatsnamen von Januar bis Dezember zurück.

```
// Wochentage in der Sprache des Systems
DateFormatSymbols dfs = new DateFormatSymbols();
String[] weekdayNames = dfs.getWeekdays();
for(String n : weekdayNames)
   System.console().printf("\t%s%n", n);
```

Die Sprache, in der die Namen zurückgeliefert werden, legen Sie bei der Instanzierung des DateFormatSymbols-Objekts fest. Wenn Sie den Konstruktor wie oben ohne Argument aufrufen, wird die Sprache des aktuellen Systems verwendet.[1] Wenn Sie dem Konstruktor eine Lokale übergeben, wird die Sprache dieser Lokale verwendet.

```
// Monate in französisch
DateFormatSymbols dfs = new DateFormatSymbols(new Locale("fr", "FR"));
String[] monthNames = dfs.getMonths();
```


Hinweis

Wenn Sie zu einem bestimmten Datum den lokalisierten Monats- oder Wochentagsnamen abfragen möchten, können Sie seit Java 6 dazu die Calendar-Methode getDisplayName() verwenden:

```
String weekdayName = calendar.getDisplayName(Calendar.DAY_OF_WEEK,
                                             Calendar.LONG,
                                             Locale.getDefault());
String monthName = calendar.getDisplayName(Calendar.MONTH,
                                           Calendar.LONG,
                                           new Locale("no", "NO"));
```

Von der Schwestermethode getDisplayNames() können Sie sich eine Map<String, Integer>-Collection der Monats- oder Wochentagsnamen zurückliefern lassen. Allerdings verwendet diese Collection die Namen als Schlüssel und da sie zudem ungeordnet ist, eignet sie sich nicht zum Aufbau von Listenfeldern oder ähnlichen geordneten Auflistungen der Wochentage oder Monate.

Listenfelder mit Monats- oder Wochentagsnamen

Der Code zum Aufbau eines Listenfelds mit Wochentagsnamen könnte wie folgt aussehen:

```
// Listenfeld  anlegen und mit Wochentagsnamen füllen
DateFormatSymbols dfs = new DateFormatSymbols();
JList weekdayList = new JList(dfs.getWeekdays());

// Listenfeld konfigurieren
weekdayList.setSelectionMode(ListSelectionModel.SINGLE_SELECTION);
weekdayList.addListSelectionListener(new ListSelectionListener() {
   public void valueChanged(ListSelectionEvent e) {
      JList list = (JList) e.getSource();
      String s = (String) list.getSelectedValue();

      if (s != null) {
         lb3.setText("Ausgew. Wochentag:  " + s);
      }
   }
});

// Listenfeld mit Bildlaufleiste ausstatten
JScrollPane sp1 = new JScrollPane(weekdayList);
```

Listing 48: Listenfeld mit Wochentagsnamen

1. Um exakt zu sein: Es wird die Sprache der Standardlokale verwendet. Die Standardlokale spiegelt allerdings die Systemkonfiguration wider, es sei denn, Sie hätten sie zuvor umgestellt, *siehe Rezept 215*.

```
spl.setBounds(new Rectangle(30, 40, 200, 100));

// JScrollPane mit Listenfeld in Formular einfügen
getContentPane().add(spl);
```

Listing 48: Listenfeld mit Wochentagsnamen (Forts.)

Listenfelder mit den Monatsnamen können Sie analog erzeugen. Sie müssen nur zum Füllen des Listenfelds die `DateFormatSymbols`-Methode `getMonths()` aufrufen.

43 Datumseingaben einlesen und auf Gültigkeit prüfen

Zum Einlesen von Datumseingaben benutzt man am besten eine der `parse()`-Methoden von `DateFormat`:

```
Date parse(String source)
Date parse(String source, ParsePosition pos)
```

So wie die `format()`-Methode von `DateFormat` ein `Date`-Objekt anhand der eingestellten Lokale und dem ausgewählten Pattern in einen String formatiert, analysieren die `parse()`-Methoden einen gegebenen String, ob er ein Datum enthält, das Lokale und Muster entspricht. Wenn ja, liefern sie das Datum als `Date`-Objekt zurück. Enthält der übergebene String keine passende Datumsangabe, löst die erste Version eine `ParseException` aus. Die zweite Version, welche ab der Position `pos` sucht, liefert `null` zurück.

Der folgende Code liest deutsche Datumseingaben im MEDIUM-Format (TT.MM.JJJJ) ein und gibt sie zur Kontrolle im FULL-Format aus. Für Ein- und Ausgabe werden daher unterschiedliche `DateFormat`-Instanzen (`parser` und `formatter`) erzeugt:

```
Date date = null;
DateFormat parser =
               DateFormat.getDateInstance(DateFormat.MEDIUM, Locale.GERMANY);
DateFormat formatter =
               DateFormat.getDateInstance(DateFormat.FULL, Locale.GERMANY);

try {
    // Datum aus Kommandozeile einlesen
    date = parser.parse(args[0]);

    // Datum auf Konsole ausgeben (verwendet System.console() anstelle von
    // System.out, um evt. enthaltene Umlaute korrekt auszugeben
    // (siehe Rezept 85)
    System.console().printf("\n %s \n", formatter.format(date));

} catch(ParseException e) {
    System.err.println(" Kein gueltiges Datum (TT.MM.JJJJ)");
}
```

Eine Beschreibung der vordefinierten `DateFormat`-Formate sowie der Definition eigener Formate mit `SimpleDateFormat` finden Sie in *Rezept 41*. Ein Beispiel für das Einlesen von Datumswerten mit eigenen `SimpleDateFormaten` finden Sie im Start-Programm zu diesem Rezept.

Achtung

Beim Parsen spielt es grundsätzlich keine Rolle, wie oft ein bedeutungstragender Buchstabe, etwa das M für Monatsangaben, wiederholt wird. Während »MM« bei der Formatierung eine zweistellige Ausgabe erzwingt, sind für den Parser »M« und »MM« gleich, d.h., er liest die Anzahl der Monate – egal aus wie vielen Ziffern die Angabe besteht. (Tatsächlich können sogar Werte wie 35 oder 123 übergeben werden. Der überzählige Betrag wird in die nächsthöhere Einheit, für Monate also Jahre, umgerechnet. Wenn Sie dieses Verhalten unterbinden wollen, rufen Sie `setLenient(false)` auf.)

Eine Ausnahme bilden die Jahresangaben. Zweistellige Jahresangaben werden beim Parsen als Kürzel für vierstellige Jahresangaben angesehen und so ergänzt, dass das sich ergebende Datum nicht mehr als 80 Jahre vor und nicht weiter als 20 Jahre hinter dem aktuellen Datum liegt. Angenommen, das Programm wird am 05. April 2005 ausgeführt. Die Eingabe 05.04.24 wird dann als 5. April 2024 geparst. Auch die Eingabe 05.04.25 wird noch ins 21. Jahrhundert verlegt, während die Eingabe 06.04.25 bereits als 6. April 1925 interpretiert wird.

Jahresangaben aus einem oder mehr als zwei Buchstaben (»y«, »yyyy«) werden immer unverändert übernommen.

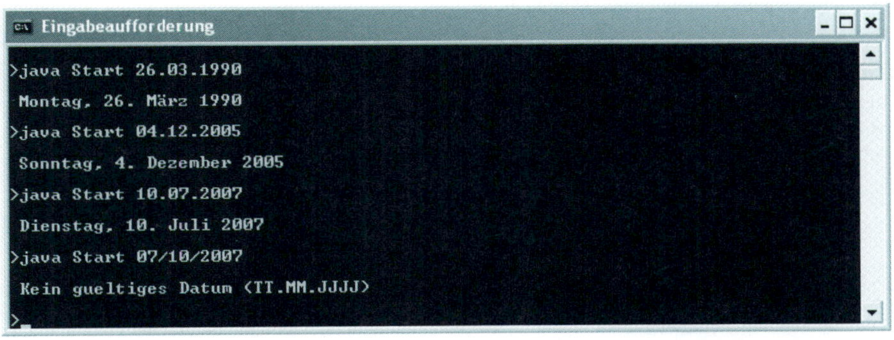

Abbildung 26: Einlesen von Datumseingaben im DateFormat.MEDIUM-Format für die deutsche Lokale. Der dritte Aufruf demonstriert, wie zu große Werte in die nächsthöhere Einheit umgerechnet werden. Der vierte Aufruf zeigt, wie Datumsangaben im angelsächsischen Format abgewiesen werden.

44 Datumswerte vergleichen

Um festzustellen, ob zwei Datumswerte (gegeben als `Date`- oder `Calendar`-Objekt) gleich sind, brauchen Sie nur die Methode `equals()` aufzurufen:

```
// gegeben Date t1 und t2
if (t1.equals(t2))
    System.out.println("gleiche Datumswerte");
```

Um zu prüfen, ob ein Datum zeitlich vor oder nach einem zweiten Datum liegt, stehen Ihnen neben `compareTo()` die speziellen Methoden `before()` und `after()` zur Verfügung:

```
// gegeben Calendar t1 und t2
if (t1.after(t2) )
    System.out.println("\t t1 liegt nach t2");
```

Date-/Calendar-Methode	Beschreibung
`boolean equals(Object)`	Liefert `true`, wenn der aktuelle Datumswert und das übergebene Datum identisch sind. Bei `Date` ist dies der Fall, wenn beide Objekte vom Typ `Date` sind und auf derselben Anzahl Millisekunden basieren. Bei `Calendar` ist dies der Fall, wenn beide Objekte vom Typ `Calendar` sind, auf derselben Anzahl Millisekunden basieren und bestimmte `Calendar`-Charakteristika sowie die Zeitzone übereinstimmen.
`int compareTo(Date/Object)`	Liefert -1, 0 oder 1 zurück, je nachdem, ob der aktuelle Datumswert kleiner, gleich oder größer dem übergebenen Wert ist.
`boolean before(Date/Object)`	Liefert `true`, wenn der aktuelle Datumswert zeitlich vor dem übergebenen Datum liegt.
`boolean after(Date/Object)`	Liefert `true`, wenn der aktuelle Datumswert zeitlich nach dem übergebenen Datum liegt.

Tabelle 19: Vergleichsmethoden für Datumswerte

Vergleiche unter Ausschluss der Uhrzeit

Die vordefinierten Vergleichsmethoden der Klasse `Date` und `Calendar` basieren allesamt auf der Anzahl Millisekunden seit dem 01.01.1970 00:00:00 Uhr, GMT. Sie sind also nicht geeignet, wenn Sie feststellen möchten, ob zwei Datumswerte denselben Tag (ohne Berücksichtigung der Uhrzeit) bezeichnen:

```
// Datumsobjekt für den 5. April 2005, 12 Uhr
Calendar t1 = Calendar.getInstance();
t1.set(2005, 3, 5, 12, 0, 0);

// Datumsobjekt für den 5. April 2005, 13 Uhr
Calendar t2 = Calendar.getInstance();

System.out.println("Vergleich mit equals()    : " + t1.equals(t2));    // false
System.out.println("Vergleich mit compareTo(): " + t1.compareTo(t2)); // -1
```

Um Datumswerte ohne Berücksichtigung der Uhrzeit vergleichen zu können, bedarf es demnach eigener Hilfsmethoden:

```
/**
 *  Prüft, ob zwei Calendar-Objekte den gleichen Tag im Kalender bezeichnen
 */
public static boolean equalDays(Calendar t1, Calendar t2) {
    return   (t1.get(Calendar.YEAR) == t2.get(Calendar.YEAR))
          && (t1.get(Calendar.MONTH) == t2.get(Calendar.MONTH))
          && (t1.get(Calendar.DAY_OF_MONTH) == t2.get(Calendar.DAY_OF_MONTH));
}
```

Die Methode `equalDays()` prüft paarweise, ob Jahr, Monat und Tag der beiden `Calendar`-Objekte übereinstimmen. Wenn ja, liefert sie `true` zurück.

```
/**
 *  Prüft, ob zwei Calendar-Objekte den gleichen Tag bezeichnen
 */
public static int compareDays(Calendar t1, Calendar t2) {
```

```
    Calendar clone1 = (Calendar) t1;
    clone1.set(t1.get(Calendar.YEAR), t1.get(Calendar.MONTH),
               t1.get(Calendar.DATE), 0, 0, 0);
    clone1.clear(Calendar.MILLISECOND);

    Calendar clone2 = (Calendar) t2;
    clone2.set(t2.get(Calendar.YEAR), t2.get(Calendar.MONTH),
               t2.get(Calendar.DATE), 0, 0, 0);
    clone2.clear(Calendar.MILLISECOND);

    return clone1.compareTo(clone2);
}
```

Die Methode `compareDays()` nutzt einen anderen Ansatz als `equalDays()`. Sie legt Kopien der übergebenen `Calendar`-Objekte an und setzt für diese die Werte der Stunden, Minuten, Sekunden (`set()`-Aufruf) sowie Millisekunden (`clear()`-Aufruf) auf 0. Dann vergleicht sie die Klone mit `Calendar.compareTo()` und liefert das Ergebnis zurück.

45 Differenz zwischen zwei Datumswerten berechnen

Wie Sie die Differenz zwischen zwei Datumswerten berechnen, hängt vor allem davon ab, wozu Sie die Differenz benötigen und was Sie daraus ablesen wollen. Geht es lediglich darum, ein Maß für den zeitlichen Abstand zwischen zwei Datumswerten zu erhalten, genügt es, sich die Datumswerte als Anzahl Millisekunden, die seit dem 01.01.1970 00:00:00 Uhr, GMT, vergangen sind, zurückliefern zu lassen und voneinander zu subtrahieren:

```
long diff = Math.abs( date1.getTimeInMillis() - date2.getTimeInMillis() );
```

Hinweis

Wenn Sie mit `Calendar`-Objekten arbeiten, erhalten Sie die Anzahl Millisekunden von der Methode `getTimeInMillis()`. Für `Date`-Objekte rufen Sie stattdessen `getTime()` auf.

Uhrzeit ausschalten

Datumswerte, ob sie nun durch ein Objekt der Klasse `Date` oder `Calendar` repräsentiert werden, schließen immer auch eine Uhrzeit ein. Wenn Sie Datumsdifferenzen ohne Berücksichtigung der Uhrzeit berechnen wollen, müssen Sie die Uhrzeit für alle Datumswerte auf einen gemeinsamen Wert setzen.

Wenn Sie ein neues `GregorianCalendar`-Objekt für ein bestimmtes Datum setzen und nur die Daten für Jahr, Monat und Tag angeben, werden die Uhrzeitfelder automatisch auf 0 gesetzt. Um Ihre Intention deutlicher im Quelltext widerzuspiegeln, können Sie die Felder für Stunden, Minuten und Sekunden aber auch explizit auf 0 setzen:

```
GregorianCalendar date1 = new GregorianCalendar(2002, 5, 1);
GregorianCalendar date2 = new GregorianCalendar(2002, 5, 1,  0, 0, 0);
```

Für bestehende `Calendar`-Objekte können Sie die Uhrzeitfelder mit Hilfe von `set()` oder `clear()` auf 0 setzen:

```
// Aktuelles Datum
Calendar today = Calendar.getInstance();
```

```
// Stunden, Minuten und Sekunden auf 0 setzen
today.set(today.get(Calendar.YEAR), today.get(Calendar.MONTH),
          today.get(Calendar.DATE), 0, 0, 0);
// Millisekunden auf 0 setzen
today.clear(Calendar.MILLISECOND);
```

Eine Beschreibung der verschiedenen Datums- und Uhrzeitfelder finden Sie in *Tabelle 15 aus Rezept 40*.

46 Differenz zwischen zwei Datumswerten in Jahren, Tagen und Stunden berechnen

Weit komplizierter ist es, die Differenz zwischen zwei Datumswerten aufgeschlüsselt in Jahre, Tage, Stunden etc. anzugeben. Daran sind vor allem zwei Umstände Schuld:

- Die Sommerzeit.

  Wenn zwei Datumswerte verglichen werden, von denen einer innerhalb und der andere außerhalb der Sommerzeit liegt, führt die Sommerzeitverschiebung zu eventuell unerwünschten Differenzberechnungen.

  In Deutschland beginnt die Sommerzeit am 27. März. Um zwei Uhr nachts wird die Uhr um 1 Stunde vorgestellt. Die Folge: Zwischen dem 27. März 00:00 Uhr und dem 28. März 00:00 Uhr liegen tatsächlich nur 23 Stunden. Trotzdem entspricht dies kalendarisch einem vollen Tag! Wie also sollte ein Programm diese Differenz anzeigen: als 23 h oder als 1 d?

- Die unterschiedlichen Längen der Monate und Jahre.

  Wenn Sie eine Differenz in Jahren und/oder Monaten ausdrücken möchten, stehen Sie vor der Entscheidung, ob Sie mit festen Längen rechnen wollen (1 Jahr = 365 Tage, 1 Monat = 30 Tage oder auch 1 Jahr = 365,25 Tage, 1 Monat = 30,4 Tage) oder ob Sie die exakten Längen berücksichtigen.

Die Klasse `TimeSpan` dient sowohl der Repräsentation als auch der Berechnung von Datumsdifferenzen. In ihren `private`-Feldern speichert sie die Differenz zwischen zwei Datumswerten sowohl in Sekunden (`diff`) als auch ausgedrückt als Kombination aus Jahren, Tagen, Stunden, Minuten und Sekunden.

`TimeSpan`-Objekte können auf zweierlei Weise erzeugt werden:

- indem Sie den `public`-Konstruktor aufrufen und die Differenz selbst als Kombination aus Jahren, Tagen, Stunden, Minuten und Sekunden übergeben:

  ```
  TimeSpan ts = new TimeSpan(0, 1, 2, 0, 0);
  ```

- indem Sie die Methode `getInstance()` aufrufen und dieser zwei `GregorianCalendar`-Objekte übergeben, sowie boolesche Werte, die der Methode mitteilen, ob bei der Berechnung der Differenz auf Sommerzeit und Schaltjahre zu achten ist:

  ```
  GregorianCalendar time1 = new GregorianCalendar(2005, 2, 26);
  GregorianCalendar time2 = new GregorianCalendar(2005, 2, 27);
  TimeSpan ts = TimeSpan.getInstance(time1, time2, true, true);
  ```

Die Differenz, die ein `TimeSpan`-Objekt repräsentiert, können Sie auf zweierlei Weise abfragen:

- Mit Hilfe der get-Methoden (`getYears()`, `getDays()` etc.) lassen Sie sich die Werte der zugehörigen Felder zurückliefern und erhalten so die Kombination aus Jahren, Tagen, Stunden, Minuten und Sekunden, aus denen sich die Differenz zusammensetzt. (Die Methode `toString()` liefert auf diese Weise die Differenz als String zurück – nur dass sie natürlich direkt auf die Feldwerte zugreift.)

- Mittels der in-Methoden (`inYears()`, `inWeeks()` etc.) können Sie sich die Differenz ausgedrückt in ganzzahligen Werten einer einzelnen Einheit (also beispielsweise in Jahren oder Tagen) zurückliefern lassen.

Der Quelltext der Klasse `TimeSpan` sieht folgendermaßen aus:

```
import java.util.Calendar;
import java.util.GregorianCalendar;
import java.util.TimeZone;

/**
 *  Klasse zur Repräsentation und Berechnung von Zeitabständen
 *  zwischen zwei Datumsangaben
 */
public class TimeSpan {
    private int years;
    private int days;
    private int hours;
    private int minutes;
    private int seconds;
    private long diff;

    // public  Konstruktor
    public TimeSpan(int years, int days, int hours,
                    int minutes, int seconds) {
        this.years = years;
        this.days = days;
        this.hours = hours;
        this.minutes = minutes;
        this.seconds = seconds;
        diff = seconds + 60*minutes + 60*60*hours
               + 24*60*60*days + 365*24*60*60*years;
    }

    // protected Konstruktor, wird von getInstance() verwendet
    protected TimeSpan(int years, int days, int hours,
                    int minutes, int seconds, long diff) {
        this.years = years;
        this.days = days;
        this.hours = hours;
        this.minutes = minutes;
        this.seconds = seconds;
        this.diff = diff;
    }

    // Erzeugt aus zwei GregorianCalendar-Objekten
    // ein TimeSpan-Objekt
```

Listing 49: Die Klasse TimeSpan

```
    public static TimeSpan getInstance(GregorianCalendar t1,
                                       GregorianCalendar t2,
                                       boolean summer, boolean leap) {
        // siehe unten
    }

    public int getYears()   { return years; }
    public int getDays()    { return days; }
    public int getHours()   { return hours; }
    public int getMinutes() { return minutes; }
    public int getSeconds() { return seconds; }

    public int inYears()   { return (int) (diff / (60 * 60 * 24 * 365)); }
    public int inWeeks()   { return (int) (diff / (60 * 60 * 24 * 7)); }
    public int inDays()    { return (int) (diff / (60 * 60 * 24)); }
    public int inHours()   { return (int) (diff / (60 * 60)); }
    public int inMinutes() { return (int) (diff / 60); }
    public int inSeconds() { return (int) (diff); }

    public String toString() {
        StringBuilder s = new StringBuilder("");

        if(years > 0)   s.append(years + " j  ");
        if(days > 0)    s.append(days + " t  ");
        if(hours > 0)   s.append(hours + " std  ");
        if(minutes > 0) s.append(minutes + " min  ");
        if(seconds > 0) s.append(seconds + " sec  ");

        if (s.toString().equals("") )
           s.append("Kein Zeitunterschied");

        return s.toString();
    }
}
```

Listing 49: Die Klasse TimeSpan (Forts.)

Am interessantesten ist zweifelsohne die Methode `getInstance()`, die die Differenz zwischen zwei `GregorianCalendar`-Objekten berechnet, indem Sie die Differenz aus den Millisekunden-Werten (zurückgeliefert von `getTimeInMillis()`) berechnet, diesen Wert durch Division mit 1000 in Sekunden umrechnet und dann durch sukzessive Modulo-Berechnung und Division in Sekunden, Minuten, Stunden, Tage und Jahr zerlegt. Am Beispiel der Berechnung des Sekundenanteils möchte ich dies kurz erläutern:

Nachdem die Methode die Differenz durch 1000 dividiert hat, speichert sie den sich ergebenden Wert in der lokalen `long`-Variable `diff`, die somit anfangs die Differenz in Sekunden enthält.

```
diff = (last.getTimeInMillis() - first.getTimeInMillis())/1000;
```

Rechnet man `diff%60` (Modulo = Rest der Division durch 60), erhält man den Sekundenanteil:

```
int seconds = (int) (diff%60);
```

Anschließend wird diff durch 60 dividiert und das Ergebnis zurück in diff gespeichert.

```
diff /= 60;
```

Jetzt speichert diff die Differenz in ganzen Minuten (ohne den Rest Sekunden).


```
public static TimeSpan getInstance(GregorianCalendar t1,
                                   GregorianCalendar t2,
                                   boolean summer, boolean leap) {
    GregorianCalendar first, last;
    TimeZone tz;
    long diff, save;

    // Immer frühere Zeit von späteren Zeit abziehen
    if (t1.getTimeInMillis() > t2.getTimeInMillis()) {
       last = t1;
       first = t2;
    } else {
       last = t2;
       first = t1;
    }

    // Differenz in Sekunden
    diff = (last.getTimeInMillis() - first.getTimeInMillis())/1000;

    if (summer) {               // Sommerzeit ausgleichen
        tz = first.getTimeZone();
        if( !(tz.inDaylightTime(first.getTime()))
              && (tz.inDaylightTime(last.getTime())) )
            diff += tz.getDSTSavings()/1000;
        if(  (tz.inDaylightTime(first.getTime()))
              && !(tz.inDaylightTime(last.getTime())) )
            diff -= tz.getDSTSavings()/1000;
    }

    save = diff;

    // Sekunden, Minuten und Stunden berechnen
    int seconds = (int) (diff%60);  diff /= 60;
    int minutes = (int) (diff%60);  diff /= 60;
    int hours   = (int) (diff%24);  diff /= 24;


    // Jahre und Tage berechnen
    int days = 0;
    int years = 0;

    if (leap) {                 // Schaltjahre ausgleichen
       int startYear = 0, endYear = 0;
       int leapDays = 0;               // Schalttage in Zeitraum
       int subtractLeapDays = 0;       // abzuziehende Schalttage
                                       // (da in Jahren enthalten)
```

Listing 50: Quelltext der Methode TimeSpan.getInstance()

```
        if( (first.get(Calendar.MONTH) < 1)
            || (    (first.get(Calendar.MONTH) == 1)
                 && (first.get(Calendar.DAY_OF_MONTH) < 29)))
            startYear = first.get(Calendar.YEAR);
        else
            startYear = first.get(Calendar.YEAR)+1;

        if( (last.get(Calendar.MONTH) > 1)
            || (    (last.get(Calendar.MONTH) == 1)
                 && (last.get(Calendar.DAY_OF_MONTH) == 29)))
            endYear = last.get(Calendar.YEAR);
        else
            endYear = last.get(Calendar.YEAR)-1;

        for(int i = startYear; i <= endYear; ++i)
           if (first.isLeapYear(i))
              ++leapDays;

        // Jahre berechnen
        years    = (int) ((diff-leapDays)/365);

        // in Jahren enthaltene Schalttage
        subtractLeapDays = (years+3)/4;
        if (subtractLeapDays > leapDays)
            subtractLeapDays = leapDays;

        // Tage berechnen
        days     = (int) (diff - ((years*365) + subtractLeapDays));

     } else {
        days     = (int) (diff%365);
        years    = (int) (diff/365);
     }

     return new TimeSpan(years, days, hours, minutes, seconds, (int) save);
}
```

Listing 50: Quelltext der Methode TimeSpan.getInstance() (Forts.)

Was zum Verständnis der getInstance()-Methode noch fehlt, ist die Berücksichtigung von Sommerzeit und Schaltjahren.

Wird für den Parameter summer der Wert true übergeben, prüft die Methode, ob einer der Datumswerte (aber nicht beide) in die Sommerzeit der aktuellen Zeitzone fallen. Dazu lässt sie sich von der Calendar-Methode getTimeZone() ein TimeZone-Objekt zurückliefern, das die Zeitzone des Kalenders präsentiert, und übergibt nacheinander dessen inDaylightTime()-Methode die zu kontrollierenden Datumswerte:

```
if (summer) {              // Sommerzeit ausgleichen
   tz = first.getTimeZone();
   if( !(tz.inDaylightTime(first.getTime()))
         && (tz.inDaylightTime(last.getTime())) )
```

```
            diff += tz.getDSTSavings()/1000;
        if(  (tz.inDaylightTime(first.getTime()))
             && !(tz.inDaylightTime(last.getTime())) )
            diff -= tz.getDSTSavings()/1000;
    }
```


Fällt tatsächlich einer der Datumswerte in die Sommerzeit und der andere nicht, gleicht die Methode die Sommerzeitverschiebung aus, indem sie sich von der `getDSTSavings()`-Methode des `TimeZone`-Objekts die Verschiebung in Millisekunden zurückliefern lässt und diesen Wert, geteilt durch 1000, auf `diff` hinzuaddiert oder von `diff` abzieht. Die Differenz zwischen dem 27. März 00:00 Uhr und dem 28. März 00:00 Uhr wird dann beispielsweise als 1 Tag und nicht als 23 Stunden berechnet.

Wird für den Parameter `leap` der Wert `true` übergeben, berücksichtigt die Methode in Zeitdifferenzen, die sich über mehrere Jahre erstrecken, Schalttage. Schaltjahre, die in der Differenz komplett enthalten sind, werden demnach als 366 Jahre angerechnet. So wird die Differenz zwischen 01.02.2004 und dem 01.03.2004 zu 29 Tagen berechnet und die Differenz zwischen dem 01.02.2004 und dem 01.02.2005 als genau 1 Jahr. In den meisten Fällen führt diese Berechnung zu Ergebnissen, die man erwartet, sie zeitigt aber auch Merkwürdigkeiten. So werden beispielsweise die Differenzen zwischen dem 28.02.2004 und dem 28.02.2005 zum einen 29.02.2004 und dem 28.02.2005 zum anderen beide zu 1 Jahr berechnet.

Wenn Sie für den Parameter `leap` den Wert `false` übergeben, wird das Jahr immer als 365 Tage aufgefasst.

Das Start-Programm zu diesem Rezept liest über die Befehlszeile zwei deutsche Datumsangaben im Format TT.MM.JJJJ ein und berechnet die Differenz unter Berücksichtigung von Sommerzeit und Schaltjahren.

```
import java.util.GregorianCalendar;
import java.text.DateFormat;
import java.text.ParseException;
import java.util.Locale;

public class Start {

    public static void main(String args[]) {
        DateFormat parser = DateFormat.getDateInstance(DateFormat.MEDIUM,
                                                       Locale.GERMANY);
        GregorianCalendar time1 = new GregorianCalendar();
        GregorianCalendar time2 = new GregorianCalendar();
        TimeSpan ts;
        System.out.println();

        if (args.length != 2) {
           System.out.println(" Aufruf: Start <Datum: TT.MM.JJJJ> "
                              + "<Datum: TT.MM.JJJJ>");
           System.exit(0);
        }

        try {
```

Listing 51: Differenz zwischen zwei Datumswerten berechnen

```
            time1.setTime(parser.parse(args[0]));
            time2.setTime(parser.parse(args[1]));
            ts = TimeSpan.getInstance(time1, time2, true, true);
            System.out.println(" Differenz:  " + ts);

         } catch(ParseException e) {
            System.err.println("\n Kein gueltiges Datum (TT.MM.JJJJ)");
         }
      }
   }
```

Listing 51: Differenz zwischen zwei Datumswerten berechnen (Forts.)

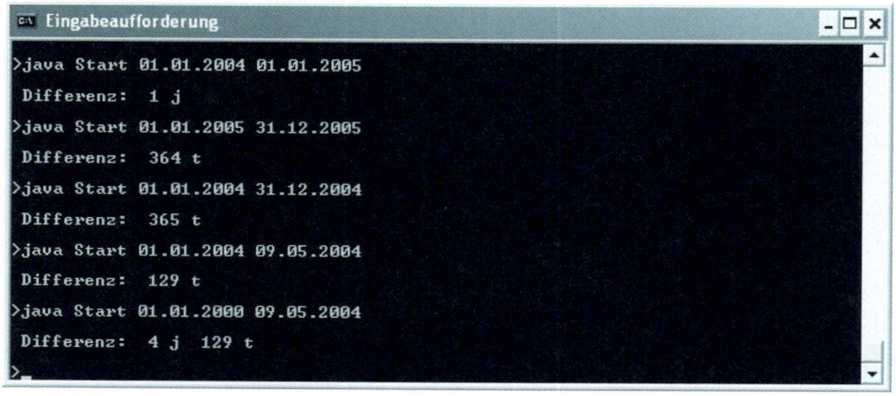

Abbildung 27: Beispielaufrufe

47 Differenz zwischen zwei Datumswerten in Tagen berechnen

Ein Tag besteht stets aus 24 Stunden, 24*60 Minuten, 24*60*60 Sekunden oder 24*60*60*1000 Millisekunden. Was liegt also näher, als die Differenz zwischen zwei Datumswerten zu berechnen, indem man die in den `Calendar`-Objekten gespeicherte Anzahl Millisekunden seit dem 01.01.1970 00:00:00 Uhr, GMT, abfragt, voneinander abzieht, durch 1000 und weiter noch durch 24*60*60 dividiert?

```
// Vereinfachter Ansatz:
long diff = Math.abs((time2.getTimeInMillis()-time1.getTimeInMillis())/1000);
long diffInDays = diff/(60*60*24);
```

Das Problem an dieser Methode ist, dass die Sommerzeit nicht berücksichtigt wird. Stünde in obigem Code `time1` für den 27. März 00:00 Uhr und `time2` für den 28. März 00:00 Uhr, wäre `diff` lediglich gleich 23*60*60 und `diffInDays` ergäbe 0.

Um korrekte Ergebnisse zu erhalten, können Sie entweder die Zeitzone des `Calendar`-Objekts auf eine `TimeZone`-Instanz umstellen, die keine Sommerzeit kennt (und zwar bevor in dem Objekt die gewünschte Zeit gespeichert wird), die Sommerzeitverschiebung manuell korrigieren (siehe Quelltext zu `getInstance()` aus *Rezept 46*) oder sich der in *Rezept 46* definierten `TimeSpan`-Klasse bedienen. In letzterem Fall müssen die beiden Datumswerte als `Gregorian-`

Calendar-Objekte vorliegen. Diese übergeben Sie dann an die Methode getInstance(), wobei Sie als drittes Argument unbedingt true übergeben, damit die Sommerzeit berücksichtigt wird. (Das vierte Argument, das die Berücksichtigung der Schalttage bei der Berechnung der Jahre steuert, ist für die Differenz in Tagen unerheblich.)

```
import java.util.GregorianCalendar;

// gegeben GregorianCalendar time1 und time2
TimeSpan ts = TimeSpan.getInstance(time1, time2, true, true);
System.out.println("Differenz:  " + ts.inDays());
```

Das Start-Programm zu diesem Rezept berechnet auf diese Weise die Differenz in Tagen zwischen zwei Datumseingaben, die über die Befehlszeile entgegengenommen werden.

Achtung

Die Realität ist leider oftmals komplizierter, als wir Programmierer es uns wünschen. Tatsächlich ist in UTC (Coordinated Universal Time) nicht jeder Tag 24*60*60 Sekunden lang. Alle ein oder zwei Jahre wird am Ende des 31. Dezember oder 30 Juni eine Schaltsekunde eingefügt, so dass der Tag 24*60*60+1 Sekunden lang ist. Diese Korrektur gleicht die auf einer Atomuhr basierende UTC-Zeit an die UT-Zeit (GMT) an, die auf der Erdumdrehung beruht.

48 Tage zu einem Datum addieren/subtrahieren

In Sprachen, die die Überladung von Operatoren unterstützen, erwarten Programmieranfänger häufig, dass man das Datum, welches in einem Objekt einer Datumsklasse gekapselt ist, mit Hilfe überladener Operatoren inkrementieren oder um eine bestimmte Zahl Tage erhöhen kann:

```
++date;               // kein Java!
date = date + 3;      // kein Java!
```

Nicht selten sehen sich die Adepten dann getäuscht, weil die zugrunde liegende Implementierung nicht die Anzahl Tage, sondern die Anzahl Millisekunden, auf denen das Datum basiert, erhöhen.

Nun, in Java gibt es keine überladenen Operatoren und obiger Fallstrick bleibt uns erspart. Wie aber kann man in Java Tage zu einem bestehenden Datum hinzuaddieren oder davon abziehen?

Wie Sie mittlerweile wissen, werden Datumswerte in Calendar-Objekten sowohl als Anzahl Millisekunden als auch in Form von Datums- und Uhrzeitfeldern (Jahr, Monat, Wochentag, Stunde etc.) gespeichert. Diese Felder können mit Hilfe der get-/set-Methoden der Klasse (*siehe Tabelle 15*) abgefragt und gesetzt werden.

Eine Möglichkeit, Tage zu einem Datum zu addieren oder von einem Datum abzuziehen, ist daher, set() für das Feld Calendar.DAY_OF_MONTH aufzurufen und diesem den alten Wert (= get(Calendar.DAY_OF_MONTH)) plus der zu addierenden Anzahl Tage (negativer Wert für Subtraktion) zu übergeben.

```
date.set(Calendar.DAY_OF_MONTH, date.get(Calendar.DAY_OF_MONTH) + days);
```

Einfacher noch geht es mit Hilfe der add()-Methode, der Sie nur noch das Feld und die zu addierende Anzahl Tage (negativer Wert für Subtraktion) übergeben müssen:

```
date.add(Calendar.DAY_OF_MONTH, days);
```

Kommt es zu einem Über- oder Unterlauf (die berechnete Anzahl Tage ist größer als die Tage im aktuellen Monat bzw. kleiner als 1), passt `add()` die nächstgrößere Einheit an (für Tage also das `MONTH`-Feld). Die `set()`-Methode passt die nächsthöhere Einheit nur dann an, wenn das `private`-Feld `lenient` auf `true` steht (Standardwert, Einstellung über `setLenient()`). Ansonsten wird eine Exception ausgelöst.

Mit der `roll()`-Methode schließlich können Sie den Wert eines Feldes ändern, ohne dass bei Über- oder Unterlauf das nächsthöhere Feld angepasst wird.

```
date.roll(Calendar.DAY_OF_MONTH, days);
```

Methode	Arbeitsweise
`set(int field, int value)`	Anpassung der übergeordneten Einheit, wenn lenient = true, ansonsten Auslösen einer Exception
`add(int field, int value)`	Anpassung der übergeordneten Einheit
`roll(int field, int value)`	Keine Anpassung der übergeordneten Einheit

Tabelle 20: Methoden zum Erhöhen bzw. Vermindern von Datumsfeldern

Das Start-Programm demonstriert die Arbeit von `add()` und `roll()`. Datum und die hinzuzuaddierende Anzahl Tage werden als Argumente über die Befehlszeile übergeben.

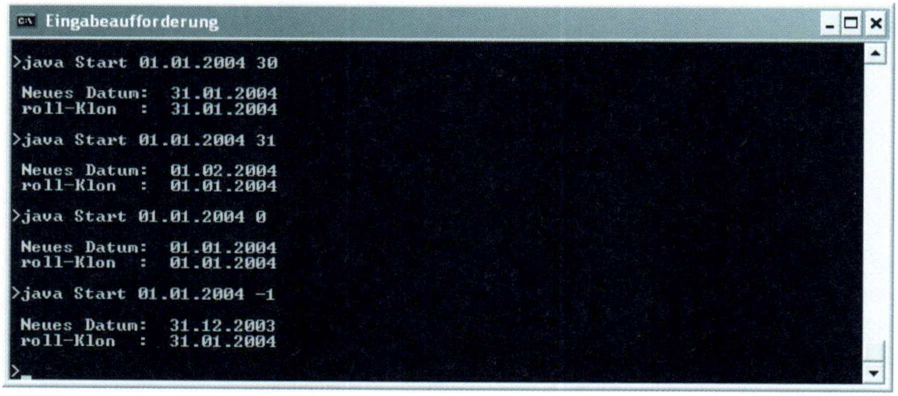

Abbildung 28: Addieren und Subtrahieren von Tagen

49 Datum in julianischem Kalender

Sie benötigen ein `Calendar`-Objekt, welches den 27.04.2005 im julianischen Kalender repräsentiert?

In diesem Fall reicht es nicht, einfach dem `GregorianCalendar`-Konstruktor Jahr, Monat (-1) und Tag zu übergeben, da die Hybridimplementierung der Klasse `GregorianCalendar` standardmäßig Daten nach dem 15. Oktober 1582 als Daten im gregorianischen Kalender interpretiert (*vergleiche Rezept 40*).

Stattdessen müssen Sie

1. ein neues `GregorianCalendar`-Objekt erzeugen:

   ```
   GregorianCalendar jul = new GregorianCalendar();
   ```

2. dessen `GregorianChange`-Datum auf `Date(Long.MAX_VALUE)` einstellen:

   ```
   jul.setGregorianChange(new Date(Long.MAX_VALUE));
   ```

3. Jahr, Monat und Tag für das Objekt setzen:

   ```
   jul.set(2005, 3, 27);
   ```

Das neue Objekt repräsentiert nun das gewünschte Datum im julianischen Kalender. (Der intern berechnete Millisekundenwert gibt also an, wie viele Sekunden das Datum vom 01.01.1970 00:00:00 Uhr, GMT, entfernt liegt.)

Achtung

Wenn Sie das Datum mittels einer `DateFormat`-Instanz in einen String umwandeln möchten, müssen Sie beachten, dass die `DateFormat`-Instanz standardmäßig mit einer `GregorianCalendar`-Instanz arbeitet, die für Datumswerte nach Oktober 1582 mit dem gregorianischen Kalender arbeitet. Um das korrekte julianische Datum zu erhalten, müssen Sie dem Formatierer eine `Calendar`-Instanz zuweisen, die für alle Datumswerte nach dem julianischen Kalender rechnet, beispielsweise also `jul`:

```
DateFormat dfJul = DateFormat.getDateInstance(DateFormat.FULL);
dfJul.setCalendar(jul);
System.out.println(dfJul.format(jul.getTime()));
```

50 Umrechnen zwischen julianischem und gregorianischem Kalender

Um ein Datum im julianischen Kalender in das zugehörige Datum im gregorianischen Kalender umzuwandeln (so dass beide Daten gleich viele Millisekunden vom 01.01.1970 00:00:00 Uhr, GMT, entfernt liegen), gehen Sie am besten wie folgt vor:

1. Erzeugen Sie ein neues `GregorianCalendar`-Objekt:

   ```
   GregorianCalendar gc = new GregorianCalendar();
   ```

2. Stellen Sie dessen `GregorianChange`-Datum auf `Date(Long.MIN_VALUE)` ein:

   ```
   gc.setGregorianChange(new Date(Long.MAX_VALUE));
   ```

3. Setzen sie die interne Millisekundenzeit des Objekts auf die Anzahl Millisekunden des julianischen Datums:

   ```
   gc.setTimeInMillis(c.getTimeInMillis());
   ```

Wenn Sie ein Datum im gregorianischen Kalender in das zugehörige Datum im julianischen Kalender umwandeln möchten, gehen Sie analog vor, nur dass Sie `setGregorianChange()` den `Date(Long.MAX_VALUE)` Wert übergeben.

```
/**
 * Gregorianisches Datum in julianisches Datum unwandeln
 */
public static GregorianCalendar gregorianToJulian(GregorianCalendar c) {

   GregorianCalendar gc = new GregorianCalendar();
   gc.setGregorianChange(new Date(Long.MAX_VALUE));
```

Listing 52: Methoden zur Umwandlung von Datumswerten zwischen julianischem und gregorianischem Kalender

```
        gc.setTimeInMillis(c.getTimeInMillis());

        return gc;
    }

    /**
     *  Julianisches Datum in gregorianisches Datum unwandeln
     */
    public static GregorianCalendar julianToGregorian(GregorianCalendar c) {

        GregorianCalendar gc = new GregorianCalendar();
        gc.setGregorianChange(new Date(Long.MIN_VALUE));
        gc.setTimeInMillis(c.getTimeInMillis());

        return gc;
    }
```

Listing 52: Methoden zur Umwandlung von Datumswerten zwischen julianischem und gregorianischem Kalender (Forts.)

Achtung

Wenn Sie Datumswerte mittels einer `DateFormat`-Instanz in einen String umwandeln:

```
GregorianCalendar date = new GregorianCalendar();
DateFormat df = DateFormat.getDateInstance();
String s = df.format(date.getTime());
```

müssen Sie beachten, dass die `DateFormat`-Instanz das übergebene Datum als `Date`-Objekt übernimmt und mittels einer eigenen `Calendar`-Instanz in Jahr, Monat etc. umrechnet. Wenn Sie mit `DateFormat` Datumswerte umwandeln, für die Sie das `GregorianChange`-Datum umgestellt haben, müssen Sie daher auch für das `Calendar`-Objekt der `DateFormat-Instanz` das `GregorianChange`-Datum umstellen – oder es einfach durch das `GregorianCalendar`-Objekt des Datums ersetzen:

```
GregorianCalendar jul = new GregorianCalendar();
jul.setGregorianChange(new Date(Long.MAX_VALUE));
DateFormat dfJul = DateFormat.getDateInstance(DateFormat.FULL);
dfJul.setCalendar(jul);
```

Das Start-Programm zu diesem Rezept liest ein Datum über die Befehlszeile ein und interpretiert es einmal als gregorianisches und einmal als julianisches Datum, welche jeweils in ihre julianische bzw. gregorianische Entsprechung umgerechnet werden.

51 Ostersonntag berechnen

Der Ostersonntag ist der Tag, an dem die Christen die Auferstehung Jesu Christi feiern. Gleichzeitig kennzeichnet er das Ende des österlichen Festkreises, der mit dem Aschermittwoch beginnt.

Für den Programmierer ist der Ostersonntag insofern von zentraler Bedeutung, als er den Referenzpunkt für die Berechnung der österlichen Feiertage darstellt: Aschermittwoch, Gründonnerstag, Karfreitag, Ostermontag, Christi Himmelfahrt, Pfingsten.

Der Ostertermin richtet sich nach dem jüdischen Pessachfest und wurde auf dem Konzil von Nicäa 325 festgelegt als:

> »Der 1. Sonntag, der dem ersten Pessach-Vollmond folgt.« – was auf der Nördlichen Halbkugel dem ersten Vollmond nach der Frühlings-Tag-und-Nachtgleiche entspricht.

Wegen dieses Bezugs auf den Vollmond ist die Berechnung des Ostersonntags recht kompliziert. Traditionell erfolgte die Berechnung mit Hilfe des Mondkalenders und der goldenen Zahl (die laufende Nummer eines Jahres im Mondzyklus). Heute gibt es eine Vielzahl von Algorithmen zur Berechnung des Ostersonntags. Die bekanntesten sind die Algorithmen von Carl Friedrich Gauß, Mallen und Oudin. Auf Letzterem basiert auch der in diesem Rezept implementierte Algorithmus:


```
import java.util.GregorianCalendar;

/**
 *  Datum des Ostersonntags im gregorianischen Kalender berechnen
 */
public static GregorianCalendar eastern(int year) {
    int c = year/100;
    int n = year - 19 * (year/19);
    int k = (c - 17)/25;

    int l1 = c - c/4 - (c-k)/3 + 19*n + 15;
    int l2 = l1 - 30*(l1/30);
    int l3 = l2 - (l2/28)*(1 - (l2/28) * (29/(l2+1)) * ((21-n)/11));

    int a1 = year + year/4 + l3 + 2 - c + c/4;
    int a2 = a1 - 7 * (a1/7);
    int l = l3 - a2;

    int month = 3 + (l + 40)/44;
    int day = l + 28 - 31*(month/4);

    return new GregorianCalendar(year, month-1, day);
}
```

Listing 53: Berechnung des Ostersonntags im gregorianischen Kalender

Achtung

Wenn Sie historische Ostertermine berechnen, müssen Sie bedenken, dass der gregorianische Kalender erst im Oktober 1582, in vielen Ländern sogar noch später, *siehe Tabelle 16 in Rezept 41*, eingeführt wurde.

Wenn Sie zukünftige Ostertermine berechnen, müssen Sie bedenken, dass diese nur nach geltender Konvention gültig sind. Bestrebungen, die Berechnung des Ostertermins zu vereinfachen und das Datum auf einen bestimmten Sonntag festzuschreiben, gibt es schon seit längerem. Bisher konnten die Kirchen diesbezüglich allerdings zu keiner Einigung kommen.

Ostern in der orthodoxen Kirche

Vor der Einführung des gregorianischen Kalenders galt der julianische Kalender, nach dem folglich auch Ostern berechnet wurde. Die meisten Länder stellten mit der Übernahme des gregorianischen Kalenders auch die Berechnung des Ostersonntags auf den gregorianischen Kalender um. Nicht so die orthodoxen Kirchen. Sie hingen nicht nur lange dem julianischen Kalender an, *siehe Tabelle 16 in Rezept 41*, sondern behielten diesen für die Berechnung des Ostersonntags sogar noch bis heute bei.

Die folgende Methode berechnet den Ostersonntag nach dem julianischen Kalender.

```
import java.util.Date;
import java.util.GregorianCalendar;

/**
 *  Datum des Ostersonntags im julianischen Kalender berechnen
 */
public static GregorianCalendar easternJulian(int year) {
    int month, day;
    int a = year%19;
    int b = year%4;
    int c = year%7;

    int d = (19 * a + 15) % 30;
    int e = (2*b + 4*c + 6*d + 6)%7;

    if ((d+e) < 10) {
       month = 3;
       day = 22+d+e;
    } else {
       month = 4;
       day = d+e-9;
    }

    GregorianCalendar gc = new GregorianCalendar();
    gc.setGregorianChange(new Date(Long.MAX_VALUE));
    gc.set(year, month-1, day, 0, 0, 0);

    return gc;
}
```

Listing 54: Berechnung des Ostersonntags im julianischen Kalender

Beachten Sie, dass `GregorianChange`-Datum für das zurückgelieferte `Calendar`-Objekt auf `Date(Long.MAX_VALUE)` gesetzt wurde, d.h., das `Calendar`-Objekt berechnet den Millisekundenwert, der dem übergebenen Datum entspricht, nach dem julianischen Kalender (*siehe auch Rezept 49*).

Wenn Sie Jahr, Monat und Tag des Ostersonntags im julianischen Kalender aus dem zurückgelieferten `Calendar`-Objekt auslesen möchten, brauchen Sie daher nur die entsprechenden Felder abzufragen, beispielsweise:

```
GregorianCalendar easternJ = MoreDate.easternJulian(year);
System.out.println(" " + easternJ.get(Calendar.YEAR)
                  + " " + easternJ.get(Calendar.MONTH)
                  + " " + easternJ.get(Calendar.DAY_OF_MONTH));
```

Wenn Sie das Datum des Ostersonntags im Julianischen Kalender mittels einer DateFormat-Instanz in einen String umwandeln möchten, müssen Sie beachten, dass die DateFormat-Instanz standardmäßig mit einer GregorianCalendar-Instanz arbeitet, die für Datumswerte nach Oktober 1582 den gregorianischen Kalender zugrunde legt. Um das korrekte julianische Datum zu erhalten, müssen Sie dem Formatierer eine Calendar-Instanz zuweisen, die für alle Datumswerte nach dem julianischen Kalender rechnet, beispielsweise also das von MoreDate.easternJulian() zurückgelieferte Objekt:

```
easternJ = MoreDate.easternJulian(year);
df.setCalendar(easternJ);
System.console().printf("Orthod. Ostersonntag (Julian.):  %s\n",
                        f.format(easternJ.getTime()));
```

Sicherlich wird es Sie aber auch interessieren, welchem Datum in unserem Kalender der orthodoxe Ostersonntag entspricht.

Dazu brauchen Sie easternJ nur mittels einer DateFormat-Instanz zu formatieren, deren Calendar-Objekt nicht umgestellt wurde:

```
easternJ = MoreDate.easternJulian(year);
System.console().printf("Orthod. Ostersonntag (Gregor.):  %s\n",
                        df.format(easternJ.getTime()));
```

Oder Sie erzeugen eine neue GregorianCalendar-Instanz und weisen dieser die Anzahl Millisekunden von easternJ zu. Dann können Sie das Datum auch durch Abfragen der Datumsfelder auslesen:

```
GregorianCalendar gc = new GregorianCalendar();
gc.setTimeInMillis(easternJ.getTimeInMillis());
System.out.println(" " + gc.get(Calendar.YEAR) + " " + gc.get(Calendar.MONTH)
                 + " " + gc.get(Calendar.DAY_OF_MONTH));
```

Das Start-Programm zu diesem Rezept demonstriert die Verwendung von MoreDate.eastern() und MoreDate.easternJulian(). Das Programm nimmt über die Befehlszeile eine Jahreszahl entgegen und gibt dazu das Datum des Ostersonntags aus.

```
import java.util.Date;
import java.util.Calendar;
import java.util.GregorianCalendar;
import java.text.DateFormat;

public class Start {

    public static void main(String args[]) {
        GregorianCalendar eastern, easternJ;
        DateFormat df = DateFormat.getDateInstance(DateFormat.FULL);
        int year = 0;
        System.out.println();
```

Listing 55: Berechnung des Ostersonntags

```
        if (args.length != 1) {
           System.out.println(" Aufruf: Start <Jahreszahl>");
           System.exit(0);
        }

        try {
            year = Integer.parseInt(args[0]);

            // Ostersonntag berechnen
            eastern = MoreDate.eastern(year);
            System.console().printf("        Ostersonntag:             %s\n",
                                    df.format(eastern.getTime()));


            // Griech-orthodoxen Ostersonntag berechnen
            // (julianischer Kalender)
            easternJ = MoreDate.easternJulian(year);
            df.setCalendar(easternJ);
            System.console().printf("Orthod. Ostersonntag (julian.):  %s\n",
                                    df.format(easternJ.getTime()));
            df.setCalendar(eastern);
            System.console().printf("Orthod. Ostersonntag (gregor.):  %s\n",
                                    df.format(easternJ.getTime()));       }
        catch (NumberFormatException e) {
            System.err.println(" Ungueltiges Argument");
        }
    }
}
```

Listing 55: Berechnung des Ostersonntags (Forts.)

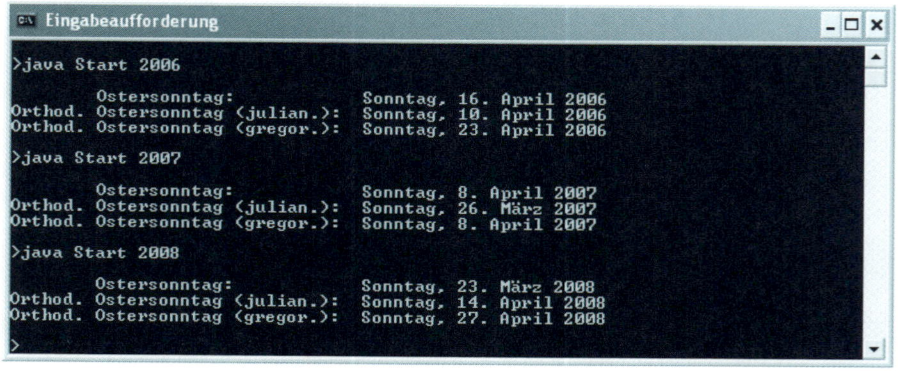

Abbildung 29: Ostersonntage der Jahre 2006, 2007 und 2008

52 Deutsche Feiertage berechnen

Gäbe es nur feste Feiertage, wäre deren Berechnung ganz einfach – ja, eigentlich gäbe es gar nichts mehr zu berechnen, denn Sie müssten lediglich für jeden Feiertag ein `GregorianCalendar`-Objekt erzeugen und dem Konstruktor Jahr, Monat (0-11) und Tag des Feiertagsdatum übergeben.

Fakt ist aber, dass ungefähr die Hälfte aller Feiertage beweglich sind. Da wären zum einen die große Gruppe der Feiertage, die von Osten abhängen, dann die Gruppe der Feiertage, die von Weihnachten abhängen, und schließlich noch der Muttertag.

Letzterer ist im Übrigen kein echter Feiertag, aber wir wollen in diesem Rezept auch die Tage berücksichtigen, denen eine besondere Bedeutung zukommt, auch wenn es sich nicht um gesetzliche Feiertage handelt.

Feiertag	abhängig von	Datum
Neujahr	–	01. Januar
Heilige drei Könige*	–	06. Januar
Rosenmontag	Ostersonntag	Ostersonntag – 48 Tage
Fastnacht	Ostersonntag	Ostersonntag – 47 Tage
Aschermittwoch	Ostersonntag	Ostersonntag – 46 Tage
Valentinstag	–	14. Februar
Gründonnerstag	Ostersonntag	Ostersonntag – 3 Tage
Karfreitag	Ostersonntag	Ostersonntag – 2 Tage
Ostersonntag	Pessach-Vollmond	1. Sonntag, der dem ersten Pessach-Vollmond folgt (*siehe Rezept 51*)
Ostermontag	Ostersonntag	Ostersonntag + 1 Tag
Maifeiertag	–	1. Mai
Himmelfahrt	Ostersonntag	Ostersonntag + 39 Tage
Muttertag	1. Mai	2. Sonntag im Mai
Pfingstsonntag	Ostersonntag	Ostersonntag + 49 Tage
Pfingstmontag	Ostersonntag	Ostersonntag + 50 Tage
Fronleichnam*	Ostersonntag	Ostersonntag + 60 Tage
Mariä Himmelfahrt*	–	15. September
Tag der deutschen Einheit	–	3. Oktober
Reformationstag*	–	31. Oktober
Allerheiligen*	–	1. November
Allerseelen	–	2. November
Nikolaus	–	6. Dezember
Sankt Martinstag	–	11. November
Volkstrauertag	Heiligabend	Sonntag vor Totensonntag
Buß- und Bettag*	Heiligabend	Mittwoch vor Totensonntag
Totensonntag	Heiligabend	7 Tage vor 1. Advent
1. Advent	Heiligabend	7 Tage vor 2. Advent
2. Advent	Heiligabend	7 Tage vor 3. Advent
3. Advent	Heiligabend	7 Tage vor 4. Advent

*Tabelle 21: Deutsche Feiertage (gesetzliche Feiertage sind farbig hervorgehoben, regionale Feiertage sind mit * gekennzeichnet)*

Feiertag	abhängig von	Datum
4. Advent	Heiligabend	Sonntag vor Heiligabend
Heiligabend	–	24. Dezember
1. Weihnachtstag	–	25. Dezember
2. Weihnachtstag	–	26. Dezember
Silvester	–	31. Dezember

*Tabelle 21: Deutsche Feiertage (gesetzliche Feiertage sind farbig hervorgehoben, regionale Feiertage sind mit * gekennzeichnet) (Forts.)*

Wie Sie der Tabelle entnehmen können, bereitet die Berechnung der Osterfeiertage, insbesondere die Berechnung des Ostersonntags, die größte Schwierigkeit. Doch glücklicherweise haben wir dieses Problem bereits im *Rezept 51* gelöst. Die Berechnung der Feiertage reduziert sich damit weitgehend auf die Erzeugung und Verwaltung der Feiertagsdaten. Der hier präsentierte Ansatz basiert auf zwei Klassen:

- einer Klasse `CalendarDay`, deren Objekte die einzelnen Feiertage repräsentieren, und
- einer Klasse `Holidays`, die für ein gegebenes Jahr alle Feiertage berechnet und in einer `Vector`-Collection speichert.

Die Klasse CalendarDay

Die Klasse `CalendarDay` speichert zu jedem Feiertag den Namen, das Datum (als Anzahl Millisekunden), einen optionalen Kommentar, ob es sich um einen gesetzlichen nationalen Feiertag handelt oder ob es ein regionaler Feiertag ist.

```
/**
 *  Klasse zum Speichern von Kalenderinformationen zu Kalendertagen
 */
public class CalendarDay {

    private String name;
    private long time;
    private boolean holiday;
    private boolean nationwide;
    private String comment;

    public CalendarDay(String name, long time, boolean holiday,
                       boolean nationwide, String comment) {
        this.name = name;
        this.time= time;
        this.holiday = holiday;
        this.nationwide = nationwide;
        this.comment = comment;
    }

    public String getName() {
        return name;
```

Listing 56: Die Klasse CalendarDay

```
    }

    public long getTime() {
        return time;
    }

    public boolean getHoliday() {
        return holiday;
    }

    public boolean getNationwide() {
        return nationwide;
    }

    public String getComment() {
        return comment;
    }
}
```

Listing 56: Die Klasse CalendarDay (Forts.)

Die Klasse Holidays

Die Klasse berechnet und verwaltet die Feiertage eines gegebenen Jahres.

Das Jahr übergeben Sie als int-Wert dem Konstruktor, der daraufhin berechnet, auf welche Datumswerte die Feiertage fallen, und für jeden Feiertag ein `CalendarDay`-Objekt erzeugt. Die `CalendarDay`-Objekte werden zusammen in einer `Vector`-Collection gespeichert.

> **Hinweis**
>
> Die Methode `eastern()`, die vom Konstruktor zur Berechnung des Ostersonntags verwendet wird, ist in `Holidays` definiert und identisch zu der Methode aus *Rezept 51*.

```
import java.util.Calendar;
import java.util.GregorianCalendar;
import java.util.Vector;

/**
 *  Berechnet Feiertage eines Jahres und speichert die gewonnenen
 *  Informationen in einer Vector-Collection von CalendarDay-Objekten
 */
public class Holidays {
    Vector<CalendarDay> days = new Vector<CalendarDay>(34);

    public Holidays(int year) {
        // Ostern vorab berechnen
        GregorianCalendar eastern = eastern(year);
        GregorianCalendar tmp;
```

Listing 57: Aus Holidays.java

```
int day;

days.add(new CalendarDay("Neujahr",
        (new GregorianCalendar(year,0,1)).getTimeInMillis(),
        true, true, ""));
days.add(new CalendarDay("Heilige drei Könige",
        (new GregorianCalendar(year,0,6)).getTimeInMillis(),
        false, false, "in Baden-Würt., Bayern und Sachsen-A."));
tmp = (GregorianCalendar) eastern.clone();
tmp.add(Calendar.DAY_OF_MONTH, -48);
days.add(new CalendarDay("Rosenmontag",
        tmp.getTimeInMillis(),
        false, false, ""));
tmp.add(Calendar.DAY_OF_MONTH, +1);
days.add(new CalendarDay("Fastnacht",
        tmp.getTimeInMillis(),
        false, false, ""));
tmp.add(Calendar.DAY_OF_MONTH, +1);
days.add(new CalendarDay("Aschermittwoch",
        tmp.getTimeInMillis(),
        false, false, ""));
days.add(new CalendarDay("Valentinstag",
        (new GregorianCalendar(year,1,14)).getTimeInMillis(),
        false, false, ""));
tmp = (GregorianCalendar) eastern.clone();
tmp.add(Calendar.DAY_OF_MONTH, -3);
days.add(new CalendarDay("Gründonnerstag",
        tmp.getTimeInMillis(),
        false, false, ""));
tmp.add(Calendar.DAY_OF_MONTH, +1);
days.add(new CalendarDay("Karfreitag",
        tmp.getTimeInMillis(),
        true, true, ""));
days.add(new CalendarDay("Ostersonntag",
        eastern.getTimeInMillis(),
        true, true, ""));
tmp = (GregorianCalendar) eastern.clone();
tmp.add(Calendar.DAY_OF_MONTH, +1);
days.add(new CalendarDay("Ostermontag",
        tmp.getTimeInMillis(),
        true, true, ""));
days.add(new CalendarDay("Maifeiertag",
        (new GregorianCalendar(year,4,1)).getTimeInMillis(),
        true, true, ""));
tmp = (GregorianCalendar) eastern.clone();
tmp.add(Calendar.DAY_OF_MONTH, +39);
days.add(new CalendarDay("Himmelfahrt",
        tmp.getTimeInMillis(),
        true, true, ""));

// Muttertag = 2. Sonntag in Mai
```

Listing 57: Aus Holidays.java (Forts.)

```
GregorianCalendar firstMay = new GregorianCalendar(year, 4, 1);
day = firstMay.get(Calendar.DAY_OF_WEEK);
if (day == Calendar.SUNDAY)
    day = 1 + 7;
else
    day = 1 + (8-day) + 7;
days.add(new CalendarDay("Muttertag",
         (new GregorianCalendar(year,4,day)).getTimeInMillis(),
         false, false, ""));

tmp = (GregorianCalendar) eastern.clone();
tmp.add(Calendar.DAY_OF_MONTH, +49);
days.add(new CalendarDay("Pfingstsonntag",
         tmp.getTimeInMillis(),
         true, true, ""));
tmp.add(Calendar.DAY_OF_MONTH, +1);
days.add(new CalendarDay("Pfingstmontag",
         tmp.getTimeInMillis(),
         true, true, ""));
tmp.add(Calendar.DAY_OF_MONTH, +10);
days.add(new CalendarDay("Fronleichnam",
         tmp.getTimeInMillis(),
         true, false, "in Baden-Württ., Bayern, Hessen, NRW, "
                    + "Rheinl.-Pfalz, Saarland, Sachsen (z.T.) "
                    + "und Thüringen (z.T.)"));
days.add(new CalendarDay("Maria Himmelfahrt",
         (new GregorianCalendar(year,7,15)).getTimeInMillis(),
         false, false, "in Saarland und kathol. Gemeinden "
         + "von Bayern"));
days.add(new CalendarDay("Tag der Einheit",
         (new GregorianCalendar(year,9,3)).getTimeInMillis(),
         true, true, ""));
days.add(new CalendarDay("Reformationstag",
         (new GregorianCalendar(year,9,31)).getTimeInMillis(),
         true, false, "in Brandenburg, Meckl.-Vorp., Sachsen, "
                    + "Sachsen-A. und Thüringen"));
days.add(new CalendarDay("Allerheiligen",
         (new GregorianCalendar(year,10,1)).getTimeInMillis(),
         true, false, "in Baden-Württ., Bayern, NRW, "
                    + "Rheinl.-Pfalz und Saarland"));
days.add(new CalendarDay("Allerseelen",
         (new GregorianCalendar(year,10,2)).getTimeInMillis(),
         false, false, ""));
days.add(new CalendarDay("Martinstag",
         (new GregorianCalendar(year,10,11)).getTimeInMillis(),
         false, false, ""));

// ab hier nicht mehr chronologisch

// 4. Advent = 1. Sonntag vor 1. Weihnachtstag
GregorianCalendar advent = new GregorianCalendar(year, 11, 25);
```

Listing 57: Aus Holidays.java (Forts.)

```
if (advent.get(Calendar.DAY_OF_WEEK) == Calendar.SUNDAY)
    advent.add(Calendar.DAY_OF_MONTH, -7);
else
    advent.add(Calendar.DAY_OF_MONTH,
               -advent.get(Calendar.DAY_OF_WEEK)+1);
days.add(new CalendarDay("4. Advent",
         advent.getTimeInMillis(),
         false, false, ""));

// 3. Advent = Eine Woche vor 4. Advent
advent.add(Calendar.DAY_OF_MONTH, -7);
days.add(new CalendarDay("3. Advent",
         advent.getTimeInMillis(),
         false, false, ""));
// 2. Advent = Eine Woche vor 3. Advent
advent.add(Calendar.DAY_OF_MONTH, -7);
days.add(new CalendarDay("2. Advent",
         advent.getTimeInMillis(),
         false, false, ""));
// 1. Advent = Eine Woche vor 2. Advent
advent.add(Calendar.DAY_OF_MONTH, -7);
days.add(new CalendarDay("1. Advent",
         advent.getTimeInMillis(),
         false, false, ""));

// Totensonntag = Sonntag vor 1. Advent
tmp = (GregorianCalendar) advent.clone();
tmp.add(Calendar.DAY_OF_MONTH, -7);
days.add(new CalendarDay("Totensonntag",
         tmp.getTimeInMillis(),
         false, false, ""));

// Volkstrauertag = Sonntag vor Totensonntag
tmp.add(Calendar.DAY_OF_MONTH, -7);
days.add(new CalendarDay("Volkstrauertag",
         tmp.getTimeInMillis(),
         false, false, ""));

// Buß- und Bettag = Mittwoch vor Totensonntag
day = tmp.get(Calendar.DAY_OF_WEEK);
if (day == Calendar.WEDNESDAY)
    day = -(4+day);
else
    day = (4-day);
tmp.add(Calendar.DAY_OF_MONTH, day);
days.add(new CalendarDay("Buß- und Bettag",
         tmp.getTimeInMillis(),
         false, false, "Sachsen"));

days.add(new CalendarDay("Nikolaus",
         (new GregorianCalendar(year,11,6)).getTimeInMillis(),
```

Listing 57: Aus Holidays.java (Forts.)

```
                  false, false, ""));
        days.add(new CalendarDay("Heiligabend",
                  (new GregorianCalendar(year,11,24)).getTimeInMillis(),
                  false, false, ""));
        days.add(new CalendarDay("1. Weihnachtstag",
                  (new GregorianCalendar(year,11,25)).getTimeInMillis(),
                  true, true, ""));
        days.add(new CalendarDay("2. Weihnachtstag",
                  (new GregorianCalendar(year,11,26)).getTimeInMillis(),
                  true, true, ""));
        days.add(new CalendarDay("Silvester",
                  (new GregorianCalendar(year,11,31)).getTimeInMillis(),
                  false, false, ""));
    }
...
```

Listing 57: Aus Holidays.java (Forts.)

Damit man mit der Klasse `Holidays` auch vernünftig arbeiten kann, definiert sie verschiedene Methoden, mit denen der Benutzer Informationen über die Feiertage einholen kann:

- `CalendarDay searchDay(String name)`

Sucht zu einem gegebenen Feiertagsnamen (beispielsweise »Allerheiligen« das zugehörige `CalendarDay`-Objekt und liefert es zurück. Alternative Namen werden zum Teil berücksichtigt. Wurde kein passendes `CalendarDay`-Objekt gefunden, liefert die Methode `null` zurück.

- `CalendarDay getDay(GregorianCalendar date)`

Liefert zu einem gegebenen Datum das zugehörige `CalendarDay`-Objekt zurück bzw. `null`, wenn kein passendes Objekt gefunden wurde.

- `boolean isNationalHoliday(GregorianCalendar date)`

Liefert `true` zurück, wenn auf das übergebene Datum ein gesetzlicher, nationaler Feiertag fällt.

- `boolean isRegionalHoliday(GregorianCalendar date)`

Liefert `true` zurück, wenn auf das übergebene Datum ein gesetzlicher, regionaler Feiertag fällt.

```
...
    // Liefert das CalendarDay-Objekt zu einem Feiertag
    public CalendarDay searchDay(String name) {
        // Alternative Namen berücksichtigen
        if (name.equals("Heilige drei Koenige"))
           name = "Heilige drei Könige";
        if (name.equals("Gruendonnerstag"))
           name = "Gründonnerstag";
        if (name.equals("Tag der Arbeit"))
           name = "Maifeiertag";
        if (name.equals("Christi Himmelfahrt"))
           name = "Himmelfahrt";
```

Listing 58: Die Klasse Holidays

```
        if (name.equals("Vatertag"))
           name = "Himmelfahrt";
        if (name.equals("Tag der deutschen Einheit"))
           name = "Tag der Einheit";
        if (name.equals("Sankt Martin"))
           name = "Martinstag";
        if (name.equals("Vierter Advent"))
           name = "4. Advent";
        if (name.equals("Dritter Advent"))
           name = "3. Advent";
        if (name.equals("Zweiter Advent"))
           name = "2. Advent";
        if (name.equals("Erster Advent"))
           name = "1. Advent";
        if (name.equals("Buss- und Bettag"))
           name = "Buß- und Bettag";
        if (name.equals("Bettag"))
           name = "Buß- und Bettag";
        if (name.equals("Weihnachtsabend"))
           name = "Heiligabend";
        if (name.equals("Erster Weihnachtstag"))
           name = "1. Weihnachtstag";
        if (name.equals("Zweiter Weihnachtstag"))
           name = "2. Weihnachtstag";

        for(CalendarDay d : days) {
            if (name.equals(d.getName()) )
               return d;
        }

        return null;
    }

    // Liefert das CalendarDay-Objekt zu einem Kalenderdatum
    public CalendarDay getDay(GregorianCalendar date) {
        for(CalendarDay d : days) {
            if( d.getTime() == date.getTimeInMillis() )
               return d;
        }

        return null;
    }

    // Stellt fest, ob das angegebene Datum auf einen gesetzlichen, nationalen
    // Feiertag fällt
    public boolean isNationalHoliday(GregorianCalendar date) {
        for(CalendarDay d : days) {
            if(   d.getTime() == date.getTimeInMillis()
               && d.getHoliday() && d.getNationwide() )
               return true;
```

Listing 58: Die Klasse Holidays (Forts.)

```
        }

        return false;
    }

    // Stellt fest, ob das angegebene Datum auf einen gesetzlichen, regionalen
    // Feiertag fällt
    public boolean isRegionalHoliday(GregorianCalendar date) {
        for(CalendarDay d : days) {
            if(   d.getTime() == date.getTimeInMillis()
               && d.getHoliday() && !d.getNationwide() )
               return true;
        }

        return false;
    }

    public static GregorianCalendar eastern(int year) {
        // siehe Rezept 51
    }
}
```

Listing 58: Die Klasse Holidays (Forts.)

Zu diesem Rezept gibt es zwei Start-Programme. Beide nehmen die Jahreszahl, für die sie ein `Holidays`-Objekt erzeugen, über die Befehlszeile entgegen.

- Mit *Start1* können Sie die Feiertage eines Jahres auf die Konsole ausgeben oder in eine Datei umleiten:

  `java Start1 > Feiertage.txt`

- Mit *Start2* können Sie abfragen, auf welches Datum ein bestimmter Feiertag im übergebenen Jahr fällt. Der Name des Feiertags wird vom Programm abgefragt.

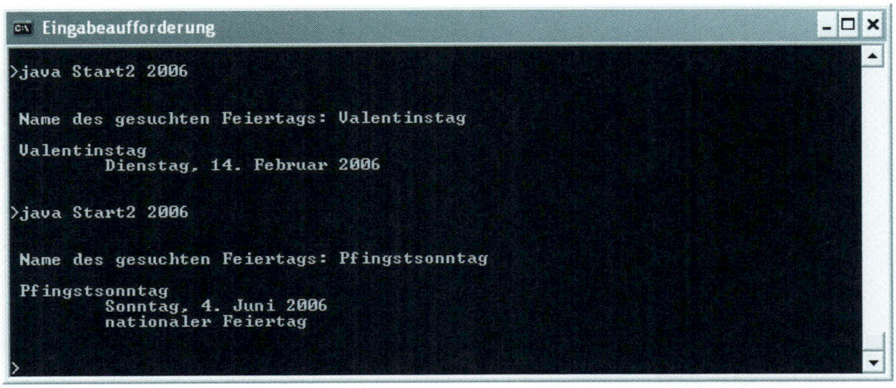

Abbildung 30: Mit Start2 können Sie sich Feiertage in beliebigen Jahren[2] berechnen lassen.

2. Immer vorausgesetzt, die entsprechenden Feiertage gibt es in dem betreffenden Jahr und an ihrer Berechnung hat sich nichts geändert. (Denken Sie beispielsweise daran, dass es Bestrebungen gibt, das Osterdatum festzuschreiben.)

53 Ermitteln, welchen Wochentag ein Datum repräsentiert

Welchem Wochentag ein Datum entspricht, ist im DAY_OF_WEEK-Feld des Calendar-Objekts gespeichert. Für Instanzen von GregorianCalendar enthält dieses Feld eine der Konstanten SUNDAY, MONDAY, TUESDAY, WEDNESDAY, THURSDAY, FRIDAY oder SATURDAY.

Den Wert des Felds können Sie für ein bestehendes Calendar-Objekt date wie folgt abfragen:

```
int day = date.get(Calendar.DAY_OF_WEEK);
```

Für die Umwandlung der DAY_OF_WEEK-Konstanten in Strings (»Sonntag«, »Montag« etc.) ist es am einfachsten, ein Array der Wochentagsnamen zu definieren und den von get(Calendar.DAY_OF_WEEK) zurückgelieferten String als Index in dieses Array zu verwenden. Sie müssen allerdings beachten, dass die DAY_OF_WEEK-Konstanten den Zahlen von 1 (SUNDAY) bis 7 (SATURDAY) entsprechen, während Arrays mit 0 beginnend indiziert werden.

Das Start-Programm zu diesem Rezept, welches den Wochentag zu einem beliebigen Datum ermittelt, demonstriert diese Technik:

```
import java.util.Calendar;
import java.util.GregorianCalendar;
import java.text.DateFormat;
import java.text.ParseException;
import java.util.Locale;

public class Start {

    public static void main(String args[]) {
        DateFormat df = DateFormat.getDateInstance(DateFormat.MEDIUM,
                                                   Locale.GERMANY);
        GregorianCalendar date = new GregorianCalendar();
        int day;
        String[] weekdayNames = { "SONNTAG", "MONTAG", "DIENSTAG", "MITTWOCH",
                                  "DONNERSTAG", "FREITAG", "SAMSTAG" };

        System.out.println();

        if (args.length != 1) {
           System.out.println(" Aufruf: Start <Datum: TT.MM.JJJJ>");
           System.exit(0);
        }

        try {
            date.setTime(df.parse(args[0]));

            day = date.get(Calendar.DAY_OF_WEEK);

            System.out.println(" Wochentag:  " + weekdayNames[day-1]);

        } catch(ParseException e) {
            System.err.println("\n Kein gueltiges Datum (TT.MM.JJJJ)");
        }
```

Listing 59: Programm zur Berechnung des Wochentags

```
    }
}
```

Listing 59: Programm zur Berechnung des Wochentags (Forts.)

Abbildung 31: Kann ein Maifeiertag schlechter liegen?

54 Ermitteln, ob ein Tag ein Feiertag ist

Mit Hilfe der Klasse `Holidays` aus *Rezept 52* können Sie schnell prüfen, ob es sich bei einem bestimmten Tag im Jahr um einen Feiertag handelt.

1. Zuerst erzeugen Sie für das gewünschte Jahr ein `Holidays`-Objekt.

   ```
   Holidays holidays = new Holidays(2005);
   ```

2. Dann erzeugen Sie ein `GregorianCalendar`-Objekt für das zu untersuchende Datum.

   ```
   GregorianCalendar date = new GregorianCalendar(2005, 3, 23);
   ```

3. Schließlich prüfen Sie mit Hilfe der entsprechenden Methoden des `Holidays`-Objekts, ob es sich um einen Feiertag handelt.

   Sie können dabei beispielsweise so vorgehen, dass Sie zuerst durch Aufruf von `isNationalHoliday()` prüfen, ob es sich um einen nationalen gesetzlichen Feiertag handelt. Wenn nicht, können Sie mit `isRegionalHoliday()` prüfen, ob es ein regionaler gesetzlicher Feiertag ist. Trifft auch dies nicht zu, können Sie mit `getDay()` prüfen, ob der Tag überhaupt als besonderer Tag in dem `holidays`-Objekt gespeichert ist:

   ```
   if(holidays.isNationalHoliday(date)) {
       System.out.println("\t Nationaler Feiertag ");
   } else if(holidays.isRegionalHoliday(date)) {
       System.out.println("\t Regionaler Feiertag " );
   } else if (holidays.getDay(date) != null) {
       System.out.println("\t Besonderer Tag " );
   } else
       System.out.println("\t Kein Feiertag ");
   ```

Bezeichnet ein Datum einen Tag, der im `Holidays`-Objekt gespeichert ist, können Sie sich mit `getDay()` die Referenz auf das zugehörige `CalendarDay`-Objekt zurückliefern lassen und die für den Tag gespeicherten Informationen abfragen.

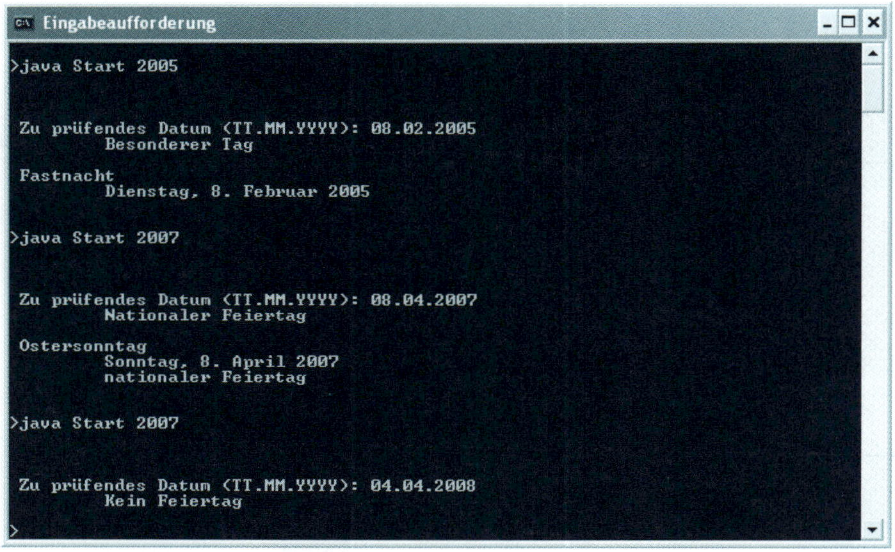

Abbildung 32: Ermitteln, ob ein Tag ein Feiertag ist

55 Ermitteln, ob ein Jahr ein Schaltjahr ist

Ob ein gegebenes Jahr im gregorianischen Kalender ein Schaltjahr ist, lässt sich bequem mit Hilfe der Methode `isLeapYear()` feststellen. Leider ist die Methode nicht statisch, so dass Sie zum Aufruf ein `GregorianCalendar`-Objekt benötigen. Dieses muss aber nicht das zu prüfende Jahr repräsentieren, die Jahreszahl wird vielmehr als Argument an den `int`-Parameter übergeben.

```
GregorianCalendar date = new GregorianCalendar();
int year = 2005;

date.isLeapYear(year);
```

Mit dem Start-Programm zu diesem Rezept können Sie prüfen, ob ein Jahr im gregorianischen Kalender ein Schaltjahr ist.

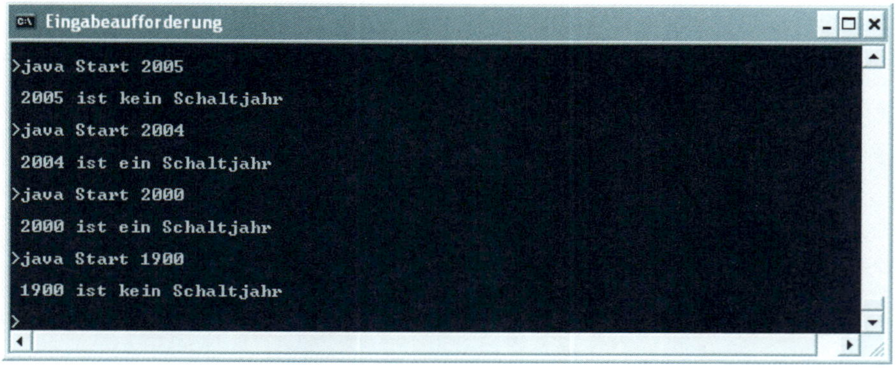

Abbildung 33: 1900 ist kein Schaltjahr, weil es durch 100 teilbar ist. 2000 ist ein Schaltjahr, obwohl es durch 100 teilbar ist, weil es ein Vielfaches von 400 darstellt.

56 Alter aus Geburtsdatum berechnen

Die Berechnung des Alters, sei es nun das Alter eines Kunden, einer Ware oder einer beliebigen Sache (wie z.B. Erfindungen), ist eine recht häufige Aufgabe. Wenn lediglich das Jahr der »Geburt« bekannt ist, ist diese Aufgabe auch relativ schnell durch Differenzbildung der Jahreszahlen erledigt.

Liegt jedoch das komplette Geburtsdatum vor und ist dieses mit einem zweiten Datum, beispielsweise dem aktuellen Datum, zu vergleichen, müssen Sie beachten, dass das Alter unter Umständen um 1 geringer ist als die Differenz der Jahreszahlen – dann nämlich, wenn das Vergleichsdatum in seinem Jahr weiter vorne liegt als das Geburtsdatum im Geburtsjahr. Die Methode `age()` berücksichtigt dies:

```
/**
 *  Berechnet, welches Alter eine Person, die am birthdate
 *  geboren wurde, am otherDate hat
 */
public static int age(Calendar birthdate, Calendar otherDate) {
    int age = 0;

    // anderes Datum liegt vor Geburtsdatum
    if (otherDate.before(birthdate))
        return  -1;

    // Jahresunterschied berechnen
    age = otherDate.get(Calendar.YEAR) - birthdate.get(Calendar.YEAR);

    // Prüfen, ob Tag in otherDate vor Tag in birthdate liegt. Wenn ja,
    // Alter um 1 Jahr vermindern
    if ( (otherDate.get(Calendar.MONTH) < birthdate.get(Calendar.MONTH))
       ||(otherDate.get(Calendar.MONTH) == birthdate.get(Calendar.MONTH)
          && otherDate.get(Calendar.DAY_OF_MONTH) <
             birthdate.get(Calendar.DAY_OF_MONTH)))
       --age;

    return age;
}
```

Vielleicht wundert es Sie, dass die Methode so scheinbar umständlich prüft, ob der Monat im Vergleichsjahr kleiner als der Monat im Geburtsjahr ist, oder, falls die Monate gleich sind, der Tag im Monat des Vergleichsjahrs kleiner dem Tag im Monat des Geburtsjahrs ist. Könnte man nicht einfach das Feld `DAY_OF_YEAR` für beide Daten abfragen und vergleichen?

Die Antwort ist nein, weil dann Schalttage das Ergebnis verfälschen können. Konkret: Für das Geburtsdatum 01.03.1955 und ein Vergleichsdatum 29.02.2004 würde `get(Calendar.DAY_OF_YEAR)` in beiden Fällen 60 zurückliefern. Das berechnete Alter wäre daher fälschlicherweise 50 statt 49.

Mit dem Start-Programm zu diesem Rezept können Sie berechnen, wie alt eine Person oder ein Gegenstand heute ist. Das Geburtsdatum wird im Programmverlauf abgefragt, das Vergleichsdatum ist das aktuelle Datum. Beachten Sie auch die Formatierung der Ausgabe mit `ChoiceFormat`, *siehe Rezept 11*.

```
import java.util.Calendar;
import java.util.GregorianCalendar;
import java.text.DateFormat;
import java.text.ChoiceFormat;
import java.text.ParseException;
import java.util.Locale;
import java.util.Scanner;

public class Start {

    public static void main(String args[]) {
        DateFormat df = DateFormat.getDateInstance(DateFormat.MEDIUM,
                                                   Locale.GERMANY);
        GregorianCalendar date = new GregorianCalendar();
        Scanner sc = new Scanner(System.in);
        int age = 0;

        try {
            System.out.print("\n Geben Sie Ihr Geburtsdatum im Format "
                            + " TT.MM.JJJJ ein: ");
            String input = sc.next();

            date.setTime(df.parse(input));

            // Vergleich mit aktuellem Datum
            age = MoreDate.age(date, Calendar.getInstance());

            if (age < 0) {
                System.out.println("\n Sie sind noch nicht geboren");
            } else {
                double[] limits =  {0, 1, 2};
                String[] outputs = {"Jahre", "Jahr", "Jahre"};
                ChoiceFormat cf = new ChoiceFormat(limits, outputs);

                System.out.println("\n Sie sind " + age + " "
                                   + cf.format(age) + " alt");
            }

        } catch(ParseException e) {
            System.err.println("\n Kein gueltiges Datum (TT.MM.JJJJ)");
        }
    }
}
```

Listing 60: Start.java – Programm zur Altersberechnung

57 Aktuelle Zeit abfragen

Der einfachste und schnellste Weg, die aktuelle Zeit abzufragen, besteht darin, ein Objekt der Klasse `Date` zu erzeugen:

```
import java.util.Date;

Date today = new Date();
System.out.println(today);
```

Ausgabe:

```
Thu Mar 31 10:54:31 CEST 2005
```

Wenn Sie lediglich die Zeit ausgeben möchten, lassen Sie sich von `DateFormat.getTimeInstance()` ein entsprechendes Formatierer-Objekt zurückliefern und übergeben Sie das `Date`-Objekt dessen `format()`-Methode. Als Ergebnis erhalten Sie einen formatierten Uhrzeit-String zurück.

```
String s = DateFormat.getTimeInstance().format(today);
System.out.println( s );                              // Ausgabe: 10:54:31
```

Hinweis

Mehr zur Formatierung mit `DateFormat`, *siehe Rezept 41.*

Sofern Sie die Uhrzeit nicht nur ausgeben oder bestenfalls noch mit anderen Uhrzeiten des gleichen Tags vergleichen möchten, sollten Sie die Uhrzeit durch ein `Calendar`-Objekt (*siehe auch Rezept 39*) repräsentieren.

- Sie können sich mit `getInstance()` ein `Calendar`-Objekt zurückliefern lassen, welches die aktuelle Zeit (natürlich inklusive Datum) repräsentiert:

```
Calendar calendar = Calendar.getInstance();
```

- Sie können ein `Calendar`-Objekt erzeugen und auf eine beliebige Zeit setzen:

```
Calendar calendar = Calendar.getInstance();
```

- Sie können die Zeit aus einem `Date`-Objekt an ein `Calendar`-Objekt übergeben:

```
Calendar calendar = Calendar.getInstance();
calendar.set(calendar.get(Calendar.YEAR),          // Datum
             calendar.get(Calendar.MONTH),         // beibehalten
             calendar.get(Calendar.DATE),
             12, 30, 1);                         // Uhrzeit setzen
```

- Sie können ein `GregorianCalender`-Objekt für eine bestimmte Uhrzeit erzeugen:

```
GregorianCalendar gCal =
                                  // year, m, d,  h, min, sec
            new GregorianCalendar(2005, 4, 20,  12, 30, 1);
```

Hinweis

Um die in einem Calendar-Objekt gespeicherte Uhrzeit auszugeben, können Sie entweder die Werte für die einzelnen Uhrzeit-Felder mittels der zugehörigen get-Methoden abfragen (*siehe Tabelle 15 aus Rezept 40*) und in einen String/Stream schreiben oder sie wandeln die Feldwerte durch Aufruf von getTime() in ein Date-Objekt um und übergeben dieses an die format()-Methode einer DateFormat-Instanz:

```
String s = DateFormat.getTimeInstance().format(calendar.getTime()) );
```

58 Zeit in bestimmte Zeitzone umrechnen

Wenn Sie mit Hilfe von Date oder Calendar die aktuelle Zeit abfragen (*siehe Rezept 57*), wird das Objekt mit der Anzahl Millisekunden initialisiert, die seit dem 01.01.1970 00:00:00 Uhr, GMT, vergangen sind. Wenn Sie diese Zeitangabe in einen formatierten String umwandeln lassen (mittels DateFormat oder SimpleDateFormat, *siehe Rezept 41*), wird die Anzahl Millisekunden gemäß dem gültigen Kalender und gemäß der auf dem aktuellen System eingestellten Zeitzone in Datums- und Zeitfelder (Jahr, Monat, Tag, Stunde, Minute etc.) umgerechnet.

Formatierer auf Zeitzone umstellen

Wenn Sie die Zeit dagegen in die Zeit einer anderen Zeitzone umrechnen lassen möchten, gehen Sie wie folgt vor:

1. Erzeugen Sie ein TimeZone-Objekt für die gewünschte Zeitzone.
2. Registrieren Sie das TimeZone-Objekt beim Formatierer.
3. Wandeln Sie die Zeitangabe mit Hilfe des Formatierers in einen String um.

Um beispielsweise zu berechnen, wie viel Uhr es aktuell in Los Angeles ist, würden Sie schreiben:

```
// Formatierer
DateFormat df = DateFormat.getDateTimeInstance(DateFormat.FULL,
                                               DateFormat.FULL);

// Aktuelles Datum
Date today = new Date();

// 1. Zeitzone erzeugen
TimeZone tz = TimeZone.getTimeZone("America/Los_Angeles");

// 2. Zeitzone beim Formatierer registrieren
df.setTimeZone(tz);

// 3. Umrechnung (und Ausgabe) in Zeitzone für Los Angeles (Amerika)
System.out.println(" America/Los Angeles: " + df.format(today));
```

Hinweis

Wenn die Uhrzeit in Form eines Calendar-Objekts vorliegt, gehen Sie analog vor. Sie müssen lediglich daran denken, die Daten des Calendar-Objekts als Date-Objekt an die format()-Methode zu übergeben: df.format(calObj.getTime()).

Calendar auf Zeitzone umstellen

Sie können auch das Calendar-Objekt selbst auf eine andere Zeitzone umstellen. In diesem Fall übergeben Sie das TimeZone-Objekt, welches die Zeitzone repräsentiert, mittels setTimeZone() an das Calendar-Objekt:

```
Calendar calendar = Calendar.getInstance();
...
TimeZone tz = TimeZone.getTimeZone("America/Los_Angeles");
calendar.setTimeZone(tz);
```

Die get-Methoden des Calendar-Objekts – wie z.B. calendar.get(calendar.HOUR_OF_DAY), calendar.get(calendar.DST_OFFSET), *siehe Tabelle 15 aus Rezept 40* – liefern daraufhin die der Zeitzone entsprechenden Werte (inklusive Zeitverschiebung und Berücksichtigung der Sommerzeit) zurück.

Achtung

Die Zeit, die ein Calendar-Objekt repräsentiert, wird intern als Anzahl Millisekunden, die seit dem 01.01.1970 00:00:00 Uhr, GMT vergangen sind, gespeichert. Dieser Wert wird durch die Umstellung auf eine Zeitzone nicht verändert. Es ändern sich lediglich die Datumsfeldwerte, wie Stunden, Minuten etc., die intern aus der Anzahl Millisekunden unter Berücksichtigung der Zeitzone berechnet werden. Vergessen Sie dies nie, vor allem nicht bei der Formatierung der Zeitwerte mittels DateFormat. Wenn Sie sich nämlich mit getTime() ein Date-Objekt zurückliefern lassen, das Sie der format()-Methode von DateFormat übergeben können, wird dieses Date-Objekt auf der Grundlage der intern gespeicherten Anzahl Millisekunden erzeugt. Soll DateFormat die Uhrzeit in der Zeitzone des Calendar-Objekts formatieren, müssen Sie die Zeitzone des Calendar-Objekts zuvor beim Formatierer registrieren:

```
df.setTimeZone(calendar.getTimeZone());
```

59 Zeitzone erzeugen

Zeitzonen werden in Java durch Objekte vom Typ der Klasse TimeZone repräsentiert. Da TimeZone selbst abstrakt ist, lassen Sie sich TimeZone-Objekte von der statischen Methode getTimeZone() zurückliefern, der Sie als Argument den ID-String der gewünschten Zeitzone übergeben:

```
TimeZone tz = TimeZone.getTimeZone("Europe/Berlin");
```

ID	Zeitzone	entspricht GMT
Pacific/Samoa	Samoa Normalzeit	GMT-11:00
US/Hawaii	Hawaii Normalzeit	GMT-10:00
US/Alaska	Alaska Normalzeit	GMT-09:00
US/Pacific, Canada/Pacific, America/Los_Angeles	Pazifische Normalzeit	GMT-08:00
US/Mountain, Canada/Mountain, America/Denver	Rocky Mountains Normalzeit	GMT-07:00
US/Central, America/Chicago, America/Mexico_City	Zentrale Normalzeit	GMT-06:00

Tabelle 22: Zeitzonen

ID	Zeitzone	entspricht GMT
US/Eastern, Canada/Eastern, America/New_York	Östliche Normalzeit	GMT-05:00
Canada/Atlantic, Atlantic/Bermuda	Atlantik Normalzeit	GMT-04:00
America/Buenos_Aires	Argentinische Zeit	GMT-03:00
Atlantic/South_Georgia	South Georgia Normalzeit	GMT-02:00
Atlantic/Azores	Azoren Zeit	GMT-01:00
Europe/Dublin, Europe/London, Africa/Dakar Etc/UTC	Greenwich Zeit Koordinierte Universalzeit	GMT-00:00
Europe/Berlin, Etc/GMT-1	Zentraleuropäische Zeit	GMT+01:00
Europe/Kiev Africa/Cairo Asia/Jerusalem	Osteuropäische Zeit Zentralafrikanische Zeit Israelische Zeit	GMT+02:00
Europe/Moscow Asia/Baghdad	Moskauer Normalzeit Arabische Normalzeit	GMT+03:00
Asia/Dubai	Golf Normalzeit	GMT+04:00
Indian/Maledives	Maledivische Normalzeit	GMT+05:00
Asia/Colombo	Sri Lanka Zeit	GMT+06:00
Asia/Bangkok	Indochina Zeit	GMT+07:00
Asia/Shanghai	Chinesische Normalzeit	GMT+08:00
Asia/Tokyo	Japanische Normalzeit	GMT+09:00
Australia/Canberra	Östliche Normalzeit	GMT+10:00
Pacific/Guadalcanal	Salomoninseln Zeit	GMT+11:00
Pacific/Majuro	Marshallinseln Zeit	GMT+12:00

Tabelle 22: Zeitzonen (Forts.)

Hinweis

Die weit verbreiteten dreibuchstabigen Zeitzonen-Abkürzungen wie ETC, PST, CET, die aus Gründen der Abwärtskompatibilität noch unterstützt werden, sind nicht eindeutig und sollten daher möglichst nicht mehr verwendet werden.

Verfügbare Zeitzonen abfragen

Die Übergabe einer korrekten ID ist aber noch keine Garantie, dass die zur Erstellung des `TimeZone`-Objekts benötigten Informationen auf dem aktuellen System vorhanden sind. Dazu müssen Sie sich mit `TimeZone.getAvailableIDs()` ein String-Array mit den IDs der auf dem System verfügbaren Zeitzonen zurückliefern lassen und prüfen, ob die gewünschte ID darin vertreten ist.

```
TimeZone tz = null;
String ids[] = TimeZone.getAvailableIDs();
for (int i = 0; i < ids.length; ++i)
```

```
    if (ids[i].equals(searchedID))
        tz = TimeZone.getTimeZone(ids[i]);
```

Wenn Sie TimeZone.getTimeZone() eine ungültige ID übergeben, erhalten Sie die Greenwich-Zeitzone (»GMT«) zurück.

Eigene Zeitzonen erzeugen

Eigene Zeitzonen erzeugen Sie am einfachsten, indem Sie TimeZone.getTimeZone() als ID einen String der Form »GMT-hh:mm« bzw. »GMT+hh:mm« übergeben, wobei hh:mm die Zeitverschiebung in Stunden und Minuten angibt.

```
TimeZone tz = TimeZone.getTimeZone("GMT-01:00");
```

Allerdings berücksichtigen die erzeugten TimeZone-Objekte dann keine Sommerzeit. Dazu müssen Sie nämlich explizit ein Objekt der Klasse SimpleTimeZone erzeugen und deren Konstruktor, neben der frei wählbaren ID für die neue Zeitzone, auch noch die Informationen für Beginn und Ende der Sommerzeit übergeben.

Die im Folgenden abgedruckte Methode MoreDate.getTimeZone() verfolgt eine zweigleisige Strategie. Zuerst prüft sie, ob die angegebene ID in der Liste der verfügbaren IDs zu finden ist. Wenn ja, erzeugt sie direkt anhand der ID das gewünschte TimeZone-Objekt. Bis hierher unterscheidet sich die Methode noch nicht von einem direkten TimeZone.getTimeZone()-Aufruf. Sollte die Methode allerdings feststellen, dass es zu der ID keine passenden Zeitzonen-Informationen gibt, liefert sie nicht die GMZ-Zeitzone zurück, sondern zieht die ebenfalls als Argumente übergebenen Informationen zu Zeitverschiebung und Sommerzeit hinzu und erzeugt ein eigenes SimpleTimeZone-Objekt.

```
/**
 * Hilfsmethode zum Erzeugen einer Zeitzone (TimeZone-Objekt)
 */
public static TimeZone getTimeZone(String id, int rawOffset,
                                   int startMonth, int startDay,
                                   int startDayOfWeek, int startTime,
                                   int endMonth, int endDay,
                                   int endDayOfWeek, int endTime,
                                   int dstSavings) {
    TimeZone tz = null;

    // Ist gewünschte Zeitzone verfügbar?
    String ids[] = TimeZone.getAvailableIDs();
    for (int i = 0; i < ids.length; ++i)
        if (ids[i].equals(id))
            tz = TimeZone.getTimeZone(ids[i]);

    if(tz == null)       // Eigene Zeitzone konstruieren
       tz = new SimpleTimeZone(rawOffset, id, startMonth, startDay,
                               startDayOfWeek, startTime, endMonth,
                               endDay, endDayOfWeek, endTime,
                               dstSavings);

    return tz;
}
```

Das Start-Programm zu diesem Rezept zeigt den Aufruf von MoreDate.getTimeZone(), um sich ein TimeZone-Objekt für »America/Los_Angeles« zurückliefern zu lassen:

```
// aus Start.java
SimpleDateFormat sdf = new SimpleDateFormat("dd. MMMM yyyy, HH:mm");
Calendar calendar = Calendar.getInstance();
TimeZone tz;

tz = MoreDate.getTimeZone("America/Los_Angeles", -28800000,
                           Calendar.APRIL, 1, -Calendar.SUNDAY, 7200000,
                           Calendar.OCTOBER, -1, Calendar.SUNDAY, 7200000,
                           3600000);
sdf.setTimeZone(tz);
System.console().printf("\t%s\n", sdf.format(calendar.getTime()));
```

Ausgabe:

```
04. April 2005, 05:10
```

Achtung

Wenn Sie die Uhrzeit mit Angabe der Zeitzonen ausgeben:

```
SimpleDateFormat sdf = new SimpleDateFormat("dd. MMMM yyyy, HH:mm z");
```

kann es passieren, dass für selbst definierte Zeitzonen (ID nicht in der Liste der verfügbaren IDs vorhanden) eine falsche Zeitzone angezeigt wird. Dies liegt daran, dass SimpleDateFormat in diesem Fall in die Berechnung der »Zeitzone« auch die Sommerzeitverschiebung mit einbezieht.

60 Differenz zwischen zwei Uhrzeiten berechnen

Die Differenz zwischen zwei Uhrzeiten zu berechnen, ist grundsätzlich recht einfach: Sie lassen sich die beiden Zeiten als Anzahl Millisekunden seit dem 01.01.1970 00:00:00 Uhr, GMT, zurückgeben, bilden durch Subtraktion die Differenz und rechnen das Ergebnis in die gewünschte Einheit um:

```
import java.util.GregorianCalendar;

GregorianCalendar time1 = new GregorianCalendar(2005, 4, 1, 22, 30, 0);
GregorianCalendar time2 = new GregorianCalendar(2005, 4, 2,  7, 30, 0);

long diff = time2.getTimeInMillis() - time1.getTimeInMillis();

// Differenz in Millisekunden : diff
// Differenz in Sekunden      : diff/1000
// Differenz in Minuten       : diff/(60*1000)
// Differenz in Stunden       : diff/(60*60*1000)
```

Das obige Verfahren berechnet letzten Endes aber keine Differenz zwischen Uhrzeiten, sondern Differenzen zwischen Zeiten (inklusive Datum). Das heißt, für time1 = 01.05.2005 22:30 Uhr und time2 = 03.05.2005 7:30 Uhr würde die Berechnung 33 Stunden (bzw. 1980 Minuten) ergeben. Dies kann, muss aber nicht im Sinne des Programmierers liegen.

Wenn Sie nach obigem Verfahren den zeitlichen Abstand zwischen zwei reinen Uhrzeiten (beispielsweise von 07:00 zu 14:00 oder von 14:00 zu 05:00 am nächsten Tag) so berechnen wollen, wie man ihn am Zifferblatt einer Uhr ablesen würde, müssen Sie darauf achten, die Datumsanteile beim Erzeugen der GregorianCalendar-Objekte korrekt zu setzen – oder Sie erweitern den Algorithmus, so dass er gegebenenfalls selbsttätig den Datumsteil anpasst.

Differenz ohne Berücksichtung des Tages

Der folgende Algorithmus vergleicht die reinen Uhrzeiten.

- Liegt die Uhrzeit von time1 zeitlich vor der Uhrzeit von time2, wird die Differenz von time1 zu time2 berechnet. Beispiel:

  Für time1 = 07:30 Uhr und time2 = 22:30 Uhr werden 15 Stunden (bzw. 900 Minuten) berechnet.

- Liegt die Uhrzeit von time1 zeitlich nach der Uhrzeit von time2, wird die Differenz von time1 zu time2 am nächsten Tag berechnet. Beispiel:

  Für time1 = 22:30 Uhr und time2 = 07:30 Uhr werden 9 Stunden (bzw. 540 Minuten) berechnet.

```
import java.util.Calendar;
import java.util.GregorianCalendar;

GregorianCalendar time1 = new GregorianCalendar(2005, 1, 1, 22, 30, 0);
GregorianCalendar time2 = new GregorianCalendar(2005, 1, 3,  7, 30, 0);

// time1 kopieren und Datumsanteil an time2 angleichen
GregorianCalendar clone1 = (GregorianCalendar) time1.clone();
clone1.set(time2.get(Calendar.YEAR), time2.get(Calendar.MONTH),
           time2.get(Calendar.DAY_OF_MONTH));

// liegt die Uhrzeit von clone1 hinter time2, erhöhe Tag von time2
if (clone1.after(time2))
    time2.add(Calendar.DAY_OF_MONTH, 1);

diff = time2.getTimeInMillis() - clone1.getTimeInMillis();

// Differenz in Millisekunden : diff
// Differenz in Sekunden      : diff/1000
// Differenz in Minuten       : diff/(60*1000)
// Differenz in Stunden       : diff/(60*60*1000)
```

61 Differenz zwischen zwei Uhrzeiten in Stunden, Minuten, Sekunden berechnen

Um die Differenz zwischen zwei Uhrzeiten in eine Kombination aus Stunden, Minuten und Sekunden umzurechnen, berechnen Sie zuerst die Differenz in Sekunden (diff). Dann rechnen Sie diff Modulo 60 und erhalten den Sekundenanteil. Diesen ziehen Sie von der Gesamtzahl ab (wozu Sie am einfachsten die Ganzzahldivision diff/60 durchführen). Analog rechnen Sie den Minutenanteil heraus und behalten die Stunden übrig.

Die statische Methode getInstance() der nachfolgend definierten Klasse TimeDiff tut genau dies. Sie übernimmt als Argumente die beiden Datumswerte (in Form von Calendar-Objekten) sowie ein optionales boolesches Argument, über das sie steuern können, ob die reine Uhrzeitdifferenz ohne Berücksichtigung des Datumsanteils (true) oder die Differenz zwischen den vollständigen Datumsangaben (false) berechnet wird. Als Ergebnis liefert die Methode ein Objekt ihrer eigenen Klasse zurück, in dessen public-Feldern die Werte für Stunden, Minuten und Sekunden gespeichert sind.

```
import java.util.Calendar;

/**
 * Klasse zur Repräsentation und Berechnung von Zeitabständen
 * zwischen zwei Uhrzeiten
 *
 */
public class TimeDiff {

    public int hours;
    public int minutes;
    public int seconds;

    // Berechnet die Zeit zwischen zwei Uhrzeiten, gegeben als
    // Calendar-Objekte (berücksichtigt ganzes Datum)
    public static TimeDiff getInstance(Calendar t1, Calendar t2) {
        return getInstance(t1, t2, false);
    }

    // Berechnet die Zeit zwischen zwei Uhrzeiten, gegeben als
    // Calendar-Objekte (wenn onlyClock true, wird nur Differenz zwischen
    // Tageszeiten berechnet)
    public static TimeDiff getInstance(Calendar t1, Calendar t2,
                                       boolean onlyClock) {
        Calendar clone1 = (Calendar) t1.clone();
        long diff;

        // reine Uhrzeit, Datumsanteil eliminieren, vgl. Rezept 60
        if (onlyClock) {
            clone1.set(t2.get(Calendar.YEAR), t2.get(Calendar.MONTH),
                       t2.get(Calendar.DAY_OF_MONTH));
            if (clone1.after(t2))
                t2.add(Calendar.DAY_OF_MONTH, 1);
        }

        diff = Math.abs(t2.getTimeInMillis() - clone1.getTimeInMillis())/1000;

        TimeDiff td = new TimeDiff();

        // Sekunden, Minuten und Stunden berechnen
        td.seconds = (int) (diff%60);  diff /= 60;
        td.minutes = (int) (diff%60);  diff /= 60;
        td.hours   = (int) diff;

        return td;
    }
}
```

Listing 61: Die Klasse TimeDiff

Wenn Sie für den dritten Parameter `false` übergeben oder einfach die überladene Version mit nur zwei Parametern aufrufen, repräsentiert das zurückgelieferte Objekt die Differenz in Stunden, Minuten, Sekunden vom ersten Datum zum zweiten.

Wenn Sie für den dritten Parameter `true` übergeben, repräsentiert das zurückgelieferte Objekt die Stunden, Minuten, Sekunden von der Uhrzeit des ersten `Calendar`-Objekts bis zur Uhrzeit des zweiten `Calendar`-Objekts – so wie die Zeitdifferenz auf dem Zifferblatt einer Uhr abzulesen ist:

- Für `time1` = 07:30 Uhr und `time2` = 22:30 Uhr werden 15 Stunden (bzw. 900 Minuten) berechnet.
- Für `time1` = 22:30 Uhr und `time2` = 07:30 Uhr werden 9 Stunden (bzw. 540 Minuten) berechnet

Das Start-Programm zu diesem Rezept demonstriert die Verwendung:

```
import java.util.Calendar;
import java.util.GregorianCalendar;
import java.text.DateFormat;

public class Start {

    public static void main(String args[]) {
        DateFormat dfDateTime = DateFormat.getDateTimeInstance();
        TimeDiff td;
        System.out.println();

        GregorianCalendar time1 =
                              new GregorianCalendar(2005, 4, 1, 22, 30, 0);
        GregorianCalendar time2 =
                              new GregorianCalendar(2005, 4, 3,  7, 30, 0);
        System.out.println(" Zeit 1 : " + dfDateTime.format(time1.getTime()));
        System.out.println(" Zeit 2 : " + dfDateTime.format(time2.getTime()));


        // Berücksichtigt Datum
        System.out.println("\n Differenz zw. Uhrzeiten (mit Datum)\n");

        td = TimeDiff.getInstance(time1, time2);
        System.out.println(" " + td.hours + " h  "
                         + td.minutes + " min  " + td.seconds + " sec");


        // Reine Uhrzeit
        System.out.println("\n\n Differenz zw. Uhrzeiten (ohne Datum)\n");

        td = TimeDiff.getInstance(time1, time2, true);
        System.out.println(" " + td.hours + " h  "
                         + td.minutes + " min  " + td.seconds + " sec");
    }
}
```

Listing 62: Einsatz der Klasse TimeDiff

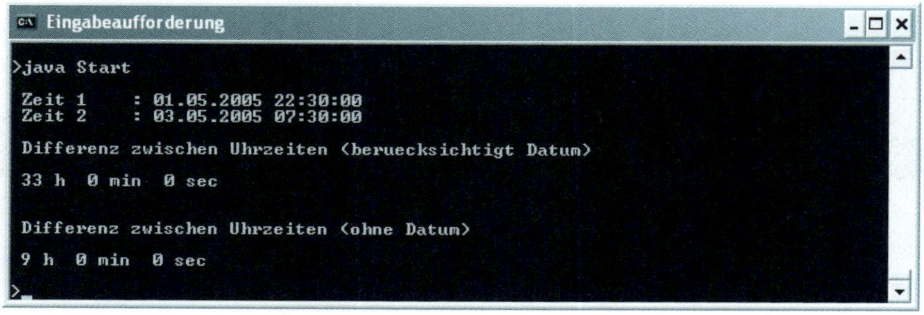

Abbildung 34: Berechnung von Uhrzeitdifferenzen in Stunden, Minuten, Sekunden

62 Präzise Zeitmessungen (Laufzeitmessungen)

Für Zeitmessungen definiert die Klasse `System` die statischen Methoden `currentTimeMillis()` und `nanoTime()`. Beide Methoden werden in gleicher Weise eingesetzt und liefern Zeitwerte in Millisekunden (10^{-3} sec) bzw. Nanosekunden (10^{-9} sec). In der Praxis werden Sie wegen der größeren Genauigkeit in der Regel die ab JDK-Version 1.5 verfügbare Methode `nanoTime()` vorziehen.

Zeitmessungen haben typischerweise folgendes Muster:

```
// 1. Zeitmessung beginnen (Startzeit abfragen)
long start = System.nanoTime();

    // Code, dessen Laufzeit gemessen wird
    Thread.sleep(50000);

// 2. Zeitmessung beenden (Endzeit abfragen)
long end = System.nanoTime();

// 3. Zeitmessung auswerten (Differenz bilden und ausgeben)
long diff = end-start;
System.out.println(" Laufzeit: " + diff);
```

Laufzeitmessungen

Wenn Sie Laufzeitmessungen durchführen, um die Performance eines Algorithmus oder einer Methode zu testen, beachten Sie folgende Punkte:

- Zugriffe auf Konsole, Dateisystem, Internet etc. sollten möglichst vermieden werden.

  Derartige Zugriffe sind oft sehr zeitaufwendig. Wenn Sie einen Algorithmus testen, der Daten aus einer Datei oder Datenbank verarbeitet, messen Sie den Algorithmus unbedingt erst ab dem Zeitpunkt, da die Daten bereits eingelesen sind. Ansonsten kann es passieren, dass das Einlesen der Daten weit mehr Zeit benötigt als deren Verarbeitung und Sie folglich nicht die Effizienz Ihres Algorithmus, sondern die der Einleseoperation messen.

- Benutzeraktionen sollten ebenfalls vermieden werden.

  Sie wollen ja nicht die Reaktionszeit des Benutzers messen, sondern Ihren Code.

Exkurs

currentTimeMillis() und nanoTime()

Die Methode `currentTimeMillis()` gibt es bereits seit dem JDK 1.0. Sie greift, ebenso wie `Date()` oder `Calendar.getInstance()` die aktuelle Systemzeit in Millisekunden seit dem 01.01.1970 00:00:00 Uhr, GMT, ab. (Tatsächlich rufen `Date()` und `Calendar.getInstance()` intern `System.currentTimeMillis()` auf.) Die Genauigkeit von Zeitmessungen mittels `currentTimeMillis()` ist daher von vornherein auf die Größenordnung von Millisekunden beschränkt. Sie verschlechtert sich weiter, wenn der Systemzeitgeber, der die Uhrzeit liefert, in noch längeren Intervallen (etwa alle 10 Millisekunden) aktualisiert wird.

Die Methode `currentTimeMillis()` eignet sich daher nur für Messungen von Operationen, die länger als nur einige Millisekunden andauern (Schreiben in eine Datei, Zugriff auf Datenbanken oder Internet, Messung der Zeit, die ein Benutzer für die Bearbeitung eines Dialogfelds oder Ähnliches benötigt).

Die Methode `nanoTime()` gibt es erst seit dem JDK 1.5. Sie fragt die Zeit von dem genauestens verfügbaren Systemzeitgeber ab. (Die meisten Rechner besitzen mittlerweile Systemzeitgeber, die im Bereich von Nanosekunden aktualisiert werden.) Die von diesen Systemzeitgebern zurückgelieferte Anzahl Nanosekunden muss sich allerdings nicht auf eine feste Zeit beziehen und kann/sollte daher nicht als Zeit/Datum interpretiert werden. (Versuchen Sie also nicht, den Rückgabewert von `nanoTime()` in Millisekunden umzurechnen und zum Setzen eines `Date`- oder `Calendar`-Objekts zu verwenden.)

Die Methode `nanoTime()` ist die Methode der Wahl für Performance-Messungen.

- Führen Sie wiederholte Messungen durch.

  Verlassen Sie sich nie auf eine Messung. Wiederholen Sie die Messungen, beispielsweise in einer Schleife, und bilden Sie den Mittelwert.

- Verwenden Sie stets gleiche Ausgangsdaten.

  Wenn Sie verschiedene Algorithmen/Methoden miteinander vergleichen, achten Sie darauf, dass die Tests unter denselben Bedingungen und mit denselben Ausgangsdaten durchgeführt werden.

Achtung

Vorsicht Jitter! Viele Java-Interpreter fallen unter die Kategorie der Just-In-Time-Compiler, insofern als sie Codeblöcke wie z.B. Methoden bei der ersten Ausführung von Bytecode in Maschinencode umwandeln, speichern und bei der nächsten Ausführung dann den bereits vorliegenden Maschinencode ausführen. In diesem Fall sollten Sie eine zu beurteilende Methode unbedingt mehrfach ausführen und die erste Laufzeitmessung verwerfen.

Nanosekunden in Stunden, Minuten, Sekunden, Millisekunden und Nanosekunden umrechnen

Laufzeitunterschiede, die in Nanosekunden ausgegeben werden, können vom Menschen meist nur schwer miteinander verglichen und in ihrer tatsächlichen Größenordnung erfasst werden. Es bietet sich daher an, die in Nanosekunden berechnete Differenz vor der Ausgabe in eine Kombination höherer Einheiten umzurechnen.

```
/**
 *  Klasse zum Umrechnen von Nanosekunden in Stunden, Minuten...
 *
 */
public class TimeDiff {

    public int hours;
    public int minutes;
    public int seconds;
    public int millis;
    public int nanos;

    public static TimeDiff getInstance(long time) {
        TimeDiff td = new TimeDiff();

        td.nanos   = (int) (time%1000000);  time /= 1000000;
        td.millis  = (int) (time%1000);  time /= 1000;
        td.seconds = (int) (time%60);  time/= 60;
        td.minutes = (int) (time%60);  time/= 60;
        td.hours   = (int) time;

        return td;
    }
}
```

Listing 63: Die Klasse TimeDiff zerlegt eine Nanosekunden-Angabe in höhere Einheiten.

Aufruf:

```
// 3. Zeitmessung auswerten (Differenz bilden und ausgeben)
long diff = end-start;
td = TimeDiff.getInstance(diff);
System.out.println(" Laufzeit: " + td.hours + " h  "
                 + td.minutes + " min  " + td.seconds + " sec  "
                 + td.millis + " milli  " + td.nanos + " nano");
```

63 Uhrzeit einblenden

In den bisherigen Rezepten ging es mehr oder weniger immer darum, die Zeit einmalig abzufragen und irgendwie weiterzuverarbeiten. Wie aber sieht es aus, wenn die Uhrzeit als digitale Zeitanzeige in die Oberfläche einer GUI-Anwendung oder eines Applets eingeblendet werden soll?

Zur Erzeugung einer Uhr müssen Sie die Zeit kontinuierlich abfragen und ausgeben. In diesem Rezept erfolgen das Abfragen und das Anzeigen der Zeit weitgehend getrennt.

- Für das Abfragen ist eine Klasse `ClockThread` verantwortlich, die, wie der Name schon verrät, von Thread abgeleitet ist und einen eigenständigen Thread repräsentiert.
- Die Anzeige der Uhr kann in einer beliebigen Swing-Komponente (zurückgehend auf die Basisklasse `JComponent`) erfolgen.

Um die Verbindung zwischen `ClockThread` und Swing-Komponente herzustellen, übernimmt der `ClockThread`-Konstruktor eine Referenz auf die Komponente. Als Dank fordert er die Komponente nach jeder Aktualisierung der Uhrzeit auf, sich neu zu zeichnen.

```
import java.util.Date;
import java.text.DateFormat;
import javax.swing.JComponent;

/**
 * Thread-Klasse, die aktuelle Uhrzeit in Komponenten einblendet
 *
 */
public class ClockThread extends Thread {

    private static String time;
    private DateFormat df = DateFormat.getTimeInstance();
    private JComponent c;

    public ClockThread(JComponent c) {
        this.c = c;
        this.start();
    }

    public void run() {
       while(isInterrupted() == false) {

          // Uhrzeit aktualisieren
          ClockThread.time = df.format(new Date());

          // Komponente zum Neuzeichnen auffordern
          c.repaint();

          // eine Sekunde schlafen
          try {
             sleep(1000);
          }
          catch(InterruptedException e)  {
             return;
          }
       }
    }

    public static String getTime() {
       return time;
    }
}
```

Listing 64: Die Klasse ClockThread

Der Konstruktor von `ClockThread` speichert die Referenz auf die Anzeige-Komponente und startet den Thread, woraufhin intern dessen `run()`-Methode gestartet wird (mehr zu Threads in der Kategorie »Threads«). Die `run()`-Methode enthält eine einzige große `while`-Schleife, die so lange durchlaufen wird, wie der Thread ausgeführt wird. In der Schleife wird die aktuelle Zeit abgefragt, formatiert und im statischen Feld `time` gespeichert, von wo sie die Anzeige-Komponente mit Hilfe der `public getTime()`-Methode auslesen kann.

Das Start-Programm zu diesem Rezept demonstriert, wie die Uhrzeit mit Hilfe von `ClockThread` in einem `JPanel`, hier die `ContentPane` des Fensters, angezeigt werden kann.

```
import java.awt.*;
import java.awt.event.*;
import javax.swing.*;

public class Start extends JFrame {

   class ClockPanel extends JPanel {
       public void paintComponent(Graphics g) {
           super.paintComponent(g);

           // Uhrzeit einblenden
           g.setFont(new Font("Arial", Font.PLAIN, 18));
           g.setColor(Color.blue);
           g.drawString(ClockThread.getTime(), 15, 30);
       }
   }

   private ClockThread ct;
   private ClockPanel display;

   public Start() {
       setTitle("Fenster mit Uhrzeit");
       display = new ClockPanel();
       getContentPane().add(display, BorderLayout.CENTER);
       setDefaultCloseOperation(JFrame.EXIT_ON_CLOSE);

       // Thread für Uhrzeit erzeugen und starten
       ct = new ClockThread(display);
   }

   public static void main(String args[]) {
      // Fenster erzeugen und anzeigen
      Start  mw = new Start();
      mw.setSize(500,350);
      mw.setLocation(200,300);
      mw.setVisible(true);
   }
}
```

Listing 65: GUI-Programm mit Uhreinblendung

Dem Fenster fällt die Aufgabe zu, den Uhrzeit-Thread in Gang zu setzen und mit der Anzeige-Komponente zu verbinden. Beides geschieht im Konstruktor des Fensters bei der Erzeugung des `ClockThread`-Objekts.

Für die Anzeige-Komponente muss eine eigene Klasse (`ClockPanel`) abgeleitet werden. Nur so ist es möglich, die `paintComponent()`-Methode zu überschreiben und den Code zum Einblenden der Uhrzeit aufzunehmen.

Abbildung 35: GUI-Programm mit eingeblendeter Uhrzeit in JPanel

System

64 Umgebungsvariablen abfragen

Die java.lang.System-Klasse stellt über die Methode getProperties() eine elegante Möglichkeit zum Abrufen von Umgebungsinformationen zur Verfügung. Diese Informationen können durchlaufen werden, da sie in Form einer java.util.Properties-Instanz vorliegen.

Um die Systemvariablen durchlaufen zu können, wird im folgenden Beispiel der lokalen Variablen env eine Referenz auf die von System.getProperties zurückgelieferte Properties-Instanz zugewiesen. Mit Hilfe von env.keys() lassen sich dann alle Schlüssel in Form einer Enumerator-Instanz auslesen. Diese kann per while-Schleife durchlaufen werden.

Innerhalb der Schleife kann der aktuelle Schlüssel mit Hilfe der Methode nextElement() der Enumerator-Instanz ermittelt werden. Deren Rückgabe liegt allerdings in Form einer Object-Instanz vor, die deshalb noch in einen String gecastet werden muss, bevor sie weiterverwendet werden kann.

Jetzt lässt sich der Wert der so ermittelten Systemvariablen auslesen. Dazu wird die Methode getProperty() der Properties-Instanz genutzt, der als Parameter der Schlüssel übergeben wird.

```
import java.io.PrintStream;
import java.util.Enumeration;
import java.util.Properties;

public class EnvInfo {

    /**
     * Abfrage und Ausgabe von Umgebungsvariablen
     */
   public static void enumerate() {


      // Properties einlesen
      Properties env = System.getProperties();

      // Schlüssel auslesen
      Enumeration keys = env.keys();

      // Standardausgabe referenzieren
      PrintStream out = System.out;

      // Schlüssel durchlaufen
      while(keys.hasMoreElements()) {

         // Aktuellen Schlüssel auslesen
         String key = (String)keys.nextElement();

         // Wert auslesen
```

Listing 66: Ausgabe von Umgebungsinformationen

```
            String value = env.getProperty(key);

            // Daten ausgeben
            out.println(String.format("%s = %s", key, value));
        }
    }
}
```

Listing 66: Ausgabe von Umgebungsinformationen (Forts.)

System

Hinweis

Wenn Sie den Wert eines bestimmten Schlüssels eruieren wollen, müssen Sie nicht den Umweg über `System.getProperties().getProperty()` gehen, sondern können dies direkt via `System.getProperty()` erledigen.

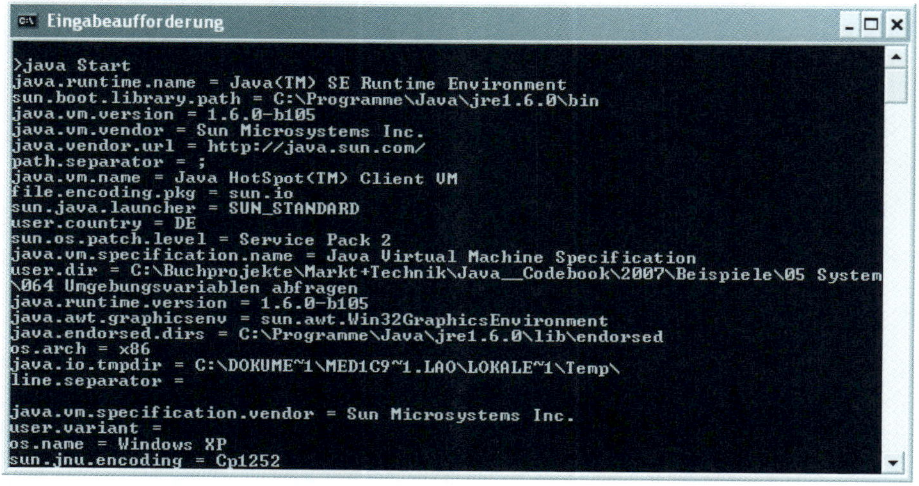

Abbildung 36: Ausgabe der Umgebungsinformationen

65 Betriebssystem und Java-Version bestimmen

Die Bestimmung von Betriebssystem und verwendeter Java-Version erfolgt mit Hilfe der Schlüssel *os.name* und *os.version*. Mit dem Schlüssel *java.version* können die Versionsinformationen von Java ausgelesen werden:

```
public class Start {

   public static void main(String[] args) {

      // Betriebssystem-Name auslesen
      System.out.println(
```

Listing 67: Ermitteln von Betriebssystem- und Java-Versionsinformationen

```
         String.format("OS: %s",
            System.getProperty("os.name")));

      // Betriebssystem-Version auslesen
      System.out.println(
         String.format("Version: %s",
            System.getProperty("os.version")));

      // Java-Version auslesen
      System.out.println(
         String.format("Java-Version: %s",
            System.getProperty("java.version")));
   }
}
```

Listing 67: Ermitteln von Betriebssystem- und Java-Versionsinformationen (Forts.)

Abbildung 37: Ausgabe von Java- und Betriebssystem-Version

66 Informationen zum aktuellen Benutzer ermitteln

Die Java-Runtime stellt einige Informationen zum aktuellen Benutzer zur Verfügung. Diese können per `System.getProperty()` unter Verwendung der folgenden Schlüssel abgerufen werden:

Schlüssel	Garantiert	Beschreibung
user.country	nein	Kürzel des Landes, das der Nutzer in den Systemeinstellungen angegeben hat – beispielsweise DE für Deutschland oder AT für Österreich
user.dir	ja	Aktuelles Arbeitsverzeichnis
user.variant	nein	Verwendete Variante der Länder- und Spracheinstellungen
user.home	ja	Home-Verzeichnis des Nutzers (bei Windows beispielsweise der Ordner »Eigene Dateien«)
user.timezone	nein	Verwendete Zeitzone
user.name	ja	Anmeldename des Nutzers
user.language	nein	Kürzel der Sprache, die der Nutzer aktiviert hat – beispielsweise `de` für Deutsch oder `en` für Englisch

Tabelle 23: Schlüssel für den Abruf von Benutzerinformationen

Die nicht garantierten Elemente sind nicht auf jedem System vorhanden. Die drei Schlüssel *user.dir*, *user.home* und *user.name* werden aber in jedem Fall einen Wert zurückgeben, da sie zu den zugesicherten Systeminformationen gehören.

67 Zugesicherte Umgebungsvariablen

Java stellt eine große Anzahl Umgebungsvariablen bereit, die über `System.getProperty()` abgerufen werden können. Nicht alle dieser Variablen sind auf jedem System verfügbar, aber Java sichert die Existenz zumindest einiger Umgebungsvariablen zu:

Schlüssel	Beschreibung
java.version	Java-Version
java.vendor	Anbieter
java.vendor.url	Anbieter-Homepage
java.home	Installationsverzeichnis
java.vm.specification.version	Version der JVM-Spezifikation
java.vm.specification.vendor	Anbieter der JVM-Spezifikation
java.vm.specification.name	Name der JVM-Spezifikation
java.vm.version	JVM-Version
java.vm.vendor	JVM-Anbieter
java.vm.name	JVM-Name
java.specification.version	JRE-Version
java.specification.vendor	JRE-Anbieter
java.specification.name	JRE-Spezifikation
java.class.version	Java Class Format-Version
java.class.path	Klassenpfad
java.library.path	Pfade, die durchsucht werden, wenn Java-Libraries geladen werden sollen
java.io.tmpdir	Temporäres Verzeichnis
java.compiler	Compiler-Name
java.ext.dirs	Pfade, die durchsucht werden, wenn Java-Extensions geladen werden sollen
os.name	Name des Betriebssystems
os.arch	Prozessor-Architektur
os.version	Version des Betriebssystems
file.separator	Trenner zwischen Pfaden und Verzeichnissen
path.separator	Trenner zwischen mehreren Pfaden
line.separator	Zeilenumbruch-Zeichenfolge (»\n« bei Unix, »\r\n« bei Windows)
user.name	Anmeldename des aktuellen Benutzers
user.home	Home-Verzeichnis des aktuellen Benutzers
user.dir	Aktuelles Arbeitsverzeichnis

Tabelle 24: Zugesicherte Systemvariablen

Interessant für den produktiven Einsatz dürften die Informationen zum Betriebssystem, zum Benutzer, zu den Pfaden und möglicherweise auch die Java-Version sein. Andere Informationen, etwa zur JRE- oder JVM-Version, werden in der Praxis nicht allzu häufig benötigt.

Achtung

Wenn Sie andere Java-Umgebungsvariablen als die zugesicherten verwenden wollen, sollten Sie die Existenz eines Werts, den Sie mit Hilfe von `System.getProperty()` ermitteln, immer hinterfragen und auf `null` prüfen, bevor Sie ihn verwenden:

```
String value = System.getProperty(key);
if(null != value && value.length() > 0) {
   System.out.println(String.format("Wert von %s: %s", key, value));
}
```


68 System-Umgebungsinformationen abrufen

Seit Java 5 besteht die Möglichkeit, auf die Umgebungsvariablen des Betriebssystems zuzugreifen. So kann beispielsweise das Home-Verzeichnis des aktuell angemeldeten Benutzers ausgelesen oder die *PATH*-Angabe interpretiert werden.

Das Auslesen dieser Informationen geschieht mit Hilfe einer `java.util.Map`-Collection, die für Schlüssel und Werte nur Strings zulässt und der mit `System.getenv()` eine Referenz auf die Systemvariablen zugewiesen wird. Mittels `java.util.Iterator` können die Schlüssel durchlaufen werden. Die Methode `get()` der Map-Instanz `env` erlaubt unter Übergabe des Schlüssels als Parameter den Abruf des referenzierten Werts:

```
import java.util.Map;
import java.util.Iterator;

public class SystemInfo {

   /**
    * Abfrage und Ausgabe von Systemvariablen
    */
   public static void enumerate() {

      // Systemvariablen in Map<String, String> einlesen
      Map<String, String>env = System.getenv();

      // Iterator erzeugen, um die Schlüssel durchlaufen
      // zu können
      Iterator<String> keys = env.keySet().iterator();

      // Iteratur durchlaufen
      while(keys.hasNext()) {
         // Schlüssel abrufen
         String key = keys.next();

         // Wert abrufen
         String value = env.get(key);
```

Listing 68: Ausgabe aller Umgebungsvariablen des Betriebssystems

```
            // Schlüssel und Wert ausgeben
            System.out.println(String.format("%s = %s", key, value));
        }
    }
}
```

Listing 68: Ausgabe aller Umgebungsvariablen des Betriebssystems (Forts.)

69 INI-Dateien lesen

Zum Lesen und Schreiben von Konfigurationsdaten und Benutzereinstellungen kann die `java.util.Properties`-Klasse verwendet werden. Dabei handelt es sich um eine nicht Generics-fähige Ableitung der `java.util.Hashtable`-Klasse, die ihrerseits weitestgehend der `java.util.Hashmap`-Klasse entspricht.

Die `Properties`-Klasse verwaltet Name/Wert-Paare und bietet besondere Methoden zum Laden und Speichern der in ihr enthaltenen Werte, wodurch sie sich besonders für die Sicherung von Anwendungseinstellungen in Form von INI-Dateien oder XML eignet.

Erzeugen mit Standardwerten bzw. ohne Standardwerte

`Properties`-Instanzen können mit dem Standardkonstruktor erzeugt werden:

```
java.util.Properties props = new java.util.Properties();
```

Ein überladener Konstruktor erlaubt es, eine bereits existierende `Properties`-Instanz für die Definition von Standardwerten zu verwenden:

```
java.util.Properties props = new java.util.Properties(defaults);
```

Zuweisen und Abrufen von Werten

Die Zuweisung von Werten geschieht mit Hilfe der Methode `setProperty()`, die als Parameter zwei String-Werte entgegennimmt. Der erste Parameter dient dabei als Schlüssel, der zweite Parameter stellt den Wert dar:

```
props.setProperty("Name", "Mueller");
props.setProperty("FirstName", "Paul");
props.setProperty("City", "Musterstadt");
```

Zum Abrufen der gespeicherten Werte verwenden Sie `getProperty()`. Als Parameter übergeben Sie den Schlüssel:

```
System.out.println(String.format("Name: %s",
                                 props.getProperty("Name")));
System.out.println(String.format("First name: %s",
                                 props.getProperty("FirstName")));
System.out.println(String.format("City: %s",
                                 props.getProperty("City")));
```

Einer zweiten, überladenen Form kann als zweiter Parameter ein Default-Wert übergeben werden, der zurückgeliefert wird, falls der Schlüssel nicht existiert:

```
System.out.println(String.format("Country: %s",
                          props.getProperty("Country", "Germany")));
```

Gespeicherte Properties laden

Das Laden einer INI-Datei erfolgt mit Hilfe eines InputStreams. Dieser wird als Parameter der `load()`-Methode einer zuvor erzeugten `Properties`-Instanz übergeben:

```
import java.util.Properties;
import java.io.FileInputStream;
import java.io.IOException;

public class Start {

   /**
    * Lädt die in der angegebenen Datei gespeicherten Parameter
    */
   private static Properties load(String filename) {

      // Properties-Instanz erzeugen
      Properties props = new Properties();

try {
   // FileInputStream-Instanz zum Laden der Daten
   FileInputStream in = new FileInputStream(filename);

   // Daten laden
   props.load(in);

   // Aufräumen
   in.close();

} catch (IOException e) {
   // Eventuell aufgetretene Ausnahmen abfangen
}

      // Ergebnis zurückgeben
      return props;
   }

   public static void main(String[] args) {

      // Daten laden
      Properties props = load("app.ini");

      // ...und ausgeben
      System.out.println(
         String.format("Name: %s", props.getProperty("Name")));
      System.out.println(
         String.format("First name: %s", props.getProperty("FirstName")));
      System.out.println(
         String.format("City: %s", props.getProperty("City")));
   }
}
```

Listing 69: Laden von Properties

Gespeicherte Properties im XML-Format laden

Analog zum Laden von in Textform vorliegenden Einstellungen gestaltet sich das Laden der Daten aus einer XML-Datei. Einziger Unterschied ist die verwendete Methode: Statt `load()` wird hier `loadFromXML()` verwendet. Dieser Methode wird eine `java.io.InputStream`-Instanz als Parameter übergeben, mit deren Hilfe die Daten geladen werden:

```
import java.util.Properties;
import java.io.FileInputStream;
import java.io.IOException;

public class Start {

   /**
    * Lädt die in der angegebenen XML-Datei gespeicherten Parameter
    */
   private static Properties load(String filename) {

      // Properties-Instanz erzeugen
      Properties props = new Properties();

      try {
         // FileInputStream-Instanz zum Laden der Daten
         FileInputStream in = new FileInputStream(filename);

         // Daten laden
         props.loadFromXML(in);

      } catch (IOException e) {
         // Eventuell aufgetretene Ausnahmen abfangen

      } finally {
         // Aufräumen
         in.close();
      }

      // Ergebnis zurückgeben
      return props;
   }

   public static void main(String[] args) {

      // Daten laden
      Properties props = load("app.xml");

      // ...und ausgeben
      System.out.println(
         String.format("Name: %s", props.getProperty("Name")));
      System.out.println(
         String.format("First name: %s", props.getProperty("FirstName")));
      System.out.println(
```

Listing 70: Laden von als XML vorliegenden Daten

```
            String.format("City: %s", props.getProperty("City")));
    }
}
```

Listing 70: Laden von als XML vorliegenden Daten (Forts.)

70 INI-Dateien schreiben

Zum Speichern einer `Properties`-Instanz kann deren Methode `store()` verwendet werden. Dabei kann eine `IOException` auftreten, weshalb das Speichern in einen `try-catch`-Block gefasst werden sollte:

```
import java.util.Properties;
import java.io.FileOutputStream;
import java.io.IOException;

public class Start {

   /**
    * Speichert eine Properties-Datei unter dem angegebenen Namen
    */
   public static void save(
      Properties props, String path, String comment) {
      try {
         // FileOutputStream-Instanz zum Speichern instanzieren
         FileOutputStream fos = new FileOutputStream(path);

         // Speichern
         props.store(fos, comment);

         // Aufräumen
         fos.close();
      } catch (IOException ignored) {}
   }

   public static void main(String[] args) {
      // Properties-Instanz erzeugen
      Properties props = new Properties();

      // Werte setzen
      props.setProperty("Name", "Mustermann");
      props.setProperty("FirstName", "Hans");
      props.setProperty("City", "Musterstadt");

      // Speichern
      save(props, "data.ini", "Saved data");
   }
}
```

Listing 71: Speichern einer Properties-Instanz

Der zweite Parameter der überladenen Methode `store()` dient der Speicherung eines Kommentars – hier könnte beispielsweise auch ein Datum ausgegeben werden.

71 INI-Dateien im XML-Format schreiben

Das Speichern von INI-Dateien im XML-Format erfolgt analog zum Speichern im Textformat, jedoch wird statt der Methode `store()` die Methode `storeToXML()` verwendet. Auch hier kann es zu einer `IOException` kommen (etwa wenn auf die Datei nicht schreibend zugegriffen werden konnte), die mit Hilfe eines `try-catch`-Blocks abgefangen werden sollte:

```
import java.util.Properties;
import java.io.FileOutputStream;
import java.io.IOException;

public class Start {

   /**
    * Speichert eine Properties-Datei unter dem angegebenen Namen
    * als XML
    */
   public static void saveAsXml(
      Properties props, String path, String comment) {
      try {
         // FileOutputStream-Instanz zum Speichern instanzieren
         FileOutputStream fos = new FileOutputStream(path);

         // Speichern
         props.storeToXML(fos, comment);

         // Aufräumen
         fos.close();
      } catch (IOException ignored) {}
   }

   public static void main(String[] args) {
      // Properties-Instanz erzeugen
      Properties props = new Properties();

      // Werte setzen
      props.setProperty("Name", "Mustermann");
      props.setProperty("FirstName", "Hans");
      props.setProperty("City", "Musterstadt");

      // Als XML Speichern
      saveAsXml(props, "data.xml", "Saved data");
   }
}
```

Listing 72: Speichern einer INI-Datei als XML

72 Externe Programme ausführen

Externe Prozesse werden mit Hilfe der Methode `exec()` der `java.lang.Runtime`-Klasse gestartet. Deren Rückgabe ist eine Instanz der `java.lang.Process`-Klasse.

> **Achtung**
>
> Das Starten von externen Prozessen ist sehr stark plattformabhängig und verstößt somit gegen einen der Java-Grundsätze: »Write once, run anywhere« ist beim Ausführen externer Prozesse nicht mehr gegeben.

Bei der Ausführung von Prozessen kann es zu `IOException`s kommen, falls Rechte aus dem aktuellen Kontext heraus fehlen, das angegebene Programm nicht gefunden werden konnte oder sonstige Fehler bei dessen Ausführung aufgetreten sind.

Der Rückgabecode eines Prozesses lässt sich mit Hilfe der Methode `exitValue()` abrufen. Alternativ – und das wird in der Praxis häufiger vorkommen – kann auf die Beendigung eines Prozesses mit `waitFor()` gewartet werden.

Die Ausgabe kann über die Methode `getInputStream()` in Form einer `java.io.InputStream`-Instanz abgerufen werden. Sinnvollerweise wird dies in einer `java.io.BufferedInputStream`-Instanz gekapselt. Das eigentliche Auslesen erfolgt mit Hilfe einer `java.io.BufferedReader`-Instanz, die per zugrunde liegendem `java.io.InputStreamReader` die im `BufferedInputStream` vorliegenden Daten verarbeitet. Auf diese Weise kann auch gleich sichergestellt werden, dass Umlaute korrekt eingelesen werden: Der Konstruktor des `InputStreamReaders` erlaubt zu diesem und anderen Zwecken die Angabe des zu verwendenden Zeichensatzes.

```
import java.io.*;

public class Ping {

   /**
    * Pingt die angegebene Adresse an
    */
   public static String ping(String address) {
      StringBuffer result = new StringBuffer();
      BufferedReader rdr = null;
      PrintWriter out = null;

      // Runtime-Instanz erzeugen
      Runtime r = Runtime.getRuntime();

      try {
         // Prozess erzeugen
         // Syntax für Unix-Systeme: "ping -c 4 -i 1 <Adresse>"
         // Syntax für Windows-Systeme: "ping <Adresse>"
         Process p = r.exec(String.format("ping %s", address));

         // Warten, bis der Prozess abgeschlossen ist
         p.waitFor();
```

Listing 73: Ping auf einen externen Host

System

```
         // BufferedReader erzeugen, der die Daten einliest
         // Die Angabe der CodePage ist auf Windows-Systemen
         // nötig, um Umlaute korrekt verarbeiten können
         rdr = new BufferedReader(
            new InputStreamReader(new BufferedInputStream(
               p.getInputStream()), "cp850"));

         // Daten einlesen
         String line = null;
         while(null != (line = rdr.readLine())) {
            if(line.length() > 0) {
               result.append(line + "\r\n");
            }
         }
      } catch (IOException e) {
         // IOException abfangen
         e.printStackTrace();
      } catch (InterruptedException e) {
         // Ausführung wurde unterbrochen
         e.printStackTrace();
      } finally {
         try {
            // Aufräumen
            rdr.close();
         } catch (IOException e) {}
      }

      return result.toString();
   }
}
```

Listing 73: Ping auf einen externen Host (Forts.)

Für die Ausgabe der zurückgelieferten Prozessdaten auf die Konsole bietet sich die `printf()`-Methode der Klasse `Console` an. Dann müssen Sie sich um eventuell enthaltene Umlaute keine Sorgen machen.

```
import java.io.*;

public class Start {

   public static void main(String[] args) {
      // Anzupingende Adresse ist erster Parameter
      String address = "java.sun.com";
      if(args != null && args.length > 0) {
         address = args[0];
      }

      // Pingen
```

Listing 74: Ausführen eines externen Prozesses und Ausgeben der vom Prozess zurückgelieferten Daten

```
        String output = Ping.ping(address);

        // Prozessdaten ausgeben
        System.console().printf("%s%n", output);
    }
}
```

Listing 74: Ausführen eines externen Prozesses und Ausgeben der vom Prozess zurückgelieferten Daten (Forts.)

Beim Ausführen der Klasse können Sie als Parameter einen Server-Namen oder eine IP-Adresse übergeben.

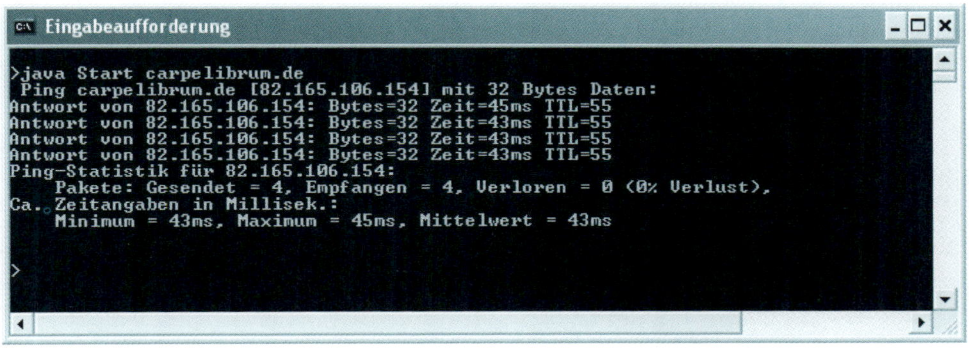

Abbildung 38: Ausführen eines Pings aus Java heraus

73 Verfügbaren Speicher abfragen

Mit Hilfe der `java.lang.Runtime`-Klasse lässt sich ermitteln, wie viel Speicher der aktuellen Java-Instanz zur Verfügung steht. Diese Information liefert die Methode `freeMemory()` einer `Runtime`-Instanz. Die Instanz kann über die statische Methode `Runtime.getRuntime()` referenziert werden:

```
public class Start {

    public static void main(String[] args) {
        // Runtime-Instanz referenzieren
        Runtime r = Runtime.getRuntime();

        // Freien Speicher auslesen
        long mem = r.freeMemory();

        // In KBytes umrechnen
        double kBytes = ((mem / 1024) * 100) / 100;

        // In MBytes umrechnen
```

Listing 75: Ermitteln des freien Speichers einer Java-Instanz

```
        double mBytes = ((kBytes / 1024) * 100) /100;

        // Ausgeben
        System.out.println(
           String.format(
              "Diese Java-Instanz hat %d Byte "
                 + "(=%g KByte bzw. %g MByte) freien Speicher.",
              mem, kBytes, mBytes));
    }
}
```

Listing 75: Ermitteln des freien Speichers einer Java-Instanz (Forts.)

Die ebenfalls verfügbaren Methoden `maxMemory()` und `totalMemory()` können genutzt werden, um den maximal verfügbaren Speicher und die Gesamtmenge an Speicher der Java-Anwendung auszuwerten.

74 Speicher für JVM reservieren

Die Reservierung von Speicher für die JVM erfolgt beim Aufruf des Java-Interpreters unter Angabe der Parameter *-Xms* und *-Xmx*.

Die Parameter haben dabei folgende Bedeutung:

Parameter	Bedeutung
-Xms<Größe>	Anfänglicher Speicher für die Ausführung der Anwendung. Der Parameter <Größe> kann dabei in Byte, Kilobyte oder Megabyte angegeben werden: -Xms1024: anfänglicher Speicher von 1 Kbyte -Xms100k: anfänglicher Speicher von 100 Kbyte -Xms32m: anfänglicher Speicher von 32 Mbyte Der Standardwert von -Xms ist plattformabhängig und beträgt je nach Systemumgebung und Java-Version 1-2 Mbyte.
-Xmx<Größe>	Maximaler Speicher für die Ausführung der Anwendung: -Xmx2048: maximaler Speicher von 2 Kbyte -Xmx300k: maximaler Speicher von 300 Kbyte -Xmx128m: maximaler Speicher von 128 Mbyte Der Standardwert beträgt je nach Systemumgebung und Java-Version zwischen 16 und 64 Mbyte.

Tabelle 25: Kommandozeilen-Parameter für die Reservierung von Speicher

75 DLLs laden

Das Laden und Ausführen externer Bibliotheken erfolgt via *JNI* (Java Native Interface). Dabei wird die externe Bibliothek mit Hilfe von `loadLibrary()` in eine Java-Klasse eingebunden, ihre Methoden werden aus Sicht der Klasse wie gewöhnliche Instanz-Methoden verwendet.

Achtung

Das Laden und Verwenden externer Bibliotheken (auf Windows-Systemen meist als DLLs vorliegend) sollte mit Bedacht vorgenommen werden, denn es hebt die Plattform- und Systemunabhängigkeit von Java auf.

Die grundsätzliche Vorgehensweise für den Einsatz von JNI sieht so aus:

- Erstellen einer Java-Klasse, die die zu implementierenden Funktionen definiert und die externe Bibliothek lädt
- Kompilieren der Java-Klasse
- Erzeugen einer C/C++-Header-Datei, die die zu implementierenden Funktionen für C- oder C++-Programme definiert
- Implementieren der Funktionen in C oder C++
- Bereitstellen der externen Bibliothek

Das Laden und Verwenden der externen Bibliothek geschieht mit Hilfe eines statischen Blocks und unter Verwendung des Schlüsselworts `native`. Die Angabe der Dateiendung der externen Bibliothek unterbleibt dabei, so dass hier eine gewisse Portabilität gewahrt bleibt:

```
public class Start {

   // Laden der externen Bibliothek
   static {
      System.loadLibrary("HelloWorld");
   }

   // Deklaration der Methode in der externen Bibliothek
   public native String sayHello();

   public static void main(String[] args) {
      // Neue Instanz erzeugen
      Start instance = new Start();

      // Externe Methode ausführen
      System.out.println(instance.sayHello());
   }
}
```

Listing 76: Laden und Verwenden einer externen Bibliothek

Nach dem Kompilieren der Klasse kann eine C/C++-Header-Datei erzeugt werden, in der die zu implementierende JNI-Methode definiert ist. Dies geschieht unter Verwendung des Hilfsprogramms *javah*, das sich im */bin*-Verzeichnis der JDK-Installation befindet.

Der Aufruf von *javah* sieht zur Generierung einer Datei *HelloWorld.h* wie folgt aus:

```
javah -jni -classpath "%CLASSPATH%;." -o HelloWorld.h Start
```

Die so erzeugte Header-Datei kann nun verwendet werden, um eine externe Bibliothek zu erstellen. Diese wird in der Regel meist nur eine Wrapper-Funktion haben und somit den

Zugriff auf andere Bibliotheken oder Systemfunktionen erlauben. Innerhalb der Header-Datei ist eine Funktion definiert, die implementiert werden muss:

```
JNIEXPORT jstring JNICALL Java_Start_sayHello(JNIEnv *, jobject);
```

Am Beispiel eines Visual C++-Projekts soll aufgezeigt werden, wie die Umsetzung stattfinden kann. Analog kann auch bei Verwendung eines anderen Entwicklungstools und eines anderen Compilers vorgegangen werden.

Zunächst soll ein neues C++-Projekt im Visual Studio .NET angelegt werden. Dieses Projekt ist vom Typ *Windows-32-Applikation*. In den Projekteigenschaften muss als Ausgabetyp »Dynamische Bibliothek (.dll)« festgelegt werden.

Nach dem Erzeugen des Projekts müssen unter EXTRAS/OPTIONEN/PROJEKTE/VC++-VERZEICHNISSE die Ordner *%JAVA-HOME%/include* und *%JAVA_HOME%/include/win32* für Include-Dateien hinzugefügt werden:

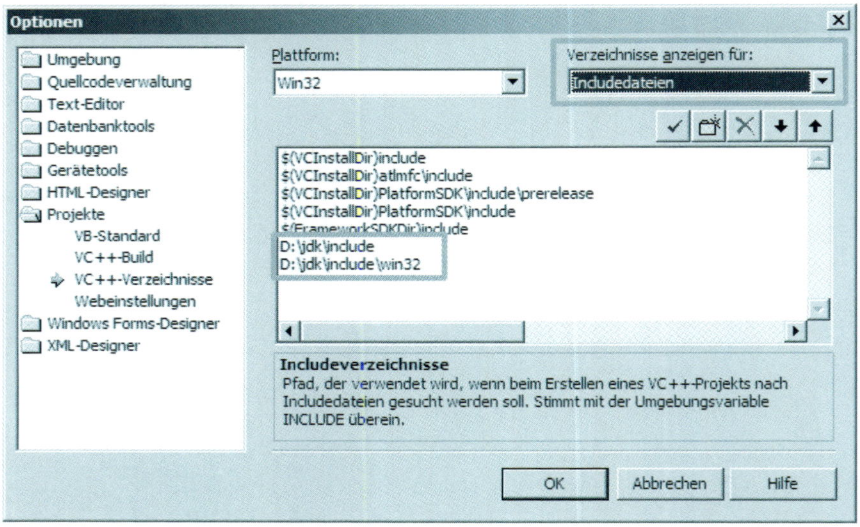

Abbildung 39: Hinzufügen der Java-Include-Verzeichnisse zum Projekt

In den Projekteigenschaften müssen unter dem Punkt ALLGEMEIN folgende Einstellungen vorgenommen werden:

- Verwendung von ATL: *Dynamische Verknüpfung zu ATL*
- Zeichensatz: *Unicode*

Unter dem Punkt LINKER muss die Bibliothek *%JAVA_HOME%/lib/jawt.lib* hinzugefügt werden.

Die Wrapper-Klasse `HelloWorld` kapselt den Zugriff auf die eigentlich verwendete Klasse `SayHello`, die folgende Header-Definition besitzt:

```
class SayHello {
   public:
```

Listing 77: SayHello.h

```
    SayHello(void);
    ~SayHello(void);
    char* execute(void);
};
```

Listing 77: SayHello.h (Forts.)

Die Implementierung ist in diesem Fall trivial:

```
#include "StdAfx.h"
#include ".\sayhello.h"

// Konstruktor
SayHello::SayHello(void) {}

// Destruktor
SayHello::~SayHello(void) {}

// Implementierung von execute
char* SayHello::execute() {
   return "Hello world from C++!";
}
```

Listing 78: SayHello.cpp

Die Wrapper-Klasse *HelloWorld.cpp* muss die von Java generierte Header-Datei *HelloWorld.h* referenzieren und die dort definierte Methode `Java_Start_sayHello()` implementieren:

```
// HelloWorld.cpp : Wrapper-Klasse, wird von Java aufgerufen

// Includes
#include "stdafx.h"
#include "HelloWorld.h"
#include "SayHello.h"
#include <win32\jawt_md.h>

// Default-Einstiegspunkt
BOOL APIENTRY DllMain(HANDLE hModule,
   DWORD ul_reason_for_call,
   LPVOID lpReserved) {
   return TRUE;
}

// Implementierung der Java-Methode
JNIEXPORT jstring JNICALL Java_Start_sayHello (
   JNIEnv *env, jobject obj) {

   // Instanz erstellen
   SayHello *instance = new SayHello();
```

Listing 79: JNI-Wrapper-Implementierung HelloWorld.cpp

```
    // Rückgabe abrufen
    const char* tmp = instance->execute();

    // Größe bestimmen
    size_t size = strlen(tmp);

    // jchar-Array erzeugen
    jchar* jc = new jchar[size];

    // Speicher reservieren
    memset(jc, 0, sizeof(jchar) * size);

    // Kopieren
    for(size_t i = 0; i < size; i++) {
       jc[i] = tmp[i];
    }

    // Rückgabe erzeugen
    jstring result = (jstring)env->NewString(jc, jsize(size));

    // Aufräumen
    delete [] jc;

    // Zurückgeben
    return result;
}
```

Listing 79: JNI-Wrapper-Implementierung HelloWorld.cpp (Forts.)

JNI definiert einige Datentypen, die die C-/C++-Gegenstücke zu den Java-Datentypen darstellen. C-/C++-Datentypen müssen stets aus und in die JNI-Datentypen gecastet werden, da sich sowohl Größe als auch Kodierung der repräsentierten Java-Datentypen deutlich von ihren C++-Pendants unterscheiden. Die hier praktizierte Rückgabe von Zeichenketten erfordert beispielsweise, dass einzelne Zeichen in ihre JNI-jchar-Pendants gecastet werden müssen.

Achtung

Achten Sie darauf, nicht mehr benötigte Ressourcen wieder freizugeben, um keine Speicherlöcher zu erzeugen.

Nach dem Kompilieren kann die Bibliothek verwendet werden. Dabei muss sie sich innerhalb eines durch die Umgebungsvariable *PATH* definierten Pfads befinden, um gefunden zu werden:

Abbildung 40: Verwenden einer C++-Methode aus Java heraus

76 Programm für eine bestimmte Zeit anhalten

Mit Hilfe der statischen Methode `sleep()` der Klasse `java.lang.Thread` können Sie den aktuellen Thread für die als Parameter angegebene Zeit in Millisekunden anhalten. So kann dafür gesorgt werden, dass das System insbesondere bei lang laufenden Schleifen die Möglichkeit erhält, andere anstehende Aufgaben abzuarbeiten.

Während ein Thread per `Thread.sleep()` pausiert, kann es vorkommen, dass er beendet oder sonstwie unterbrochen wird. In diesem Fall wird eine `InterruptedException` geworfen, die aufgefangen oder deklariert werden muss:

```
import java.util.Date;

public class Start {

   public static void main(String[] args) {
      // Aktuelle Uhrzeit ausgeben
      System.out.println(
         String.format("Current time: %s", new Date().toString()));

      // Thread pausieren
      try {
         Thread.sleep(5000);
      } catch (InterruptedException e) {
         e.printStackTrace();
      }

      // Aktuelle Uhrzeit ausgeben
      System.out.println(
         String.format("Current time: %s", new Date().toString()));
   }
}
```

Listing 80: Pausieren eines Threads per Thread.sleep()

77 Timer verwenden

Mit Hilfe der `java.util.Timer`-Klasse können Aufgaben wiederholt ausgeführt werden. Klassen, die regelmäßig eingebunden werden sollen, müssen von der Basisklasse `java.util.TimerTask` erben und deren `run()`-Methode überschreiben:

```
import java.util.TimerTask;
import java.util.Calendar;
import java.text.DateFormat;

public class SimpleTimerTask extends TimerTask {

   private boolean running = false;

   /**
```

Listing 81: Die Klasse SimpleTimerTask definiert einen per Timer auszuführenden Task.

```
   * Wird vom Timer regelmäßig aufgerufen und ausgeführt
   */
  public void run() {
     String date = DateFormat.getTimeInstance().format(
        Calendar.getInstance().getTime());

     String message = running ?
        "%s: Still running (%s)" : "%s: Started! (%s)";

     // Ausgeben einer Nachricht mit der aktuellen Uhrzeit
     System.out.println(String.format(
        message, "SimpleTimerTask", date));

     running = true;
  }
}
```

Listing 81: Die Klasse SimpleTimerTask definiert einen per Timer auszuführenden Task. (Forts.)

Das Einbinden eines TimerTask geschieht über eine neue `Timer`-Instanz, deren `schedule()`-Methode eine Instanz der `TimerTask`-Ableitung als Parameter übergeben wird. Weiterhin kann angegeben werden, wann oder mit welcher Startverzögerung und in welchem Abstand die Ausführung stattfinden soll. Die Angabe von Startverzögerung und Ausführungsintervall erfolgt dabei stets in Millisekunden:

```
import java.util.Timer;

public class Start {

   public static void main(String[] args) {
      // TimerTask instanzieren
      SimpleTimerTask task = new SimpleTimerTask();

      // Timer instanzieren
      Timer timer  = new Timer();

      // Task planen
      timer.schedule(task, 0, 5000);
   }
}
```

Listing 82: Ausführen eines Timers

Achtung

Beachten Sie, dass die Ausführung des Programms so lange fortgesetzt wird, wie der Timer aktiv ist. Nach dem Planen des Tasks kann allerdings mit anderen Aufgaben fortgefahren werden – der Timer verhält sich wie ein eigenständiger Thread, was er intern auch ist.

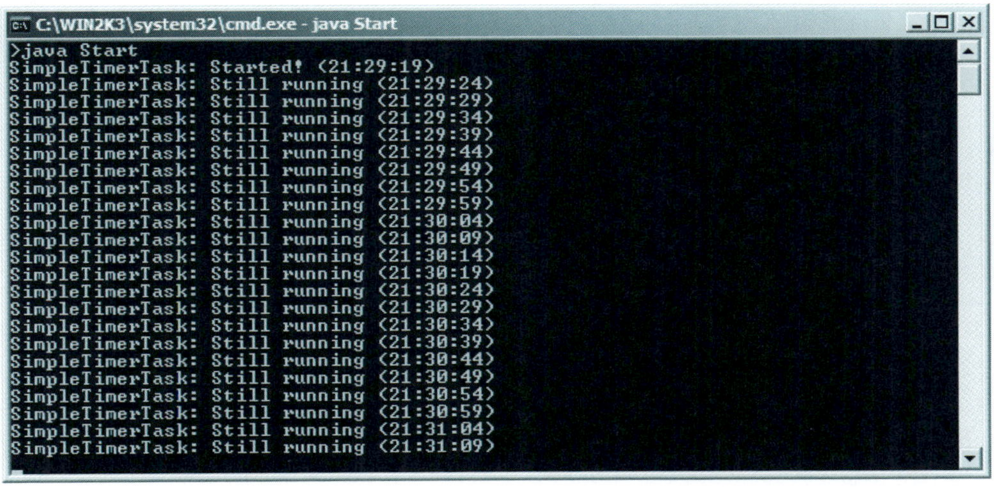

Abbildung 41: Ausführung des Timers

Neben der hier gezeigten Variante existieren noch weitere Überladungen der `schedule()`-Methode:

Überladung	Beschreibung
`schedule(TimerTask task, Date time)`	Führt den Task zur angegebenen Zeit aus. Es findet keine Wiederholung der Ausführung statt.
`schedule(TimerTask task, Date firstTime, long period)`	Führt den Task zur angegebenen Zeit aus und wartet vor einer erneuten Ausführung die in `period` angegebene Zeitspanne in Millisekunden ab.
`schedule(TimerTask task, long delay)`	Führt den Task nach der in Millisekunden angegebenen Zeitspanne aus. Es findet keine Wiederholung der Ausführung statt.

Tabelle 26: Weitere Überladungen der schedule()-Methode

78 TimerTasks gesichert regelmäßig ausführen

Wenn TimerTasks zwingend in bestimmten Abständen ausgeführt werden müssen (etwa, wenn exakt alle 60 Minuten ein Stunden-Signal ertönen soll), kann dies mit Hilfe der Methode `scheduleAtFixedRate()` erreicht werden. Diese Methode fängt Verzögerungen, wie sie etwa durch den GarbageCollector entstehen können, ab und sorgt für eine Ausführung des TimerTasks basierend auf der Systemuhrzeit – die natürlich ihrerseits genau sein sollte.

Die Verwendung von `scheduleAtFixedRate()` unterscheidet sich nicht wesentlich von der der `schedule()`-Methode. Es existieren hier lediglich zwei Überladungen, die die Angabe einer Startverzögerung oder einer Startzeit sowie eines Ausführungsintervalls in Millisekunden erlauben:

```
import java.util.Timer;

public class Start {

   public static void main(String[] args) {
      // TimerTask instanzieren
      SimpleTimerTask task = new SimpleTimerTask();

      // Timer instanzieren
      Timer timer  = new Timer();

      // Task planen
      timer.scheduleAtFixedRate(task, 0, 5000);
   }
}
```

Listing 83: Ausführen eines Timers, der exakt alle fünf Sekunden läuft

79 Nicht blockierender Timer

Standardmäßig sind Timer blockierend: Sie verhindern, dass die Anwendung, in der sie laufen, beendet werden kann, solange der Timer noch aktiv ist. Dies kann zu unerwünschten Zuständen führen. Um einen Timer automatisch zu beenden, sobald die Anwendung beendet werden soll, muss er als *Dämon*-Timer ausgeführt werden. Dies kann durch Übergabe des Werts `true` an den Konstruktor der `Timer`-Instanz erreicht werden:

```
import java.util.Timer;

public class Start {

   public static void main(String[] args) {
      // TimerTask instanzieren
      SimpleTimerTask task = new SimpleTimerTask();

      // Timer als Dämon instanzieren
      Timer timer  = new Timer(true);

      // Task planen
      timer.scheduleAtFixedRate(task, 0, 1000);

      // Anwendung nach zehn Sekunden beenden
      try {
         Thread.sleep(10000);
      } catch (InterruptedException e) {}
   }
}
```

Listing 84: Dämon-Timer

80 Timer beenden

Timer beenden sich in der Regel, wenn die letzte Referenz auf den Timer entfernt und alle ausstehenden Aufgaben ausgeführt worden sind. Dies kann je nach Programmierung einige Zeit dauern oder bei endlos laufenden Timern schier unmöglich sein.

Aus diesem Grund verfügt die Klasse `Timer` über die Methode `cancel()`, die alle noch anstehenden und nicht bereits ausführenden Aufgaben abbricht und den Timer beendet:

```
import java.util.Timer;

public class Start {

   public static void main(String[] args) {
      // TimerTask instanzieren
      SimpleTimerTask task = new SimpleTimerTask();

      // Timer instanzieren
      Timer timer   = new Timer();

      // Task planen
      timer.scheduleAtFixedRate(task, 0, 1000);

      // Anwendung zehn Sekunden pausieren
      try {
         Thread.sleep(10000);
      } catch (InterruptedException e) {}

      // Timer beenden
      timer.cancel();
   }
}
```

Listing 85: Beenden eines Timers über seine cancel()-Methode

81 Auf die Windows-Registry zugreifen

Die berüchtigte Windows-Registry ist eine simple, dateibasierte Datenbank zur Registrierung von anwendungsspezifischen Werten. Aus einem Java-Programm heraus hat man zwei Möglichkeiten, darauf zuzugreifen:

- Das Paket `java.util.prefs` bietet Klassen und Methoden zum Setzen und Lesen von Einträgen in einem Teilbaum der Registry. Der volle Zugriff auf die Registry ist hiermit allerdings nicht möglich. Dafür funktioniert dieser Ansatz auch unter Unix/Linux (wobei eine XML-Datei erzeugt wird, die als Registry-Ersatz dient).
- Einsatz der Windows API für den Zugriff auf die entsprechenden Registry-Funktionen. Dies erfordert den Einsatz des Java Native Interface (JNI).

Das Paket java.util.prefs

In diesem Paket bietet die Klasse `Preferences` die statischen Methoden `userNode()` und `systemNode()`, welche die speziellen Registry-Schlüssel `HKEY_CURRENT_USER\Software\JavaSoft\Prefs` bzw. `HKEY_LOCAL_MACHINE\Software\JavaSoft\Prefs` repräsentieren. Unterhalb dieser Einträge kann ein Java-Programm beliebige eigene Knoten durch Aufruf der Methode node() generieren und diesen dann Schlüssel mit Werten zuweisen bzw. lesen. Dies erfolgt wie bei einer Hashtabelle mit den Methoden put() und get(). Für spezielle Datentypen wie boolean oder int stehen auch besondere putXXX()-Methoden bereit, z.B. putBoolean().

```
import java.util.prefs.*;

public class Start {
   public static void main(String[] args) {
      try {
         // Knoten anlegen im Teilbaum HKEY_CURRENT_USER
         Preferences userPrefs = Preferences.userRoot().node("/carpelibrum");

         // mehrere Schlüssel mit Werten erzeugen
         userPrefs.putBoolean("online",true);
         userPrefs.put("Name", "Peter");
         userPrefs.putInt("Anzahl", 5);

         // Alle Schlüssel wieder auslesen
         String[] keys = userPrefs.keys();

         for(int i = 0; i < keys.length; i++)
            System.out.println(keys[i] + " : "  + userPrefs.get(keys[i], ""));

      } catch(Exception e) {
         e.printStackTrace();
      }
   }
}
```

Listing 86: Zugriff auf Java-spezifische Registry-Einträge

Der Einsatz des Pakets java.util.prefs erlaubt wie bereits erwähnt nur das Ablegen oder Auslesen von Informationen, die von einem Java-Programm stammen. Es ist nicht möglich, andere Bereiche der Windows-Registry zu lesen oder zu verändern.

Aufruf der Windows Registry API

Den vollen Zugriff auf die Registry erhält man nur durch Einsatz der Windows API, was bei einem Java-Programm per JNI erfolgen kann. Glücklicherweise existiert eine sehr brauchbare OpenSource-Bibliothek namens *jRegistryKey*, die bereits eine fertige JNI-Lösung bereitstellt, so dass man nicht gezwungen ist, mit C-Code herumzuhantieren. Laden Sie hierzu von *http://sourceforge.net/projects/jregistrykey/* das Binary-Package *jRegistryKey-bin.x.y.z.zip* (aktuelle Version 1.4.3) und gegebenenfalls die Dokumentation herunter. Das ZIP-Archiv enthält zwei wichtige Dateien:

- *jRegistryKey.jar*: Extrahieren Sie diese Datei und nehmen Sie sie in den CLASSPATH Ihrer Java-Anwendung auf.
- *jRegistryKey.dll*: Extrahieren Sie diese Datei und kopieren Sie sie in ein Verzeichnis, das in der PATH-Umgebungsvariable definiert ist, oder in das Verzeichnis, in dem Sie Ihre Java-Anwendung aufrufen werden.

Die Bibliothek stellt zwei zentrale Klassen bereit: RegistryKey repräsentiert einen Schlüssel und RegistryValue steht für einen Schlüsselwert. Hierbei gibt es verschiedene Datentypen, die als Konstanten definiert sind, u.a. ValueType.REG_SZ (null-terminated String = endet mit dem Zeichen '\0'), ValueType.REG_BINARY (Binärdaten) und ValueType.REG_DWORD (32 Bit Integer). Das Setzen bzw. Lesen von Registry-Werten erfolgt mit Hilfe der RegistryKey-Methoden setValue() bzw. getValue().

Das folgende Beispiel demonstriert den Einsatz dieser Klassen:

```
/**
 *  Klasse für den Zugriff auf die Windows-Registry via JNI
 */
import ca.beq.util.win32.registry.*;
import java.util.*;

class WindowsRegistry {

   /**
    *  Erzeugt einen neuen Schlüssel
    *
    *  @param root  Schlüssel-Wurzel, z.B. RootKey.HKEY_CURRENT_USER
    *  @param name  voller Pfad des Schlüssels
    *               (z.B. "Software\\Carpelibrum\\ProgData")
    *  @return       RegistryKey-Objekt ode null bei Fehler
    *                (z.B. schon vorhanden)
    */
   public RegistryKey createKey(RootKey root, String name) {
      try {
         RegistryKey key = new RegistryKey(root, name);
         key.create();
         return key;

      } catch(Exception e) {
         e.printStackTrace();
         return null;
      }
   }

   /**
    *  Erzeugt einen neuen Unterschlüssel
    *  @param root     Schlüssel-Wurzel, z.B. RootKey.HKEY_CURRENT_USER
    *  @param parent   voller Pfad des Vaterschlüssels
    *                  (z.B."Software\\Carpelibrum")
    *                   Vaterschlüssel muss existieren
    *  @param name      Name des Unterschlüssels (z.B. "ProgData")
    *  @return          RegistryKey-Objekt oder null bei Fehler
    */
   public RegistryKey createSubKey(RootKey root,String parent,String name) {
      try {
         RegistryKey key = new RegistryKey(root, parent);
         RegistryKey sub = key.createSubkey(name);
```

Listing 87: WindowsRegistry.java

```
         return sub;

      } catch(Exception e){
        e.printStackTrace();
        return null;
      }
   }

   /**
    *  Löscht einen Schlüssel
    */
   public boolean deleteKey(RootKey root, String name) {
      try {
         RegistryKey key = new RegistryKey(root, name);
         key.delete();
         return true;

      } catch(Exception e) {
        e.printStackTrace();
         return false;
      }
   }

   /**
    *  Liefert den gewünschten Schlüssel
    */
   public RegistryKey getKey(RootKey root, String name) {
      RegistryKey result = null;

      try {
         result = new RegistryKey(root, name);

         if(result.exists() == false)
            result = null;

      } catch(Exception e) {
         e.printStackTrace();
      }

      return result;
   }

   /**
    *  Liefert alle Unterschlüssel zu einem Schlüssel
    */
   public ArrayList<RegistryKey> getSubkeys(RootKey root, String name) {
      ArrayList<RegistryKey> result = new ArrayList<RegistryKey>();

      try {
         RegistryKey key = new RegistryKey(root, name);
```

Listing 87: WindowsRegistry.java (Forts.)

```
        if(key.hasSubkeys()) {
           Iterator it = key.subkeys();

           while(it.hasNext()) {
              RegistryKey rk = (RegistryKey) it.next();
              result.add(rk);
           }
        }

     } catch(Exception e) {
        e.printStackTrace();
     }

     return result;
   }
}
```

Listing 87: WindowsRegistry.java (Forts.)

Das Start-Programm zu diesem Rezept demonstriert den Zugriff auf die Windows Registry. Es liest alle Unterschlüssel von `HKEY_CURRENT_USER\Software` aus und trägt einen eigenen Schlüssel ein.

```
import ca.beq.util.win32.registry.*;
import java.util.*;

public class Start {

   public static void main(String[] args) {

      try {
         WindowsRegistry registry = new WindowsRegistry();

         // Alle Unterschlüssel von HKEY_CURRENT_USER\Software ausgeben
         ArrayList<RegistryKey> subs =
                  registry.getSubkeys(RootKey.HKEY_CURRENT_USER, "Software");

         System.out.println("\nInhalt von HKEY_CURRENT_USER\\Software :");
         for(RegistryKey k : subs)
            System.out.println(k.getName());

         // Schlüssel HKEY_CURRENT_USER\Software\Carpelibrum anlegen falls
         // ncch  nicht vorhanden
         RegistryKey key = registry.getKey(RootKey.HKEY_CURRENT_USER,
                                           "Software\\Carpelibrum");

         if(key == null)
            key = registry.createKey(RootKey.HKEY_CURRENT_USER,
                                     "Software\\Carpelibrum");
```

Listing 88: Zugriff auf Windows-Registry via JNI

```
         // Werte setzen
         RegistryValue name         = new RegistryValue("Name", "Mustermann");
         RegistryValue anzahl       = new RegistryValue("Anzahl", 5);
         key.setValue(name);
         key.setValue(anzahl);

         // Werte wieder auslesen
         if(key.hasValues()) {
            System.out.println("Werte von " + key.getName());
            Iterator it = key.values();

            while(it.hasNext()) {
               RegistryValue value = (RegistryValue) it.next();
               System.out.println(value.getName() + " : " +
                                  value.getStringValue());
            }
         }
      } catch(Exception e) {
         e.printStackTrace();
      }
   }
}
```

Listing 88: Zugriff auf Windows-Registry via JNI (Forts.)

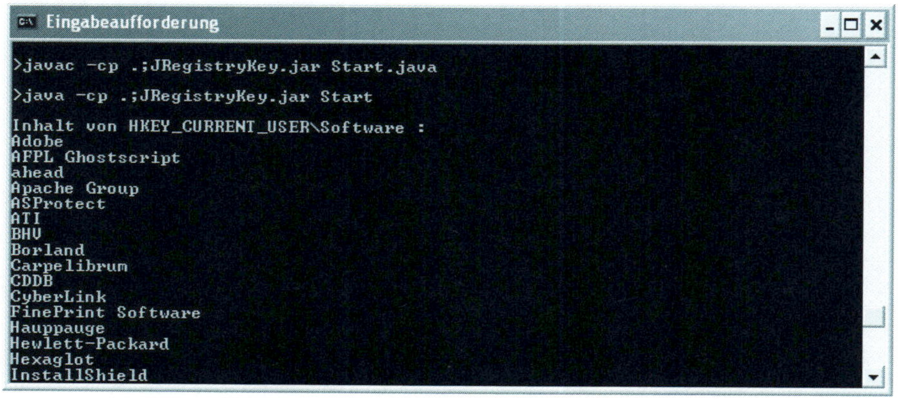

Abbildung 42: Auflistung von Registry-Einträgen

82 Abbruch der Virtual Machine erkennen

Da ein Java-Programm immer innerhalb einer Virtual Machine (VM) läuft, führt das Beenden der VM auch zum Abwürgen des Programms. Dies ist oft unschön, da hierdurch einem Programm keine Gelegenheit mehr bleibt, interessante Daten wie bisherige Resultate oder Log-Informationen auf die Festplatte zu sichern. Seit Java 1.3 gibt es glücklicherweise einen so genannten *ShutdownHook*-Mechanismus, der teilweise Abhilfe schafft.

Ein ShutdownHook ist ein Thread, der initialisiert und laufbereit ist, aber während der normalen Programmausführung nicht aktiv ist. Erst wenn das Programm beendet wird, greift der

Hook und wird als Letztes ausgeführt, und zwar sowohl bei einem regulären Programmende als auch einem vorzeitig erzwungenen Ende durch Beenden der VM über die Tastenkombination [Strg]+[C].

Hinweis

Das Beenden per Taskmanager unter Windows wird leider nicht erkannt. Unter Unix/Linux werden alle Beendigungen erkannt, die das Signal SIGINT auslösen.

Der Einsatz des Hook-Mechanismus ist sehr einfach. Man definiert eine eigene Thread-Klasse, die man mit Hilfe der Methode `Runtime.addShutdownHook(Thread t)` registriert. Das war es schon. Falls man nur für bestimmte Programmphasen einen Hook als Rückversicherung haben möchte, kann man jederzeit mit `Runtime.removeShutdownHook(Thread t)` den Hook wieder abmelden. Dies ist beispielsweise praktisch, falls der Hook nur bei einem vorzeitigen Abbruch abgearbeitet werden soll, aber nicht bei einem regulären Programmende. In diesem Fall sollte die letzte Anweisung der Aufruf von `removeShutdownHook()` sein.

```
/**
 *  Modellklasse für ShutdownHook zum Abfangen von STRG-C
 */
class ShutdownHook extends Thread {
   private Start parent;

   public ShutdownHook(Start t) {
      parent = t;
   }

   public void run() {
      System.out.println("Programm wurde abgebrochen");
      System.out.println("Letzte Zwischensumme: " + parent.getValue());
   }
}
```

Listing 89: ShutdownHook.java

Das Start-Programm zu diesem Rezept addiert in einer for-Schleife Integer-Zahlen. Im Falle eines vorzeitigen Abbruchs mit [Strg]+[C] wird der ShutdownHook ausgeführt, der den letzten Zwischenwert ausgibt.

```
/**
 *  Aufrufbeispiel: STRG-C führt zur Ausgabe des letzten Wertes
 */
public class Start {
   private int value = 0;

   public void doWork() {
      ShutdownHook hook = new ShutdownHook(this);
      Runtime rt = Runtime.getRuntime();
```

Listing 90: Abbruch der Virtual Machine erkennen

```
         rt.addShutdownHook(hook);

         for(int i = 0 ; i < 50; i++) {
            value = value + i;

            try {
               Thread.sleep(500);

            } catch(Exception e) {
            }
         }

         System.out.println("Endsumme: " + value);
         rt.removeShutdownHook(hook);
      }

      public int getValue() {
         return value;
      }

      public static void main(String[] args) {
          Start s = new Start();
          s.doWork();
      }
   }
```

Listing 90: Abbruch der Virtual Machine erkennen (Forts.)

Abbildung 43: Abbruch der VM erkennen

83 Betriebssystem-Signale abfangen

Ein Betriebssystem kann jedem laufenden Programm Signale senden. Eines der wichtigsten Signale ist SIGINT, das einen Programmabbruch signalisiert, wie er auf Windows-Rechnern beispielsweise ausgelöst wird, wenn innerhalb eines Konsolenfensters die Tastenkombination [Strg]+[C] gedrückt wird (woraufhin die Java Virtual Machine und damit auch das ausgeführte Java-Programm abgebrochen werden). *Rezept 82* zeigte, wie Sie mit Hilfe eines so genannten Shutdown-Hooks noch Aufräumarbeiten oder Speicheraktionen etc. durchführen, bevor das Programm zwangsweise beendet wird. Was aber, wenn das Programm einfach weiterarbeiten und das Betriebssystem-Signal ignorieren soll? Dann hilft auch kein Shutdown-Hook.

Als Lösung bietet Sun zwei inoffizielle Klassen an: sun.misc.Signal sowie sun.misc.SignalHandler. Diese Klassen erscheinen in keiner Dokumentation, sie sind offiziell nicht vorhanden, und es gibt daher keine Garantie dafür, dass sie in zukünftigen Java-Versionen weiterhin vorhanden sein werden. Eine entsprechende Warnung wird beim Kompilieren ausgegeben. Das folgende Beispiel demonstriert das Abfangen des Signals SIGINT:

```
import sun.misc.Signal;
import sun.misc.SignalHandler;

public class Start {
   public static void main(String[] args) {

       // Signal SIGINT ignorieren
       Signal.handle(new Signal("INT"), new SignalHandler () {
            public void handle(Signal sig) {
              System.err.println("SIGINT wird ignoriert. Mache weiter...");
              System.err.flush();
            }
       });

       int counter = 0;

       while(counter <= 10) {
          try {
             Thread.sleep(2000);
             System.out.println(counter++);

          } catch(Exception e) {
          }
       }
   }
}
```

Listing 91: Signale abfangen

Zur Einrichtung einer Signalbehandlung rufen Sie die statische Methode Signal.handle() auf, die zwei Parameter erwartet:

- Eine Instanz der Klasse Signal, der Sie den Namen des zu fangenden Signals übergeben. Der Name ist dabei der Betriebssystem-typische Signalname ohne »SIG«, also z.B. INT für SIGINT.
- Eine Instanz der Klasse SignalHandler mit einer Implementierung der Methode handle().

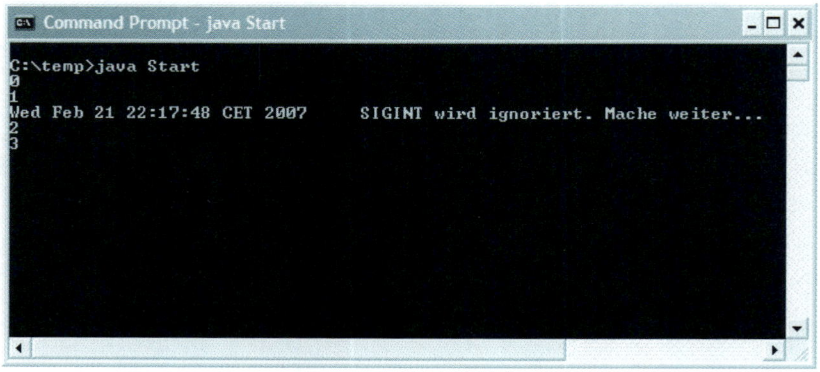

Abbildung 44: Programm ignoriert Signal SIGINT

Ein- und Ausgabe (IO)

84 Auf die Konsole (Standardausgabe) schreiben

Die normale Konsolenausgabe erfolgt über den Ausgabestream `System.out` und die allseits bekannten Methoden `print()` bzw. `println()`, z.B.

```
System.out.println("Hallo Leute!");
System.out.println("Wert von x:" + x);     // x sei eine Variable
```

Formatierte Ausgabe

Der große Nachteil dieser Methoden ist die mangelnde Formatierfähigkeit, was insbesondere bei der Ausgabe von Gleitkommazahlen sehr unschön ist. (Eine `double`-Zahl wie 3.141592654 wird exakt so ausgegeben; eine Beschränkung auf beispielsweise zwei Nachkomma-Stellen ist nicht möglich.) Glücklicherweise bietet Java mittlerweile die Methode `printf()` an, der man als ersten Parameter den eigentlichen Ausgabetext – ergänzt um spezielle Formatplatzhalter `%` für die auszugebenden Variablenwerte – und anschließend die Variablen übergibt. So gibt der folgende Code den Wert von `pi` mit einer Vorkomma- und drei Nachkommastellen aus:

```
double pi = 3.141592654;
System.out.printf("Die Zahl %1.3f nennt man PI.", pi);
```

Die Syntax für eine Formatangabe ist:

```
%[Index$][Flags][Breite][.Nachkomma]Typ
```

Angaben in `[]` sind dabei optional[1], so dass die einfachste Formatanweisung `%Typ` lautet. `Breite` gibt die Anzahl an auszugebenden Zeichen an. Der `Typ` definiert die Art der Daten; zur Verfügung stehen:

Typ	Beschreibung
c	Darstellung als Unicode-Zeichen
d	Dezimal: Integer zur Basis 10
x	Hexadezimal: Integer zur Basis 16
f	Gleitkommazahl
s	String
t	Zeit/Datum; auf t folgt ein weiteres Zeichen: H (Stunde), M (Minute), S (Sekunde), d (Tag), m (Monat), Y (Jahr), D (Datum als Tag-Monat-Jahr)
%	Darstellung des Prozentzeichens

Tabelle 27: Typspezifizierer für printf()

Die wichtigsten Werte für `Flags` sind: `^` (Umwandlung in Großbuchstaben), `+` (Vorzeichen immer ausgeben), `0` (Auffüllen der Breite mit Nullen).

1. Die `[]` selbst werden nicht angegeben!

```
import java.util.Date;

public class Start {

   public static void main(String[] args) {

      int index = 4;
      float f= 3.75f;
      String txt = "Wahlanteil";
      Date dt = new java.util.Date();

      System.out.println();

      System.out.printf("Nr. %02d %s %2.1f %%  Zeit %4$tH:%4$tM:%4$tS \n",
                        index, txt, f, dt);
   }
}
```

Listing 92: Datenausgabe mit printf()

Abbildung 45: Ausgabe des Start-Programms

85 Umlaute auf die Konsole (Standardausgabe) schreiben

Wenn Sie Java-Strings via `System.out` auf die Windows-Konsole ausgeben, werden die 16-Bit-Codes der einzelnen Zeichen auf je 8-Bit zurechtgestutzt, ohne dass dabei allerdings eine korrekte Umkodierung in den 8-Bit-OEM-Zeichensatz der Konsole stattfinden würde. Das traurige Ergebnis: Die deutschen Umlaute sowie etliche weitere Umlaute und Sonderzeichen, die die Konsole prinzipiell anzeigen könnte, gehen verloren.

Um die Umlaute dennoch korrekt auszugeben, müssen Sie

- entweder auf das in Java 6 neu eingeführte `Console`-Objekt zurückgreifen
- oder die Zeichenkodierung explizit vorgeben.

Umlaute über Console ausgeben

Zur formatierten Ausgabe von Strings definiert die Klasse Console eine Methode printf(), die wie die gleichnamige Methode von System.out arbeitet (*siehe Rezept 84*) – nur eben mit dem Unterschied, dass die Zeichen in den OEM-Zeichensatz der Konsole umkodiert werden.

Die Klasse Console instanzieren Sie nicht selbst. Wenn Ihr Java-Code im Kontext einer Java Virtual Machine-Instanz ausgeführt wird, die mit einem Konsolenfenster verbunden ist, erzeugt die JVM automatisch intern ein Console-Objekt, welches das Konsolenfenster repräsentiert. Über die statische Console-Methode console() können Sie sich eine Referenz auf dieses Objekt zurückliefern lassen.

```
import java.io.Console;

public class Start {

   public static void main(String[] args) {

      // Zugriff auf das Console-Objekt
      Console cons = System.console();

      // Ausgabe
      if (cons != null) {
         cons.printf("\n");
         cons.printf(" Ausgabe der Umlaute mit Console \n");
         cons.printf(" ä, ö, ü, ß \n");
      }
   }
}
```

Listing 93: Ausgabe von Umlauten auf die Konsole

Tipp

Für vereinzelte Ausgaben lohnt es sich nicht, den Verweis auf das Console-Objekt in einer eigenen Variablen zu speichern. Hängen Sie in solchen Fällen den printf()-Aufruf einfach an den System.console()-Aufruf an:

```
System.console().printf("\n Ausgabe der Umlaute mit Console \n");
System.console().printf("   ä, ö, ü, ß \n");
```

Umlaute über PrintStream ausgeben

Hinter System.out verbirgt sich ein PrintStream-Objekt, das mit der Konsole als Ausgabegerät verbunden ist und die Standard-Zeichenkodierung verwendet. Wenn Sie eigene PrintStream-Objekte erzeugen, können Sie diese mit beliebigen Ausgabestreams verbinden und auch die Zeichenkodierung frei (soweit verfügbar) wählen.

```
import java.io.*;

public class Start {

   public static void main(String[] args) {

      PrintStream out;
```

```
        try {
           out = new PrintStream(System.out, true, "Cp850");
        } catch (UnsupportedEncodingException e) {
           out = System.out;
        }

        out.printf("\n");
        out.printf(" Ausgabe der Umlaute mit PrintStream \n");
        out.printf(" ä, ö, ü, ß \n");
     }
  }
```


Dem PrintStream-Konstruktor werden drei Argumente übergeben:

- ein OutputStream-Objekt, das das Ziel der Ausgabe vorgibt (hier die Konsole)
- true, damit die Ausgaben sofort ausgeführt werden (andernfalls werden die Ausgaben gepuffert, und Sie müssen die Methode flush() aufrufen)
- den Namen der gewünschten Zeichenkodierung (hier "Cp850" für die DOS-Codepage 850)

Hinweis

Vor Java 6 war dies der übliche Weg, um Umlaute auf die Konsole auszugeben.

86 Von der Konsole (Standardeingabe) lesen

Konsolenanwendungen bedienen sich zum Einlesen von Daten über die Tastatur traditionell des Eingabestreams System.in, um den dann meist ein BufferedReader-Objekt aufgebaut wird.

```
BufferedReader in = new BufferedReader(new InputStreamReader(System.in));

try {
  System.out.print(" Geben Sie Ihren Namen ein: ");
  name = in.readLine();
  System.out.print(" Geben Sie Ihr Alter ein: ");
  age = Integer.parseInt( in.readLine() );

  System.out.printf(" %s (Alter: %d) \n", name, age);
} catch (IOException e) {}
```

Hinweis

Für ausführlichere Informationen zur Umwandlung von Stringeingaben in Zahlen *siehe Rezept 87*.

Hinweis

Umlaute, die über die Tastatur eingelesen wurden, werden bei Ausgabe auf die Konsole mit `System.out` korrekt angezeigt. Probleme gibt es allerdings, wenn Sie die eingelesenen Strings in eine Datei schreiben oder in eine grafische Benutzeroberfläche einbauen. Dann sollten Sie entweder auf `Console` umsteigen (siehe unten) oder den `InputStreamReader` mit passender Zeichenkodierung erzeugen.

Einlesen mit Console

Seit Java 6 können Sie auch das vordefinierte `Console`-Objekt zum Einlesen verwenden.

```
Console cons = System.console();

cons.printf(" Geben Sie Ihren Namen ein: ");
name = cons.readLine();
cons.printf(" Geben Sie Ihr Alter ein: ");
age = Integer.parseInt( cons.readLine() );

cons.printf (" %s (Alter: %d) \n", name, age);
```

Die auffälligste Veränderung gegenüber der `BufferedReader`-Konstruktion ist das Wegfallen der geschachtelten Konstruktoraufrufe und der Exception-Behandlung, wodurch der Code übersichtlicher wird. Weniger offensichtlich, aber möglicherweise noch interessanter ist, dass eingelesene Strings, die Umlaute enthalten, problemlos in GUI-Oberflächen eingebaut oder über das `Console`-Objekt wieder auf die Konsole ausgegeben werden können. Schließlich können Sie den Text zur Eingabeaufforderung direkt an `readLine()` übergeben:

```
Console cons = System.console();

name = cons.readLine(" Geben Sie Ihren Namen ein: ");
...
```

Einlesen mit Scanner

Zum Einlesen und Parsen können Sie sich auch der Klasse `Scanner` bedienen:

```
Scanner sc = new Scanner(System.in);

System.out.print(" Geben Sie Ihren Namen ein: ");
name = sc.nextLine();
System.out.print(" Geben Sie Ihr Alter ein: ");
age = sc.nextInt();
sc.nextLine();

System.out.printf(" %s (Alter: %d) \n", name, age);
```

Hinweis

Umlaute, die über die Tastatur eingelesen wurden, werden bei Ausgabe auf die Konsole mit `System.out` korrekt angezeigt. Probleme gibt es allerdings, wenn Sie die eingelesenen Strings in eine Datei schreiben oder in eine grafische Benutzeroberfläche einbauen. Dann sollten Sie das `Scanner`-Objekt auf der Basis des internen Readers des `Console`-Objekts erzeugen:

```
Scanner sc = new Scanner(System.console().reader());
```

Die Ausgabe auf die Konsole muss dann ebenfalls über das `Console`-Objekt erfolgen.

87 Passwörter über die Konsole (Standardeingabe) lesen

Das Einlesen von Passwörtern oder anderweitigen sensiblen Daten über die Konsole war in Java früher ein großes Problem, weil jeder Umstehende die Eingaben mitlesen konnte. Dank der `Console`-Methode `readPassword()` gehören diese Probleme der Vergangenheit an.

```
import java.io.*;

public class Start {
   private final static String PASSWORT = "Sesam";

   public static void main(String[] args) {
      String name;
      char passwort[];

      Console cons = System.console();
      cons.printf("\n");

      cons.printf(" Benutzername eingeben: ");
      name = cons.readLine();
      cons.printf(" Passwort eingeben: ");
      passwort = cons.readPassword();

      if (PASSWORT.equals(new String(passwort)))
          cons.printf(" %s, Sie sind angemeldet! \n", name);
      else
          cons.printf(" Anmeldung fehlgeschlagen! \n");
     }
}
```

Listing 94: Geheime Daten in Konsolenanwendungen einlesen

Ausgabe:

```
Benutzername eingeben: Dirk
Passwort eingeben:
Dirk, Sie sind angemeldet!
```

88 Standardein- und -ausgabe umleiten

Die Standardstreams `System.out`, `System.in` und `System.err` sind per Voreinstellung mit der Konsole verbunden. Doch diese Einstellung ist nicht unabänderlich. Mit Hilfe passender Methoden der Klasse `System` können sie umgeleitet werden.

Methode	Beschreibung
`static setIn(InputStream stream)`	Setzt `System.in` auf den Eingabestream `stream`.
`static setErr(PrintStream stream)`	Setzt `System.err` auf den Ausgabestream `stream`.
`static setOut(PrintStream stream)`	Setzt `System.out` auf den Ausgabestream `stream`.

Tabelle 28: Methoden in System für die Umleitung der Standardein-/-ausgabe

Die nachfolgend definierte Klasse TextAreaPrintStream ist beispielsweise geeignet, um die Standardausgabe in eine JTextArea umzuleiten. Die Klasse muss zu diesem Zweck von PrintStream abgeleitet werden – passend zum Argument der setOut()-Methode. Die Referenz auf die JTextArea übernimmt die Klasse als Konstruktorargument.

```
import javax.swing.*;
import java.io.*;

/*
 * Klasse zur Umleitung der Standardausgabe in eine JTextArea
 */
public class TextAreaPrintStream extends PrintStream {

   public TextAreaPrintStream(JTextArea ta)  {
      super(new TextAreaOutputStream(ta));
   }
}

// Hilfsklasse, die OutputStream für JTextArea erzeugt
class TextAreaOutputStream extends OutputStream {
   private JTextArea ta;

   public TextAreaOutputStream(JTextArea ta)  {
      this.ta = ta;
   }

   public void write(int b)  {
      char c = (char) b;
      ta.append(String.valueOf(c));
   }
}
```

Listing 95: TextAreaPrintStream.java – PrintStream-Klasse zur Umleitung der Standardausgabe in eine JTextArea

Ein kleines Problem ist, dass die Basisklasse PrintStream nur Konstruktoren definiert, die ein File-Objekt, einen Dateinamen oder einen OutputStream als Argument erwarten. Die Klasse TextAreaPrintStream löst dieses Problem, indem sie den Basisklassenkonstruktor mit dem OutputStream-Argument aufruft – allerdings mit einer abgeleiteten OutputStream-Klasse, deren Konstruktor die Referenz auf die JTextArea-Instanz übergeben werden kann. In dieser OutputStream-Klasse wird dann die write()-Methode überschrieben, die die an die Standardausgabe geschickten Zeichencodes in die JTextArea schreibt.

Hinweis

Zur Erinnerung: Der Konstruktor einer abgeleiteten Klasse ruft als erste Anweisung immer einen Konstruktor der Basisklasse auf. Ist ein entsprechender super-Aufruf im Quelltext des Konstruktors nicht vorgesehen, erweitert der Java-Compiler den Konstruktorcode automatisch um den Aufruf eines Standardkonstruktors (Konstruktor ohne Parameter) der Basisklasse.

Das Programm zu diesem Rezept ist ein GUI-Programm, dessen ContentPane mittels einer `JSplitPane`-Instanz in zwei Bereiche unterteilt ist:

- einem Arbeitsbereich mit zwei `JButton`-Instanzen, die beim Drücken einen Text an die Standardausgabe schicken,
- einen Logging-Bereich mit der `JTextArea`-Komponente, in die die Ausgaben umgeleitet werden.


```
import javax.swing.*;
import java.awt.*;
import java.awt.event.*;
import java.io.*;

public class Start extends JFrame  {

   public Start() {

      // Hauptfenster konfigurieren
      setTitle("Umlenken der Standardausgabe");

      // Panel mit zwei Schaltern
      JPanel p = new JPanel();
      JButton btn1 = new JButton("A ausgeben");
      btn1.setFont(new Font("Dialog", Font.PLAIN, 24));
      btn1.addActionListener(new ActionListener() {
         public void actionPerformed(ActionEvent e) {
            System.out.println(" A");
         }
      });
      JButton btn2 = new JButton("B ausgeben");
      btn2.setFont(new Font("Dialog", Font.PLAIN, 24));
      btn2.addActionListener(new ActionListener() {
         public void actionPerformed(ActionEvent e) {
            System.out.println(" B");
         }
      });
      p.add(btn1);
      p.add(btn2);


      // JTextArea zum Protokollieren der Schalterklicks
      JScrollPane scrollpane = new JScrollPane();
      JTextArea logpane = new JTextArea();
      scrollpane.getViewport().add(logpane, null);


      // Schalter-Panel und JTextArea in SplitPane einfügen
      JSplitPane splitpane = new JSplitPane(JSplitPane.VERTICAL_SPLIT,
                                            p, scrollpane);
      getContentPane().add(splitpane, BorderLayout.CENTER);
```

Listing 96: Start.java – Umlenken der Standardausgabe in eine JTextArea

```
        // Standardausgabe auf JTextArea umlenken
        TextAreaPrintStream out = new TextAreaPrintStream(logpane);
        System.setOut(out);


        setDefaultCloseOperation(JFrame.EXIT_ON_CLOSE);
    }


    public static void main(String args[]) {
        Start frame = new Start();
        frame.setSize(500,300);
        frame.setLocation(300,300);
        frame.setVisible(true);
    }
}
```

Listing 96: Start.java – Umlenken der Standardausgabe in eine JTextArea (Forts.)

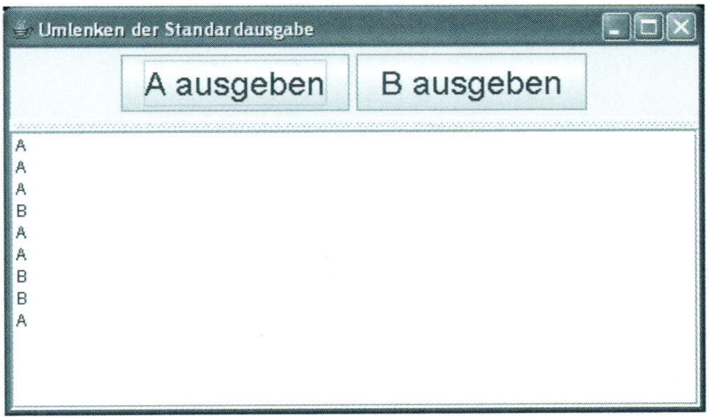

Abbildung 46: JTextArea mit umgelenkten println()-Ausgaben

89 Konsolenanwendungen vorzeitig abbrechen

Konsolenanwendungen, die sich aufgehängt haben oder deren Ende Sie nicht mehr abwarten möchten, können auf den meisten Betriebssystemen durch Drücken der Tastenkombination

[Strg] + [C]

abgebrochen werden.

90 Fortschrittsanzeige für Konsolenanwendungen

Auch Konsolenanwendungen führen hin und wieder länger andauernde Berechnungen durch, ohne dass irgendwelche Ergebnisse auf der Konsole angezeigt werden. Ungeduldige Anwender kann dies dazu verleiten, das Programm – in der falschen Annahme, es sei bereits abgestürzt – abzubrechen. Um dem vorzubeugen, sollten Sie das Programm in regelmäßigen Abständen Lebenszeichen ausgeben lassen.

Es gibt unzählige Wege, eine Fortschrittsanzeige zu implementieren. Entscheidend ist, eine passende Form und einen geeigneten Zeitabstand zwischen den einzelnen Lebenszeichen (respektive Aktualisierungen der Fortschrittsanzeige) zu finden:

- Die Lebenszeichen sollten den Anwender unaufdringlich informieren.

  Lebenszeichen, die vom Anwender bestätigt werden müssen, scheiden in 99% der Fälle ganz aus. Gleiches gilt für die Ausgabe von akustischen Signalen. (Gegen die Verbindung des Endes der Berechnung mit einem akustischen Signal ist jedoch nichts einzuwenden.)

- Andere Ausgaben sollten durch die Fortschrittsanzeige möglichst wenig gestört werden.

  Bei Ausgabe von Lebenszeichen auf die Konsolen sollten Sie vor allem darauf achten, dass die Konsole nicht unnötig weit nach unten gescrollt wird.

  Gut geeignet ist die periodische Ausgabe eines einzelnen Zeichens, beispielsweise eines Punkts, ohne Leerzeichen oder Zeilenumbrüche:

  ```
  System.out.print(".");
  ```

- Die Lebenszeichen sollten nicht zu schnell aufeinander folgen, aber auch nicht zu lange auf sich warten lassen.
- Die Anzahl der Lebenszeichen sollte größer als 4 sein, aber nicht zu groß werden. (Droht die Konsole mit Lebenszeichen überschwemmt zu werden, so setzen Sie lieber den Zeitabstand zwischen den Lebenszeichen herauf.)
- Informieren Sie den Anwender vorab, dass nun mit einer längeren Wartezeit zu rechnen ist.

Nachdem Sie Form und Frequenz der Lebenszeichen ungefähr festgelegt haben, müssen Sie überlegen, wie Sie für eine periodische Ausgabe der Lebenszeichen sorgen.

Fortschrittsanzeigen mit Schleifen

Wenn die Berechnung, deren Fortschreiten Sie durch Lebenszeichen verdeutlichen wollen, eine große äußere Schleife durchläuft, bietet es sich an, die Lebenszeichen innerhalb dieser Schleife auszugeben:

```
// 1. Zeitaufwendige Berechnung ankündigen
System.out.print(" Bitte warten");

for(int i = 0; i < 12; ++i) {
    // tue so, als würde intensiv gerechnet
    Thread.sleep(400);

    // 2. Lebenszeichen periodisch ausgeben
    System.out.print(".");
}
System.out.println();

// 3. Ergebnis anzeigen
System.out.println("\n Berechnung beendet.\n");
```

Listing 97: Aus Start.java – Lebenszeichen mit Schleife

Bei dieser Form entspricht die Anzahl der Lebenszeichen den Durchläufen der Schleife. Wird die Schleife sehr oft durchlaufen, setzen Sie die Anzahl der Lebenszeichen herab, indem Sie nur bei jedem zweiten, dritten ... Schleifendurchgang Lebenszeichen ausgeben lassen:

```
if( i%2)
   System.out.print(".");
```

Wird die Schleife zu selten durchlaufen, müssen Sie mehrere Lebenszeichen über die Schleife verteilen (eventuell gibt es innere Schleifen, die sich besser zur Ausgabe der Lebenszeichen eignen).

Fortschrittsanzeigen mit Timern

Durch Timer gesteuerte Fortschrittsanzeigen sind aufwändiger zu implementieren, haben aber den Vorzug, dass die Lebenszeichen in exakt festgelegten Zeitintervallen ausgegeben werden können.

Zuerst definieren Sie eine `TimerTask`-Klasse, in deren `run()`-Methode Sie ein Lebenszeichen ausgeben lassen, beispielsweise:

```
import java.util.TimerTask;

/**
 * TimerTask-Klasse für Konsolen-Fortschrittsanzeige
 */
class ShowProgressTimer extends TimerTask {

   public void run() {
      System.out.print(".");
   }
}
```

Listing 98: Einfache TimerTask-Klasse für Konsolen-Fortschrittsanzeigen

Danach wechseln Sie zum Code der Berechnung. Vor dem Start der Berechnung geben Sie eine Vorankündigung aus, erzeugen ein Timer-Objekt und übergeben diesem eine Instanz der `TimerTask`-Klasse, eine anfängliche Verzögerung und die Dauer des Zeitintervalls (in Millisekunden).

Anschließend folgt die eigentliche Berechnung, während im Hintergrund der Thread des Timers ausgeführt und in den festgelegten periodischen Abständen die `run()`-Methode des `TimerTask`-Objekts ausgeführt wird.

Nach Abschluss der Berechnung beenden Sie den Timer.

```
int aMethod() throws InterruptedException {
     // Zeitaufwändige Berechnung ankündigen
    System.out.print(" Bitte warten");

    // Zeitgeber für Fortschrittsanzeige starten und alle 400 ms
    // ausführen lassen.
    Timer timer = new Timer();
```

Listing 99: Aus Start.java – Lebenszeichen mit Timer

```
      timer.schedule(new ShowProgressTimer(), 0, 400);

      // tue so, als würde intensiv gerechnet
      Thread.sleep(12*1000);

      // Zeitgeber für Fortschrittsanzeige beenden
      timer.cancel();
      System.out.println();

      // Ergebnis zurückliefern
      return 42;
   }
```


Listing 99: Aus Start.java – Lebenszeichen mit Timer (Forts.)

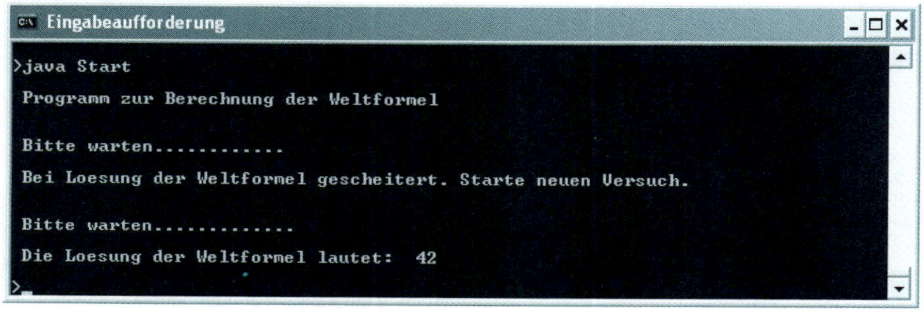

Abbildung 47: Fortschrittsanzeigen in Konsolenanwendungen

91 Konsolenmenüs

Bei Menüs denken die meisten Anwender an Menüs von GUI-Anwendungen. Doch auch Konsolenanwendungen können einen Leistungsumfang erreichen, der eine menügesteuerte Programmführung opportun macht.

Die Implementierung eines Konsolenmenüs besteht aus drei Schritten:

1. Anzeigen des Menüs

   Die Ausgabe erfolgt zeilenweise mit `println()`-Aufrufen. Zu jedem Befehl muss ein Code angegeben werden, über den der Anwender den Befehl auswählen kann. Gut geeignet sind hierfür Zeichen, Integer-Werte oder Aufzählungskonstanten, da diese in Schritt 3 mittels einer `switch`-Verzeigung ausgewertet werden können.

   ```
   System.console().printf("   Erster Menübefehl     <a> \n");
   System.console().printf("   Zweiter Menübefehl    <b> \n");
   ...
   ```

2. Abfragen der Benutzerauswahl

   Der Anwender wird aufgefordert, den Code für einen Befehl einzugeben. Ungültige Eingaben, soweit sie nicht in Schritt 3 vom `default`-Block der `switch`-Anweisung abgefangen werden (beispielsweise Strings aus mehr als einem Zeichen), müssen aussortiert werden.

3. Abarbeiten des Menübefehls

   Typischerweise in Form einer switch-Verzweigung.

Grundstruktur

Soll das Menü nicht nur einmalig zu Beginn des Programms angezeigt werden, gehen Sie so vor, dass Sie die obigen drei Schritte in eine do-while-Schleife fassen und das Menü um einen Menübefehl zum Verlassen des Programms erweitern. Wird dieser Menübefehl ausgewählt, wird die do-while-Schleife und damit das Programm beendet.

```
import java.util.Scanner;

public class Start {

   public static void main(String[] args)  {

      final char NO_OPTION = '_';

      Scanner scan = new Scanner(System.console().reader());
      String input;
      char option = NO_OPTION;


      // Schleife, in der Menue wiederholt angezeigt und Befehle abgearbeitet
      // werden, bis Befehl zum Beenden des Programms ausgewählt und die
      // Schleife verlassen wird

      do {
        // 1. Menu anzeigen

        System.console().printf("\n");
        System.console().printf(" ******************************** \n");
        System.console().printf(" Menü \n");
        System.console().printf("\n");
        System.console().printf("    Erster Menübefehl      <a> \n");
        System.console().printf("    Zweiter Menübefehl     <b> \n");
        System.console().printf("    Dritter Menübefehl     <c> \n");
        System.console().printf("    Programm beenden       <q> \n");
        System.out.print("\n Ihre Eingabe : ");


        // 2. Eingabe lesen
        option = NO_OPTION;

        input = scan.nextLine();
        if(input.length() == 1)    // einzelnes Zeichen in Eingabe
            option = input.charAt(0);

        System.out.println("\n");
```

Listing 100: Konsolenanwendung mit Menü

```
        // 3. Menübefehl abarbeiten

        switch(option) {
        case 'a':   System.console().printf(" Menübefehl a \n");
                    break;
        case 'b':   System.console().printf(" Menübefehl b \n");
                    break;
        case 'c':   System.console().printf(" Menübefehl c \n");
                    break;
        case 'q':   System.console().printf(" Programm wird beendet \n");
                    break;
        default:    System.console().printf(" Falsche Eingabe \n");
        }

        System.out.println("\n");


        // 4. Warten, bis Anwender fortfahren will

        System.console().printf(" <Enter> drücken zum Fortfahren \n");
        scan.nextLine();
      } while(option != 'q');
    }
}
```

Listing 100: Konsolenanwendung mit Menü (Forts.)

Schritt 2 liest eine Eingabe von der Tastatur ein. Besteht die Eingabe aus einem einzelnen Zeichen, wird sie in `option` gespeichert und so an die `switch`-Anweisung weitergegeben. Hat der Anwender aus Versehen mehrere Tasten gedrückt, wird der Standardwert `NO_OPTION` weitergereicht. (`NO_OPTION` wurde zu Beginn der `main()`-Methode mit einem Zeichen initialisiert, das keinem Menübefehl entspricht. `NO_OPTION` wird daher vom `default`-Block der `switch`-Anweisung behandelt.)

Tipp

Statt in der Schleifenbedingung zu prüfen, ob die Schleife weiter auszuführen ist (`while(option != 'q')`), können Sie die Schleife auch mit einer Label-Sprunganweisung aus der `switch`-Verzweigung heraus verlassen:

```
quit:   while(true) {
           ...
           switch(option) {
           ...
           case 'q':   System.console().printf(" Programm wird beendet \n");
                       break quit;
           default:    System.console().printf(" Falsche Eingabe \n");
           }
        }
```

Groß- und Kleinschreibung unterstützen

Wenn Sie im Buchstabencode zu den Menübefehlen nicht zwischen Groß- und Kleinschreibung unterscheiden, können Sie die switch-Verzweigung nutzen, um Groß- und Kleinbuchstaben elegant auf die gleichen Menübefehle abzubilden:

```
switch(option) {
        case 'A':
        case 'a':   System.console().printf(" Menübefehl a \n");
                    break;
        case 'B':
        case 'b':   System.console().printf(" Menübefehl b \n");
                    break;
        case 'C':
        case 'c':   System.console().printf(" Menübefehl c \n");
                    break;
        case 'Q':   option = 'q';
        case 'q':   System.console().printf(" Programm wird beendet \n");
                    break;
        default:    System.console().printf(" Falsche Eingabe \n");
}
```


Achtung

Die Anweisung option = 'q' ist nötig, damit die do-while(option != 'q') auch bei Eingabe von Q beendet wird. Wird die Schleife wie im vorangehenden Absatz beschrieben mit einer Sprunganweisung verlassen, kann die Anweisung entfallen.

92 Automatisch generierte Konsolenmenüs

Mit der Klasse ConsoleMenu, die in diesem Rezept vorgestellt wird, können Sie Konsolenmenüs auf der Basis von Textdateien erstellen. Die Arbeit zur Implementierung eines Konsolenmenüs reduziert sich damit auf die Bearbeitung der Textdatei und das Aufsetzen der switch-Verzweigung zur Behandlung der verschiedenen Menübefehle. Die Titel der Menübefehle können jederzeit in der Textdatei geändert werden, ohne dass die Java-Quelldatei neu kompiliert werden muss (beispielsweise zur Lokalisierung des Programms).

Die Textdatei mit den Menübefehlen besitzt folgendes Format:

- Jede Zeile repräsentiert einen Menübefehl.
- Jede Zeile beginnt mit dem Zeichen, das später zum Aufruf des Menübefehls einzugeben ist. Danach folgt ein Semikolon und anschließend der Titel des Menübefehls.
- Der Titel darf kein Semikolon enthalten.
- Zwischen Codezeichen, Semikolon und Titel dürfen keine anderen Zeichen (auch kein Whitespace) stehen.

```
a;Erster Menübefehl
b;Zweiter Menübefehl
c;Dritter Menübefehl
q;Programm beenden
```

Listing 101: Beispiel für eine Menütextdatei

Die Klasse ConsoleMenu erzeugt aus dieser Datei das folgende Menü:

```
********************************
 Menue

 Erster Menübefehl...........<a>
 Zweiter Menübefehl..........<b>
 Dritter Menübefehl..........<c>
 Programm beenden............<q>

 Ihre Eingabe : q
```

Das Füllzeichen zwischen Befehlstitel und -code (hier der Punkt .) wird als Argument an den Konstruktor von ConsoleMenu übergeben. Die Menüüberschrift und die Eingabeaufforderung können in abgeleiteten Klassen durch Überschreibung der Methoden printHeader() bzw. printPrompt() angepasst werden.

Das Einlesen des Menüs geschieht vollständig im Konstruktor, dem zu diesem Zweck der Name der Textdatei und das zu verwendende Füllzeichen übergeben werden. Der Konstruktor liest in einer while-Schleife die Zeilen der Textdatei, extrahiert daraus die Informationen für die Menübefehle und speichert diese in einem Objekt der Hilfsklasse MenuElem. Die MenuElem-Objekte wiederum werden in einer Vector-Collection verwaltet.

Während des Einlesens bestimmt der Konstruktor zusätzlich die Zeichenlänge des größten Titels (maxLength) sowie den numerischen Code des »größten« verwendeten Menübefehlszeichens. Im Anschluss an die while-Schleife füllt der Konstruktor alle Titel bis auf maxLength+10 Zeichen mit dem übergebenen Füllzeichen auf (damit die Menübefehlszeichen später rechtsbündig untereinander ausgegeben werden). Der numerische Code wird benötigt, um die Konstante NO_OPTION sicher mit einem Zeichen initialisieren zu können, das mit keinem Menübefehl verbunden ist.

Der Konstruktor übernimmt alle nötigen Dateioperationen. Werden dabei Exceptions ausgelöst, werden diese an den Aufrufer weitergegeben. Erkennt der Konstruktor Fehler im Dateiformat, löst er eine Exception der selbst definierten Klasse ParseMenuException aus.

```
import java.io.FileReader;
import java.io.BufferedReader;
import java.io.IOException;
import java.util.Vector;
import java.util.Scanner;

/**
 * Klasse zum Aufbau von Konsolenmenüs
 */
public class ConsoleMenu {

    private class MenuElem {                    // Hilfsklasse für Menüelemente
        private char code;
        private String title;

        MenuElem(char code, String title) {
           this.code = code;
           this.title = title;
        }
    }
```

```
public final char NO_OPTION;                         // nicht belegtes Zeichen
private Vector<MenuElem> menu = new Vector<MenuElem>(7);    // Vektor mit
                                                            // Menübefehlen


public ConsoleMenu(String filename, char paddChar)
                                  throws IOException, ParseMenuException {

    // Textdatei mit Menü öffnen
    BufferedReader in = new BufferedReader(new FileReader(filename));

    // Für jede Zeile Menübefehlinformationen auslesen, in MenuElem-Objekt
    // speichern und in Vector ablegen
    String line;
    int maxCode = 0;
    int maxLength = 0;
    char code;
    String title;

    // Menübefehle einlesen
    while( (line = in.readLine()) != null) {

        // kurz prüfen, ob Zeile korrekt aufgebaut ist
        if(  line.charAt(1) != ';'
          || line.length() < 3
          || line.indexOf(';', 2) != -1) {

            menu.clear();
            in.close();
            throw new ParseMenuException("Fehler beim Parsen der " +
                                         " Menuedatei");
        }

        code = line.charAt(0);
        title = line.substring(2);

        // Größte Titellänge festhalten
        maxLength = (title.length() > maxLength)
                                     ? title.length() : maxLength;

        // Größten Zeichencode festhalten
        maxCode = (Character.getNumericValue(code) > maxCode)
                 ? Character.getNumericValue(code) : maxCode;

        menu.add(new MenuElem(code, title));
    }

    // Alle Menütitel auf gleiche Länge plus 10 Füllzeichen bringen
    int diff;

    for(MenuElem e : menu) {
       diff = (maxLength + 10) - e.title.length();
       char[] pad = new char[diff];
       for(int i = 0; i < pad.length; ++i)
```

Ein- und Ausgabe

```
                pad[i] = paddChar;

            e.title += new String(pad);
        }

        // Zeichen bestimmen, das mit keinem Menübefehl verbunden ist
        NO_OPTION = (char) (100+maxCode);

        in.close();
    }

    protected void printHeader() {
        System.console().printf("\n");
        System.console().printf(" ****************************** \n");
        System.console().printf(" Menü \n");
        System.console().printf("\n");
    }
    protected void printPrompt() {
        System.out.println();
        System.out.print(" Ihre Eingabe : ");
    }

    public void printMenu() {
        printHeader();

        for(MenuElem e : menu)
            System.console().printf(" %s<%s> \n", e.title, e.code);

        printPrompt();
    }

    public char getUserOption() {
        String input;
        char option = NO_OPTION;
        Scanner scan = new Scanner(System.console().reader());

        input = scan.nextLine();
        if(input.length() == 1)    // einzelnes Zeichen in Eingabe
            option = input.charAt(0);

        System.out.println("\n");
        return option;
    }
}
```

Für die Ausgabe des Menüs müssen Sie lediglich die Methode `printMenu()` aufrufen. Die Eingabe des Anwenders können Sie selbst einlesen oder bequem mit `getUserOption()` abfragen, *siehe Listing 102.*

```
public class Start {

  public static void main(String args[]) {
```

Listing 102: Verwendung der Klasse ConsoleMenu in einem Konsolenprogramm

Ein- und Ausgabe

```
        char option;
        ConsoleMenu menu;

        System.out.println();

        try {
          menu = new ConsoleMenu("Menu.txt", '.');

quit:     while(true) {

            menu.printMenu();
            option = menu.getUserOption();

            switch(option) {
            case 'A':
            case 'a':    System.console().printf(" Menübefehl a \n");
                         break;
            case 'B':
            case 'b':    System.console().printf(" Menübefehl b \n");
                         break;
            case 'C':
            case 'c':    System.console().printf(" Menübefehl c \n");
                         break;
            case 'Q':    option = 'q';
            case 'q':    System.console().printf(" Programm wird beendet \n");
                         break quit;
            default:     System.console().printf(" Falsche Eingabe \n");
            }

            System.out.println("\n");

            System.console().printf(" <Enter> drücken zum Fortfahren \n");
            scan.nextLine();
          } // Ende while

        } catch(Exception e) {
           System.err.println("Fehler: " + e.getMessage());
        }
    }
}
```

Listing 102: Verwendung der Klasse ConsoleMenu in einem Konsolenprogramm (Forts.)

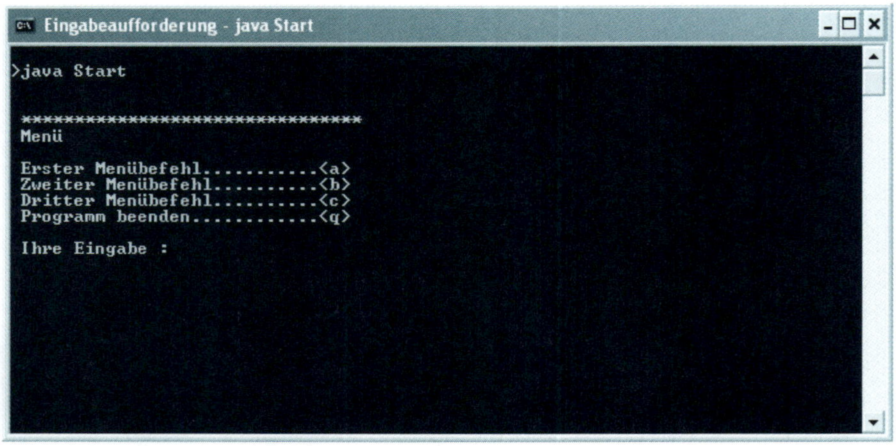

Abbildung 48: Konsolenmenü

93 Konsolenausgaben in Datei umleiten

Ausgaben, die zur Konsole geschickt werden, lassen sich auf den meisten Betriebssystemen durch Piping in Dateien umleiten.

Auf diese Weise können die Ausgaben auf bequeme Weise dauerhaft gespeichert werden, was etliche Vorteile bringt: Sie können die Ausgaben mit den Ergebnissen späterer Programmsitzungen vergleichen. Die Ausgaben lassen sich mit anderen Programmen elektronisch weiterverarbeiten. Sie können umfangreiche Ausgaben in einen Editor laden und mit dessen Suchfunktion durchgehen.

Unter Windows leiten Sie die Ausgaben mit `>` in eine Textdatei um.

```
java ProgrammName > Output.txt
```

Unter Linux bieten die meistens Shells gleich mehrere Symbole für die Umleitung von Konsolenausgaben in Dateien an. bash, csh und tcsh unterstützen beispielsweise

- `>` die Umleitung durch Überschreiben,
- `>>` die Umleitung durch Anhängen,
- `>|` die erzwungene Umleitung.

94 Kommandozeilenargumente auswerten

Konsolenanwendungen besitzen die erfreuliche Eigenschaft, dass man ihnen beim Aufruf Argumente mitgeben kann – beispielsweise Optionen, die das Verhalten des Programms steuern, oder zu verarbeitende Daten. Der Java-Interpreter übergibt diese Argumente beim Programmstart an den `args`-Array-Parameter der `main()`-Methode. In der `main()`-Methode können Sie die im Array gespeicherten Kommandozeilenargumente abfragen und auswerten.

Das Programm zu diesem Rezept erwartet auf der Kommandozeile drei Argumente: eine Zahl, ein Operatorsymbol und eine zweite Zahl. Es prüft vorab, ob der Anwender beim Aufruf die korrekte Anzahl Argumente übergeben hat.

Bei einer abweichenden Anzahl weist das Programm den Anwender auf die korrekte Aufrufsyntax hin und beendet sich selbst.

Stimmt die Anzahl der Argumente, wandelt das Programm die Argumente in die passenden Datentypen um (Kommandozeilenargumente sind immer Strings) und berechnet, sofern die Typumwandlung nicht zur Auslösung einer `NumberFormatException` geführt hat, die gewünschte Operation.

```
public class Start {

   public static void main(String args[]) {
      System.out.println();

      // Prüfen, ob korrekte Anzahl Kommandozeilenargumente vorhanden
      if (args.length != 3) {
         System.out.println("Falsche Anzahl Argumente in Kommandozeile");
         System.out.println("Aufruf: java Start "
                          + "Zahl Operator Zahl <Return>\n");
         System.exit(0);
      }

      try {

         // Die Kommandozeilenargumente umwandeln
         double zahl1    = Double.parseDouble(args[0]);
         char operator   = args[1].charAt(0);
         double zahl2    = Double.parseDouble(args[2]);

         System.out.print("\n " + zahl1 + " " + operator + " " + zahl2);

         // Befehl bearbeiten
         switch(operator) {
         case '+':   System.out.println(" = " + (zahl1 + zahl2));
                     break;
         case '-':   System.out.println(" = " + (zahl1 - zahl2));
                     break;
         case 'X':
         case 'x':
         case '*':   System.out.println(" = " + (zahl1 * zahl2));
                     break;
         case ':':
         case '/':   System.out.println(" = " + (zahl1 / zahl2));
                     break;
         default:    System.out.println("Operator nicht bekannt");
                     break;
         }

      } catch (NumberFormatException e) {
         System.err.println(" Ungueltiges Argument");
      }
   }
}
```

Listing 103: Start.java – Verarbeitung von Kommandozeilenargumenten

Abbildung 49: Übergabe von Aufrufargumenten an ein Konsolenprogramm

Hinweis

Auf der Windows-Konsole führen Aufrufe mit * möglicherweise dazu, dass der Befehlszeileninterpreter von Windows eine falsche Zahl an Argumenten übergibt. Setzen Sie * dann in Anführungszeichen: »*«.

95 Leere Verzeichnisse und Dateien anlegen

Neues, leeres Verzeichnis anlegen

Das Anlegen von leeren Verzeichnissen erfolgt einfach durch Aufruf der Methode `File.mkdir()`, z.B.

```
import java.io.*;

File f = new File(".\\meinVerzeichnis");
boolean status = f.mkdir();
```

Hier lauert allerdings eine kleine Falle: Wenn man einen Pfad angibt, der Verzeichnisse enthält, die es selbst noch nicht gibt, z.B.

```
File f = new File(".\\neuesVerzeichnis\\neuesUnterverzeichnis");
boolean status = f.mkdir();  // liefert false!
```

... scheitert der Aufruf. In solchen Fällen kann man auf die wenig bekannte Methode `mkdirs()` zurückgreifen, die alle Verzeichnisse auf dem angegebenen Pfad erzeugt, falls sie noch nicht vorhanden sind:

```
boolean status = f.mkdirs();  // liefert nun true
```

Neue, leere Datei anlegen

Das Anlegen einer leeren Datei war in den Anfangszeiten von Java recht umständlich, da man mit Hilfe einer Ausgabeklasse wie `FileOutputStream` eine explizite `write()`-Operation durchführen musste, die null Bytes schrieb, gefolgt vom Schließen des Ausgabestreams mit `close()`. Mittlerweile geht dies aber deutlich einfacher mit der `File`-Methode `createNewFile()`:

```
File f = new File(".\\temp\\leereDatei.txt");
boolean status = f.createNewFile();
```

Falls man hierbei einen vollen Pfadnamen (wie im Beispiel) angibt, müssen allerdings die entsprechenden Verzeichnisse bereits existieren. Es kann daher recht praktisch sein, eine eigene Methode `createNewFile()` zu definieren, die zuvor sicherstellt, dass der Pfad an sich existiert:

```
import java.io.*;

class FileUtil {

   /**
    * Erzeugt eine neue leere Datei; Pfad wird ggf. erzeugt
    *
    * @param  name  relativer oder absoluter Dateiname
    * @return       true bei Erfolg, sonst false (Datei existert schon
    *               oder keine Schreibrechte)
    */
   public static boolean createNewFile(String name) {
      boolean result;
      File f = new File(name);

      try {
           // zuerst mal so probieren
           result = f.createNewFile();

       } catch(Exception e) {
           result = false;
       }

       try {
           if(result == false) {
              // sicherstellen, dass Pfad existiert und nochmal probieren
              int pos = name.lastIndexOf(File.separatorChar);

              if(pos >= 0) {
                 String path = name.substring(0,pos);
                 File p = new File(path);
                 result = p.mkdirs();

                 if(result)
                   result = f.createNewFile();
              }
           }

       } catch(Exception e) {
           e.printStackTrace();
           result = false;
       }

      return result;
   }
}
```

Listing 104: Methode zum sicheren Anlegen neuer Dateien (aus FileUtil.java)

Das Start-Programm zu diesem Rezept

```
public class Start {

   public static void main(String[] args) {

      boolean result = FileUtil.createNewFile(".\\temp\\test.txt");

      if(result)
         System.out.println("Leere Datei angelegt!");
      else
         System.out.println("Datei konnte nicht erzeugt werden!");
   }
}
```

Listing 105: Neue Datei anlegen

96 Datei- und Verzeichniseigenschaften abfragen

Neben einigen offensichtlichen Eigenschaften wie Dateinamen lassen sich über die Klasse `java.io.File` weitere interessante Eigenschaften ermitteln. Das nachfolgende Codeschnipsel zeigt ein Beispiel für das Ermitteln häufig benötigter Informationen wie Dateigröße, Dateinamen (absolut und relativ), Wurzel des Dateipfads und Zugriffsrechte:

```
import java.io.*;
import java.util.Date;

/**
 * Klasse zur Ermittlung von Datei-/Verzeichniseigenschaften
 */
class FileInfo {
   private String fileName;
   private File file;

   public FileInfo(String name) {
      fileName = name;

      try {
         file = new File(name);

      } catch(Exception e) {
         e.printStackTrace();
      }
   }

   // Liefert true, wenn die Datei existiert
   public boolean exists() {
      try {
         return file.exists();
```

Listing 106: FileInfo.java – Klasse zur Abfrage von Datei-/Verzeichniseigenschaften

```
    } catch(Exception e) {
      e.printStackTrace();
      return false;
    }
  }

  // Liefert den vollen Dateinamen inkl. Pfad oder null bei Fehler
  public String getAbsoluteName() {
    try {
      return file.getCanonicalPath();

    } catch(Exception e) {
      e.printStackTrace();
      return null;
    }
  }


  // Liefert den Dateinamen ohne Pfad oder null bei Fehler
  public String getName() {
    if(file != null)
      return file.getName();
    else
      return null;
  }

  // Dateigröße in Bytes oder -1 bei Fehler
  public long getSize() {
    long result = -1;

    if(file != null)
      result = file.length();

    return result;
  }

  // Liefert das Wurzelverzeichnis (z.B. d:\) für die aktuelle Datei
  // oder null bei Fehler
  public  File getRoot() {
    try {
      File[] roots = File.listRoots();

      for(File f : roots) {
        String path = f.getCanonicalPath();

        if(getAbsoluteName().startsWith(path))
          return f;
        else
          continue;
      }
```

Listing 106: FileInfo.java – Klasse zur Abfrage von Datei-/Verzeichniseigenschaften (Forts.)

```
      } catch(Exception e) {
         e.printStackTrace();
      }

      // nichts gefunden -> Fehler
      return null;
   }

   // Liefert das Vaterverzeichnis oder null bei Fehler
   public File getParent() {
      if(file != null)
         return file.getParentFile();
      else
         return null;
   }

   // Liefert die Zugriffsrechte als "r" (lesen) oder "rw"  (
   // lesen und schreiben) oder "" (gar keine Rechte)
   public String getAccessRights() {
      if(file != null) {
         if(file.canWrite())
            return "rw";
         else if(file.canRead())
               return "r";
            else
              return "";

      } else
         return null;
   }

   // Liefert das Datum der letzten Änderung oder null bei Fehler
   public Date getLastModified() {
      if(file != null) {
         long time = file.lastModified();
         return (new Date(time));

      } else
         return null;

   }

   // Liefert true, wenn es ein Verzeichnis ist
   public boolean isDirectory() {
      if(file != null && file.isDirectory())
         return true;
      else
         return false;

   }
}
```

Listing 106: FileInfo.java – Klasse zur Abfrage von Datei-/Verzeichniseigenschaften (Forts.)

Das Start-Programm demonstriert Aufruf und Verwendung.

```
public class Start {

   public static void main(String[] args) {

      FileInfo fi = new FileInfo("test.txt");
      System.out.println("Zugriffsrechte: " + fi.getAccessRights());
   }
}
```

Listing 107: Dateieigenschaften ermitteln

97 Temporäre Dateien anlegen

Temporäre Dateien, also Dateien, die nur vorübergehend während der Programmausführung benötigt werden, lassen sich natürlich als ganz normale Dateien (beispielsweise wie in *Rezept 95* gezeigt) anlegen und einsetzen. Die Java-Bibliothek bietet jedoch in der Klasse `java.io.File` spezielle Methoden an, mit denen sich der Einsatz von temporären Dateien etwas vereinfachen lässt. Mit `createTempFile(String prefix, String suffix)` lassen sich beliebig viele Dateien im Standard-Temp-Verzeichnis erzeugen[2]. Jede erzeugte Datei fängt dabei mit dem übergebenen String `prefix` an, gefolgt von einer automatisch erzeugten, fortlaufenden Zahl und dem übergebenen String `suffix` als Dateiendung. Da temporäre Dateien nach Programmende nicht mehr benötigt werden, kann man sogar mit Hilfe der Methode `deleteOnExit()` vorab festlegen, dass diese Dateien beim Beenden der Virtual Machine automatisch gelöscht werden und kein unnötiger Datenmüll zurückbleibt:

```
import java.io.*;

public class Start {

   public static void main(String[] args) {

      try {
         // eine Datei im Standard-Temp Verzeichnis erzeugen
         File tmp1 = File.createTempFile("daten_",".txt");
         tmp1.deleteOnExit();

         // die andere Datei im aktuellen Verzeichnis erzeugen
         File tmpDir = new File(".");
         File tmp2 = File.createTempFile("daten_",".txt",tmpDir);
         tmp2.deleteOnExit();

         // Dateien verwenden
         System.out.println(tmp1.getCanonicalPath());
         System.out.println(tmp2.getCanonicalPath());
```

Listing 108: Temporäre Datei erzeugen

2. Unter Windows ist dies meist *c:\Dokumente und Einstellungen\Username\Lokale Einstellungen\Temp.*

```
        } catch(Exception e) {
           e.printStackTrace();
        }
     }
  }
```

Listing 108: Temporäre Datei erzeugen (Forts.)

98 Verzeichnisinhalt auflisten

Ein häufiges Problem ist das Durchlaufen aller Dateien und Unterverzeichnisse von einem gegebenen Wurzelverzeichnis aus. Hierfür eignet sich ein rekursiver Ansatz, bei dem eine Methode `listAllFiles()` als Parameter ein Verzeichnis erhält, alle darin enthaltenen Dateien und Verzeichnisse auflistet und diese dann der Reihe nach durchgeht. Bei einer Datei wird der Name gespeichert, bei einem Verzeichnis ruft sich die Methode selbst mit diesem Verzeichnis als Argument auf.

```
import java.io.*;
import java.util.*;

class FileUtil {

   /**
    *  Auflistung aller Dateien/Verzeichnisse in einem Startverzeichnis
    *  und in allen Unterzeichnissen
    *
    *  @param rootDir  File-Objekt des Startverzeichnisses
    *  @param includeDirNames  Flag, ob auch reine Verzeichnisse als separater
    *                          Eintrag erscheinen (true/false)
    *  @return         ArrayList<File> mit allen File-Objekten
    */
   public static ArrayList<File> listAllFiles(File rootDir,
                                       boolean includeDirNames) {
      ArrayList<File> result = new ArrayList<File>();

      try {
         File[] fileList = rootDir.listFiles();

         for(int i = 0; i < fileList.length; i++) {
            if(fileList[i].isDirectory() == true) {
               if(includeDirNames)
                  result.add(fileList[i]);

               result.addAll(listAllFiles(fileList[i],includeDirNames));
            }
            else
               result.add(fileList[i]);
         }
```

Listing 109: Methode zur rekursiven Auflistung von Verzeichnisinhalten

```
        } catch(Exception e) {
           e.printStackTrace();
        }

        return result;
     }
  }
```

Listing 109: Methode zur rekursiven Auflistung von Verzeichnisinhalten (Forts.)

Das Start-Programm demonstriert den Gebrauch.

```
import java.io.*;
import java.util.*;

public class Start {

   public static void main(String[] args) {

      File root = new File(".");
      ArrayList<File> files = FileUtil.listAllFiles(root, false);

      try {
         for(File f : files)
           System.out.println(f.getCanonicalPath());

      } catch(Exception e) {
         e.printStackTrace();
      }
   }
}
```

Listing 110: Verzeichnisinhalt auflisten

99 Dateien und Verzeichnisse löschen

Zum Löschen einer Datei bzw. eines Verzeichnisses kann man die aus der Klasse `File` bekannte Methode `delete()` verwenden, z.B.

```
File f = new File(".\\temp\\test.txt");
boolean st = f.delete();

if(st == true)
   System.out.println("Datei geloescht");
```

Voraussetzung für ein erfolgreiches Löschen ist eine Schreibberechtigung auf die gewünschte Datei für den Benutzer, unter dessen Kennung das Java-Programm ausgeführt wird. Bei Verzeichnissen kommt eine weitere, oft lästige Bedingung hinzu: Das zu löschende Verzeichnis muss leer sein! In der Praxis ist dies natürlich meist nicht der Fall und man muss erst dafür sorgen, dass alle enthaltenen Dateien und Unterverzeichnisse gelöscht worden sind. Hierzu kann man den rekursiven Ansatz aus *Rezept 98* einsetzen:

```
import java.io.*;

class FileUtil {

  /** Löscht die übergebene Datei oder Verzeichnis
   *  (auch wenn es nicht leer ist)
   *
   *  @param Zu löschende Datei/Verzeichnis
   *  @return true bei vollständigem Löschen, sonst false
   */
   public static boolean deleteFile(File startFile) {
     if(startFile == null)
       return true;

     boolean statusRecursive = true;

     if(startFile.isDirectory() == true) { // rekursiv den Inhalt löschen
        try {
           File[] fileList = startFile.listFiles();

           for(int i = 0; i < fileList.length; i++) {
              boolean st = deleteFile(fileList[i]);

              if(st == false)
                statusRecursive = false;
           }
        } catch(Exception e) {
           e.printStackTrace();
           statusRecursive = false;
        }
     }

     // Datei/Verzeichnis löschen
     boolean status = startFile.delete();

     return (status && statusRecursive);
   }
}
```

Listing 111: Methode zum rekursiven Löschen von Verzeichnissen

Das Start-Programm demonstriert den Aufruf:

```
public class Start {

   public static void main(String[] args) {
```

Listing 112: Datei/Verzeichnis löschen

```
      File f = new File(".\\testdir");
      boolean result = deleteFile(f);

      if(result)
         System.out.println("Datei/Verzeichnis geloescht");
      else
         System.out.println("Konnte nicht loeschen!");
   }
}
```

Listing 112: Datei/Verzeichnis löschen (Forts.)

100 Dateien und Verzeichnisse kopieren

Für das Kopieren von Dateien und Verzeichnissen gibt es keine direkte Java-Methode, so dass man hier selbst programmieren muss. Beim Kopieren einer Datei spielt es übrigens keine Rolle, ob es sich um Binärdaten oder Text handelt, d.h., man kann immer mit einer Instanz von `FileInputStream` zum Lesen und `FileOutputStream` zum Schreiben arbeiten. Die höchste Kopiergeschwindigkeit erhält man, wenn auf Betriebssystemebene mit direktem Kanaltransfer gearbeitet wird. Diese Funktionalität wird durch die Methode `transferTo()` der Klasse `FileInputStream` ermöglicht.

Die nachfolgende Klasse `FileCopy` zeigt eine mögliche Implementierung zum Kopieren von Dateien (Methode `copyFile()` oder ganzen Verzeichnissen (`copyTree()`) inklusive Unterverzeichnissen:

```
import java.util.*;
import java.io.*;
import java.nio.channels.*;

class FileCopy {

   /**
    *  Ausgabe aller  Datei-/Verzeichnisnamen in einem Startverzeichnis und in
    *  allen Unterzeichnissen
    *
    *  @param rootDir  File-Objekt des Startverzeichnisses
    *  @param includeDirNames  Flag, ob auch Verzeichnisnamen als separater
    *                          Eintrag erscheinen (true/false)
    *  @return         ArrayList<File> mit allen File-Objekten
    */
   public static ArrayList<File> listAllFiles(File rootDir,
                                    boolean includeDirNames) {
      ArrayList<File> result = new ArrayList<File>();

      try {
         File[] fileList = rootDir.listFiles();

         for(int i = 0; i < fileList.length; i++) {
```

Listing 113: Methoden zum Kopieren von Dateien und Verzeichnissen

```
            if(fileList[i].isDirectory() == true) {
               if(includeDirNames)
                  result.add(fileList[i]);

               result.addAll(listAllFiles(fileList[i],includeDirNames));
            }
            else
               result.add(fileList[i]);
         }

      } catch(Exception e) {
         e.printStackTrace();
      }

      return result;
   }

   /**
    * Kopieren einer Datei/Verzeichnisses; eine vorhandene Zieldatei
    * wird überschrieben
    *
    * @param sourceDir  Name des zu kopierenden Verzeichnisses
    * @param targetRoot Name des Zielverzeichnisses, in das hineinkopiert
    *                   werden soll (muss existieren)
    * @return           true bei Erfolg, ansonsten false
    */
   public static boolean copyTree(String sourceDir, String targetRoot) {
     boolean result;

     try  {
        File source = new File(sourceDir);
        File root = new File(targetRoot);

        if(source.exists() == false || source.isDirectory() == false)
           return false;

        if(root.exists() == false || root.isDirectory() == false)
           return false;

        // sicherstellen, dass Unterverzeichnis vorhanden ist
        String targetRootName = root.getCanonicalPath() + File.separator +
                                source.getName();
        File target = new File(targetRootName);

        if(target.exists() == false) {
           boolean st = target.mkdir();

           if(st == false)
              return false;
        }
```

Listing 113: Methoden zum Kopieren von Dateien und Verzeichnissen (Forts.)

```
      // Auflistung aller zu kopierenden Dateien
      ArrayList<File> fileNames = listAllFiles(source, true);
      result = true;

      for(File f : fileNames) {
         String fullName = f.getCanonicalPath();
         int pos = fullName.indexOf(sourceDir);
         String subName = fullName.substring(pos + sourceDir.length()+1);
         String targetName = targetRootName + subName;

         if(f.isDirectory()) {
           // Unterverzeichnis ggf. anlegen
           File t = new File(targetName);

           if(t.exists() == false) {
             boolean st = t.mkdir();

             if(st == false)
               result = false;
             }

           continue;
         }

         boolean st = copyFile(f.getCanonicalPath(), targetName);

         if(st == false)
            result = false;
      }

    } catch(Exception e) {
      e.printStackTrace();
      result = false;
    }

    return result;
  }

  /**
   * Kopieren einer Datei; eine vorhandene Zieldatei
   * wird überschrieben
   *
   * @param sourceFile  Name der Quelldatei
   * @param targetFile  Name der Zieldatei
   * @return            true bei Erfolg, ansonsten false
   */
  public static boolean copyFile(String sourceFile, String targetFile) {
    boolean result;

    try  {
        // Eingabedatei öffnen
```

Listing 113: Methoden zum Kopieren von Dateien und Verzeichnissen (Forts.)

```
            FileInputStream inputFile= new FileInputStream(sourceFile);
            FileChannel input= inputFile.getChannel();

            // Zieldatei öffnen
            FileOutputStream outputFile = new FileOutputStream(targetFile);
            FileChannel output= outputFile.getChannel();

            // die Länge der zu kopierenden Datei
            long num = input.size();

            // kopieren
            input.transferTo(0,num,output);

            input.close();
            output.close();
            result = true;

         } catch(Exception e) {
            e.printStackTrace();
            result = false;
         }

         return result;
      }
   }
```

Listing 113: Methoden zum Kopieren von Dateien und Verzeichnissen (Forts.)

Das Start-Programm demonstriert den Aufruf. Denken Sie daran, Quell- und Zielverzeichnis vor dem Aufruf anzulegen (bzw. die Pfade für `sourceDir` und `targetRootDir` anzupassen).

```
public class Start {

   public static void main(String[] args) {

       String sourceDir = "c:\\temp\\MyDir";
       String targetRootDir ="c:\\UserDirs";
       boolean result = FileCopy.copyTree(sourceDir, targetRootDir);

      if(result)
         System.out.println("Verzeichnis kopiert!");
      else
         System.out.println("Fehler beim Kopieren!");
   }
}
```

Listing 114: Datei/Verzeichnis kopieren

101 Dateien und Verzeichnisse verschieben/umbenennen

Das Verschieben von Dateien und Verzeichnissen ist wesentlich einfacher als das Kopieren, da technisch gesehen nur der Name geändert werden muss. Hierfür bietet die Klasse `java.io.File` bereits alles, was man braucht, in Form einer Methode `renameTo()`:

```
import java.io.*;

public class Start {

   public static void main(String[] args) {

      try {
         // ein Verzeichnis umbenennen
         File file = new File("c:\\temp\\appconfig");
         File newFile = new File("c:\\temp\\basics");

         boolean status = file.renameTo(newFile);
         System.out.println("Verschieben erfolgreich: " + status);

      } catch(Exception e) {
         e.printStackTrace();
      }
   }
}
```

Listing 115: Datei/Verzeichnis verschieben

Beim Einsatz von `renameTo()` sollten Sie Folgendes beachten:

- Die Schreibrechte auf dem Dateisystem müssen vorhanden sein.
- Die Zieldatei/das Verzeichnis darf noch nicht existieren.
- Das Verschieben über Partitionen hinweg ist unter Windows nicht möglich (z.B. *c:\test.txt* nach *d:\test.txt*).

102 Textdateien lesen und schreiben

Beim Einlesen von Dateien muss man prinzipiell unterscheiden, ob es sich um Binärdaten oder Textdaten handelt. Aus technischer Sicht besteht der Unterschied darin, dass bei einer Binärdatei die einzelnen Bytes ohne weitere Interpretation in den Speicher geladen werden, während bei Textdaten ein oder mehrere aufeinander folgende Bytes zu einem Textzeichen (je nach verwendeter Zeichenkodierung) zusammengefasst werden. Für das korrekte Verarbeiten von Textdateien ist es daher wichtig zu wissen, in welcher Zeichenkodierung die Datei ursprünglich geschrieben worden ist. Das folgende Beispiel liest eine Datei in der gewünschten Kodierung als String ein bzw. schreibt einen String als Textdatei:

```
/**
 *
 * @author Peter Müller
 */
import java.util.*;
import java.io.*;

class FileUtil {

   /**
    * Lädt eine Textdatei mit der angegebenen Zeichenkodierung
    *
    * @param fileName  Name der Datei
    * @param charSet   Name der Zeichenkodierung, z.B. UTF-8 oder ISO-8859-1;
    *                  bei Angabe von null wird die Default-Kodierung der
    *                  Virtual Machine genommen
    * @return          String-Objekt mit eingelesenem Text oder null bei
    *                  Fehler
    */
   public static String readTextFile(String fileName, String charSet) {
      String result = null;

      try {
         InputStreamReader reader;

         if(charSet != null)
            reader = new InputStreamReader(new FileInputStream(fileName),
                                           charSet);
         else
            reader = new InputStreamReader(new FileInputStream(fileName));

         BufferedReader in = new BufferedReader(reader);
         StringBuilder buffer = new StringBuilder();
         int  c;

         while((c = in.read()) >= 0) {
           buffer.append((char) c);
         }

         in.close();
         return buffer.toString();

      } catch(Exception e) {
         e.printStackTrace();
         result = null;
      }

      return result;
   }
```

Listing 116: Methoden zum Lesen und Schreiben von Textdateien beliebiger Zeichenkodierung

```
    /**
     * Schreibt einen String als Textdatei in der angegebenen Zeichenkodierung.
     *
     * @param data      Zu schreibender String
     * @param fileName  Dateiname
     * @param charSet   Zeichenkodierung (oder null für
     *                                     Default-Zeichenkodierung der VM)
     * @return true bei Erfolg
    */
    public static boolean writeTextFile(String data, String fileName,
                                        String charSet) {
      boolean result = true;

      try {
         OutputStreamWriter writer;

         if(charSet != null)
            writer = new OutputStreamWriter(new FileOutputStream(fileName),
                                            charSet);
         else
            writer = new OutputStreamWriter(new FileOutputStream(fileName));

         BufferedWriter out = new BufferedWriter(writer);
         out.write(data, 0, data.length());
         out.close();

      } catch(Exception e) {
          e.printStackTrace();
          result = false;
      }

      return result;
    }
}
```

Listing 116: Methoden zum Lesen und Schreiben von Textdateien beliebiger Zeichenkodierung (Forts.)

Das Start-Programm demonstriert den Aufruf.

```
public class Start {

  public static void main(String[] args) {

     String text     = FileUtil.readTextFile(".\\john_maynard.txt",
                                             "ISO-8859-1");
     boolean status = FileUtil.writeTextFile(text,
                                             ".\\john_maynard_utf8.txt",
                                             "UTF-8");
```

Listing 117: Textdatei lesen/schreiben

Ein- und Ausgabe

```
    }
  }
```

Listing 117: Textdatei lesen/schreiben (Forts.)

103 Textdatei in String einlesen

Und gleich noch ein Rezept, mit dem Sie den Inhalt einer ASCII- oder ANSI-Textdatei in einen String einlesen können. In String-Form kann der Text dann beispielsweise mit den Methoden der Klasse `String` bearbeitet, mit regulären Ausdrücken durchsucht oder in eine Textkomponente (beispielsweise `JTextArea`) kopiert werden.

Die beiden Methoden

```
String file2String(String filename)
String file2String(FileReader in)
```

lesen den Inhalt der Datei und liefern ihn als String zurück. Die Methoden wurden überladen, damit Sie sie sowohl mit einem Dateinamen als auch mit einem `FileReader`-Objekt aufrufen können. Die erste Version spart Ihnen die Mühe, ein eigenes `FileReader`-Objekt zu erzeugen.

```
import java.io.FileReader;
import java.io.IOException;

public static String file2String(String filename) throws IOException {

   // Versuche Datei zu öffnen - Löst FileNotFoundException aus,
   // wenn Datei nicht existiert, ein Verzeichnis ist oder nicht gelesen
   // kann
   FileReader in = new FileReader(filename);

   // Dateiinhalt in String lesen
   String str = file2String(in);

   // Stream schließen und String zurückliefern
   in.close();

   return str;
}


public static String file2String(FileReader in) throws IOException {
   StringBuilder str = new StringBuilder();

   int countBytes = 0;
   char[] bytesRead = new char[512];

   while( (countBytes = in.read(bytesRead)) > 0)
      str.append(bytesRead, 0, countBytes);

   return str.toString();
}
```

Um das Lesen des Dateiinhalts möglichst effizient zu gestalten, werden die Zeichen nicht einzeln mit `read()`, sondern in 512-Byteblöcken mit `read(char[])` eingelesen. Außerdem werden die Zeichen nicht direkt an ein String-Objekt angehängt (etwa mit + oder `concat()`), sondern in einem `StringBuffer` gespeichert. Der Grund ist Ihnen sicherlich bekannt: Strings sind in Java *immutable* (unveränderlich), d.h., beim Konkatenieren oder anderen String-Manipulationen werden immer neue Strings angelegt und der Inhalt des alten Strings wird samt Änderungen in den neuen String kopiert. `StringBuffer`- und `StringBuilder`-Objekte sind dagegen *mutable* (veränderlich) und werden direkt bearbeitet.

`StringBuffer` und `StringBuilder` sind nahezu wie Zwillinge, nur dass `StringBuilder` schneller in der Ausführung ist, weil nicht threadsicher. Da gleichzeitige Zugriffe aus verschiedenen Threads auf die lokale Variable `str` nicht gegeben sind, haben wir für die obige Implementierung `StringBuilder` gewählt.

104 Binärdateien lesen und schreiben

Der Umgang mit Binärdaten ist eigentlich sehr einfach, da man sich hier im Gegensatz zu Textdaten keinerlei Gedanken über Zeichenkodierungen machen muss. Zur Eingabe bietet sich `BufferedInputStream` an, für die Ausgabe empfiehlt sich `BufferedOutputStream`.

```
import java.io.*;

class FileUtil {

   /**
    * Liest eine Binärdatei in ein byte-Array ein
    *
    * @param fileName  Zu lesende Binärdatei
    * @return          byte[] oder null bei Misserfolg
    */
   public static byte[] readBinaryFile(String fileName) {
      byte[] result = null;

      try {
         BufferedInputStream input;
         input = new BufferedInputStream(new FileInputStream(fileName));
         int num = input.available();
         result = new byte[num];
         input.read(result, 0, num);
         input.close();

      } catch(Exception e) {
         e.printStackTrace();
         result = null;
      }

      return result;
   }

   /**
```

Listing 118: Methoden zum Lesen und Schreiben von Binärdateien

```
    * Schreibt ein byte-Array als Binärdatei;
    * eine vorhandene Datei wird überschrieben
    *
    * @param data     Zu schreibende Binärdaten
    * @param fileName Dateiname
    * @return         true bei Erfolg
   */
   public static boolean writeBinaryFile(byte[] data, String fileName) {
      boolean result = true;

      try {
         BufferedOutputStream output;
         output = new BufferedOutputStream(new FileOutputStream(fileName));
         output.write(data, 0, data.length);
         output.close();

      } catch(Exception e) {
         e.printStackTrace();
         result = false;
      }

      return result;
   }
}
```

Listing 118: Methoden zum Lesen und Schreiben von Binärdateien (Forts.)

Das Start-Programm demonstriert den Aufruf.

```
public class Start {

   public static void main(String[] args) {

      byte[] data = FileUtil.readBinaryFile(".\\windows_konsole.pdf");
      FileUtil.writeBinaryFile(data, ".\\kopie.pdf");
   }
}
```

Listing 119: Binärdateien lesen/schreiben

105 Random Access (wahlfreier Zugriff)

Beim so genannten wahlfreien Zugriff (Random Access) kann man in einer Datei den Schreib-/Lesezeiger beliebig positionieren, um dann an dieser Position zu lesen oder zu schreiben. Man kann sich das am besten so vorstellen, dass die Datei ein `byte`-Array im Hauptspeicher ist und man auf jede Indexposition direkt zugreifen kann.

Unterstützt wird der Random Access durch die Klasse `java.io.RandomAccessFile`. Sie arbeitet recht low-level, d.h., der Programmierer muss exakt wissen, wo er den Schreib-/Lesezeiger positioniert, wie viele Bytes ab dieser Position gelesen oder geschrieben werden sollen und was mit den Daten dann passieren soll. Dies betrifft insbesondere Textzeichen, die ggf. in die richtige Zeichenkodierung umgewandelt werden müssen. Es existiert in `RandomAccessFile` zwar auch eine auf den ersten Blick brauchbare Methode `readLine()` zum zeilenweisen Einlesen von Textdateien. Diese ist aber erstens ungepuffert und liest somit sehr langsam und liefert zudem lediglich für normale ASCII-Zeichen korrekte Zeichen zurück. Bei anderen Zeichenkodierungen (z.B. UTF-8) muss man byteweise einlesen und die Konvertierung selbst durchführen[3]. Das folgende Beispiel zeigt daher eine Klasse zur Durchführung von wahlfreiem Dateizugriff mit einigen verbesserten Methoden, z.B. `writeString()` zum Schreiben einer Zeichenkette oder `readLine()` zum Lesen einer ganzen Zeile.

```
import java.io.*;

/**
 *  Klasse für den wahlfreien Zugriff auf eine Datei
 */
class RandomAccess {
   private RandomAccessFile file;
   private String fileName;
   private final short MAX_LINE_LENGTH = 4096;

   public RandomAccess(String name) {
      fileName = name;
   }

   /**
    *  Datei für wahlfreien Zugriff öffnen
    *
    *  @param mode  Modus "r"  = lesen,
    *                     "rw" = lesen und schreiben
    *  @return      true bei Erfolg, sonst false
    */
   public boolean open(String mode) {
      boolean result = true;

      try {
         file = new RandomAccessFile(fileName, mode);

      } catch(Exception e) {
         e.printStackTrace();
         result = false;
      }

     return result;
   }

   /**
    * Datei schließen
```

Listing 120: RandomAccess.java – eine Klasse für den Zugriff auf beliebige Positionen in einer Textdatei

3. `RandomAccessFile` hat zwar auch eine Methode `readUTF()`, die leider ein java-spezifisches UTF-Format erwartet, das nicht UTF-8-kompatibel ist, und somit in der Regel nicht brauchbar ist.

Ein- und Ausgabe

```
    *
    * @return  true bei Erfolg, sonst false
    */
   public boolean close() {
      try {
         file.close();
         return true;

      } catch(Exception e) {
         e.printStackTrace();
         return false;
      }
   }


   /**
    * Liefert die aktuelle Größe der Datei in Bytes oder -1 bei Fehler
    *
    * @return Anzahl Bytes
    */
   public long getLength() {
      try {
         return file.length();

      } catch(Exception e) {
         e.printStackTrace();
         return -1;
      }
   }

   /**
    * Liefert den aktuellen Wert des Dateizeigers
    *
    * @return long-Wert mit Position oder -1 bei Fehler
    */
   public long getFilePointer() {
      try {
         return file.getFilePointer();

      } catch(Exception e) {
         e.printStackTrace();
         return -1;
      }
   }


   /**
    * Hängt die übergebenen Bytes an das Ende der Datei
    */
   public void append(byte[] data) {
```

Listing 120: RandomAccess.java – eine Klasse für den Zugriff auf beliebige Positionen in einer Textdatei (Forts.)

```
    try {
       file.seek(file.length());
       file.write(data);

    } catch(Exception e) {
       e.printStackTrace();
    }
 }


 /**
  * Hängt den String in der gewünschten Kodierung an
  */
 public void appendString(String str, String encoding) {
    try {
       byte[] byteData = str.getBytes(encoding);
       append(byteData);

    } catch(Exception e) {
       e.printStackTrace();
    }
 }


 /**
  * Liest die angegebene Anzahl Bytes ein und liefert sie als Array zurück
  *
  * @param startPos  Position, ab der gelesen werden soll
  * @param num       Anzahl einzulesender Bytes
  * @return          byte[] mit eingelesenen Daten oder null bei Fehler
  */
 public byte[] read(long startPos, int num) {
    try {
       file.seek(startPos);
       byte[] data = new byte[num];
       int actual = file.read(data, 0, num);

       if(actual < num) {
          // das Array kleiner machen, da weniger als gewünscht gelesen
          // worden ist
          byte[] tmp = new byte[actual];

          for(int i = 0; i < actual; i++)
             tmp[i] = data[i];

          data = tmp;
       }

       return data;
```

Listing 120: RandomAccess.java – eine Klasse für den Zugriff auf beliebige Positionen in einer Textdatei (Forts.)

```
      } catch(Exception e) {
         e.printStackTrace();
         return null;
      }

   }

   /**
    * Schreibt die übergebenen Bytes in die Datei
    *
    * @param data     Position, ab der geschrieben werden soll
    * @param startPos Array mit zu schreibenden Daten
    * @return         true bei Erfolg, sonst false
    */
   public boolean write(byte[] data, long startPos) {
      try {
         file.seek(startPos);
         file.write(data, 0, data.length);
         return true;

      } catch(Exception e) {
         e.printStackTrace();
         return false;
      }

   }

   /**
    * Schreibt den übergebenen String in der gewünschten Zeichenkodierung
    * als Bytefolge
    *
    * @param data     zu schreibender String
    * @param encoding Name der Zeichenkodierung
    * @param startPos Startposition, ab der geschrieben werden soll
    * @return         true bei Erfolg, sonst false
    */
   public boolean writeString(String data, String encoding,
                              long startPos) {
      try {
         file.seek(startPos);
         byte[] byteData = data.getBytes(encoding);
         file.write(byteData, 0, byteData.length);
         return true;

      } catch(Exception e) {
         e.printStackTrace();
         return false;
      }
   }
```

Listing 120: RandomAccess.java – eine Klasse für den Zugriff auf beliebige Positionen in einer Textdatei (Forts.)

```
    /**
     * Liest ab der angebenene Position einen String
     * bis zum ersten Auftreten von \n
     * String  darf nicht länger als MAX_LINE_LENGTH Bytes enthalten
     *
     * @param startPos   Startposition
     * @param encoding   Zeichenkodierung
     * @return           eingelesene Zeile (ohne \n) oder null bei Fehler
     */
    public String readLine(long startPos, String encoding) {
       try {
          file.seek(startPos);

          byte[] buffer = new byte[MAX_LINE_LENGTH];
          int num = file.read(buffer);
          String result = null;

          if(num > 0) {
             result = new String(buffer, encoding);

             // ab erstem Auftreten von '\n'  abschneiden
             int pos = result.indexOf('\n');

             if(pos >= 0)
                result = result.substring(0, pos);
             else
                result = null;
          }

          return result;

       } catch(Exception e) {
          e.printStackTrace();
          return null;
       }
    }

}
```

Listing 120: RandomAccess.java – eine Klasse für den Zugriff auf beliebige Positionen in einer Textdatei (Forts.)

Das Start-Programm demonstriert die Verwendung der Klasse und ihrer Methoden.

```
public class Start {

   public static void main(String[] args) {

      // Datei öffnen
```

Listing 121: Wahlfreier Dateizugriff

```
        RandomAccess file = new RandomAccess(".\\Halley.txt");
        file.open("rw");

        // Position des alten Dateiendes speichern
        long pos = file.getLength();

        // String ans Ende anhängen
        file.appendString("Am Ende der Welt\n", "ISO-8859-1");

        // zuletzt erzeugte Zeile wieder lesen
        String line = file.readLine(pos,"ISO-8859-1");
        System.out.println(line);

        file.close();
    }
}
```

Listing 121: Wahlfreier Dateizugriff (Forts.)

Beachten Sie auch *Rezept 106*, falls unter Umständen mehrere Programme gleichzeitig auf einer Datei operieren können und ein Sperrmechanismus benötigt wird.

106 Dateien sperren

Um dafür zu sorgen, dass eine Datei für eine gewisse Zeit nur für ein Programm bzw. Betriebssystem-Prozess zugreifbar ist, bietet das Windows-Dateisystem (aber nicht Unix/Linux) das Konzept der Dateisperre. Unter Java bietet die Klasse `java.nio.channels.FileChannel` die Methode `tryLock()` an, mit deren Hilfe man versuchen kann, eine exklusive Sperre auf eine ganze Datei oder einen bestimmten Bereich zu erhalten. Wenn eine Sperre erfolgreich war, wird ein Objekt vom Typ `FileLock` zurückgegeben. Die Datei bzw. der definierte Abschnitt ist nun so lange gegen fremde Zugriffe gesperrt, bis die `FileLock`-Methode `release()` aufgerufen wird.

Die in *Rezept 105* gezeigte Klasse `RandomAccess` könnte daher folgendermaßen um eine geeignete `lock()`-Methode ergänzt werden:

```
import java.io.*;
import java.nio.channels.*;

/**
 *  Klasse für den wahlfreien Zugriff auf eine Datei
 */
class RandomAccess {
   private RandomAccessFile file;
   private String fileName;
   private final short MAX_LINE_LENGTH = 4096;

   public RandomAccess(String name) {
      fileName = name;
```

Listing 122: Methoden zum Sperren von Dateien

```
    }

    /**
     * Setzt eine Sperre auf der ganzen Datei
     *
     * @return  FileLock-Objekt oder null bei Fehlschlag
     */
    public FileLock lock() {
       try {
          FileChannel fc = file.getChannel();
          return fc.tryLock();

       } catch(Exception e) {
          e.printStackTrace();
          return null;
       }
    }

    /**
     * Setzt eine Sperre auf einem Dateiabschnitt
     *
     * @param startPos  Startposition in der Datei
     * @param num       Größe des Sperrbereichs (Anzahl Bytes)
     * @param shared    Shared-Flag (true = andere Sperren dürfen überlappen)
     * @return          FileLock-Objekt oder null bei Fehlschlag
     */
    public FileLock lock(long startPos, long num, boolean shared) {
       try {
          FileChannel fc = file.getChannel();
          return fc.tryLock(startPos, num, shared);

       } catch(Exception e){
          e.printStackTrace();
          return null;
       }
    }

 // Rest wie in Rezept 105
 }
```

Listing 122: Methoden zum Sperren von Dateien (Forts.)

Das Start-Programm öffnet eine Datei zum Schreiben und sperrt sie. Danach öffnet es die Datei ein zweites Mal und versucht über das zweite RandomAccess-Objekt, in die Datei zu schreiben.

```
import java.nio.channels.*;

public class Start {

   public static void main(String[] args) {
```

Listing 123: Dateisperre

Ein- und Ausgabe

```
        // Datei öffnen
        RandomAccess file = new RandomAccess(".\\Halley.txt");
        file.open("rw");

        // ganze Datei für andere sperren und etwas schreiben
        FileLock lock = file.lock();
        file.appendString("\nDateiende\n", "ISO-8859-1");


        // Datei nochmals öffnen
        RandomAccess file2 = new RandomAccess(".\\Halley.txt");
        file2.open("rw");

        // Versuch zu schreiben
        // Löst Exception aus, da Datei gesperrt
        file2.appendString("Text einschmuggeln\n", "ISO-8859-1");
        file2.close();


        // Sperre freigeben
        try {
           lock.release();
        }
        catch(Exception e) {
           e.printStackTrace();
        }

        file.close();
     }
  }
```

Listing 123: Dateisperre (Forts.)

Hinweis

Der Sperrmechanismus greift nur auf Prozessebene und nicht auf Threadebene. Es ist also nicht möglich, dass ein bestimmter Thread die Datei sperrt, um die anderen Threads am Schreiben zu hindern. Hierfür müssen Sie eine explizite Synchronisierung einrichten.

107 CSV-Dateien einlesen

CSV-Dateien waren früher ein sehr beliebtes Mittel zum Austausch tabellarischer Daten zwischen Programmen und Betriebssystemen. Heute wird zu diesem Zweck meist XML eingesetzt, aber es gibt immer noch zahlreiche Programme, die das CSV-Format unterstützen, wie es umgekehrt auch immer noch Datensammlungen gibt, die als CSV-Dateien vorliegen.

Der Erfolg der CSV-Dateien liegt vor allem in der Abspeicherung als Textdatei (direkt lesbar, gut portierbar) und dem einfachen Format begründet. Die Grundregeln für den Aufbau einer CSV-Datei lauten:

- Jede Tabellenzeile (bzw. Datensatz) entspricht einer Textzeile.
- Die Daten aus den einzelnen Spalten (Feldern) werden durch Kommata getrennt.

- Taucht das Komma in einem Feldwert auf, wird dieser in Anführungszeichen (") gesetzt.[4]

Dem Einsatz des Kommas als Trennzeichen verdankt das Format im Übrigen auch seinen Namen: *Comma Separated Values*. Allerdings ist das CSV-Format nicht standardisiert, so dass es etliche Abwandlungen gibt.

Die häufigste Variation ist der Austausch des Kommas durch ein anderes Trennzeichen, weswegen CSV oft auch als Akronym für *Character Separated Values* verstanden wird (ein prominentes Beispiel hierfür ist Microsoft Excel, welches das Semikolon als Trennzeichen benutzt). Kommentarzeilen findet man in CSV-Dateien eher selten; falls vorhanden, werden sie meist mit einem einfachen Zeichen (# oder !) eingeleitet und erstrecken sich bis zum Zeilenende.

```
ID,Kundennummer,Name,Vorname,Anrede
1,"333-3001,2",Salz,Maria,Frau
2,"333-6610,1",Sauer,Florian Gerhard,Herr
3,"333-5999,5",Bitter,Claudia Leonie,Frau
4,"333-0134,2",Süß,Herbert,Herr
```

Listing 124: Beispiel für eine CSV-Datei. Die Angabe der Spaltenüberschriften in der ersten Zeile ist weit verbreitet, aber ebenfalls nicht zwingend vorgeschrieben.

CSV-Dateien lesen – 1. Ansatz

CSV-Dateien, die nicht übermäßig groß sind und bei denen das Trennzeichen nicht in den Werten auftaucht, können ohne große Mühe in einer einzigen `while`-Schleife gelesen und geparst werden. Alles, was Sie tun müssen, ist, die Datei mit einem `BufferedReader` zeilenweise einzulesen, die Zeilen mit Hilfe der String-Methode `split()` in Felder zu zerlegen und Letztere in geeigneter Weise abzuspeichern. Nutzen Sie dabei ruhig den Umstand, dass `split()` die Felder bereits als String-Array zurückliefert, und speichern Sie die String-Arrays einfach in einer dynamisch mitwachsenden Collection. (Die Collection speichert dann die einzelnen Zeilen – in Form von String-Arrays – und die String-Arrays speichern die Felder der jeweiligen Zeilen.) Die nachfolgend abgedruckte Methode `MoreIO.readCSVFile()` verfährt auf eben diese Weise.

```
/**
 * Methode zum Einlesen und Parsen von CSV-Dateien
 */
public static Vector<String[]> readCSVFile(String filename, char delimiter)
                                       throws IOException, ParseException {
    Vector<String[]> lines = new Vector<String[]>();
    String[] fields = null;
    String line;
    int countLines = 1;
    int countFields = -1;

    BufferedReader in = new BufferedReader(new FileReader(filename));
```

Listing 125: readCSVFile() parst CSV-Dateien, die keine Trennzeichen in den Werten enthalten.

4. Manche Programme erlauben in Feldwerten, die in Anführungszeichen geklammert sind, auch Zeilenumbruchzeichen.

```
    // Dateiinhalt zeilenweise lesen
    while( (line = in.readLine()) != null) {

        // Whitespace an Enden entfernen
        line = line.trim();

        // Leerzeilen übergehen
        if (line.equals("") )
            continue;

        // Felder aus Zeilen extrahieren
        fields = line.split(String.valueOf(delimiter));

        // Wenn erste Zeile, dann Anzahl Felder abspeichern
        if (countFields == -1)
           countFields = fields.length;

        // Sicherstellen, dass alle Zeilen die gleiche Anzahl Felder haben
        if (countFields == fields.length) {
           lines.add(fields);
           ++countLines;
        } else
           throw new ParseException("Ungleiche Anzahl Felder in "
                                    + "Zeilen der CSV-Datei", countLines);
    }

    // Stream schließen
    in.close();

    // Collection mit Feld-Arrays zurückliefern
    return lines;
}
```

Listing 125: readCSVFile() parst CSV-Dateien, die keine Trennzeichen in den Werten enthalten. (Forts.)

Die Methode `readCSVFile()` übernimmt als Argumente den Namen der CSV-Datei und das Trennzeichen. In einer einzigen while-Schleife werden die einzelnen Zeilen eingelesen, von Whitespace an den Enden befreit und dann mit Hilfe von `split()` in Felder aufgeteilt. (Leerzeilen werden zuvor ausgesondert.)

Die Anzahl Felder in der ersten geparsten Zeile merkt sich die Methode in der lokalen Variable `countFields`. Anschließend wird für alle geparsten Zeilen geprüft, ob die Anzahl vorgefundener Felder mit der Anzahl Felder in `countFields` übereinstimmt. Trifft die Methode auf eine Zeile mit abweichender Spaltenzahl, wird eine `ParseException` ausgelöst. Die Nummer der betroffenen Zeile (`countLines`) wird als Argument dem Exception-Konstruktor übergeben und kann vom aufrufenden Programm via `getErrorOffset()` abgefragt werden.

```
try {
    Vector<String[]> lines = MoreIO.readCSVFile("Dateiname", ',');

} catch(IOException e) {
    System.err.println("FEHLER beim Oeffnen der Datei");
} catch(ParseException e) {
    System.err.println("FEHLER beim Parsen der Datei in Zeile "
                       + e.getErrorOffset());
}
```

Listing 126: Aufruf von readCSVFile()

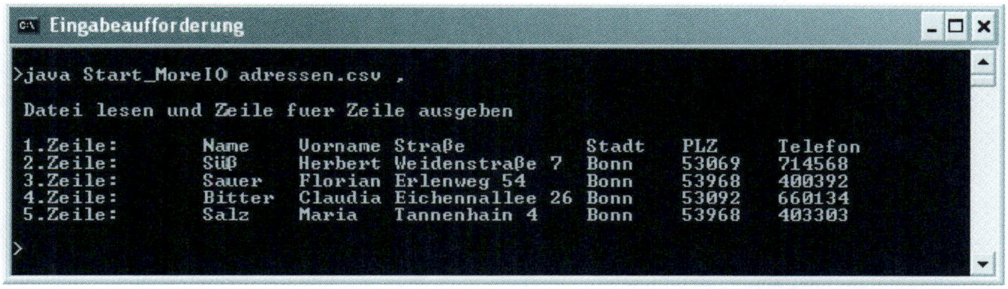

Abbildung 50: Start_MoreIO parst eine CSV-Datei mit Hilfe von readCSVFile() und gibt den Inhalt zeilenweise, mit Tabulatoren zwischen den Feldern aus. Der Name der CSV-Datei und das Trennzeichen werden als Befehlszeilenargumente übergeben.[5]

Achtung

Der entscheidende Schritt beim Parsen von CSV-Dateien ist die Zerlegung der Zeilen in Felder. Im vorliegenden Ansatz haben wir hierfür die String-Methode `split()` herangezogen, was uns die Definition einer eigenen Parse-Methode ersparte. Doch `split()` ist zum Parsen von CSV-Zeilen nur mit Einschränkungen geeignet, denn die Methode

- kann nicht zwischen echten Trennzeichen und Trennzeichen, die innerhalb von Anführungszeichen stehen und daher als normale Zeichen anzusehen sind, unterscheiden.
- liefert für leere Felder am Zeilenende (in der CSV-Datei folgt auf das letzte Trennzeichen nur noch Whitespace) keinen String zurück.

Die zu verarbeitenden CSV-Dateien dürfen also keine leeren Felder enthalten (zumindest keine am Zeilenende) und das Trennzeichen darf nicht in den Feldwerten auftauchen.

Um beliebige CSV-Dateien verarbeiten zu können, bedarf es eines erweiterten Ansatzes mit eigener Parse-Methode.

5. Achtung! Wenn in einer Spalte Feldwerte stark unterschiedlicher Breite stehen, können die Spalten in der von `Start_MoreIO` erzeugten Ausgabe verrutschen.

CSV-Dateien lesen – 2. Ansatz

Nach der »Quick-and-dirty«-Implementierung mit der Methode readCSVFile() wenden wir uns nun einer professionelleren Lösung zu, die CSV-Dateien mit Hilfe einer eigenen Klasse, CSVTokenizer, einliest. Wie der Name schon erahnen lässt, ist die Klasse CSVTokenizer an StringTokenizer angelehnt (jedoch nicht von dieser abgeleitet) und wird auch ganz ähnlich verwendet. Statt die CSV-Datei wie readCSVFile() komplett einzulesen und zu parsen, stellt die Klasse CSVTokenizer Methoden zur Verfügung, mit denen die Datei zeilenweise eingelesen werden kann: hasMoreLines() und nextLine(), die analog zu den StringTokenizer-Methoden hasMoreTokens() und nextToken() verwendet werden.

```
Vector<String[]> lines = new Vector<String[]>();
CSVTokenizer csv = null;
...

try {
   csv = new CSVTokenizer("Dateiname", ',');
   while (csv.hasMoreLines()) {
       lines.add(csv.nextLine());
       ...
   }


} catch(IOException e) {
     System.err.println("FEHLER beim Oeffnen der Datei");
} catch(ParseException e) {
     System.err.println("FEHLER beim Parsen der Datei in Zeile "
                         + e.getErrorOffset());
}
```

Die Klasse CSVTokenizer verfügt insgesamt über drei Methoden:

- boolean hasMoreLines() liefert true zurück, wenn eine weitere Zeile mit Daten vorhanden ist.
- String[] nextLine() liefert ein String-Array mit den Feldern der nächsten Zeile zurück, bzw. null, wenn keine weiteren Zeilen verfügbar sind.
- String[] splitLine(String line, char delimiter) wird intern von nextLine() aufgerufen, um die Zeile in Felder zu zerlegen. Die Methode überliest Trennzeichen, die zwischen Anführungszeichen stehen, und liefert auch für leere Felder am Zeilenende einen Leer-String ("") zurück.

Bei der Instanzierung übergeben Sie dem Konstruktor der Klasse wahlweise den Namen der zu parsenden CSV-Datei oder ein bereits erzeugtes Reader-Objekt sowie das Trennzeichen.

```
import java.io.Reader;
import java.io.FileReader;
import java.io.BufferedReader;
import java.io.IOException;
import java.io.FileNotFoundException;
import java.text.ParseException;
import java.util.Vector;

/**
 * Klasse zum Lesen und Parsen von CSV-Dateien
 */
```

```
public class CSVTokenizer {

    private BufferedReader reader;
    private char delimiter;
    private String nextLine = null;
    private int countFields = -1;
    public int countLines = 0;

    public  CSVTokenizer(String filename, char delimiter)
                                               throws FileNotFoundException {
        this.reader = new BufferedReader(new FileReader(filename));
        this.delimiter = delimiter;
    }
    public  CSVTokenizer(Reader reader, char delimiter) {
        this.reader = new BufferedReader(reader);
        this.delimiter = delimiter;
    }
```


Die Methode hasMoreLines() versucht eine weitere, nicht leere Zeile aus der CSV-Datei zu lesen. Gelingt dies, speichert sie die Zeile in der Instanzvariablen nextLine und liefert true zurück.

```
    /**
     * Liest die nächste Zeile lesen und speichert sie in nextLine
     * Liefert im Erfolgsfall true zurück und false, wenn keine Zeile mehr
     * verfügbar. Leerzeilen werden übersprungen
     */
    public boolean hasMoreLines() {

        if (nextLine == null)
            try {
                while( (nextLine = reader.readLine()) != null) {
                    nextLine = nextLine.trim();
                    if (!nextLine.equals(""))        // Wenn nicht leere Zeile
                        break;                       // Schleife beenden
                }
            } catch (IOException e) {
            }

        if (nextLine != null)
            return true;
        else
            return false;
    }
```

Die Methode nextLine() gleicht der Methode readCSVFile() aus dem ersten Ansatz, allerdings mit dem Unterschied, dass zum Zerlegen der Zeilen in Felder nicht die String-Methode split(), sondern die eigene Methode splitLine() aufgerufen wird.

```
    /**
     * Liefert ein String-Array mit den Feldern der nächsten Zeile zurück
     */
    public String[] nextLine() throws ParseException {
        String[] fields = null;
        String line;
```

```
        // Nächste Zeile in nextLine einlesen lassen
        if (!hasMoreLines())
            return null;

        // Felder aus Zeile extrahieren
        fields = splitLine(nextLine, delimiter);

        // Wenn erste Zeile, dann Anzahl Felder abspeichern
        if (countFields == -1)
           countFields = fields.length;

        ++countLines;  // nur für Exception-Handling

        // Sicherstellen, dass alle Zeilen die gleiche Anzahl Felder haben
        if (countFields != fields.length) {
           throw new ParseException("Ungleiche Anzahl Felder in "
                                    + "Zeilen der CSV-Datei", countLines);
        }

        // nextLine zurück auf null setzen
        nextLine = null;

        return fields;
    }
```

Die Methode splitLine() durchläuft die übergebene Zeile Zeichen für Zeichen und zerlegt sie an den Stellen, wo sie das übergebene Trennzeichen (delimiter) vorfindet. Trennzeichen, die innerhalb von Anführungszeichen stehen, werden ignoriert. Endet die Zeile mit einem Trennzeichen, wird nach Durchlaufen der Zeile noch ein leerer String für das letzte Feld angehängt. Die Teilstrings für die Felder werden in einer Vector-Collection gesammelt und zum Schluss in ein String-Array umgewandelt und zurückgeliefert.

```
    /**
     * Zeile in Felder zerlegen, wird von getNextLine() aufgerufen
     */
    private String[] splitLine(String line, char delimiter) {
        Vector<String> fields = new Vector<String>();

        int len = line.length();       // Anzahl Zeichen in Zeile
        int i = 0;                     // aktuelle Indexposition
        char c;                        // aktuelles Zeichen
        int start, end;                // Anfang und Ende des aktuellen Feldes
        boolean quote;                 // wenn true, dann befindet sich
                                       // Delimiter in Anführungszeichen

        // Zeile Zeichen für Zeichen durchgehen
        while (i < len) {
            start = i;             // Erstes Zeichen des Feldes
            quote = false;

            // Ende des aktuellen Feldes finden
```

Listing 127: Die Klasse CSVTokenizer

```
            while (i < len) {
                c = line.charAt(i);

                // Im Falle eines Anführungszeichen quote umschalten
                if (c == '"')
                    quote = !quote;

                // Wenn c gleich dem Begrenzungszeichen und quote gleich false
                // dann Feldende gefunden.
                if (c == delimiter && quote == false)
                    break;
                i++;
            }
            end = i;              // Letztes Zeichen des Feldes

            // Eventuelle Anführungszeichen am Anfang und am Ende verwerfen
            if (line.charAt(start) == '"' && line.charAt(end-1) == '"') {
                start++;
                end--;
            }

            // Feld speichern
            fields.add(line.substring(start, end));
            i++;
        }

        // Wenn letztes Feld leer (Zeile endet mit Trennzeichen),
        // leeren String einfügen
        if (line.charAt(line.length()-1) == delimiter)
            fields.add("");

        // Vector-Collection als String-Array zurückliefern
        String[] type = new String[0];
        return fields.toArray(type);
    }
}
```

Listing 127: Die Klasse CSVTokenizer (Forts.)

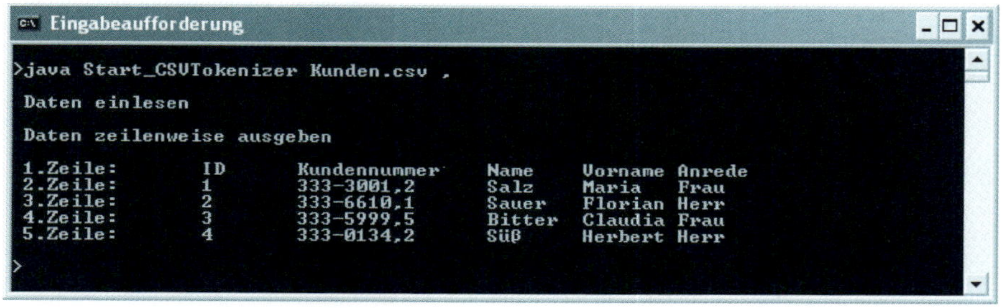

Abbildung 51: Start_CSVTokenizer parst eine CSV-Datei mit Hilfe der Klasse CSVTokenizer und gibt den Inhalt zeilenweise, mit Tabulatoren zwischen den Feldern aus. Der Name der CSV-Datei und das Trennzeichen werden als Befehlszeilenargumente übergeben.[6]

108 CSV-Dateien in XML umwandeln

Wie bereits eingangs des vorangehenden Rezepts erwähnt, wird heutzutage meist XML anstelle von CSV für den elektronischen Datenaustausch verwendet. Da bietet es sich an, Altbestände von CSV-Dateien nach XML zu konvertieren.

Das folgende Programm liest mit Hilfe der `CSVTokenizer`-Klasse aus *Rezept 107* eine CSV-Datei ein, parst den Inhalt und schreibt ihn in eine XML-Datei. Aufgerufen wird das Programm mit dem Namen der CSV-Datei, dem Namen der anzulegenden XML-Datei und dem Trennzeichen, beispielsweise:

```
java Start kunden.csv kunden.xml ,
```

- Die CSV-Datei darf keine Zeilenumbrüche in den Feldwerten enthalten und in der ersten Zeile sollten Spaltenüberschriften stehen, denn das Programm verwendet die Strings der ersten Zeile als Namen für die XML-Tags (woraus des Weiteren folgt, dass die Spaltenüberschriften keine Leerzeichen enthalten dürfen).
- Die XML-Datei wird von dem Programm neu angelegt. Ist die Datei bereits vorhanden, wird sie überschrieben. Der oberste Knoten der XML-Datei lautet <csvimport>. Darunter folgen die Knoten für die einzelnen Zeilen (<row>), denen wiederum die Knoten für die Felder untergeordnet sind.

Für die folgende CSV-Datei

```
ID,Kundennummer,Name,Vorname,Anrede
1,"333-3001,2",Salz,Maria,Frau
2,"333-6610,1",Sauer,Florian,Herr
3,"333-5999,5",Bitter,Claudia,Frau
4,"333-0134,2",Suess,Herbert,Herr
```

Listing 128: Kunden.csv

6. Achtung! Wenn in einer Spalte Feldwerte stark unterschiedlicher Breite stehen, können die Spalten in der von `Start_MoreIO` erzeugten Ausgabe verrutschen.

würde das Programm also beispielsweise folgende Knotenstruktur anlegen:

```
<?xml version="1.0" encoding="ISO-8859-1"?>
<csvimport>
      <row>
           <ID>1</ID>
           <Kundennummer>333-3001,2</Kundennummer>
           <Name>Salz</Name>
           <Vorname>Maria</Vorname>
           <Anrede>Frau</Anrede>
      </row>
      <row>
      ....
<csvimport>
```

Im Folgenden sehen Sie den vollständigen Quelltext. Für eine Erklärung der Klasse CSVTokenizer *siehe Rezept 107.*

```
import java.util.Vector;
import java.io.FileWriter;
import java.io.BufferedWriter;
import java.io.IOException;
import java.text.ParseException;

public class Start {

    public static void main(String args[]) {
        Vector<String[]> lines = new Vector<String[]>();
        CSVTokenizer csv = null;
        BufferedWriter out;
        String[] header = null;
        String[] fields = null;

        if (args.length != 3) {
            System.out.println(" Aufruf: Start <Dateiname> "
                                             + "<Dateiname> <Trennzeichen>");

            System.exit(0);
        }

        try {

            // XML-Datei anlegen
            out = new BufferedWriter(new FileWriter(args[1]));
            out.write("<?xml version=\"1.0\" encoding=\"ISO-8859-1\"?>");
            out.newLine();
            out.write("<csvimport>");
            out.newLine();

            // CSV-Datei öffnen
            csv = new CSVTokenizer(args[0], args[2].charAt(0));

            // Überschriften einlesen und als XML-Knoten verwenden
```

Listing 129: Programm zur Umwandlung von CSV-Dateien in XML

```
            header = csv.nextLine();

            // Zeilen einlesen und als XML-Knoten ausgeben
            while (csv.hasMoreLines()) {
                out.write("\t <row>");
                out.newLine();

                fields = csv.nextLine();

                // Felder als XML-Knoten ausgeben
                for(int i = 0; i < header.length; ++i) {
                    out.write("\t\t <" + header[i] + ">");
                    out.write(fields[i]);
                    out.write("</" + header[i] + ">");
                    out.newLine();
                }
                out.write("\t </row>");
                out.newLine();
            }

            // XML-Datei abschließen
            out.write("</csvimport>");
            out.newLine();
            out.close();

        } catch(IOException e) {
            System.err.println("FEHLER beim Oeffnen der Datei");
        } catch(ParseException e) {
            System.err.println("FEHLER beim Parsen der Datei in Zeile "
                               + e.getErrorOffset());
        }

    }
}
```

Listing 129: Programm zur Umwandlung von CSV-Dateien in XML (Forts.)

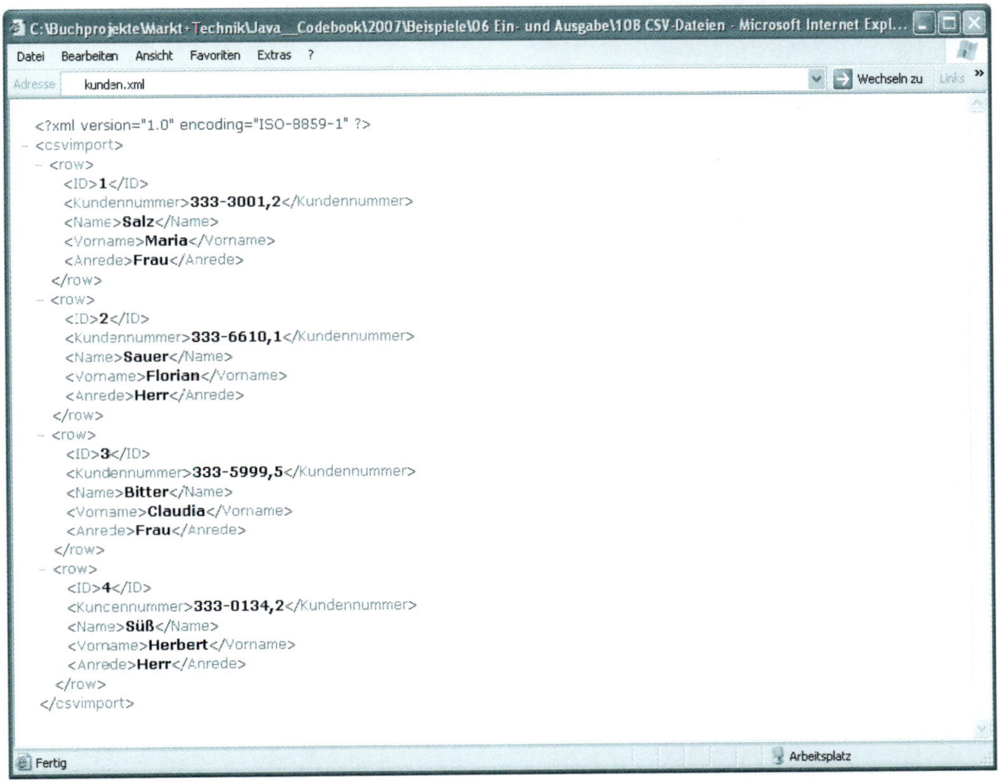


```
<?xml version="1.0" encoding="ISO-8859-1" ?>
- <csvimport>
  - <row>
      <ID>1</ID>
      <Kundennummer>333-3001,2</Kundennummer>
      <Name>Salz</Name>
      <Vorname>Maria</Vorname>
      <Anrede>Frau</Anrede>
    </row>
  - <row>
      <ID>2</ID>
      <Kundennummer>333-6610,1</Kundennummer>
      <Name>Sauer</Name>
      <Vorname>Florian</Vorname>
      <Anrede>Herr</Anrede>
    </row>
  - <row>
      <ID>3</ID>
      <Kundennummer>333-5999,5</Kundennummer>
      <Name>Bitter</Name>
      <Vorname>Claudia</Vorname>
      <Anrede>Frau</Anrede>
    </row>
  - <row>
      <ID>4</ID>
      <Kundennummer>333-0134,2</Kundennummer>
      <Name>Süß</Name>
      <Vorname>Herbert</Vorname>
      <Anrede>Herr</Anrede>
    </row>
  </csvimport>
```

Abbildung 52: Die für Kunden.cvs erzeugte XML-Datei im Internet Explorer

109 ZIP-Archive lesen

Mit der Klasse `ZipFile` aus dem Paket `java.util.zip` bietet Java die Möglichkeit, komprimierte Dateien aus einem ZIP-Archiv auszulesen[7]. Jede Datei in einem ZIP-Archiv wird dabei durch eine Instanz einer besonderen Klasse `ZipEntry` repräsentiert. Für den normalen Hausgebrauch ist es bei `ZipFile` ein wenig lästig, dass auch für jedes enthaltene Verzeichnis ein `ZipEntry`-Objekt angelegt wird, was den »Programmierfluss« etwas hemmt – schließlich ist man ja in der Regel nur an den eigentlichen Dateien interessiert. Das nachfolgende Beispiel bietet eine Wrapper-Klasse, die dieses Manko behebt:

```
import java.util.zip.*;
import java.util.*;
import java.io.*;

class ZipArchive {
   private ZipFile myZipFile = null;
```

Listing 130: ZIP-Archiv lesen

7. Das Erzeugen von ZIP-Archiven ist zurzeit nicht möglich!

```
private String myZipFileName;

/**
 * Konstruktor
 *
 * @param str  Name des Archivs
 */
 ZipArchive(String str) {
   myZipFileName = str;
}

/**
 * Öffnet das Archiv zum Lesen
 *
 * @return true bei Erfolg, false bei Fehler
 */
public boolean open() {
   boolean result;

   try {
     myZipFile = new ZipFile(myZipFileName);
     result = true;

   } catch(Exception e) {
      e.printStackTrace();
      result = false;
   }

   return result;
}

/**
 * Liefert ein Array mit den im Archiv enthaltenen Dateien
 * (außer Verzeichnisse) als ZipEntry-Objekte
 *
 * @return ZipEntry[]
 */
public ZipEntry[] getZipEntries() {
   ArrayList<ZipEntry> entries = new ArrayList<ZipEntry>();

   if(myZipFile != null) {
       Enumeration e =  myZipFile.entries();

       while(e.hasMoreElements()) {
          ZipEntry ze = (ZipEntry) e.nextElement();

          if(ze.isDirectory() == false) // Verzeichnisse überspringen
             entries.add(ze);
       }
   }
```

Listing 130: ZIP-Archiv lesen (Forts.)

```
        ZipEntry[] result = new ZipEntry[0];
        return entries.toArray(result);
    }

    /**
     * Liefert ein Array mit den im Archiv enthaltenen Dateinamen
     *(außer Verzeichnisse)
     *
     * @return String[]
     */
    public String[] getFileNames() {
        ZipEntry[] entries = getZipEntries();
        int num = entries.length;
        String[] result = new String[num];

        for(int i = 0; i < num; i++)
            result[i] = entries[i].getName();

        return result;
    }

    /**
     * Liefert den Inhalt der angegebenen Datei als unkomprimierten Datenstrom
     *
     * @param ze  gewünschte Datei als ZipEntry-Objekt
     * @return    Datenstrom als InputStream
     */
    public InputStream getInputStream(ZipEntry ze) {
        InputStream result = null;

        try {
            if(myZipFile != null)
               result =  myZipFile.getInputStream(ze);

        } catch(Exception e) {
            e.printStackTrace();
        }

        return result;
    }
}
```

Listing 130: ZIP-Archiv lesen (Forts.)

Wenn man eine Datei des ZIP-Archivs – repräsentiert durch ein entsprechendes `ZipEntry`-Objekt – nun tatsächlich dekomprimiert auslesen will, muss man lediglich die Methode `getInputStream()` aufrufen, um einen Eingabestream zu erhalten, den man dann zum Lesen verwenden kann, z.B.:

```
import java.util.zip.*;
import java.io.*;

public class Start {

   public static void main(String[] args) {

      ZipArchive za = new ZipArchive("test.zip");
      za.open();
      ZipEntry[] entries = za.getZipEntries();
      InputStream in = za.getInputStream(entries[0]);

      try {
         int num = in.available();
         byte[] buffer = new byte[num];
         in.read(buffer);
         String str = new String(buffer);
         System.out.println(str);

      } catch(Exception e) {
          e.printStackTrace();
      }
   }
}
```

Listing 131: Datei aus ZIP-Archiv lesen

110 ZIP-Archive erzeugen

Das Erzeugen eines ZIP-Archivs ist nur unwesentlich aufwändiger als das Auslesen. Für jede Datei, die hinzugefügt werden soll, benötigt man eine `ZipEntry`-Instanz, die zusammen mit den Bytes der Datei einem Objekt vom Typ `ZipOutputStream` übergeben wird.

```
import java.io.*;
import java.util.zip.*;

class ZipCreator {
   private String archiveName;
   private ZipOutputStream outputStream = null;

   /**
    * Konstruktor
    *
    * @param voller Name des zu erzeugenden Archivs (inkl. ZIP-Endung)
    */
```

Listing 132: ZIP-Archiv erzeugen

```
public ZipCreator(String name) {
   archiveName = name;
}

/**
 * leeres ZIP-Archiv erzeugen
 */
public void create() throws IOException {
   outputStream = new ZipOutputStream(new FileOutputStream(archiveName));
}


/**
 * ZIP-Archiv schließen
 */
public void close() throws IOException {
   outputStream.close();
}

/**
 * Datei komprimieren und hinzufügen
 *
 * @return true bei Erfolg
 */
public boolean add(File f)  {
   boolean result = true;

   try {
      // ZipEntry anlegen
      String name = f.getCanonicalPath();
      long len = f.length();
      ZipEntry zipEntry = new ZipEntry(name);
      zipEntry.setSize(len);
      zipEntry.setTime(f.lastModified());
      zipEntry.setMethod(ZipEntry.DEFLATED);

      // Datei lesen und dem Archiv komprimiert hinzufügen
      FileInputStream fis = new FileInputStream(f);
      BufferedInputStream bis = new BufferedInputStream(fis);
      outputStream.putNextEntry(zipEntry);
      byte[] buffer = new byte[2048];
      int num;

      while ((num = bis.read(buffer)) >= 0) {
         outputStream.write(buffer, 0, num);
      }

      bis.close();
      outputStream.closeEntry();

   } catch(Exception e) {
```

Listing 132: ZIP-Archiv erzeugen (Forts.)

```
            System.err.println(e);
            result = false;
        }

        return result;
    }
}
```

Listing 132: ZIP-Archiv erzeugen (Forts.)

111 Excel-Dateien schreiben und lesen

Erstaunlich populär ist das Tabellenformat Excel zur Anzeige von Tabellendaten. Programmierer werden daher häufig mit der Anfrage konfrontiert, ob bestimmte Daten als Excel-Datei erzeugt werden können. Dies ist eigentlich eine sehr aufwändige Forderung, aber glücklicherweise gibt es eine recht brauchbare OpenSource-Implementierung im Apache-Jakarta-Projekt namens POI, die Sie von einem der zahlreichen Apache-Server herunterladen können. (Zum Beispiel *http://apache.autinity.de/jakarta/poi/release/bin*, Datei *poi-bin-2.5.1-final.zip*. Aus dem ZIP-Archiv ist die jar-Datei *poi-2.5.1-final-20040804.jar*[8] zu extrahieren und der Name (inklusive jar-Endung) in den CLASSPATH der Java-Anwendung aufzunehmen).

Excel-Dateien bestehen aus Workbooks, die in Arbeitsblätter unterteilt sind. Jedes Blatt entspricht einer Tabelle, bestehend aus Zeilen/Spalten mit Zellen. Für all diese Objekte und viele weitere bietet die POI-Bibliothek entsprechende Klassen an, mit denen die gewünschte Excel-Struktur zusammengebaut werden kann. Das folgende Beispiel zeigt eine einfache Implementierung für den häufigen Fall, dass man den Inhalt einer `JTable` inklusive Spaltennamen in eine Datei ausgeben bzw. umgekehrt eine Excel-Datei einlesen möchte (pro Arbeitsblatt ein `JTable`-Objekt):

```
/**
 *
 * @author Peter Müller
 */
import java.io.*;
import javax.swing.*;
import org.apache.poi.hssf.usermodel.*;
import org.apache.poi.poifs.filesystem.*;
import java.util.*;

class Excel {

   /**
    * Schreibt eine Tabelle als Excel Datei; alle Zellen werden als String
    * interpretiert
    *
    * @param table     Tabelle mit den Daten
    * @param fileName  Dateiname
```

Listing 133: Excel.java – Klasse zum Lesen und Schreiben von Excel-Dateien

8. Der Zeitstempel im Dateinamen wird wahrscheinlich ein anderer sein.

```
   * @param sheetName Arbeitsblatt-Name
   * @return          true bei Erfolg
   */
  public boolean writeFile(JTable table, String fileName, String sheetName) {
     boolean result = false;

     try {
        int colNum = table.getColumnCount();
        int rowNum = table.getRowCount();

        HSSFWorkbook workBook = new HSSFWorkbook();
        HSSFSheet sheet = workBook.createSheet(sheetName);

        // Fettdruck für erste Zeile mit Spaltennamen
        HSSFCellStyle style = workBook.createCellStyle();
        HSSFFont font = workBook.createFont();
        font.setBoldweight(HSSFFont.BOLDWEIGHT_BOLD);
        style.setFont(font);

        HSSFRow row = sheet.createRow((short) 0);
        HSSFCell cell;

        short[] maxWidth  = new short[colNum]; // für max. Spaltenbreite

        // Zeile 0 mit Spaltennamen
        for(int i = 0; i < colNum; i++) {
           cell =  row.createCell((short) i);
           cell.setCellType(HSSFCell.CELL_TYPE_STRING);
           String name = table.getColumnName(i);


           if(name.length() > maxWidth[i])
              maxWidth[i] = (short) name.length();

           cell.setCellValue(table.getColumnName(i));
           cell.setCellStyle(style);
        }

        // übrige Zeilen mit den Daten
        for(int i = 0; i < rowNum; i++) {
          row = sheet.createRow((short) i+1); // +1 wegen 0. Zeile = Namen

          for(int j = 0; j < colNum; j++) {
             cell = row.createCell((short) j);
             cell.setCellType(HSSFCell.CELL_TYPE_STRING);
             String value = (String) table.getValueAt(i,j);

             if(value.length() > maxWidth[j])
                maxWidth[j] = (short) value.length();
```

Listing 133: Excel.java – Klasse zum Lesen und Schreiben von Excel-Dateien (Forts.)

```
            cell.setCellValue(value);
          }
        }

        for(short i = 0; i < colNum; i++) {
          // jede Spalte breit genug machen
          // Grundeinheit für Breite: 1/256 eines Zeichens
          sheet.setColumnWidth(i,(short) (maxWidth[i] * 256));
        }

        // in Datei schreiben
        FileOutputStream out = new FileOutputStream(fileName);
        workBook.write(out);
        out.close();
        result = true;

     } catch(Exception e) {
        e.printStackTrace();
     }

     return result;
  }

  /**
   * Liest eine Excel-Datei und gibt alle Arbeitsblätter als JTable zurück
   *
   * @param name                    Dateiname
   * @param firstRowAsColumnName    Flag, ob erste Zeile als Spaltennamen
   *                                verwendet werden soll
   * @return                        ArrayList mit JTable pro Arbeitsblatt oder
   *                                null bei Fehler
   */
  public ArrayList<JTable> readFile(String name, boolean
                                     firstRowAsColumnName) {
    ArrayList<JTable> result = new ArrayList<JTable>();

    try {
       POIFSFileSystem file = new POIFSFileSystem(new FileInputStream(name));
       HSSFWorkbook wb = new HSSFWorkbook(file);
       int num = wb.getNumberOfSheets();

       for(int i = 0; i < num; i++) {
          HSSFSheet sheet = wb.getSheetAt(i);

          // vorhandene Zeilen
          int startRow = sheet.getFirstRowNum();
          int endRow   = sheet.getLastRowNum();

          // erste Zeile dient zur Ermittlung der Spaltenzahl und ggf.
          // Spaltennamen
```

Listing 133: Excel.java – Klasse zum Lesen und Schreiben von Excel-Dateien (Forts.)

```
         HSSFRow firstRow = sheet.getRow(startRow);
         short firstCell = firstRow.getFirstCellNum();
         short lastCell  = firstRow.getLastCellNum();
         short cellNum = (short) (lastCell - firstCell + 1);
         String[] colNames = new String[cellNum];

         for(int c = firstCell; c <= lastCell; c++)
              if(firstRowAsColumnName)
                 colNames[c] = firstRow.getCell((short)
                                                c).getStringCellValue();
              else
                 colNames[c] = "";

         if(firstRowAsColumnName)
            startRow++;

         int rowNum   = (int) (endRow - startRow + 1);
         String[][] data = new String[rowNum][cellNum];

         for(int j = startRow; j <= endRow; j++) {
            HSSFRow row = sheet.getRow(j);
            int startCell = row.getFirstCellNum();
            int endCell   = row.getLastCellNum();

            for(int k = startCell; k <= endCell; k++) {
               HSSFCell cell = row.getCell((short) k);
               int cellType = cell.getCellType();
               String value;

               if(cellType == HSSFCell.CELL_TYPE_NUMERIC)
                  value = String.valueOf(cell.getNumericCellValue());
               else
                  value = cell.getStringCellValue();

              data[j][k] = value;
            }
         }

         JTable table = new JTable(data, colNames);
         result.add(table);
      }

   } catch(Exception e){
      e.printStackTrace();
      result = null;
   }

   return result;
 }
}
```

Listing 133: Excel.java – Klasse zum Lesen und Schreiben von Excel-Dateien (Forts.)

Das Start-Programm demonstriert, wie mit Hilfe der Klasse `Excel` der Inhalt einer `JTable`-Komponente als Excel-Datei auf die Festplatte gespeichert werden kann.

```
import javax.swing.*;

public class Start {

   public static void main(String[] args) {

        Excel xls = new Excel();
        String[] colNames = {"Name","Vorname"};
        String[][] data   = {{"Müller", "Peter"},
                             {"Louis", "Dirk"},
                            };
        JTable table = new JTable(data, colNames);

        // Tabelle als Excel schreiben
        xls.writeFile(table, ".\\data.xls", "Kunden");
   }
}
```

Listing 134: Excel-Format lesen/schreiben

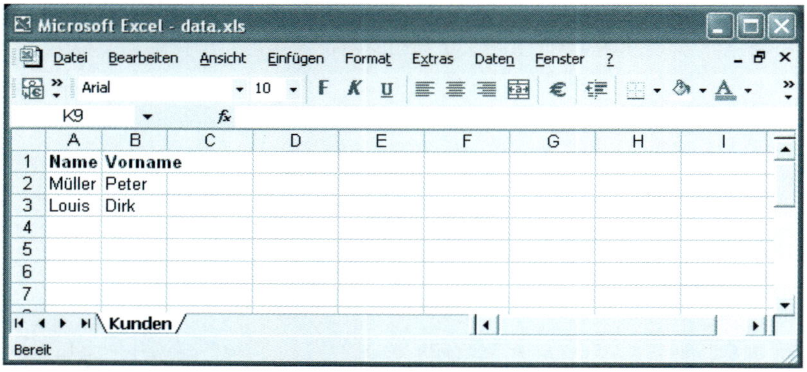

Abbildung 53: Erzeugte Excel-Tabelle

> **Hinweis**
> Beachten Sie, dass die obigen Beispiele nur die grundlegende Vorgehensweise zeigen und auch immer nur mit dem Allzwecktyp String hantieren. Für komplizierte Fälle inklusive eingebetteter OLE-Objekte, Bilder und Formeln werden Sie nicht umhin kommen, sich detaillierter in die POI-Bibliothek einzuarbeiten.

112 PDF-Dateien erzeugen

Ein beliebtes Format zur Verteilung von Informationen ist PDF (Portable Document Format) von der Firma Adobe, welches insbesondere in der Windows-Welt weit verbreitet ist. Als Programmierer sieht man sich daher leicht mit der Forderung konfrontiert, ob nicht auch eine Ausgabe als PDF-Datei machbar wäre. Ähnlich wie in *Rezept 112* für das Excel-Format würde eine Eigenimplementierung einen immensen Zeit- und Arbeitsaufwand bedeuten. Glücklicherweise finden sich mehrere brauchbare OpenSource-Bibliotheken, deren Einsatz wir an dieser Stelle kurz demonstrieren möchten:

- *gnujpdf* ist eine Bibliothek mit der gleichen Vorgehensweise wie die AWT/Print-API in Java, d.h., die zu erzeugende Ausgabe wird mittels eines `Graphics`-Objekts erstellt. Dadurch kann man ohne besonderen Mehraufwand und PDF-Kenntnisse eine (mehr oder weniger) identische Ausgabe erreichen, sowohl für die Anzeige auf dem Bildschirm via `paint()` bzw. `paintComponent()` als auch zur Ausgabe in eine PDF-Datei.
- *itext* bietet volle Kontrolle und erlaubt das explizite Erzeugen fast aller PDF-Elemente im gewünschten Format und Position. Dies erfordert allerdings einige Kenntnis über den Aufbau von Textdokumenten.

PDF mit gnujpdf erzeugen

Zunächst muss natürlich die Bibliothek in Form eines jar-Archivs besorgt werden. Hierzu laden Sie von *http://sourceforge.net/projects/gnujpdf/* das aktuelle ZIP-Archiv herunter[9]. Extrahieren Sie hieraus die Datei *gnujpdf.jar*. Diese Datei muss fürs Kompilieren und Ausführen im CLASSPATH eingetragen sein (inklusive jar-Endung).

> **Achtung**
>
> **Wichtiger Hinweis für UNIX/Linux:** Wenn *gnujpdf* auf einem Unix-Server eingesetzt werden soll (z.B. von einem Servlet), ergibt sich unter Umständen das Problem, dass kein X-Server und somit auch kein Graphics-Kontext verfügbar ist. Hier hilft dann nur die Installation eines virtuellen X-Servers weiter, beispielsweise Xvfb.[10]

Die Bibliothek bietet in einem Paket `gnu.jpdf` die von `java.awt.Graphics` abgeleitete Klasse `PDFGraphics` an, mit der wie mit einem üblichen `Graphics`-Objekt gearbeitet werden kann. Das heißt, man darf Fonts und Farben zuweisen und beispielsweise mit `drawString()` oder `drawImage()` entsprechende Zeichenoperationen durchführen. Das Grundmuster zum Erzeugen einer PDF-Ausgabe sieht damit wie folgt aus:

- Eine Instanz der Klasse `PDFJob` wird angelegt. Sie entspricht in ihrer Art der Klasse `java.awt.PrintJob` (man »druckt« gewissermaßen das PDF in eine Datei).
- Für jede neue Seite des PDF-Dokuments fordert man nun von `PDFJob` mit Hilfe von `getGraphics()` ein `PDFGraphics`-Objekt an und verwendet es zum Zeichnen. Danach wird diese Ressource wieder mit seiner `dispose()`-Methode freigegeben.
- Die `end()`-Methode von `PDFJob` wird aufgerufen. Das PDF wird nun in eine Datei geschrieben.

Das folgende Beispiel zeigt die konkrete Umsetzung der obigen Schritte. Die interessanten Dinge passieren in der Klasse `PaintPanel`, die neben einer üblichen Bildschirmausgabe auch eine PDF-Variante erstellt, wobei das PDF noch eine zusätzliche zweite Seite mit weiterem Text erhält.

---

9. Bei Erscheinen dieses Buchs *gnujpdf-1.6.zip*
10. Für Solaris *http://www.idevelopment.info/data/Unix/General_UNIX/GENERAL_XvfbforSolaris.shtml* oder für Linux z.B. *http://packages.debian.org/unstable/x11/xvfb*.

```
import gnu.jpdf.*;
import java.io.*;
import java.awt.*;
import java.awt.event.*;
import javax.swing.*;

public class Start extends JFrame {
   private PaintPanel panel;

   public Start(String fileName) {

      setTitle("PDF Test");
      setSize(300,300);
      ImageIcon icon = new ImageIcon("duke.gif");
      Image image1 = icon.getImage();
      icon = new ImageIcon("juggler.gif");
      Image image2 = icon.getImage();
      panel = new PaintPanel(image1, image2, fileName);
      add(panel);

      // Programm beenden, wenn Fenster geschlossen wird
      addWindowListener(new WindowAdapter() {
         public void windowClosing(WindowEvent e) {
            System.exit(0);
         }
      });
   }

   public static void main(String[] args) {

      if(args.length != 1) {
         System.out.println("Aufruf: <Dateiname>");
         System.exit(0);
      }

      Start s = new Start(args[0]);
      s.setVisible(true);
   }
}


/**
 * Panel-Klasse zum Zeichnen
 */
class PaintPanel extends JPanel {
   private Image image1;
   private Image image2;
   private FileOutputStream fos;

   PaintPanel(Image img1, Image img2, String fileName) {
```

Listing 135: Ausgabe von PDF mit gnujpdf

```
    super();
    image1 = img1;
    image2 = img2;

    try {
       fos = new FileOutputStream(fileName);

    } catch(Exception e) {
       e.printStackTrace();
    }
 }

 /**
  *  Erzeugt im übergebenen Graphics-Objekt die gewünschte Ausgabe
  */
 private void showDuke(Graphics g) {
    int height = image1.getHeight(null);
    int width = image1.getWidth(null);
    g.drawImage(image1, 0, 0, this);
    g.drawImage(image2, 0, height + 10, this);

    Font f = new Font("SansSerif", Font. BOLD, 12);
    g.setFont(f);
    g.drawString("Dieses Männchen heißt 'Duke'.", width + 20, 80);
    g.drawString("Es ist das Maskottchen von Java.", width + 20, 100);
 }


 /**
  *  Erzeugt im übergebenen Graphics-Objekt die gewünschte Ausgabe
  */
 private void showText(Graphics g) {
    Font f = new Font("SansSerif", Font. BOLD, 12);
    g.setFont(f);
    g.drawString("Mit GnuPDF wird analog zum Graphics-Kontext eine "
                 + "weitgehend identische PDF-Version ", 20, 20);
    g.drawString("erzeugt. Dies ist praktisch, wenn man die "
                 + " Bildschirmausgabe als PDF haben will.", 20, 40);
 }

 protected void paintComponent(Graphics g) {
    super.paintComponent(g);

    // Anzeige generieren
    showDuke(g);

   // PDF-Version erzeugen; für jede Seite einen Graphics-Objekt erzeugen
   PDFJob pdfJob = new PDFJob(fos);
   Graphics pdfGraphics = pdfJob.getGraphics();
   showDuke(pdfGraphics);
   pdfGraphics.dispose();
```

Listing 135: Ausgabe von PDF mit gnujpdf (Forts.)

Ein- und Ausgabe

```
      // noch eine zweite Seite hinzufügen
      pdfGraphics = pdfJob.getGraphics();
      showText(pdfGraphics);
      pdfGraphics.dispose();
      pdfJob.end();
      System.out.println("PDF-Datei erzeugt!");
   }

}
```

Listing 135: Ausgabe von PDF mit gnujpdf (Forts.)

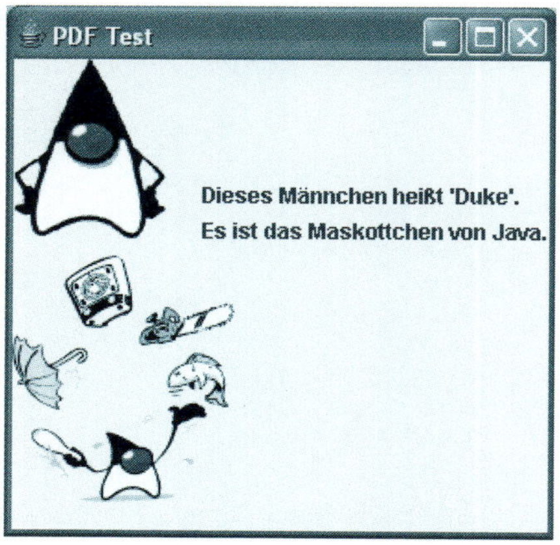

Abbildung 54: Bildschirmausgabe via Graphics-Objekt

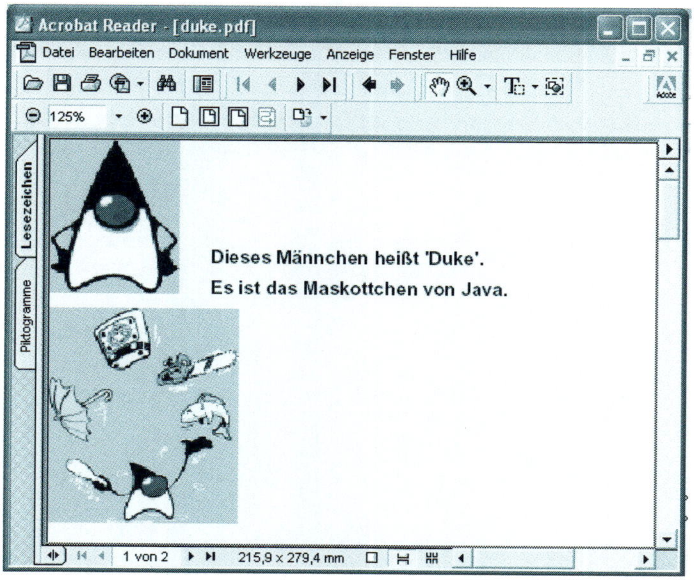

Abbildung 55: PDF-Datei via PDFGraphics-Objekt

PDF mit iText erzeugen

Zunächst müssen Sie sich die Bibliothek in Form eines jar-Archivs besorgen. Hierzu laden Sie das aktuelle jar-Archiv sowie die zugehörige Klassendokumentation von *http://sourceforge.net/projects/itext/* herunter[11]. Die jar-Datei muss für das Kompilieren und Ausführen im CLASSPATH eingetragen sein (inklusive jar-Endung).

Die iText-Bibliothek definiert eine Vielzahl von Klassen, mit deren Hilfe sich fast jedes gewünschte PDF-Dokument zusammenstellen lässt. Die zentrale Klasse ist `com.lowagie.text.Document`. Sie dient als Container zur Aufnahme der gewünschten Text- oder Grafikkomponenten. Für die Ausgabe selbst stellt die Bibliothek eine Klasse `PdfWriter` bereit, der man einen `FileOutputStream` zur Ausgabe in eine Datei übergibt.

Das folgende Beispiel zeigt die grundlegende Vorgehensweise zur Erstellung und Ausgabe einer PDF-Datei.


```
import java.io.*;
import java.awt.Color;
import java.net.URL;

import com.lowagie.text.*;
import com.lowagie.text.pdf.*;
import com.lowagie.text.rtf.*;
import com.lowagie.text.html.*;

/**
 *  Einsatz von iText zur Erzeugung eines PDF-Dokuments
 */
public class Start {

    public static void main(String args[]) {

      try {
         // Dokument anlegen im Format DIN-A4 mit Randmaßen
         // Abstand links/rechts/oben/unten = 50,50,50,50
         Document document = new Document(PageSize.A4, 50, 50, 50, 50);

         // Ausgabestream öffnen
         PdfWriter.getInstance(document, new
                                   FileOutputStream("PDF_Demo.pdf"));

         // Kopfzeile definieren
         HeaderFooter header = new HeaderFooter(
                               new Phrase("Das Java-Codebook"), false);
         header.setBorder(Rectangle.BOTTOM);
         document.setHeader(header);

         // Fußzeile mit zentrierter Seitennummer
         HeaderFooter footer = new HeaderFooter(new Phrase("Seite "), true);
```

Listing 136: PDF-Erstellung mit Hilfe von iText

11. Bei Erscheinen dieses Buch *iText 2.0.0.jar*

```
footer.setAlignment(Element.ALIGN_CENTER);
footer.setBorder(Rectangle.TOP);
document.setFooter(footer);

// Dokument öffnen
document.open();

// Text hinzufügen
Paragraph p1 = new Paragraph(
             "Lieber Leser, Sie sehen hier ein einfaches Beispiel "
            + "für die Erzeugung von PDF mit Hilfe der Open Source "
            + "Bibliothek iText.");
document.add(p1);
Phrase ph = new Phrase();
Chunk chunk1 = new Chunk("Kleinste Einheit ist der Chunk "
                      + "(\"Stück\"), den man als String inklusive "
                      + "Font-Information auffassen kann. ",
              FontFactory.getFont(FontFactory.TIMES_ROMAN, 12,
                      Font.BOLD, Color.RED));
Chunk chunk2 = new Chunk("Man kann einen Absatz aus vielen Chunks "
                  + "zusammensetzen, die wiederum in "
                  + "Objekten vom Typ Phrase geordnet sein können.",
                   FontFactory.getFont(FontFactory.TIMES_ROMAN, 12,
                                   Font.NORMAL, Color.BLACK));
ph.add(chunk1);
ph.add(chunk2);
Paragraph p2 = new Paragraph(ph);

document.add(p2);

Paragraph p3 = new Paragraph("Man kann natürlich auch für einen "
                  + "ganzen Absatz die Schriftart, Größe und "
                  + "Farbe festlegen.",
                  FontFactory.getFont(FontFactory.HELVETICA, 16,
                  Font.BOLDITALIC, Color.BLUE));
document.add(p3);

Paragraph p4 = new Paragraph("iText kann aber noch viel mehr. " +
               "Es ist auch geeignet, um andere Formate "
               + "zu generieren, beispielsweise RTF oder HTML!");

document.add(p4);

// neue Seite
document.newPage();
Paragraph p5 = new Paragraph("Hier beginnt eine neue Seite.");
document.add(p5);
File f = new File("duke.gif");
Image image = Image.getInstance(f.toURI().toURL());
document.add(image);
Paragraph p6 = new Paragraph("Dieses Männchen nennt sich Duke.");
```

Listing 136: PDF-Erstellung mit Hilfe von iText (Forts.)

```
            document.add(p6);


            // schließen
            document.close();
            System.out.println("Datei PDF_Demo.pdf erzeugt!");
        } catch(Exception e) {
            e.printStackTrace();
        }
    }
}
```

Listing 136: PDF-Erstellung mit Hilfe von iText (Forts.)

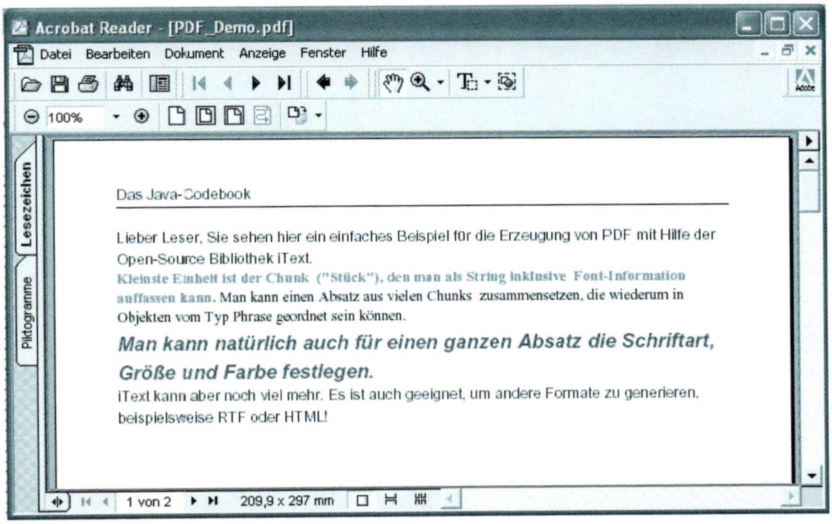

Abbildung 56: PDF-Datei mit Hilfe von iText

Hinweis

Interessant ist auch die Möglichkeit, anstatt in einen `FileOutputStream` zu schreiben, einen `ServletOutputStream` einzusetzen. Hierdurch kann man sehr leicht serverseitig PDF-Ausgaben erzeugen.

Anstelle oder auch zusätzlich kann man eine Datei im RTF-Format oder als HTML erzeugen. Hierzu dienen die Klassen `RtfWriter2` bzw. `HtmlWriter`, z.B.

```
RtfWriter2.getInstance(document, new
                                  FileOutputStream("RTF_Demo.rtf"));
HtmlWriter html = HtmlWriter.getInstance(document, new
                                  FileOutputStream("HTML_Demo.html"));
```

GUI

113 GUI-Grundgerüst

GUI-Anwendungen unterscheiden sich von den Konsolenanwendungen durch zwei wesentliche Punkte:

- Der Informations- und Datenaustausch zwischen Benutzer und Programm erfolgt nicht über die Konsole, sondern über programmeigene Fenster und in diese eingebettete Steuerelemente (GUI-Komponenten) wie Schaltflächen, Eingabefelder etc.
- GUI-Anwendungen sind ereignisgesteuert. Während sich Konsolenanwendungen in der Regel aus einer Folge von Anweisungen zusammensetzen, die nach dem Programmstart der Reihe nach abgearbeitet werden, bestehen GUI-Anwendungen – vom Code zum Aufbau der GUI-Oberfläche einmal abgesehen – aus einzelnen Codeblöcken, die mit bestimmten Ereignissen verbunden sind und immer dann ausgeführt werden, wenn das betreffende Ereignis eintritt (mehr zur Ereignisbehandlung, *siehe Rezept 119*).

AWT und Swing

Die Java-API unterstützt die GUI-Programmierung gleich mit zwei Bibliotheken: AWT und Swing.

Grundlage jeder GUI- und Grafikprogrammierung in Java ist das **AWT** (*A*bstract *W*indow *T*oolkit). Das AWT umfasst Klassen für die Ereignisverarbeitung, die Grafikausgabe, das Drucken und anderes sowie natürlich etliche Komponentenklassen für die verschiedenen Arten von Fenstern und Steuerelementen.

Gerade Letztere erwiesen sich aber im Laufe der Zeit als ungenügend. Die AWT-Steuerelemente sind nämlich als Wrapper-Klassen um die plattformspezifischen Steuerelemente implementiert. Jedes Betriebssystem definiert in seinem Code einen eigenen Satz typischer Steuerelemente und ermutigt Programmierer, diese zum Aufbau ihrer Programme zu verwenden (um sich Arbeit zu sparen und ein konformes Erscheinungsbild zu erreichen). Die AWT-Steuerelemente sind so implementiert, dass sie bei Ausführung auf einem Rechner auf diese betriebssysteminternen Steuerelemente zurückgreifen. Ein AWT-Schalter zeigt daher auf den verschiedenen Plattformen immer das für die Plattform typische Erscheinungsbild. Der Nachteil dieses Verfahrens ist, dass die AWT-Klassen praktisch den kleinsten gemeinsamen Nenner aller Steuerelementsätze der verschiedenen Plattformen bilden und zudem auch noch von Fehlern in deren Implementierung betroffen sind.

Seit Java 1.2 gibt es daher eine zweite Komponentenbibliothek namens **Swing**, die einen anderen Ansatz verfolgt:

In Swing werden die Komponenten komplett in Java implementiert, d.h., sie greifen nicht mehr auf die plattformeigenen Implementierungen zurück, sie legen selbst ihre Funktionalität fest und sie zeichnen sich selbst auf den Bildschirm. Die Vorzüge dieses Konzepts spiegeln sich direkt in der Swing-Bibliothek wider:

- Es gibt weit mehr Swing-Komponenten als AWT-Komponenten (da die Sun-Programmierer ja nicht mehr darauf angewiesen sind, dass die angebotenen Steuerelemente auf allen Plattformen existieren).

- Der Programmierer kann zwischen verschiedenen Erscheinungsbildern für seine Steuerelemente wählen, *siehe Rezept 147*. (Damit die Swing-Komponenten sich wie die AWT-Komponenten der jeweiligen Plattform anpassen, auf der sie ausgeführt werden, musste man sie so implementieren, dass sie in verschiedenen Designs gezeichnet werden können. Da lag es nahe, neben den plattformtypischen Designs noch weitere Designs anzubieten und dem Programmierer die Wahl zu lassen, ob er das Design der Plattform anpassen oder ein bestimmtes Design auf allen Plattformen verwenden möchte.)

Swing ist kein Ersatz für das AWT, denn viele grundlegenden Klassen für die GUI- und Grafikprogrammierung, insbesondere die Klassen für die Ereignisverarbeitung, sind nur im AWT vorhanden. Swing ist eine Komponentenbibliothek und als solche den AWT-Komponenten weit überlegen. In den weiteren Rezepten kommen daher nahezu ausschließlich die Swing-Komponenten zum Einsatz.

Achtung

> Obwohl es grundsätzlich möglich ist, sollten Sie AWT- und Swing-Komponenten nicht mischen. Verwenden Sie in einem Swing-Fenster also ausschließlich andere Swing-Komponenten! Ansonsten kann es zu Fehlern kommen, insbesondere durch Verdeckung von Komponenten.

GUI-Grundgerüste

Die meisten GUI-Anwendungen verfügen über ein Hauptfenster, welches automatisch mit dem Start der Anwendung erscheint und das die Anwendung beendet, wenn es selbst vom Benutzer geschlossen wird. Kein Wunder also, dass viele Anwender Hauptfenster und Anwendung gleichsetzen.

Ein typisches GUI-Grundgerüst definiert eine eigene Klasse für das Hauptfenster und instanziert diese in seiner `main()`-Methode. Wenn Sie mit einer Integrierten Entwicklungsumgebung wie dem JBuilder oder Eclipse arbeiten, legen Sie Ihre Grundgerüste nicht selbst an, sondern Sie überlassen dies der Entwicklungsumgebung. Dies spart nicht nur Zeit und Tipparbeit, es stellt auch sicher, dass das Grundgerüst so aufgebaut wird, dass es von der Entwicklungsumgebung weiterbearbeitet werden kann. (Insbesondere GUI-Designer, mit denen Sie per Mausklick Komponenten in Fenster einfügen oder mit Ereignisbehandlungsmethoden verbinden können, sind darauf angewiesen, dass das Grundgerüst einem bestimmten formalen Aufbau genügt. Die entsprechenden Abschnitte sind meist mit Kommentaren gekennzeichnet, die den Programmierer darauf hinweisen, dass diese Abschnitte nicht manuell bearbeitet werden sollten.)

Falls Sie rein mit dem JDK arbeiten oder sich nicht von einer Entwicklungsumgebung abhängig machen wollen, erhalten Sie hier einige einfache Vorschläge, wie Sie Ihre Grundgerüste aufbauen könnten:

Gemeinsame Klasse für Anwendung und Hauptfenster

```
import java.awt.*;
import java.awt.event.*;
import javax.swing.*;

public class Grundgeruest_v1 extends JFrame {

```

Listing 137: Swing-Grundgerüst, Vorschlag 1

```
    public Grundgeruest_v1() {

       // Hauptfenster konfigurieren
       setTitle("Swing-Grundgerüst");
       getContentPane().setBackground(Color.LIGHT_GRAY);

       // Hier Komponenten erzeugen und mit getContentPane().add()
       // in das Fenster einfügen

       setDefaultCloseOperation(JFrame.EXIT_ON_CLOSE);
    }

    public static void main(String args[]) {
       Grundgeruest_v1 frame = new Grundgeruest_v1();
       frame.setSize(500,300);
       frame.setLocation(300,300);
       frame.setVisible(true);
    }
}
```

Listing 137: Swing-Grundgerüst, Vorschlag 1 (Forts.)

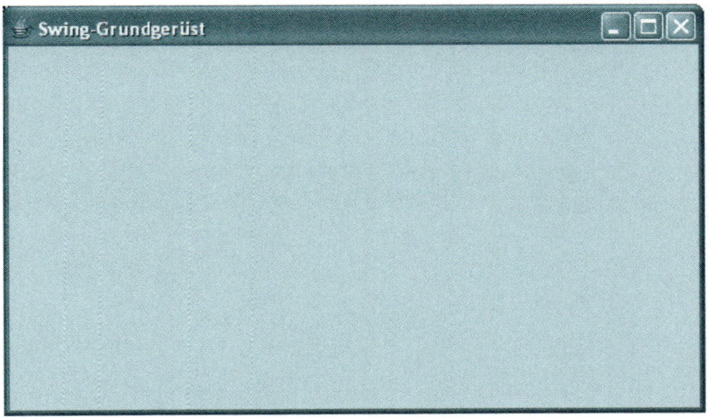

Abbildung 57: Hauptfenster des GUI-Grundgerüsts

Für die GUI-Programmierung werden meist eine ganze Reihe von AWT- und Swing-Klassen benötigt. Um sich Tipparbeit zu sparen und die Lesbarkeit des Quelltextes zu verbessern, importieren die meisten Programmierer daher die folgenden Pakete:

Paket	Klassen für
`java.awt.*`	AWT-Komponenten Layout-Manager Grafikklassen wie Graphics, Color, Font, Cursor, Image etc.
`java.awt.event.*`	AWT-Ereignisse

Tabelle 29: Wichtige GUI-Pakete

Paket	Klassen für
javax.swing.*	Swing-Komponenten, plus zusätzlicher Layout-Manager
javax.swing.event.*	spezielle Swing-Ereignisse

Tabelle 29: Wichtige GUI-Pakete (Forts.)

Die Klasse für das Hauptfenster wird von JFrame abgeleitet (Zeile 5). Alternative Basisklassen sind JDialog (für Dialogfenster) und JWindow (für Fenster ohne Rahmen und Titelleiste). Konfiguriert wird das Fenster über seinen Konstruktor (Zeilen 7 bis 17) bzw. das gerade erzeugte Objekt (Zeilen 20 bis 23). Welche Eigenschaft Sie wo einstellen, bleibt weitgehend Ihnen überlassen. Weit verbreitet sind Aufteilungen, bei denen der Konstruktor ein fertiges Fenster erzeugt, das dann über das Fenster-Objekt dimensioniert, platziert (Zeilen 22 und 23) und sichtbar gemacht wird (Zeile 23).

Hinweis

Die Platzierung des Fensters auf dem Desktop unterliegt der Verantwortung des Window Managers. Dieser braucht der »Empfehlung« des Programmcodes nicht zu folgen.

Standardmäßig bleibt das Fenster beim Drücken der Schließen-Schaltfläche aus der Titelleiste bestehen und wird lediglich unsichtbar gemacht. Dieses Verhalten ist für die untergeordneten Fenster einer Anwendung mit mehreren Fenstern durchaus sinnvoll. Wenn aber der Benutzer das Hauptfenster der Anwendung schließt, möchte er in der Regel auch das Programm beenden. Zu diesem Zweck übergibt man der Methode setDefaultCloseOperation() die Konstante JFrame.EXIT_ON_CLOSE.

Konstante	Beschreibung
DO_NOTHING_ON_CLOSE	Führt keinerlei Aktionen beim Schließen des Fensters aus. Bei diesem Standardverhalten muss das Ereignis windowClosing abgefangen werden.
HIDE_ON_CLOSE	Verbirgt das Fenster, wenn es der Benutzer schließt.
DISPOSE_ON_CLOSE	Verbirgt das Fenster und löst es dann auf. Damit werden alle von diesem Fenster belegten Ressourcen freigegeben.
EXIT_ON_CLOSE	Beendet die Anwendung mit System.exit(0).

Tabelle 30: Fensterkonstanten (WindowConstants), die das Verhalten beim Schließen eines Fensters steuern

Komponenten oder untergeordnete Container werden in die ContentPane des Fensters (standardmäßig eine JPanel-Instanz) eingefügt. Sie können sich dazu von getContentPane() eine Referenz auf die ContentPane zurückliefern lassen und deren add()-Methode aufrufen oder – ab JDK-Version 1.5 – alternativ die add()-Methode von JFrame verwenden.

Getrennte Klassen für Anwendung und Hauptfenster

Wenn Sie zwischen anwendungs- und hauptfensterspezifischem Code unterscheiden möchten, definieren Sie für beide eigene Klassen. Die Klasse der Anwendung enthält neben dem anwendungsspezifischen Code die main()-Methode, in der Sie das Anwendungsobjekt erzeugen. Im Konstruktor der Anwendungsklasse erzeugen Sie das Hauptfenster, für das Sie eine eigene Klasse definieren.

```
public class Grundgeruest_v2 {

    public Grundgeruest_v2() {
        Grundgeruest_v2_Frame frame = new Grundgeruest_v2_Frame();
        frame.setSize(500,300);
        frame.setLocation(300,300);
        frame.setVisible(true);
    }

    public static void main(String[] args) {
        new Grundgeruest_v2();
    }
}
```

Listing 138: Code der Anwendungsklasse

```
import java.awt.*;
import java.awt.event.*;
import javax.swing.*;

public class Grundgeruest_v2_Frame extends JFrame {

   public Grundgeruest_v2_Frame() {

      // Hauptfenster konfigurieren
      setTitle("Swing-Grundgerüst");
      getContentPane().setBackground(Color.LIGHT_GRAY);

      // Hier Komponenten erzeugen und mit getContentPane().add()
      // in das Fenster einfügen

      setDefaultCloseOperation(JFrame.EXIT_ON_CLOSE);
   }
}
```

Listing 139: Code des Hauptfensters

Eclipse-konformes Grundgerüst

Wenn Sie Ihr Grundgerüst so aufsetzen möchten, dass Sie es später mit Eclipse weiterbearbeiten können, müssen Sie darauf achten, dass die Klasse des Hauptfensters eine `initialize()`-Methode definiert, die vom Konstruktor aufgerufen wird. Des Weiteren müssen Sie die Referenz auf die ContentPane in einem `private`-Feld `jContentPane` speichern. Die ContentPane selbst wird von einer Methode `getContentPane()` eingerichtet.

```
import java.awt.*;
import java.awt.event.*;
import javax.swing.*;
```

Listing 140: Eclipse-konformes GUI-Grundgerüst

```
public class Grundgeruest_v3 extends JFrame {

    private javax.swing.JPanel jContentPane = null;

     public static void main(String[] args) {
        Grundgeruest_v3 frame = new Grundgeruest_v3();
        frame.setSize(500,300);
        frame.setLocation(300,300);
        frame.setVisible(true);
    }

    public Grundgeruest_v3() {
        super();
        initialize();
    }

    private void initialize() {
        this.setContentPane(getJContentPane());
        this.setTitle("Swing-Grundgerüst");
        this.setDefaultCloseOperation(JFrame.EXIT_ON_CLOSE);
    }

    private javax.swing.JPanel getJContentPane() {
        if(jContentPane == null) {
            jContentPane = new javax.swing.JPanel();
            jContentPane.setLayout(new java.awt.BorderLayout());
            jContentPane.setBackground(Color.LIGHT_GRAY);
        }
        return jContentPane;
    }
}
```

Listing 140: Eclipse-konformes GUI-Grundgerüst (Forts.)

114 Fenster (und Dialoge) zentrieren

Um ein Fenster auf dem Bildschirm zu zentrieren, können Sie natürlich so vorgehen, dass Sie sich von `Toolkit.getDefaultToolkit().getScreenSize()` ein `Dimension`-Objekt mit den Bildschirmmaßen zurückliefern lassen und aus diesen die Koordinaten für die linke obere Ecke Ihres Fensters berechnen:

```
// Zentrierung in eigener Regie
Dimension dim = Toolkit.getDefaultToolkit().getScreenSize();

// xPos = halbe Bildschirmbreite - halbe Fensterbreite
// yPos = halbe Bildschirmhöhe - halbe Fensterhöhe
int xPos = (dim.width - frame.getWidth())/2;
int yPos = (dim.height - frame.getHeight())/2;
frame.setLocation(xPos ,yPos);
```

Einfacher geht es jedoch mit der `Window`-Methode `setLocationRelativeTo()`, die das Fenster über einer von Ihnen spezifizierten Komponente zentriert. Wenn Sie statt einer Komponentenreferenz `null` übergeben, wird das Fenster auf dem Bildschirm zentriert.

```
public static void main(String args[]) {
   Start frame = new Start();
   frame.setLocationRelativeTo(null);
   frame.setVisible(true);
}
```

Achtung

Vor der Zentrierung muss die Fenstergröße feststehen. In obigem Beispiel wird davon ausgegangen, dass die Fenstergröße im Konstruktor des Fensters vorgegeben wird (beispielsweise durch Aufruf von `setSize()`, *siehe Rezept 115*).

Dialoge zentrieren

Wie im Titel dieses Rezepts versprochen, können Sie mit `setLocationRelativeTo()` auch Dialoge über ihren übergeordneten Fenstern zentrieren. Das einzige Problem, das sich dabei unter Umständen ergibt, ist die Referenz auf das übergeordnete Fenster.

Sofern Sie nämlich den Dialog als Antwort auf das Drücken eines Schalters oder die Auswahl eines Menübefehls erzeugen und anzeigen, befinden Sie sich im Code einer Ereignisbehandlungsmethode. Da diese in der Regel nicht als Methode der `JFrame`-Klassen, sondern in einer eigenen Listener- oder Adapter-Klasse definiert ist, können Sie nicht mit `this` auf das Fenster zugreifen.

```
private final class ButtonAction {
    public void actionPerformed(ActionEvent e) {
       DemoDialog d = new DemoDialog(null, "Dialog");
       d.setLocationRelativeTo(this);          // FEHLER! this verweist auf
                                               // ButtonAction-Objekt

       d.setVisible(true);
    }
}
```

Eine elegante Lösung für dieses Problem sieht vor, die Ereignisbehandlungsklasse als innere oder anonyme Klasse innerhalb der `JFrame`-Klasse zu definieren. Dadurch berechtigen Sie die Ereignisbehandlungsklasse, auf alle Felder der übergeordneten `JFrame`-Klasse zuzugreifen und können in dieser ein Feld mit einer Referenz auf sich selbst ablegen:

```
import java.awt.*;
import java.awt.event.*;
import javax.swing.*;

class DemoDialog extends JDialog implements ActionListener {
   ...
}

public class Start extends JFrame {
   private JFrame f;                    // Referenz auf sich selbst

   public Start() {
      f = this;                         // Referenz initialisieren
```

Listing 141: Zentrierung mit setLocationRelativeTo()

```
        // Hauptfenster einrichten
        setTitle("Fenster zentrieren");
        setSize(500,300);
        getContentPane().setLayout(null);

        JButton btn = new JButton("Dialog öffnen");
        btn.setBounds(new Rectangle(300, 200, 150, 25));
        btn.addActionListener(new ActionListener() {
            public void actionPerformed(ActionEvent e) {

               // Dialog erzeugen
               DemoDialog d = new DemoDialog(f, "Dialog");

               // Dialog zentrieren
               d.setLocationRelativeTo(f);

               // Dialog anzeigen
               d.setVisible(true);
            }
        });
        getContentPane().add(btn, null);

        setDefaultCloseOperation(JFrame.EXIT_ON_CLOSE);
    }


    public static void main(String args[]) {
        Start frame = new Start();
        frame.setLocationRelativeTo(null);
        frame.setVisible(true);
    }
}
```

Listing 141: Zentrierung mit setLocationRelativeTo() (Forts.)

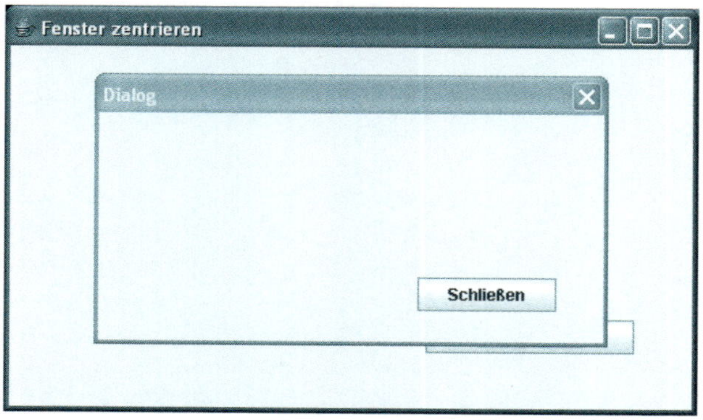

Abbildung 58: Dialog, der über seinem Fenster zentriert ist

Hinweis

Ob Sie dem Konstruktor eines Dialogs eine Referenz auf das übergeordnete Fenster oder `null` übergeben, hat keinen Einfluss auf die Positionierung. Wenn Sie eine Fensterreferenz übergeben, wird das Fenster zum Besitzer (owner) des Dialogs und dieser wird beispielsweise mit dem Fenster minimiert oder wiederhergestellt. Die Positionierung oder Verschiebung des Dialogs auf dem Desktop erfolgt aber gänzlich unabhängig vom Fenster.

115 Fenstergröße festlegen (und gegebenenfalls fixieren)

Es gibt zwei Möglichkeiten, die Fenstergröße festzulegen:

- Sie können die Fenstergröße mit `setSize()` explizit festlegen.

  ```
  frame.setSize(500,300);
  ```

- Sie können die Fenstergröße durch Aufruf von `pack()` an den Inhalt des Fensters anpassen.

  ```
  frame.pack();
  ```


Achtung

Benutzen Sie `pack()` nicht, wenn Sie für das Fenster keinen Layout-Manager verwenden (`frame.setLayout(null)`) oder es keine dimensionierten Komponenten enthält – es sei denn, Sie wünschen, dass Ihr Fenster auf die Minimalversion einer Titelleiste zusammenschrumpft.

Ob Sie die Fenstergröße bereits im Konstruktor oder erst nach Instanzierung des Fensters festlegen, ist Ihre freie Entscheidung. Wenn Sie von einer Fensterklasse mehrere Instanzen unterschiedlicher Maße (Abmessungen) erzeugen möchten, legen Sie die Fenstergröße natürlich erst nach der Instanzierung fest:

```
MyFrame frame1 = new MyFrame();
frame1.setSize(500,300);
MyFrame frame2 = new MyFrame();
frame2.setSize(300,300);
```

Wenn alle Instanzen der Fensterklasse anfangs die gleiche Größe haben sollen, empfiehlt es sich, diese Anfangsgröße bereits im Konstruktor festzulegen:

```
public class MyFrame extends JFrame {
   public MyFrame() {
      setTitle("Fenster");
      setSize(500,300);
      ...
```

Achtung

Die Methode `setSize()` können Sie bereits eingangs des Konstruktors aufrufen. Wenn Sie die Fenstergröße von `pack()` berechnen lassen wollen, sollten Sie dies aber erst tun, nachdem Sie alle Komponenten in die ContentPane des Fensters eingefügt haben.

Fenster fester Größe

Wenn Sie die Fenstergröße fixieren möchten, so dass sie nicht vom Anwender verändert werden kann, rufen Sie die Methode `setResizable()` mit `false` als Argument auf:

```
import java.awt.*;
import javax.swing.*;

public class Start extends JFrame {

   public Start() {
      setTitle("Fenster fester Größe");
      setSize(500,300);
      setResizable(false);

      setDefaultCloseOperation(JFrame.EXIT_ON_CLOSE);
   }

   public static void main(String args[]) {
      Start frame = new Start();
      frame.setLocation(300,300);
      frame.setVisible(true);
   }
}
```

Listing 142: Fenster fester Größe

116 Minimale Fenstergröße sicherstellen

Sie kennen das: Mit viel Liebe und Ausdauer haben Sie das optimale Layout für die Komponenten Ihres Fensters ausgearbeitet und implementiert und dann gehen die Anwender hin und verkleinern das Fenster, bis von Ihrem Layout nichts mehr übrig bleibt. Eine von zweifelsohne mehreren Möglichkeiten[1], diesem Missstand zu begegnen, ist die Vorgabe einer Minimalgröße, unter die das Fenster nicht verkleinert werden kann.

In Java gehen alle Fensterklassen auf die Basisklasse `Component` zurück. Sie lösen also Ereignisse vom Typ `ComponentEvent` aus, die darüber informieren, wenn eine Komponente angezeigt, verborgen, verschoben oder neu dimensioniert wird. Letzteres Ereignis, zu welchem die Ereignisbehandlungsmethode `componentResized()` gehört, gibt uns die Möglichkeit, auf Größenänderung zu reagieren – beispielsweise um eine Mindestgröße sicherzustellen.

```
import java.awt.*;
import java.awt.event.*;
import javax.swing.*;

public class Start extends JFrame implements ComponentListener {
   private final int MINWIDTH = 300;
   private final int MINHEIGHT = 100;

   public Start() {
      setTitle("Fenster mit Minimalgröße");
      setSize(MINWIDTH, MINHEIGHT);
```

Listing 143: Auf Größenänderungen reagieren

1. *Siehe Rezept 115* zur Fixierung der Fenstergröße.

```
        JButton btn = new JButton("Klick mich");
        btn.setBounds(new Rectangle(75, 20, 150, 25));
        btn.addActionListener(new ActionListener() {
            public void actionPerformed(ActionEvent e) {
                ((JButton) e.getSource()).setText("Danke");
            }
        });
        getContentPane().add(btn);

        addComponentListener(this);
        setDefaultCloseOperation(JFrame.EXIT_ON_CLOSE);
    }

    public void componentHidden(ComponentEvent e) {
    }
    public void componentMoved(ComponentEvent e) {
    }
    public void componentShown(ComponentEvent e) {
    }
    public void componentResized(ComponentEvent e) {

        // Gegebenenfalls minimale Fenstergröße herstellen
        Dimension dim = this.getSize();
        dim.width = (dim.width < MINWIDTH) ? MINWIDTH: dim.width ;
        dim.height = (dim.height < MINHEIGHT) ? MINHEIGHT: dim.height ;
        this.setSize(dim);
    }

    public static void main(String args[]) {
        Start frame = new Start();
        frame.setLocationRelativeTo(null);
        frame.setVisible(true);
    }
}
```

Listing 143: Auf Größenänderungen reagieren (Forts.)

In obigem Beispiel implementiert die Klasse `Start` das Interface `ComponentListener` höchstpersönlich, weswegen wir verpflichtet sind, in der Klassendefinition für alle Methoden des Interface Definitionen bereitzustellen. (Die Alternative wäre, eine eigene Klasse von `ComponentAdapter` abzuleiten, in dieser `componentResized()` zu überschreiben und dann ein Objekt dieser Klasse als Listener zu registrieren.)

Nachdem sich die Fensterklasse bei sich selbst als Empfänger für `Component`-Ereignisse registriert hat (`addComponentListener(this)` im Konstruktor), wird die Methode `componentResized()` automatisch aufgerufen, wenn sich die Größe des Fensters ändert. Die Methode fragt dann die neue Größe ab und prüft, ob Breite oder Höhe unter den in `MINWIDTH` und `MINHEIGHT` gespeicherten Grenzwerten liegen. Wenn ja, wird der Mindestwert eingesetzt und das Fenster mit einem Aufruf von `setSize()` neu dimensioniert.

117 Bilder als Fensterhintergrund

Was der Anwender als Hintergrund eines Fensters (oder Dialogs) wahrnimmt, ist der Hintergrund der ContentPane. Diesen können Sie mittels der Methode `setBackground()` beliebig einfärben:

```
getContentPane().setBackground(Color.WHITE);    // weißer Hintergrund
```

Wenn Sie als Hintergrund ein Bild anzeigen möchten, müssen Sie hingegen schon etwas mehr Aufwand treiben.

1. Sie müssen das Bild laden.
2. Sie müssen für die ContentPane eine eigene Klasse von `JPanel` ableiten, damit Sie deren `paintComponent()`-Methode überschreiben und mittels `drawImage()` das Bild einzeichnen können.

   Mit `drawImage()` können Sie das Bild wahlweise so einzeichnen, dass es

   - an die Maße der ContentPane angepasst ist:

     ```
     g.drawImage(bgImage,
                 0, 0,                // Linke, obere Ecke sowie
                 this.getWidth(),     // Breite und Höhe des Ziel-
                 this.getHeight(),    // bereichs, in den das Bild
                 this);               // eingepasst wird
     ```

   - oder die eigenen Originalmaße beibehält:

     ```
     g.drawImage(bgImage,
                 0, 0,
                 bgImage.getWidth(this),
                 bgImage.getHeight(this),
                 this);
     ```

3. Schließlich erzeugen Sie eine Instanz Ihrer ContentPane-Klasse und richten diese als ContentPane des Fensters ein.

```
import java.awt.*;
import java.awt.event.*;
import javax.swing.*;
import java.awt.Image;
import javax.imageio.ImageIO;
import java.io.File;
import java.io.IOException;

public class Start extends JFrame {
   private Image bgImage = null;

   // innere Klasse für ContentPane
   private class ContentPane extends JPanel {                     // 2

      public ContentPane() {
         setLayout(new FlowLayout());
      }
```

Listing 144: Bild als Hintergrund der ContentPane

GUI

```
        public void paintComponent(Graphics g) {
            super.paintComponent(g);

            // Hintergrundbild in Panel zeichnen
            if (bgImage != null)
                g.drawImage(bgImage, 0, 0, this.getWidth(), this.getHeight(),
                            Color.WHITE, this);
        }
    }

    public Start() {
        setTitle("Fenster mit Hintergrundbild");

        // Bilddatei laden
        try {                                                          // 1
            bgImage = ImageIO.read(new File("background.jpg"));
        } catch(IOException ignore) {
        }

        setContentPane(new ContentPane());                             // 3

        JButton btn = new JButton("Beenden");
        btn.addActionListener(new ActionListener() {
            public void actionPerformed(ActionEvent e) {
                System.exit(0);
            }
        });
        getContentPane().add(btn);

        setDefaultCloseOperation(JFrame.EXIT_ON_CLOSE);
    }

    public static void main(String args[]) {
        Start frame = new Start();
        frame.setSize(500,300);
        frame.setLocation(300,300);
        frame.setVisible(true);
    }
}
```

Listing 144: Bild als Hintergrund der ContentPane (Forts.)

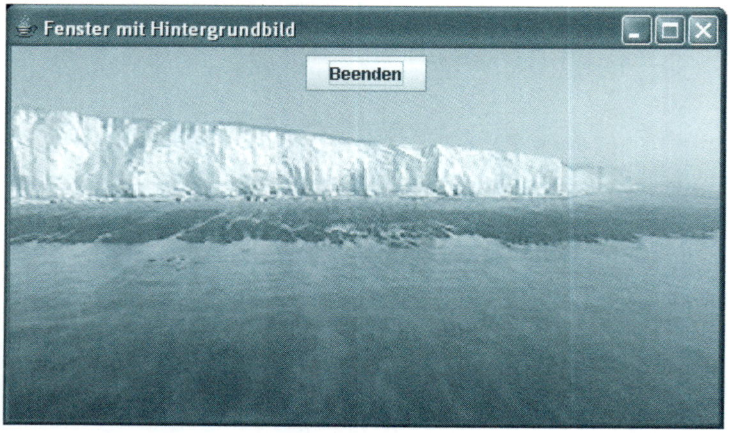

Abbildung 59: Beachten Sie, dass der Schalter über dem Hintergrundbild der ContentPane liegt. Wenn Sie die Fenstergröße verändern, wird das Hintergrundbild automatisch durch Skalierung an die neue Fenstergröße angepasst.

Tipp

Motivbilder, wie oben zu sehen, sollten Sie anders als im Demobeispiel nur für Fenster fixer Größe (*siehe Rezept 115*) als Hintergrund verwenden. Kann der Anwender die Fenstergröße verändern, führt dies bei Motivbildern meist dazu, dass das Motiv entweder stark verzerrt wird (bei Skalierung des Bilds) oder nur als Ausschnitt (Fenster ist kleiner als Bild) bzw. als Teil des Fensters (Fenster ist größer als Bild) zu sehen ist. Für Fenster variabler Größe eignen sich am besten skalierte Strukturbilder oder Motivbilder, bei denen das Motiv auf den linken, oberen Bereich beschränkt ist.

118 Komponenten zur Laufzeit instanzieren

Die Instanzierung von Komponenten ist eine Aufgabe, die man üblicherweise gerne dem GUI-Designer einer leistungsfähigen Entwicklungsumgebung überlässt (beispielsweise JBuilder oder Eclipse). Für die Bestückung eines Fensters oder Dialogs mit Schaltern, Textlabeln, Listenfelder, Eingabefeldern etc. gibt es kaum etwas Besseres.

Trotzdem kommt es immer wieder vor, dass der Programmierer selbst Hand anlegen muss: sei es, dass Code überarbeitet werden muss, der sich nicht in den GUI-Designer einlesen lässt, weil er von Hand oder mit einem anderen, nichtkompatiblen GUI-Designer erstellt wurde, sei es, dass Komponenten nur nach Bedarf instanziert werden sollen.

Hier eine kleine Checkliste, welche Schritte bei der manuellen Instanzierung von Komponenten zu beachten sind:

1. Deklarieren Sie in der Fensterklasse ein Feld vom Typ der Komponente, um später jederzeit von beliebiger Stelle aus über dieses Feld auf die Komponente zugreifen zu können. (Kann entfallen, wenn eine solche Referenz nicht benötigt wird.)
2. Erzeugen Sie ein Objekt der Komponente. Meist können Sie dem Konstruktor dabei bereits Argumente zur Konfiguration der Komponente übergeben: zum Beispiel den Titel für `JLabel`- oder `JButton`-Komponenten oder die Optionen eines `JList`-Felds.

3. Konfigurieren Sie die Komponente.

   Legen Sie Größe und Position der Komponente fest. Dies kann explizit geschehen (Methoden `setBounds()`, `setSize()`, `setPosition()`) oder vom Layout-Manager übernommen werden. (Arbeitet der Container, in den Sie die Komponente einfügen, mit einem Layout-Manager, können Sie mittels `setMaximumSize(Dimension)`, `setMinimumSize(Dimension)` und `setPreferredSize(Dimension)` Hinweise für die Dimensionierung der Komponente geben.)

   Legen Sie nach Wunsch Schriftart (`setFont(Font)`), Hinter- und Vordergrundfarbe (`setBackground(Color)`, `setForeground(Color)`), Erscheinungsbild des Cursors über der Komponente (`setCursor(Cursor)`) und Aktivierung (`setEnabled(boolean)`) fest.

   Konfigurieren Sie die komponentenspezifischen Eigenschaften, soweit dies nicht bereits vom Konstruktor erledigt wurde.

4. Behandeln Sie gegebenenfalls Ereignisse der Komponente.

5. Fügen Sie die Komponente in ein Fenster (oder eine untergeordnete Container-Komponente) ein.

   Um eine Komponente in ein Fenster oder irgendeinen anderen Container (beispielsweise eine `JPanel`-Instanz) einzufügen, rufen Sie die `add()`-Methode des Containers auf.

GUI

Hinweis

Swing-Fenster betten Komponenten in ihre ContentPane (standardmäßig eine `JPanel`-Instanz) ein. Der korrekte Weg, Komponenten in Swing-Fenster einzufügen, ist demnach, sich von der Fenstermethode `getContentPane()` eine Referenz auf die ContentPane des Fensters zurückliefern zu lassen und dann deren `add()`-Methode aufzurufen. Um das Einfügen von Komponenten zu vereinheitlichen, wurden die Swing-Fenster ab JDK 1.5 mit einer `add()`-Methode ausgestattet, die die übergebene Komponente automatisch in die ContentPane einfügt.

```
import java.awt.*;
import java.awt.event.*;
import javax.swing.*;

public class Start extends JFrame {
   JButton btn;                                            // 1

   public Start() {
      setTitle("Komponenten einfügen");
      setSize(300,200);
      setResizable(false);
      setLayout(null);             // kein Layout-Manager

      btn = new JButton("Klick mich");                     // 2
      btn.setBounds(new Rectangle(75, 120, 150, 25));      // 3
      btn.addActionListener(new ActionListener() {         // 4
         public void actionPerformed(ActionEvent e) {
            ((JButton) e.getSource()).setText("Danke");
         }
      });
```

Listing 145: Einfügen eines JButton-Schalters in ein Fenster

```
        getContentPane().add(btn);                                  // 5

        setDefaultCloseOperation(JFrame.EXIT_ON_CLOSE);
    }

    public static void main(String args[]) {
        Start frame = new Start();
        frame.setLocation(300,300);
        frame.setVisible(true);
    }
}
```

Listing 145: Einfügen eines JButton-Schalters in ein Fenster (Forts.)

Komponenten dynamisch zur Laufzeit instanzieren

Im vorangehenden Beispiel wurde die Komponente manuell im Konstruktor erzeugt und in das Fenster eingefügt. Wenn das Programm später ausgeführt wird und das Fenster zum ersten Mal auf dem Bildschirm erscheint, wird die eingebettete Komponente automatisch als Bestandteil des Fensters mit auf den Bildschirm gezeichnet.

Wenn Sie eine Komponente dynamisch, also zum Beispiel als Reaktion auf eine Benutzeraktion, erzeugen, sind die Voraussetzungen dagegen meist andere: Das Fenster, in das die Komponente eingefügt wird, ist bereits auf dem Bildschirm sichtbar. Es genügt daher nicht, die Komponente einfach nur in das Fenster einzufügen. Sie müssen auch explizit dafür Sorge tragen, dass das Fenster neu gezeichnet wird. Dazu rufen Sie die `repaint()`-Methode des Fensters auf:

```
public class Start_dynamisch extends JFrame {
    JButton btn;
    JLabel lb;
    JFrame f;

    public Start_dynamisch() {
        ...
        setLayout(null);
        f = this;

        btn = new JButton("Klick mich");
        btn.setBounds(new Rectangle(75, 120, 150, 25));
        btn.addActionListener(new ActionListener() {
            public void actionPerformed(ActionEvent e) {
                // Beim ersten Drücken des Schalters ein Label-Feld erzeugen
                if (lb == null) {
                    lb = new JLabel("");
                    lb.setBounds(new Rectangle(20, 50, f.getWidth()-40, 25));
                    lb.setFont(new Font("Arial", Font.PLAIN, 20));
                    lb.addMouseListener(new MouseListener() {
                        public void mouseClicked(MouseEvent e) {}
                        public void mouseEntered(MouseEvent e) {}
```

Listing 146: Komponente nach Bedarf instanzieren

```
                public void mouseExited(MouseEvent e) {}
                public void mousePressed(MouseEvent e) {}
                public void mouseReleased(MouseEvent e) {
                  ((JLabel) e.getSource()).setText("");
                }
              });
              f.getContentPane().add(lb);
            }
            lb.setText(lb.getText() + "Danke ");

            // Fenster neu zeichnen lassen, damit neue Komponente
            // angezeigt wird
            f.repaint();
          }
        });
        getContentPane().add(btn);


        setDefaultCloseOperation(JFrame.EXIT_ON_CLOSE);
      }
```

Listing 146: Komponente nach Bedarf instanzieren (Forts.)

Dieses Beispiel instanziert das `JLabel`-Feld `lb`, welches von dem Schalter als Ausgabefeld benutzt wird, nicht beim Start des Programms, sondern erst, wenn es wirklich gebraucht wird, d.h. beim ersten Drücken des Schalters. Wird der Schalter während der Ausführung des Programms überhaupt nicht gedrückt (was in diesem Beispiel zugegebenermaßen unwahrscheinlich ist), werden die Kosten für die Instanzierung eingespart.

119 Komponenten und Ereignisbehandlung

In Java gibt es viele verschiedene Möglichkeiten, eine Ereignisbehandlung aufzubauen. Dieses Rezept stellt Ihnen – nach einer kurzen Rekapitulation des Grundmechanismus der Ereignisbehandlung in Java – einige weit verbreitete Grundtypen vor. Einen Königsweg gibt es nicht. Manchmal geben die äußeren Umstände den richtigen Weg vor, manchmal ist es auch eine reine Design-Entscheidung.

Mechanismus der Ereignisbehandlung in Java

Ereignisse auf Komponenten (inklusive Fenstern) werden in Java dadurch behandelt, dass bei der betreffenden Komponente ein Lauscher-Objekt mit einer passenden Ereignisbehandlungsmethode registriert wird. Tritt das Ereignis ein, ruft die Komponente die zugehörige Ereignisbehandlungsmethode des registrierten Lauscher-Objekts auf.

Um Ereignisquelle (die Komponente) und Ereignisempfänger (das Lauscher-Objekt) zu koordinieren, definiert die Java-API eine Reihe von so genannten Listener-Interfaces. Jedes Listener-Interface definiert, wie die Ereignisbehandlungsmethoden für eine bestimmte Gruppe von Ereignissen (manchmal auch nur ein einziges Ereignis) heißen.

Ein Lauscher-Objekt, welches ein bestimmtes Ereignis empfangen und verarbeiten möchte, muss vom Typ einer Klasse sein, die das zugehörige Listener-Interface implementiert und dabei die Behandlungsmethode für das Ereignis mit dem Code definiert, der als Antwort auf das Ereignis ausgeführt werden soll. Sind in dem Listener-Interface noch weitere Ereignisbehandlungsmethoden deklariert, an deren Bearbeitung der Programmierer nicht interessiert ist, kann er diese mit leerem Anweisungsteil definieren. (Oder er leitet seine Lauscher-Klasse von einer Adapter-Klasse ab, die statt seiner die Ereignisbehandlungsmethoden des Interface mit Leerdefinitionen implementiert, und überschreibt lediglich die ihn interessierenden Methoden. Die API stellt allerdings nicht für alle Interfaces mit mehreren Methoden passende Adapter-Klassen zur Verfügung.)

Auf der anderen Seite des Ereignismodells stehen die Ereignisquellen, sprich die Komponenten, in denen die Ereignisse auftreten. Diese sind so implementiert, dass sie bei Eintritt eines Ereignisses die zugehörigen Ereignisbehandlungsmethoden aller registrierten Ereignisempfänger ausführen. Die Registrierung erfolgt über spezielle Registrierungsmethoden, die als Argument ein Objekt vom Typ eines Listener-Interface erwarten:


```
addActionListener(ActionListener l)
addComponentListener(ComponentListener l)
...
```

Indem die Komponentenklassen selbst festlegen, welche Registrierungsmethoden sie anbieten, können sie bestimmen, welche Typen von Ereignisempfängern bei ihnen registriert werden, sprich welche Ereignisse für die Komponente behandelt werden können.

Hinweis

Im Anhang zur Java-Syntax finden Sie tabellarische Auflistungen der wichtigsten Interfaces mit ihren Ereignisbehandlungsmethoden sowie den zugehörigen Adapter-Klassen und Ereignisobjekten.

Exkurs

Das Java-Modell der Ereignisbehandlung

Die Ereignisbehandlung von Java beruht auf Ereignisquellen und Ereignisempfängern.

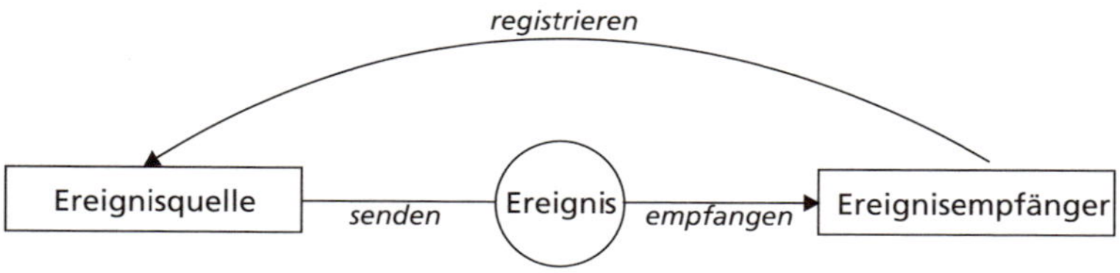

Abbildung 60: Java-Ereignisbehandlungsmodell

Ausgangspunkt ist, dass ein bestimmtes Ereignis in einer Komponente auftritt. Ein solches Ereignis kann die vom Betriebssystem vermittelte Benachrichtigung über eine Benutzeraktion auf der Komponente sein (beispielsweise das Anklicken der Komponente), es kann sich aber auch um eine Zustandsänderung der Komponente handeln (der Wert eines Felds wurde geändert). Wie auch immer, die Komponente möchte dem Programmierer die Gelegenheit geben, auf dieses Ereignis zu reagieren. Dazu tritt sie selbst als Ereignisquelle auf und sendet allen interessierten Ereignisempfängern ein Ereignisobjekt, das über das eigentliche Ereignis informiert.

Der Begriff »senden« stammt aus der traditionellen objektorientierten Terminologie und sollte nicht zu wörtlich genommen werden. Tatsächlich ist es so, dass sich die Ereignisempfänger bei der Ereignisquelle registrieren (die passenden Registrierungsmethoden definiert die Klasse der Ereignisquelle). Zudem muss der Ereignisempfänger ein Interface implementieren, in dem spezielle Methoden zur Behandlung des Ereignisses definiert sind. Tritt dann ein Ereignis auf, ruft die Ereignisquelle für alle bei ihr registrierten Ereignisempfänger die passende Ereignisbehandlungsmethode auf – mit dem Ereignisobjekt als Argument. Unter dem »Senden« des Ereignisobjekts ist also der Aufruf der registrierten Methode mit dem Ereignisobjekt als Argument zu verstehen.

Ereignisbehandlung durch Container

Komponenten werden in Container eingebettet. Da liegt es nahe, dem Container auch gleich die Verantwortung für die Ereignisbehandlung zu übertragen, indem man die Container-Klasse die betreffenden Listener-Interfaces implementieren lässt. Voraussetzung ist natürlich, dass Sie die Container-Klasse selbst definieren.


```
import java.awt.*;
import java.awt.event.*;
import javax.swing.*;

public class Start_Container extends JFrame implements ActionListener {
   JButton btn;

   public Start_Container() {

      setTitle("Ereignisbehandlung");
      setSize(500,300);

      // Schalter erzeugen
      btn = new JButton("Klick mich");
      btn.setBounds(new Rectangle(0, 0, 150, 25));

      // Fenster als Ereignisempfänger bei Schalter registrieren
      btn.addActionListener(this);

      JPanel p = new JPanel();
      p.setLayout(new FlowLayout(FlowLayout.CENTER,10,20));
      p.add(btn);
      getContentPane().add(p, BorderLayout.SOUTH);

      setDefaultCloseOperation(JFrame.EXIT_ON_CLOSE);
   }

   // Ereignisbehandlung für Schalter
   public void actionPerformed(ActionEvent e) {
      btn.setEnabled(false);
   }
```

Listing 147: Container als Ereignisempfänger (aus Start_Container.java)

```
    public static void main(String args[]) {
        Start_Container frame = new Start_Container();
        frame.setLocationRelativeTo(null);
        frame.setVisible(true);
    }
}
```

Listing 147: Container als Ereignisempfänger (aus Start_Container.java) (Forts.)

Ereignisbehandlung mit inneren Klassen

Sie können innere Klassen zur Ereignisbehandlung definieren.


```
import java.awt.*;
import java.awt.event.*;
import javax.swing.*;

public class Start_Innere extends JFrame {
    JButton btn;

    public Start_Innere() {

        setTitle("Ereignisbehandlung");
        setSize(500,300);

        // Schalter erzeugen
        btn = new JButton("Klick mich");
        btn.setBounds(new Rectangle(0, 0, 150, 25));

        // ButtonListener als Ereignisempfänger für Schalter registrieren
        btn.addActionListener(new ButtonListener());

        JPanel p = new JPanel();
        p.setLayout(new FlowLayout(FlowLayout.CENTER,10,20));
        p.add(btn);
        getContentPane().add(p, BorderLayout.SOUTH);

        setDefaultCloseOperation(JFrame.EXIT_ON_CLOSE);
    }

    // Ereignisempfänger-Klasse
    class ButtonListener implements ActionListener {
        public void actionPerformed(ActionEvent e) {
            btn.setEnabled(false);
        }
    }

    public static void main(String args[]) {
        Start_Innere frame = new Start_Innere();
```

Listing 148: Innere Klasse als Ereignisempfänger (aus Start_Innere.java)

```
        frame.setLocationRelativeTo(null);
        frame.setVisible(true);
    }
}
```

Listing 148: Innere Klasse als Ereignisempfänger (aus Start_Innere.java) (Forts.)

Achtung

Sie können die Ereignisempfänger-Klasse selbstverständlich auch als eigenständige Klasse außerhalb der Fensterklasse definieren. Die Definition als innere Klasse hat jedoch den Vorteil, dass Sie in den Methoden der inneren Klasse uneingeschränkt auf die Felder und Methoden der Fensterklasse zugreifen können (selbst wenn diese `private` sind).

Ereignisbehandlung mit anonymen Klassen

Sie können anonyme Klassen zur Ereignisbehandlung definieren. Dies hat den Vorteil, dass der Ereignisbehandlungscode direkt bei dem Code zur Erzeugung und Konfiguration der Komponente steht. Für umfangreichere Ereignisbehandlungen ist dieses Modell weniger gut geeignet.

```
import java.awt.*;
import java.awt.event.*;
import javax.swing.*;

public class Start_Anonym extends JFrame {
   JButton btn;

   public Start_Anonym() {

      setTitle("Ereignisbehandlung");
      setSize(500,300);

      // Schalter erzeugen
      btn = new JButton("Klick mich");
      btn.setBounds(new Rectangle(0, 0, 150, 25));

      // Anonyme Klasse als Ereignisempfänger für Schalter registrieren
      btn.addActionListener(new ActionListener() {
         public void actionPerformed(ActionEvent e) {
            btn.setEnabled(false);
         }
      });

      JPanel p = new JPanel();
      p.setLayout(new FlowLayout(FlowLayout.CENTER,10,20));
      p.add(btn);
      getContentPane().add(p, BorderLayout.SOUTH);

      setDefaultCloseOperation(JFrame.EXIT_ON_CLOSE);
   }
```

Listing 149: Anonyme Klasse als Ereignisempfänger (aus Start_Anonym.java)

```
    public static void main(String args[]) {
        Start_Anonym frame = new Start_Anonym();
        frame.setLocationRelativeTo(null);
        frame.setVisible(true);
    }

}
```

Listing 149: Anonyme Klasse als Ereignisempfänger (aus Start_Anonym.java) (Forts.)

Individuelle Ereignisbehandlungsmethoden

Sie können für ein Ereignis, das von mehreren Ereignisquellen ausgelöst wird, mehrere Ereignisempfänger definieren (einen für jede Quelle).

```
import java.awt.*;
import java.awt.event.*;
import javax.swing.*;

public class Start_NtoN extends JFrame {
    JButton btn1;
    JButton btn2;

    public Start_NtoN() {

        setTitle("Ereignisbehandlung");
        setSize(500,300);

        // Schalter erzeugen
        btn1 = new JButton("Klick mich");
        btn1.setBounds(new Rectangle(0, 0, 150, 25));
        btn1.addActionListener(new ActionListener() {
            public void actionPerformed(ActionEvent e) {
                btn1.setEnabled(false);
                btn2.setEnabled(true);
            }
        });

        btn2 = new JButton("Klick mich");
        btn2.setBounds(new Rectangle(0, 0, 150, 25));
        btn2.addActionListener(new ActionListener() {
            public void actionPerformed(ActionEvent e) {
                btn2.setEnabled(false);
                btn1.setEnabled(true);
            }
        });
```

Listing 150: Individuelle Ereignisempfänger für das gleiche Ereignis unterschiedlicher Komponenten (aus Start_NtoN.java)

```
        JPanel p = new JPanel();
        p.setLayout(new FlowLayout(FlowLayout.CENTER,10,20));
        p.add(btn1);
        p.add(btn2);
        getContentPane().add(p, BorderLayout.SOUTH);

        setDefaultCloseOperation(JFrame.EXIT_ON_CLOSE);
    }


    public static void main(String args[]) {
        Start_NtoN frame = new Start_NtoN();
        frame.setLocationRelativeTo(null);
        frame.setVisible(true);
    }
}
```

Listing 150: Individuelle Ereignisempfänger für das gleiche Ereignis unterschiedlicher Komponenten (aus Start_NtoN.java) (Forts.)

Gemeinsam genutzte Ereignisbehandlungsmethoden

Sie können für ein Ereignis, das von mehreren Ereignisquellen ausgelöst wird, einen gemeinsamen Ereignisempfänger definieren und gegebenenfalls in den Ereignisbehandlungsmethoden mit Hilfe der Informationen aus dem Ereignisobjekt zwischen den Ereignisquellen unterscheiden.

Das folgende Beispiel lässt sich beispielsweise über die Methode `getSource()`, die allen Ereignisobjekten zu eigen ist, eine Referenz auf die auslösende Komponente zurückliefern. Durch Vergleich dieser Referenz mit den Feldern für die Komponenten stellt die Methode fest, welcher Schalter gedrückt wurde.

```
import java.awt.*;
import java.awt.event.*;
import javax.swing.*;

public class Start_Nto1 extends JFrame {
    JButton btn1;
    JButton btn2;

    public Start_Nto1() {

        setTitle("Ereignisbehandlung");
        setSize(500,300);

        // Schalter erzeugen
        btn1 = new JButton("Klick mich");
        btn1.setBounds(new Rectangle(0, 0, 150, 25));
```

Listing 151: Ein Ereignisempfänger für das gleiche Ereignis unterschiedlicher Komponenten (aus Start_Nto1.java)

```
      btn1.addActionListener(new ButtonListener());

      btn2 = new JButton("Klick mich");
      btn2.setBounds(new Rectangle(0, 0, 150, 25));
      btn2.addActionListener(new ButtonListener());

      JPanel p = new JPanel();
      p.setLayout(new FlowLayout(FlowLayout.CENTER,10,20));
      p.add(btn1);
      p.add(btn2);
      getContentPane().add(p, BorderLayout.SOUTH);

      setDefaultCloseOperation(JFrame.EXIT_ON_CLOSE);
   }

   // Innere Klasse zur Ereignisbehandlung
   class ButtonListener implements ActionListener {
      public void actionPerformed(ActionEvent e) {
         if (e.getSource() == btn1) {
            btn1.setEnabled(false);
            btn2.setEnabled(true);
         } else if (e.getSource() == btn2) {
            btn2.setEnabled(false);
            btn1.setEnabled(true);
         }
      }
   }


   public static void main(String args[]) {
      Start_Nto1 frame = new Start_Nto1();
      frame.setLocationRelativeTo(null);
      frame.setVisible(true);
   }
}
```

Listing 151: Ein Ereignisempfänger für das gleiche Ereignis unterschiedlicher Komponenten (aus Start_Nto1.java) (Forts.)

120 Aus Ereignismethoden auf Fenster und Komponenten zugreifen

Häufig ist es notwendig, aus den Ereignisbehandlungsmethoden der Komponenten heraus auf die aktuelle Komponente, andere Komponenten des Fensters oder das Fenster selbst zuzugreifen. Dabei gilt:

- Die aktuelle Komponente, für die das Ereignis ausgelöst wurde, ist immer über das Ereignisobjekt greifbar. Sie brauchen sich einfach nur von der `getSource()`-Methode des Ereignisobjekts eine Referenz auf die Komponente zurückliefern zu lassen.
- Auf andere Komponenten kann nur zugegriffen werden, wenn Referenzen auf die Komponenten verfügbar sind. Dies ist beispielsweise der Fall, wenn in der Fensterklasse Felder für

die Komponenten definiert wurden und die Klasse mit der Ereignisbehandlungsmethode eine innere oder anonyme Klasse der Fensterklasse ist. (Innere Klassen können ohne Einschränkung durch die Zugriffsspezifizierer auf die Elemente der äußeren Klasse zugreifen.)

- Auf das Fenster können Sie über die `this`-Referenz zugreifen, wenn das Fenster selbst der Ereignisempfänger ist (sprich die Ereignisbehandlungsmethode eine Methode des Fensters ist). Wenn die Ereignisbehandlungsmethode zu einer inneren oder anonymen Klasse des Fensters gehört, greift `this` nicht auf das Fenster-Objekt, sondern auf die Instanz der inneren Klasse zu. Für den Zugriff auf das Fenster muss dann in der Fensterklasse ein Feld definiert und in diesem die Referenz auf das Fenster gespeichert werden.

Hinweis

Grundsätzlich ist es auch möglich, sich von der aktuellen Komponente über `getParent()`-Aufrufe den Weg bis zum Fenster zu bahnen. Der zugehörige Code ist wegen der erforderlichen Castings aber recht hässlich und bereits für kleinere Container-Hierarchien schlecht lesbar und ineffizient.


```
import java.awt.*;
import java.awt.event.*;
import javax.swing.*;

public class Start extends JFrame {

   // Felder, die u.a. auch den Zugriff aus inneren Klassen gestatten
   private JFrame frame;
   private JButton btn;


   public Start() {

      setTitle("Ereignisbehandlung");
      setSize(500,300);

      // Referenz auf Fenster in Feld frame abspeichern
      frame = this;

      // Schalter erzeugen und Referenz in Feld speichern
      btn = new JButton("Klick mich");
      btn.setBounds(new Rectangle(0, 0, 150, 25));
      btn.addActionListener(new ActionListener() {
         public void actionPerformed(ActionEvent e) {

            // Zugriff auf aktuelle Komponente über getSource()
            ((JButton) e.getSource()).setText("Angeklickt");

            // Zugriff auf Komponente über Feld
            btn.setEnabled(false);

            // Zugriff auf Fenster über Feld frame
            frame.setTitle(frame.getTitle() + " - Angeklickt");
```

Listing 152: Zugriffstechniken für Ereignisbehandlungsmethoden (aus Start.java)

```
            }
        });

        ...
    }
```

Listing 152: Zugriffstechniken für Ereignisbehandlungsmethoden (aus Start.java) (Forts.)

121 Komponenten in Fenster (Panel) zentrieren

Es gibt verschiedene Möglichkeiten, Komponenten zu zentrieren:

- mit der Hilfe geeigneter Layout-Manager (empfiehlt sich insbesondere, wenn Sie Ihre GUI-Oberfläche ohnehin mit Layout-Managern konstruieren),
- durch statische Positionsberechnung (falls die Fenstergröße nicht verändert werden kann),
- durch dynamische Positionsberechnung (falls die Fenstergröße verändert werden kann).

Zentrieren mit Layout-Managern

Der FlowLayout-Manager eignet sich für die Zentrierung von Komponenten besonders gut. Komponenten, die in einen Container mit FlowLayout eingefügt werden, werden zeilenweise von oben nach unten angeordnet, wobei die Zeilen im Container standardmäßig horizontal zentriert werden.

Um eine einzelne Komponente (oder eine Zeile von Komponenten) mittels eines FlowLayout-Managers zu zentrieren, müssen Sie eine Container-Hierarchie aufbauen, die für die Komponente (Komponentenzeile) einen eigenen Container vorsieht.

Wie könnte man zum Beispiel einen Schalter horizontal zentriert am unteren Rand eines Fensters anzeigen (*siehe Abbildung 61*)?

Die ContentPane eines `JFrame`-Fensters ist standardmäßig eine `JPanel`-Instanz mit `BorderLayout`. Sie könnten den Schalter direkt in den SOUTH-Bereich der ContentPane einfügen. Er liegt dann am unteren Rand, füllt diesen Bereich allerdings vollständig aus. Um den Schalter zu zentrieren, erzeugen Sie eine `JPanel`-Instanz. Dann fügen Sie den Schalter in das `JPanel` und das `JPanel` in den SOUTH-Bereich der ContentPane ein.

```
// JPanel erzeugen
JPanel p = new JPanel();    // Nutzt standardmäßig FlowLayout

// Schalter erzeugen und in Panel einfügen
btn = new JButton("Klick mich");
btn.setBounds(new Rectangle(0, 0, 150, 25));
p.add(btn);

// Panel in SOUTH-Bereich der ContentPane einfügen
getContentPane().add(p, BorderLayout.SOUTH);
```

Listing 153: Zentrieren mit FlowLayout – Version 1

Den Abstand des Schalters vom unteren Rahmen können Sie über den vgap-Wert des Layout-Managers einstellen. Wenn Sie den Layout-Manager neu erzeugen, übergeben Sie den vgap-Wert als drittes Argument nach Ausrichtung und hgap-Wert.

```
// JPanel mit individuellem Layout-Manager erzeugen
JPanel p = new JPanel();
p.setLayout(new FlowLayout(FlowLayout.CENTER, 10, 20));

// Schalter erzeugen und in Panel einfügen
btn = new JButton("Klick mich ");
btn.setBounds(new Rectangle(0, 0, 150, 25));
p.add(btn);

// Panel in SOUTH-Bereich der ContentPane einfügen
getContentPane().add(p, BorderLayout.SOUTH);
```

Listing 154: Zentrieren mit FlowLayout – Version 2 (aus Start_Layout.java)

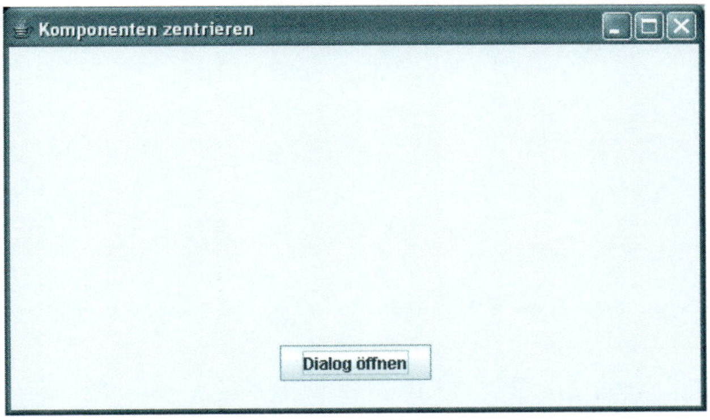

Abbildung 61: Zentrierter Schalter

Zentrieren durch statische Berechnung

Hat das Fenster – oder allgemeiner der Container, in den die Komponente eingefügt wird – feste, unveränderliche Abmessungen, können Sie die Komponente leicht selbst zentrieren. Sie müssen lediglich von der Breite (respektive Höhe) des Containers die Breite (Höhe) der Komponente abziehen und das Ergebnis durch zwei teilen. Als Ergebnis erhalten Sie die x- bzw. y-Koordinate für die linke obere Ecke der Komponente.

Dialogfenster haben meist eine feste Größe (*siehe auch Rezept 115*). Der folgende Code zentriert einen Schalter am unteren Rand des Dialogs:

```
class DemoDialog extends JDialog implements ActionListener {

   public DemoDialog(Frame owner, String title) {
       super(owner, title);
```

Listing 155: Zentrieren eines Schalters in einem Dialogfenster ohne Layout-Manager (aus Start.java)

```
        // Abmaße für Dialog festlegen
        setSize(370, 200);
        setResizable(false);

        // Layout-Manager deaktivieren
        getContentPane().setLayout(null);


        // Schalter erzeugen
        JButton btnOK = new JButton("OK");
        btnOK.setBounds(new Rectangle(0, 0, 100, 25));
        btnOK.addActionListener(this);

        // Schalter horizontal zentrieren
        Dimension dim = this.getSize();
        int x = (dim.width - btnOK.getWidth())/2;
        btnOK.setLocation(x, 120);

        // Schalter in ContentPane einfügen
        getContentPane().add(btnOK, null);
    }

    public void actionPerformed(ActionEvent e) {
        setVisible(false);
    }
}
```

Listing 155: Zentrieren eines Schalters in einem Dialogfenster ohne Layout-Manager (aus Start.java) (Forts.)

Zentrieren durch dynamische Berechnung

Wenn sich die Größe des Containers während der Ausführung des Programms verändern kann, muss die Position der Komponente, soll sie zentriert bleiben, ständig nachjustiert werden. Zu diesem Zweck ist es erforderlich, das `ComponentListener`-Interface zu implementieren und die Komponente in den Methoden `componentShown()` und `ComponentResized()` zu positionieren.

Das nachfolgende Listing demonstriert dies anhand eines Schalters, der horizontal und vertikal in einem Fenster zentriert wird.

```
public class Start extends JFrame implements ComponentListener {
    JButton btn;
    JFrame f;

    public Start() {
        // Hauptfenster einrichten
        f = this;
        setTitle("Komponenten zentrieren");
        setSize(500,300);
```

Listing 156: Zentrieren eines Schalters in einem Fenster, dessen Abmessungen durch den Benutzer verändert werden können (aus Start.java)

GUI

```
        getContentPane().setLayout(null);

        // Schalter erzeugen
        btn = new JButton("Dialog öffnen");
        ...

        // Schalter in ContentPane einfügen
        getContentPane().add(btn, null);

        addComponentListener(this);
        setDefaultCloseOperation(JFrame.EXIT_ON_CLOSE);
    }


    // Schalter bei erstem Erscheinen und jeder Größenänderung des
    // Fensters zentrieren
    public void componentShown(ComponentEvent e) {
        Dimension dim = getContentPane().getSize();
        int x = (dim.width-btn.getWidth())/2;
        int y = (dim.height-btn.getHeight())/2;
        btn.setLocation(x,y);
    }
    public void componentResized(ComponentEvent e) {
        Dimension dim = getContentPane().getSize();
        int x = (dim.width-btn.getWidth())/2;
        int y = (dim.height-btn.getHeight())/2;
        btn.setLocation(x,y);
    }
    public void componentHidden(ComponentEvent e) {
    }
    public void componentMoved(ComponentEvent e) {
    }
...
```

Listing 156: Zentrieren eines Schalters in einem Fenster, dessen Abmessungen durch den Benutzer verändert werden können (aus Start.java) (Forts.)

122 Komponenten mit Rahmen versehen

Im Package `javax.swing.border` sind eine Reihe von Border-Klassen definiert, mit deren Hilfe Sie Swing-Komponenten mit Rahmen versehen können. In der Regel werden Sie diese Klassen aber nicht direkt instanzieren, sondern sich passende Rahmen-Objekte von den statischen create-Methoden der Klasse `BorderFactory` zurückliefern lassen. Die so erzeugten Rahmen-Objekte weisen Sie dann mit der `JComponent`-Methode `setBorder()` Ihren Komponenten zu.

```
// Komponente mit schwarzer Umrandung als Rahmen
aComponent.setBorder(BorderFactory.createLineBorder(Color.BLACK));
```

Welche Rahmen gibt es?

Tabelle 31 gibt Ihnen eine Übersicht über die vordefinierten Swingborder-Klassen und die zugehörigen create-Methoden von `BorderFactory`.

Rahmenklasse	BorderFactory-Methode

`EmptyBorder`	Erzeugt einen Abstand zwischen Inhalt und Außenumriss der Komponente (in der Hintergrundfarbe). Wenn Sie einen Layout-Manager verwenden, der die Größe der Komponenten anpasst (beispielsweise `GridLayout`), werden Ihre Vorgaben überschrieben.
	(Ersetzt die früher übliche Angabe von Insets.)
	`createEmptyBorder()`
	Null-Pixel-Rand
	`createEmptyBorder(int top, int left, int bottom, int right).`
	Rand der angegebenen Stärke.

`LineBorder`	Rahmen aus Linie der angegebenen Farbe und Stärke.
	`createLineBorder(Color color)`
	`createLineBorder(Color color, int thickness)`

`BevelBorder`	Rahmen fester Stärke, der unterschiedliche Farben für links und oben bzw. rechts und unten verwendet.
	`createBevelBorder(int type)`
	Als Typ übergeben Sie `BevelBorder.RAISED` oder `BevelBorder.LOWERED`, um die Komponente hervorgehoben oder eingesenkt erscheinen zu lassen. Das Rahmen-Objekt wählt als Farben dazu aufgehellte bzw. abgedunkelte Varianten der Hintergrundfarbe der Komponente.
	`createBevelBorder(int type, Color highlight, Color shadow)`
	Erlaubt es Ihnen, neben dem Typ auch die Farben anzugeben.
	`createBevelBorder(int type, Color highlightOuter, Color highlightInner, Color shadowOuter, Color shadowInner)`
	Erlaubt die Angabe von zwei Farben für die jeweils außen bzw. innen liegenden Teile der aufgehellten bzw. abgedunkelten Rahmenelemente.
	`createLoweredBevelBorder()`
	Entspricht `createBevelBorder(BevelBorder.LOWERED)`.
	`createRaisedBevelBorder()`
	Entspricht `createBevelBorder(BevelBorder.RAISED)`.

`EtchedBorder`	Wie `BevelBorder`, erweckt aber den Eindruck einer »Gravierung«.
	`createEtchedBorder()`
	`createEtchedBorder(int type)`
	Als Typ übergeben Sie `EtchedBorder.RAISED` oder `EtchedBorder.LOWERED`, um den Rahmen als hervorstehend oder eingesunken erscheinen zu lassen. Das Rahmen-Objekt wählt als Farben dazu aufgehellte bzw. abgedunkelte Varianten der Hintergrundfarbe der Komponente.
	`createEtchedBorder(Color highlight, Color shadow)`
	`createEtchedBorder(int type, Color highlight, Color shadow)`
	Erlaubt es Ihnen, neben dem Typ auch die Farben anzugeben.

Tabelle 31: Vordefinierte Swing-Rahmen

Rahmenklasse	BorderFactory-Methode

MatteBorder	Farbiger Rahmen mit unterschiedlichen Linienstärken für die einzelnen Seiten sowie optional der Angabe eines Musters.
	`createMatteBorder(int top, int left, int bottom, int right, Color color)`
	Ähnlich wie `LineBorder`, nur dass Sie für jede Rahmenseite eine eigene Dicke festlegen können.
	`createMatteBorder(int top, int left, int bottom, int right, Icon tileIcon)`
	Erlaubt es Ihnen, ein Muster (in Form einer Bilddatei) anzugeben, mit dem der Rahmen gezeichnet wird.

TitledBorder	Blendet einen Titel in den Rahmen ein.
	`createTitledBorder(Border border)`
	Verwendet den als Argument übergebenen Rahmen und blendet in dessen oberen Rand einen leeren Titel ein.
	`createTitledBorder(String title)`
	Verwendet einen `EtchedBorder`-Rahmen und blendet in dessen oberen Rand den angegebenen Titel ein.
	`createTitledBorder(Border border, String title)`
	`createTitledBorder(Border border, String title, int titleJustification, int titlePosition)`
	`createTitledBorder(Border border, String title, int titleJustification, int titlePosition, Font titleFont)`
	`createTitledBorder(Border border, String title, int titleJustification, int titlePosition, Font titleFont, Color titleColor)`
	Verwendet den angegebenen Rahmen und blendet in dessen oberen Rand den angegebenen Titel ein. Je nach Methode können Sie zudem die Titelausrichtung (`TitledBorder.LEFT`, `TitledBorder.CENTER`, `TitledBorder.RIGHT`, `TitledBorder.LEADING`, `TitledBorder.TRAILING`, `TitledBorder.DEFAULT_JUSTIFICATION`), die vertikale Position des Titels (`TitledBorder.ABOVE_TOP`, `TitledBorder.TOP`, `TitledBorder.BELOW_TOP`, `TitledBorder.ABOVE_BOTTOM`, `TitledBorder.BOTTOM`, `TitledBorder.DEFAULT_POSITION`) sowie Schriftart und Farbe festlegen.

CompoundBorder	Erlaubt es Ihnen, zwei Border-Objekte zu einem Rahmen zusammenzufügen. Meist kombiniert man einen dekorativen Rahmen (`LineBorder`, `EtchedBorder` etc.) mit einem `EmptyBorder` als Abstandshalter zwischen Dekorativrahmen und Komponenteninhalt. `createCompoundBorder(Border outsideBorder, Border insideBorder)`

Tabelle 31: Vordefinierte Swing-Rahmen (Forts.)

Hinweis

Eigene Rahmenklassen leiten Sie von `AbstractBorder` ab.

GUI

Das Start-Programm zu diesem Rezept führt zu jedem Rahmentyp drei Varianten vor.

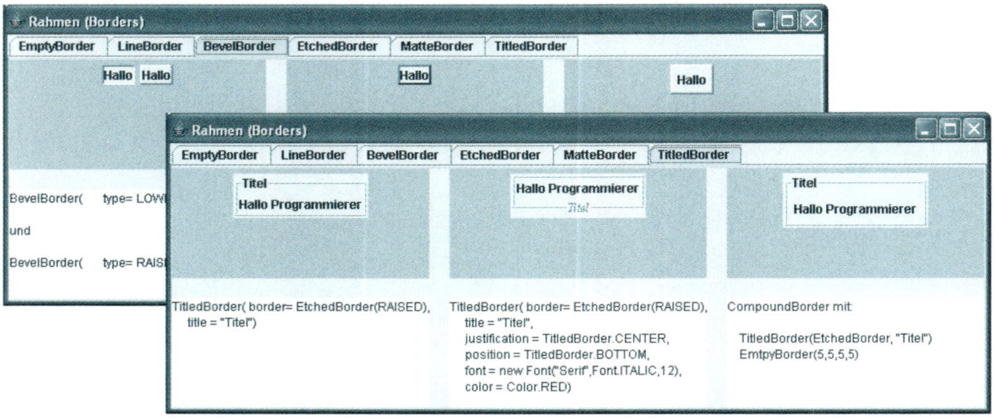

Abbildung 62: Der Rahmenkatalog des Start-Programms

123 Komponenten mit eigenem Cursor

Um festzulegen, welcher Cursor über einer Komponente (oder einem Fenster) angezeigt werden soll, rufen Sie einfach die `Component`-Methode `setCursor()` auf und übergeben ihr den gewünschten Cursor, den Sie sich – soweit es sich um einen vordefinierten Cursor handelt – am besten von einer der Cursor-Methoden `getDefaultCursor()`, `getSystemCustomCursor()` oder `getPredefinedCursor()` zurückliefern lassen:

```
Cursor cursor = Cursor.getPredefinedCursor(Cursor.HAND_CURSOR);
aComponent.setCursor(cursor);
```

oder in einer Zeile:

```
aComponent.setCursor(Cursor.getPredefinedCursor(Cursor.HAND_CURSOR));
```

Folgende Cursor-Konstanten sind in der Klasse `Cursor` definiert:

CROSSHAIR_CURSOR	NW_RESIZE_CURSOR
CUSTOM_CURSOR	S_RESIZE_CURSOR
DEFAULT_CURSOR	SE_RESIZE_CURSOR
E_RESIZE_CURSOR	SW_RESIZE_CURSOR
HAND_CURSOR	TEXT_CURSOR
MOVE_CURSOR	W_RESIZE_CURSOR
N_RESIZE_CURSOR	WAIT_CURSOR
NE_RESIZE_CURSOR	

Tabelle 32: Vordefinerte Cursor-Konstanten

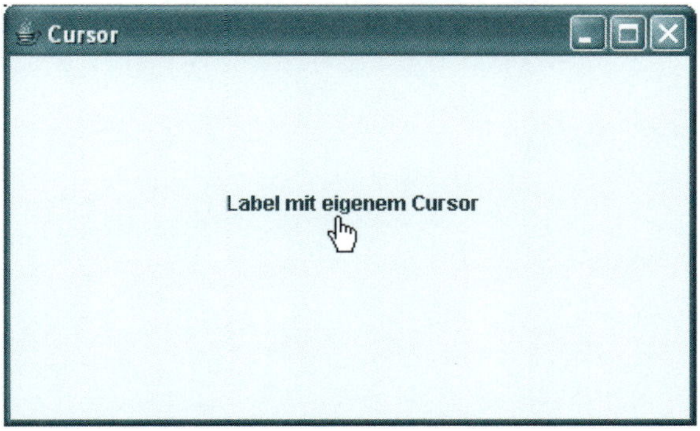

Abbildung 63: Cursor über Komponente

124 Komponenten mit Kontextmenü verbinden

Grundsätzlich stellt die Einrichtung eines Kontextmenüs keine allzu große Herausforderung für den Programmierer dar:

Das Kontextmenü (eine `JPopupMenu`-Instanz) wird analog zu dem Menü einer Menüleiste aus `JMenuItem`-Elementen aufgebaut und anschließend bei Bedarf durch Aufruf der `JPopupMenu`-Methode `show()` angezeigt.

Gerade der letzte Punkt ist aber nicht ganz so einfach zu implementieren, wie es auf den ersten Blick erscheint.

- Unter Linux soll das Kontextmenü geöffnet werden, wenn der Anwender in der Komponente die rechte Maustaste drückt.
- Unter Windows soll das Kontextmenü geöffnet werden, wenn der Anwender in der Komponente die rechte Maustaste drückt und wieder loslässt oder auf seiner Tastatur die Kontextmenü-Taste (soweit vorhanden) drückt.
- In jedem Fall sollte das Kontextmenü an der Position der Maus (bzw. des Textcursors) angezeigt werden.

Um allen drei Punkten gerecht zu werden, müssen Sie für die Komponente einen Mouse- und einen KeyAdapter registrieren und die MousePressed-, MouseReleased- und KeyPressed-Ereignisse überwachen:

```
public class Start extends JFrame {
   private JScrollPane scrollpane;
   private JTextArea   textpane;
   private JPopupMenu  contextmenu;

   public Start() {
      // Hauptfenster konfigurieren
      setTitle("Datei-Drag für JTextArea");
      getContentPane().setBackground(Color.LIGHT_GRAY);
```

Listing 157: Aus Start.java

```
// Scrollbare JTextArea einrichten
scrollpane = new JScrollPane();
textpane = new JTextArea();
scrollpane.getViewport().add(textpane, null);



// Kontextmenü mit Zwischenablagebefehlen für JTextArea aufbauen
contextmenu = new JPopupMenu();

JMenuItem cut = new JMenuItem("Ausschneiden");
cut.addActionListener(new ActionListener() {
   public void actionPerformed(ActionEvent e) {
      textpane.cut();
   }
});
JMenuItem copy = new JMenuItem("Kopieren");
copy.addActionListener(new ActionListener() {
   public void actionPerformed(ActionEvent e) {
      textpane.copy();
   }
});
JMenuItem paste = new JMenuItem("Einfügen");
paste.addActionListener(new ActionListener() {
   public void actionPerformed(ActionEvent e) {
      textpane.paste();
   }
});

contextmenu.add(cut);
contextmenu.add(copy);
contextmenu.add(paste);


// Kontextmenü mit JTextArea verbinden
// Öffnen beim Drücken der rechten Maustaste
textpane.addMouseListener(new MouseAdapter() {
   public void mousePressed(MouseEvent e) {
      if (e.isPopupTrigger())
         contextmenu.show(e.getComponent(), e.getX(), e.getY());
   }
   public void mouseReleased(MouseEvent e) {
      if (e.isPopupTrigger())
         contextmenu.show(e.getComponent(), e.getX(), e.getY());
   }
});
// Öffnen beim Drücken der Kontextmenü-Taste (Windows)
textpane.addKeyListener(new KeyAdapter() {
   public void keyReleased(KeyEvent e) {
      if (e.getKeyCode() == KeyEvent.VK_CONTEXT_MENU) {
         Point pos = textpane.getCaret().getMagicCaretPosition();
```

Listing 157: Aus Start.java (Forts.)

```
                if (pos == null)
                    contextmenu.show(textpane, 0, 0);
                else
                    contextmenu.show(textpane, pos.x, pos.y);
            }
        }
    });

    getContentPane().add(scrollpane, BorderLayout.CENTER);

    setDefaultCloseOperation(JFrame.EXIT_ON_CLOSE);
  }
...
}
```

Listing 157: Aus Start.java (Forts.)

In den `mousePressed()`- und `mouseReleased()`-Methoden prüfen Sie mittels `e.isPopupTrigger()`, ob das Kontextmenü angezeigt werden soll (wobei `e` das `MouseEvent`-Objekt ist). Wenn ja, blenden Sie das Kontextmenü am Ort des Mausklicks ein.

> **Hinweis**
>
> Die `getComponent()`-Methode des `MouseEvent`-Objekts liefert die Komponente, in die geklickt wurde; die Methoden `getX()` und `getY()` liefern die Position der Maus relativ zum Ursprung der Komponente.

In der `keyReleased()`-Methode prüfen Sie mittels `e.getKeyCode()`, ob die Kontextmenü-Taste gedrückt wurde (wobei `e` das `KeyEvent`-Objekt ist). Wenn ja, ermitteln Sie die Position des Textcursors in der Komponente und blenden das Kontextmenü am Ort des Cursors ein.

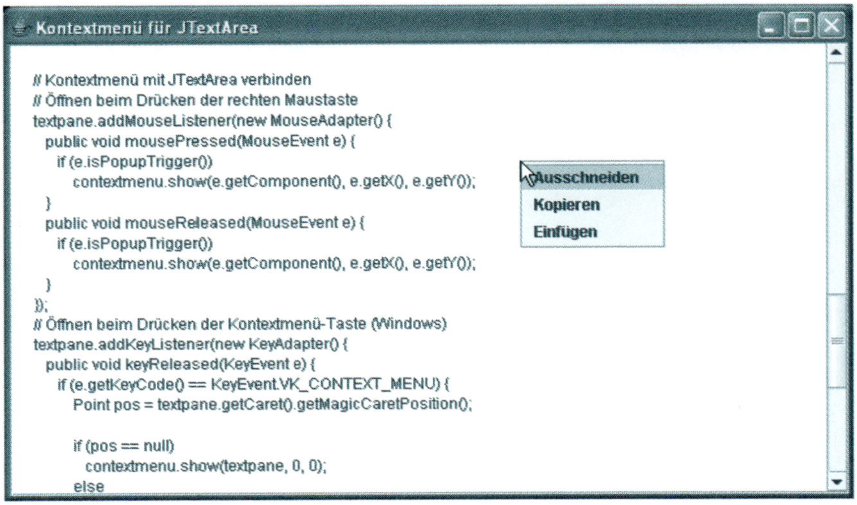

Abbildung 64: JTextArea mit Kontextmenü

125 Komponenten den Fokus geben

Um einer Komponente im aktiven Fenster den Fokus zu geben, brauchen Sie einfach nur die `Component`-Methode `requestFocusInWindow()` aufzurufen:

```
aComponent.requestFocusInWindow();
```

Ob die Komponente danach den Fokus auch wirklich erhält, hängt davon ab,

- ob die Komponente angezeigt werden kann und sichtbar ist (trifft beispielsweise nicht zu, wenn `setVisible(false)` für die Komponente aufgerufen wurde oder das Fenster mit der Komponente noch nicht aktiviert ist),
- ob die Komponente aktiviert ist (trifft beispielsweise nicht zu, wenn `setEnabled(false)` für die Komponente aufgerufen wurde),
- ob die Komponente den Fokus überhaupt entgegennehmen kann (trifft beispielsweise nicht für `JLabel` zu, kann aber durch Aufruf von `setFocusable(true)` geändert werden).

GUI

Achtung

Liefert `requestFocusInWindow()` den Wert `true` zurück, heißt dies nicht, dass die Komponente den Fokus erhalten hat, sondern nur, dass sie ihn wahrscheinlich erhalten wird. Ist der Rückgabewert dagegen `false`, bedeutet dies, dass die Komponente den Fokus definitiv nicht erhalten wird.

Achtung

Die Methode `requestWindow()`, die der aktuellen Komponente den Fokus übergibt und dazu notfalls auch das übergeordnete Fenster zum aktiven Fenster macht, führt auf verschiedenen Plattformen zu unterschiedlichen Ergebnissen und sollte daher eher nicht verwendet werden.

JLabel-Komponenten den Fokus zuweisen

`JLabel`-Komponenten sind per Voreinstellung so konfiguriert, dass sie nicht den Fokus erhalten. Wenn Sie dies ändern möchten, müssen Sie für die betreffende `JLabel`-Instanz zuerst `setFocusable(true)` und dann `requestFocusInWindow()` aufrufen:

```
lb.setFocusable(true);
lb.requestFocusInWindow();
```

Hinweis

Für `JLabel`-Komponenten gibt es keine vordefinierte grafische Kennzeichnung, anhand der der Anwender erkennen könnte, dass eine `JLabel`-Komponente den Fokus innehat. Möchten Sie eine solche Kennzeichnung vorsehen, können Sie beispielsweise so vorgehen, dass Sie die Fensterklasse das Interface `FocusListener` implementieren lassen und in den Methoden `focusGained()` und `focusLost()` dafür sorgen, dass eine entsprechende Kennzeichnung ein- bzw. ausgeblendet wird.

Festlegen, welche Komponente bei Start des Programms oder Aktivierung des Fensters den Fokus erhält

Wenn Sie festlegen möchten, welche Komponente eines Fensters beim Programmstart aktiviert ist, können Sie nicht so vorgehen, dass Sie im Konstruktor des Fensters nach Instanzierung der Komponente für diese `requestFocusInWindow()` aufrufen. Da das Fenster bei Ausführung des Konstruktors weder aktiv noch überhaupt sichtbar ist (die eingebetteten Komponenten folglich auch noch nicht sichtbar sind), geht die Fokusanforderung ins Leere.

Registrieren Sie stattdessen für das Fenster einen WindowListener und fordern Sie den Fokus in dessen windowOpened()-Definition an:

```
this.addWindowListener(new WindowAdapter() {
   public void windowOpened(WindowEvent e) {
       cb.requestFocusInWindow();
   }
});
```

Soll die besagte Komponente nicht nur beim Programmstart den Fokus erhalten, sondern immer, wenn der Anwender zu dem Fenster zurückkehrt und es aktiviert, überschreiben Sie die Methode windowActivated():

```
this.addWindowListener(new WindowAdapter() {
   public void windowActivated(WindowEvent e) {
       cb.requestFocusInWindow();
   }
});
```


Hinweis

Das Start-Programm zu diesem Rezept demonstriert die drei oben angesprochenen Techniken:

Als Antwort auf das Drücken des Schalters FOKUS AUF CHECKBOX 2 wird der CheckBox-Komponente cb2 der Fokus zugewiesen.

Als Antwort auf das Drücken des Schalters FOKUS AUF LABEL wird der Label-Komponente lb der Fokus zugewiesen (nachdem sie zuvor so konfiguriert wurde, dass sie den Fokus entgegennehmen kann).

Bei Aktivierung des Fensters wird der Fokus automatisch an die zweite CheckBox-Komponente cb2 übergeben.

126 Die Fokusreihenfolge festlegen

Auf den meisten Plattformen können Anwender mit Hilfe der [Tab]-Taste den Fokus von einer Komponente zur nächsten weitergeben. Die Reihenfolge, in der die Komponenten in einem Container auf diese Weise durchlaufen werden, wird durch eine so genannte Focus Traversal Policy festgelegt.

Focus Traversal Policy-Klassen	Beschreibung
ContainerOrderFocusTraversalPolicy	Durchläuft die Komponenten in der Reihenfolge, in der sie in den Container eingefügt wurden.
DefaultFocusTraversalPolicy	Standard Wie ContainerOrderFocusTraversalPolicy, übergeht aber AWT-Komponenten, deren Peers auf der aktuellen Plattform keinen Fokus erhalten können. (Es sei denn, die Komponente wird im Programmcode explizit als fokussierbar deklariert, beispielsweise durch Aufruf von setFocusable(true).)

Tabelle 33: Vordefinierte Focus Traversal Policy-Klassen

Focus Traversal Policy-Klassen	Beschreibung
SortingFocusTraversalPolicy	Legt die Reihenfolge mit Hilfe eines Comparators fest, der dem Konstruktor zu übergeben ist.
LayoutFocusTraversalPolicy	Legt die Reihenfolge anhand der Größe, Position und Orientierung der Komponenten fest.

Tabelle 33: Vordefinierte Focus Traversal Policy-Klassen (Forts.)

Ein Container, für den keine eigene Focus Traversal Policy eingerichtet wurde, übernimmt die Focus Traversal Policy seiner übergeordneten Focus Cycle Root. Was aber ist eine Focus Cycle Root? Wie Sie wissen, kann ein Container Komponenten und untergeordnete Container enthalten, die selbst wiederum Komponenten und untergeordnete Container enthalten können. Ein Container, der eine Focus Cycle Root ist, definiert eine Fokusreihenfolge für alle in ihm enthaltenen Komponenten (auch derjenigen in den untergeordneten Containern). Die untergeordneten Container können für die in ihnen eingebetteten Komponenten eine abweichende Fokusreihenfolge (Policy) festlegen, bleiben aber weiterhin Teil des Fokuszyklus der Focus Cycle Root. Solange der Anwender die [Tab]-Taste drückt, bleibt er im Kreis der Komponenten der aktuellen Focus Cycle Root. Um in den Kreis einer anderen Focus Cycle Root zu springen, muss er sich spezieller, plattformabhängiger Tastenkombinationen oder der Maus bedienen. Fenster sind per Voreinstellung Focus Cycle Roots, Container können durch Aufruf von `setFocusCycleRoot(true)` zu eben solchen gemacht werden.

Eigene Focus Traversal Policies

Um eine eigene Focus Traversal Policy zu implementieren, müssen Sie eine Klasse von `FocusTraversalPolicy` ableiten und die Methoden `getComponentAfter()`, `getComponentBefore()`, `getDefaultComponent()`, `getInitialComponent()`, `getFirstComponent()` und `getLastComponent()` überschreiben.

Die Klasse `ListFocusTraversalPolicy` beispielsweise übernimmt über den Konstruktor eine Auflistung oder ein Array von Komponenten und setzt den Fokus gemäß der Reihenfolge der Komponenten in diesem Array. (Tatsächlich setzt sie den Fokus natürlich nicht selbst, sondern meldet über ihre Methoden jeweils die Komponente zurück, der der Fokus übergeben werden soll.)

```
import java.awt.*;
import java.awt.event.*;
import javax.swing.*;

/**
 * Klasse, die die Fokusreihenfolge festlegt
 */
public class ListFocusTraversalPolicy  extends FocusTraversalPolicy  {

    private Component[] components;  // Array der Komponenten
    private int pos;                 // Positionszeiger

    // Konstruktor
    public ListFocusTraversalPolicy(Component... components) {
       this.components = components;
```

Listing 158: ListFocusTraversalPolicy reicht den Fokus gemäß der Reihenfolge der Komponenten in der übergebenen Auflistung weiter.

```
        // Positionszeiger auf 1. Komponente setzen
        pos = 0;
    }

    // Referenz auf nachfolgende Komponente zurückliefern
    public Component getComponentAfter(Container focusCycleRoot,
                                       Component active) {

        if(pos+1 == components.length) {
            pos = 0;
        } else {
            ++pos;
        }

        return components[pos];
    }

    // Referenz auf vorangehende Komponente zurückliefern
    public Component getComponentBefore(Container focusCycleRoot,
                                        Component active) {
        if(pos == 0) {
            pos = components.length;
        } else {
            --pos;
        }

        return components[pos];
    }

    // Referenz auf die Komponente zurückliefern, die bei Eintritt in einen
    // neuen Fokuszyklus als Erstes den Fokus erhalten soll
    public Component getDefaultComponent(Container cont) {

        return components[0];
    }

    // Referenz auf die Komponente zurückliefern, die beim ersten Erscheinen
    // des Fensters den Fokus erhalten soll
    public Component getDefaultComponent(Window win) {

        return components[0];
    }

    // Referenz auf die erste Komponente im Zyklus zurückliefern
    public Component getFirstComponent(Container cont) {

        return components[0];
    }
```

Listing 158: ListFocusTraversalPolicy reicht den Fokus gemäß der Reihenfolge der Komponenten in der übergebenen Auflistung weiter. (Forts.)

```
    // Referenz auf die letzte Komponente im Zyklus zurückliefern
    public Component getLastComponent(Container cont) {

       return components[components.length];
    }
 }
```

Listing 158: ListFocusTraversalPolicy reicht den Fokus gemäß der Reihenfolge der Komponenten in der übergebenen Auflistung weiter. (Forts.)

Einen Container als Focus Traversal Policy Provider einrichten

1. Erzeugen Sie die eine Instanz der Focus Traversal Policy.
2. Deklarieren Sie den Container als Focus Traversal Policy Provider, indem Sie `setFocusTraversalPolicyProvider(true)` aufrufen.
3. Legen Sie die Traversal Policy fest, indem Sie die in Schritt 1 erzeugte Instanz an die Methode `setFocusTraversalPolicy()` übergeben.

```
// Den JPanel-Container p zum Focus Traversal Policy Provider machen
ListFocusTraversalPolicy ftp = new ListFocusTraversalPolicy(rb3, rb2, rb1);
p.setFocusTraversalPolicyProvider(true);
p.setFocusTraversalPolicy(ftp);
```

Einen Container als Focus Cycle Root einrichten

1. Erzeugen Sie eine Instanz der Focus Traversal Policy.
2. Deklarieren Sie den Container als Focus Cycle Root, indem Sie `setFocusCycleRoot(true)` aufrufen.
3. Legen Sie die Traversal Policy fest, indem Sie die in Schritt 1 erzeugte Instanz an die Methode `setFocusTraversalPolicy()` übergeben.

```
// Den JPanel-Container p zur Focus Cycle Root machen
ListFocusTraversalPolicy ftp = new ListFocusTraversalPolicy(c3, c2, c1);
p.setFocusCycleRoot(true);
p.setFocusTraversalPolicy(ftp);
```

127 Fokustasten ändern

Sun empfiehlt, dass unter Windows und Unix folgende Tasten für die Weiterleitung des Fokus verwendet werden:

	TextArea	Andere Komponenten
Nächste Komponente	Drücken von: [Strg] + [Tab]	Drücken von: [Tab] oder [Strg] + [Tab]
Vorangehende Komponente	Drücken von: [⇧] + [Strg] + [Tab]	Drücken von: [⇧] + [Tab] oder [⇧] + [Strg] + [Tab]

Tabelle 34: Empfohlene und vordefinierte Tasten für die Fokusweitergabe (innerhalb eines Focus Cycle)

Trotzdem ist es möglich, in bestimmten Fällen – beispielsweise auf Wunsch eines Kunden – auch andere Tasten für die Fokusweitergabe zu registrieren.

Die Registrierung von Tasten für die Fokusweitergabe geschieht immer auf der Ebene eines Containers.

1. Mit der `Container`-Methode `getFocusTraversalKeys(int id)` lassen Sie sich eine `Set<AWTKeyStroke>`-Collection der aktuell registrierten Fokus-Traversal-Keys zurückliefern.

   Als ID übergeben Sie eine der folgenden Konstanten:

   - `KeyboardFocusManager.FORWARD_TRAVERSAL_KEYS` – Tasten, die zur nachfolgenden Komponente springen
   - `KeyboardFocusManager.BACKWARD_TRAVERSAL_KEYS` – Tasten, die zur vorangehenden Komponente springen
   - `KeyboardFocusManager.UP_CYCLE_TRAVERSAL_KEYS` – Tasten, die zum übergeordneten Fokus-Cycle wechseln
   - `KeyboardFocusManager.DOWN_CYCLE_TRAVERSAL_KEYS` – Tasten, die zum untergeordneten Fokus-Cycle wechseln

2. Erzeugen Sie eine Kopie der Tasten-Collection. (Das Original-Set kann nicht verändert werden.)
3. Erweitern Sie die neue Tasten-Collection um weitere Tasten oder entfernen Sie bestehende Tasten.
4. Weisen Sie die neue Tasten-Collection mit `setFocusTraversalKeys(int id, Set<? extends AWTKeyStroke> keystrokes)` dem Container zu.

Die nachfolgende Klasse definiert drei statische Methoden, mit denen man den aktuellen Satz von Fokus-Traversal-Tasten erweitern, reduzieren oder ersetzen kann.

```
import java.awt.*;
import java.util.*;

public class MoreGUI {

    // Instanzbildung unterbinden
    private MoreGUI() { }

    /**
     * Fügt der Liste der Fokus-Traversal-Tasten eine weitere zu
     */
    public static void addTraversalKey(Container c,
                                       int traversalCode, int keyCode) {

      // Aktuelle Traversal-Tasten abfragen
      HashSet<AWTKeyStroke> keys =
          new HashSet<AWTKeyStroke>(c.getFocusTraversalKeys(traversalCode));
```

Listing 159: MoreGUI.java – statische Hilfsmethoden zur Registrierung von Fokus-Traversal-Tasten

```
      // Taste hinzufügen
      keys.add(AWTKeyStroke.getAWTKeyStroke(keyCode,0,false));

      // Neue Traversal-Tasten registrieren
      c.setFocusTraversalKeys(traversalCode, keys);
    }


    /**
     * Entfernt eine Taste aus der Liste der Fokus-Traversal-Tasten
     */
    public static void removeTraversalKey(Container c,
                                          int traversalCode, int keyCode) {

      // Aktuelle Traversal-Tasten abfragen
      HashSet<AWTKeyStroke> keys =
          new HashSet<AWTKeyStroke>(c.getFocusTraversalKeys(traversalCode));

      // Taste entfernen
      keys.remove(AWTKeyStroke.getAWTKeyStroke(keyCode,0,false));

      // Neue Traversal-Tasten registrieren
      c.setFocusTraversalKeys(traversalCode, keys);
    }


    /**
     * Tauscht die Liste der Fokus-Traversal-Tasten gegen eine Taste aus
     */
    public static void replaceTraversalKey(Container c,
                                           int traversalCode, int keyCode) {

      // Neues Set erzeugen
      HashSet<AWTKeyStroke> keys = new HashSet<AWTKeyStroke>(1);
      keys.add(AWTKeyStroke.getAWTKeyStroke(keyCode,0,false));

      // Neue Traversal-Tasten registrieren
      c.setFocusTraversalKeys(traversalCode, keys);
    }
}
```

Listing 159: MoreGUI.java – statische Hilfsmethoden zur Registrierung von Fokus-Traversal-Tasten (Forts.)

Das Start-Programm zu diesem Rezept enthält zwei Eingabefelder und zwei Schalter zum Testen der Fokusweitergabe. Über die Schalter können Sie die `Enter`-Taste als zusätzliche Fokus-Traversal-Tasten einrichten bzw. löschen.

```
// <Return-Taste> als zusätzliche Fokus-Traversal-Taste einrichten
JButton btnAdd = new JButton("<Return> hinzufügen");
```

Listing 160: Aus Start.java

```
btnAdd.setBounds(10,100,185,25);
btnAdd.addActionListener(new ActionListener() {
    public void actionPerformed(ActionEvent e) {
        MoreGUI.addTraversalKey(contentPane,
                    KeyboardFocusManager.FORWARD_TRAVERSAL_KEYS,
                    KeyEvent.VK_ENTER);
    }
});
contentPane.add(btnAdd);

// <Return-Taste> als Fokus-Traversal-Taste entfernen
JButton btnRemove = new JButton("<Return> entfernen");
btnRemove.setBounds(205,100,185,25);
btnRemove.addActionListener(new ActionListener() {
    public void actionPerformed(ActionEvent e) {
        MoreGUI.removeTraversalKey(contentPane,
                    KeyboardFocusManager.FORWARD_TRAVERSAL_KEYS,
                    KeyEvent.VK_ENTER);
    }
});
contentPane.add(btnRemove);
```

Listing 160: Aus Start.java (Forts.)

Hinweis

Eine Liste der in KeyEvent definierten Tastencodes finden Sie im Anhang.

128 Eingabefelder mit Return verlassen

Es widerspricht zwar den offiziellen Sun-Empfehlungen zur Fokusweiterleitung (*siehe Rezept 126*), aber viele Anwender wissen es zu schätzen, wenn sie Eingabefelder nach der Bearbeitung durch Drücken der [Enter]-Taste verlassen können.

Wie Sie dieses Verhalten implementieren, indem Sie die [Enter]-Taste als Fokus-Traversal-Taste für alle Komponenten in einem Container registrieren, haben Sie in *Rezept 127* gesehen. Sollen nur Eingabefelder oder einzelne Komponenten durch Drücken der [Enter]-Taste verlassen werden, müssen Sie dagegen so vorgehen, dass Sie für die betreffenden Komponenten einen passenden KeyListener registrieren:

```
aComponent.addKeyListener(new KeyAdapter() {
   public void keyReleased(KeyEvent e) {
      if (e.getKeyCode() == KeyEvent.VK_ENTER) {
         KeyboardFocusManager kfm;
         kfm = KeyboardFocusManager.getCurrentKeyboardFocusManager();
```

Listing 161: Aus Start.java – KeyListener, der beim Drücken der [Enter]-Taste den Fokus an die nächste Komponente weitergibt.

```
            kfm.focusNextComponent(e.getComponent());
        }
    }
});
```

Listing 161: Aus Start.java – KeyListener, der beim Drücken der [Enter]-Taste den Fokus an die nächste Komponente weitergibt. (Forts.)

Um den Fokus weiterzugeben, lassen Sie sich eine Referenz auf den aktuellen `KeyboardFocusManager` zurückliefern und rufen dessen `focusNextComponent()`-Methode mit der aktuellen Komponente (die verlassen werden soll) als Argument auf.

GUI

129 Dialoge mit Return (oder Esc) verlassen

Nicht selten werden Anwender mit Dialogen konfrontiert, die sie nach einem kurzen, flüchtigen Blick gleich wieder schließen möchten. Schön, wenn der Dialog dann durch Drücken der [Enter]-Taste beendet werden kann. In Java ist eine solche Funktionalität über den Umweg einer InputMap leicht zu implementieren.

Jede Swing-Komponente verfügt über eine ActionMap und eine InputMap, die zusammen festlegen, welche tastaturgesteuerten Aktionen für die Komponente ausgelöst werden können. Die ActionMap speichert die Aktionen, die ausgeführt werden können, und die InputMap verknüpft diese Aktionen mit Tasten.

Als Beispiel betrachten Sie den Dialog aus Abbildung 65.

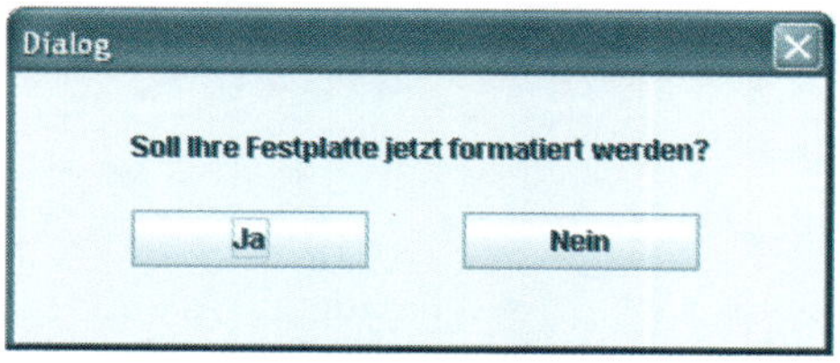

Abbildung 65: Dialog, der direkt mit [Enter] oder [Esc] verlassen werden kann.

Wie kann man diesen Dialog so implementieren, dass er direkt nach dem Aufspringen wahlweise mit [Enter], als Entsprechung für den JA-Schalter, oder mit [Esc], als Entsprechung für den NEIN-Schalter, verlassen werden kann?

Da Tastaturaktionen nur ausgeführt werden, wenn die zugehörige Komponente den Fokus besitzt, gehen wir so vor, dass wir

- dem JA-Schalter beim Öffnen des Dialogs den Fokus zuteilen,
- in der ActionMap des JA-Schalters die Action-Objekte eintragen, die sowohl mit dem JA- als auch dem NEIN-Schalter verbunden sind,
- in der InputMap des JA-Schalters die Action-Objekte mit `KeyStroke`-Objekten für die gedrückten [Enter]- und [Esc]-Tasten verbinden.

Hier der Code der Dialog-Klasse:

```
import java.awt.*;
import java.awt.event.*;
import javax.swing.*;

class DemoDialog extends JDialog {
   private JPanel contentPane;
   private JButton btnYes;
   private JButton btnNo;

   public DemoDialog(Frame owner, String title) {
       super(owner, title);
       contentPane = (JPanel) getContentPane();

       setSize(350, 150);
       setResizable(false);
       contentPane.setLayout(null);

       JLabel lb =
                  new JLabel("Soll Ihre Festplatte jetzt formatiert werden?");
       lb.setBounds(50,20,250,25);
       contentPane.add(lb);


       // Hilfsvariablen für Schalter-Konfiguration
       YesAction yes = new YesAction();
       NoAction   no = new NoAction();
       KeyStroke yeskey = KeyStroke.getKeyStroke(KeyEvent.VK_ENTER,0,false);
       KeyStroke nokey = KeyStroke.getKeyStroke(KeyEvent.VK_ESCAPE,0,false);

       // No- und Yes-Schalter erzeugen
       btnYes = new JButton();
       btnYes.setBounds(new Rectangle(50, 60, 100, 25));
       btnYes.setAction(no);
       btnYes.setText("Ja");
       getContentPane().add(btnYes);

       btnNo = new JButton();
       btnNo.setBounds(new Rectangle(190, 60, 100, 25));
       btnNo.setAction(no);
       btnNo.setText("Nein");
       getContentPane().add(btnNo);

       // Aktionen in ActionMap des Yes-Schalters eintragen
       btnYes.getActionMap().put("yes", yes);
       btnYes.getActionMap().put("no", no);

       // Aktionen mit Tasten verbinden
       btnYes.getInputMap().put(yeskey, "yes");
       btnYes.getInputMap().put(nokey, "no");
```

Listing 162: Aus Start.java

```
         // Dem Schalter beim Öffnen des Dialogs den Fokus zuweisen
         addWindowListener(new WindowAdapter() {
            public void windowOpened(WindowEvent e) {
               btnYes.requestFocusInWindow();
            }
         });
      }

      // Action-Klassen für Schalter
      private class YesAction extends AbstractAction {
         public void actionPerformed(ActionEvent e) {
            System.out.println("Krrrrrrrrrrrrrr");
            setVisible(false);
         }
      }
      private class NoAction extends AbstractAction {
         public void actionPerformed(ActionEvent e) {
            System.out.println("Schade, dann eben nicht");
            setVisible(false);
         }
      }
   }
```

Listing 162: Aus Start.java (Forts.)

130 Transparente Schalter und nichttransparente Labels

Die Transparenz von Swing-Komponenten wird über die Methode `setOpaque()` gesteuert, der Sie `true` (für nichttransparent) und `false` (für transparent) übergeben können. Allerdings dürfen Sie nicht erwarten, dass die Einstellung mit `setOpaque()` auch für jede Komponente zum gewünschten Ergebnis führt. Über `setOpaque()` nimmt die Komponente nämlich lediglich Ihren Wunsch entgegen. Ob die Komponente diesen auch berücksichtigt, hängt von ihrer internen Implementierung ab.

Für Labels (`JLabel`) gilt beispielsweise, dass sie per Voreinstellung transparent sind und mit `setOpaque(true)` auf nichttransparente Darstellung umgestellt werden können.

```
JLabel lb = new JLabel("Titel");
...
lb.setOpaque(true);                          // nicht transparentes Label
```

Für Schalter (`JButton`) gilt dagegen, dass sie per Voreinstellung nicht transparent sind und auch nicht mit `setOpaque(false)` auf transparente Darstellung umgestellt werden können. Stattdessen müssen Sie für Schalter deren Methode `setContentAreaFilled()` aufrufen.

```
JButton btn = new JButton("Klick mich");
...
btn.setContentAreaFilled(false);             // transparenter Schalter
```

Achtung

Damit die veränderte Darstellung auf dem Bildschirm sichtbar wird, muss die Komponente neu gezeichnet werden – beispielsweise indem Sie `repaint()` für das übergeordnete Fenster aufrufen.

Transparenz in eigenen Komponenten

Wenn Sie eine eigene Swing-Komponente definieren und dabei `paintComponent()` überschreiben, sollten Sie grundsätzlich als erste Anweisung die geerbte `paintComponent()`-Version aufrufen, was – sofern alle Basisklassen dieser Regel folgen – letzten Endes zum Aufruf der `JComponent`-Version führt.

```
public void paintComponent(Graphics g) {
    super.paintComponent(g);
    ...
```

Auf diese Weise wird sichergestellt, dass die Swing-Komponente hinsichtlich ihrer Transparenz das gewünschte Verhalten zeigt (sprich die `setOpaque()`-Einstellung berücksichtigt). Wenn Sie die Basisklassenversion von `paintComponent()` nicht aufrufen, sollten Sie unbedingt in Ihrer `paintComponent()`-Version selbst mit `isOpaque()` abfragen, ob der Benutzer der Komponente eine nichttransparente Darstellung wünscht, und dann dafür sorgen, dass der Hintergrund der Komponente komplett ausgefüllt wird – ansonsten kann es zu unschönen Artefakten kommen, wenn für die Komponente `setOpaque(true)` aufgerufen wird.

Die Klasse `TransparentButton` demonstriert dies anhand eines Schalters, der im Gegensatz zu `JButton` mit Hilfe von `setOpaque()` zwischen transparenter und nichttransparenter Darstellung umgeschaltet werden kann.

```
import java.awt.*;
import javax.swing.*;

/**
 * Klasse für durchsichtige Schalter
 */
public class TransparentButton extends JButton {

    public TransparentButton() {
        super();
    }
    public TransparentButton(Action a) {
        super(a);
    }
    public TransparentButton(Icon icon) {
        super(icon);
    }
    public TransparentButton(String text) {
        super(text);
    }
    public TransparentButton(String text, Icon icon) {
        super(text, icon);
```

Listing 163: TransparentButton.java

```
   }

   /**
    * Um transparenten Schalter zu zeichnen, darf super.paintComponent(g)
    * nicht aufgerufen werden. Dafür muss isOpaque() abgefragt und die
    * Komponente bei Bedarf nicht-transparent gezeichnet werden
    */
   public void paintComponent(Graphics g) {

      // Hintergrund füllen, wenn nicht transparent
      if (isOpaque()) {
         g.setColor(getBackground());
         g.fillRect(0, 0, getWidth(), getHeight());
      }

      // Komponente zeichnen lassen
      getUI().paint(g,this);
   }
}
```

Listing 163: TransparentButton.java (Forts.)

Das Start-Programm zu diesem Rezept zeigt vor dem Hintergrund einer Küstenlandschaft ein Label (am oberen Rand, `BorderLayout.NORTH`) und einen `TransparentButton`-Schalter (am oberen Rand, `BorderLayout.SOUTH`). Das Label ist anfangs transparent, der Schalter nichttransparent. Durch Klick auf den Schalter kann die Transparenz beider Komponenten umgeschaltet werden.

Beachten Sie, dass nach Umschaltung der Transparenz das Fenster mit `repaint()` neu gezeichnet wird.

```
import java.awt.*;
import java.awt.event.*;
import javax.swing.*;
import java.awt.Image;
import javax.imageio.ImageIO;
import java.io.File;
import java.io.IOException;

public class Start extends JFrame {
   private Image bgImage = null;
   private JLabel lb;
   private TransparentButton btn;
   private JFrame frame;

   // innere Klasse für ContentPane
   private class ContentPane extends JPanel {

      public ContentPane() {
         setLayout(new BorderLayout());
```

Listing 164: Demo-Programm zur Transparenz

```
      }
      public void paintComponent(Graphics g) {
         super.paintComponent(g);

         // Hintergrundbild in Panel zeichnen
         if (bgImage != null)
            g.drawImage(bgImage, 0, 0,
                        this.getWidth(), this.getHeight(), this);
      }
   }


   public Start() {
      frame = this;
      setTitle("Transparenz");

      // Bilddatei laden
      try {
          bgImage = ImageIO.read(new File("background.jpg"));
      } catch(IOException ignore) {
      }

      setContentPane(new ContentPane());

      lb = new JLabel("Küstenansicht", SwingConstants.CENTER);
      getContentPane().add(lb, BorderLayout.NORTH);

      btn = new TransparentButton("Transparenz ändern");
      btn.addActionListener(new ActionListener() {
          public void actionPerformed(ActionEvent e) {
             lb.setOpaque(!lb.isOpaque());
             btn.setOpaque(!btn.isOpaque());
             frame.repaint();
          }
      });
      getContentPane().add(btn, BorderLayout.SOUTH);


      setDefaultCloseOperation(JFrame.EXIT_ON_CLOSE);
   }

   public static void main(String args[]) {
      Start frame = new Start();
      frame.setSize(500,300);
      frame.setLocation(300,300);
      frame.setVisible(true);
   }

}
```

Listing 164: Demo-Programm zur Transparenz (Forts.)

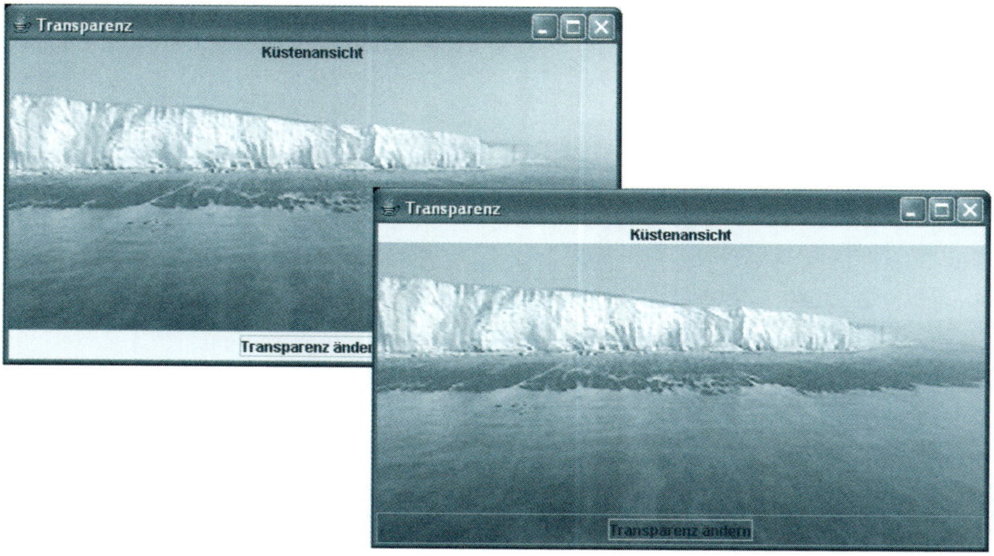

Abbildung 66: Swing-Komponenten mit wechselnder Transparenz

131 Eingabefeld für Währungsangaben (inklusive InputVerifier)

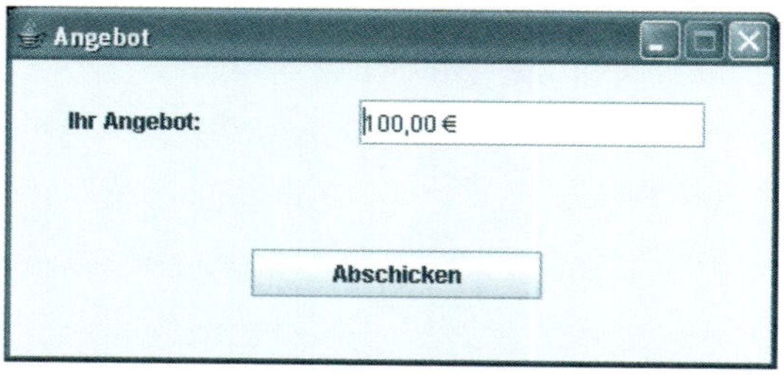

Abbildung 67: Fenster mit JMoneyTextField-Eingabefeld

In diesem Rezept geht es um ein Eingabefeld, welches

- Benutzereingaben als Währungsangaben formatiert (sprich als Gleitkommazahlen mit zwei Nachkommastellen zurückliefern kann).
- Benutzereingaben automatisch verifiziert (Eingaben, die nicht dem gewünschten Format entsprechen, werden abgelehnt, d.h., das Eingabefeld behält seinen alten Wert und der Anwender kann das Eingabefeld nicht durch Drücken der [Tab]-Taste verlassen).

Wer sich im Dschungel der Swing-Komponenten ein wenig auskennt, wird sicher zustimmen, dass sich für die Implementierung eines solchen Eingabefelds die Klasse `JFormattedTextField` als Basisklasse förmlich aufdrängt.

`JFormattedTextField`-Eingabefelder unterscheiden sich von `JTextField`-Eingabefeldern dadurch, dass sie intern mit einem Formatierer (Instanz einer `AbstractFormatter`-Klasse) zusammenarbeiten. Neben den üblichen setText()- und getText()-Methoden, die Text unverändert in das Eingabefeld schreiben bzw. dessen Text unverändert zurückliefern, stellt JFormattedTextField noch zwei alternative setValue()- und getValue()-Methoden zur Verfügung:

- setValue() nimmt ein Objekt entgegen und übergibt es an den internen Formatierer, der es in einen String verwandelt und im Eingabefeld anzeigt.

  Typ des Objekts und Formatierer müssen zusammenpassen. Arbeitet das Eingabefeld beispielsweise mit einem NumberFormatter zusammen, können Objekte der Klasse Number und ihrer abgeleiteten Klassen, wie Integer, Double etc., übergeben werden.
- getValue() wandelt umgekehrt den Wert des Eingabefeldes mit Hilfe des internen Formatierers in ein entsprechendes Objekt um (der Typ des Objekts hängt vom Formatierer ab) und liefert dieses zurück.

Achtung

Der von getValue() zurückgelieferte Wert ist nicht notwendigerweise der Text, der im Eingabefeld zu sehen ist! (Siehe nachfolgende Erläuterung.)

Wichtig ist, zwischen »Wert« und »Text« eines JFormattedTextField-Eingabefelds zu unterscheiden. Der »Text« ist der String, der im Eingabefeld angezeigt wird (entspricht dem Text des JTextField-Eingabefelds). Tippt der Anwender etwas in das Eingabefeld ein, ändert er den »Text«. Den geänderten Text übergibt die Komponente an den internen Formatierer, der entweder nach jeder Änderung, spätestens aber bei Drücken der [Enter]-Taste oder beim Verlassen des Textfelds, den Text zu formatieren versucht. Ist die Formatierung möglich, wird der formatierte Text zum neuen »Text« und auch der »Wert« des Eingabefelds wird aktualisiert.

Die Aktualisierung des »Werts« kann durch Aufruf der Methode commitEdit() auch jederzeit vom Programmcode aus angestoßen werden.

Die Klasse JMoneyTextField

Nach diesen Vorbemerkungen zur Klasse JFormattedTextField kommen wir zum Code des JMoneyTextField-Eingabefelds.

```
import javax.swing.*;
import javax.swing.text.*;
import java.text.*;
import java.util.Locale;

/*
 * Formatiertes Textfeld für Währungsangaben
 *         gibt den Fokus nur weiter, wenn die aktuelle Eingabe
 *         korrekt formatiert ist.
 */
public class JMoneyTextField extends JFormattedTextField {
   private InputVerifier inVeri = new JMoneyTextFieldVerifier();

   /*
```

Listing 165: Klasse des Eingabefelds für Währungsangaben (aus JMoneyTextField.java)

```
     * Konstruktor, erzeugt Währungsfeld für Locale.GERMANY
     */
    public JMoneyTextField() {

       // Format für Textfeld erzeugen
       NumberFormat formatOffer =
                         NumberFormat.getCurrencyInstance(Locale.GERMANY);

       // Formatierer-Factory für Währungsangaben erzeugen und registrieren
       AbstractFormatterFactory ff =
            new DefaultFormatterFactory(new NumberFormatter(formatOffer));
       setFormatterFactory(ff);

       // Falsche Eingaben stehen lassen
       setFocusLostBehavior(JFormattedTextField.COMMIT);

       // InputVerifier registrieren
       setInputVerifier(inVeri);
    }


    /*
     * Konstruktor, erzeugt Währungsfeld für angegebene Locale
     */
    public JMoneyTextField(Locale loc) {

       // Formatierer für Textfeld erzeugen
       NumberFormat formatOffer = NumberFormat.getCurrencyInstance(loc);

       // Formatierer-Factory für Währungsangaben erzeugen und registrieren
       AbstractFormatterFactory ff =
            new DefaultFormatterFactory(new NumberFormatter(formatOffer));
       setFormatterFactory(ff);

       // Falsche Eingaben stehen lassen
       setFocusLostBehavior(JFormattedTextField.COMMIT);

       // InputVerifier registrieren
       setInputVerifier(inVeri);
    }
}
```

Listing 165: Klasse des Eingabefelds für Währungsangaben (aus JMoneyTextField.java) (Forts.)

Die von `JFormattedTextField` abgeleitete Klasse `JMoneyTextField` besteht aus zwei Konstruktoren, die sich lediglich darin unterscheiden, dass der erste Konstruktor ohne Argument aufgerufen wird und die Währungsangaben nach der Lokale für Deutschland formatiert, während der zweite Konstruktor die zu verwendende Lokale als Argument entgegennimmt.

In den Konstruktoren wird dann zuerst eine NumberFormat-Instanz erzeugt, die Zahlenwerte gemäß der angegebenen Lokale als Währungsangaben formatiert (also mit zwei Nachkommastellen und Währungssymbol). Auf der Basis dieser Instanz wird dann ein Formatierer-Factory erzeugt, vom welchem die Komponente intern bei Bedarf die benötigten Formatierer-Instanzen bezieht.

Schließlich wird noch festgelegt, wie die Komponente sich verhalten soll, wenn sie den Fokus verliert. Statt des Standardverhaltens (JFormattedTextField.COMMIT_OR_REVERT), welches im Falle einer fehlerhaften Eingabe den alten Text einblendet, wird das Verhalten JFormattedTextField.COMMIT gewählt, welches die fehlerhafte Eingabe (hoffentlich zur Nachbesserung durch den Anwender) stehen lässt.

Eingabenüberprüfung mittels InputVerifier

Die letzte Besonderheit der Komponente ist, dass Sie einen InputVerifier verwendet. InputVerifier sind Klassen, die von der abstrakten Basisklasse InputVerifier abgeleitet sind und von dieser zwei Methoden erben:

- boolean verify(JComponent input)
- boolean shouldYieldFocus(JComponent input)

Swing-Komponenten, für die mittels setInputVerifier() eine InputVerify-Instanz registriert wurde, rufen jedes Mal, wenn sie den Fokus verlieren, die shouldYieldFocus()-Methode ihres InputVerifiers auf. Die shouldYieldFocus()-Methode ruft intern die verify()-Methode auf, welche entscheidet, ob der Fokus wirklich weitergegeben (Rückgabewert true) oder doch behalten werden soll (false). Der Rückgabewert wird von der shouldYieldFocus()-Methode an die Komponente weitergeleitet, die den Fokus daraufhin abgibt oder behält.

Einen eigenen InputVerifier für eine Komponente zu schreiben, bedeutet demnach, eine Klasse von InputVerifier abzuleiten und die abstrakte verify()-Methode zu überschreiben.

Der InputVerifier für die Klasse JMoneyTextField soll prüfen, ob die vom Anwender eingetippte Eingabe dem gewünschten Währungsformat (inklusive Währungssymbol) entspricht. Wenn dies nicht der Fall ist, soll der InputVerifier false zurückliefern, damit die Komponente den Fokus behält, bis der Anwender die Eingabe korrigiert hat.

Achtung

Der InputVerifier-Mechanismus kontrolliert nur die Fokusweitergabe mittels der Fokus-Traversal-Tasten (*siehe auch Rezept 127*). Der Anwender kann den Kontrollmechanismus jederzeit umgehen, indem er mit der Maus auf eine andere Komponente klickt.

```
class JMoneyTextFieldVerifier extends InputVerifier {

   public boolean verify(JComponent input) {

     if (input instanceof JFormattedTextField) {
        // InputVerifier wurde für JFormattedTextField registriert
        // -> prüfe Eingabe mit Formatter des Textfelds
```

Listing 166: InputVerifier für JFormattedTextField-Komponenten (aus JMoneyTextField.java)

```
            JFormattedTextField ftf = (JFormattedTextField) input;
            JFormattedTextField.AbstractFormatter formatter = ftf.getFormatter();

            if (formatter != null) {
               try {
                   formatter.stringToValue(ftf.getText());
                   return true;
               } catch (ParseException e) {
                   return false;
               }
            } else
               return true;

         } else {
             // InputVerifier wurde für irgendeine andere Komponente registriert
             // -> Eingabe durchlassen
             return true;
         }
      }
   }
```

Listing 166: InputVerifier für JFormattedTextField-Komponenten (aus JMoneyTextField.java) (Forts.)

Der hier vorgestellte InputVerifier ist generisch für beliebige `JFormattedTextField`-Komponenten implementiert, d.h., er liest den Text aus dem Eingabefeld und prüft ihn mit Hilfe des Formatierers, den auch die `JFormattedTextField`-Komponenten verwenden.

> **Hinweis**
>
> InputVerifier sind weder auf `JFormattedTextField`-Komponenten noch auf die Überprüfung des Eingabeformats festgelegt. Beispielsweise könnte man `JMoneyTextFieldVerifier` auch so implementieren, dass neben dem Format auch gleich der Wertebereich (z.B. von 1 bis 100.000.000) überprüft wird.

Verwendung des Eingabefelds

Instanzen von `JMoneyTextField` werden grundsätzlich genauso behandelt wie `JTextField`- oder andere Komponenten. Vorsicht ist lediglich geboten, wenn Sie vom Programm aus Text in das Eingabefeld schreiben oder dessen Text auslesen wollen.

- Um einen beliebigen Text, beispielsweise einen Hinweis auf das spezielle Eingabeformat, in das Eingabefeld zu schreiben, verwenden Sie die Methode `setText()`.
- Um einen Wert, beispielsweise einen Anfangs- oder Beispielwert, in das Eingabefeld zu schreiben, verwenden Sie die Methode `setValue()`.

```
moneyTextField = new JMoneyTextField();
moneyTextField.setValue(new Double(100));
```

- Um den Text im Eingabefeld abzufragen, verwenden Sie die Methode `getText()`.

  Wenn Sie sichergehen wollen, dass dieser Text auch das korrekte Format hat, rufen Sie vorab `isEditValid()` auf:

```
if (moneyTextField.isEditValid()) {
   String txt = moneyTextField.getText();
```

- Um den Wert des Eingabefelds abzufragen, verwenden Sie die Methode `getValue()`.

  Wenn Sie sichergehen wollen, dass der Wert auch aktuell ist (dem Text im Eingabefeld entspricht), rufen Sie vorab `commitEdit()` auf:

  ```
  moneyTextField.commitEdit();
  Double value = moneyTextField.getValue();
  ```

Nicht unwichtig ist überdies die Frage, wie das Programm reagieren soll, wenn im Textfeld eine ungültige Eingabe steht und der Anwender versucht, diese Eingabe auswerten zu lassen, indem er einen entsprechenden Schalter oder Menübefehl auswählt. (Er umgeht also den InputVerifier, der lediglich die Fokusweitergabe mit den Fokus-Traversal-Tasten – üblicherweise die [⇆]-Taste – kontrolliert.)

Eine Möglichkeit wäre, der Komponente bei der Erzeugung einen gültigen Anfangs-»Wert« zuzuweisen und dann stets den »Wert« auszuwerten (der in der oben angesprochenen Situation dann aber nicht mit dem Text im Eingabefeld korrespondieren würde).

Eine andere Möglichkeit wäre, die entsprechenden GUI-Komponenten zur Auswertung der Eingabe zu deaktivieren und erst freizugeben, wenn im Textfeld eine gültige Eingabe steht (was beispielsweise durch direkten Aufruf der `verify()`-Methode des InputVerifiers möglich ist). Diese Strategie wird im *Rezept 132* zum Datumseingabefeld verfolgt.

Eine dritte Technik, die in diesem Rezept umgesetzt wird, prüft mit Hilfe der Methode `isEditValid()`, ob der Text korrekt formatiert ist. Wenn ja, wird der Text verarbeitet, ansonsten wird eine Fehlermeldung ausgegeben.

```
// Textfeld zum Einlesen von Währungsangaben erzeugen
tfOffer = new JMoneyTextField(LOCALE);
tfOffer.setBounds(30+120+30,20,180,25);
tfOffer.setValue(new Double(100));
getContentPane().add(tfOffer);

...

// Eingabe in Textfeld auswerten
JButton btnSend = new JButton("Abschicken");
btnSend.setBounds(125,100,150,25);
getContentPane().add(btnSend);
btnSend.addActionListener(new ActionListener() {
   public void actionPerformed(ActionEvent e) {

      if (tfOffer.isEditValid()) {
         // Bestätigung anzeigen
         lbMessage.setText("Danke für Ihr Angebot von "
                           + tfOffer.getText());
      } else {
         // Fehlermeldung anzeigen
         lbMessage.setText("Eingabe ist keine korrekte "
                           + "Währungsangabe");
      }
```

Listing 167: Aus Start.java – tfOffer ist eine JMoneyTextField-Komponente.

```
        // Meldungslabel sichtbar machen
        lbMessage.setVisible(true);
    }
});
```

Listing 167: Aus Start.java – tfOffer ist eine JMoneyTextField-Komponente. (Forts.)

132 Eingabefeld für Datumsangaben (inklusive InputVerifier)

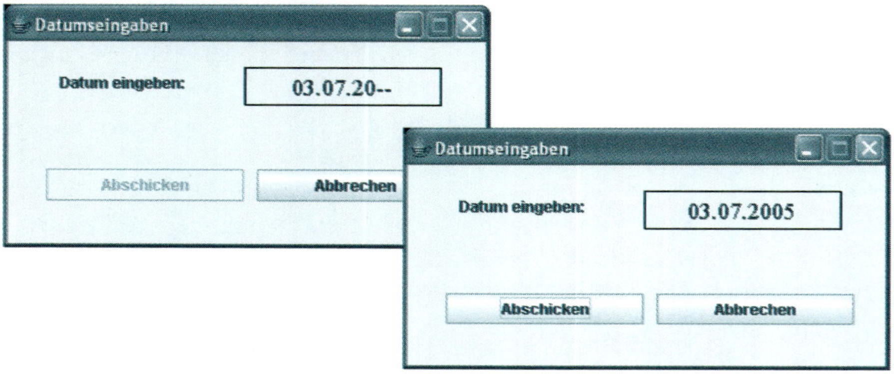

Abbildung 68: Fenster mit JDateTextField-Eingabefeld

In diesem Rezept geht es um ein Eingabefeld, das

- dem Anwender eine Maske für die Eingabe von Datumsangaben anzeigt.
- Benutzereingaben automatisch verifiziert (d.h., es akzeptiert nur Zahlen und kann erst dann durch Drücken der [↹]-Taste verlassen werden, wenn es einen korrekten Datumswert enthält).

Wie auch im vorhergehenden Rezept bietet sich für die Implementierung eines solchen Eingabefelds die Klasse `JFormattedTextField` als Basisklasse an. Es gibt in den Tiefen der Java-Bibliothek auch eine passende Formatierer-Klasse, `javax.swing.text.DateFormatter`, die, sofern sie als Formatierer mit einem `JFormattedTextField`-Eingabefeld kombiniert wird, es dem Programmierer erlaubt, `Date`-Objekte im Eingabefeld anzuzeigen und umgekehrt, den Inhalt des Eingabefelds sich als `Date`-Objekt zurückliefern zu lassen. Nur leider bietet dieser Formatierer dem Anwender nicht die Sicherheit und den Komfort einer Eingabemaske. Die folgende Implementierung verwendet daher einen `javax.swing.text.MaskFormatter` und stellt ergänzend zwei Methoden `getDate()` und `setDate()` zur Verfügung, die den »Wert« des Eingabefelds auf der Basis eines `Date`-Objekts setzen bzw. als `Date`-Objekt zurückliefern.

Hinweis

Hintergrundinformationen zu `JFormattedTextField` finden Sie in *Rezept 131*.

Hinweis

Für Leser, die bereits mit `JFormattedTextField` und der Klasse `AbstractFormatterFactory` vertraut sind, sei angemerkt, dass die Installation eines `DateFormatter` als Default-Formatierer und eines `MaskFormatter` als Edit-Formatierer wegen der unterschiedlichen Value-Klassen erheblich schwieriger ist.

Die Klasse JDateTextField

```
import java.awt.*;
import javax.swing.*;
import javax.swing.text.*;
import java.text.*;
import java.util.*;

public class JDateTextField extends JFormattedTextField {
   private static final String DATE_PATTERN = "##.##.####";
   private SimpleDateFormat    df  = new SimpleDateFormat("dd.MM.yyyy",
                                                         Locale.GERMANY);
   private MaskFormatter       fm;
   private InputVerifier       inVeri    = new JDateTextFieldVerifier();
   private int                 alignment = JTextField.CENTER;
   private Font                font      = new Font("Serif",Font.PLAIN ,18);

   /*
    * Konstruktor
    */
   public JDateTextField() {

      setHorizontalAlignment(alignment);
      setFont(font);

      try {
          // Formatierer für die Datumsmaske erzeugen
          fm = new MaskFormatter(DATE_PATTERN);

          // Platzhalter für noch nicht gefüllte Stelle festlegen
          fm.setPlaceholderCharacter('-');

      } catch (ParseException e) {
          System.err.println("ERROR: Kein Formatierer");
      }

      // Formatierer-Factory für Datumsmaske erzeugen und registrieren
      AbstractFormatterFactory ff = new DefaultFormatterFactory(fm);
      setFormatterFactory(ff);

      // Falsche Eingaben stehen lassen
      setFocusLostBehavior(JFormattedTextField.COMMIT);

      // InputVerifier registrieren
      setInputVerifier(inVeri);
```

Listing 168: Die Klasse JDateTextField

GUI

```
    }

    /*
     * Wert des Eingabefeldes als Datum zurückliefern
     */
    public Date getDate() {
       return df.parse((String) getValue(), new ParsePosition(0));
    }

    /*
     * Datum als Wert des Eingabefeldes eintragen
     */
    public void setDate(Date d) {
       setValue(df.format(d));
    }
}
```

Listing 168: Die Klasse JDateTextField (Forts.)

Nachdem der Konstruktor der Klasse `JDateTextField` Ausrichtung und Schriftart des Textes im Eingabefeld festgelegt hat (wobei diese Einstellungen natürlich nur Empfehlungen sind, die sich für jede Instanz nach Bedarf anpassen lassen), wird der Formatierer für die Datumseingabemaske als Instanz der Klasse `MaskFormatter` erzeugt. Als Argument übernimmt der `MaskFormatter`-Konstruktor die gewünschte Maske, hier die String-Konstante `DATE_PATTERN` (gleich "`##.##.####`").

Masken sind Strings, die sich aus folgenden Zeichen zusammensetzen können:

Zeichen	Beschreibung
#	Platzhalter für eine Ziffer
A	Platzhalter für einen Buchstaben oder eine Ziffer
U	Platzhalter für Kleinbuchstaben (Kleinbuchstaben werden automatisch in Großbuchstaben umgewandelt)
L	Platzhalter für Großbuchstaben (Großbuchstaben werden automatisch in Kleinbuchstaben umgewandelt)
?	Platzhalter für beliebigen Buchstaben
*	Platzhalter für beliebiges Zeichen
'	Escape-Zeichen
sonstiges Zeichen	wird unverändert in die Maske übernommen (kann vom Anwender nicht überschrieben werden)

Tabelle 35: Platzhalter für MaskFormatter-Masken[2]

`MaskFormatter` schreibt für jeden Platzhalter ein Leerzeichen in das Eingabefeld. Der `JDateTextField`-Konstruktor ersetzt das Leerzeichen als Platzhalterzeichen durch den Bindestrich, damit der Anwender besser erkennen kann, wo er noch wie viele Stellen ausfüllen muss (Aufruf von `setPlaceholderCharacter()`).

2. Für jeden Platzhalter muss ein Zeichen eingetippt werden!

Anschließend kann ein Formatierer-Factory mit dem MaskFormatter als Formatierer erzeugt und registriert werden.

Die letzte Anweisung ist die Einrichtung des InputVerifiers, zu dem wir gleich im nächsten Abschnitt kommen.

Neben dem Konstruktor definiert die Klasse noch zwei Methoden `getDate()` und `setDate()`, die den internen Wert des `JDateTextField`-Eingabefelds als `Date`-Objekt zurückliefern bzw. nach der Vorgabe eines `Date`-Objekts setzen. Für die korrekte Umwandlung sorgt das `SimpleDateFormat`-Objekt, das eingangs der Klassendefinition als Feld `df` definiert wurde und auf die String-Maske für den MaskFormatter abgestimmt ist.

```
static final String DATE_PATTERN = "##.##.####";              // Eingabe-Maske
SimpleDateFormat df  = new SimpleDateFormat("dd.MM.yyyy",      // Formatierer
                                            Locale.GERMANY);
```


Eingabenüberprüfung

Da im Falle des `JDateTextField`-Eingabefelds bereits der MaskFormatter sicherstellt, dass die Eingaben im korrekten Format vorliegen, wird für diese Aufgabe kein eigener InputVerifier benötigt. Der MaskFormatter kann allerdings nur sicherstellen, dass die korrekte formatierte Anzahl Ziffern eingegeben wird, nicht aber dass die Ziffern auch ein gültiges Datum ergeben. Zu diesem Zweck registriert `JDateTextField` als InputVerifier eine Instanz der Klasse `JDateTextFieldInputVerifier`, die wie folgt definiert ist:

```
class JDateTextFieldVerifier extends InputVerifier {

   public boolean verify(JComponent input) {
       boolean returnvalue = false;

     if (input instanceof JFormattedTextField) {
        // InputVerfifier wurde für JFormattedTextField registriert
        // -> prüfe, ob Datumsangabe korrekt
        JFormattedTextField ftf = (JFormattedTextField) input;

        String text = ftf.getText();
        if (text != null && text.length() == 10) {
           try {
             Integer day = Integer.parseInt(text.substring(0,2));
             Integer month = Integer.parseInt(text.substring(3,5));
             Integer year = Integer.parseInt(text.substring(6,text.length()));

             if (day > 0 && month > 0 && year > 0) {
                  GregorianCalendar date = new GregorianCalendar();

                  if ( (month == 1 && day <= 31) ||
                       (month == 2 && !date.isLeapYear(year) && day <= 28) ||
                       (month == 2 && date.isLeapYear(year) && day <= 29) ||
                       (month == 3 && day <= 31) ||
                       (month == 4 && day <= 30) ||
                       (month == 5 && day <= 31) ||
                       (month == 6 && day <= 30) ||
```

Listing 169: InputVerifier für die Klasse JDateTextField

```
                    (month == 7 && day <= 31) ||
                    (month == 8 && day <= 31) ||
                    (month == 9 && day <= 30) ||
                    (month == 10 && day <= 31) ||
                    (month == 11 && day <= 30) ||
                    (month == 12 && day <= 31) ) {
                  returnvalue = true;
               }
            }
         } catch (NumberFormatException e) {
            return false;
         }
      }
   }

   return returnvalue;
  }
}
```

GUI

Listing 169: InputVerifier für die Klasse JDateTextField (Forts.)

Der InputVerifier für die Klasse `JDateTextField` prüft, ob die vom Anwender eingetippte Eingabe einem korrekten Datum entspricht. Ist dies nicht der Fall, liefert der InputVerifier `false` zurück, damit die Komponente den Fokus behält, bis der Anwender die Eingabe korrigiert hat.

Verwendung des Eingabefelds

Das Start-Programm zu diesem Rezept demonstriert die Verwendung des `JDateTextField`-Eingabefelds. Nach der Instanzierung des Eingabefelds:

```
// Textfeld zum Einlesen von Datumsangaben erzeugen
tfDate = new JDateTextField();
...
```

initialisiert das Programm das Eingabefeld mit dem aktuellen Datum, was dank der `setDate()`-Methode von `JDateTextField` bequem zu erledigen ist:

```
// Aktuelles Datum als Vorgabe in Eingabefeld schreiben
Date d = new Date();
tfDate.setDate(d);
```

Der Anwender kann die Positionen im Datum dann direkt überschreiben oder löschen (woraufhin das Platzhalterzeichen erscheint) und ersetzen.

Wenn der Anwender den Abschicken-Schalter drückt, wird der Wert des Eingabefelds abgefragt (`getValue()`-Aufruf) und zur Kontrolle ausgegeben. (Eine Typumwandlung ist nicht nötig, da der »Wert« des Eingabefelds wegen des MaskFormatters vom Typ `String` ist.)

```
btnSend.addActionListener(new ActionListener() {
   public void actionPerformed(ActionEvent e) {
      DateFormat df = DateFormat.getDateInstance(DateFormat.MEDIUM,
                                                 Locale.GERMANY);
      lbMessage.setText(tfDate.getValue() + " wurde gespeichert");
      lbMessage.setVisible(true);
   }
});
```

Bleibt noch die Frage zu klären, wie man verhindert, dass der Anwender mit der Maus den Abschicken-Schalter anklickt, ohne das Eingabefeld korrekt bearbeitet zu haben. (Zur Erinnerung: Der InputVerifier kontrolliert nur die Fokusweitergabe mittels der Fokus-Traversal-Tasten.)

Das Start-Programm registriert zu diesem Zweck einen CaretListener für das Eingabefeld, der bei jeder Bewegung des Textcursors mit Hilfe des InputVerifiers des Eingabefelds prüft, ob die aktuelle Eingabe gültig ist, und den Schalter entsprechend aktiviert oder deaktiviert.

```
tfDate.addCaretListener(new CaretListener() {
   public void caretUpdate(CaretEvent e) {

      // Eingabe mit Hilfe des InpuVerfiers der Komponente prüfen
      JDateTextFieldVerifier verifier
               = (JDateTextFieldVerifier) tfDate.getInputVerifier();

      if (verifier.verify(tfDate)) {
         // Ist Eingabe korrekt -> Schalter für Auswertung aktivieren
         btnSend.setEnabled(true);
      } else {
         // Ist Eingabe ungültig -> Schalter für Auswertung deaktivieren
         btnSend.setEnabled(false);
      }
   }
});
```

133 Drag-and-Drop für Labels

Drag-and-Drop ist eine mausgesteuerte Übertragung von Daten zwischen Komponenten (gegebenenfalls über Anwendungsgrenzen hinweg). Für eine Drag-and-Drop-Datenübertragung zwischen zwei Komponenten müssen folgende Voraussetzungen erfüllt sein:

- Die **Quellkomponente** muss bei Initiierung einer Drag-Operation durch den Anwender die Daten exportieren.

  In Java bedeutet dies, dass die Komponente über einen TransferHandler verfügen muss, der für den zu übertragenden Datentyp ausgelegt ist. Wird eine Drag-Operation initiiert, fordert die Komponente ihren TransferHandler auf, die Daten entweder als MOVE-Aktion (die Daten werden in der Quellkomponente danach gelöscht) oder als COPY-Aktion (die Daten werden kopiert) zu übertragen. (Hinweis: Die Drag-Daten werden nicht von der Quellkomponente an den TransferHandler übergeben, sondern der TransferHandler muss so implementiert sein, dass *er* weiß, wie er die Daten von der Komponente bekommt.)
- Der **TransferHandler** der Quellkomponente muss die Daten in ein `Transferable`-Objekt verpacken.
- Die **Zielkomponente** muss ebenfalls über einen TransferHandler verfügen, der überprüft, ob die Daten im `Transferable`-Objekt in einem Format vorliegen, das die Komponente akzeptiert. Wenn ja, werden die Daten beim Loslassen der Maus eingefügt.

Etliche Swing-Komponenten unterstützen bereits von sich aus Drag-and-Drop.

Komponente	Drag-Unterstützung	Drop-Unterstützung
JColorChooser	Ja (nur COPY)	Ja
JEditorPane	Ja	Ja
JFileChooser	Ja (nur COPY)	Nein
JFormattedTextField	Ja	Ja
JList	Ja (nur COPY)	Nein
JPasswordField	Nein	Ja
JTable	Ja (nur COPY)	Nein
JTextArea	Ja	Ja
JTextField	Ja	Ja
JTextPane	Ja	Ja
JTree	Ja (nur COPY)	Nein

Tabelle 36: Vorinstallierte Drag-and-Drop-Unterstützung für Swing-Komponenten

Achtung

Die Drag-Unterstützung ist standardmäßig nicht aktiviert. Um sie für eine Komponente einzuschalten, müssen Sie `setDragEnabled(true)` für die Komponente aufrufen:

```
JTextArea ta = new JTextArea("Textfeld, das Drag-and-Drop unterstützt");

// Drag-Support für JTextArea aktivieren
ta.setDragEnabled(true);
```

Drag-and-Drop für Labels

`JLabel` besitzt keine vorinstallierte Drag-and-Drop-Unterstützung. Solange die Labels nur zur Präsentation statischen Textes verwendet werden, ist dies auch kein Manko. In Fällen, wo Sie dem Anwender aber doch einmal erlauben wollen, den Text eines Labels mit anderen Textkomponenten auszutauschen, müssen Sie die Drag-and-Drop-Unterstützung selbst nachinstallieren.

Das Schwierigste an der Installation eines Drag-and-Drop-Mechanismus ist in der Regel die Implementierung eines passenden TransferHandlers. Grundsätzlich sind TransferHandler komponenten- und datenspezifisch, d.h., sie werden so implementiert, dass sie eine bestimmte Art von Daten (den *Data Flavor*) für eine bestimmte Komponente ex- und importieren können. Mit Hilfe von `if`-Abfragen können aber auch TransferHandler geschrieben werden, die mehrere Datentypen für verschiedene Komponenten verarbeiten. Ein Beispiel hierfür ist die Java-Klasse `TransferHandler`, die JavaBean-Eigenschaften zwischen Komponenten austauschen kann. Mit ihrer Hilfe wird die Programmierung einer Drag-and-Drop-Unterstützung für Labels fast zum Kinderspiel. (Ein Beispiel für die Implementierung eines eigenen TransferHandlers finden Sie in *Rezept 134*.)

1. Label erzeugen

   ```
   lb = new JLabel("Label, das Drag-and-Drop unterstützt");
   ...
   ```

2. TransferHandler für Texteigenschaft erzeugen und bei der Komponente registrieren

   ```
   lb.setTransferHandler(new TransferHandler("text"));
   ```

3. Beim Drücken der Maus Drag-Daten exportieren lassen

```
lb.addMouseListener(new MouseAdapter() {
      public void mousePressed(MouseEvent e) {
          JComponent c = (JComponent) e.getSource();
          TransferHandler th = c.getTransferHandler();
          th.exportAsDrag(c, e, TransferHandler.COPY);
      }
});
```

Hinweis

Das in Schritt 2 erzeugte `TransferHandler`-Objekt unterstützt sowohl den Drag-Export als auch den Drop-Import von Text, wobei stets der gesamte Text im Label exportiert oder durch die Drop-Daten ersetzt wird. Während für den Drop-Import nichts weiter zu tun ist, muss der Export explizit angestoßen werden (siehe Schritt 3).

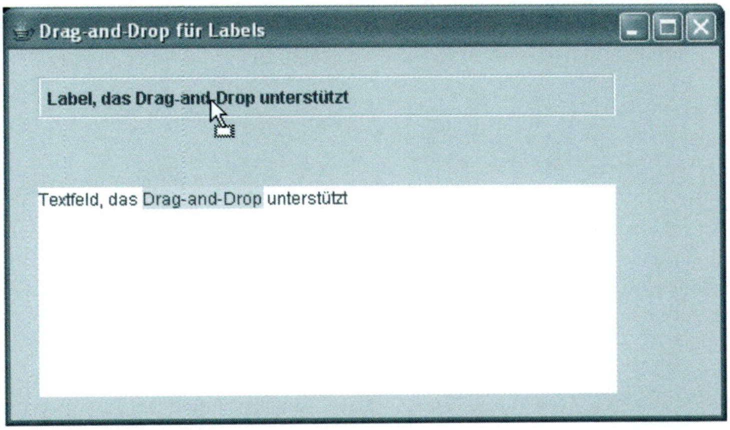

Abbildung 69: Label, in das gerade ein Textfragment aus einer JTextArea-Komponente eingefügt wird (Screenshot vom Start-Programm zu diesem Rezept)

134 Datei-Drop für JTextArea-Komponenten (eigener TransferHandler)

`JTextArea` gehört zu den Swing-Komponenten, die über eine vorinstallierte Drag-and-Drop-Unterstützung verfügen (*siehe Rezept 133*). Strings aus anderen Komponenten (auch anderen Anwendungen) können daher ohne weiteres Zutun des Programmierers in `JTextArea`-Instanzen per Drop abgelegt werden. Dies gilt jedoch nur für Strings, nicht etwa für Textdateien.

Wenn Sie möchten, dass Ihre Anwender auch die Inhalte von Textdateien in eine `JTextArea` einfügen können, müssen Sie einen eigenen TransferHandler für `JTextArea` schreiben, der neben der gewohnten Funktionalität (Drag und Drop von Strings), die ja erhalten bleiben sollte, auch Dateien per Drop importiert.

Eigener TransferHandler für JTextArea

Eigene TransferHandler werden von der Klasse `TransferHandler` abgeleitet.

Achtung

Wie für alle Swing-Komponenten, die standardmäßig Drag-and-Drop unterstützen, gilt auch für `JTextArea`, dass die Drag-Unterstützung explizit eingeschaltet werden muss:

```
textarea.setDragEnabled(true);
```

Erst danach können markierte Textstellen mit der Maus per Drag verschoben und an anderer Stelle per Drop eingefügt werden.

Um die Drop-Unterstützung anzupassen, überschreiben Sie die Methoden:

- `boolean canImport(JComponent comp, DataFlavor[] transferFlavors)`
- `boolean importData(JComponent comp, Transferable t)`

Um die Drag-Unterstützung anzupassen, überschreiben Sie die Methoden:

- `int getSourceActions(JComponent c)`
- `Transferable createTransferable(JComponent c)`
- `void exportDone(JComponent source, Transferable data, int action)`

Die nachfolgende Implementierung orientiert sich an der TransferHandler-Klasse `TextTransferHandler` aus `javax.swing.plaf.basic.BasicTextUI`, ohne jedoch wie diese verschiedene GUI-Komponenten und Data Flavors zu unterstützen. Stattdessen ist `FileAndStringTransferHandler` auf Drag-and-Drop von Strings und Textdateien für `JTextArea`-Komponenten spezialisiert.

Hinweis

In Java 6 wurde den Methoden `canImport()` und `importData()` Überladungen an die Seite gestellt, die als einziges Argument ein Objekt der inneren Klasse `TransferHandler.TransferSupport` übernehmen. Die Klasse `TransferHandler.TransferSupport` wurde ebenfalls in Java 6 eingeführt, um dem Entwickler alle relevanten Transfer-Informationen in gebündelter Form zur Verfügung stellen zu können. Die Transfer-Informationen können über das `TransferHandler.TransferSupport`-Objekt abgefragt oder (zum Teil) geändert werden.

```
import java.io.*;
import java.util.*;
import java.awt.*;
import java.awt.datatransfer.*;
import java.awt.event.*;
import javax.swing.*;
import javax.swing.text.*;

/**
 * Transfer-Handler für JTextArea-Komponenten,
 * der Dateien und Strings verarbeitet
 */
class FileAndStringTransferHandler extends TransferHandler {

    Position p0 = null, p1 = null;  // Anfang und Ende zu exportierender
                                    // Drag-Daten

    private JTextArea source;       // Drag-Quelle, wird bei String-Drag
                                    // (Methode createTransferable())
                                    // gespeichert, um bei Drop feststellen
                                    // zu können, ob Quelle und Ziel
                                    // identisch sind. Wenn dann auch die
                                    // Drop-Position im Bereich der
```

```
                                   // Drag-Auswahl liegt, muss nichts
                                   // verändert werden.

private boolean shouldRemove;      // Wird auf false gesetzt, wenn Drop-
                                   // Position im Drag-Bereich liegt (s.o.),
                                   // um zu verhindern, dass exportDone()
                                   // die Drag-Daten löscht

FileAndStringTransferHandler() {
}
```

TransferHandler, die von der Klasse `TransferHandler` abgeleitet sind, können bei jeder Swing-Komponente mittels der Methode `setTransferhandler()` registriert werden. Wenn Sie eine TransferHandler-Klasse schreiben, die auf eine bestimmte Art Komponente spezialisiert ist, müssen Sie sich daher Gedanken machen, was zu tun ist, wenn Ihre TransferHandler-Klasse für die falsche Komponente registriert wird.

Die Klasse `FileAndStringTransferHandler` prüft zu diesem Zweck in den Methoden

- `createTransferable()` – der Anwender versucht, Daten per Drag aufzunehmen,
- `canImport()` – der Anwender zieht Drag-Daten über die Komponente,
- `importData()` – der Anwender versucht, Drag-Daten in der Komponente per Drop abzulegen,

ob es sich auch wirklich um eine `JTextArea`-Komponente handelt. Im Falle einer falschen Registrierung kann dann nicht viel Schaden entstehen – außer dass sich der Programmierer, der `FileAndStringTransferHandler` für die falsche Komponente registriert hat, fragt, warum die Drag-and-Drop-Unterstützung nicht funktioniert. Man könnte ihm einen zusätzlichen Hinweis geben, indem man den Konstruktor mit einem `JTextArea`-Parameter definiert. Eine wirklich saubere Lösung ist dies allerdings nicht, da weder der Parameter eine sinnvolle Verwendung findet, noch dadurch die falsche Registrierung verhindert werden kann.

Damit kommen wir zur Methode `canImport()`, die automatisch aufgerufen wird, wenn der Anwender Drag-Daten über die Komponente zieht. Liefert die Methode `true` zurück, wandelt sich der Cursor über der Komponente in den Drop-Cursor. Die vorliegende Implementierung liefert nur dann `true` zurück, wenn es sich um eine `JTextArea`-Komponente handelt und die Drag-Daten von einem *Data Flavor* sind, der in die Komponente eingefügt werden kann (Datei oder Text).

```
/**
 * Prüft mit Hilfe der private Methoden hasFileFlavor() und
 * hasStringFlavor(), ob die angebotenen Daten in einem Data Flavor
 * angeboten werden, der für die Target-Komponente geeignet ist.
 */
public boolean canImport(JComponent c, DataFlavor[] flavors) {

    // Vorab prüfen, ob sich hinter der Komponente c auch wirklich
    // eine JTextArea-Komponente verbirgt
    if (!(c instanceof JTextArea))
        return false;

    if(hasFileFlavor(flavors))
       return true;
```

```
        if(hasStringFlavor(flavors))
           return true;

        return false;
    }

    private boolean hasFileFlavor(DataFlavor[] flavors) {
        for (int i = 0; i < flavors.length; i++) {
            if (flavors[i].equals(DataFlavor.javaFileListFlavor))
                return true;
        }
        return false;
    }

    private boolean hasStringFlavor(DataFlavor[] flavors) {
        for (int i = 0; i < flavors.length; i++) {
            if (flavors[i].equals(DataFlavor.stringFlavor))
                return true;
        }
        return false;
    }
```


Legt der Anwender die Daten ab, wird die `importData()`-Methode aufgerufen. Diese stellt zuerst den *Data Flavor* fest. Handelt es sich um Dateien, versucht die Methode, die erste Datei zu öffnen, ihren Inhalt einzulesen und an der Einfügeposition in die `JTextArea`-Komponente zu schreiben. Handelt es sich um einen String, prüft die Methode zuerst, ob nicht zufälligerweise Quell- und Zielkomponente identisch sind (Drag und Drop innerhalb derselben Komponente) und die Drop-Position innerhalb der für den Drag ausgewählten Markierung liegt. In diesem Fall wird kein Drag-and-Drop durchgeführt. Ansonsten werden die Drag-Daten in der Zielkomponente an der Drop-Position eingefügt. (Und in der Quellkomponente werden die Daten von `exportDone()`, siehe weiter unten, gelöscht.)

```
    /**
     * versucht die Daten aus dem Transferable-Objekt t in der Komponente
     * c abzulegen
     */
    public boolean importData(JComponent c, Transferable t) {

        // Vorab prüfen, ob sich hinter der Target-Komponente c auch wirklich
        // eine JTextArea-Komponente verbirgt und ob die angebotenen Daten in
        // einem Data Flavor angeboten werden, der für die Target-Komponente
        // geeignet ist.
        if (!(c instanceof JTextArea) ||
            !canImport(c, t.getTransferDataFlavors()) ) {

            return false;
        }

        // Referenz c in den Typ JTextArea umwandeln
        JTextArea target = (JTextArea) c;

        try {
            if (hasFileFlavor(t.getTransferDataFlavors())) {
                // Transferable-Objekt enthält eine (oder mehrere) Dateien.
```

```
        // Lese die erste Datei und füge ihren Inhalt in die
        // Target-Komponente ein

        FileReader in = null;
        StringBuilder str = new StringBuilder();
        java.util.List files = (java.util.List)
                   t.getTransferData(DataFlavor.javaFileListFlavor);

        if (files.size() > 0) {

           // nur erste Datei lesen
           File f = (File) files.get(0);

           try {
              in = new FileReader(f);

              // Dateiinhalt in String lesen
              int countBytes = 0;
              char[] bytesRead = new char[512];

              while( (countBytes = in.read(bytesRead)) > 0)
                 str.append(bytesRead, 0, countBytes);

              target.replaceSelection(str.toString());

           } catch (IOException e) {
              System.err.println(f +
                                " kann nicht eingelesen werden");
           } finally {
              if (in != null)
                 in.close();
           }

        return true;
        }

     } else if (hasStringFlavor(t.getTransferDataFlavors())) {
        // Transferable-Objekt enthält eine (oder mehrere) Dateien
        // Wenn Quelle und Ziel identisch sind, verschiebe nur, wenn
        // die Einfügeposition außerhalb des zu verschiebenden
        // Textes liegt

        if((target == source)
           && (target.getCaretPosition() >= p0.getOffset())
           && (target.getCaretPosition() <= p1.getOffset())) {

             shouldRemove = false;
             return true;
        }

        String str =
                 (String) t.getTransferData(DataFlavor.stringFlavor);
        target.replaceSelection(str);
        return true;
```

```
        }
    } catch (UnsupportedFlavorException e) {
        System.err.println("Drag-Daten werden nicht unterstützt");
    } catch (IOException e) {
        System.err.println("I/O-Exception");
    }
    return false;
}
```

Die Methode `createTransferable()` erzeugt aus der markierten Textstelle die Drag-Daten. Außerdem speichert sie Anfang und Ende der Textpassage im `JTextArea`-Dokument, um später beim Drop (in `importData()`) prüfen zu können, ob die Drop-Position innerhalb des Drag-Bereichs liegt.


```
/**
 * erzeugt ein Transferable-Objekt mit den zu übertragenden Drag-Daten
 */
protected Transferable createTransferable(JComponent c) {

    // Vorab prüfen, ob sich hinter der Komponente c auch wirklich
    // eine JTextArea-Komponente verbirgt und
    if (!(c instanceof JTextArea))
        return null;

    source = (JTextArea) c;

    int start = source.getSelectionStart();
    int end = source.getSelectionEnd();
    if (start == end) {
        return null;

    } else {
       try {
           // Anfangs- und Endposition des markierten Textes
           // im Dokument merken
           Document doc = source.getDocument();
           p0 = doc.createPosition(start);
           p1 = doc.createPosition(end);
       } catch (BadLocationException e) {
           System.err.println("Text kann nicht verschoben werden.");
       }

       shouldRemove = true;
       String data = source.getSelectedText();
       return new StringSelection(data);
    }
}
```

Aufgabe der Methode `getSourceActions()` ist es anzuzeigen, dass die Komponente COPY-Aktionen (für Dateien) und MOVE-Aktionen (für Strings) unterstützt.

```
public int getSourceActions(JComponent c) {
    return COPY_OR_MOVE;
}
```

Die Methode exportDone() wird automatisch zum Abschluss einer Drop-Aktion ausgeführt. Die Klasse FileAndStringTransferHandler nutzt dies, um nach dem Einfügen eines Strings (Drop) den String an der Originalposition in der Quelle zu löschen – d.h., aus Sicht des Anwenders wird der String verschoben.

```
    /**
     * Am Ende einer String-DROP-Aktion den Text in der Quelle löschen.
     */
    protected void exportDone(JComponent c, Transferable data, int action) {

        if (shouldRemove && (action == MOVE)) {
            if ((p0 != null) && (p1 != null) &&
                (p0.getOffset() != p1.getOffset())) {
                try {
                    JTextArea source = (JTextArea) c;
                    source.getDocument().remove(p0.getOffset(),
                                                p1.getOffset() - p0.getOffset());
                } catch (BadLocationException e) {
                    System.err.println("Text kann nicht gelöscht werden.");
                }
            }
        }
        source = null;
    }

}
```

Das Start-Programm zu diesem Rezept erzeugt eine JTextArea, in die Sie den Inhalt beliebiger Textdateien per Drag-and-Drop einfügen können.

```
public class Start extends JFrame {
   private JScrollPane scrollpane;
   private JTextArea   textpane;

   public Start() {

      // Hauptfenster konfigurieren
      setTitle("Datei-Drag für JTextArea");
      getContentPane().setBackground(Color.LIGHT_GRAY);



      // Scrollbare JTextArea einrichten
      scrollpane = new JScrollPane();
      textpane = new JTextArea();
      scrollpane.getViewport().add(textpane, null);

      // Drag-Support für JTextArea aktivieren
      textpane.setDragEnabled(true);
```

Listing 170: Aus Start.java

```
        // TransferHandler für Dateien und Text registrieren
        textpane.setTransferHandler(new FileAndStringTransferHandler());


        getContentPane().add(scrollpane, BorderLayout.CENTER);

        setDefaultCloseOperation(JFrame.EXIT_ON_CLOSE);
    }

}
```

Listing 170: Aus Start.java (Forts.)

135 Anwendungssymbol einrichten

GUI-Anwendungen verfügen üblicherweise über ein Anwendungssymbol, das quasi als Logo der Anwendung fungiert und vom Betriebssystem in verschiedenen Kontexten angezeigt wird (beispielsweise in der Titelleiste des Hauptfensters oder in der Taskleiste).

Um ein Bild aus einer Bilddatei als Anwendungssymbol einzurichten, laden Sie das Bild und übergeben Sie es der `JFrame`-Methode `setIconImage()`.

Wenn Sie die Bilddatei mit Hilfe der `Class`-Methode `getResource()` laden, können Sie davon profitieren, dass der Dateiname automatisch um den Paketpfad der Anwendung erweitert wird. Aus dem zurückgelieferten `URL`-Objekt erzeugen Sie mit Hilfe der `Toolkit`-Methode `createImage()` das gewünschte `Image`-Objekt, welches Sie `setIconImage()` übergeben.

```
import java.awt.*;
import java.awt.event.*;
import javax.swing.*;

public class Start extends JFrame {

    public Start() {

        // Hauptfenster konfigurieren
        setTitle("Swing-Grundgerüst");
        getContentPane().setBackground(Color.LIGHT_GRAY);


        // Anwendungssymbol einrichten
        java.net.URL tmp = Start.class.getResource("icon.png");
        if (tmp != null)
            setIconImage(Toolkit.getDefaultToolkit().createImage(tmp));

        setDefaultCloseOperation(JFrame.EXIT_ON_CLOSE);
    }
```

Listing 171: Anwendungssymbol einrichten

```
    public static void main(String args[]) {
        Start frame = new Start();
        frame.setSize(500,300);
        frame.setLocation(300,300);
        frame.setVisible(true);
    }
}
```

Listing 171: Anwendungssymbol einrichten (Forts.)

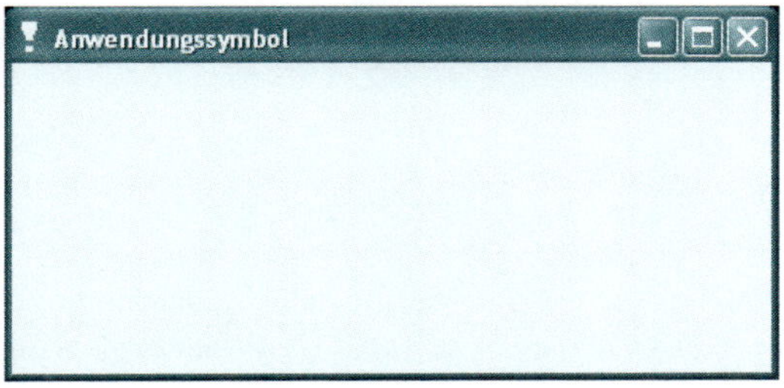

Abbildung 70: Anwendung mit Ausrufezeichen als Anwendungssymbol

Tipp

Anwendungssymbole sollten möglichst 16x16 oder 24x24 Pixel groß sein und einen transparenten Hintergrund haben.

136 Symbole für Symbolleisten

Symbole für Symbolleisten sind in der Regel 16 mal 16 Pixel groß und haben einen transparenten Hintergrund (GIF- oder PNG-Format, kein JPEG).

Aus der Symboldatei erzeugen Sie eine `ImageIcon`-Instanz. Diese übergeben Sie als Argument dem `JButton`- oder `JToggleButton`-Konstruktor. Den Schalter selbst fügen Sie schließlich in die Symbolleiste (Instanz von `JToolBar`) ein, die Sie wiederum in den NORTH-Bereich des Border-Layouts der ContentPane einfügen:

```
// Symbolleiste
JToolBar tb = new JToolBar();

// Schalter für Symbolleiste
JButton btn = new JButton(new ImageIcon("resources/New16.gif"));
btn.setToolTipText("Neu");
btn.addActionListener(new ActionListener() {
    public void actionPerformed(ActionEvent e) {
        // Ereignisbehandlungscode
    }
});
tb.add(btn);

getContentPane().add(tb, BorderLayout.NORTH);
```

Die Kreation von Symbolen ist eine Kunst für sich. Die Symbole müssen nicht nur aussagekräftig und intuitiv zu deuten sein, sie müssen auch so gezeichnet werden, dass sie in Originalgröße gut zu erkennen sind, was oft nur durch geschickten Einsatz von Anti-Aliasing zu erreichen ist. Meist wird man daher die Erstellung der Symbole Grafikern überlassen oder auf bereits vorhandene Symbole zurückgreifen. Sun stellt selbst eine reiche Auswahl von Symbolen für die verschiedensten Befehle zur Verfügung. Sie können die Symbolsammlung als Archivdatei von der Webseite *http://java.sun.com/developer/techDocs/hi/repository/* herunterladen. (Die Archivdatei enthält eine jar-Datei, aus der Sie die einzelnen Grafiken mit jedem gängigen ZIP-Programm extrahieren können.)

Zur Gruppierung der Symbolschalter können Sie Abstandshalter (Rückgabewert der statischen Methode `Box.createHorizontalStrut(int)`), Trennlinien (Instanzen von `JSeparator`) oder beides einfügen:


```
// Symbolleiste erzeugen
protected JToolBar createToolBar() {
    JToolBar tb = new JToolBar();
    JButton btn;

    // Symbolschalter für Datei-Menübefehle
    btn = new JButton(new ImageIcon("resources/New16.gif"));
    btn.setToolTipText("Neu");
    btn.addActionListener(fileNewAction);
    tb.add(btn);

    ...

    // Gruppierung mit Abständen und Separator
    tb.add(Box.createHorizontalStrut(3));
    JSeparator sep = new JSeparator(SwingConstants.VERTICAL);
    sep.setMaximumSize(new Dimension(2,200));
    tb.add(sep);
    tb.add(Box.createHorizontalStrut(3));

    // Symbolschalter für Bearbeiten-Menübefehle
    btn = new JButton(new ImageIcon("resources/Cut16.gif"));
    btn.setToolTipText("Ausschneiden");
    btn.addActionListener(editCutAction);
    tb.add(btn);

    ...

    return tb;
}
```

Listing 172: Aufbau einer Symbolleiste (aus ProgramFrame.java)

137 Menüleiste (Symbolleiste) aus Ressourcendatei aufbauen

Heutzutage verfügt nahezu jedes GUI-Programm über eine Menüleiste, meist inklusive passender Symbolleiste(n).

Eine Menüleiste ist in Java eine Instanz der Klasse `JMenuBar`. Dieser werden die einzelnen Menüs als Instanzen der Klasse `JMenu` hinzugefügt, in die wiederum `JMenuItem`-Objekte für die eigentlichen Menübefehle eingefügt werden. Jeder Menübefehl kann mit

- einem Titel (`setLabel(String)` oder Konstruktor),
- einer Mnemonic-Taste für den Zugriff in Kombination mit der [Alt]-Taste (`setMnemonic(int)`),
- einem Tastaturkürzel (`setAccelerator(KeyStroke)`), einem Symbol (üblicherweise das Symbol des zugehörigen Schalters aus der Symbolleiste)
- und natürlich einer `ActionListener`-Instanz zur Ereignisbehandlung (`addActionListener(ActionListener)`)

verbunden werden. Die fertige Menüleiste wird mit Hilfe der `JFrame`-Methode `setJMenuBar()` in das Hauptfenster eingebettet. Wahrscheinlich sind Sie mit all dem bereits vertraut – falls nicht, schauen Sie sich die Datei *ProgramFrame.java* aus dem Rezept »Symbole für Symbolleisten« an.

Worum es in diesem Rezept geht, ist die Frage, wie sich der Aufbau von Menüleisten zumindest zum Teil automatisieren lässt. Der hier gewählte Ansatz beruht auf drei Komponenten:

- einer Ressourcendatei, in der alle zum Aufbau der Menüleiste benötigten Informationen in Textform gespeichert sind,
- einer `MenuFactory`-Klasse, mit deren Hilfe die Menüleiste basierend auf den Informationen in der Ressourcendatei aufgebaut wird,
- dem eigentlichen Programm, das sich der `MenuFactory`-Klasse bedient und ansonsten nur noch die Ereignisbehandlung für die Menübefehle beisteuern muss.

Die Ressourcendatei

Ressourcendateien sind letzten Endes Eigenschaftendateien, d.h., jede Ressource besteht aus einem Namen, über den sie vom Programm aus abgerufen werden kann, und einem Wert, der nach einem Gleichheitszeichen auf den Namen folgt. Die Ressourcendatei für die Menüleiste ist wie folgt aufgebaut.

Die Ressource für die Menüleiste heißt `menuBar` und zählt die Namen der Ressourcen für die einzelnen Menüs auf:

```
menuBar=File Edit Info
```

Für jedes der aufgeführten Menüs gibt es eine gleichnamige Menüressource, die die Namen der Ressourcen für die Befehle im Menü aufzählt (Trennzeichen werden durch einen Bindestrich kodiert) sowie Ressourcen für den Titel (xxxLabel) und den Mnemonic-Buchstaben (xxxMnemonic) des Menüs:

```
File=FileNew FileOpen FileSave FileSaveAs - FileQuit
FileLabel=Datei
FileMnemonic=D
```

Für jeden Menübefehl gibt es Ressourcen, die Titel (xxxLabel), Mnemonic-Buchstaben (xxx-Mnemonic), Tastaturkürzel (xxxAccelerator), Symbol (xxxSymbol), Tooltip-Text (xxxToolTip) und Beschreibung (xxxDescription) definieren.

```
FileNewLabel=Neu
FileNewMnemonic=N
FileNewAccelerator=Strg+N
FileNewSymbol=resources/new.gif
FileNewTooltip=Neu
FileNewDescription=Erstellt ein neues Dokument.
```

Die von mir vorgegebene Konvention zum Aufbau der Ressourcennamen sieht wie folgt aus:

- Die Menüleistenressource heißt `menuBar`.
- Die Ressourcennamen für die Menüs und Menübefehle lauten so, wie in der Menüleiste und den Menüressourcen angegeben.
- Die Namen von Eigenschaften setzen sich zusammen aus dem Namen der Ressource und einem Suffix für die Eigenschaft (Label, Mnemonic etc.).

Diese Konvention ist bei Änderungen oder bei der Definition eigener Ressourcendateien unbedingt einzuhalten, da die Klasse `MenuFactory` die Ressourcen sonst nicht findet.

Die Ressourcendatei zu diesem Rezept definiert eine Menüleiste mit Datei-, Bearbeiten- und Info-Menü:

```
# Ressourcendatei mit Menü

# Menüleiste
menuBar=File Edit Info


# Datei-Menü
#
File=FileNew FileOpen FileSave FileSaveAs - FileQuit
FileLabel=Datei
FileMnemonic=D

    # Menübefehle für Menü Datei
    FileNewLabel=Neu
    FileNewMnemonic=N
    FileNewAccelerator=Strg+N
    FileNewSymbol=resources/new.gif
    FileNewTooltip=Neu
    FileNewDescription=Erstellt ein neues Dokument.

    FileOpenLabel=Öffnen...
    FileOpenMnemonic=F
    FileOpenAccelerator=Strg+O
    FileOpenSymbol=resources/open.gif
    FileOpenTooltip=Öffnen
    FileOpenDescription=Öffnet ein vorhandenes Dokument.
```

Listing 173: Program.properties – die Ressourcendatei

```
    FileSaveLabel=Speichern
    FileSaveMnemonic=S
    FileSaveAccelerator=Strg+S
    FileSaveSymbol=resources/save.gif
    FileSaveTooltip=Speichern
    FileSaveDescription=Speichert das aktuelle Dokument.

    FileSaveAsLabel=Speichern unter...
    FileSaveAsMnemonic=U
    FileSaveAsDescription=Speichert das aktuelle Dokument unter neuem Namen.

    FileQuitLabel=Beenden
    FileQuitMnemonic=B
    FileQuitDescription=Beendet die Anwendung.


# Bearbeiten-Menü
#
Edit=EditCut EditCopy EditPaste
EditLabel=Bearbeiten
EditMnemonic=B

    # Menübefehle für Menü Bearbeiten
    EditCutLabel=Ausschneiden
    EditCutMnemonic=D
    EditCutAccelerator=Strg+X
    EditCutSymbol=resources/cut.gif
    EditCutTooltip=Ausschneiden
    EditCutDescription=Schneidet die Markierung aus.

    EditCopyLabel=Kopieren
    EditCopyMnemonic=K
    EditCopyAccelerator=Strg+C
    EditCopySymbol=resources/copy.gif
    EditCopyTooltip=Kopieren
    EditCopyDescription=Kopiert die Markierung in die Zwischenablage.

    EditPasteLabel=Einfügen
    EditPasteMnemonic=E
    EditPasteAccelerator=Strg+V
    EditPasteSymbol=resources/paste.gif
    EditPasteTooltip=Einfügen
    EditPasteDescription=Fügt den Inhalt der Zwischenablage ein.


# Info-Menü
#
Info=InfoInfo
InfoLabel=Info
InfoMnemonic=I
```

Listing 173: Program.properties – die Ressourcendatei (Forts.)

```
# Menübefehle für Menü Info
InfoInfoLabel=Info
InfoInfoMnemonic=I
InfoInfoDescription=Zeigt den Info-Dialog an.
```

Listing 173: Program.properties – die Ressourcendatei (Forts.)

> **Hinweis**
>
> Beachten Sie, dass der Mnemonic-Buchstabe immer als Großbuchstabe anzugeben ist, auch wenn der Buchstabe im Titel klein geschrieben wird.

Die Klasse MenuFactory

Mit Hilfe der Klasse `MenuFactory` können Menü- und Symbolleisten aus Ressourcendateien eingelesen werden. Unterschiedliche Instanzen der Klasse können unterschiedliche Menüsysteme repräsentieren.

Die Klasse definiert `private` Felder zum Abspeichern der Ressourcendatei, der Menüleiste, der Symbolleiste sowie zweier Hashtabellen, in denen die Menübefehle und Symbolleistenschalter unter ihren Ressourcennamen abgelegt sind.

```
import java.awt.*;
import java.awt.event.*;
import javax.swing.*;

import java.util.HashMap;
import java.util.Locale;
import java.util.ResourceBundle;
import java.util.MissingResourceException;
import java.net.URL;


/**
 * Klasse zur Erstellung von Menü- und Symbolleiste aus Ressourcendatei
 */
public class MenuFactory {
    private ResourceBundle resources;
    private JMenuBar menuBar = null;
    private JToolBar toolBar = null;
    private HashMap<String, JMenuItem> menuItems
                                       = new HashMap<String, JMenuItem>();
    private HashMap<String, JButton> toolBarButtons
                                       = new HashMap<String, JButton>();
```

Bei der Instanzierung der Klasse übergeben Sie dem Konstruktor den Namen der Ressourcendatei (gegebenenfalls einschließlich relativem Pfad) sowie die zu verwendende Lokale.

```
    public MenuFactory(String res, Locale loc) {
        try {
            resources = ResourceBundle.getBundle(res, loc);
```

```
        } catch (MissingResourceException mre) {
            System.err.println("Ressourcendatei nicht verfuegbar!");
            System.exit(1);
        }
    }
```

Die für den Benutzer wichtigste Methode ist getMenuBar(), die eine Referenz auf die JMenuBar-Menüleiste zurückliefert. Existiert noch gar keine Menüleiste, wird sie automatisch aufgebaut. Dazu greift die Methode auf die menuBar-Ressource zu, zerlegt deren Wert in die Namen der einzelnen Menüs und lässt diese von der protected-Methode createMenu() erzeugen. Die fertigen Menüs werden in die Menüleiste eingefügt.

```
    /**
     * Liefert eine Referenz auf die Menüleiste zurück
     * Beim ersten Aufruf wird die Menüleiste erzeugt
     */
    public JMenuBar getMenuBar() {

        if ( menuBar == null) {
            menuBar = new JMenuBar();

            try {
                // Ressourcenstring für Menüleiste abfragen und in
                // String-Array mit Namen der Menüs aufsplitten
                String buf = resources.getString("menuBar");
                String[] menuNames = buf.split(" ");

                // Menüs erzeugen
                for (String s : menuNames) {
                    JMenu m = createMenu(s);
                    if (m != null)
                        menuBar.add(m);
                }
            } catch (MissingResourceException mre) {
                System.err.println("Menüressource nicht verfügbar!");
                System.exit(1);
            }
        }

        return menuBar;
    }
```

Die Methode createMenu() übernimmt als Argument den Namen einer Menüressource und liefert als Ergebnis das fertige Menü zurück. Titel und Mnemonic-Buchstabe des Menüs werden der Ressourcendatei entnommen, wobei Letzterer nicht unbedingt definiert sein muss. Welche Menübefehle das Menü enthalten soll, entnimmt die Methode dem Wert der Menüressource. Für einen Bindestrich wird eine Trennlinie in das Menü eingefügt, ansonsten wird der Ressourcenname des Befehls an die protected-Methode createMenuItem() weitergereicht.

```
    // Menü erzeugen, wird von getMenuBar() aufgerufen
    protected JMenu createMenu(String name) {
        JMenu m = null;

        try {
            // Menü erzeugen
            m = new JMenu(resources.getString(name + "Label"));
```

```
            // Mnemonic
            String mnemo = null;
            try {
                mnemo = resources.getString(name + "Mnemonic");
            } catch (MissingResourceException mre) {
                // mnemo bleibt null
            }
            if (mnemo != null)
               m.setMnemonic(mnemo.charAt(0));


            // Ressourcenstring für Menü abfragen und in String-Array
            // mit Namen der Menübefehle aufsplitten
            String buf = resources.getString(name);
            String[] menuItemNames = buf.split(" ");

            // Menübefehle erzeugen
            for (String s : menuItemNames) {
                if (s.equals("-"))
                    m.addSeparator();
                else {
                    JMenuItem mi = createMenuItem(s);
                    m.add(mi);
                }
            }
        } catch (MissingResourceException mre) {
            System.err.println("Menüressource nicht verfügbar!");
            System.exit(1);
        }

        return m;
    }
```


Die Methode `createMenuItem()` schließlich erzeugt die einzelnen Menübefehle als Instanzen von `JMenuItem`. Die Informationen für die Konfiguration der Menübefehle werden – mit Ausnahme der Ereignisbehandlung, die ja das Programm beisteuert – der Ressourcendatei entnommen. Der Titel (xxxLabel) ist obligatorisch, muss also in der Ressourcendatei definiert sein. Die restlichen Angaben sind optional. Zum Schluss wird die `JMenuItem`-Instanz für später in die Hashtabelle `menuItems` eingetragen und als Ergebniswert zurückgeliefert.

```
    // Menübefehl erzeugen, wird von createMenu() aufgerufen
    protected JMenuItem createMenuItem(String name) {
        JMenuItem mi = null;

        try {
            // Menübefehl erzeugen
            String label = resources.getString(name + "Label");
            mi = new JMenuItem(label);

            // Mnemonic
            String mnemo = null;
            try {
                mnemo = resources.getString(name + "Mnemonic");
```

```
        } catch (MissingResourceException mre) {
            // mnemo bleibt null
        }
        if (mnemo != null)
           mi.setMnemonic(mnemo.charAt(0));

        // Tastaturkürzel
        String accel = null;
        try {
            accel = resources.getString(name + "Accelerator");
        } catch (MissingResourceException mre) {
            // accel bleibt null
        }
        if (accel != null) {
           KeyStroke ks = KeyStroke.getKeyStroke(
                                   (int) accel.charAt(accel.length()-1),
                                   Event.CTRL_MASK);
           mi.setAccelerator(ks);
        }

        // Auskommentieren, wenn Symbole in Menübefehlen unerwünscht
        String image = null;
        try {
            image = resources.getString(name + "Symbol");
        } catch (MissingResourceException mre) {
            // image bleibt null
        }
        if (image != null) {
           URL url = this.getClass().getResource(image);
           if (url != null) {
              mi.setIcon(new ImageIcon(url));
           }
        }

        // Menübefehl in Feld menuItems für späteren Zugriff abspeichern
        menuItems.put(name, mi);

    } catch (MissingResourceException mre) {
        System.err.println("Menüressource nicht verfügbar!");
        System.exit(1);
    }

    return mi;
}
```

Als Pendant zu den Methoden zur Erzeugung der Menüleiste gibt es Methoden zum Aufbau einer Symbolleiste, die weiter unten im letzten Abschnitt dieses Rezepts abgedruckt sind.

```
protected JToolBar getToolBar() {
    ...
}
protected JButton createToolBarButton(String name) {
    ...
}
```

GUI

Zu guter Letzt definiert die Klasse zwei Methoden, die Referenzen auf die Hashtabellen für die Menübefehle und die Symbolleistenschalter zurückliefern. Über diese Hashtabellen können Programme, die ihre Menüleisten (Symbolleisten) mit Hilfe von MenuFactory erzeugen, bequem auf die einzelnen Menübefehle und Symbolleistenschalter zugreifen – beispielsweise um sie mit einer Ereignisbehandlung zu kombinieren.

```
    public HashMap<String, JMenuItem> getMenuItems() {
        return menuItems;
    }
    public HashMap<String, JButton> getToolBarButtons() {
        return toolBarButtons;
    }

}
```


Verwendung in einem Programm

Eine Frame-Klasse, die mit Hilfe von MenuFactory ihre Menüleiste aufbauen möchte, geht wie folgt vor:

1. Sie definiert ein private-Feld für das MenuFactory-Objekt (und gegebenenfalls auch Felder für die Menüleiste).

```
public class ProgramFrame extends JFrame {
    private MenuFactory mf;
    private JMenuBar menuBar;
```

2. Sie erzeugt im Konstruktor eine Instanz von MenuFactory, wobei sie den Pfad zur Ressourcendatei und die zu verwendende Lokale übergibt.

```
public ProgramFrame() {
   ...

   // Menü aufbauen und als Hauptmenü des Fensters einrichten
   mf = new MenuFactory("resources/Program",
                        Locale.getDefault());
   ...
```

3. Sie ruft die getMenuBar()-Methode des MenuFactory-Objekts auf, um die Menüleiste aufbauen zu lassen. Die von getMenuBar() zurückgelieferte Referenz übergibt sie an setJMenuBar().

```
   ...
   menuBar = mf.getMenuBar();
   setJMenuBar(menuBar);
   ...
```

4. Sie verbindet die einzelnen Menübefehle mit Ereignisbehandlungen, sprich mit ActionListener-Objekten.

   Hierfür gibt es eine Vielzahl von Möglichkeiten (*siehe Rezept 119*). Die Fensterklasse zu diesem Rezept definiert für jeden Befehl eine eigene ActionListener-Klasse:

```
public class ProgramFrame extends JFrame {
    ...
```

```
// ActionListener-Objekte für Menübefehle
private FileNewAction     fileNewAction =
                              new FileNewAction();
private FileOpenAction    fileOpenAction =
                              new FileOpenAction();
...

// innere ActionListener-Klassen für Menübefehle
class FileNewAction implements ActionListener {
    public void actionPerformed(ActionEvent e) {
       System.out.println(" Datei / Neu");
    }
}
class FileOpenAction implements ActionListener {
    public void actionPerformed(ActionEvent e) {
       System.out.println(" Datei / Oeffnen");
    }
}
...
```

und verbindet diese im Konstruktor mit den zugehörigen Menübefehlen:

```
public ProgramFrame() {
  ...

   // Ereignisbehandlung für Menübefehle
   HashMap<String, JMenuItem> menuItems = mf.getMenuItems();
   JMenuItem mi;

   mi = menuItems.get("FileNew");
   mi.addActionListener(fileNewAction);

   mi = menuItems.get("FileOpen");
   mi.addActionListener(fileOpenAction);
   ...
```

Symbolleisten

Analog zur Menüleiste können auch Symbolleisten aus Ressourcendateien erzeugt werden.

Die Ressourcendatei zu diesem Rezept definiert zu diesem Zweck eine eigene Ressource namens `toolBar`, die Namen der Menübefehlressourcen aufzählt, für die auch Symbolschalter in der Symbolleiste angezeigt werden sollen.

```
# Symbolleiste
#
# Die Namen der Schalter müssen gleich den Namen der Menübefehle sein!
toolBar=FileNew FileOpen FileSave - EditCut EditCopy EditPaste
```

Alle weiteren Informationen zur Konfiguration der Schalter, sprich Bild und ToolTip-Text, werden den Angaben zu den Menübefehlen entnommen (*siehe Abschnitt »Die Ressourcendatei«*).

Die `MenuFactory`-Methode, die die Symbolleiste aufbaut, heißt `getToolBar()` und ist analog zur Methode `getMenuBar()` aufgebaut:

```
/**
 * Liefert eine Referenz auf die Symbolleiste zurück
 * Beim ersten Aufruf wird die Symbolleiste erzeugt
 */
protected JToolBar getToolBar() {

    if ( toolBar == null) {
        toolBar = new JToolBar();

        try {
            // Ressourcenstring für Symbolleiste abfragen und in
            // String-Array mit Namen der Schaltflächen aufsplitten
            String buf = resources.getString("toolBar");
            String[] buttonNames = buf.split(" ");

            // Symbolleiste erzeugen
            for (String s : buttonNames) {
                if (s.equals("-"))
                    toolBar.add(Box.createHorizontalStrut(5));
                else {
                    JButton btn = createToolBarButton(s);
                    if (btn != null)
                        toolBar.add(btn);
                }
            }
      } catch (MissingResourceException mre) {
            System.err.println("Symbolleistenressource nicht verfügbar!");
            System.exit(1);
        }
    }

    return toolBar;
}
```

GUI

Die einzelnen Schalter werden von der Hilfsmethode `createToolBarButton()` erzeugt, die analog zu `createMenuItem()` aufgebaut ist, d.h., sie übernimmt den Ressourcennamen des Menübefehls und erzeugt zu diesem eine passende `JButton`-Instanz, die in die Symbolleiste eingefügt werden kann. Alle Informationen zur Konfiguration des Schalters werden der Ressourcendatei entnommen. Zum Schluss wird die `JButton`-Instanz für später in die Hashtabelle `toolBarButtons` eingetragen und als Ergebniswert zurückgeliefert.

```
// Schalter für Symbolleiste erzeugen, wird von getToolBar() aufgerufen
protected JButton createToolBarButton(String name) {
    JButton btn = null;

    try {
        // Schalter mit Bild erzeugen
        String image = resources.getString(name + "Symbol");
        URL url = this.getClass().getResource(image);

        btn = new JButton(new ImageIcon(url));
        btn.setMargin(new Insets(1,1,1,1));
        btn.setFocusable(false);
```

```
        // ToolTip
        String tooltip = null;
        try {
            tooltip = resources.getString(name + "Tooltip");
        } catch (MissingResourceException mre) {
            // tooltip bleibt null
        }
        if (tooltip != null)
           btn.setToolTipText(tooltip);


        // Schalter in Feld toolBarButtons für späteren Zugriff
        // abspeichern
        toolBarButtons.put(name, btn);

    } catch (MissingResourceException mre) {
        System.err.println("Symbolleistenressource nicht verfügbar!");
        System.exit(1);
    }

    return btn;
}
```


Im Programm, genauer gesagt im Konstruktor der Fensterklasse, wird die Symbolleiste durch Aufruf der `MenuFactory`-Methode `getToolBar()` erzeugt und in den NORTH-Abschnitt des Border-Layouts eingefügt:

```
public ProgramFrame() {
   ...

   // Symbolleiste aufbauen und am oberen Rand des Fensters einfügen
   toolBar = mf.getToolBar();
   getContentPane().add(toolBar, BorderLayout.NORTH);
   ...
```

Danach müssen die einzelnen Schalter nur noch mit den zugehörigen `ActionListener`-Objekten verbunden werden:

```
   ...
   // Ereignisbehandlung für Symbolleistenschalter
   HashMap<String, JButton> toolBarButtons = mf.getToolBarButtons();
   JButton   tb;

   tb = toolBarButtons.get("FileNew");
   tb.addActionListener(fileNewAction);

   tb = toolBarButtons.get("FileOpen");
   tb.addActionListener(fileOpenAction);
```

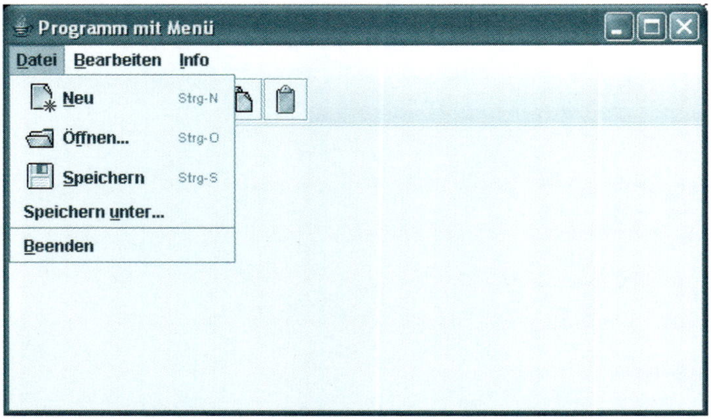

Abbildung 71: Programm mit automatisch generierter Menü- und Symbolleiste

138 Befehle aus Menü und Symbolleiste zur Laufzeit aktivieren und deaktivieren

Menübefehle werden in Java durch Instanzen der Klasse `JMenuItem`, Symbolleistenschalter durch Instanzen der Klassen `JButton` oder `JToggleButton` repräsentiert. Alle drei Klassen sind von `AbstractButton` abgeleitet und erben von dieser Klasse die Methode `setEnabled()`, mit der die Menübefehle und Schalter zur Laufzeit aktiviert (Übergabe von `true`) oder deaktiviert (Übergabe von `false`) werden können.

Wenn ein Befehl sowohl als Menübefehl in der Menüleiste wie auch als Schalter in der Symbolleiste (und womöglich auch noch als Befehl in einem Kontextmenü) vertreten ist, müssen Sie selbstredend darauf achten, dass alle Vorkommen des Befehls zusammen aktiviert oder deaktiviert werden. Sie können diese Arbeit aber auch delegieren, indem Sie für die Ereignisbehandlung Aktionen definieren. Aktionen sind in diesem Sinne Instanzen von Klassen, die das Interface `Action` definieren oder von der Klasse `AbstractAction` abgeleitet sind. In diesem Fall können Sie alle Menübefehle und Schalter, die mit ein und derselben Aktion verbunden sind, zusammen aktivieren oder deaktivieren, indem Sie einfach die Aktion aktiveren/deaktivieren:

```
// 1. Action-Klasse zur Behandlung des Datei/Neu-Befehls
class FileNewAction extends AbstractAction {
    public void actionPerformed(ActionEvent e) {
       // Tue etwas
    }
}


// 2. Action mit Menübefehl und Symbollschalter verbinden
Action a = new FileNewAction();
miFileNew.setAction(a);    // miFileNew sei JMenuItem-Objekt
btnFileNew.setAction(a);   // btnFileNew sei JButton-Objekt


// Irgendwo im Code
```

```
// 3. Aktion für Datei/Neu und alle zugeordneten GUI-Komponenten deaktivieren
a.setEnabled(false);
```

Ein Beispiel hierfür finden Sie im nachfolgenden Rezept, das Aktionen, Menü und Symbolleiste automatisch aus einer Ressourcendatei erstellt.

139 Menü- und Symbolleiste mit Aktionen synchronisieren

In *Rezept 137* wurde Ihnen eine Möglichkeit vorgestellt, wie Sie Menü- und Symbolleiste halbautomatisch aus den Daten einer Ressourcendatei erstellen können. Für die Ereignisbehandlung haben wir dort eigene Klassen definiert, die das `ActionListener`-Interface implementieren. Dieser Ansatz ist effektiv und schnell zu implementieren. Außerdem muss für jede Aktion, die der Anwender auslösen kann, nur ein Objekt der betreffenden `ActionListener`-Klasse erzeugt werden. Kann die Aktion auf mehreren Wegen ausgelöst werden, beispielsweise über Menübefehl und Symbolschalter, wird das zugehörige ActionListener-Objekt einfach bei allen auslösenden GUI-Komponenten als ActionListener registriert.

Wenn Sie mehrere GUI-Komponenten mit ein- und demselben ActionListener-Objekt verbinden, spart dies Speicherplatz und der Ereignisbehandlungscode steht nur einmal im Quelltext. Die GUI-Komponenten sind jedoch nicht synchronisiert. Wenn Sie also die Aktion deaktivieren wollen, müssen Sie alle GUI-Komponenten deaktivieren. Wollen Sie die Aktion mit einem anderen Tastaturkürzel verbinden, müssen Sie die Tastaturkürzel für alle GUI-Komponenten ändern. Gerade für Aktionen, die sowohl über das Menü als auch die Symbolleiste ausgeführt werden könnten, wäre eine derartige automatische Synchronisierung aber wünschenswert, um den Programmierer von lästiger Verwaltungsarbeit zu befreien. Dies leistet das Konzept der Actions. Actions sind Objekte von Klassen, die von `AbstractAction` abgeleitet sind oder direkt das Interface `Action` implementieren. Actions besitzen eine `actionPerformed()`-Implementierung und können unter anderem ein Symbol, einen Mnemonic-Buchstaben, ein Tastaturkürzel, einen Tooltip-Text und eine ausführlichere Beschreibung speichern.

Alle GUI-Komponenten, deren Klassen auf `AbstractButton` zurückgehen, können mit einer Action verbunden werden (Methode `setAction()`). Werden mehrere GUI-Komponenten mit ein und derselben Action verbunden, spiegeln sich Änderungen an der Action (Deaktivierung, neues Symbol etc.) in allen verbundenen Komponenten wider.

Das folgende Rezept baut Menü- und Symbolleiste aus den Daten einer Ressourcendatei auf und verbindet die Menübefehle und Symbolleistenschalter mit `Action`-Objekten.

Die Ressourcendatei

Die Ressourcendatei zu diesem Rezept ist identisch mit der Ressourcendatei aus *Rezept 137*. Dort finden Sie auch nähere Erläuterungen zum Aufbau der Ressourcendatei und zur Namensgebung für die Ressourcen.

Die Klasse MenuFactory

Mit Hilfe der Klasse `MenuFactory` lassen sich Menü- und Symbolleisten aus Ressourcendateien einlesen. Unterschiedliche Instanzen der Klasse können unterschiedliche Menüsysteme repräsentieren.

Die Klasse definiert `private` Felder zum Abspeichern der Ressourcendatei, der Menüleiste, der Symbolleiste sowie drei Hashtabellen für die Menübefehle, Symbolleistenschalter und Actions. Die Hashtabellen für die Menübefehle und Symbolleistenschalter baut `MenuFactory` selbst auf, die Hashtabelle der Actions wird vom aufrufenden Programm entgegengenommen. Menübefehle, Symbolleistenschalter und Actions werden in den Hashtabellen unter den Ressourcennamen der Menübefehle (Schlüssel) gespeichert.

Hinweis

Die Klasse MenuFactory geht davon aus, dass es zu jedem Menübefehl ein Action-Objekt gibt. Die Menüleiste mit den Menübefehlen baut MenuFactory selbstständig aus den Daten der Ressourcendatei auf. Die Action-Objekte muss der Aufrufer (sprich die Hauptfensterklasse) erzeugen, in einer HashMap speichern und an den Konstruktor von MenuFactory übergeben. Die Klasse MenuFactory konfiguriert die Action-Objekte dann gemäß den Menübefehlsdaten aus der Ressourcendatei.


```
...

public class MenuFactory {
    private ResourceBundle resources;
    private JMenuBar menuBar = null;
    private JToolBar toolBar = null;
    private HashMap<String, JMenuItem> menuItems
                                        = new HashMap<String, JMenuItem>();
    private HashMap<String, JButton> toolBarButtons
                                        = new HashMap<String, JButton>();
    private HashMap<String, Action> actions = null;
```

Bei der Instanzierung der Klasse übergeben Sie dem Konstruktor den Namen der Ressourcendatei (gegebenenfalls einschließlich relativem Pfad), die zu verwendende Lokale und eine HashMap mit den Action-Objekten. (Die Definition der Action-Klassen für die Menübefehle kann die Klasse MenuFactory dem Hauptfenster wegen der Implementierung der actionPerformed()-Methode nicht abnehmen. Stattdessen erwartet MenuFactory, dass das Hauptfenster die entsprechenden Klassen definiert und für jeden Menübefehl ein Action-Objekt instanziert und unter dem Namen der Menübefehlsressource in eine HashMap einfügt. Die HashMap nimmt MenuFactory entgegen und konfiguriert dann die Action-Objekte gemäß den Menübefehlinformationen aus der Ressourcendatei.)

```
    public MenuFactory(String res, Locale loc,
                       HashMap<String, Action> actions) {
        this.actions = actions;

        try {
            resources = ResourceBundle.getBundle(res, loc);

        } catch (MissingResourceException mre) {
            System.err.println("Ressourcendatei nicht verfuegbar!");
            System.exit(1);
        }
    }
```

Die für den Benutzer wichtigste Methode ist getMenuBar(), die eine Referenz auf die JMenuBar-Menüleiste zurückliefert. Existiert noch gar keine Menüleiste, wird sie automatisch aufgebaut. Dazu greift die Methode auf die menuBar-Ressource zu, zerlegt deren Wert in die Namen der einzelnen Menüs und lässt diese von der protected-Methode createMenu() erzeugen.

Die Methode createMenu() übernimmt als Argument den Namen einer Menüressource und liefert als Ergebnis das fertige Menü zurück. Titel und Mnemonic-Buchstabe des Menüs werden der Ressourcendatei entnommen, wobei Letzterer nicht unbedingt definiert sein muss. Welche Menübefehle das Menü enthalten soll, entnimmt die Methode dem Wert der Menüressource. Für einen Bindestrich wird eine Trennlinie in das Menü eingefügt, ansonsten wird der Ressourcenname des Befehls an die protected-Methode createMenuItem() weitergereicht.

Die Methode createMenuItem() schließlich erzeugt die einzelnen Menübefehle als Instanzen von JMenuItem. Dazu ruft sie die Methode configAction() auf, die die zu dem Menübefehl gehörende Action gemäß den Daten aus der Ressourcendatei konfiguriert. Die fertig konfigurierte Action wird dann durch Aufruf von setAction() mit dem Menübefehl verbunden. Anschließend wird der Menübefehl selbst angepasst, d.h., es werden durch Aufruf der entsprechenden JMenuItem-Methoden diejenigen Action-Elemente, die für den Menübefehl nicht benötigt werden (Tooltipps und Symbole), ausgeschaltet.

```
public JMenuBar getMenuBar() {
    // wie in Rezept 137
}
protected JMenu createMenu(String name) {
    // wie in Rezept 137
}

// Menübefehl erzeugen, wird von createMenu() aufgerufen
protected JMenuItem createMenuItem(String name) {
    JMenuItem mi = new JMenuItem();
    Action a = configAction(name);

    // Menübefehl mit Aktion verbinden und für späteren Zugriff
    // in Feld menuItems abspeichern
    mi.setAction(a);
    mi.setToolTipText(null);          // keine Tooltipps für Menübefehle
    mi.setIcon(null);                 // keine Symbole für Menübefehle
    menuItems.put(name, mi);

    return mi;
}
```

Die protected-Methode configAction() übernimmt den Namen einer Menübefehlsressource und konfiguriert die zugehörige Action gemäß den Angaben, die zu dem Menübefehl in der Ressourcendatei gespeichert sind. Der Titel (xxxLabel) ist obligatorisch, muss also in der Ressourcendatei definiert sein. Die restlichen Angaben sind optional.

```
/**
 * Action konfigurieren, wird von createMenuItem() und
 * createToolBarButton() aufgerufen
 */
protected Action configAction(String name) {
    Action a = null;

    try {
        // Action-Objekt zu Menübefehlsnamen beschaffen
        String label = resources.getString(name + "Label");
        a = actions.get(name);
        a.putValue(Action.NAME, label);

        // Mnemonic setzen
        String mnemo = null;
```

```
try {
    mnemo = resources.getString(name + "Mnemonic");
} catch (MissingResourceException mre) {
    // mnemo bleibt null
}
if (mnemo != null)
   a.putValue(Action.MNEMONIC_KEY, mnemo.codePointAt(0) );

// Tastaturkürzel setzen
String accel = null;
try {
    accel = resources.getString(name + "Accelerator");
} catch (MissingResourceException mre) {
    // accel bleibt null
}
if (accel != null) {
   KeyStroke ks = KeyStroke.getKeyStroke(
                            (int) accel.charAt(accel.length()-1),
                            Event.CTRL_MASK);
   a.putValue(Action.ACCELERATOR_KEY, ks);
}

// Bild setzen
String image = null;
try {
    image = resources.getString(name + "Symbol");
} catch (MissingResourceException mre) {
    // image bleibt null
}
if (image != null) {
   URL url = this.getClass().getResource(image);
   if (url != null) {
   a.putValue(Action.SMALL_ICON, new ImageIcon(url));
   }
}

// ToolTip setzen
String tooltip = null;
try {
    tooltip = resources.getString(name + "Tooltip");
} catch (MissingResourceException mre) {
    // tooltip bleibt null
}
if (tooltip != null)
   a.putValue(Action.SHORT_DESCRIPTION, tooltip);

// Beschreibung (für Statusleiste etc.) setzen
String description = null;
try {
    description = resources.getString(name + "Description");
} catch (MissingResourceException mre) {
    // description bleibt null
}
if (description != null)
```

```
            a.putValue(Action.LONG_DESCRIPTION, description);


        } catch (MissingResourceException mre) {
            System.err.println("Menüressource nicht verfügbar!");
            System.exit(1);
        }

        return a;
    }
```

Als Pendant zu den Methoden zur Erzeugung der Menüleiste gibt es Methoden zum Aufbau einer Symbolleiste.

```
    protected JToolBar getToolBar() {
        // wie in Rezept 137
    }

    protected JButton createToolBarButton(String name) {
        JButton btn = null;

        Action a = configAction(name);

        btn = new JButton(a);
        btn.setText(null);
        toolBarButtons.put(name, btn);

        return btn;
    }
```

Zu guter Letzt definiert die Klasse zwei Methoden, die Referenzen auf die Hashtabellen für die Menübefehle und die Symbolleistenschalter zurückliefern.

```
    public HashMap<String, JMenuItem> getMenuItems() {
        return menuItems;
    }
    public HashMap<String, JButton> getToolBarButtons() {
        return toolBarButtons;
    }

}
```

Verwendung in einem Programm

Eine Frame-Klasse, die mit Hilfe von `MenuFactory` ihre Menüleiste aufbauen möchte, geht wie folgt vor:

1. Sie definiert ein `private` Feld für das `MenuFactory`-Objekt, gegebenenfalls Felder für die Menüleiste und die Symbolleiste sowie eine HashMap-Collection für die `Action`-Objekte:

   ```
   public class ProgramFrame extends JFrame {
       private MenuFactory mf;
       private JMenuBar menuBar;
       HashMap<String, Action> actions;
   ```

2. Sie definiert für jeden Menübefehl eine von `AbstractAction` abgeleitete `Action`-Klasse, die `actionPerformed()` implementiert.

Hierfür gibt es eine Vielzahl von Möglichkeiten (*siehe Rezept 119*). Die Fensterklasse zu diesem Rezept definiert für jeden Befehl eine eigene `ActionListener`-Klasse ...

```
public class ProgramFrame extends JFrame {
   ...

   // innere Action-Klassen für Menübefehle
   class FileNewAction extends AbstractAction {
       public void actionPerformed(ActionEvent e) {
          System.out.println(" Datei / Neu");
          actions.get("FileSave").setEnabled(true);
          actions.get("FileSaveAs").setEnabled(true);
       }
   }
   class FileOpenAction extends AbstractAction {
       public void actionPerformed(ActionEvent e) {
          System.out.println(" Datei / Oeffnen");
          actions.get("FileSave").setEnabled(true);
          actions.get("FileSaveAs").setEnabled(true);
       }
   }
```


... und legt im Konstruktor eine HashMap mit den gewünschten `Action`-Objekten an. Als Schlüssel zu den Actions dient jeweils der Name der Menübefehlsressource.

```
public ProgramFrame() {
  ...

   // Action-Objekte erzeugen und in Collection
   // actions speichern
   actions = new HashMap<String, Action>();
   actions.put("FileNew", new FileNewAction());
   actions.put("FileOpen", new FileOpenAction());
   actions.put("FileSave", new FileSaveAction());
   actions.put("FileSaveAs", new FileSaveAsAction());
   actions.put("FileQuit", new FileQuitAction());
   actions.put("EditCut", new EditCutAction());
   actions.put("EditCopy", new EditCopyAction());
   actions.put("EditPaste", new EditPasteAction());
   actions.put("InfoInfo", new InfoInfoAction());
   ...
```

3. Sie erzeugt im Konstruktor eine Instanz von `MenuFactory`, wobei sie den Pfad zur Ressourcendatei, die zu verwendende Lokale und die `actions`-Collection übergibt.

```
public ProgramFrame() {
   ...

   // Menü aufbauen und als Hauptmenü des Fensters einrichten
   mf = new MenuFactory("resources/Program",
                        Locale.getDefault(), actions);
   ...
```

4. Sie ruft die `getMenuBar()`- und `getToolBar()`-Methoden des `MenuFactory`-Objekts auf, um Menü- und Symbolleiste aufbauen zu lassen. Die von `getMenuBar()` zurückgelieferte Refe-

renz übergibt sie an `setJMenuBar()`. Die von `getToolBar()` zurückgelieferte Referenz fügt sie in den NORTH-Bereich des Border-Layouts ein.

```
...
menuBar = mf.getMenuBar();
setJMenuBar(menuBar);

toolBar = mf.getToolBar();
getContentPane().add(toolBar, BorderLayout.NORTH);
...
```

Um die Synchronisierung von GUI-Komponenten via Actions zu demonstrieren, deaktiviert das Hauptfenster dieses Rezepts anfangs die Actions `FileSave` und `FileSaveAs`.

```
public ProgramFrame() {
   ...

   actions.get("FileSave").setEnabled(false);
   actions.get("FileSaveAs").setEnabled(false);
   ...
```


Wenn Sie das Programm starten, müssen sowohl die entsprechenden Menübefehle als auch der Speicher-Schalter deaktiviert sein!

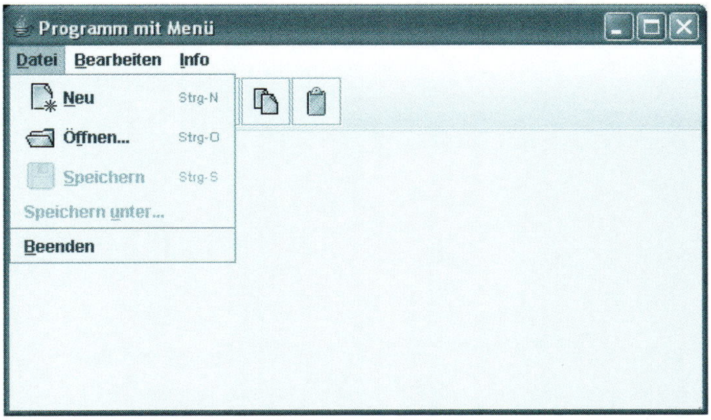

Abbildung 72: Anfangszustand des Programms: Die GUI-Komponenten, die mit den Actions »FileSave« und »FileSaveAs« verbunden sind, sind deaktiviert. Sie werden aktiviert, sobald Sie einen der Befehle Neu oder Öffnen ausführen.

140 Statusleiste einrichten

Es ist ein offenes Geheimnis: Die Java-API kennt keine eigene Klasse für Statusleisten. Wer dennoch nicht auf seine Statusleiste verzichten möchte, muss selbst Hand anlegen, ein `JPanel` mit passenden Feldern (in der Regel `JLabel`-Instanzen) ausstatten und in den SOUTH-Bereich eines Rahmenfensters mit Borderlayout einfügen.

```
import java.awt.*;
import java.awt.event.*;
import javax.swing.*;

public class Statusleiste_Simple extends JFrame {
   private JPanel sb;
   private JLabel sb_textfield;

   public Statusleiste_Simple() {

      // Hauptfenster konfigurieren
      setTitle("Swing-Grundgerüst");

      // JPanel  als Statusleiste konfigurieren
      sb = new JPanel();
      sb.setBackground(Color.LIGHT_GRAY);
      sb.setLayout(new FlowLayout(FlowLayout.LEFT));
      sb.setBorder(BorderFactory.createEtchedBorder());

      // Felder einfügen
      sb_textfield = new JLabel();
      sb.add(sb_textfield);

      // JPanel als Statuszeile in Fenster einfügen
      getContentPane().add(sb, BorderLayout.SOUTH);


      sb_textfield.setText("Dies ist die Statusleiste");

      setDefaultCloseOperation(JFrame.EXIT_ON_CLOSE);
   }
...
}
```

Listing 174: Aus Statusleiste_Simple.java – Beispiel für die Implementierung einer einfachen Statusleiste

Das Erscheinungsbild einer so konstruierten Statusleiste lässt sich auf vielerlei Weise anpassen: beispielsweise durch Einstellung der Hintergrundfarbe (siehe oben, `setBackground()`-Aufruf) oder durch Auswahl eines Rahmens (siehe oben, `createEtchedBorder()`-Aufruf). Für die einzelnen Felder der Statusleiste können entsprechende GUI-Komponenten direkt oder wiederum eingebettet in untergeordnete `JPanel`-Instanzen eingefügt werden. Abstände und Position der Felder können unter anderem durch Trennstriche (Instanzen von `JSeparator`) und Abstandshalter (`Box.createHorizontalStrut()` für Abstände fester Breite bzw. `Box.createHorizontalGlue()` zum »Aufsaugen« beliebigen Freiraums) festgelegt werden.

Die Klasse StatusBar

Die nachfolgend definierte Klasse `StatusBar` kann Statusleisten aus einer beliebigen Zahl von `JLabel`-Feldern erzeugen.

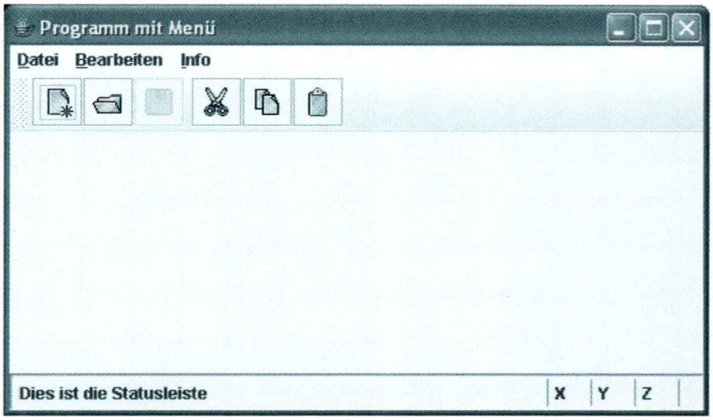

Abbildung 73: GUI-Programm mit Statusleiste

Das Design der von StatusBar erzeugten Statusleisten ist fix, d.h. im Code der Klasse festgelegt (kann aber natürlich vom Programmierer geändert werden):

- Der Rahmen besteht aus einer CompoundBorder-Instanz, die einen dekorativen Rahmen (SoftBevelBorder) mit einfachen Rändern unterschiedlicher Bereite (EmptyBorder) verbindet:

```
setBorder(new CompoundBorder(
                   new SoftBevelBorder(SoftBevelBorder.LOWERED),
                   new EmptyBorder(1,5,0,5)));
```

- Auf das erste Feld folgt stets eine Glue-Komponente, die für den Fall, dass das Fenster breiter ist als die Maximalgröße des Felds, den restlichen Raum einnimmt.

```
add(Box.createHorizontalGlue());
```

- Gibt es mehrere Felder, werden diese durch zwei 5 Pixel breite Abstandshalter und einen dazwischen geschalteten vertikalen Trennstrich getrennt.

```
add(Box.createHorizontalStrut(5));
JSeparator sep = new JSeparator(SwingConstants.VERTICAL);
sep.setMaximumSize(new Dimension(2,200));
add(sep);
add(Box.createHorizontalStrut(5));
```

Erzeugt werden die Statusleisten von den Konstruktoren der Klasse, die ansonsten nur noch eine einzige Methode namens getField(int index) besitzt, die eine Referenz auf das index-te Feld in der Statusleiste zurückliefert.

```
import java.awt.*;
import javax.swing.*;
import javax.swing.border.*;
import java.util.ArrayList;

/**
 * Klasse für Statusleisten
 */
```

Listing 175: StatusBar.java

```
class StatusBar extends JPanel {
   private ArrayList<JLabel> fields = new ArrayList<JLabel>();

   /**
    * erzeugt eine Statusleiste mit einem einzigen Textfeld, das
    * maximal 400 Pixel breit wird
    */
   public StatusBar() {
       setLayout(new BoxLayout(this, BoxLayout.X_AXIS));
       setBorder(new CompoundBorder(
                        new SoftBevelBorder(SoftBevelBorder.LOWERED),
                        new EmptyBorder(1,5,0,5)));

       JLabel lb = new JLabel(" ");
       lb.setPreferredSize(new Dimension(400, 16));
       lb.setMinimumSize(new Dimension(400, 16));
       fields.add(lb);

       add(lb);
       add(Box.createHorizontalGlue());
   }

   /**
    * erzeugt eine Statusleiste mit einem einzigen Textfeld, dessen
    * bevorzugte und maximale Breite als Argument übergeben wird
    */
   public StatusBar(int width) {
       setLayout(new BoxLayout(this, BoxLayout.X_AXIS));
       setBorder(new CompoundBorder(
                         new SoftBevelBorder(SoftBevelBorder.LOWERED),
                         new EmptyBorder(1,5,0,5)));

       JLabel lb = new JLabel(" ");
       lb.setPreferredSize(new Dimension(width, 16));
       lb.setMinimumSize(new Dimension(width, 16));
       fields.add(lb);

       add(lb);
       add(Box.createHorizontalGlue());

   }

   /**
    * erzeugt eine Statusleiste mit den übergebenen JLabel-Komponenten
    * als Feldern
    */
   public StatusBar(JLabel... labels) {
       setLayout(new BoxLayout(this, BoxLayout.X_AXIS));
       setBorder(new CompoundBorder(
                         new SoftBevelBorder(SoftBevelBorder.LOWERED),
                         new EmptyBorder(1,5,0,5)));
```

Listing 175: StatusBar.java (Forts.)

```
        for (int i = 0; i < labels.length; ++i) {
           fields.add(labels[i]);

           add(labels[i]);
           add(Box.createHorizontalStrut(5));

           if (i == 0)
              add(Box.createHorizontalGlue());

           JSeparator sep = new JSeparator(SwingConstants.VERTICAL);
           sep.setMaximumSize(new Dimension(2,200));

           add(sep);
           add(Box.createHorizontalStrut(5));

        }

     }

     public JLabel getField(int index) {
        if (index >= 0 && index < fields.size())
           return fields.get(index);
        else
           throw new IllegalArgumentException();
     }
  }
```

Listing 175: StatusBar.java (Forts.)

Um eine einfache Statusleiste mit einem einzigen Feld einzurichten, müssen Sie lediglich den ersten oder zweiten Konstruktor aufrufen und die erzeugte Statusleiste in den SOUTH-Bereich des Rahmenfensters einfügen:

```
statusBar = new StatusBar();
getContentPane().add(statusBar, BorderLayout.SOUTH);
```

Durch Aufruf von `getField(0)` können Sie auf das Textfeld der Statusleiste zugreifen und einen Text anzeigen.

```
statusBar.getField(0).setText("Dies ist die Statusleiste");
```

Wenn Sie mehrere Textfelder in die Statusleiste integrieren möchten, müssen Sie die einzelnen Textfelder als `JLabel`-Instanzen vorab erzeugen, die bevorzugte und die minimale Größe festlegen und dann als Auflistung oder Array an den dritten Konstruktor übergeben:

```
// Felder für Statusleiste erzeugen
JLabel field1 = new JLabel("");
field1.setPreferredSize(new Dimension(400,20));
field1.setMinimumSize(new Dimension(200,20));
```

Listing 176: Aus ProgramFrame.java

GUI

```
JLabel field2 = new JLabel("X");
field2.setPreferredSize(new Dimension(20,20));
field2.setMinimumSize(new Dimension(20,20));

JLabel field3 = new JLabel("Y");
field3.setPreferredSize(new Dimension(20,20));
field3.setMinimumSize(new Dimension(20,20));

JLabel field4 = new JLabel("Z");
field4.setPreferredSize(new Dimension(20,20));
field4.setMinimumSize(new Dimension(20,20));

// Statusleiste einrichten
statusBar = new StatusBar(field1, field2, field3, field4);
getContentPane().add(statusBar, BorderLayout.SOUTH);
statusBar.getField(0).setText("Dies ist die Statusleiste");
```


Listing 176: Aus ProgramFrame.java (Forts.)

Das Programm zu diesem Rezept erweitert das Programm aus *Rezept 139* um eine Statusleiste.

141 Hinweistexte in Statusleiste

Um Hinweistexte zu Menübefehlen und Symbolleistenschaltern in der Statusleiste anzuzeigen, müssen Sie die Maus überwachen. Wird die Maus über die GUI-Komponente eines Menübefehls oder eines Symbolleistenschalters bewegt, zu dem es eine Textbeschreibung für die Statusleiste gibt, ist dieser in der Statusleiste anzuzeigen. Umgekehrt ist die Textbeschreibung zu löschen, wenn die Maus wieder von der Komponente wegbewegt wird. Die entsprechenden Ereignisbehandlungsmethoden des `MouseListener`-Interfaces lauten `mouseEntered()` und `mouseExited()`.

```
// Maus wird über registrierte GUI-Komponente bewegt
// -> Hinweistest anzeigen
public void mouseEntered(MouseEvent e) {

   // Hinweistext der Komponente abfragen, über der
   // der Mauszeiger steht
   Component c = (Component) e.getSource();
   String hint = hintMap.get(c);

   // Gibt es einen Hinweistext, schreibe diese in die
   // das Feld der Statusleiste
   if (hint != null)
      statusBarField.setText(hint);
}

// Maus wird von registrierter GUI-Komponente wegbewegt
// -> Hinweistest ausblenden
public void mouseExited(MouseEvent e) {
    statusBarField.setText(" ");
}
```

Die Implementierung der `mouseEntered()`-Methode setzt voraus, dass

- `hintMap` eine Map-Collection ist, in der die Hinweistexte für die GUI-Komponenten abgelegt sind, mit den Komponentenreferenzen als Schlüssel.
- `statusBarField` auf das `JLabel`-Feld der Statusleiste weist, in welches der Hinweistext ausgegeben werden soll.

Natürlich könnte man `hintMap` und `statusBarField` als Felder der Rahmenfensterklasse definieren und auch die Methoden des `MouseListener`-Interfaces in der Fensterklasse implementieren. Besser wieder verwendbar ist aber die Definition einer eigenen Manager-Klasse, die die Verwaltung der Textbeschreibungen übernimmt.

```
import java.util.WeakHashMap;
import java.awt.*;
import java.awt.event.*;
import javax.swing.*;

/**
 * Klasse zur Verwaltung von Hinweistexten für die Statusleiste
 *
 * @author Dirk Louis
 */
public class StatusBarHintManager extends MouseAdapter {
    // Statusleistenfeld für Anzeige
    private JLabel statusBarField;

    // Container zum Sammeln der Hinweise
    // Key = Komponente, Value = Text
    private WeakHashMap<Component, String> hintMap;


    // Konstruktor
    public StatusBarHintManager(JLabel statusBarField) {
       hintMap = new WeakHashMap<Component, String>();
       this.statusBarField = statusBarField;
    }


    // Methode zum Registrieren von GUI-Komponenten und der zugehörigen
    // Beschreibung
    public void addComponentHint(Component c, String text) {
        hintMap.put(c, text);
        c.addMouseListener(this);
    }

    // Maus wird über registrierte GUI-Komponente bewegt
    // -> Hinweistest anzeigen
    public void mouseEntered(MouseEvent e) {
       // wie oben
    }
```

Listing 177: StatusBarHintManager.java

```
        // Maus wird von registrierter GUI-Komponente wegbewegt
        // -> Hinweistest ausblenden
        public void mouseExited(MouseEvent e) {
            // wie oben
        }
    }
```

Listing 177: StatusBarHintManager.java (Forts.)

Neben den Methoden zur Mausüberwachung und einem Konstruktor, der die Referenz auf das Statusleistenfeld für die Anzeige der Hinweistexte übernimmt, definiert die Klasse nur noch eine einzige Methode: `addComponentHint()`, mit der Komponenten inklusive Text registriert werden können.

Um Hinweistexte zu einzelnen GUI-Komponenten eines Programms in die Statusleiste einzublenden, gehen Sie so vor, dass Sie

1. in der Fensterklasse eine Instanzvariable für den `StatusBarHintManager` definieren:

   `private StatusBarHintManager sbHintManager;`

2. im Konstruktor der Klasse, nach Einrichtung der Statusleiste, eine Instanz der Klasse `StatusBarHintManager` erzeugen und die GUI-Komponenten registrieren, für die in der Statusleiste Hinweistexte angezeigt werden sollen.

Wie Schritt 2 im Detail zu implementieren ist, hängt von dem jeweiligen Programm ab. Das Programm zu diesem Rezept stellt beispielsweise eine Erweiterung des Programms aus *Rezept 139* dar. Dort wurden Menü- und Symbolleiste weitgehend automatisch mit Hilfe der Klasse `MenuFactory` aufgebaut. Referenzen auf die GUI-Komponenten für die Menübefehle und Symbolleistenschalter können mittels `mf.getMenuItems().values()` bzw. `mf.getToolBarButtons().values()` beschafft werden (wobei `mf` eine Instanz von `MenuFactory` ist). Den einzelnen Komponenten sind `Action`-Objekte zugeordnet, in denen unter dem Schlüssel `LONG_DESCRIPTION` auch Beschreibungen für die einzelnen Aktionen gespeichert sind.

```
// StatusBarHintManager erzeugen
sbHintManager = new StatusBarHintManager(statusBar.getField(0));

String description = null;
Action a;

// Collection der Menübefehl-Komponenten durchlaufen
for (JMenuItem m : mf.getMenuItems().values()) {
    // Action-Objekt zu Komponente besorgen
    a = m.getAction();

    // Wenn Action-Objekt vorhanden, Hinweistext abfragen
    if (a != null) {
        description = (String) a.getValue(Action.LONG_DESCRIPTION);
```

Listing 178: Aus ProgramFrame.java – Komponenten mit Hinweistexten bei StatusBarHintManager registrieren

```
            // Wenn Hinweistext zu Komponenten verfügbar, Komponente
            // samt Text registrieren
            if (description != null)
                sbHintManager.addComponentHint(m, description);
        }
    }
    // Collection der Symbolleistenschalter durchlaufen
    for (JButton b : mf.getToolBarButtons().values()) {
        a = b.getAction();
        if (a != null) {
            description = (String) a.getValue(Action.LONG_DESCRIPTION);
            if (description != null)
                sbHintManager.addComponentHint(b, description);
        }
    }
```

Listing 178: Aus ProgramFrame.java – Komponenten mit Hinweistexten bei StatusBarHintManager registrieren (Forts.)

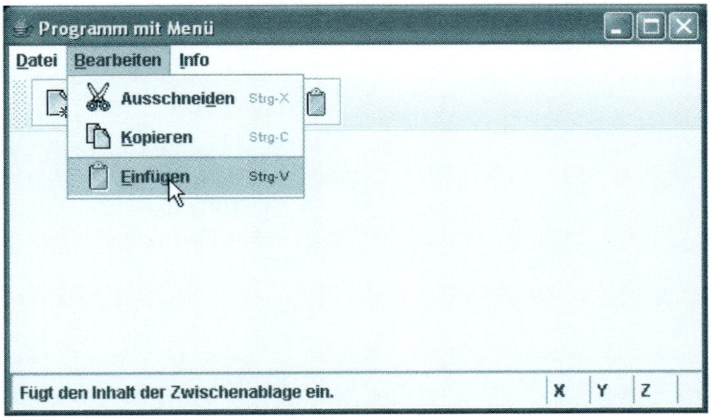

Abbildung 74: Programm mit Hinweistexten in der Statusleiste

142 Dateien mit Datei-Dialog (inklusive Filter) öffnen

Einen Datei-Dialog anzuzeigen und sich den vom Anwender ausgewählten Dateinamen zurückliefern zu lassen, ist nicht sonderlich schwer:

```
JFileChooser openDialog = new JFileChooser();
if (JFileChooser.APPROVE_OPTION == openDialog.showOpenDialog(this)) {

   // Datei abfragen
   File f = openDialog.getSelectedFile();

   // Prüfen, ob File-Objekt wirklich eine Datei ist
   // Wenn ja und wenn lesbar, öffnen
   if(f.isFile() && f.canRead()) {
      ...
```

Oft sind mit dem Öffnen einer Datei aber noch weitere Aspekte verbunden:

- Wie erreicht man, dass der Öffnen-Dialog sich bei erneutem Aufruf an das Verzeichnis erinnert, aus welchem der Anwender das letzte Mal die zu öffnende Datei ausgewählt hat?
- Wie installiert man einen Dateifilter, damit im Öffnen-Dialog nur Dateien mit bestimmten Extensionen angezeigt werden?
- Welche Aufgaben sollte eine `fileOpen`-Methode neben dem reinen Öffnen noch erledigen?

Startverzeichnis des Öffnen-Dialogs einstellen

Per Voreinstellung lädt `JFileChooser` das Heimverzeichnis des Anwenders in den Öffnen-Dialog. Soll der Dialog anfangs ein anderes Verzeichnis anzeigen, müssen Sie `setCurrentDirectory()` aufrufen und eine `File`-Instanz, die das gewünschte Verzeichnis repräsentiert, übergeben. Dabei muss das `File`-Objekt nicht unbedingt das Verzeichnis selbst sein, es kann auch eine Datei aus dem Verzeichnis repräsentieren.

Diesen Umstand können Sie sich zu Nutze machen, wenn Sie bei Aufruf des Dialogs das Verzeichnis anzeigen wollen, aus dem die zuletzt geöffnete Datei ausgewählt wurde. Speichern Sie einfach nach jedem erfolgreichen Laden einer Datei das `File`-Objekt in einem Feld der Fensterklasse und setzen Sie vor jedem Dialogaufruf das aktuelle Verzeichnis:

```
public class ProgramFrame extends JFrame {
    private File lastDir = null;            // zuletzt benutztes Verzeichnis
    ...

protected void fileOpen() {

    // Zuletzt verwendetes Verzeichnis auswählen
    openDialog.setCurrentDirectory(lastDir);

    if (JFileChooser.APPROVE_OPTION == openDialog.showOpenDialog(this)) {

       // Datei abfragen
       File f = openDialog.getSelectedFile();

       if(f.isFile() && f.canRead())
          try {

             // Text aus Datei einlesen
             ...

             // Aktuelles Verzeichnis sichern
             lastDir = f;

          } catch (IOException e) {
             System.err.println("Fehler beim Öffnen");
          }
    }
```

Listing 179: Aus ProgramFrame.java

Achten Sie darauf, `lastDir` anfangs auf `null` zu setzen. Beim ersten Aufruf des Öffnen-Dialogs, wenn `setCurrentDirectory()` dann null als Argument überreicht wird, startet der Dialog mit dem Heimverzeichnis des Anwenders.

Filter

Wenn Sie nur Dateien mit speziellen Dateiextensionen im Öffnen-Dialog anzeigen wollen, müssen Sie zu diesem Zweck einen FileFilter schreiben. FileFilter werden von der Klasse `javax.swing.filechooser.FileFilter` abgeleitet und überschreiben die abstrakten Methoden

- `boolean accept(File f)`, die `true` zurückliefern soll, wenn die Datei `f` angezeigt werden soll.

  (`JFileChooser` geht die Dateien im aktuellen Verzeichnis durch und übergibt sie zur Überprüfung an die `accept()`-Methoden der registrierten FileFilter.)
- `String getDescription()`, die die Dateibeschreibung (Text in Datentyp-Listenfeld des Dialogs) zurückliefert.

Die folgende Klasse `ConfigurableFileFilter` implementiert einen generischen FileFilter. Der Benutzer der Klasse braucht dem Konstruktor einfach nur die Textbeschreibung und die Liste der Dateiextensionen (als Auflistung oder als Array) zu übergeben – fertig!

```
import javax.swing.filechooser.FileFilter;
import java.io.File;

/**
 * Generischer Dateifilter
 */
class ConfigurableFileFilter extends FileFilter  {
   private String description;
   private String[] extensions;


   /**
    * Filter mit Beschreibung und Liste von Dateierweiterungen erzeugen
    */
   public ConfigurableFileFilter(String desc, String... ext) {
      this.description = desc;
      this.extensions = ext;
   }

   /**
    * Prüfen, ob die gegebene Datei zu einer der registrierten Datei-
    * erweiterungen gehört. Nur File-Objekte, für die true zurück-
    * geliefert wird, werden im Datei-Dialog angezeigt.
    */
   public boolean accept(File f)  {

      // Verzeichnisse alle anzeigen
      if(f.isDirectory() == true)
         return true;
```

Listing 180: ConfigurableFileFilter.java – ein allgemein verwendbarer File-Filter

GUI

```
      else if (f.isFile()) {
         for( String s : extensions)
            if(f.getName().endsWith(s))
               return true;
      }

      return false;
   }

   public String getDescription() {
      return description;
   }
}
```

Listing 180: ConfigurableFileFilter.java – ein allgemein verwendbarer File-Filter (Forts.)

fileOpen-Methode

Wie sollte eine `fileOpen`-Methode aufgebaut sein? Hier einige Vorschläge:

Aktion	Datei zur internen Auswertung durch Programm laden	Dateibetrachter (Öffnen-Befehl)	Dateieditor[3] (Öffnen- und Speichern-Befehl)
1. Prüfen, ob es nicht gesicherte Änderungen gibt	–	–	x
2. Öffnen-Dialog anzeigen	x	x	x
3. Ausgewählte Datei laden	x	x	x
4. Listener für Änderungen in Datei registrieren	–	–	x
5. Speichern-Befehl deaktivieren	–	–	x (optional)
6. Dateiname in Fenstertitel einblenden	–	x	x

Tabelle 37: Aufbau von fileOpen-Methoden

Das Programm zu diesem Rezept entspricht einem einfachen Dateibetrachter. Der gesamte Code zum Öffnen von Dateien ist in der `fileOpen()`-Methode untergebracht, die bei Auswahl des Datei/Öffnen-Befehls ausgeführt wird.

```
import java.awt.*;
import java.awt.event.*;
import javax.swing.*;
import javax.swing.text.*;
import javax.swing.event.*;
import java.util.*;
```

Listing 181: ProgramFrame.java

3. *siehe Rezepte 143 und 146*

```
import java.io.*;

public class ProgramFrame extends JFrame {
    private JMenuBar menuBar;
    private JMenuItem miOpen;
    private JMenuItem miQuit;

    // Textfeld
    private JScrollPane scrollpane;
    private JTextArea   textpane;

    // Dialog
    private JFileChooser openDialog;
    private ConfigurableFileFilter filter;

    private final String programName = "Programm";
    private File file = null;               // aktuell geöffnete Datei
    private File lastDir = null;            // zuletzt benutztes Verzeichnis


    public ProgramFrame() {

       // Hauptfenster konfigurieren
       setTitle(programName);


       // Menü aufbauen und als Hauptmenü des Fensters einrichten
       menuBar = new JMenuBar();

       JMenu fileMenu = new JMenu("Datei");
       fileMenu.setMnemonic(KeyEvent.VK_D);
       miOpen = new JMenuItem("Öffnen");
       miOpen.setMnemonic(KeyEvent.VK_F);
       miOpen.addActionListener(new ActionListener() {
          public void actionPerformed(ActionEvent e) {
             fileOpen();
          }
       });
       miQuit = new JMenuItem("Beenden");
       miQuit.setMnemonic(KeyEvent.VK_B);
       miQuit.addActionListener(new ActionListener() {
          public void actionPerformed(ActionEvent e) {
             System.exit(0);
          }
       });

       fileMenu.add(miOpen);
       fileMenu.add(miQuit);
       menuBar.add(fileMenu);

       setJMenuBar(menuBar);
```

Listing 181: ProgramFrame.java (Forts.)

```
        // Textfeld einrichten
        textpane = new JTextArea();
        textpane.setLineWrap(true);
        textpane.setWrapStyleWord(true);
        textpane.setBackground(Color.WHITE);
        textpane.setFont(new Font("SansSerif", Font.PLAIN, 12));
        scrollpane = new JScrollPane();
        scrollpane.getViewport().add(textpane, null);
        getContentPane().add(scrollpane, BorderLayout.CENTER);


        // Filter für Datei-Dialog konfigurieren
        openDialog = new JFileChooser();
        filter = new ConfigurableFileFilter("Textdokumente (.txt, .html)",
                                            "txt", "html");
        openDialog.addChoosableFileFilter(filter);


        setDefaultCloseOperation(JFrame.EXIT_ON_CLOSE);
    }


    /*
     * Datei öffnen und einlesen
     */
    protected void fileOpen() {

        // Zuletzt verwendetes Verzeichnis auswählen
        openDialog.setCurrentDirectory(lastDir);

        if (JFileChooser.APPROVE_OPTION == openDialog.showOpenDialog(this)) {

            // Datei abfragen
            File f = openDialog.getSelectedFile();

            if(f.isFile() && f.canRead())
                try {

                    // Text aus Datei einlesen
                    FileReader in = new FileReader(f);
                    textpane.read(in, f);
                    in.close();

                    // Felder und Fenstertitel aktualisieren
                    file = f;
                    lastDir = f;
                    adjustWindowTitle();
```

Listing 181: ProgramFrame.java (Forts.)

```
            } catch (IOException e) {
               System.err.println("Fehler beim Öffnen von "
                                           + this.file.getName());
            }
        }
    }


    /*
     * Dateinamen in der Titelleiste des Fensters anzeigen
     */
    private void adjustWindowTitle() {
       String title;

       if (file == null)
          title = "Unbenannt";
       else
          title = file.getName();

       title = programName + " - " + title;
       this.setTitle(title);
    }

}
```

Listing 181: ProgramFrame.java (Forts.)

143 Dateien mit Speichern-Dialog speichern

Einen Speichern-Dialog anzuzeigen und die aktuellen Daten in der vom Anwender ausgewählten Datei zu speichern, ist nicht sonderlich schwer:

```
JFileChooser openDialog = new JFileChooser();

if (JFileChooser.APPROVE_OPTION == openDialog.showSaveDialog(this)) {

   // Datei abfragen
   file = openDialog.getSelectedFile();

   // Daten in Datei file speichern
      try {
         ...
```

Oft sind mit dem Speichern einer Datei aber noch weitere Aspekte verbunden:

- Viele Anwendungen bieten Speichern- und Speichern unter-Menübefehle an.
- Wie verhindert man, dass Änderungen am aktuellen Dokument verloren gehen, wenn der Anwender, ohne zuvor gespeichert zu haben, ein neues Dokument anlegt oder öffnet?
- Wie erreicht man, dass der Speichern-Befehl nur aktiviert ist, wenn es noch nicht gespeicherte Änderungen gibt?

Die folgenden Ausführungen beziehen sich auf ein Programm, das Textdateien in einer `JTextArea`-Komponente namens `textpane` anzeigt und für die Dateiverwaltung – wie viele andere Anwendungen auch – die Befehle DATEI/NEU, DATEI/ÖFFNEN, DATEI/SPEICHERN und DATEI/SPEICHERN UNTER anbietet.

Speichern – Speichern unter

Der SPEICHERN-Befehl soll das aktuelle Dokument in der zugehörigen Datei speichern.

Was aber, wenn es zu dem aktuellen Dokument keine Datei gibt (beispielsweise weil das Dokument nicht mit dem DATEI/ÖFFNEN-Befehl aus einer Datei geladen, sondern mit DATEI/NEU neu angelegt wurde)? Nun, ganz einfach, in diesem Fall leitet man zur `fileSaveAs()`-Methode weiter.


```
/**
 * Datei speichern
 */
protected boolean fileSave() {

   // Text noch nicht mit Datei verbunden, dann nach fileSaveAs() umleiten
   if (file == null) {
      return fileSaveAs();
   }

   try {
      // Text aus JTextArea textpane in Datei schreiben
      FileWriter out = new FileWriter(file);
      textpane.write(out);
      out.close();

      return true;

   } catch (IOException e) {
      System.err.println("Fehler beim Speichern von " + file.getName());
      return false;
   }
}
```

Listing 182: fileSave-Methode für Speichern-Befehl

Wichtig ist, dass `file` ein Feld vom Typ `File` ist, das entweder das `File`-Objekt zum aktuellen Dokument speichert oder `null` ist. Mit anderen Worten: Der DATEI/ÖFFNEN-Befehl muss `file` das gerade geöffnete `File`-Objekt zuweisen (*siehe Rezept 142*), der DATEI/NEU-Befehl muss `file` auf `null` setzen (siehe weiter unten).

Der SPEICHERN UNTER-Befehl soll das aktuelle Dokument unter einem neuen Namen abspeichern. Da der Speichervorgang selbst bereits in `fileSave()` implementiert wurde, bietet es sich an, in `fileSaveAs()` lediglich

1. den Namen abzufragen,
2. dann `fileSave()` aufzurufen
3. und gegebenenfalls noch den Fenstertitel zu aktualisieren.

```
/**
 * Datei speichern unter
 */
protected boolean fileSaveAs() {

   // Dateiname abfragen, unter dem gespeichert werden soll
   // Dann Speichern-Befehl ausführen
   openDialog.setCurrentDirectory(lastDir);
   if (JFileChooser.APPROVE_OPTION == openDialog.showSaveDialog(this)) {

      file = openDialog.getSelectedFile();

      // Zum eigentlichen Speichern fileSave() aufrufen
      if ( fileSave() == true) {

         // Fenstertitel aktualisieren
         adjustWindowTitle();

         // rückmelden, dass gespeichert wurde
         return true;
      }

      return false;
   }

   return false;
}
```

Listing 183: fileSaveAs-Methode für Speichern unter-Befehl

Die Methode `adjustWindowTitle()` wurde bereits als Teil des Programms aus *Rezept 142* vorgestellt.

Vorsicht Öffnen-Befehl!

Wenn der Anwender ein neues Dokument anlegt oder ein bereits bestehendes Dokument öffnet, besteht immer die Gefahr, dass er vergessen hat, die letzten Änderungen im aktuellen Dokument zu speichern. Ein gutes Programm sollte daher überwachen, ob es nicht gespeicherte Änderungen gibt, und dem Anwender gegebenenfalls noch einmal Gelegenheit zum Sichern geben.

Zur Überwachung nicht gespeicherter Änderungen definieren Sie am besten in der Fensterklasse ein `boolean`-Feld, welches durch seinen Wert anzeigt, ob es nicht gespeicherte Änderungen gibt (`true`) oder nicht (`false`):

```
public class ProgramFrame extends JFrame {
   private boolean dirty = false;   // gibt es nicht gespeicherte Änderungen?
```

Im nächsten Schritt müssen Sie sicherstellen, dass das `dirty`-Feld bei Änderungen am aktuellen Dokument auf `true` gesetzt wird. Wenn die Dokumentdaten intern in einer `Document`-Instanz verwaltet werden (was bei den Swing-Textkomponenten automatisch der Fall ist), können Sie diese Aufgabe von einem selbst geschriebenen `DocumentListener` erledigen lassen:

GUI

```
/**
 * DocumentAdapter zur Überwachung nicht gespeicherter Änderungen
 */
class DocumentAdapter implements javax.swing.event.DocumentListener {

   private void setDirty() {
      dirty = true;
   }

   public void changedUpdate(DocumentEvent e) {
      if (!dirty) {
         setDirty();
      }
   }
   public void insertUpdate(DocumentEvent e) {
      if (!dirty) {
         setDirty();
      }
   }
   public void removeUpdate(DocumentEvent e) {
      if (!dirty) {
         setDirty();
      }
   }
}
```

Listing 184: Ein DocumentListener zum Registrieren von nicht gespeicherten Änderungen

Beachten Sie, dass der `DocumentAdapter` eine innere Klasse der Fensterklasse ist, damit auf das `dirty`-Feld zugegriffen werden kann.

Jetzt müssen Sie noch dafür sorgen, dass der DocumentListener in den DATEI/NEU- und DATEI/ÖFFNEN-Befehlen für die neuen Dokumente registriert wird.

```
protected void fileNew() {
   ...
   // Neues Dokument erzeugen und in Textkomponente anzeigen
   PlainDocument doc = new PlainDocument();
   doc.addDocumentListener(new DocumentAdapter());
   textpane.setDocument(doc);
   ...
}

protected void fileOpen() {
   ...
   if (JFileChooser.APPROVE_OPTION == openDialog.showOpenDialog(this)) {

      // Datei abfragen
      File f = openDialog.getSelectedFile();

      if(f.isFile() && f.canRead())
         try {
            ...
```

```
        // Dokumentlistener registrieren
        PlainDocument doc = (PlainDocument) textpane.getDocument();
        doc.addDocumentListener(new DocumentAdapter());
        ...
}
```

Und wann wird `dirty` auf `false` gesetzt? Entweder wenn ein neues Dokument angelegt oder geöffnet wird (also ebenfalls in den Methoden `fileNew()` und `fileOpen()`) oder wenn gespeichert wird (also in der Methode `fileSave()`).

Der dritte und letzte Schritt ist, eingangs der `fileNew()`- und `fileOpen()`-Methoden zu prüfen, ob es nicht gespeicherte Änderungen gibt. Da dies, wie Sie gleich sehen werden, nicht mit einer einfachen Abfrage von `dirty` getan ist, empfiehlt sich die Auslagerung des Codes in eine eigene Methode, hier `nothingToSave()` genannt. Der endgültige Code der `fileNew()`- und `fileOpen()`-Methoden sieht damit wie folgt aus:


```
protected void fileNew() {

   // Zuerst dem Anwender Gelegenheit, nicht gespeicherte Änderungen
   // noch zu sichern
   if (nothingToSave()) {

      // Neues Dokument erzeugen und in Textkomponente anzeigen
      PlainDocument doc = new PlainDocument();
      doc.addDocumentListener(new DocumentAdapter());
      textpane.setDocument(doc);

      // Da es in neuem Dokument keine zu speicherenden Änderungen gibt,
      // dirty auf false setzen
      dirty = false;

      // file und Fenstertitel aktualisieren
      file = null;
      adjustWindowTitle();
   }
}


protected void fileOpen() {

   // Zuerst dem Anwender Gelegenheit, nicht gespeicherte Änderungen
   // noch zu sichern
   if (!nothingToSave()) {
      return;
   }

   // Zuletzt verwendetes Verzeichnis auswählen
   openDialog.setCurrentDirectory(lastDir);

   if (JFileChooser.APPROVE_OPTION == openDialog.showOpenDialog(this)) {
```

Listing 185: Aus ProgramFrame.java

```
      // Datei abfragen
      File f = openDialog.getSelectedFile();

      if(f.isFile() && f.canRead())
         try {
            // Text aus Datei einlesen
            FileReader in = new FileReader(f);
            textpane.read(in, f);
            in.close();

            // Dokumentlistener registrieren
            PlainDocument doc = (PlainDocument) textpane.getDocument();
            doc.addDocumentListener(new DocumentAdapter());

            // Da es in neu geöffnetem Dokument keine zu speichernden
            // Änderungen gibt, dirty auf false setzen
            dirty = false;

            // Felder und Fenstertitel aktualisieren
            file = f;
            lastDir = f;
            adjustWindowTitle();

         } catch (IOException e) {
            System.err.println("Fehler beim Öffnen von "
                                              + this.file.getName());
         }
   }
}

protected boolean fileSave() {

   // Text noch nicht mit Datei verbunden, dann nach fileSaveAs() umleiten
   if (file == null) {
      return fileSaveAs();
   }

   try {
      // Text in Datei schreiben
      FileWriter out = new FileWriter(file);
      textpane.write(out);
      out.close();

      // Da es nach Speicherung keine zu speichernden Änderungen gibt,
      // dirty auf false setzen
      dirty = false;

      return true;

   } catch (IOException e) {
      System.err.println("Fehler beim Speichern von " + file.getName());
```

Listing 185: Aus ProgramFrame.java (Forts.)

```
        return false;
    }
}
```

Listing 185: Aus ProgramFrame.java (Forts.)

Bleibt noch die Methode nothingToSave().

```
private boolean nothingToSave() {

    // Keine ungespeicherten Änderungen? Dann gleich true zurückgeben
    if (!dirty) {
        return true;
    }

    // Dem Anwender die Wahl lassen, ob er speichern, nicht speichern
    // oder abbrechen möchte
    int option = JOptionPane.showConfirmDialog(this,
                                  "Änderungen speichern?",
                                  "Texteditor",
                                  JOptionPane.YES_NO_CANCEL_OPTION);
    switch (option) {
    case JOptionPane.YES_OPTION:     // Änderungen speichern
                                     return fileSave();

    case JOptionPane.NO_OPTION:      // Änderungen verwerfen
                                     return true;
    case JOptionPane.CANCEL_OPTION:
    default:                         // Abbrechen
                                     return false;

    }
}
```

Listing 186: Methode, die dem Anwender die Gelegenheit gibt, nicht gespeicherte Änderungen zu sichern (aus ProgramFrame.java)

Als Erstes prüft die Methode, ob es überhaupt nicht gesicherte Änderungen gibt. Falls nicht, liefert sie true zurück, was bedeutet, dass die Methode, die nothingToSave() aufgerufen hat (fileNew() oder fileOpen()), weiter ausgeführt wird.

Gibt es nicht gespeicherte Änderungen, öffnet die Methode einen Bestätigungsdialog, der den Anwender zum Speichern auffordert. Verlässt der Anwender den Dialog durch Drücken der JA-Taste, wird das aktuelle Dokument mit fileSave() gespeichert und der Rückgabewert von fileSave() zurückgegeben. (Wenn also beim Speichern alles glatt geht, wird true zurückgeliefert.) Drückt der Anwender die NEIN-Taste, wird nichts gespeichert, aber true zurückgeliefert (d.h., die Änderungen gehen verloren). Die ABBRECHEN-Taste schließlich liefert false zurück und die aufrufenden Methoden werden nicht weiter ausgeführt.

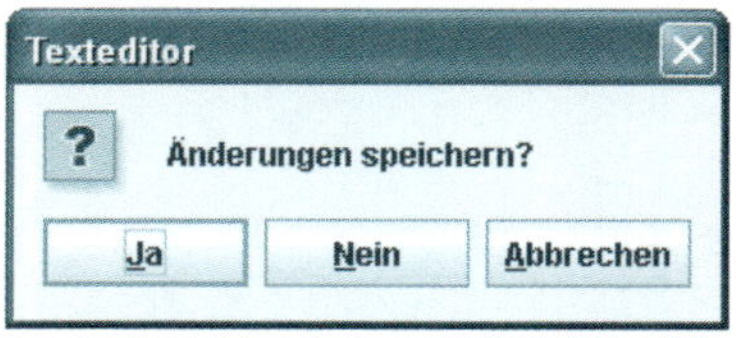

Abbildung 75: Aufforderung zum Speichern der letzten Änderungen

Speichern-Befehl nur aktivieren, wenn es etwas zu speichern gibt

Manche Anwendungen deaktivieren den Speichern-Befehl nach erfolgreicher Speicherung und aktivieren ihn erst, wenn es nicht gespeicherte Änderungen gibt.

Ausgehend von der im vorangehenden Abschnitt beschriebenen Infrastruktur ist dieses Feature schnell eingerichtet.

1. In den Methoden `fileNew()`, `fileOpen()` und `fileSave()` deaktivieren Sie den Datei/Speichern-Befehl (nach dem Setzen von `dirty`):

   ```
   // Da es in neuem Dokument keine zu speichernden Änderungen
   // gibt, dirty auf false setzen u. Speichern-Befehl deaktivieren
   dirty = false;
   miSave.setEnabled(false);
   ```

2. In der `setDirty()`-Methode des DocumentListeners aktivieren Sie den Speichern-Befehl:

   ```
   class DocumentAdapter
                 implements javax.swing.event.DocumentListener {

      private void setDirty() {
         dirty = true;

         // Speichern-Befehl aktivieren
         miSave.setEnabled(true);
      }
      ...
   ```

144 Unterstützung für die Zwischenablage

Die Swing-Textkomponenten verfügen bereits über vordefinierte Action-Objekte zur Unterstützung der Zwischenablagebefehle. Der folgende Code zeigt, wie Sie die Action-Objekte mit Menübefehlen verbinden können:

```
import java.awt.*;
import java.awt.event.*;
import javax.swing.*;
import javax.swing.text.*;
import javax.swing.event.*;

public class Start extends JFrame {
   JMenuItem miCut;
   JMenuItem miCopy;
```

Listing 187: Programm, das den Austausch von Text über die Zwischenablage unterstützt

```
    JMenuItem miPaste;

    public Start() {
        // Hauptfenster konfigurieren
        setTitle("Zwischenablage für JTextArea");

        // JTextArea einrichten
        JTextArea textpane = new JTextArea();
        getContentPane().add(textpane, BorderLayout.CENTER);

        // Menü aufbauen und als Hauptmenü des Fensters einrichten
        JMenuBar menuBar = new JMenuBar();

        JMenu editMenu = new JMenu("Bearbeiten");
        editMenu.setMnemonic(KeyEvent.VK_B);
        miCut = new JMenuItem("Ausschneiden");
        miCopy = new JMenuItem("Kopieren");
        miPaste = new JMenuItem("Einfügen");

        editMenu.add(miCut);
        editMenu.add(miCopy);
        editMenu.add(miPaste);
        menuBar.add(editMenu);

        setJMenuBar(menuBar);


        // Befehle für die Zwischenablage hinzufügen
        Action[] actionsArray = textpane.getActions();
        for(Action a : actionsArray) {
           if(a instanceof DefaultEditorKit.CutAction) {
              a.setEnabled(false);
              a.putValue(Action.NAME, "Ausschneiden");
              a.putValue(Action.MNEMONIC_KEY, KeyEvent.VK_A);
              a.putValue(Action.ACCELERATOR_KEY,
                     KeyStroke.getKeyStroke(KeyEvent.VK_X, Event.CTRL_MASK));
              miCut.setAction(a);
           } else if(a instanceof DefaultEditorKit.CopyAction) {
              a.setEnabled(false);
              a.putValue(Action.NAME, "Kopieren");
              a.putValue(Action.MNEMONIC_KEY, KeyEvent.VK_K);
              a.putValue(Action.ACCELERATOR_KEY,
                     KeyStroke.getKeyStroke(KeyEvent.VK_C, Event.CTRL_MASK));
              miCopy.setAction(a);
           } else if(a instanceof DefaultEditorKit.PasteAction) {
              a.putValue(Action.NAME, "Einfügen");
              a.putValue(Action.MNEMONIC_KEY, KeyEvent.VK_E);
              a.putValue(Action.ACCELERATOR_KEY,
                     KeyStroke.getKeyStroke(KeyEvent.VK_V, Event.CTRL_MASK));
              miPaste.setAction(a);
           }
```

Listing 187: Programm, das den Austausch von Text über die Zwischenablage unterstützt

```
        }

        setDefaultCloseOperation(JFrame.EXIT_ON_CLOSE);
    }

    public static void main(String args[]) {
        Start frame = new Start();
        frame.setSize(500,300);
        frame.setLocation(300,300);
        frame.setVisible(true);
    }
}
```

Listing 187: Programm, das den Austausch von Text über die Zwischenablage unterstützt

Die `getActions()`-Methode der `JTextArea` liefert ein Array der vorinstallierten Action-Objekte zurück. Dieses kann in einer Schleife durchlaufen werden, wobei die `Action`-Objekte für die Zwischenablagebefehle anhand ihres Datentyps (`DefaultEditorKit.CutAction`, `DefaultEditorKit.CopyAction`, `DefaultEditorKit.PasteAction`) identifiziert und nach entsprechender Konfiguration mit den Menübefehlen verbunden werden.

Ausschneiden- und Kopieren-Befehl nach Bedarf aktivieren

Der Ausschneiden- und der Kopieren-Befehl werden eigentlich nur benötigt, wenn in der zugehörigen Textkomponente auch ein auszuschneidender oder zu kopierender Text markiert ist. Es liegt daher nahe, die Befehle, je nachdem, ob in der Textkomponente eine Textpassage markiert wurde oder nicht, zu aktivieren bzw. zu deaktivieren. Mit Hilfe eines CaretListeners ist dies möglich.

```
// Aktivierung / Deaktivierung der Zwischenablage-Befehle
textpane.addCaretListener(new CaretListener() {
    public void caretUpdate(CaretEvent e) {
       if(e.getDot() != e.getMark()) {
          miCut.setEnabled(true);
          miCopy.setEnabled(true);
       } else {
          miCut.setEnabled(false);
          miCopy.setEnabled(false);
       }
    }
});
```

Listing 188: CaretListener, der feststellt, ob in der Textkomponente etwas markiert ist

145 Text drucken

Seit Java 6 gibt es für das Drucken von Texten zwei Alternativen:

- Sie drucken schnell und bequem mit der `print()`-Methode der Swing-Textkomponenten.
- Sie implementieren die gesamte Druckunterstützung selbst.

Den letzteren Weg werden Sie vermutlich nur beschreiten, wenn Sie spezielle Forderungen an den Druckprozess stellen, die die vordefinierte print()-Methode nicht erfüllen kann, oder wenn Sie die Inhalte von Komponenten drucken möchten, die nicht von JTextComponent abgeleitet sind.

Dieses Rezept behandelt zunächst das Drucken mit print(). Im zweiten Abschnitt wird dann aufgezeigt, wie Sie vorgehen können, wenn Sie eine komplett eigene Druckunterstützung schreiben möchten.

Drucken mit der print()-Methode von JTextComponent

Um den Inhalt einer von JTextComponent abgeleiteten Textkomponente auszudrucken, gehen Sie wie folgt vor:

1. Importieren Sie die Pakete für die Namen der Druckklassen und -schnittstellen.
2. Richten Sie den Menübefehl (gegebenenfalls auch eine Symbolleistenschaltfläche) zum Drucken ein.

```
import java.awt.*;
...
import java.awt.print.*;
import javax.print.*;
import javax.print.attribute.*;
import javax.print.attribute.standard.*;
import java.text.MessageFormat;

public class ProgramFrame extends JFrame {
    ...
    private JMenuItem miPrint;
    ...

    private final String programName = "Programm";
    private File file = null;              // aktuell geöffnete Datei
    private File lastDir = null;           // zuletzt benutztes Verzeichnis

    public ProgramFrame() {
       ...

       // Menü aufbauen und als Hauptmenü des Fensters einrichten
       menuBar = new JMenuBar();

       JMenu fileMenu = new JMenu("Datei");
       fileMenu.setMnemonic(KeyEvent.VK_D);
       miOpen = new JMenuItem("Öffnen");
       miOpen.setMnemonic(KeyEvent.VK_F);
       miOpen.addActionListener(new ActionListener() {
          public void actionPerformed(ActionEvent e) {
             fileOpen();
          }
       });
       miPrint = new JMenuItem("Drucken");
```

Listing 189: Aus ProgramFrame.java

GUI

```
        miPrint.setMnemonic(KeyEvent.VK_P);
        miPrint.setAccelerator(KeyStroke.getKeyStroke('P',
                                                   Event.CTRL_MASK));
        miPrint.addActionListener(new ActionListener() {
           public void actionPerformed(ActionEvent e) {
              filePrint();
           }
        });
        miQuit = new JMenuItem("Beenden");
        miQuit.setMnemonic(KeyEvent.VK_B);
        miQuit.addActionListener(new ActionListener() {
           public void actionPerformed(ActionEvent e) {
              System.exit(0);
           }
        });

        fileMenu.add(miOpen);
        fileMenu.add(miPrint);
        fileMenu.addSeparator();
        fileMenu.add(miQuit);
        menuBar.add(fileMenu);

        setJMenuBar(menuBar);
...
```

Listing 189: Aus ProgramFrame.java (Forts.)

3. In der Methode, die Sie mit dem Druckbefehl verbunden haben, rufen Sie die von JTextComponent geerbte print()-Methode auf, um den Druck zu starten.

```
protected void filePrint()  {
 String printname;

 // Dateiname für die Kopfzeile der Druckblätter abfragen
 if (file != null)
    printname = file.getName();
 else
    printname = "Unbenannt";

 // Drucken in Schnellfassung mit Voreinstellungen für
 // Druckdialog und Kopf- und Fußzeile
 try {
    PrintRequestAttributeSet attrs =
                        new HashPrintRequestAttributeSet();
    attrs.add(OrientationRequested.PORTRAIT);
    attrs.add(MediaSizeName.ISO_A4);
    attrs.add(new JobName(printname, null));

    textpane.print(new MessageFormat(printname),
                   new MessageFormat("Seite {0}"),
                   true, null, attrs, false);
```

Listing 190: Aus ProgramFrame.java

GUI

```
    } catch (PrinterException e) {
      System.err.println("Drucken nicht moeglich.");
      System.err.println(e.getMessage());
    }
  }
```

Listing 190: Aus ProgramFrame.java (Forts.)

Von der print()-Methode gibt es drei überladene Versionen: eine parameterlose Überladung, eine zweite Version, der Sie (MessageFormat-)Texte für Kopf- und Fußzeile mitgeben können, und eine voll konfigurierbare dritte Version:

```
public boolean print(MessageFormat kopfzeile,
                     MessageFormat fusszeile,
                     boolean druckdialog,
                     PrintService druckdienst,
                     PrintRequestAttributeSet druckparameter,
                     boolean interactiv)
                     throws PrinterException
```

Letztere Version wird auch im Beispiel verwendet und mit den folgenden Argumenten aufgerufen:

- einem Text für die Kopfzeile (im Beispiel der Titel des zu druckenden Dokuments)
- einem Text für die Fußzeile (im Beispiel ein Platzhalter für die Seitenzahl)
- dem Wert true, damit der Java-Druckdialog angezeigt wird
- dem Wert null (es wird der Standarddrucker verwendet; andere Drucker oder Druckdienste können mit Hilfe der Klasse PrintServiceLookup ermittelt werden)[4]
- dem zuvor erstellten PrintRequestAttributeSet-Objekt mit den Druckparametern
- dem Wert false (Drucken ohne Statusrückmeldung)

Über die Druckparameter, die in Form eines PrintRequestAttributeSet-Objekts an die print()-Methode übergeben werden, können Sie die Seitenorientierung, die Anzahl zu druckender Kopien, die Druckqualität u.a. festlegen. Wenn Sie den Druckdialog anzeigen lassen (drittes Argument gleich true), benutzt print() die Attribute zur Initialisierung des Druckdialogs und der Anwender kann die Druckeinstellungen verändern.

Attribut (wie als Argument an AttributeSet.add() zu übergeben)	Beschreibung
Chromaticity.COLOR	Farb- (COLOR) oder Schwarzweiß-Druck (MONOCHROME)
new Copies(1)	Die Anzahl zu druckender Kopien
new Destination(new File("out.prn").toURI())	Für die Ausgabe in eine Datei

Tabelle 38: Standardattribute, wie sie u.a. vom Java-Druckdialog unterstützt werden

4. Wenn kein Druckdialog angezeigt wird (drittes Argument gleich false), bestimmt dieses Argument, über welchen Drucker oder Druckdienst ausgedruckt wird. Wird ein Druckdialog angezeigt, bestimmt das Argument, welcher Drucker bzw. Druckdienst im Druckdialog voreingestellt ist.

Attribut (wie als Argument an AttributeSet.add() zu übergeben)	Beschreibung
`new JobName("Dateiname", null)`	Name des Druckauftrags (üblicherweise der Name des auszudruckenden Dokuments)
`new JobPriority(2)`	Priorität des Druckauftrags

`MediaSizeName.ISO_A4`	Größe der Druckseite, mögliche Werte sind unter anderem:
	`MediaSizeName.ISO_A4`
	`MediaSizeName.ISO_A5`
	`MediaSizeName.ISO_B3`
	`MediaSizeName.NA_LETTER`
	`MediaSizeName.NA_8X10`

`new PageRanges(1, 5)`	Auszudruckender Seitenbereich
`OrientationRequested.LANDSCAPE`	Ausrichtung: `LANDSCAPE` (Querformat), `PORTRAIT` (Hochformat), `REVERSE_LANDSCAPE` (Umgekehrtes Querformat), `REVERSE_PORTRAIT` (Umgekehrtes Hochformat)
`PrintQuality.DRAFT`	Ausrichtung: `DRAFT` (Entwurf), `NORMAL` (Normal), `HIGH` (Hoch)
`SheetCollate.COLLATED`	Ausrichtung: `COLLATED` (sortiert), `UNCOLLATED` (nicht sortiert)
`Sides.DUPLEX`	Ausrichtung: `DUPLEX` (Duplex), `ONE_SIDED` (Einseitig), `TWO_SIDED_LONG_EDGE` (Buchdruck), `TWO_SIDED_SHORT_EDGE` (Kalenderdruck)

Tabelle 38: Standardattribute, wie sie u.a. vom Java-Druckdialog unterstützt werden (Forts.)

Drucken mit eigener Printable-Implementierung

Um selbst festzulegen, wie der Inhalt einer Textkomponente ausgedruckt werden soll, gehen Sie wie folgt vor:

1. Importieren Sie das Paket `java.awt.print` für die Namen der Druckklassen und -Interfaces. Importieren Sie auch `java.util` für Hilfsklassen wie `Vector` oder `StringTokenizer`, die zur Aufteilung des Textes in Zeilen und Seiten benötigt werden.
2. Wenn Sie eine der in Java vordefinierten Textkomponentenklassen verwenden, beispielsweise `JTextArea`, lassen Sie die Fensterklasse das Interface `Printable` implementieren:

   Wenn Sie eine eigene Textkomponentenklasse definiert haben, kann diese das Interface implementieren.
3. Richten Sie den Menübefehl (gegebenenfalls auch eine Symbolleistenschaltfläche) zum Drucken ein.

```
import java.awt.*;
import java.awt.event.*;
import javax.swing.*;
import javax.swing.text.*;
import javax.swing.event.*;
import java.io.*;
import java.awt.print.*;
import java.util.*;
```

Listing 191: Aus ProgramFrame.java

GUI

```
public class ProgramFrame extends JFrame implements Printable {
    ...
    private JMenuItem miPrint;
    ...

    public ProgramFrame() {
       ...

       // Menü aufbauen und als Hauptmenü des Fensters einrichten
       menuBar = new JMenuBar();

       JMenu fileMenu = new JMenu("Datei");
       fileMenu.setMnemonic(KeyEvent.VK_D);
       miOpen = new JMenuItem("Öffnen");
       miOpen.setMnemonic(KeyEvent.VK_F);
       miOpen.addActionListener(new ActionListener() {
          public void actionPerformed(ActionEvent e) {
             fileOpen();
          }
       });
       miPrint = new JMenuItem("Drucken");
       miPrint.setMnemonic(KeyEvent.VK_P);
       miPrint.setAccelerator(KeyStroke.getKeyStroke('P',
                                                Event.CTRL_MASK));
       miPrint.addActionListener(new ActionListener() {
          public void actionPerformed(ActionEvent e) {
             filePrint();
          }
       });
       miQuit = new JMenuItem("Beenden");
       miQuit.setMnemonic(KeyEvent.VK_B);
       miQuit.addActionListener(new ActionListener() {
          public void actionPerformed(ActionEvent e) {
             System.exit(0);
          }
       });

       fileMenu.add(miOpen);
       fileMenu.add(miPrint);
       fileMenu.addSeparator();
       fileMenu.add(miQuit);
       menuBar.add(fileMenu);

       setJMenuBar(menuBar);
       ...
```

Listing 191: Aus ProgramFrame.java (Forts.)

4. Zerlegen Sie den Text in einzelne Zeilen.

Um einen mehrseitigen Text ausdrucken zu können, müssen Sie den Text zuerst selbst in Seiten aufteilen. Der erste Schritt dazu ist die Aufteilung in Zeilen, für die es sich lohnt, eine eigene Methode zu implementieren. Zuerst aber sollten Sie einige globale Instanzvariablen definieren, die von den verschiedenen noch zu implementierenden Druckmethoden verwendet werden können:

```
public class ProgramFrame extends JFrame implements Printable {
    ...

    // für Druck
    private Vector<String> lines;
    private int lineHeight;
    private int pages;
    private int linesPerPage;
    private boolean getPrintInfo;
    ...
```


Die Methode zur Zerlegung des Textes könnte dann wie folgt aussehen:

```
private void splitTextInLines() {

  // Text in Zeilen zerlegen
  lines = new Vector<String>();

  String lastToken = "";

  String text = textpane.getText();
  StringTokenizer t = new StringTokenizer(text, "\n\r", true);

  while (t.hasMoreTokens()) {
     String line = t.nextToken();

     if (line.equals("\r"))
        continue;

     if (line.equals("\n") && lastToken.equals("\n"))
        lines.add("");

     lastToken = line;

     if (line.equals("\n"))
        continue;

     lines.add(line);
  }
}
```

Nachdem die Methode eine Collection vom Typ `Vector<String>` zum Abspeichern der einzelnen Textzeilen angelegt hat, holt sie den Text aus der Textkomponente und speichert ihn in der lokalen Variable `text`.

Dann beginnt die Zerlegung des Textes in Zeilen. Hierfür bedient sich die Methode eines `StringTokenizer`-Objekts, das den Text an den Zeileumbruchzeichen `\n` und `\t` zerlegt. (Das dritte Konstruktorargument gibt an, dass die Trennzeichen nicht verworfen werden sollen.)

Nachfolgende `nextToken()`-Aufrufe zerlegen den Text dann Stück für Stück und liefern jeweils das letzte Token zurück. In der `while`-Schleife wird `nextToken()` so oft aufgerufen, bis der Text komplett zerlegt ist – in welchem Fall `t.hasMoreTokens()` den Wert `false` zurückliefert.

Der Code in der `while`-Schleife ist etwas komplizierter als man erwarten würde, aber dies ist notwendig, um Zeilenumbrüche und Leerzeilen korrekt zu verarbeiten.

Wenn die Methode zurückkehrt, stellt `lines` eine zeilenweise Repräsentation des Textes dar. Die Anzahl der Zeilen kann jederzeit mit `lines.size()` abgefragt werden.

5. Implementieren Sie die `print()`-Methode von `Printable`

In `print()` zeichnen Sie einfach die Textzeilen aus der `Vector`-Instanz `lines` nach und nach mit `drawString()` in den Drucker-Gerätekontext. Ganz so einfach, wie es klingt, ist dies allerdings nicht, denn Sie müssen berechnen,

- wie viele Zeilen auf eine Druckseite gehen,
- welche Zeilen auf welcher Seite stehen,
- wie viele Seiten der Text insgesamt umfasst.

Nur mit diesen Informationen können Sie `print()` so implementieren, dass die Methode für jede Seitennummer, die ihr als drittes Argument übergeben wird, die korrekten Zeilen in den Gerätekontext zeichnet und den Druck beendet, wenn ihr eine Seitennummer übergeben wird, die größer als die Anzahl der Textseiten ist.

Und noch ein weiteres Problem taucht auf. Wenn der Anwender den Drucken-Dialog aufruft, kann er dort den auszudruckenden Seitenbereich festlegen. Leider wird hier als Vorgabe ein Bereich von 1 bis 9999 angezeigt. Man kann dies korrigieren, muss dann aber als `PagePainter` eine Instanz übergeben, deren Klasse `Pageable` statt `Printable` implementiert (dies ist das geringfügigere Problem), und man muss vorab die Anzahl der Seiten berechnen. Um aber die Anzahl der Seiten korrekt berechnen zu können, benötigt man die Information, wie hoch die Textzeilen im Zielgerätekontext sind. Dies ist aber im Grunde nur in `print()` möglich.

Wir stehen also vor den Alternativen:

- die Seitenanzahl auf einer angenäherten Zeilenhöhen zu berechnen (beispielsweise könnte man sich einen Grafikkontext erstellen, für diesen die Zeilenhöhe berechnen und darauf vertrauen, dass die Höhe im Drucker-Gerätekontext nicht wesentlich von dem ermittelten Wert abweicht)
- `print()` doppelt aufzurufen: einmal um die Seitenzahl zu berechnen und ein zweites Mal für den eigentlichen Druck.

Obwohl es komplizierter ist, gehen wir im Folgenden den zweiten Weg.

```
public int print(Graphics pg, PageFormat pf, int pageNr)
                                            throws PrinterException {

   Graphics2D pg2 = (Graphics2D) pg;
   pg2.translate(pf.getImageableX(), pf.getImageableY());

   Font f = textpane.getFont();
   pg2.setFont(f);
   FontMetrics fm = pg2.getFontMetrics();
```

```
if (getPrintInfo) {                              // Druck nur vorbereiten
  int pageWidth = (int) pf.getImageableWidth();
  int pageHeight  = (int) pf.getImageableHeight();
  int numberOfLines   = lines.size();

  // Felder füllen
  lineHeight     = fm.getHeight();
  linesPerPage = Math.max(pageHeight/lineHeight, 1);
  pages = (int) Math.ceil((double)numberOfLines/(double)linesPerPage);

  return Printable.NO_SUCH_PAGE;

} else {                                          // eigentliches Drucken

   if (pageNr >= pages)
      return Printable.NO_SUCH_PAGE;

   int x = 0;
   int y = fm.getAscent();

   int lineIndex = linesPerPage * pageNr;

   while(lineIndex < lines.size() && y < (int) pf.getImageableHeight()) {
      String str = lines.get(lineIndex);
      pg2.drawString(str, x, y);
      y += lineHeight;
      ++lineIndex;
   }

   return Printable.PAGE_EXISTS;
 }
}
```

Interessant wird es in der fünften Codezeile, wo der Font des Textfelds ermittelt und in den Drucker-Gerätekontext übertragen wird. Jetzt kann ein `FontMetrics`-Objekt für den Drucker-Gerätekontext erzeugt werden, das die exakten Abmessungen des Fonts im Drucker-Gerätekontext kennt.

Im anschließenden `if(getPrintInfo)`-Teil wird die Anzahl der zu druckenden Seiten ermittelt. Der eigentliche Druck erfolgt im `else`-Teil.

Als Erstes wird überprüft, ob es die auszudruckende Seite überhaupt noch gibt. Warum ist dies notwendig? Die `print()`-Methode wird von der Druck-Engine aufgerufen, die ihr das Objekt für den Druckerkontext, einen Seitenformatierer und die Nummer der zu druckenden Seite übergibt. Letztere wird einfach von null aus hochgezählt – so lange, bis die `print()`-Methode mit dem Rückgabewert `Printable.NO_SUCH_PAGE` zurückmeldet, dass es die betreffende Seite nicht mehr gibt. Dann wird der Druck beendet.

Ist die Seitennummer im gültigen Bereich, wird die Zeile aus dem `Vector<String>`-Objekt `lines` berechnet, mit der die Seite beginnt. Die nachfolgende `while`-Schleife zeichnet die Zeilen dann nacheinander in das `Graphics`-Objekt, wobei die y-Koordinate jedes Mal um den Betrag der zuvor (`if`-Teil) ermittelten Zeilenhöhe inkrementiert wird.

6. Starten Sie den Druck.

Die print()-Methode wird ausschließlich von der Druck-Engine und nie direkt aufgerufen. Um den Druck in Gang zu setzen, bedienen Sie sich vielmehr eines PrinterJob.

```
protected void filePrint() {
  PrinterJob  printJob = PrinterJob.getPrinterJob();
  if (file == null)
      printJob.setJobName("Programm - Unbekannt drucken ");
  else
      printJob.setJobName("Programm - " + file.getName() + " drucken");
  printJob.setCopies(1);

  PageFormat pf = printJob.pageDialog(printJob.defaultPage());

  splitTextInLines();

  printJob.setPrintable(this, pf);

  try {
     getPrintInfo = true;
     printJob.print();     // Aufruf zum Festlegen der Anzahl Zeilen pro Seite

     Book book = new Book();
     book.append(this, pf, pages);
     printJob.setPageable(book);

     getPrintInfo = false;
     if(printJob.printDialog())
        printJob.print();

  } catch(Exception e) {
        JOptionPane.showMessageDialog(this, "Fehler beim Drucken" + e,
                                   "Druckfehler", JOptionPane.ERROR_MESSAGE);
  }
}
```

Die filePrint()-Methode, die in Schritt 3 mit dem Drucken-Menübefehl verbunden wurde, erzeugt ein PrinterJob-Objekt und konfiguriert es für den Ausdruck einer einzigen Kopie pro Seite.

Anschließend wird der SEITE EINRICHTEN-Dialog aufgerufen, über den der Anwender in der Regel Seitengröße, Orientierung und Ränder einstellen kann (die Drucken-Dialoge sind systemspezifisch). Die Einstellungen des Anwenders werden in einem PageFormat-Objekt gespeichert, welches – nach Zerlegung des Textes in Zeilen (splitTextInLines()-Aufruf) zusammen mit der Referenz auf das Printable-Objekt (hier das Fenster) an die setPrintable()-Methode des PrinterJob-Objekts übergeben wird. Dies geschieht aber noch nicht in der Absicht, etwas zu drucken, sondern dient allein der Bestimmung der Seitenzahl.

Zu diesem Zweck wird im try-Block das boolesche Feld getPrintInfo auf true gesetzt und die print()-Methode des PrinterJob-Objekts aufgerufen.

Nach diesem Aufruf steht die Seitenzahl fest und ist in dem Feld pages gespeichert.

Grundsätzlich könnte jetzt der Drucken-Dialog angezeigt und der Druck gestartet werden, doch dann würde im Drucken-Dialog noch immer die falsche Seitenzahl stehen, was daran liegt, dass Druckaufträge, die auf `Printable` beruhen, keine Informationen über die Seitenzahl haben. Da nutzt es auch nichts, dass diese bereits von uns berechnet wurden.

Den Ausweg weisen das `Pageable`-Interface und die Klasse `Book`, die dieses Interface implementiert. Eine `Book`-Instanz, im Folgenden einfach Buch genannt, ist nichts anderes als eine Sammlung von einer oder mehreren `Printable`-Druckaufträgen mit Seiteninformation!

Die folgenden Zeilen aus `filePrint()`

```
Book book = new Book();
book.append(this, pf, pages);
printJob.setPageable(book);
```

erzeugen ein Buch und fügen den zu erledigenden `Printable`-Druckauftrag in das Buch ein. Der `append()`-Methode werden dazu die für den Druck zuständige `Printable`-Instanz (hier das Fenster), ein `PageFormat`-Objekt (hier `pf`) und schließlich die Anzahl Seiten des Druckauftrags (hier `pages`) übergeben. Anschließend wird das Buch mit `setPageable()` bei dem `PrinterJob`-Objekt angemeldet.

GUI

Jetzt kann der eigentliche Druck beginnen:

- Zuerst wird `getPrintInfo` auf `false` gesetzt.
- Dann wird der Drucken-Dialog aufgerufen, der Dank der Informationen aus dem Buch die korrekte Seitenzahl anzeigen kann.
- Schließlich wird der Druck gestartet (`print()`-Aufruf).

146 Editor-Grundgerüst

Dieses Rezept ist einfach die Kombination verschiedener, bereits vorgestellter Rezepte zu einem rudimentären Textverarbeitungsprogramm. Ausgangspunkt ist eine GUI-Anwendung mit automatisch generiertem Menü und Symbolleiste (*Rezept 139*).

Diese wurde erweitert um

- eine Drag-fähige `JTextArea`-Komponente zum Anzeigen und Bearbeiten von Dateiinhalten (*Rezept 134*),
- eine Statusleiste (*siehe Rezepte 140 und 141*),
- Methoden zum Anlegen, Öffnen und Speichern von Textdateien (*Rezepte 142 und 143*),
- Unterstützung für die Zwischenablage (*Rezept 144*),
- einen Druckbefehl (*siehe Rezept 145*),
- einen Info-Dialog (neu hinzugekommen).

147 Look&Feel ändern

Swing unterstützt je nach Plattform mehrere Look&Feels (Designs, die das Aussehen der Fenster und Steuerelemente festlegen). Standard ist das Look&Feel »Metal«, das im Paket `javax.swing` untergebracht ist. Das Paket `com.sun.java` enthält weitere Look&Feels, die allerdings nicht in jeder Java-Implementierung vorhanden sind. Aufgrund der restriktiven Lizenzpolitik von Microsoft und Apple ist beispielsweise das Look&Feel »Windows« nur für die Windows-Versionen der Java-Laufzeitumgebung und das Look&Feel »Mac« nur für die Mac-Versionen verfügbar.

Look&Feel	Klasse
Metal	`javax.swing.plaf.metal.MetalLookAndFeel` Standard-Look&Feel (ab Java5 in neuem »Ocean«-Design)
Windows	`com.sun.java.swing.plaf.windows.WindowsLookAndFeel`
Motif	`com.sun.java.swing.plaf.motif.MotifLookAndFeel`
GTK	`com.sun.java.swing.plaf.gtk.GTKLookAndFeel`

Tabelle 39: Vordefinierte Look&Feels

Das Look&Feel können Sie mit Hilfe von zwei Verfahren ändern:

- statisch über die Datei *swing.properties*
- dynamisch über die Methode `UIManager.setLookAndFeel()`

Look&Feel über swing.properties festlegen

Bei diesem Verfahren legen Sie eine Datei *swing.properties* im Verzeichnis */jdk/jre/lib* an und tragen folgende Zeilen für die Look&Feels »Metal«, »Motif« und »Windows« ein:

```
swing.defaultlaf=javax.swing.plaf.metal.MetalLookAndFeel

#swing.defaultlaf=com.sun.java.swing.plaf.motif.MotifLookAndFeel

#swing.defaultlaf=com.sun.java.swing.plaf.windows.WindowsLookAndFeel
```

Eigenschaftsdateien behandeln Zeilen, die wie hier mit einem Nummernzeichen (#) beginnen, als Kommentar, so dass Sie die Look&Feels umschalten können, indem Sie einfach das Nummernzeichen am Beginn der Zeile mit dem gewünschten Look&Feel entfernen und jeweils am Beginn der anderen Zeilen setzen. Achten Sie darauf, dass nur ein Look&Feel aktiv ist.

Auf diese Weise lässt sich das Look&Feel allerdings nicht zur Laufzeit eines Programms wechseln, da die Eigenschaftsdatei *swing.properties* nur beim Starten eines Programms eingelesen wird.

Look&Feel über UIManager festlegen

Die Klasse `UIManager` erlaubt es, das Look&Feel zur Laufzeit des Programms umzuschalten. Von den zahlreichen Methoden dieser Klasse sind hier vor allem Folgende interessant:

- `static void setLookAndFeel()` legt ein neues Look&Feel fest. Die Methode übernimmt als Parameter entweder ein Look&Feel-Objekt oder eine Zeichenfolge, die den jeweiligen Klassennamen enthält und dem Wert entspricht, der in der Eigenschaftsdatei nach `swing.defaultlaf=` angegeben ist (siehe oben).
- `static String getSystemLookAndFeelClassName()` liefert das native Look&Feel der Ausführungsplattform.
- `static String getCrossPlatformLookAndFeelClassName()` gibt den Namen der `LookAndFeel`-Klasse zurück, die ein plattformunabhängiges Look&Feel implementiert – das Java-Look&Feel (JLF).

Wenn Sie ein Look&Feel mit der Methode `setLookAndFeel()` festlegen, kann eine Ausnahme vom Typ `UnsupportedLookAndFeelException` auftreten, falls das Look&Feel nicht existiert. Deshalb verlangt der Compiler, dass Sie diese Ausnahme abfangen. Es genügt, wenn Sie den entsprechenden Abschnitt des Codes in einen try-catch-Block einschließen.

Das neue Look&Feel gilt automatisch für alle Komponenten, die Sie nach der Festlegung des Look&Feels erzeugen. Falls Sie das Look&Feel bereits zu Beginn einer Anwendung (beispielsweise in der `main()`-Methode oder im Konstruktor des Hauptfensters) einrichten, sind keine weiteren Vorkehrungen erforderlich. Ändern Sie dagegen das Look&Feel zur Laufzeit des Programms, müssen Sie das neue Look&Feel dem Hauptfenster und gegebenenfalls allen untergeordneten Fenstern (d.h. auch den Komponenten) mit der Methode

```
SwingUtilities.updateComponentTreeUI(Container);
```

mitteilen.

Das Start-Programm zu diesem Rezept demonstriert, wie das Look&Feel zur Laufzeit (der Anwender wählt einen der drei angebotenen Schalter) geändert werden kann.

```
import java.awt.*;
import java.awt.event.*;
import javax.swing.*;

public class Start extends JFrame {
   ButtonListener buttonListener = new ButtonListener();
   JButton btnMotif, btnWindows, btnMetal;

   public Start() {

      // Hauptfenster einrichten
      setTitle("Look and Feel");
      getContentPane().setBackground(Color.LIGHT_GRAY);

      getContentPane().setLayout(new GridLayout(0,2));

      btnMotif = new JButton("Motif");
      btnWindows = new JButton("Windows");
      btnMetal = new JButton("Metal");

      btnMotif.addActionListener(buttonListener);
      btnWindows.addActionListener(buttonListener);
      btnMetal.addActionListener(buttonListener);

      // Rechtes Panel mit Schaltflächen zum
      // Umschalten des Look&Feels
      Box rbox = Box.createVerticalBox();
      rbox.add(Box.createGlue());
      rbox.add(btnMotif);
      rbox.add(btnWindows);
      rbox.add(btnMetal);
      rbox.add(Box.createGlue());

      // Linkes Panel zeigt lediglich zwei
      // Kontrollkästchen zur Demonstration des
```

Listing 192: Start.java – Demo-Programm zur Umschaltung des Look&Feels

```
      // Erscheinungsbildes
      JPanel lbox = new JPanel();
      lbox.setLayout(new BoxLayout(lbox, BoxLayout.Y_AXIS));
      JCheckBox chk1 = new JCheckBox("Unterstrichen");
      JCheckBox chk2 = new JCheckBox("Kursiv");

      lbox.add(Box.createVerticalStrut(30));
      lbox.add(chk1);
      lbox.add(chk2);

      getContentPane().add(lbox);
      getContentPane().add(rbox);

      setDefaultCloseOperation(JFrame.EXIT_ON_CLOSE);
   }


   // Ereignisbehandlung für Schaltflächen zum Umschalten des Look&Feels
   class ButtonListener implements ActionListener {
      public void actionPerformed(ActionEvent e) {
         try {
            if (e.getSource() == btnMotif)
               UIManager.setLookAndFeel(
                  "com.sun.java.swing.plaf.motif.MotifLookAndFeel");
            if (e.getSource() == btnWindows)
               UIManager.setLookAndFeel(
                  "com.sun.java.swing.plaf.windows.WindowsLookAndFeel");
            if (e.getSource() == btnMetal)
               UIManager.setLookAndFeel(
                  "javax.swing.plaf.metal.MetalLookAndFeel");
         }
         catch(Exception ignore) {
         }

         // Das neue Look&Feel allen Komponenten mitteilen
         SwingUtilities.updateComponentTreeUI(getContentPane());
      }
   }

   public static void main(String args[]) {
      Start frame = new Start();
      frame.setSize(300,200);
      frame.setLocation(200,300);
      frame.setVisible(true);
   }
}
```

Listing 192: Start.java – Demo-Programm zur Umschaltung des Look&Feels (Forts.)

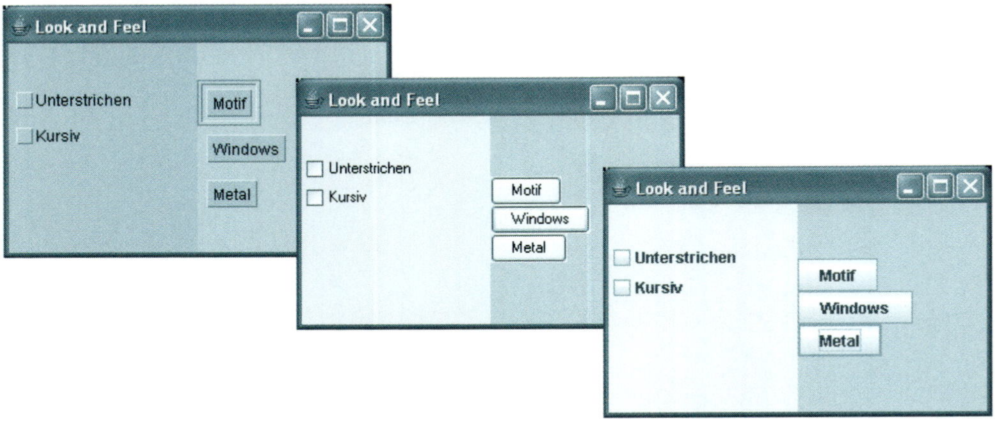

Abbildung 76: Das Start-Programm zu diesem Rezept im Motif-, Windows- und Metal-Look

148 Systemtray unterstützen

Ab Version 6 unterstützt Java auch den Systemtray[5], vorausgesetzt, das verwendete Betriebssystem bietet so etwas an. Es handelt sich dabei um einen speziellen Bereich auf dem Desktop (unter Windows Vista/XP typischerweise die rechte untere Ecke der Taskleiste), wo Symbole von permanent laufenden Programmen angezeigt werden. Durch Anklicken eines solchen Symbols kann mit dem entsprechenden Programm interagiert werden.

Um ein Programm für den Systemtray tauglich zu machen, benötigen wir zwei Klassen: `java.awt.SystemTray` zur Interaktion sowie `java.awt.TrayIcon` zur Darstellung des Symbols im Systemtray.

Jede Java-Anwendung kann genau eine Instanz von `SystemTray` besitzen, die sie allerdings nicht selbst anlegen kann, sondern mithilfe der statischen Methode `getSystemTray()` von der Java Virtual Machine anfordern muss. Sicherheitshalber sollte man allerdings vor einem solchen Aufruf mit `isSupported()` prüfen, ob das darunter liegende Betriebssystem überhaupt einen Systemtray unterstützt.

Die Darstellung des Programms im Systemtray erfolgt durch eine Instanz von `TrayIcon`. Sie können das anzuzeigende Symbol festlegen sowie ein Kontextmenü definieren, das durch Drücken der rechten Maustaste aktiviert wird. Das `TrayIcon` kann auch auf normale (linke) Mausklicks reagieren, indem die üblichen Listener (`MouseListener`, `MouseMotionListener`) und `ActionListener` (Doppelklick) registriert werden.

```
import java.awt.*;
import java.awt.event.*;

class SystemTrayDemo implements MouseListener, ActionListener {

    private  TrayIcon trayIcon;
```

Listing 193: Systemtray-Unterstützung

5. Je nach Betriebssystem gibt es verschiedene andere Bezeichnungen, z.B. »Infobereich«, »Notification Area« etc.

```
    private  Image[] icons;

    public SystemTrayDemo() {

        if (SystemTray.isSupported()) {
            SystemTray tray = SystemTray.getSystemTray();

            // Symbole für Systemtray-Darstellung laden
            icons = new Image[2];
            Toolkit tk = Toolkit.getDefaultToolkit();
            icons[0] = tk.getImage("box0.gif");
            icons[1] = tk.getImage("box1.gif");

            // Kontextmenü für Systemtray-Symbol einrichten
            PopupMenu popup        = new PopupMenu();
            MenuItem iconChange  = new MenuItem("Symbol wechseln");
            MenuItem programEnd = new MenuItem("Beenden");

            popup.add(iconChange);
            popup.add(programEnd);


            // PopupMenu: ActionListener für Programmende
            ActionListener endListener = new ActionListener() {
                public void actionPerformed(ActionEvent e) {
                     System.out.println("Programmende!");
                     System.exit(0);
                }
            };
            programEnd.addActionListener(endListener);


            // PopupMenu: ActionListener für Symbolwechsel
            ActionListener iconChangeListener =
                 new ActionListener(){
                public void actionPerformed(ActionEvent e) {
                    System.out.println("Symbolwechsel");

                    if(trayIcon.getImage() == icons[0])
                       trayIcon.setImage(icons[1]);
                    else
                       trayIcon.setImage(icons[0]);

                }
            };
            iconChange.addActionListener(iconChangeListener);

            trayIcon = new TrayIcon(icons[0], "TrayIconDemo", popup);
            trayIcon.setImageAutoSize(true);
            trayIcon.addActionListener(this);
            trayIcon.addMouseListener(this);
```

Listing 193: Systemtray-Unterstützung (Forts.)

```
            // Symbol zum Systemtray hinzufügen
            try {
                tray.add(trayIcon);

            } catch (AWTException e) {
                System.err.println("Fehler: " + e);
            }

        } else {
            System.out.println("Systemtray wird nicht unterstuetzt");
        }
    }


    // Behandlung der Mausereignisse auf dem TrayIcon
    public void mouseClicked(MouseEvent e) {
          System.out.println("TrayIcon Mausklick");
    }

    public void mouseEntered(MouseEvent e) {
          System.out.println("TrayIcon Maus enter");
    }

    public void mouseExited(MouseEvent e) {
          System.out.println("TrayIcon Maus exit");
    }

    public void mousePressed(MouseEvent e) {
          System.out.println("TrayIcon Maus gedrueckt");
    }

    public void mouseReleased(MouseEvent e) {
          System.out.println("TrayIcon Maus losgelassen");
    }


    public void actionPerformed(ActionEvent e) {
       System.out.println("Doppelklick auf TrayIcon");
    }
}
```

Listing 193: Systemtray-Unterstützung (Forts.)

Die obige Beispielklasse registriert sich im Systemtray und lauscht anschließend auf Mausklicks auf ihrem Systemtray-Symbol[6]. Bei Klick mit der linken Taste wird eine Meldung im Konsolenfenster ausgegeben. Bei Klick mit der rechten Maustaste erscheint ein Popup-Menü mit der Option zum Wechsel des Symbols oder Beenden des Programms.

6. Das Java-Maskottchen in einer Schachtel

Abbildung 77: Programm-Symbol im Systemtray

149 Splash-Screen anzeigen

Unter einer Splash-Screen versteht man ein Bild, das während des Programmstarts in der Mitte des Bildschirms angezeigt wird. Der Anwender hat dadurch das Gefühl, dass etwas passiert und empfindet den Startvorgang als weniger langsam.

Um ein Bild als Splash-Screen anzuzeigen, müssen Sie beim Programmaufruf lediglich den Parameter *-splash* übergeben:

java -splash:dasBild.png DasProgramm

Als Wert für den Parameter übergeben Sie eine Bilddatei im PNG-, GIF- oder JPEG-Format.

Falls Sie das Programm in Form eines jar-Archivs vertreiben wollen, müssen Sie der Manifest-Datei einen Eintrag der Art:

```
SplashScreen-Image: meinBild.png
```

hinzufügen. Danach kann das Programm wie üblich gestartet werden (via *java -jar MeinProgramm.jar*).

Die Splash-Screen wird automatisch so lange angezeigt, bis das erste Fenster des Programms erscheint. Codeseitig ist also eigentlich nichts weiter zu tun. Es gibt aber auch die Möglichkeit, mit Hilfe der Klasse `java.awt.SplashScreen` auf die angezeigte Splash-Screen zuzugreifen und beispielsweise eine Fortschrittsanzeige einzubauen

```
import java.awt.*;
import javax.swing.*;
import java.io.*;
import java.util.*;


public class Start extends JFrame {

   public Start() {

      // Hauptfenster konfigurieren
      setTitle("SplashScreen Demo");
      setSize(300, 200);
      setResizable(false);
      setLayout(new BorderLayout());

      JLabel lb = new JLabel("   Herzlich willkommen!");
      lb.setFont(new Font("Arial", Font.BOLD, 20));
      add(lb, BorderLayout.CENTER);
```

Listing 194: Anzeige eines Splash-Screens mit Fortschrittsbalken

GUI

```
      SplashScreen splash = SplashScreen.getSplashScreen();

      if(splash != null) {
         // Grafikkontext anlegen
         Graphics2D g = splash.createGraphics();
         g.setComposite(AlphaComposite.Clear);
         g.setPaintMode(); // überschreib-Modus


         // Initialisierungen durchführen und Fortschrittsbalken updaten
         try {
            for(int i = 0; i <= 100; i++) {
                g.setColor(Color.BLACK);
                g.fillRect(100,200,200,20);
                g.setColor(Color.ORANGE);
                g.fillRect(100,200,2*i, 20);
                splash.update(); // Anzeige aktualisieren

                // ... hier Programminitialisierungen durchführen
                Thread.sleep(100);
            }
         } catch(Exception e) {
            System.err.println(e);
         }
      }

      setDefaultCloseOperation(JFrame.EXIT_ON_CLOSE);
   }

   public static void main(String args[]) {
      Start frame = new Start();
      frame.setLocation(300,300);
      frame.setVisible(true);
   }
}
```

Listing 194: Anzeige eines Splash-Screens mit Fortschrittsbalken (Forts.)

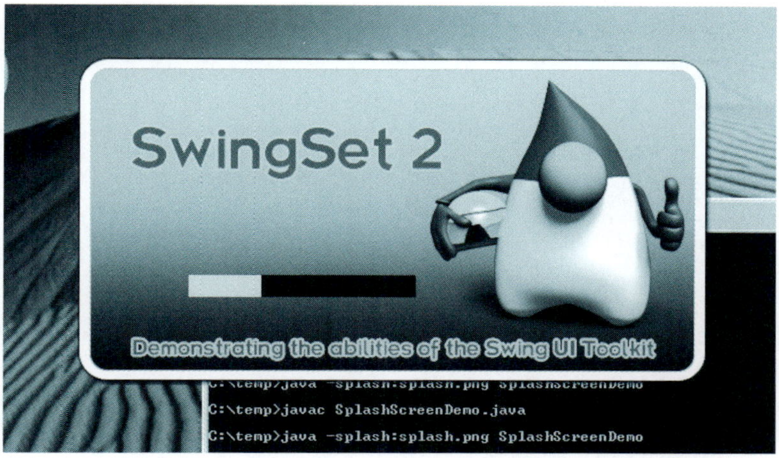

Abbildung 78: Anzeige eines Splash-Screens bei Programmstart

150 Registerreiter mit Schließen-Schaltern (JTabbedPane)

Die Klasse JTabbedPane (Paket javax.swing) implementiert die beliebte Registerdarstellung, wie sie häufig für die Gruppierung von Programmeinstellungen oder Optionen verwendet wird. Dabei wird ein JTabbedPane-Objekt erzeugt, welches beliebig viele Registerkarten verwaltet und darstellt. Der Anwender kann die einzelnen Registerkarten über Reiter auswählen und in den Vordergrund holen.

Leider fehlte bisher die Möglichkeit, Komponenten, insbesondere Schließen-Schalter, in die Reiter der Registerkarten einzubauen. In Java 6 wurde die Klasse JTabbedPane daher um eine Methode setTabComponentAt() erweitert.

Das folgende Beispiel nutzt die neu erworbene JTabbedPane-Funktionalität zur Realisierung von Registerkarten, die der Anwender selbst hinzufügen und wieder entfernen kann.

```
/*
 * JTabbedPane mit Registern, die über X-Schalter geschlossen werden können
 *
 * @author Peter Müller
 */
import java.awt.*;
import java.awt.event.*;
import javax.swing.*;
import javax.swing.event.*;
import java.io.*;
import java.util.*;

public class Start extends JFrame
                implements ListSelectionListener, ActionListener {

   private JLabel curImage;
   private JList fileList;
```

Listing 195: JTabbedPane mit schließbaren Registern

```
private JTabbedPane tabbedPane;
private final JPopupMenu popupMenu = new JPopupMenu();
private HashMap<JButton, Component> closeButtons
                              = new HashMap<JButton, Component>();

public Start() {

   // Hauptfenster konfigurieren
   setTitle("Registerkarten mit Schließen-Schaltern");
   setSize(400, 300);
   setResizable(false);
   setLayout(new BorderLayout());

   // Registerkarten einrichten
   tabbedPane = new JTabbedPane();
   JSplitPane imagePanel = createImagePanel();
   tabbedPane.addTab("Bilder", new ImageIcon("Zoom16.gif"),
                     (Component) imagePanel);
   getContentPane().add(tabbedPane,BorderLayout.CENTER);

   setDefaultCloseOperation(JFrame.EXIT_ON_CLOSE);
}

// erzeugt ein SplitPane  mit Datei-Liste und Bildanzeige
JSplitPane createImagePanel() {
   String[] fileNames = new String[] {"alice.gif", "caterpillar.gif",
                                      "rabbit.gif", "rabbit2.gif",
                                      "hatter.gif","duke.gif"};
   fileList = new JList(fileNames);
   fileList.setSelectionMode(ListSelectionModel.SINGLE_SELECTION);
   fileList.setSelectedIndex(0);
   fileList.addListSelectionListener(this);
   JScrollPane fileView = new JScrollPane(fileList);

   // Bildanzeige
   ImageIcon imageIcon =
                new ImageIcon((String) fileList.getSelectedValue());
   curImage = new JLabel(imageIcon);
   JScrollPane imageView = new JScrollPane(curImage);

   // Mindestgrößen sicherstellen
   Dimension minSize = new Dimension(150,100);
   fileView.setMinimumSize(minSize);
   imageView.setMinimumSize(minSize);

   // SplitPane erzeugen
   JSplitPane splitPane = new JSplitPane(JSplitPane.HORIZONTAL_SPLIT,
                                         fileView, imageView);
   splitPane.setDividerLocation(150);
   splitPane.setOneTouchExpandable(true);
```

Listing 195: JTabbedPane mit schließbaren Registern (Forts.)

```
        // Popup-Menü für die Erzeugung von Registerkarten mit aktuellen Bild
        JMenuItem item = new JMenuItem("Bild als Register hinzufügen");

        item.addActionListener(new ActionListener() {
           public void actionPerformed( ActionEvent e ) {
                String name = (String) fileList.getSelectedValue();
                createTab(name);
           }
        });

        popupMenu.add(item);

        fileList.addMouseListener( new MouseAdapter() {
          // Achtung: wenn auch auf anderen Plattformen als Windows, dann sollte
          // eine analoge Methode mousePressed() implementiert werden!
          public void mouseReleased( MouseEvent e ) {
              if(e.isPopupTrigger())
                popupMenu.show(e.getComponent(), e.getX(), e.getY());
          }
        });

        return splitPane;
    }


    // aktuelles Bild als neue Registerkarte hinzufügen
    public void createTab(String name) {
        ImageIcon image = new ImageIcon((String) fileList.getSelectedValue());
        JPanel imagePanel = new JPanel();
        imagePanel.add(new JLabel(image));

        // dieses JPanel bildet den Registerreiter und besteht aus Bildnamen
        // und Schließen-Schalter
        JPanel tab = new JPanel();
        tab.setOpaque(false); // damit Hintergrund des Reiters zu sehen ist
        tab.setLayout(new FlowLayout());
        JLabel title = new JLabel(name);
        ImageIcon xgif = new ImageIcon("xicon.gif");
        Dimension dim = new Dimension(xgif.getIconWidth() + 5,
                                      xgif.getIconHeight() + 5);
        JButton closeButton = new JButton(xgif);
        closeButton.setPreferredSize(dim);
        tab.add(title, BorderLayout.WEST);
        tab.add(closeButton, BorderLayout.EAST);

        // wenn Schalter gedrückt wird, Registerkarte entfernen
        closeButton.addActionListener(this);

        // null als Registername, da wir unsere Komponente tab nehmen
        tabbedPane.addTab(null, imagePanel);
        tabbedPane.setTabComponentAt(tabbedPane.getTabCount()-1, tab);
```

Listing 195: JTabbedPane mit schließbaren Registern (Forts.)

GUI

```
      closeButtons.put(closeButton, tab);
   }

   // Ereignisbehandlungsmethode für Schließen einer dynamisch erzeugten
   // Registerkarte
   public void actionPerformed(ActionEvent e) {
      Component c = closeButtons.get((JButton) e.getSource());

      if(c != null) {
         closeButtons.remove((JButton) e.getSource());
         int index = tabbedPane.indexOfTabComponent(c);
         tabbedPane.removeTabAt(index);
      }
   }

   public void valueChanged(ListSelectionEvent e) {
      if(e.getValueIsAdjusting())
         return;

      // gewähltes Bild anzeigen
      ImageIcon image = new ImageIcon((String) fileList.getSelectedValue());
      curImage.setIcon(image);
      curImage.revalidate();
   }


   public static void main(String args[]) {
      Start frame = new Start();
      frame.setLocation(300,300);
      frame.setVisible(true);
   }
}
```

Listing 195: JTabbedPane mit schließbaren Registern (Forts.)

Das Beispiel erzeugt eine Dateiauswahlliste. Klickt der Anwender mit der rechten Maustaste auf eine ausgewählte Datei, erscheint ein Popup-Menü mit dem Befehl zum Hinzufügen einer neuen Registerkarte mit dem zugehörigen Bild. Dem Reiter der neuen Registerkarte wird mit Hilfe der Methode `setTabComponentAt()` ein Schließen-Schalter hinzugefügt. Eine passende Ereignisbehandlung für den Schalter sorgt dafür, dass beim Anklicken des Schalters die Registerkarte geschlossen wird.

GUI

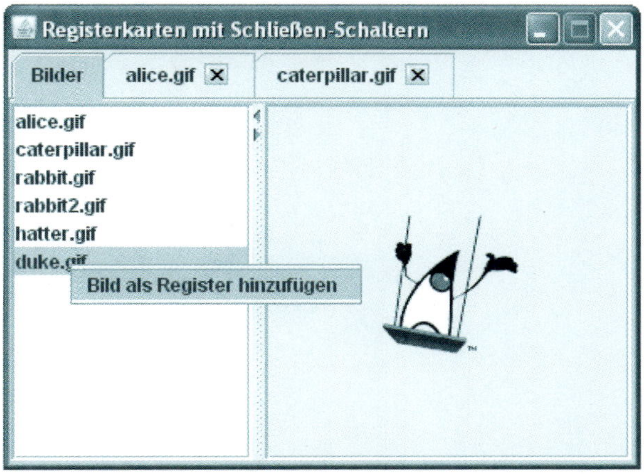

Abbildung 79: Registerkarten mit Schließen-Button

Grafik und Multimedia

151 Mitte der Zeichenfläche ermitteln

Um zentriert in eine Komponente zeichnen zu können, muss man wissen, an welchen Koordinaten der Mittelpunkt der Komponente liegt. Dieser lässt sich aus Breite und Höhe leicht berechnen:

```
import java.awt.Point;
import java.awt.Component;
...

public static Point getCenter(Component c) {
     int x, y;

     x = c.getWidth() / 2;
     y = c.getHeight() / 2;

     return new Point(x,y);
}
```

Listing 196: Mittelpunkt einer Komponente

Die Methode übernimmt als Argument die Referenz auf eine Komponente, ermittelt deren Breite (`getWidth()`) und Höhe (`getHeight()`) und berechnet aus diesen durch Halbierung die Koordinaten des Mittelpunkts.

> **Hinweis**
>
> Die Klasse `Point` eignet sich ideal zum Abspeichern von ganzzahligen Koordinaten. Der Zugriff auf die Felder `x` und `y` ist `public`.

Mit obiger Methode bzw. nach der in der Methode verwendeten Formel können Sie den Mittelpunkt beliebiger Komponenten (AWT wie Swing) berechnen. Wenn Sie mit Swing-Komponenten arbeiten, sollten Sie aber bedenken, dass diese womöglich einen Rahmen definieren (*siehe Rezept 122*).

Die Rahmen von Swing-Komponenten gehören zur Komponente, nicht aber zum Zeichenbereich von `paintComponent()`! Dies stört nicht, solange die Rahmenteile paarweise (oben – unten, rechts – links) gleich breit sind. Sind die Rahmenteile nicht paarweise gleich, deckt sich der Mittelpunkt der Komponente nicht mehr mit dem Mittelpunkt der Fläche innerhalb der Komponentenränder. Die folgende Methode berücksichtigt dies:

```
import java.awt.Point;
import java.awt.Insets;
import javax.swing.JComponent;
```

Listing 197: Mittelpunkt der Fläche zwischen den Rahmen einer Swing-Komponente

```
...

/**
 * Mittelpunkt der Fläche zwischen Rändern der Komponente
 */
public static Point getCenter(JComponent c, Insets in) {
     int x, y;

     x = (c.getWidth() - (in.left + in.right))/ 2;
     x += in.left;
     y = (c.getHeight() - (in.top + in.bottom))/ 2;
     y += in.top;

     return new Point(x,y);
}
```

Listing 197: Mittelpunkt der Fläche zwischen den Rahmen einer Swing-Komponente (Forts.)

Der folgende Code stammt aus dem Start-Programm zu diesem Rezept und zeigt, wie Sie mit Hilfe der obigen Methoden ein Fadenkreuz bzw. eine Scheibe in den Mittelpunkt einer Komponente bzw. den Mittelpunkt der Fläche innerhalb des Rahmens zeichnen. (Beachten Sie, dass für Swing-Komponenten, die keinen Rahmen haben, beide Mittelpunkte zusammenfallen.)

```
// In Klassendefinition einer Swing-Komponente
public void paintComponent(Graphics g) {
   super.paintComponent(g);

   // Fadenkreuz in Zentrum der Komponente zeichnen
   Point center = Drawing.getCenter(this);
   g.drawLine(center.x-5, center.y, center.x+5, center.y);
   g.drawLine(center.x, center.y-5, center.x, center.y+5);


   // Fadenkreuz in Zentrum der Fläche zwischen Komponentenrändern
   // zeichnen
   center = Drawing.getCenter(this, this.getInsets());
   g.setColor(Color.cyan);
   g.fillOval(center.x-5, center.y-5, 10, 10);

}
```

Listing 198: Zentriert zeichnen

152 Zentrierter Text

Wenn Sie einen Text zentriert in eine Komponente schreiben möchten, bedeutet dies in der Regel, dass sich der Text von der Mittellinie aus gleich weit nach links und rechts ausdehnen soll. Dies erreichen Sie nicht, indem Sie die x-Koordinate des Mittelpunkts berechnen (*siehe Rezept 151*) und an `drawString()` übergeben, denn die x- und y-Argumente von `drawString (String s, int x, int y)` stehen für die x,y-Koordinate, an der die Grundlinie des Strings beginnt. Wenn Sie also als x-Argument die x-Koordinate des Mittelpunkts übergeben, wird der String nicht horizontal zentriert, sondern er beginnt an der horizontalen Mittellinie. Wenn Sie als y-Argument die y-Koordinate des Mittelpunkts übergeben, wird der String nicht vertikal zentriert, sondern er liegt über der vertikalen Mittellinie.

Abbildung 80: Positionierung von Textausgaben mit drawString()

Um Texte mit `drawString()` zentriert auszugeben, müssen Sie also Breite und Höhe des auszugebenden Textes berücksichtigen. Breite und Höhe eines Textzugs hängen aber von der verwendeten Schrift ab, so dass sich insgesamt folgende Vorgehensweise ergibt:

1. Sie richten die zu verwendende Schrift als Schrift des Grafikkontextes der Komponente ein.
2. Sie lassen sich vom Grafikkontext ein `FontMetrics`-Objekt zurückliefern.
3. Sie bestimmten mit Hilfe des `FontMetrics`-Objekts die Schriftabmaße und die Breite des auszugebenden Textes und errechnen dann die Koordinaten für `drawString()`.
4. Sie zeichnen den Text in die Komponente.

```
g.setFont(new Font("Georgia", Font.ITALIC, 30));     // 1
FontMetrics fm = g.getFontMetrics();                 // 2
Point p = Drawing.centerText(this, fm, text);        // 3
g.drawString(text, p.x, p.y);                        // 4
```

Schritt 3, die eigentliche Koordinatenberechnung, wird hier von der Methode `centerText()` erledigt, die als Argumente eine Referenz auf die Komponente, das `FontMetrics`-Objekt und den auszugebenden Text übernimmt und wie folgt definiert ist:

```
/**
 * Berechnet Ausgabekoordinaten für zentrierten Text
 */
public static Point centerText(JComponent c, FontMetrics fm, String s) {
     Insets insets = c.getInsets();
     int x, y;

     // x- und y-Koordinaten für zentrierte Textausrichtung

     // Breite minus linker und rechter Rand minus Stringbreite halbieren
     // wenn negativ, auf 0 setzen
     // linken Rand hinzuaddieren
     x = (c.getWidth() - (insets.left+insets.right) - fm.stringWidth(s) ) / 2;
     x = (x > 0) ? x : 0;
     x += insets.left;

     // Höhe minus oberer und unterer Rand halbieren
     // wenn negativ, auf 0 setzen
     // oberer Rand plus halbe Schriftoberlänge hinzuaddieren
     y = (c.getHeight() - (insets.top + insets.bottom)) / 2;
     y = (y > 0) ? y : 0;
```

Grafik, Multimedia

```
        y += insets.top + fm.getAscent()/4;

        return new Point(x,y);
    }
```

Das zurückgelieferte Point-Objekt enthält die x- und die y-Koordinate, die Sie drawString() übergeben müssen, um den Text horizontal und vertikal zentriert in die Komponente zu zeichnen. Wenn der String lediglich horizontal zentriert sein soll, reichen Sie einfach nur die x-Koordinate weiter und setzen die y-Koordinate selbst.

Die vertikale Zentrierung ist etwas problematisch, denn der von FontMetrics.getAscent() zurückgelieferte Wert ist in der Regel um einige Pixel größer als die Höhe der Großbuchstaben. Entspräche der Wert der Höhe der Großbuchstaben, wäre eine Absenkung der Grundlinie um den halben Betrag von getAscent() korrekt. So aber ergibt eine Absenkung um ein Viertel von getAscent() für die meisten Schriften eine optisch bessere Zentrierung.

Hinweis

In der Datei *Drawing.java* zu diesem Rezept ist noch eine überladene Version von centerText() definiert, die keine Komponentenrahmen berücksichtigt und auch für AWT-Komponenten aufgerufen werden kann:

```
public static Point centerText(Component c, FontMetrics fm, String s)
```

Abbildung 81: Zentrierte Textausgabe

153 In den Rahmen einer Komponente zeichnen

Gewöhnlich überschreiben Sie die Methode paintComponent(), wenn Sie in eine Swing-Komponente zeichnen wollen. Allerdings können Sie mit dieser Methode nicht in den Rahmenbereich einer Swing-Komponente zeichnen, da dieser durch das Clipping-Rechteck geschützt wird.

Um in den Rahmen zu zeichnen, gibt es eine eigene Methode paintBorder().

Wenn Sie paintBorder() überschreiben, sollten Sie folgende Punkte beachten:

- Wie im Falle von paintComponent() müssen Sie als erste Anweisung in der Methode die Basisklassenversion von paintBorder() aufrufen.
- Der Inhalt der Komponente ist nicht durch Clipping geschützt, d.h., wenn Sie in der Methode in den Bereich innerhalb des Rahmens zeichnen, überschreiben Sie den Inhalt, den zuvor die paintComponent()-Methode gezeichnet hat.

- Um den Inhalt der Komponente zu schützen, sollten Sie nacheinander Clipping-Bereiche für die einzelnen Rahmenteile definieren (Java unterstützt keine kombinierten Clipping-Bereiche – nur Schnittmengen) und in diese zeichnen.
- Ändern Sie den Clipping-Bereich nicht für das originale `Graphics`-Objekt, sondern erzeugen Sie eine Kopie.
- Entsorgen Sie die Kopie nach getaner Arbeit durch Aufruf von `dispose()`.

Die folgende `paintBorder()`-Methode stammt aus einer abgeleiteten `JPanel`-Klasse, die einen türkisfarbenen Rahmen definiert (*siehe Rezept 122* zur Erzeugung von Kompnentenrahmen). Die Methode zeichnet ein Muster aus Ovalen in den Rahmen.

```
/**
 * Ovalmuster in Rahmen zeichnen
 */
public void paintBorder(Graphics g) {
   super.paintBorder(g);

   int width = getWidth();
   int height = getHeight();
   final int W = 10;  // Breite der Ovale
   final int H = 5;  // Höhe der Ovale

   // Kopie anlegen, da wir Clip-Rectangle ändern
   Graphics gc = g.create();
   gc.setColor(Color.BLACK);

   // Rahmenbreiten abfragen
   Insets insets = this.getInsets();


   // In die vier Seiten des Rahmens muss einzeln gezeichnet werden,
   // da es in Java keine Möglichkeit zur Verschmelzung von Clipbereichen gibt

    // Rahmen oben
    gc.setClip(0, 0, width, insets.top);

    for(int j = 0; j < insets.top; j+=H)
       for(int i = 0; i < width; i+=W)
          gc.drawOval(i, j, W, H);


    // Rahmen links
    gc.setClip(0, insets.top, insets.left, height-insets.top-insets.bottom);

    for(int j = 0; j < height; j+=H)
       for(int i = 0; i < insets.left; i+=W)
          gc.drawOval(i, j, W, H);
```

Listing 199: paintBorder() überschreiben

```
      // Rahmen unten
      gc.setClip(0, height-insets.bottom, width, insets.bottom);

      int starty = (height - insets.bottom) - ((height - insets.bottom)%H);
      for(int j = starty; j < height; j += H)
         for(int i = 0; i < width; i += W)
            gc.drawOval(i, j, W, H);


      // Rahmen rechts
      gc.setClip(width-insets.right, insets.top, insets.right,
                 height-insets.top-insets.bottom);

      int startx = width - insets.right - ((width - insets.right)%W);
      for(int j = 0; j < height; j+=H)
         for(int i = startx; i < width; i+=W)
            gc.drawOval(i, j, W, H);

      gc.dispose();
   }
```

Listing 199: paintBorder() überschreiben (Forts.)

Der Code für das untere und das rechte Rahmenelement ist etwas komplizierter, da der vertikale bzw. horizontale Startpunkt für die Zeichenausgabe so berechnet werden muss, dass es keine Überschneidungen oder Lücken im Muster gibt.

Vielleicht verwundert es, dass sowohl das Clipping als auch scheinbar die Grenzen der for-Schleife dafür sorgen, dass nur in den Rahmen gezeichnet wird. Nun, dies ist nicht der Fall. Der Schutz des Inhaltsbereichs obliegt allein den Clipping-Bereichen. Die for-Schleifen könnten genauso gut den gesamten Bereich der Komponente durchlaufen (was im Übrigen der einfachste Weg wäre, die Konsistenz des Musters zu gewährleisten). Allerdings würde bei dieser Vorgehensweise viel Zeit damit verbracht, die for-Schleifen in Bereiche zeichnen zu lassen, in denen wegen des Clippings keine Ausgabe zu sehen ist.

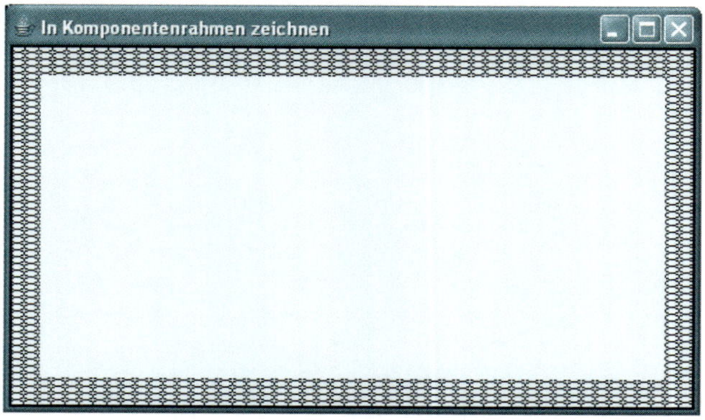

Abbildung 82: Panel mit Zeichnungen im Rahmen

154 Zeichnen mit unterschiedlichen Strichstärken und -stilen

Mit Java2D können Sie Strichstärke und -stil variieren.

Um die Vorzüge von Java2D nutzen zu können, müssen Sie das Graphics-Objekt, mit dem Sie arbeiten, in ein Graphics2D-Objekt umwandeln:

```
public void paintComponent(Graphics g) {
   super.paintComponent(g);

   Graphics2D g2 = (Graphics2D) g;
```

Die Typumwandlung ist für alle Swing-Komponenten möglich.

BasicStroke

In Java2D können Sie für Strichoperationen (Zeichnen einer Linie oder eines Figurumrisses) die Strichstärke vorgeben. Die zugehörige Methode heißt setStroke() und erwartet als Argument eine Stroke-Instanz:

```
void setStroke(Stroke s)
```

Stroke ist eine abstrakte Klasse. Wie meist in Java gibt es aber bereits eine abgeleitete, nicht-abstrakte Klasse: BasicStroke. BasicStroke verfügt über mehrere Konstruktoren, mit denen Sie »Stifte« verschiedener Breiten, Endpunktverzierungen und Strichmuster erzeugen können.

Strichstärke

Um die Strichstärke festzulegen, übergeben Sie dem Konstruktor einfach einen passenden float-Wert. (1.0f entspricht dabei der bisherigen Normaldicke.)

```
public void paintComponent(Graphics g) {
   super.paintComponent(g);

   // Java-2D verfügbar machen
   Graphics2D g2 = (Graphics2D) g;


   // Gelbes Rechteck mit 2-Pixel-Rahmen
   g2.setColor(Color.YELLOW);
   g2.fillRect(100, 100, 250, 100);

   g2.setStroke(new BasicStroke(2.0f));
   g2.setColor(Color.BLACK);
   g2.drawRect(100, 100, 250, 100);
```

Darstellung der Punkte

Zusätzlich können Sie die Darstellung von End- und Kreuzungspunkten bestimmen. In BasicStroke sind hierfür verschiedene Konstanten definiert:

Endpunktstile:	
CAP_BUTT	keine Endpunkte
CAP_ROUND	runde Endpunkte
CAP_SQUARE	quadratische Endpunkte
Kreuzungspunktstile:	
JOIN_MITER	verbinde Segmente über ihre äußeren Kanten
JOIN_ROUND	verbinde Segmente durch gerundete Ecken
JOIN_BEVEL	verbinde Segmente durch eine gerade Linie

Tabelle 40: End- und Kreuzungspunktstile

```
public void paintComponent(Graphics g) {
   super.paintComponent(g);

   // Java-2D verfügbar machen
   Graphics2D g2 = (Graphics2D) g;


   // Rotes Dreieck mit abgerundetem 5-Pixel-Rahmen
   Polygon triangle = new Polygon();
   triangle.addPoint(150, 250);
   triangle.addPoint(200, 50);
   triangle.addPoint(250, 250);

   g2.setColor(Color.RED);
   g2.fill(triangle);

   g2.setStroke(new BasicStroke(5.0f,
                                BasicStroke.CAP_BUTT,
                                BasicStroke.JOIN_ROUND));
   g2.setColor(Color.BLACK);
   g2.draw(triangle);
```

Gestrichelte Linien

Um gestrichelte Linien zu erzeugen, müssen Sie ein Array von float-Werten definieren, die angeben, wie lang die sichtbaren und nichtsichtbaren Segmente der Linie sein sollen. Dieses Array übergeben Sie zusammen mit der Angabe, ab welchem Punkt die Strichelung beginnen soll, als fünftes und sechstes Argument an den BasicStroke-Konstruktor. (Das vierte Argument ist für eine etwaige Miter-Verbindung und muss größer oder gleich 1.0 sein.)

```
public void paintComponent(Graphics g) {
   super.paintComponent(g);

   // Java-2D verfügbar machen
   Graphics2D g2 = (Graphics2D) g;
```

```
// Blauer Kreis mit gestricheltem 5-Pixel-Rahmen
g2.setColor(Color.BLUE);
g2.fillOval(280, 60, 100, 100);

float[] dashs = {20.0f, 5.0f};
g2.setStroke(new BasicStroke(5.0f,
                              BasicStroke.CAP_BUTT,
                              BasicStroke.JOIN_ROUND, 1.0f,
                              dashs, 0.0f));
g2.setColor(Color.BLACK);
g2.drawOval(280, 60, 100, 100);
```

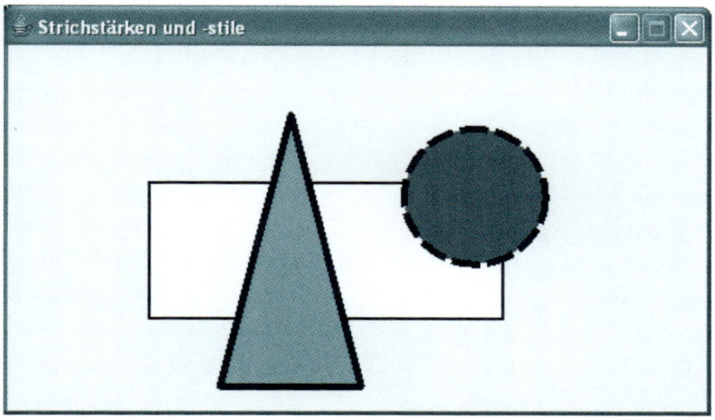

Abbildung 83: Grafische Elemente mit unterschiedlichen Strichstilen

155 Zeichnen mit Füllmuster und Farbverläufen

Mit Java2D können Sie mit Füllmustern und Gradienten zeichnen.

Um die Vorzüge von Java2D nutzen zu können, müssen Sie das `Graphics`-Objekt, mit dem Sie arbeiten, in ein `Graphics2D`-Objekt umwandeln:

```
public void paintComponent(Graphics g) {
   super.paintComponent(g);

   Graphics2D g2 = (Graphics2D) g;
```

Die Typumwandlung ist für alle Swing-Komponenten möglich.

Füllungen

In Java2D können Sie nicht nur mit einzelnen Farbtönen, sondern auch mit Mustern und Gradienten, d.h. Farbübergängen, malen. Die Methode, die das zu verwendende Füllmuster einrichtet, lautet:

```
void setPaint(Paint p)
```

Als Argument erwartet die Methode ein Objekt, dessen Klasse die Schnittstelle `Paint` implementiert. Vordefinierte Java-Klassen aus `java.awt`, die diese Voraussetzung erfüllen, sind

- `Color` – zum Zeichnen mit einem einzelnen Farbton (entspricht dem Aufruf von `setColor()`).

- TexturePaint – zum Zeichnen mit einem Muster.
- GradientPaint – zum Zeichnen mit Farbübergängen.

Füllmuster (TexturePaint)

Das Muster wird dem TexturePaint-Konstruktor in Form einer BufferedImage-Instanz übergeben. Das zweite Argument ist ein Rectangle2D-Rechteck, das angibt, welche Abmaße die »Kacheln« haben sollen, in die das Muster kopiert und mit denen die später zu zeichnenden Formen ausgefüllt werden sollen.

```
public void paintComponent(Graphics g) {
   super.paintComponent(g);

   // Java-2D verfügbar machen
   Graphics2D g2 = (Graphics2D) g;


   // Rotes Dreieck mit Füllmuster
   Polygon triangle = new Polygon();
   triangle.addPoint(150, 250);
   triangle.addPoint(200, 50);
   triangle.addPoint(250, 250);

   try {
       // Bilddatei für Muster laden
       BufferedImage pattern = ImageIO.read(new File("pattern.gif"));

       // Füllmuster erzeugen
       TexturePaint tp = new TexturePaint(pattern,
                                    new Rectangle(0,0,10,10));

       // Füllmuster aktivieren
       g2.setPaint(tp);

   } catch(IOException e) {
       System.err.println("Bilddatei konnte nicht geoeffnet werden");
   }
   g2.fill(triangle);

   g2.setStroke(new BasicStroke(5.0f,
                                BasicStroke.CAP_BUTT,
                                BasicStroke.JOIN_ROUND));
   g2.setColor(Color.BLACK);
   g2.draw(triangle);
}
```

Gradientenfüllung (GradientPaint)

Bei einer Gradientenfüllung wird langsam von einer Farbe an einem Punkt zu einer anderen Farbe an einem anderen Punkt gewechselt. Dieser Wechsel kann sich zwischen diesen beiden Punkten vollziehen (azyklisch) oder sich wiederholen (zyklisch). Die Bezugspunkte müssen dabei nicht innerhalb des Objekts liegen, das gefüllt werden soll.

Farbverläufe werden als Instanzen von GradientPaint erzeugt. Als Argumente übergeben Sie dem Konstruktor die Koordinaten der Bezugspunkte, die beiden Farben und die Angabe, ob azyklisch (false) oder zyklisch (true) gefüllt werden soll.

```
public void paintComponent(Graphics g) {
   super.paintComponent(g);

   // Java-2D verfügbar machen
   Graphics2D g2 = (Graphics2D) g;


   // Blauer Kreis mit Gradient
   g2.setColor(Color.BLUE);

   // Gradient definieren
   GradientPaint gp = new GradientPaint(280,  60, Color.BLUE,
                                        380, 160, Color.WHITE, false);
   // Gradient aktivieren
   g2.setPaint(gp);

   // gefüllten Kreis zeichnen
   g2.fillOval(280, 60, 100, 100);


   float[] dashs = {20.0f, 5.0f};
   g2.setStroke(new BasicStroke(5.0f,
                            BasicStroke.CAP_BUTT,
                            BasicStroke.JOIN_ROUND, 1.0f,
                            dashs, 0.0f));
   g2.setColor(Color.BLACK);
   g2.drawOval(280, 60, 100, 100);
}
```

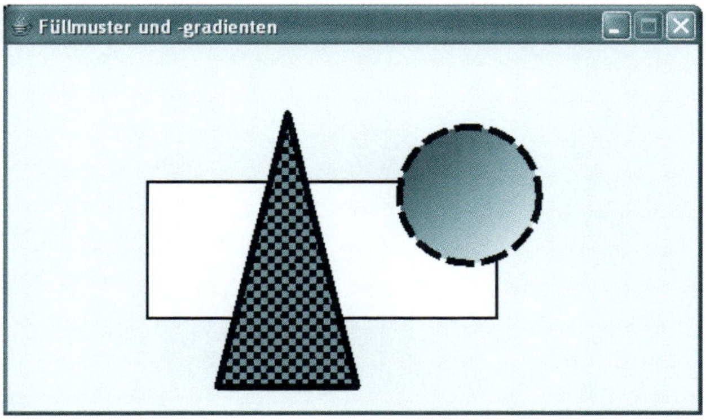

Abbildung 84: Grafische Elemente mit unterschiedlichen Füllungen

156 Zeichnen mit Transformationen

Mit Java2D können Sie Grafikelemente vor dem Einzeichnen transformieren lassen.

Um die Vorzüge von Java2D nutzen zu können, müssen Sie das `Graphics`-Objekt, mit dem Sie arbeiten, in ein `Graphics2D`-Objekt umwandeln:

```
public void paintComponent(Graphics g) {
   super.paintComponent(g);

   Graphics2D g2 = (Graphics2D) g;
```

Die Typumwandlung ist für alle Swing-Komponenten möglich.

Das Java2D-Koordinatensystem

In Java2D arbeiten Sie nicht mit den Pixelkoordinaten des Zielgerätekontextes, sondern mit Pixel in einem eigenen, logischen Koordinatensystem, das allerdings per Voreinstellung 1:1 auf das Koordinatensystem des Zielgerätekontextes abgebildet wird.

Wenn Sie es wünschen, können Sie die Abbildung allerdings auch verändern, beispielsweise durch Verschieben, Drehen, Scherung oder Skalieren.

Translation

Um alle nachfolgenden Zeichenausgaben automatisch um bestimmte Beträge in x- oder y-Richtung zu verschieben, rufen Sie die Methode `translate()` auf:

```
void translate(double dx, double dy);
```

Das folgende Code-Fragment verschiebt den Ursprung in die Mitte der Komponente. Vor der Verschiebung wird am alten Ursprung ein kleines Kreuz eingeblendet. Mit exakt dem gleichen Code (wenn auch mit veränderter Farbe) wird nach der Verschiebung das Kreuz am neuen Ursprung eingeblendet.

```
public void paintComponent(Graphics g) {
   super.paintComponent(g);

   // Java-2D verfügbar machen
   Graphics2D g2 = (Graphics2D) g;

   g2.setColor(Color.BLACK);
   g2.drawLine(-5, 0, 5, 0);
   g2.drawLine(0, -5, 0, 5);
   g2.drawLine(4, 4, 20, 20);
   g2.drawString("alter Ursprung", 25, 20);

   // Ursprung in Komponenten-Mitte verschieben
   g2.translate(getWidth()/2, getHeight()/2);

   g2.setColor(Color.RED);
   g2.drawLine(-5, 0, 5, 0);
   g2.drawLine(0, -5, 0, 5);
   g2.drawLine(4, 4, 20, 20);
   g2.drawString("neuer Ursprung", 25, 20);

}
```

Rotation

Um alle nachfolgenden Zeichenausgaben automatisch um einen bestimmten Winkel (in Bogenmaß) zu drehen, rufen Sie die Methode rotate() auf:

```
void rotate(double rad);
```

Die Drehung erfolgt immer um den Ursprung des Koordinatensystems. Negative Winkel drehen entgegen dem Uhrzeigersinn, positive Werte im Uhrzeigersinn.

Das folgende Code-Fragment zeichnet zwei Rechtecke. Das zweite Rechteck ist gegenüber dem ersten um 45 Grad entgegen dem Uhrzeigersinn gedreht.

```
public void paintComponent(Graphics g) {
   super.paintComponent(g);

   // Java-2D verfügbar machen
   Graphics2D g2 = (Graphics2D) g;

   // Ursprung in Panel-Mitte verschieben
   g2.translate(getWidth()/2, getHeight()/2);


   g2.setColor(Color.BLACK);
   g2.drawRect(0, 0, 200, 100);
   g2.drawString("Original", 10, 15);

   // Drehung des KOS um 45 Grad entgegen Uhrzeigersinn
   g2.rotate(Math.toRadians(-45));

   g2.setColor(Color.RED);
   g2.drawRect(0, 0, 200, 100);
   g2.drawString("Gedreht", 10, 15);

}
```

Scherung

Um alle nachfolgenden Zeichenausgaben automatisch in x- oder/und y-Richtung zu scheren, rufen Sie die Methode shear() auf:

```
void shear(double shx, double shy);
```

Die Scherung erfolgt immer relativ zum Ursprung des Koordinatensystems. Eine Scherung in x-Richtung um 2 bedeutet, dass zu jeder x-Koordinate das Zweifache des vertikalen Abstands zum Ursprung hinzuaddiert wird: (x, y) -> (x + 2 * y, y). Eine Scherung um 0 führt zu keiner Veränderung.

Das folgende Code-Fragment zeichnet zwei Rechtecke: eins links, eins rechts vom Ursprung. Das zweite Rechteck wird mit Scherung 1 in x-Richtung gezeichnet.

```
public void paintComponent(Graphics g) {
   super.paintComponent(g);

   // Java-2D verfügbar machen
   Graphics2D g2 = (Graphics2D) g;
```

```
   // Ursprung in Panel-Mitte verschieben
   g2.translate(getWidth()/2, getHeight()/2);


   g2.setColor(Color.BLACK);
   g2.drawRect(-150, -100, 100, 150);
   g2.drawString("Original", -140, 35);

   // Scherung der X-Achse
   g2.shear(1, 0);

   g2.setColor(Color.RED);
   g2.drawRect(100, -100, 100, 150);
   g2.drawString("Geschert", 110, 35);

}
```

Skalierung

Um alle nachfolgenden Zeichenausgaben automatisch um bestimmte Faktoren in x- oder y-Richtung zu skalieren, rufen Sie die Methode `scale()` auf:

```
void scale(double sx, double sy);
```

Das folgende Code-Fragment zeichnet zwei Kreise um einen gemeinsamen Mittelpunkt. Der zweite Kreis wird gegenüber dem ersten um den Faktor 2 in x- wie in y-Richtung vergrößert gezeichnet.

```
public void paintComponent(Graphics g) {
   super.paintComponent(g);

   // Java-2D verfügbar machen
   Graphics2D g2 = (Graphics2D) g;

   // Ursprung in Panel-Mitte verschieben
   g2.translate(getWidth()/2, getHeight()/2);

   g2.setColor(Color.BLACK);
   g2.drawOval(-50, -50, 100, 100);
   g2.drawString("Original", 35, -40);

   // Skalierung (Vergrößerung um 2 in X- und Y-Richtung)
   g2.scale(2, 2);

   g2.setColor(Color.RED);
   g2.drawOval(-50, -50, 100, 100);
   g2.drawString("Vergrößert", 35, -40);

}
```

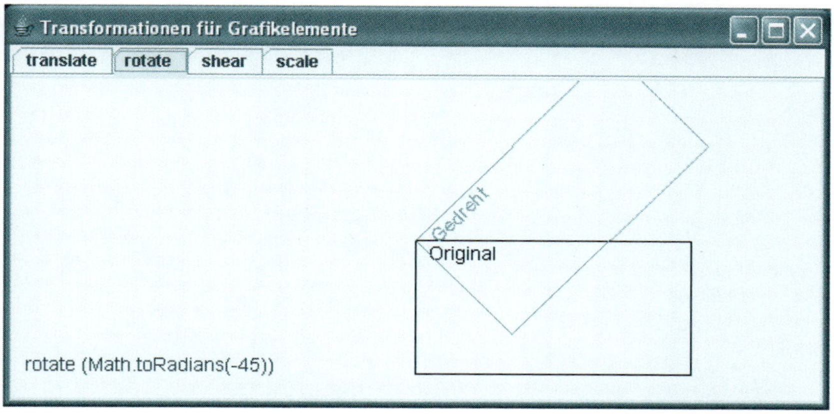

Abbildung 85: Gedrehtes Rechteck und gedrehter Text

Exkurs

Die Tranformationsmatrix

Alle Koordinatentransformationen werden addierend in eine interne Transformationsmatrix eingetragen. Wenn Sie also nacheinander eine Translation um 10 Pixel in x-Richtung, eine Rotation um 0.1 Rad und eine weitere Translation um 50 Pixel in x-Richtung vornehmen, erscheinen nachfolgende Zeichenausgaben um 0.1 Rad gedreht und um 60 Pixel in x-Richtung verschoben!

Wenn Sie die ursprüngliche Koordinatentransformation wieder herstellen möchten, speichern Sie diese vorab und rekonstruieren Sie sie mit `setTransform()`:

```
// Ursprüngliche Transformation sichern
AffineTransform oldAT = g2.getTransform();

// Eigene Transformationen hinzufügen
g2.scale(0.5, 0,5);
...

// Ursprüngliche Transformation wiederherstellen
g2.setTransform(oldAT);
```


157 Verfügbare Schriftarten ermitteln

Welche Schriftarten auf dem aktuellen System installiert sind und verwendet werden können, ermitteln Sie mit Hilfe der `getAvailableFontFamilyNames()`-Methode der Klasse `GraphicsEnvironment`.

Die nachfolgend definierte Utility-Methode `isFontAvailable()` nimmt als Argument einen Schriftfamilien-Namen wie »Arial«, »Times New Roman« oder »Verdana« entgegen und liefert `true` zurück, wenn diese Schriftart verfügbar ist.

```
import java.awt.GraphicsEnvironment;

/**
```

Listing 200: Methode, die prüft, ob eine bestimmte Schriftart verfügbar ist

```
 * Prüfen, ob der übergebene Font verfügbar ist
 */
public static boolean isFontAvailable(String fontName) {

    // Abfragen, welche Fonst auf System verfügbar sind
    GraphicsEnvironment ge =
                   GraphicsEnvironment.getLocalGraphicsEnvironment();
    String fontNames[] = ge.getAvailableFontFamilyNames();

    // prüfen, ob Font in Liste vorhanden
    for(String s : fontNames)
      if (s.equals(fontName))
         return true;

    return false;

}
```

Listing 200: Methode, die prüft, ob eine bestimmte Schriftart verfügbar ist (Forts.)

Im Beispielverzeichnis zu diesem Rezept finden Sie neben dem Start-Programm, welches über die Kommandozeile einen Schriftartennamen entgegennimmt und mit Hilfe der obigen Methode feststellt, ob die betreffende Schriftart verfügbar ist, noch ein weiteres Programm *PrintFonts.java*, mit dem Sie die Liste der auf dem System installierten Fonts komplett ausgeben können.

158 Dialog zur Schriftartenauswahl

Mit Hilfe der `GraphicsEnvironment`-Methode `getAvailableFontFamilyNames()` lässt sich nicht nur prüfen, ob eine Schriftart, die Sie für eine Textausgabe oder den Text einer GUI-Komponente nutzen wollen, auf dem aktuellen System verfügbar ist. Sie können mit ihrer Hilfe auch ein Listenfeld oder einen Dialog zur Schriftartenauswahl durch den Anwender einrichten.

```
import javax.swing.*;
import java.awt.*;
import java.awt.event.*;

/*
 * Fontdialog.java - Dialog zur Auswahl einer Schriftart
 */
public class Fontdialog extends JDialog implements ActionListener {
   private Font chosenFont;

   private List fontList       = new List();
   private List sizeList       = new List();
   private JCheckBox btnBold   = new JCheckBox();
   private JCheckBox btnItalic = new JCheckBox();
   private JButton btnOK       = new JButton();
   private JButton btnCancel   = new JButton();
```

Listing 201: Dialog zur Schriftartenauswahl

```
   /**
    * Konstruktor
    */
   public Fontdialog(JFrame f)  {
      super(f);
      setTitle("Schriftart auswählen");
      setResizable(false);
      setSize(new Dimension(386, 265));
      setModal(true);
      getContentPane().setLayout(null);


      // Abfragen, welche Fonts auf System verfügbar sind
      GraphicsEnvironment ge =
                     GraphicsEnvironment.getLocalGraphicsEnvironment();
      String fonts[] = ge.getAvailableFontFamilyNames();

      // Font-Liste mit auf System installierten Fonts füllen
      fontList.setBounds(new Rectangle(14, 10, 244, 159));
      for(int i = 0; i < fonts.length; ++i)
         fontList.add(fonts[i]);

      fontList.select(0);


      // Größen-Liste mit vordefinierten Größen füllen
      String sizes[] = {"8", "9", "10", "11", "12", "14", "16",
                        "18", "20", "22", "24", "26", "28",
                        "36", "48", "72"  };
      sizeList.setBounds(new Rectangle(270, 10, 100, 100));
      for(int i = 0; i < sizes.length; ++i)
         sizeList.add(sizes[i]);
      sizeList.select(0);

      // Schalter für fett und kursiv
      btnBold.setBounds(new Rectangle(270, 120, 100, 25));
      btnBold.setFont(new java.awt.Font("Dialog", 1, 12));
      btnBold.setText("Fett");
      btnItalic.setBounds(new Rectangle(270, 150, 100, 25));
      btnItalic.setFont(new java.awt.Font("Dialog", 2, 12));
      btnItalic.setText("Kursiv");

      // Schalter zum Verlassen des Dialogs
      btnOK.setBounds(new Rectangle(63, 204, 115, 25));
      btnOK.setText("OK");
      getRootPane().setDefaultButton(btnOK);
      btnOK.addActionListener(this);

      btnCancel.setBounds(new Rectangle(210, 204, 115, 25));
      btnCancel.setText("Abbrechen");
      btnCancel.addActionListener(this);
```

Listing 201: Dialog zur Schriftartenauswahl (Forts.)

```
      getContentPane().add(fontList, null);
      getContentPane().add(sizeList, null);
      getContentPane().add(btnBold, null);
      getContentPane().add(btnItalic, null);
      getContentPane().add(btnCancel, null);
      getContentPane().add(btnOK, null);
   }

   /**
    * Ereignisbehandlung für Schalter
    */
   public void actionPerformed(ActionEvent e)  {
      String label = e.getActionCommand();

      if(label.equals("OK"))  {
         String name = fontList.getSelectedItem();
         int size = Integer.parseInt(sizeList.getSelectedItem());
         int style = Font.PLAIN;
         if (btnBold.isSelected())
            style |= Font.BOLD;
         if (btnItalic.isSelected())
            style |= Font.ITALIC;

         chosenFont = new Font(name, style, size);
         setVisible(false);

      } else if(label.equals("Abbrechen"))  {
         chosenFont = null;
         setVisible(false);
      }
   }

   /**
    * Auf Anfrage den ausgewählten Font zurückliefern
    */
   public Font getFont() {
      return chosenFont;
   }
}
```

Listing 201: Dialog zur Schriftartenauswahl (Forts.)

Der Dialog besteht aus zwei `List`-Instanzen, über die der Anwender Schriftart und Schriftgröße auswählen kann. Zwei `JCheckBox`-Schalter erlauben die Aktivierung von Fett- und Kursivschrift. Drückt der Anwender den OK-Schalter, werden die Einstellungen für Schriftart, -größe und -stil zusammengetragen und es wird ein entsprechendes `Font`-Objekt erzeugt. Das `Font`-Objekt kann jederzeit (solange der Dialog besteht) mit der Dialog-Methode `getFont()` abgefragt werden.

Das Start-Programm zu diesem Rezept zeigt ein einfaches `JTextArea`-Textfeld. Über den Menübefehl DIALOG/SCHRIFTARTEN kann eine Instanz von `FontDialog` eingeblendet und eine Schrift für das Textfeld ausgewählt werden. (Hinweis: Die Instanzierung des Dialogs erfolgt im Konstruktor des Fensters.)

```
miFonts.addActionListener(new ActionListener() {
   public void actionPerformed(ActionEvent e) {

       // Schriftarten-Dialog anzeigen
       fontDialog.setLocation((getLocation().x + 100),
                              (getLocation().y + 100));
       fontDialog.setVisible(true);

       // Schriftart abfragen
       Font f = fontDialog.getFont();

       // Schriftart für JTextArea übernehmen
       if (f != null)
           textpane.setFont(f);

   }
});
```

Listing 202: Aus Start.java – Ereignisbehandlung zu Dialog/Schriftarten-Befehl

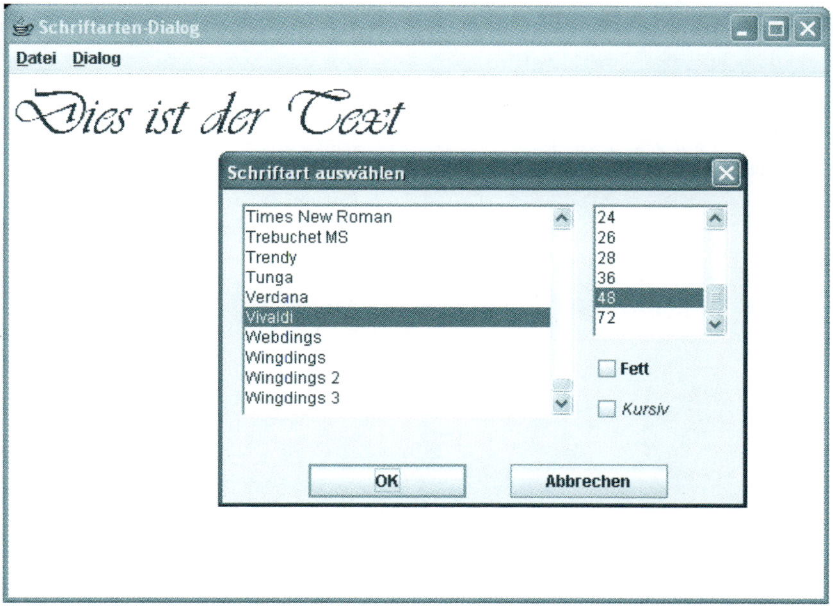

Abbildung 86: Dialog zur Schriftauswahl

159 Text mit Schattenwurf zeichnen

Eine einfache Technik, Text mit Schattenwurf zu zeichnen, ist das zweimalige Zeichnen des Texts: einmal als eigentlicher Text und dann noch einmal, ein wenig horizontal und vertikal versetzt und in meist blasserer Farbe, als Schatten. Zu beachten ist lediglich, dass der Schatten zuerst und dann der eigentliche Text gezeichnet werden muss:

```
/**
 * Text mit Schatten zeichnen
 */
public static void drawShadowText(String s, Graphics g,
                                  int x, int y,
                                  int dx, int dy,
                                  Color textColor, Color shadowColor) {

    // Zuerst den Schatten zeichnen
    g.setColor(shadowColor);
    g.drawString(s, x+dx, y+dy);

    // Dann den Text zeichnen
    g.setColor(textColor);
    g.drawString(s, x, y);
}
```

Listing 203: Methode, die Text mit Schatten zeichnet

Als Argumente übergeben Sie der `drawShadowText()`-Methode

- den auszugebenden Text,
- das zum Zeichnen zu verwendende `Graphics`-Objekt,
- die Koordinate der Textausgabe,
- die horizontale und vertikale Verschiebung des Schattens,
- die Farben für Text und Schatten.

Ein typischer Aufruf sähe damit etwa wie folgt aus:

```
public void paintComponent(Graphics g) {
   super.paintComponent(g);

   g.setFont(new Font("Georgia", Font.BOLD, 40));

   // Text mit Schatten zeichnen
   Drawing.drawShadowText(text, g,
                          30, 60, 5, 6,
                          Color.BLACK, Color.LIGHT_GRAY);
}
```

Abbildung 87: Text mit Schattenwurf

Achtung

Um einen guten Schatteneffekt zu erzielen, sollte die Schrift nicht zu schmal und der Versatz des Schattens im Vergleich zur Schriftbreite nicht zu groß sein.

160 Freihandzeichnungen

Es gibt verschiedene Techniken, wie man das Zeichnen von Freihandlinien unterstützen kann. Der in diesem Rezept verfolgte Ansatz sieht so aus:

- Die gesamte Unterstützung für das Zeichnen von Freihandlinien ist in einer von `JPanel` abgeleiteten Klasse zusammengefasst.
- Wenn der Anwender die Maustaste drückt (`MouseListener.mousePressed`-Ereignis) oder die Maus mit gedrückter Maustaste bewegt (`MouseMotionListener.mouseDragged`-Ereignis), wird an der Position der Maus ein Punkt gezeichnet. Gleichzeitig werden die Koordinaten des Punkts in einer `ArrayList<Point>`-Collection gespeichert.
- In der `paintComponent()`-Methode werden die Punkte aus der `ArrayList<Point>`-Collection in das Panel gezeichnet. Auf diese Weise wird die Freihandzeichnung rekonstruiert, wenn die Anwendung mit dem Panel nach einer Minimierung oder Verdeckung wieder in den Vordergrund geholt wird.
- Die Panel-Klasse stellt eine Methode `clear()` zum Löschen der Zeichnung bereit.


```
import java.awt.*;
import java.awt.event.*;
import javax.swing.*;
import java.util.ArrayList;

/**
 * Panel für Freihandzeichnungen
 */
public class FreehandPanel extends JPanel {

   // Collection zum Speichern der gezeichneten Punkte
   private ArrayList<Point> points = new ArrayList<Point>(37);


   /**
    * Der Konstruktor implementiert das Maushandling und setzt
    * die Hintergrundfarbe
    */
   FreehandPanel() {

      setBackground(Color.black);

      // Wenn Maus gedrückt, an Mausposition Punkt zeichnen
      addMouseListener(new MouseAdapter() {
```

Listing 204: FreehandPanel.java – eine Panel-Klasse, in die der Benutzer mit der Maus zeichnen kann

```
        private Point p;

        public void mousePressed(MouseEvent e) {

            // Punkt speichern
            Point p = new Point(e.getX(), e.getY());
            points.add(p);

            // An Mausposition Punkt zeichnen
            Graphics g = ((JPanel) e.getComponent()).getGraphics();

            g.setColor(Color.WHITE);
            g.fillRect(p.x, p.y, 2, 2);

            g.dispose();
        }
    });

    // Wenn Maus mit gedrückter Maustaste bewegt wird, an Mausposition
    // Punkt zeichnen
    addMouseMotionListener(new MouseMotionAdapter() {
        private Point p;

        public void mouseDragged(MouseEvent e) {

            // Punkt speichern
            Point p = new Point(e.getX(), e.getY());
            points.add(p);

            // An Mausposition Punkt zeichnen
            Graphics g = ((JPanel) e.getComponent()).getGraphics();

            g.setColor(Color.WHITE);
            g.fillRect(p.x, p.y, 2, 2);

            g.dispose();
        }
    });
}


/**
 * Löscht die Zeichnung
 */
public void clear() {

    // Die gespeicherten Punkte löschen
    points.clear();
```

Listing 204: FreehandPanel.java – eine Panel-Klasse, in die der Benutzer mit der Maus zeichnen kann (Forts.)

```
      // Neuzeichnen
      repaint();
   }


   /**
    * In paintComponent() die Freihandzeichnung bei Bedarf rekonstruieren
    */
   public void paintComponent(Graphics g) {
      super.paintComponent(g);

      g.setColor(Color.WHITE);
      for(Point p : points) {
         g.fillRect(p.x, p.y, 2, 2);
      }
   }
}
```

Listing 204: FreehandPanel.java – eine Panel-Klasse, in die der Benutzer mit der Maus zeichnen kann (Forts.)

Abbildung 88: Frei gezeichneter Charakterkopf

161 Bilder laden und anzeigen

Das Laden und Anzeigen von Bildern ist grundsätzlich nicht schwierig. Dass wir diesem Thema ein eigenes Rezept widmen, liegt nicht nur daran, dass es sich um eine wichtige Grundtechnik handelt, sondern auch an den vielfältigen Facetten, mit denen sich das Thema variieren lässt.

Bilder laden

Es gibt In Java viele Wege, Bilder zu laden. Der traditionelle Weg führt über die Methode `getImage()`, die für Anwendungen von der Klasse `Toolkit` und für Applets von der Klasse `Applet` angeboten wird.

In beiden Fällen liefert die Methode direkt nach Aufruf ein `Image`-Objekt zurück, das zwar mit einer Bilddatei verbunden ist, deren Daten aber noch nicht geladen wurden. Dies geschieht erst bei der ersten Verwendung bzw. nach Anstoß über einen `MediaTracker` (*siehe auch Rezept 244*):

```
import java.awt.*;
...

// Bild laden mit Toolkit und MediaTracker
Image pic = Toolkit.getDefaultToolkit().getImage("demo.jpg");

// Bilder zur Überwachung des Ladevorganges an einen MediaTracker übergeben
MediaTracker tracker = new MediaTracker(this);
tracker.addImage(pic, 1);

// Ladevorgang im Hintergrund starten, ohne zu warten.
try {
    tracker.waitForID(1);
} catch (InterruptedException ignore) {
}
```

Grafik, Multimedia

Hinweis

Eine Besonderheit der `getImage()`-Version der Klasse `Toolkit` ist, dass die geladenen Bilder in einem Cache zwischengespeichert und bei Bedarf wieder verwendet werden. Dies bringt Laufzeitvorteile, wenn ein- und dasselbe Bild mehrfach angefordert wird, ist aber unnötig, wenn ein Bild nur einmal geladen und angezeigt wird.

Seit dem SDK 1.4 gibt es zudem die Klasse `ImageIO`, mit deren Hilfe Bilder einfach und bequem durch Übergabe eines `File`-, `InputStream`- oder `URL`-Objekts geladen werden können:

```
import javax.imageio.ImageIO;
...

try {
    Image pic = ImageIO.read(new File("background.jpg"));

} catch(IOException e) {
    e.printStackTrace();
}
```

Das vom `ImageIO.read()` zurückgelieferte Bildobjekt ist vom Typ `BufferedImage`, einer von `Image` abgeleiteten Klasse.

Bilder anzeigen

Bilder werden üblicherweise in JPanel-Instanzen angezeigt (außer es handelt sich um Symbole für Schalter etc.). Da es keine Möglichkeit gibt, JPanel-Instanzen ein Bild direkt als Hintergrundbild zuzuweisen (*siehe auch Rezept 117*), müssen Sie eine eigene Panel-Klasse ableiten und in der paintComponent()-Methode das Bild in das Panel zeichnen:

```
public class ImagePanel extends javax.swing.JPanel {
    private Image image;

    public ImagePanel(Image image) {
        this.image = image;
    }

    // Bild in Panel zeichnen
    public void paintComponent(Graphics g) {
        g.drawImage(image, 0, 0, this.getWidth(), this.getHeight(), this);
    }
}
```

Die Gretchenfrage dabei lautet: Soll das Bild an die Größe des Panels oder umgekehrt das Panel an die Größe des Bilds angepasst werden. Im ersteren Fall übergeben Sie der drawImage()-Methode als Breite und Höhe des Zielbereichs (4. und 5. Parameter) die Breite und Höhe des Panels. Soll dagegen das Panel an die Bildgröße angepasst werden, übergeben Sie Breite und Höhe des Bilds:

```
g.drawImage(image, 0, 0,
            image.getWidth(this), image.getHeight(this), this);
```

Die nachfolgend definierte Klasse ImagePanel kann beides. Ihr Konstruktor übernimmt als zweites Argument neben dem anzuzeigenden Bild ein Flag, welches angibt, ob das Bild an die Panel-Größe angepasst (true) oder vollständig angezeigt (false) werden soll. Zur Unterstützung von Layout-Manager wird die Methode getPreferredSize() überschrieben.

```
import java.awt.*;
import javax.swing.JPanel;

/**
 * Panel zur Darstellung von Bildern
 */
public class ImagePanel extends javax.swing.JPanel {
    private Image image;
    private boolean scale;

    public ImagePanel(Image image, boolean scale) {
        this.image = image;
        this.scale = scale;
    }

    /**
     * Bild in Panel zeichnen
```

Listing 205: ImagePanel.java – Panel-Klasse zum Anzeigen von Bildern

```
     */
    public void paintComponent(Graphics g) {

        if(scale)
           g.drawImage(image, 0, 0, this.getWidth(), this.getHeight(), this);
        else
           g.drawImage(image, 0, 0,
                       image.getWidth(this), image.getHeight(this), this);
    }


    /**
     * Falls ein Layout-Manager eingesetzt wird, die bevorzugte Größe
     * zurückliefern
     */
    public Dimension getPreferredSize() {
        if(scale)
           return new Dimension(this.getWidth(), this.getHeight());
        else
           return new Dimension(image.getWidth(this), image.getHeight(this));
    }
}
```

Listing 205: ImagePanel.java – Panel-Klasse zum Anzeigen von Bildern (Forts.)

Um ein Bild in einer ImagePanel-Instanz anzuzeigen, rufen Sie einfach den Konstruktor auf, übergeben das anzuzeigende Image und die gewünschte Skalierung. Anschließend müssen Sie das ImagePanel-Objekt gegebenenfalls noch positionieren (übergeordneter Container arbeitet ohne Layout-Manager) und dimensionieren (Bild wird an Panel-Größe angepasst). Dann betten Sie es in den Container ein:

```
// ImagePanel einrichten und in ContentPane einbetten
ImagePanel imagePanel = new ImagePanel(pic, true);
imagePanel.setBounds(10,10, 100, 100);
getContentPane().add(imagePanel);
```

Das Programm zu diesem Rezept demonstriert verschiedene Möglichkeiten der Einbettung von Bildern in GUI-Oberflächen. Beim Aufruf teilen Sie dem Programm mit, ob das ImagePanel von einem FlowLayout-Manager (erstes Argument = »j«) oder direkt positioniert und dimensioniert werden soll (»n«) und ob das ImagePanel an die Größe des Bilds (zweites Argument = »n«) angepasst werden oder die eigene Größe behalten soll (»j«).

Abbildung 89: java Program j j – das ImagePanel wird von einem FlowLayout-Manager zentriert, das Bild wird auf die ImagePanel-Größe skaliert.

Abbildung 90: java Program j n – das ImagePanel wird von einem FlowLayout-Manager zentriert, seine Größe wird an die Bildgröße angepasst (hier sogar größer als das Fenster).

Abbildung 91: java Program n j – das ImagePanel wird ohne Layout-Manager direkt positioniert und dimensioniert (setBounds()-Aufruf); das Bild wird auf die ImagePanel-Größe skaliert.

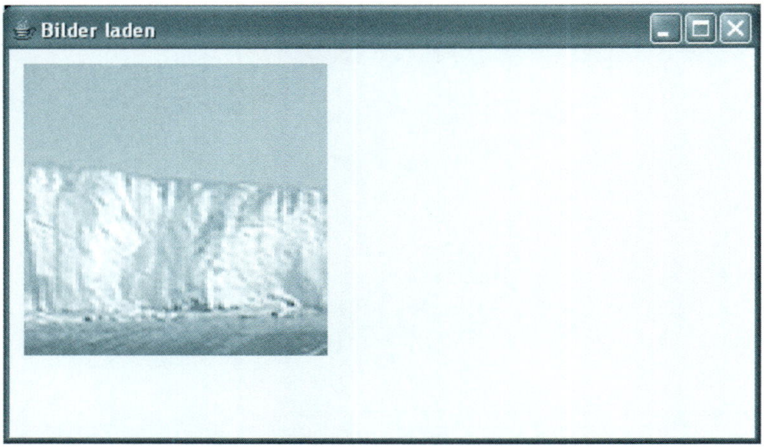

Abbildung 92: java Program n n – das ImagePanel wird ohne Layout-Manager direkt positioniert und dimensioniert (setBounds()-Aufruf); das Bild wird nicht skaliert, weswegen nur die linke obere Ecke zu sehen ist.

Bilder mit Datei-Dialog öffnen und anzeigen

Wenn das anzuzeigende Bild wechseln kann (beispielsweise, weil es vom Anwender über einen Datei-Dialog ausgewählt wurde), müssen Sie

- vor dem Laden die alte `ImagePanel`-Instanz entfernen,
- nach dem Laden den Layout-Manager aktivieren und das Fenster neu zeichnen.

```
if (JFileChooser.APPROVE_OPTION == openDialog.showOpenDialog(this)) {

   // Datei abfragen
   File f = openDialog.getSelectedFile();

   if(f.isFile() && f.canRead()) {

      // hier wird das Bild geladen
      try {
         pic = ImageIO.read(f);

         // letztes Bild vorab entfernen
         if(imagePanel != null)
            getContentPane().remove(imagePanel);

         // ImagePanel einrichten und in ContentPane einbetten
         imagePanel = new ImagePanel(pic, scale);
         imagePanel.setBounds(10,10, 100, 100);
         getContentPane().add(imagePanel);

         // Fenster aktualisieren
         getContentPane().doLayout();
         repaint();

      } catch (IOException e) {
        System.err.println("Fehler beim Öffnen von " + this.file.getName());
      }
   }
}
```

Listing 206: Aus Program_withOpen.java (siehe Unterverzeichnis mit Datei-Dialog)

Hinweis

Mehr Informationen zum Öffnen von Dateien mit dem Datei-Dialog finden Sie in *Rezept 142*.

Diashows

Wenn Sie mehrere Bilder laden wollen, die mehrfach, an verschiedenen Stellen oder abwechselnd (Diashow) angezeigt werden sollen, können Sie sich entweder der `Toolkit`-Methode `getImage()` bedienen oder die Bilder mit `ImageIO.read()` laden und selbst in einem Cache zwischenspeichern. Genau dies macht die nachfolgend abgedruckte Klasse `ImageManager` (die im Übrigen auch für Applets verwendet werden kann, *siehe Rezept 244*).

```
import java.awt.*;
import java.awt.event.*;
import javax.swing.*;
```

Listing 207: ImageManager-Klasse, die Bilder lädt und verwaltet

```
import java.io.*;
import javax.imageio.ImageIO;
import java.util.Vector;
import java.applet.Applet;

public class ImageManager {
    private Vector<Image> images = new Vector<Image>(5);
    private MediaTracker tracker;
    private int current = 0;
    private boolean isApplet = false;

    /*
     * Konstruktor für Applets
     */
    ImageManager(JApplet applet, String... imageFilenames) {
       // ... siehe Rezept 244
    }


    /*
     * Konstruktor für GUI-Anwendungen
     */
    ImageManager(JFrame frame, String... imageFilenames) {
       Image pic = null;

       // images-Collection füllen
       for (String filename : imageFilenames) {

           // Image-Objekt erzeugen und in Vector-Collection speichern
           try {
               pic = ImageIO.read(new File(filename));
               if (pic != null)
                   images.add(pic);
           } catch (IOException e) {
               e.printStackTrace();
           }
       }
    }


    /*
     * Index des aktuellen Bildes zurückliefern
     */
    public int currentImage() {
        return current;
    }

    /*
     * Index auf nächstes Bild vorrücken und zurückliefern
     */
    public int nextImage() {
```

Listing 207: ImageManager-Klasse, die Bilder lädt und verwaltet (Forts.)

```
        current++;
        if (current >= images.size())
            current = 0;

        return current;
    }

    /*
     * Index auf vorheriges Bild zurücksetzen und zurückliefern
     */
    public int previousImage() {
        current--;
        if (current < 0)
            current = images.size()-1;

        return current;
    }


    /*
     * Bild mit dem angegebenen Index zurückliefern
     */
    public Image getImage(int index) {

        if (index >= 0 && index <= images.size()) {

           // Wenn Image für Applet ist
           // ... siehe Rezept 244

           return images.get(index);
        }

        return null;
    }

}
```

Listing 207: ImageManager-Klasse, die Bilder lädt und verwaltet (Forts.)

Der Konstruktor, der über den zweiten Parameter ein Array oder eine Auflistung von Bilddateinamen übernimmt, erzeugt für jede Bilddatei ein `Image`-Objekt und speichert diese in einer internen `Vector`-Collection.

Das Pendant zum Konstruktor, der die Bilder lädt, ist die Methode `getImage()`, die auf Anfrage ein geladenes Image aus der internen `Vector`-Collection zurückliefert.

Ansonsten unterhält die Klasse noch einen internen Positionszeiger `current`, der in Kombination mit den Methoden `currentImage()`, `nextImage()` und `previousImage()` zum Durchlaufen der Bildersammlung verwendet werden kann.

Das Programm *Diashow.java* nutzt die Klasse `ImageManager` zur Implementierung einer einfachen Bildergalerie.

```
import java.awt.*;
import java.awt.event.*;
import javax.swing.*;

public class Diashow extends JFrame {
   ImageManager images;   // Bildersammlung
   DisplayPanel display;  // Panel zum Anzeigen der Bilder
   JPanel top;
   JPanel bottom;

   /*
    * Bildersammlung füllen und ContentPane einrichten
    */
   public Diashow() {
      setTitle("Bildbetrachter");
      images = new ImageManager(this, "pic01.jpg", "pic02.jpg", "pic03.jpg");

      getContentPane().add(new ContentPane());

      setDefaultCloseOperation(JFrame.EXIT_ON_CLOSE);
   }

   /*
    * Zweiteilige ContentPane für eine Bildergalerie
    *    oben:   DisplayPanel
    *    unten:  Navigationsschalter
    */
   class ContentPane extends JPanel {

      public ContentPane() {
         setLayout(new BorderLayout());

         // Anzeigebereich
         top = new JPanel(new FlowLayout(FlowLayout.CENTER));
         display = new DisplayPanel();
         top.add(display);


         // Navigationsschalter
         bottom = new JPanel(new FlowLayout(FlowLayout.CENTER));
         JButton btnPrevious = new JButton("Voriges Bild");
         btnPrevious.addActionListener(new ActionListener() {
            public void actionPerformed(ActionEvent e) {

                // Vorangehendes Bild anzeigen lassen
                display.setImage(images.getImage(images.previousImage()));
                top.doLayout();
            }
         });
         JButton btnNext = new JButton("Nächstes Bild");
```

Listing 208: TheApplet.java implementiert mit Hilfe von ImageManager eine Bildergalerie.

Grafik, Multimedia

```
      btnNext.addActionListener(new ActionListener() {
         public void actionPerformed(ActionEvent e) {

            // Nächstes Bild anzeigen lassen
            display.setImage(images.getImage(images.nextImage()));
            top.doLayout();
         }
      });
      bottom.add(btnPrevious);
      bottom.add(btnNext);

      add(top, BorderLayout.CENTER);
      add(bottom, BorderLayout.SOUTH);


      // Anfangs das erste (aktuelle) Bild aus der Bildersammlung anzeigen
      display.setImage(images.getImage(images.currentImage()));
   }
}


/*
 * Panel zum Anzeigen der Bilder
 *
 */
private class DisplayPanel extends JPanel {
   Image pic = null;

   /*
    * Neues Bild anzeigen
    */
   public void setImage(Image pic) {
      this.pic = pic;

      // Größe des Panels an Bild anpassen
      this.setSize(pic.getWidth(this), pic.getHeight(this));
      this.setPreferredSize(new Dimension(pic.getWidth(this),
                                          pic.getHeight(this)));

      // Neuzeichnen
      repaint();
   }

   public void paintComponent(Graphics g) {
      super.paintComponent(g);

      // Bild in Panel zeichnen
      if (pic != null)
         g.drawImage(pic, 0, 0, pic.getWidth(this),
                                pic.getHeight(this), this);
```

Listing 208: TheApplet.java implementiert mit Hilfe von ImageManager eine Bildergalerie. (Forts.)

```
      }
   }

   public static void main(String args[]) {
      Diashow frame = new Diashow();
      frame.setSize(600,500);
      frame.setLocation(300,300);
      frame.setVisible(true);
   }

}
```

Listing 208: TheApplet.java implementiert mit Hilfe von ImageManager eine Bildergalerie. (Forts.)

Abbildung 93: Diashow

162 Bilder pixelweise bearbeiten (und speichern)

Es gibt zwei Wege, wie Sie in Bilder, d.h. `Image`-Objekte, zeichnen können:

- Über das `Graphics`-Objekt des `Image`-Objekts
- Über die `setData()`- und `setRGB()`-Methoden von `BufferedImage`

Im ersten Fall lassen Sie sich von der `getGraphics()`-Methode ein `Graphics`-Objekt zurückliefern und zeichnen dann mit den üblichen Grafikmethoden in das `Image`.

```
Graphics g = image.getGraphics();
g.setColor(Color.WHITE);
g.fillRect(100,100,100,100);

// selbst erzeugte Graphics-Objekte müssen entsorgt werden
g.dispose();
```

Einzelne Pixel einfärben

Obwohl Graphics keine eigene Methode zum Einfärben einzelner Pixel vorsieht, ist es dennoch möglich: Sie zeichnen einfach ein ausgefülltes Rechteck der Breite und Höhe 1.

Etwas eleganter geht es, wenn es sich bei dem Image um ein Objekt der abgeleiteten Klasse BufferedImage handelt. Dann brauchen Sie nur deren setRGB()-Methode aufrufen, der Sie die Koordinaten des Pixels und den RGB-Wert der gewünschten Farbe übergeben:

```
image.setRGB(i, j, (Color.BLUE).getRGB());
```

Bilder speichern

Wenn Sie mit BufferedImage-Objekten arbeiten, profitieren Sie zudem davon, dass Sie Ihre Bilder mit Hilfe der ImageIO.write()-Methode als Datei auf die Festplatte speichern können.

```
BufferedImage image;
...

try {
    ImageIO.write(image, "jpg", new File("dateiname.jpg"));
} catch (IOException e) {
    e.printStackTrace();
}
```

Als zweiten Parameter übergeben Sie einen String mit der Bezeichnung für das gewünschte Speicherformat (beispielsweise »JPEG«, »jpeg«, »JPG«, »jpg«, »png«, »gif«, »BMP«, »bmp«, »BMP«). Wenn Sie möchten, können Sie vorab prüfen, ob das gewählte Speicherformat auf dem aktuellen Rechner unterstützt wird, sprich ob ein ImageWriter für das Format verfügbar ist:

```
try {
    Iterator iter = ImageIO.getImageWriters(new ImageTypeSpecifier(image),
                                            "jpeg");
    if (iter.hasNext())
        ImageIO.write(image, "JPEG", new File("dateiname.jpg"));

} catch (IOException e) {
    e.printStackTrace();
}
```


Hinweis

Von der ImageIO-Methode getWriterFormatNames() können Sie sich eine Liste der auf einem System registrierten ImageWriter ausgeben lassen:

```
for(String s : ImageIO.getReaderFormatNames())
  System.out.println(s);
```

Hinweis

Um ein Image-Objekt in ein BufferedImage-Objekt umzuwandeln, besorgen Sie sich von getGraphics() eine Referenz auf das Graphics-Objekt des BufferedImage und kopieren Sie dann mittels drawImage() den Inhalt des Image-Objekts in das BufferedImage-Objekt. (Überlegen Sie sich aber, ob Sie nicht besser gleich alle Image-Vorkommen in BufferedImage umwandeln.)

Das Start-Programm zu diesem Rezept demonstriert anhand einer Fraktalberechnung (berechnet wird eine Julia-Menge) die pixelweise Einfärbung eines BufferedImage. Wenn der Benutzer die Berechnung startet, wird ein neues BufferedImage-Objekt erzeugt, das dieselben Abmaße hat wie das Panel, in dem das Fraktal angezeigt wird. Dann wird der Thread für die Fraktalberechnung in Gang gesetzt:

```
class Start extends JFrame implements Runnable {
   private Thread fractal;
   private DisplayPanel display;
   private JButton btnStart;
   private JButton btnSave;
   private BufferedImage image = null;

   public Start() {
      ...

      // Fraktalberechnung starten und abbrechen
      btnStart.addActionListener(new ActionListener() {
         public void actionPerformed(ActionEvent e)  {

            if(fractal == null)  {

               // Image-Objekt erzeugen
               image = new BufferedImage(display.getWidth(),
                                         display.getHeight(),
                                         BufferedImage.TYPE_INT_RGB);

               // Fraktalberechnung starten
               fractal = new Thread(Start.this);
               fractal.start();
               ...
```

In der run()-Methode des Threads werden die Farbwerte zur Einfärbung der Pixel berechnet. Mit der errechneten Farbe werden dann die Pixel im Panel und im BufferedImage gesetzt.

```
   /**
    * Julia-Menge berechnen und in display-Panel sowie image einzeichnen
    */
   public  void run()  {
      Graphics g = display.getGraphics();

      int width  = display.getWidth();
      int height = display.getHeight();
      ...

      // Fraktal berechnen und einzeichnen
      for(int i = 0; i < width; i++) {
         for(int j = 0; j < height; j++) {
            ...

            if(Math.abs(x) < 1)
               c = Color.RED;
            else
               c = Color.BLACK;

            // Pixel in Panel einfärben
            g.setColor(c);
```

```
            g.fillRect(i,j,1,1);

            // Pixel in Image einfärben
            image.setRGB(i, j, c.getRGB());
         }
         ...
```

Drückt der Anwender nach Abschluss der Berechnung den Speichern-Schalter, wird das Fraktal als JPEG-Datei gespeichert:

```
      // Fraktal als "fractal.jpg" speichern
      btnSave.addActionListener(new ActionListener() {
         public void actionPerformed(ActionEvent e)  {

            try {

               Iterator iter = ImageIO.getImageWriters(
                                          new ImageTypeSpecifier(image),
                                          "jpeg");
               if (iter.hasNext())
                  ImageIO.write(image, "JPEG", new File("fractal.jpg"));

            } catch (IOException ioe) {
               ioe.printStackTrace();
            }

         }
      });
```

Listing 209: Aus Start.java

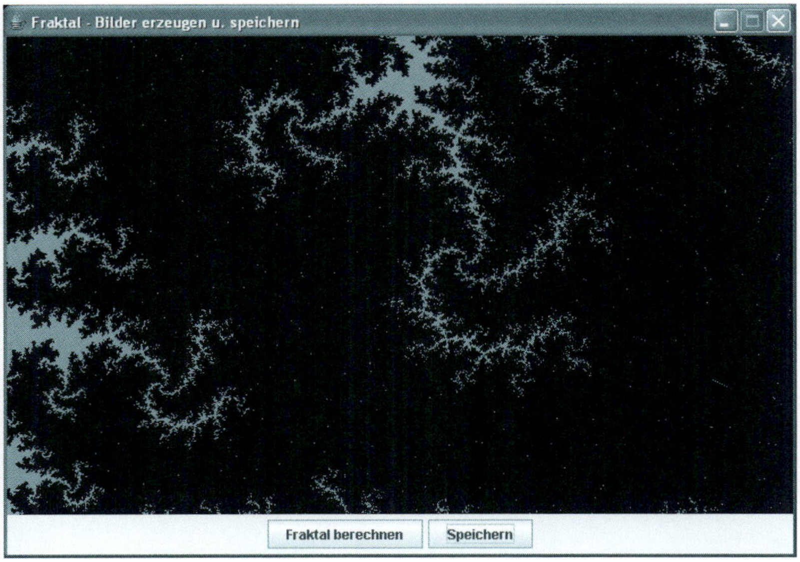

Abbildung 94: Julia-Menge

163 Bilder drehen

Leider gibt es in Java keine direkte Unterstützung für das Drehen von Bildern. Es gibt aber in Java2D die Möglichkeit, das Koordinatensystem des Grafikkontextes zu drehen und zu verschieben – und damit ist es möglich, gedrehte Kopien zu erstellen (oder auch das Original zu drehen, indem man zum Schluss die Kopie in das Original zurückschreibt).

Um beispielsweise ein Bild um 90 Grad zu drehen, gehen Sie wie folgt vor:

1. Erzeugen Sie ein neues `BufferedImage`-Objekt, das so breit ist wie das zu drehende Bild hoch (und umgekehrt so hoch wie das Original breit).
2. Besorgen Sie sich ein `Graphics2D`-Objekt für den Grafikkontext des `BufferedImage`-Objekts.
3. Verschieben Sie das Koordinatensystem des `Graphics2D`-Objekts um die Breite des Originals nach unten und drehen Sie es dann 90 Grad um den Ursprung.
4. Kopieren Sie den Inhalt des Originalbilds in das `BufferedImage`-Objekt.

Die Kombination aus Verschiebung und Drehung des Koordinatenursprungs führt dazu, dass der einkopierte Bildinhalt wieder im ursprünglichen Anzeigebereich liegt (*siehe Abbildung 95*).

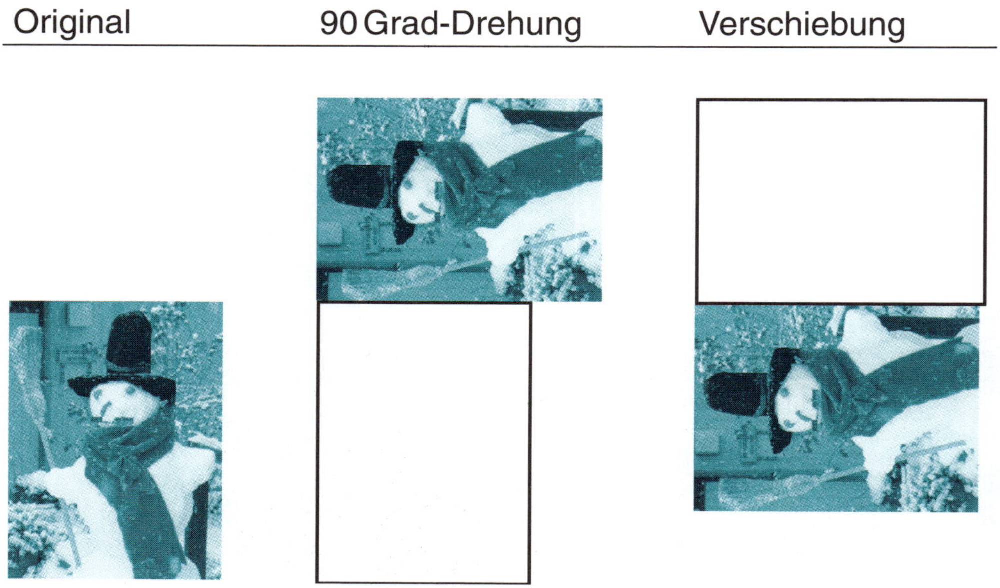

Abbildung 95: Bilddrehung um 90 Grad

Das Start-Programm zu diesem Rezept zeigt Original und gedrehte Kopie nebeneinander in eigenen Panels an, wobei die Kopie anfangs durch ein leeres, nichtgedrehtes Bild repräsentiert wird. Damit die gedrehte Kopie korrekt und vollständig angezeigt wird, wird das alte Panel (eine `ImagePanel`-Instanz, *siehe Rezept 161*) zuerst entfernt, dann die Kopie erzeugt und schließlich die Kopie in eine neue `ImagePanel`-Instanz und diese in die ContentPane des Fensters eingebettet.

```
// Altes bzw. "Platzhalter-Bild entfernen
getContentPane().remove(i2Panel);

// Neues Bild erzeugen (mit vertauschter Breite und Höhe)
i2 = new BufferedImage(i1.getHeight(), i1.getWidth(), i1.getType());

// Graphics-Objekt beschaffen
Graphics2D g = i2.createGraphics();

// Koordinatensystem drehen und verschieben, so dass
// "gedrehtes" Bild wieder im Anzeigebereich
g.translate(0, i1.getWidth());
g.rotate(Math.toRadians(-90));

// Inhalt von i1 hineinkopieren
g.drawImage(i1, 0, 0, null);

// Panel mit Bild neu einfügen
i2Panel = new ImagePanel(i2, false);
getContentPane().add(i2Panel);

// Anzeige aktualisieren
getContentPane().doLayout();
repaint();

g.dispose();
```

Listing 210: BufferedImage i2 als gedrehte Kopie von BufferedImage i1 erstellen

Abbildung 96: Original und gedrehte Kopie

Hinweis

Wenn Sie viel mit kombinierten Koordinatentransformationen arbeiten, können Sie auch so vorgehen, dass Sie ein Objekt der Klasse `AffineTransform` erzeugen, in diesem die gewünschten Transformationen speichern und dann das Objekt an die `Graphics2D`-Methode `transform()` übergeben. In diesem Falle können Sie für Drehungen um Vielfache von 90 Grad die optimierte Methode `quadrantRotate()` verwenden, der Sie einfach das Vielfache `n` übergeben:

```
// Drehung um -90 Grad
AffineTransform at = new AffineTransform();
g.translate(0, i1.getWidth());
at.quadrantRotate(3);
g.transform(at);

// Drehung um -180 Grad
AffineTransform at = new AffineTransform();
at.translate(i1.getWidth(), i1.getHeight());
at.quadrantRotate(2);
g.transform(at);
```


164 Bilder spiegeln

Um ein `BufferedImage`-Objekt an seiner horizontalen Mittelachse zu spiegeln, müssen Sie lediglich die Farbinformationen links und rechts der Achse tauschen. Dazu durchlaufen Sie in einer doppelten Schleife alle Pixel und kopieren die Farbinformation des Pixels (i, j) aus dem Originalbild in das Pixel (width-1-i, j) der gespiegelten Kopie.

Wenn Sie das Bild an seiner vertikalen Mittelachse spiegeln wollen, kopieren Sie entsprechend die Farbinformation des Pixels (i, j) aus dem Originalbild in das Pixel (i, height-1-j) der gespiegelten Kopie.

```
import java.awt.image.*;

public class ImageUtil {
    public static final int X_AXIS = 0;
    public static final int Y_AXIS = 1;

    // Instanzbildung unterbinden
    private ImageUtil() { }


    /**
     * Erzeuge gespiegelte Kopie von Image org
     */
    public static BufferedImage mirror(BufferedImage org, int axis) {

       int width  = org.getWidth();
       int height = org.getHeight();

       BufferedImage dest = new BufferedImage(width, height, org.getType());
```

Listing 211: Klasse zum Spiegeln von Bildern

```
        if(axis == X_AXIS) {

            for(int i = 0; i < width; i++)
               for(int j = 0; j < height; j++)
                 dest.setRGB(width-1-i, j, org.getRGB(i, j));

         } else if (axis == Y_AXIS) {

            for(int i = 0; i < width; i++)
               for(int j = 0; j < height; j++)
                 dest.setRGB(i, height-1-j, org.getRGB(i, j));

         }

         return dest;
     }
}
```

Listing 211: Klasse zum Spiegeln von Bildern (Forts.)

Das Start-Programm zu diesem Rezept zeigt Original und gespiegelte Kopie nebeneinander in eigenen Panels an, wobei die Kopie anfangs durch ein leeres, nichtgedrehtes Bild repräsentiert wird. Damit die gespiegelte Kopie korrekt angezeigt wird, wird das alte Panel (eine `ImagePanel`-Instanz, *siehe Rezept 161*) zuerst entfernt, dann die Kopie erzeugt und schließlich die Kopie in eine neue `ImagePanel`-Instanz und diese in die ContentPane des Fensters eingebettet.

```
// Altes bzw. "Platzhalter-Bild entfernen
getContentPane().remove(i2Panel);

// Gespiegelte Kopie von i1 erzeugen und in i2 speichern
i2 = ImageUtil.mirror(i1, ImageUtil.X_AXIS);

// i2 in ImagePanel und ContentPane einbetten
i2Panel = new ImagePanel(i2, false);
getContentPane().add(i2Panel);

// Anzeige aktualisieren
getContentPane().doLayout();
repaint();
```

Listing 212: BufferedImage i2 als gespiegelte Kopie von BufferedImage i1 erstellen

Abbildung 97: Original und gespiegelte Kopie

165 Bilder in Graustufen darstellen

Der Farbraum eines `BufferedImage`-Objekts kann mit Hilfe der `filter()`-Methode von `ColorConvertOp` verändert werden.

```
BufferdImage filter(BufferedImage src, BufferedImage dest)
```

Als Argumente übergeben Sie das Originalbild (`src`) und eine Referenz auf die Kopie, deren Farbraum geändert werden soll (`dest`).

Aufgerufen wird die `filter()`-Methode über ein `ColorConvertOp`-Objekt, das Sie für den gewünschten Farbraum erstellen. Den Farbraum erzeugen Sie als Instanz der Klasse `ColorSpace` – beispielsweise `ColorSpace.getInstance(ColorSpace.CS_GRAY)` für Graustufen oder `ColorSpace.getInstance(ColorSpace.CS_sRGB)` für RGB-Farben.

```
ColorConvertOp co =
             new ColorConvertOp(ColorSpace.getInstance(ColorSpace.CS_sRGB),
                                null);
```

Etwas bequemer geht es mit der nachfolgend definierten Methode `changeColorSpace()`, der Sie einfach eine Referenz auf das Originalbild und den gewünschten Farbraum übergeben. Die Methode erzeugt dann selbstständig eine Kopie des Originals für den neuen Farbraum und liefert die Referenz auf die Kopie zurück.

```
import java.awt.*;
import java.awt.image.*;
import java.awt.color.ColorSpace;

public class ImageUtil {
```

Listing 213: Methode zur Änderung des Farbraums

```
    // Instanzbildung unterbinden
    private ImageUtil() { }


    /**
     * Erzeuge Kopie von Image org mit geändertem ColorSpace
     */
    public static BufferedImage changeColorSpace(BufferedImage org,
                                                 ColorSpace cs) {

        // Kopie erzeugen
        BufferedImage dest = new BufferedImage(org.getWidth(),
                                               org.getHeight(),
                                               org.getType());

        // Inhalt von org nach dest kopieren
        Graphics2D g = dest.createGraphics();
        g.drawImage(org, 0, 0, null);
        g.dispose();

        // ColorSpace ändern
        ColorConvertOp co = new ColorConvertOp(cs, null);
        return co.filter(org, dest);
    }
}
```

Listing 213: Methode zur Änderung des Farbraums (Forts.)

Hinweis

Die `filter()`-Methode von `ColorConvertOp` kann auch selbstständig eine Kopie des Originals anlegen. Das Ergebnis ist aber in der Regel nicht so gut, weil die Methode die Kopie anfangs ohne Farbrauminformation erstellt.

166 Audiodateien abspielen

Audiodateien mit AudioClip abspielen

Für das Abspielen von kleinen Audiodateien im AIFF-, WAV- oder AU-Format bietet sich die statische Methode `Applet.newAudioClip()` an, mit deren Hilfe ein `AudioClip`-Objekt erzeugt wird, welches eine Audiodatei komplett in den Hauptspeicher lädt. Mit der Methode `play()` kann man sie dann abspielen[1]:

```
import javax.swing.*;
import java.applet.*;
import java.io.*;
```

Listing 214: Abspielen von kleinen Audiodateien

1. Beachten Sie bitte hierbei, dass `play()` nichtblockierend ist, d.h., im Programmfluss geht es sofort weiter, während im Hintergrund die Audiodaten gespielt werden.

```
/**
 * Abspielen von kleinen Audiodateien als Clip
 */
public class Start extends JFrame {

   public Start() {
      setTitle("Audio");

      setDefaultCloseOperation(JFrame.EXIT_ON_CLOSE);
   }

   public static void main(String args[]) {

     if (args.length != 1) {
        System.out.println(" Aufruf: Start <Audiodatei>");
        System.exit(0);
     }

     try {

        // Audiodatei laden
        File f = new File(args[0]);
        AudioClip clip = Applet.newAudioClip(f.toURI().toURL());

        // Audiodatei abspielen
        clip.play();

     } catch(Exception e) {
        e.printStackTrace();
     }

     Start frame = new Start();
     frame.setSize(500,300);
     frame.setLocation(300,300);
     frame.setVisible(true);
   }
}
```

Listing 214: Abspielen von kleinen Audiodateien (Forts.)

Streaming-Audio

Die `AudioClip`-Klasse hat den Nachteil, dass sie wie bereits erwähnt die abzuspielenden Daten komplett lädt, bevor das Abspielen beginnt. Dies bringt eine teilweise deutliche zeitliche Verzögerung mit sich, bevor etwas zu hören ist. Ferner kann es zu Speicherproblemen kommen, wenn die Audiodatei sehr groß ist.

In solchen Fällen bietet sich daher der Einsatz des Pakets `javax.sound.sampled` an, mit dem man Audiodaten im so genannten Streaming-Modus verarbeiten kann, d.h., die Daten werden sofort abgespielt, während noch weiter geladen wird. Das zentrale Element des Pakets ist `javax.sound.sampled.DataLine`, welches einen Teil der Audio-Pipeline darstellt – meistens einfach *Line* genannt, d.h. ein Teil des Wegs, den Musik von der Quelle (z.B. eine Datei) bis zum

Ziel (z.B. Lautsprecher) durchlaufen muss. Eine Line kann dabei zusätzliche Kontrollobjekte (vom Typ `javax.sound.sampled.Control`) besitzen, mit denen sich u.a. die Lautstärke regulieren lässt. Zum Abspielen von Audiodaten muss man mittels eines `AudioInputStream`-Objekts die Daten lesen und an den Lautsprecher schicken. Diese Verbindung erfolgt mit Hilfe von `javax.sound.sampled.SourceDataLine`.

```
import java.io.*;
import javax.sound.sampled.*;

/**
 * Klasse zum Abspielen von beliebig großen Klangdateien (wav, au)
 */
class Sound {
   private String fileName;
   private int volume = 1;

   /**
    * Konstruktor
    *
    * @param file  Dateiname
    */
   public Sound(String file) {
      fileName = file;
   }

   /**
    * Lautstärke einstellen
    *
    * @param n   Anzahl dB der Verstärkung
    */
   public void setVolume(int n) {
      volume = n;
   }

   /**
    * Audio ausgeben auf Lautsprecher
    */
   public void play() {
      try {
         File file = new File(fileName);
         AudioInputStream inStream = AudioSystem.getAudioInputStream(file);
         AudioFormat format = inStream.getFormat();

         // Konvertierung falls nicht-lineares PCM
         if(format.getEncoding() != AudioFormat.Encoding.PCM_SIGNED) {
            AudioFormat tmp = new AudioFormat(
                                 AudioFormat.Encoding.PCM_SIGNED,
                                 format.getSampleRate(), 2 *
                                 format.getSampleSizeInBits(),
                                 format.getChannels(),
```

Listing 215: Sound.java

```
                                    2 * format.getFrameSize(),
                                    format.getFrameRate(), true);
            format = tmp;
            inStream = AudioSystem.getAudioInputStream(format, inStream);
         }

         SourceDataLine line = null;
         DataLine.Info info = new DataLine.Info(SourceDataLine.class, format);

         line = (SourceDataLine) AudioSystem.getLine(info);

         line.open(format);
         FloatControl fc;
         fc = (FloatControl) line.getControl(FloatControl.Type.MASTER_GAIN);
         fc.setValue(volume);

         line.start();
         int num = 0;
         byte[] audioPuffer = new byte[10000];

         while(num != -1) {
           num = inStream.read(audioPuffer, 0, audioPuffer.length);

           if(num >= 0)
            line.write(audioPuffer, 0, num);
         }

         line.drain();  // warten bis Ausgabe beendet
         line.close();

      } catch(Exception e) {
          e.printStackTrace();
      }
   }
}
```

Listing 215: Sound.java (Forts.)

Das Start-Programm zeigt, wie man mit Hilfe der Klasse Sound eine Audiodatei abspielen kann.

```
public class Start {

   public static void main(String[] args) {

      if(args.length != 1) {
         System.out.println("Aufruf: <Audiodatei>");
         System.exit(0);
      }

      Sound s = new Sound(args[0]);
```

Listing 216: Abspielen von Audiodaten im Streaming-Verfahren

```
        s.setVolume(3); // Lautstärke
        s.play();
    }
}
```

Listing 216: Abspielen von Audiodaten im Streaming-Verfahren (Forts.)

Tipp

Zum Abspielen von Audiodateien (inklusive MP3) kann auch das Java Media Framework eingesetzt werden, wie im nächsten Rezept gezeigt wird.

167 Videodateien abspielen

Für das Abspielen eines Videos muss man auf das Java Media Framework (JMF) zurückgreifen, welches über den Link *http://java.sun.com/products/java-media/jmf/2.1.1/download.html* heruntergeladen werden kann. Das JMF wird dabei in zwei Varianten angeboten: eine plattformunabhängige (cross-platform) sowie eine Windows- bzw. Solaris-spezifische Version, die erweiterte Möglichkeiten[2] und bessere Performance bietet. Die plattformunabhängige Version ist ein ZIP-Archiv (aktueller Name *jmf-2_1_1e-alljava.zip*) und enthält die Datei *jmf.jar,* die Sie in den CLASSPATH aufnehmen müssen.

Die plattformspezifischen Varianten sind allerdings in der Regel die wesentlich bessere Wahl und werden mit ihrem eigenen Setup-Programm (z.B. für Windows: *jmf-2_1_1e-windows-i586.exe*) eingerichtet. Sie installieren automatisch alle notwendigen jar-Dateien im JDK-Heimatverzeichnis und passen den Standard-CLASSPATH entsprechend an.

Das Java Media Framework ist eine recht umfangreiche und komplexe API und wir beschränken uns hier auf das absolute Minimum an Klassen aus dem Paket `javax.media`, um ein Video auf den Bildschirm zu zaubern. Die zentrale Klasse heißt `MediaPlayer` und kann über eine statische Methode `Manager.createPlayer()` erzeugt werden, wobei man die Datenquelle als URL mitgeben muss. Dadurch kann die Datenquelle eine Internetadresse sein oder auch eine lokale Datei.

Das `MediaPlayer`-Objekt hat schon die komplette Funktionalität in sich gekapselt. Man muss lediglich noch einen besonderen Listener – `ControllerListener` – bei ihm registrieren und in dessen Listener die Methode `controllerUpdate()` implementieren. Diese Methode wird immer dann aufgerufen, wenn das `MediaPlayer`-Objekt seinen internen Zustand geändert hat. Das wichtigste Ereignis, das es zu behandeln gilt, nennt sich `RealizeCompleteEvent` und besagt, dass alle Vorbereitungen abgeschlossen sind und das Abspielen beginnen kann.

Zur Anzeige bietet `MediaPlayer` eine Methode `getVisualComponent()` an, in der das Video angezeigt wird. Diese Komponente (vom Typ `java.awt.Component`) kann man dann in seine Benutzeroberfläche einbauen. Ferner gibt es noch `getControlPanelComponent()`, mit der eine besondere Steuerungskomponente (Anhalten, Positionierung) zur Verfügung gestellt wird.

2. Mit den Performance-Packs kann man z.B. auch Videos aufnehmen. Außerdem werden mehr Video- und Audioformate unterstützt. Ein Vergleich der Features findet sich hier: *http://java.sun.com/products/java-media/jmf/2.1.1/formats.html*

```
import javax.swing.*;
import javax.media.*;
import java.io.*;
import java.awt.*;
import java.awt.event.*;
import java.net.*;
import java.util.*;

/**
 * Frame mit Audio-/Video-Unterstützung
 */
class ProgramFrame extends JFrame
                          implements ControllerListener, ActionListener {
   private Player player;
   private Component control;
   private JPanel viewPanel;
   private JPanel labelPanel;

   public ProgramFrame() {
      setTitle("AudioVideo-Demo");
      setLayout(new BorderLayout());

      // Menüleiste erstellen
      JMenuBar mb = new JMenuBar();
      JMenu fileMenu = new JMenu("Datei");
      JMenuItem fileMenuPlay = new JMenuItem("Öffnen");
      fileMenuPlay.addActionListener(this);
      fileMenu.add(fileMenuPlay);
      mb.add(fileMenu);
      setJMenuBar(mb);
      JLabel label = new JLabel("");
      labelPanel = new JPanel();
      labelPanel.add(label);
      add(labelPanel,BorderLayout.NORTH);
      setDefaultCloseOperation(WindowConstants.EXIT_ON_CLOSE);

   }

    // Mausbehandlung zur Dateiauswahl
    public void actionPerformed( ActionEvent e ) {
       // Dateinamen auswählen
       JFileChooser chooser = new JFileChooser();
       String[] extensions = {"mpg","wav","mp3"};
       MyFileFilter filter = new MyFileFilter(extensions);
       chooser.setFileFilter(filter);
       int choice = chooser.showOpenDialog(ProgramFrame.this);

       if (choice == JFileChooser.APPROVE_OPTION) {
            File file = chooser.getSelectedFile();

            if(file != null)
```

Listing 217: Abspielen von Video mit Java Media Framework

```
            play(file);

      }
   }

   // Abspielen einer Audio/Video-Datei
   public void play(File file) {
      if(player != null)
         player.stop();

      try {
         // Anzeige für Dateinamen aktualisieren
         labelPanel.remove(0);
         JLabel label = new JLabel(file.getName());
         labelPanel.add(label);


         player = Manager.createPlayer(file.toURL());
         player.addControllerListener(this);
         player.start();

      } catch(Exception e) {
         e.printStackTrace();
      }
   }

   // Anzeige von Audio/Video
   public void controllerUpdate(ControllerEvent e) {

      if(e instanceof RealizeCompleteEvent) {
         // Player ist mit Vorbereitungen fertig

         // evtl. alte Ansicht und Steuerung  entfernen
         if(viewPanel != null)
           remove(viewPanel);

         if(control != null)
            remove(control);

         // AWT Komponente mit Bild
         Component view = player.getVisualComponent();

         // Anzeige des Bildes falls es ein Video ist
         if(view != null) {
            viewPanel = new JPanel();
            viewPanel.add(view);
            add(viewPanel, BorderLayout.CENTER);
         }

         control = player.getControlPanelComponent();
```

Listing 217: Abspielen von Video mit Java Media Framework (Forts.)

```
         if(control != null) ;
            add(control, BorderLayout.SOUTH);

         pack();
      }
   }

}

/**
 * FileFilter für Dateiauswahl-Box
 */
class MyFileFilter extends javax.swing.filechooser.FileFilter {
   private HashMap<String,String> extensions;
   private String description;

   public MyFileFilter(String[] ext) {
      description = "";
      extensions = new HashMap<String,String>();

      for(int i = 0; i < ext.length; i++) {
         if(ext[i].startsWith("."))
            ext[i] = ext[i].substring(1);

         if(ext[i].startsWith("*."))
            ext[i] = ext[i].substring(2);

         extensions.put(ext[i], ext[i]);
         description += " *." + ext[i] + ",";
      }
   }

   public String getDescription() {
      return description.substring(0,description.length());
   }

   public boolean accept(File f) {
      if(f != null) {
         if(f.isDirectory())
           return true;
         else {
           String name = f.getName();
           int pos = name.indexOf(".");

           if(pos < 0)
             return false;

           String ext = name.substring(pos+1);

           if(extensions.get(ext) != null)
              return true;
```

Listing 217: Abspielen von Video mit Java Media Framework (Forts.)

```
            else
               return false;
         }
      } else
      return false;
   }
}
```

Listing 217: Abspielen von Video mit Java Media Framework (Forts.)

Das vorgestellte Programm eignet sich auch zum Abspielen von Musikdateien, und zwar nicht nur die üblichen WAV-Dateien, sondern auch das beliebte MP3! Es wird dann lediglich die Control-Leiste gezeigt und natürlich kein Bild, da der Aufruf von `getVisualComponent()` den Wert `null` zurückgibt.

168 Torten-, Balken- und X-Y-Diagramme erstellen

Die grafische Darstellung von Daten in Form von Diagrammen kann zu recht aufwändiger Programmierarbeit führen, bis halbwegs zufrieden stellende Resultate erzielt werden. Aus diesem Grund sollte man zuerst schauen, ob es eine OpenSource-Bibliothek gibt, welche die gewünschten Anforderungen abdeckt. Der bekannteste Vertreter ist `JFreeChart`. Diese Bibliothek bietet eine Vielzahl von Diagrammen an, z.B. Torten- und Balkengrafik, X-Y-Plots sowie viele weitere, teilweise recht spezielle Darstellungsformen.

Um *JFreeChart* einzusetzen, müssen Sie von *http://www.jfree.org/jfreechart* das ZIP-Archiv *jfreechart-1.0.4.zip*[3] herunterladen und daraus die jar-Dateien *jcommon-1.0.8.jar* und *jfreechart-1.0.04.jar* extrahieren und in den CLASSPATH Ihrer Java-Anwendung aufnehmen.

Das Grundgerüst für den Einsatz der Bibliothek bilden folgende Klassen:

- `JFreeChart`: repräsentiert ein Diagramm.
- `Dataset`, `DefaultPieDataset`, `CategoryDataset`, `XYSeriesCollection` u.a. definieren die darzustellenden Zahlenwerte.
- `ChartFactory` bietet statische Methoden zur Erzeugung des gewünschten Diagrammtyps.
- `ChartPanel` ist eine von `JPanel` abgeleitete Klasse zur grafischen Anzeige eines Diagramms.

Die Methoden der nachfolgend definierten Klasse `Chart` zeigen, wie diese Klassen kombiniert werden müssen, um Torten-, Balken- oder X-Y-Diagramme zu erstellen. Das jeweils zurückgelieferte `ChartPanel`-Objekt kann dann direkt wie eine gewöhnliche Swing-Komponente an der gewünschten Stelle in die Benutzeroberfläche eingefügt werden.

```
import org.jfree.chart.*;
import org.jfree.data.*;
import org.jfree.data.xy.*;
import org.jfree.data.category.*;
import org.jfree.data.general.*;
```

Listing 218: Chart.java – Hilfsklasse zum Erstellen verschiedener Diagrammtypen

3. Aktueller Dateiname im Juni 2005

```
import org.jfree.chart.plot.*;
import org.jfree.util.*;

import javax.swing.*;
import java.awt.*;
import java.awt.event.*;

/**
 * Klasse zum Generieren von Torten-, Balkendiagrammen und X-Y Plots
 */
class Chart {

   /**
    * Die Daten als 2D-Tortengrafik darstellen
    *
    * @param title   Überschrift
    * @param legend  Array mit Legende
    * @param data    Array mit double-Werten
    * @return        Panel oder null bei Fehler
   */
   public static ChartPanel createPieChart2D(String title, String[] legend,
                                             double[] data) {
      ChartPanel result = null;

      try {
         DefaultPieDataset pieDataset = new DefaultPieDataset();

         for(int i = 0; i < data.length; i++) {
            pieDataset.setValue(legend[i], new Double(data[i]));
         }

         JFreeChart chart = ChartFactory.createPieChart(title, pieDataset,
                                                        true, true, false);
         result = new ChartPanel(chart);

      } catch(Exception e) {
         e.printStackTrace();
      }

      return result;
   }


   /**
    * Die Daten als 3D-Tortengrafik darstellen
    *
    * @param title   Überschrift
    * @param legend  Array mit Legende
    * @param data    Array mit double-Werten
    * @return        Panel oder null bei Fehler
    */
```

Listing 218: Chart.java – Hilfsklasse zum Erstellen verschiedener Diagrammtypen (Forts.)

```
public ChartPanel createPieChart3D(String title, String legend[],
                                   double[] data) {
   ChartPanel result = null;

   try {
      DefaultPieDataset pieDataset = new DefaultPieDataset();

      for(int i = 0; i < data.length; i++) {
         pieDataset.setValue(legend[i], new Double(data[i]));
      }


      JFreeChart chart = ChartFactory.createPieChart3D(title, pieDataset,
                                                     true, true, false);
      result = new ChartPanel(chart);

   } catch(Exception e) {
      e.printStackTrace();
   }

   return result;
}

/**
 * Daten als Balkendiagramm darstellen
 *
 * @param title     Überschrift
 * @param x_label   Beschriftung x-Achse
 * @param y_label   Beschriftung y-Achse
 * @param legend    Array mit Legende
 * @param data      Array mit double-Werten
 * @return          Panel oder null bei Fehler
 */
public static ChartPanel createBarChart(String title, String x_label,
                                        String y_label, String[] legend,
                                        double[] data)  {
    ChartPanel result = null;

    try {
       DefaultCategoryDataset catDataset = new DefaultCategoryDataset();

       for(int i = 0; i < data.length; i++) {
         catDataset.addValue(data[i], legend[i], "");
      }

      JFreeChart chart = ChartFactory.createBarChart(title, x_label,
                            y_label,catDataset, PlotOrientation.VERTICAL,
                            true, true, false);
      result = new ChartPanel(chart);

   } catch(Exception e) {
```

Listing 218: Chart.java – Hilfsklasse zum Erstellen verschiedener Diagrammtypen (Forts.)

Grafik, Multimedia

```
        e.printStackTrace();
      }

      return result;
    }

   /**
    * x,y Paare als Kurve darstellen; Wertepaare werden automatisch nach
    * x-Wert aufsteigend sortiert
    *
    * @param title    Überschrift
    * @param x_label  Beschriftung x-Achse
    * @param y_label  Beschriftung y-Achse
    * @param data     2-dimensionales Array mit x,y Werten
    * @return         Panel oder null bei Fehler
    */
    public static ChartPanel createXYChart(String title, String x_label,
                                String y_label, double[][] data) {
       ChartPanel result = null;

       try {
          XYSeriesCollection dataset = new XYSeriesCollection();
          XYSeries series = new XYSeries("");

          for(int i = 0; i < data.length; i++) {
            series.add(data[i][0], data[i][1]);
          }

          dataset.addSeries(series);
          JFreeChart chart = ChartFactory.createXYLineChart(title, x_label,
                                  y_label, dataset, PlotOrientation.VERTICAL,
                                  false, false, false);

          result = new ChartPanel(chart);

       } catch(Exception e) {
         e.printStackTrace();
       }

       return result;
    }

}
```

Listing 218: Chart.java – Hilfsklasse zum Erstellen verschiedener Diagrammtypen (Forts.)

Das Start-Programm zu diesem Rezept erzeugt mittels der Klasse `Chart` ein Tortendiagramm und einen X-Y-Plot.

```
import javax.swing.*;
import java.awt.*;
import java.awt.event.*;
import org.jfree.chart.*;

public class Start extends JFrame  {

   public static void main(String[] args) {
      Start s = new Start();
      s.setSize(400,400);
      s.setVisible(true);
   }

   Start() {
      setTitle("Chart-Demo");
      JPanel panel = new JPanel();

      // Tortendiagramm erstellen
      String[]  legend = {"Europa", "Nordamerika", "Südamerika", "Afrika",
                          "Asien"};
      double[]   data   = {38.4, 43.2, 7.0, 5.4, 6.0};

      ChartPanel pie2D = Chart.createPieChart2D("Umsatzverteilung", legend,
                                                data);
      panel.add(pie2D);


      // X-Y-Plot erstellen
      double[][] tempData = {{0.0, 0.0},{10.0,0.3},{1.0,0.25},{2.0,0.5},
                             {3.0,0.4},{4.0,0.6}, {5.0,1.1},{6.0,0.9},
                             {7.0,0.8},{8.0,0.45},{9.0,0.6},{1.5,0.4}};
      ChartPanel plot = Chart.createXYChart("Messwerte", "x-Achse",
                                            "y-Achse", tempData);

      panel.add(plot);


      JScrollPane pane = new JScrollPane(panel);
      add(pane);

      setDefaultCloseOperation(JFrame.EXIT_ON_CLOSE);
   }
}
```

Listing 219: Erzeugen von Diagrammen mit JFreeChart

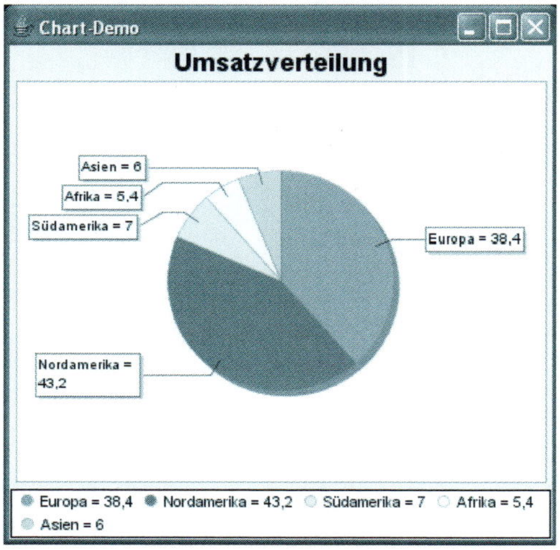

Abbildung 98: Tortendiagramm

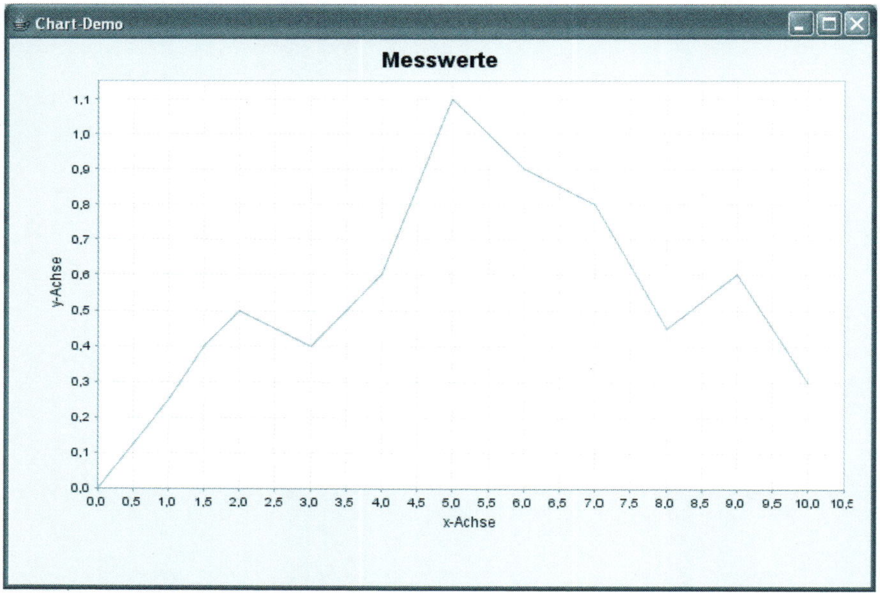

Abbildung 99: X-Y-Plot

Reguläre Ausdrücke und Pattern Matching

169 Syntax regulärer Ausdrücke

Reguläre Ausdrücke sind ein mächtiges Werkzeug zur Behandlung von Texten. Im Gegensatz zu herkömmlichen Verfahren basiert es nicht auf einem Zeichen-, sondern auf einem Mustervergleich. Mit Hilfe dieser Muster kann versucht werden, in einem gegebenen Text Entsprechungen (*Matches*) zu finden.

Die regulären Ausdrücke stammen ursprünglich aus einem Bereich, der auf den ersten Blick nicht sehr viel mit Java zu tun zu haben scheint: die Neurobiologie – also die Forschung über die Funktionsweise des Nervensystems. In den fünfziger Jahren des vergangenen Jahrhunderts suchte man Methoden, um Abläufe im Gehirn bei bestimmten Ereignissen und Vorkommnissen mathematisch beschreiben zu können. In den siebziger Jahren wurden diese Ansätze wieder aufgenommen, verfeinert und schließlich in der Suchfunktion des Unix-Editors *qed* implementiert. Dies war die Geburtsstunde der regulären Ausdrücke in der IT.

Die Einsatzbereiche regulärer Ausdrücke sind vielfältig. Sie reichen von verschiedensten Suchfunktionen über die Validierung von E-Mail-Adressen und das Auslesen bestimmter Teile eines Textes bis hin zum Ersetzen von Zeichenketten. Aufgrund ihrer Flexibilität und Leistungsfähigkeit lassen sich mit regulären Ausdrücken Dinge anstellen, für die man sonst einige dutzend oder hundert Zeilen Code benötigt hätte – und das alles in einem Bruchteil der sonst dafür nötigen Zeit.

Reguläre Ausdrücke verwenden ihre eigene Syntax, die auf den ersten Blick sehr komplex und abschreckend wirken muss. Bei intensiverer Beschäftigung mit der Syntax erweist sie sich aber als äußerst logisch und nachvollziehbar – nur eben schwer zu lesen.

Grundsätzlich ist ein regulärer Ausdruck nichts anderes als ein Textmuster, das sich idealerweise im zu überprüfenden Text identifizieren lässt. Da ein derartiges Muster universeller einsetzbar sein soll als ein einfacher Zeichenkettenvergleich, werden in dem Muster Zeichen und bestimmte Metazeichen kombiniert.

Im Anhang finden Sie eine komplette Auflistung aller Metazeichen. Im Folgenden sollen die wichtigsten Metazeichen kurz vorgestellt werden:

Zeichen	Bedeutung
x	Der Buchstabe x
.	Beliebiges Zeichen
\\	Backslash
\0n	Zeichen mit dem oktalen Wert 0n (0 <= n <= 7)
\n	Zeilenumbruch (Line Feed, '\u000A')
\r	Carriage-Return ('\u000D')
\d	Zahl: [0-9]
\D	Nicht-Zahl: [^0-9]
\s	Whitespace-Zeichen: [\t\n\x0B\f\r]

Tabelle 41: Die wichtigsten Metazeichen

Zeichen	Bedeutung
\S	Nicht-Whitespace-Zeichen: [^\s]
\w	Zeichen, Unterstrich oder Zahl: [a-zA-Z_0-9]
\W	Weder Zeichen noch Unterstrich oder Zahl: [^\w]
^	Zeilenanfang
$	Zeilenende
\b	Wortgrenze
\B	Nicht-Wortgrenze
\A	Beginn der Eingabe
\G	Ende des vorherigen Treffers
[abc]	a, b oder c
[^abc]	Jedes Zeichen außer a, b oder c (Negation)
[a-zA-Z]	a bis einschließlich z oder A bis einschließlich Z
X?	X, ein oder kein Mal
X*	X, kein Mal oder mehrmals
X+	X, mindestens ein Mal
X{n}	X, genau n Mal
X{n,}	X, mindestens n Mal
X{n,m}	X, mindestens n Mal, aber nicht mehr als m Mal
XY	X, gefolgt von Y
X|Y	Entweder X oder Y
(X)	X wird als Entsprechung gespeichert

Tabelle 41: Die wichtigsten Metazeichen (Forts.)

Neben den Metazeichen können auch verschiedene Flags eingesetzt werden. Eine komplette Auflistung dieser Flags finden Sie im Anhang dieses Buchs, die wichtigsten sollen aber hier zumindest kurz vorgestellt werden:

Flag	Bedeutung
Pattern.CASE_INSENSITVE	Schaltet die Berücksichtigung der Groß-/Kleinschreibung ein oder aus.
Pattern.MULTILINE	Schaltet den Multiline-Modus, bei dem die Symbole ^ und $ auch am Zeilenanfang bzw. -ende matchen (und nicht nur am Anfang oder Ende des kompletten Textes), ein oder aus.

Tabelle 42: Wichtige Flags

Flag	Bedeutung
`Pattern.DOTALL`	Wenn der `DOTALL`-Modus aktiviert ist, steht der Platzhalter `.` für alle Zeichen, inklusive Zeilenumbrüche. Per Voreinstellung werden Zeilenumbrüche nicht als Übereinstimmung gewertet.
`Pattern.LITERAL`	Schaltet den Literal-Modus ein oder aus, bei dem im Text enthaltene Steuer- oder Metazeichen nicht als solche interpretiert, sondern als gewöhnliche Zeichenketten aufgefasst werden.

Tabelle 42: Wichtige Flags (Forts.)

Auf Seiten Javas erfolgt der Einsatz von regulären Ausdrücken meist über eine `java.util.regex.Pattern`-Instanz, die das eingesetzte Muster kompiliert. Dies beschleunigt die Ausführung des Matchings im Wiederholungsfall deutlich. Der statischen Methode `Pattern.compile()` wird dabei das zu verwendende Muster übergeben. In einer weiteren Überladung können ebenfalls die anzuwendenden Flags übergeben werden. Die Rückgabe der `compile()`-Methode ist eine `Pattern`-Instanz:

```
Pattern pattern = Pattern.compile(<Muster>);
```

Diese `Pattern`-Instanz kann nun verwendet werden, um einen Mustervergleich vorzunehmen. Dabei kommt eine `java.util.regex.Matcher`-Instanz zum Einsatz, die den Abgleich des Musters mit der zu überprüfenden Zeichenkette vornimmt. Diese `Matcher`-Instanz wird von der Methode `matcher()` der instanzierten `Pattern`-Instanz erzeugt und zurückgegeben:

```
Matcher matcher = pattern.matcher(<Text>);
```

Mit Hilfe der so erhaltenen `Matcher`-Instanz können nun weitere Operationen auf dem untersuchten Text vorgenommen werden.

Die `Pattern`-Klasse stellt jedoch den Ausgangspunkt der Arbeit mit regulären Ausdrücken dar. Ihre wichtigsten Methoden sind:

Methode	Beschreibung
`static Pattern compile(String regex)`	Kompiliert den als Parameter übergebenen regulären Ausdruck in eine `Pattern`-Instanz.
`static Pattern compile(String regex, int flags)`	Kompiliert den als Parameter übergebenen regulären Ausdruck in eine `Pattern`-Instanz und verwendet dabei die angegebenen Flags.
`Matcher matcher(CharSequence input)`	Erzeugt eine `Matcher`-Instanz, die das gegebene Muster auf den übergebenen Text anwendet.
`static boolean matches(String regex, CharSequence input)`	Kompiliert den übergebenen regulären Ausdruck und prüft, ob er auf den übergebenen Text angewendet werden kann.
`String[] split(CharSequence input)`	Zerlegt den übergebenen Text anhand des gegebenen Musters.

Tabelle 43: Wichtige Methoden der Pattern-Klasse

Eine Matcher-Instanz erlaubt es, Operationen auf dem Text vorzunehmen. Ihre wichtigsten Methoden sind:

Methode	Beschreibung
boolean find()	Sucht die nächste Entsprechung des regulären Ausdrucks in der gegebenen Zeichenkette.
boolean find(int start)	Setzt den Matcher zurück und sucht nach der nächsten Entsprechung des regulären Ausdrucks beginnend an der durch start angegebenen Position innerhalb der gegebenen Zeichenkette.
String group()	Gibt die Entsprechung zurück, die durch den vorherigen Match-Prozess gefunden wurde.
String group(int group)	Gibt die durch group gekennzeichnete Entsprechung zurück, die durch den vorherigen Match-Prozess gefunden wurde.
int groupCount()	Gibt die Anzahl der gefundenen Gruppen zurück.
boolean matches()	Gibt an, ob der reguläre Ausdruck auf die Zeichenkette angewendet werden kann.
static String quoteReplacement(String s)	Gibt die Literal-Entsprechung (also mit verdoppelten Backslashes) der übergebenen Zeichenkette zurück.
String replaceAll(String replacement)	Ersetzt jeden Treffer innerhalb des gegebenen Texts durch die als Parameter angegebene Zeichenkette.
String replaceFirst(String replacement)	Ersetzt den ersten Treffer innerhalb des gegebenen Texts durch die als Parameter angegebene Zeichenkette.

Tabelle 44: Wichtige Methoden der Matcher-Klasse

170 Überprüfen auf Existenz

Mit Hilfe der statischen Methode matches() der java.util.regex.Pattern-Klasse kann überprüft werden, ob ein Muster überhaupt in einer Zeichenfolge erkannt werden kann:

```
import java.util.regex.Pattern;

public class Start {

   public static void main(String[] args) {
      String input = "Default input";
      String pattern = "M(ai|ay|ei|ey)e?r";

      // Zu testenden Text ermitteln
      if(args != null && args.length > 0) {
         input = args[0];
      }

      // Pattern ermitteln
```

Listing 220: Verwendung von Pattern.matches()

RegEx

```
      if(args != null && args.length > 1) {
         pattern = args[1];
      }

      // Ergebnis ausgeben
      System.out.println(
         String.format("Pattern \"%s\" does %smatch input \"%s\"",
            pattern,
            Pattern.matches(pattern, input) ? "" : "not ",
            input));
   }
}
```

Listing 220: Verwendung von Pattern.matches() (Forts.)

Das vom Programm vorgegebene Pattern kann über den zweiten Parameter beim Aufruf des kompilierten Programms von der Kommandozeile aus überschrieben werden. Der erste Parameter repräsentiert die zu überprüfende Zeichenkette. Diese muss gemäß dem Default-Pattern mit dem Buchstaben *M* beginnen und von den Buchstabenkombinationen *ai*, *ey*, *ei* oder *ey* gefolgt werden. Anschließend kann optional ein *e* folgen und am Ende wird der Buchstabe *r* erwartet. Gültige Texte sind also:

- Mayr
- Mayer
- Meir
- Meier
- Meyr
- Meyer
- Mair
- Maier

Andere Texte sind nicht gültig. Eigene Muster können mit Hilfe der in *Rezept 169* beschriebenen Metasymbole definiert und als zweiter Parameter beim Aufruf übergeben werden.

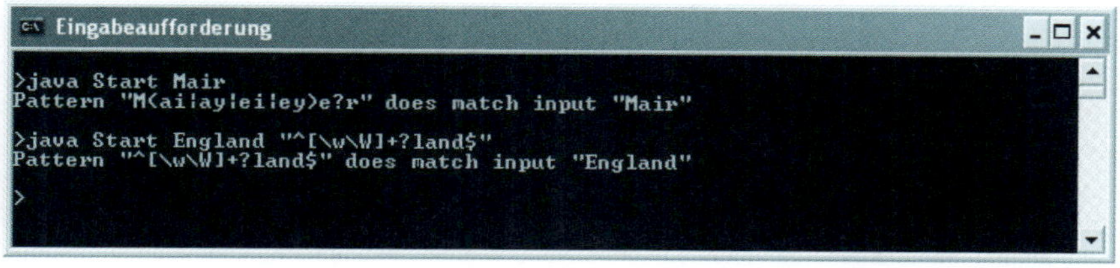

Abbildung 100: Anwenden verschiedener Muster auf unterschiedliche Zeichenketten

Eine komplette Übersicht über die möglichen Metasymbole finden Sie im Anhang dieses Buchs.

171 Alle Treffer zurückgeben

Wollen Sie alle Treffer eines regulären Ausdrucks in einem Text ausgeben, verwenden Sie eine `java.util.regex.Matcher`-Instanz und nutzen deren Methode `find()`, um über die einzelnen Treffer zu iterieren. Die Methode `group()` gibt den jeweiligen Treffer als String zurück:

```
import java.util.ArrayList;
import java.util.regex.Pattern;
import java.util.regex.Matcher;

public class FindAll {

   /**
    * Gibt alle Treffer eines regulären Ausdrucks zurück
    */
   public static String[] find(String input, String pattern) {
      ArrayList<String> result = new ArrayList<String>();

      // Pattern-Instanz erzeugen
      Pattern compiled = Pattern.compile(pattern);

      // Matcher-Instanz erzeugen
      Matcher matcher = compiled.matcher(input);

      // Alle Ergebnisse auslesen
      while(matcher.find()) {
         result.add(matcher.group());
      }

      // Inhalt in String-Array überführen
      String[] res = new String[result.size()];
      result.toArray(res);

      // Ergebnis zurückgeben
      return res;
   }
}
```

Listing 221: Rückgabe aller Treffer eines regulären Ausdrucks

Die Methode `find()` erwartet die Angabe zweier Parameter: des zu überprüfenden Texts und des zu verwendenden regulären Ausdrucks. Soll etwa eine Prüfung analog zum letzten Beispiel auf die verschiedenen Schreibweisen des Namens *Meier* vorgenommen werden, kann folgender Code verwendet werden:

```
public class Start {

   public static void main(String[] args) {
      // Muster definieren
      String pattern = "M(ai|ay|ei|ey)e?r";
```

Listing 222: Ausgabe aller Meier-Abwandlungen in einem String

RegEx

```
      // Text einlesen
      String input = (args != null && args.length > 0 ?
         args[0] : "Default input");

      // Treffer auslesen
      String[] matches = FindAll.find(input, pattern);

      // Treffer ausgeben
      System.out.println(String.format("%d Treffer:", matches.length));
      for(String match : matches) {
         System.out.println(String.format("- %s", match));
      }
   }
}
```

Listing 222: Ausgabe aller Meier-Abwandlungen in einem String (Forts.)

Der reguläre Ausdruck entspricht dem in *Rezept 170* verwendeten Ausdruck. Beim Aufruf von der Kommandozeile aus sollte als Parameter die zu überprüfende Zeichenkette übergeben werden. Die Ausgabe aller Treffer erfolgt in Form einer Liste.

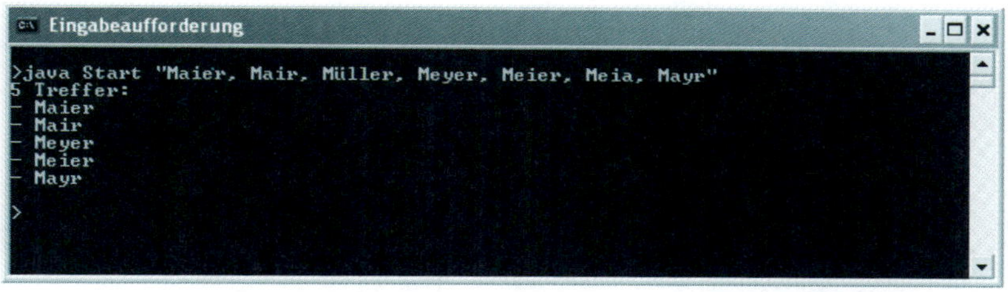

Abbildung 101: Ausgabe aller Treffer eines regulären Ausdrucks

172 Mit regulären Ausdrücken in Strings ersetzen

Die Methode `replaceAll()` der `java.util.regex.Matcher`-Klasse erlaubt es, Teile von Zeichenketten anhand von regulären Ausdrücken zu ersetzen:

```
import java.util.regex.Pattern;
import java.util.regex.Matcher;

public class ReplaceAll {

   /**
    * Ersetzt das Muster in der gegegeben Zeichenkette
    */
   public static String replace(
      String input, String pattern, String replacement) {
      String result = input;
```

Listing 223: Ersetzen von Mustern per Matcher.replaceAll()

```
        // Pattern kompilieren
        Pattern compiledPattern = Pattern.compile(pattern);

        // Matcher instanzieren
        Matcher matcher = compiledPattern.matcher(input);

        // Wenn Muster gefunden, dann alle Vorkommen ersetzen
        result = matcher.replaceAll(replacement);

        // Ergebnis zurückgeben
        return result;
    }
}
```

Listing 223: Ersetzen von Mustern per Matcher.replaceAll() (Forts.)

Die hier dargestellte statische Methode `replace()` erwartet die Angabe der Parameter für die Quellzeichenkette, den regulären Ausdruck und die Ersetzung. Diese können beispielsweise von der Kommandozeile eingelesen werden, wie folgendes Listing zeigt:


```
public class Start {

    public static void main(String[] args) {
        // Zu ersetzende Zeichenfolge einlesen
        String input = (args != null && args.length > 0 ?
            args[0] : "Default input");

        // Einzusetzende Zeichenfolge einlesen
        String replacement = (args != null && args.length > 1 ?
            args[1] : "Default replacement");

        // Muster einlesen
        String pattern = (args != null && args.length > 2 ?
            args[2] : "M(ai|ay|ei|ey)e?r");

        // Ersetzung durchführen und Ergebnis ausgeben
        System.out.println(
            ReplaceAll.replace(input, pattern, replacement));
    }
}
```

Listing 224: Einlesen der Parameter für die Ersetzung über die Kommandozeile

173 Anhand von regulären Ausdrücken zerlegen

Die Methode `split()` der `java.util.regex.Pattern`-Klasse kann Zeichenketten anhand von regulären Ausdrücken zerlegen. Als Argument wird nur die zu untersuchende Zeichenkette erwartet. Die Rückgabe ist ein String-Array, das die gefundenen Teile der Zeichenkette ohne das durch den regulären Ausdruck bezeichnete Token beinhaltet:

```
import java.util.regex.Pattern;

public class Split {

   /**
    * Zerlegt eine Zeichenkette anhand des angebenen Tokens
    */
   public static String[] split(String input, String token) {
      // Pattern-Instanz referenzieren
      Pattern pattern = Pattern.compile(token);

      // Anhand des übergebenen Musters zerlegen
      return pattern.split(input);
   }
}
```

Listing 225: Zerlegen einer Zeichenkette mittels Pattern.split()

Die beiden Parameter für die zu untersuchende Zeichenkette und das Token, anhand dessen die Zerlegung stattfinden soll, können beispielsweise von der Kommandozeile eingelesen werden – wie es hier demonstriert wird:


```
public class Start {

   public static void main(String[] args) {
      // Standardtext und Token definieren
      String input = "Default input";
      String token = " ";

      // Kommandozeilen-Parameter einlesen: Text
      if(null != args && args.length > 0) {
         input = args[0];
      }

      // Kommandozeilen-Parameter einlesen: Token
      if(null != args && args.length > 1) {
         token = args[1];
      }

      // Eingabe zerlegen
      String parts[] = Split.split(input, token);

      // Rückgabe ausgeben
      System.out.println(String.format("%d Teile gefunden", parts.length));
      for(String part : parts) {
         System.out.println(String.format("- %s", part));
      }
   }
}
```

Listing 226: Einlesen von Text und Token von der Kommandozeile

Als Standard-Token, anhand dessen eine Zerlegung durchgeführt werden soll, wird das Leerzeichen definiert. Sollte die Klasse also ohne Parameter aufgerufen werden, wird der Text »Default input« anhand des Leerzeichens in zwei Teile zerlegt.

Abbildung 102: Zerlegung mit dem Standardtext und dem Standard-Token

Wenn Sie eine Zerlegung einer Zeichenkette anhand eines anderen Musters vornehmen wollen, müssen Sie dieses Muster als zweiten Parameter sowohl beim Aufruf der Konsolenanwendung als auch beim Aufruf der Methode `split()` der `Split`-Klasse angeben. Um zum Beispiel anhand von Leerzeichen, Komma mit nachfolgendem Leerzeichen oder Ausrufezeichen eine Zerlegung vorzunehmen, sollten Sie folgendes Muster verwenden:

```
 |, |!
```

Abbildung 103: Zerlegen eines benutzerdefinierten Textes anhand eines anderen Musters

Analog verfahren Sie, wenn Sie Inhalte anhand von Buchstaben oder kompletten Wörtern zerlegen wollen.

174 Auf Zahlen prüfen

Es gibt verschiedene Möglichkeiten, auf Zahlen zu prüfen. Eine dieser Möglichkeiten stellt die Verwendung regulärer Ausdrücke dar, die sicherstellen können, dass eingegebene oder übergebene Zahlen einem bestimmten Muster entsprechen. Zu diesem Zweck wird eine `java.util.regex.Pattern`-Instanz erzeugt und mit Hilfe der Methode `matches()` der referenzierten `java.util.regex.Matcher`-Instanz bestimmt, ob das Muster auf den übergebenen Wert angewendet werden kann. Diese Prüfung wird innerhalb der Methode `validate()` vorgenommen.

Die beiden Methoden `validateInteger()` und `validateDouble()` zur Validierung von Integer- und Double-Werten sind zusätzlich in der Klasse implementiert. Im Falle von Double-Werten sind hier noch weitere Prüfungen nötig – zumindest sollte mit Hilfe von `DecimalValue.parse()`

sichergestellt werden, dass die übergebene Zahl in einen numerischen Wert umwandelbar ist. Wesentlich dabei ist die Angabe einer `Locale`-Instanz, um beispielsweise Kommata korrekt zu erkennen.

Die verwendeten regulären Ausdrücke können auf alle Zeichenketten angewendet werden, die folgende Bedingungen erfüllen:

Ausdruck	Beschreibung
`^[1-9][0-9]*?$`	Die Zeichenkette muss mit einer Ziffer zwischen 1 und 9 beginnen. Anschließend können beliebig viele Ziffern folgen.
`^[1-9]{1}[0-9]*?(?:[,\\.]?[0-9]+?)$`	Die Zeichenkette muss mit genau einer Ziffer zwischen 1 und 9 beginnen. Anschließend können beliebig viele Ziffern folgen. Falls ein Komma oder ein Punkt eingefügt wird, muss danach mindestens eine Ziffer folgen. Mehr als ein Komma oder Punkt ist nicht zulässig.

Tabelle 45: Durch reguläre Ausdrücke definierte Bedingungen

Im Code werden die beiden Ausdrücke in den Methoden `validateInteger()` und `validateDouble()` verwendet:

```
import java.util.regex.Pattern;
import java.util.regex.Matcher;

public class ValidateDigit {

   /**
    * Prüft auf eine Integer-Zahl
    */
   public static boolean validateInteger(String input) {
      // Ganze Zahl validieren, führende Null nicht zulässig
      return validate(input, "^[1-9][0-9]*?$");
   }

   /**
    * Prüft auf einen Double-Wert
    */
   public static boolean validateDouble(String input) {
      // Double-Zahl mit Komma validieren, führende Null nicht
      // zulässig
      boolean result = validate(input,
         "^[1-9]{1}[0-9]*?(?:[,\\.]?[0-9]+?)$");

      // Wenn Prüfung erfolgreich, dann casten
      if(result) {
         // Versuchen, die Zahl zu casten
         try {
```

Listing 227: Validierung von Zahlen

```
            DecimalFormat.getInstance(new Locale("de")).parse(input);
         } catch (ParseException e) {
            // Zahl konnte nicht gecastet werden
            result = false;
         }
      }

      return result;
   }

   /**
    * Prüfen eines Wertes
    */
   public static boolean validate(String input, String p) {
      // Pattern erzeugen
      Pattern pattern = Pattern.compile(p);

      // Matcher instanzieren
      Matcher matcher = pattern.matcher(input);

      // Ergebnis zurückgeben
      return matcher.matches();
   }
}
```

Listing 227: Validierung von Zahlen (Forts.)

Es bietet sich an, die Methoden der Klasse `ValidateDigit` zur Validierung von Integer- oder Double-Werten aus anderen Anwendungen oder von der Kommandozeile aus zu verwenden. Letzteres ist in der Klasse `Start` implementiert, in deren statischer `main()`-Methode die zu überprüfende Zahl eingelesen wird (erster Parameter). Ebenso wird hier evaluiert, welche Art der Prüfung vorgenommen werden soll – entweder auf eine ganze Zahl (kein zweiter Parameter) oder auf einen Double-Wert (zweiter Parameter muss »-d« sein):

```
public class Start {

   public static void main(String[] args) {
      boolean validateInt = true;
      String digit = "123";

      // Übergebene Zahl einlesen
      if(null != args && args.length > 0) {
         digit = args[0];
      }

      // Überprüfen, ob auf Double geprüft werden soll
      if(null != args && args.length > 1 && args[1].equals("-d")) {
         validateInt = false;
      }
```

Listing 228: Einlesen der zu prüfenden Zahl und des zu verwendenden Algorithmus

```
        // Prüfung durchführen und Ergebnis zurückgeben
        System.out.println(
            validateInt ? ValidateDigit.validateInteger(digit) :
                ValidateDigit.validateDouble(digit));
    }
}
```

Listing 228: Einlesen der zu prüfenden Zahl und des zu verwendenden Algorithmus (Forts.)

Das Ergebnis dieser Prüfung wird anschließend ausgegeben.

Abbildung 104: Prüfung verschiedener Zahlen

175 E-Mail-Adressen auf Gültigkeit prüfen

Gerade E-Mail-Adressen sind aufgrund ihrer potenziellen Komplexität ein dankbares Feld für die Prüfung per regulärem Ausdruck. Das zu verwendende Muster ist zwar nicht unbedingt ein Musterbeispiel für einen einfach zu erfassenden regulären Ausdruck, erschließt sich jedoch recht leicht, wenn es von links nach rechts gelesen wird:

```
^([0-9a-zA-Z]+[-\._+&])*[0-9a-zA-Z]+@([-0-9a-zA-Z]+[\.])+[a-zA-Z]{2,6}$
```

Dieser Ausdruck kann auf alle Zeichenketten angewendet werden, die folgende Bedingungen erfüllen:

- Die Zeichenkette muss mit mindestens einem Buchstaben oder einer Ziffer beginnen.
- Anschließend können Bindestrich, Punkt, Unterstrich, Plus-Symbol und kaufmännisches Und folgen.
- Beide Bedingungen können sich beliebig oft wiederholen oder auch überhaupt nicht erfüllt werden.
- Vor dem @-Symbol müssen ein Buchstabe oder eine Zahl stehen.
- Es muss ein @-Symbol vorkommen.
- Nach dem @-Symbol müssen sich mindestens eine Ziffer, ein Buchstabe oder ein Bindestrich anschließen.
- Danach muss ein Punkt folgen.

- Dies kann sich beliebig oft wiederholen.
- Am Ende muss eine Toplevel-Domain-Angabe von zwei bis sechs Zeichen Länge folgen.

Die Prüfung auf die Erfüllung dieser Anforderungen findet innerhalb der Methode `validateEmail()` statt:

```
import java.util.regex.Pattern;
import java.util.regex.Matcher;

public class EmailValidator {

   /**
    * Überprüft eine E-Mail-Adresse auf Gültigkeit
    */
   public static boolean validateEmail(String email ) {
      // Pattern instanzieren
      Pattern pattern = Pattern.compile(
         "^([0-9a-zA-Z]+[-\\._+&])*[0-9a-zA-Z]+@([-0-9a-zA-Z]+"
         + "[\\.])+[a-zA-Z]{2,6}$");

      // Matcher instanzieren
      Matcher matcher = pattern.matcher(email);

      // Ergebnis zurückgeben
      return matcher.matches();
   }
}
```

Listing 229: Überprüfung einer E-Mail-Adresse

Das Start-Programm zu diesem Rezept prüft mit Hilfe dieser Klasse über die Kommandozeile übergebene E-Mail-Adressen:

```
public class Start {

   public static void main(String[] args) {
      // E-Mail-Adresse einlesen
      String email = "test";
      if(null != args && args.length > 0) {
         email = args[0];
      }

      // Ergebnis ausgeben
      System.out.println(
         String.format("Die E-Mail-Adresse %s ist %sgueltig", email,
         EmailValidator.validateEmail(email) ? "" : "un"));
   }
}
```

Listing 230: Überprüfung von E-Mail-Adressen über die Kommandozeile

Ein Test mit verschiedenen E-Mail-Adressen zeigt, dass nur gültige Adressen akzeptiert werden.

Abbildung 105: Ausgabe der Prüfergebnisse

176 HTML-Tags entfernen

Wenn Sie Webseiten herunterladen, um an deren reinen Inhalte zu gelangen, sind Sie entweder gezwungen, diese manuell zu bearbeiten oder mit Hilfe eines regulären Ausdrucks alle HTML-Codes zu entfernen. Dies ist eine relativ dankbare Aufgabe, weil HTML-Codes einen definierten und gleichbleibenden Aufbau haben, der sich mit Hilfe des folgenden regulären Ausdrucks beschreiben lässt:

```
<[>]+?>
```

Dieser Ausdruck trifft auf alle mit einer öffnenden spitzen Klammer beginnenden Textfragmente zu, die nach mindestens einem anderen Zeichen mit einer schließenden spitzen Klammer enden.

Hinweis

Das Fragezeichen nach dem +-Symbol kennzeichnet einen nichtgierigen regulären Ausdruck. Für diesen endet ein Match direkt nach der ersten schließenden spitzen Klammer, während ein gieriger Ausdruck bis zur letzten schließenden spitzen Klammer matchen würde. Bei einem Text, der mehrere schließende Klammern enthält, würde dies möglicherweise einen zu weiten Bereich umfassen und zu unerwünschten Ergebnissen führen.

Das Ersetzen von HTML-Tags lässt sich am einfachsten mit Hilfe der `Matcher`-Methode `replaceAll()` erledigen, die als Parameter die Ersetzung entgegennimmt:

```
import java.util.regex.Pattern;
import java.util.regex.Matcher;

public class HtmlStripper {

   /**
    * Entfernt alle HTML-Tags aus einem Text
    */
   public static String stripHTML(String input) {
      // Pattern-Instanz referenzieren
      Pattern pattern = Pattern.compile("<[^>]+?>");
```

Listing 231: Entfernen aller HTML-Tags aus einem Text

```
        // Matcher-Instanz referenzieren
        Matcher matcher = pattern.matcher(input);

        // Ersetzung durchführen
        return matcher.replaceAll("");
    }
}
```

Listing 231: Entfernen aller HTML-Tags aus einem Text (Forts.)

Wesentlich aufwändiger als das Entfernen der HTML-Tags ist das Abrufen einer Webseite. Dies geschieht mit Hilfe einer URL-Instanz, die die Adresse der abzurufenden Seite repräsentiert. Ein `java.io.BufferedReader`, der eine `java.io.InputStreamReader`-Instanz kapselt, die auf einen `java.io.BufferedInputStream` zugreift, liest die Inhalte der Seite ein.

Jede einzelne eingelesene Zeile wird während des Einlesens durch die Methode `stripHTML()` von den HTML-Tags befreit. Anschließend werden die HTML-kodierten Leerzeichen ebenfalls entfernt. Zuletzt werden die Inhalte ausgegeben.


```
import java.io.*;
import java.net.MalformedURLException;
import java.net.URL;

public class Start {

   public static void main(String[] args) {
      BufferedReader br = null;

      try {
         // URL-Instanz, die die gewünschte Webseite
         // repräsentiert
         String address = "http://java.sun.com";
         if(null != args && args.length > 0) {
            address = args[0];
         }
         URL url = new URL(address);

         // Einlesen der Daten per BufferedReader
         br = new BufferedReader(
            new InputStreamReader(
               new BufferedInputStream(url.openStream())));

         StringBuilder content = new StringBuilder();
         String line = null;

         // Inhalt lesen
         while(null != (line = br.readLine())) {
            // Entfernen aller HTML-Tags aus der Zeile
            String replacedLine = HtmlStripper.stripHTML(line);
```

Listing 232: Abrufen einer Webseite und Entfernen der HTML-Tags

```
            // Entfernen der HTML-Entities für Leerzeichen
            replacedLine = ReplaceAll.replace(
               replacedLine, " ", " ");

            // Wenn mindestens ein Zeichen noch vorhanden, dann
            // Zeile hinzufügen
            if(replacedLine.trim().length() > 0) {
               content.append(replacedLine + "\r\n");
            }
         }

         // Ergebnis ausgeben
         System.out.println(content.toString());

      } catch (MalformedURLException e)
          e.printStackTrace();
      } catch (IOException e) {
         e.printStackTrace();
      } finally {
         // Aufräumen
         if(null != br) {
            try {
               br.close();
            } catch (IOException e) {
               e.printStackTrace();
            }
         }
      }
   }
}
```

Listing 232: Abrufen einer Webseite und Entfernen der HTML-Tags (Forts.)

Eine Webseite wie *http://java.sun.com* wird so bei Ausführung der Konsolenanwendung auf ihren reinen Text reduziert.

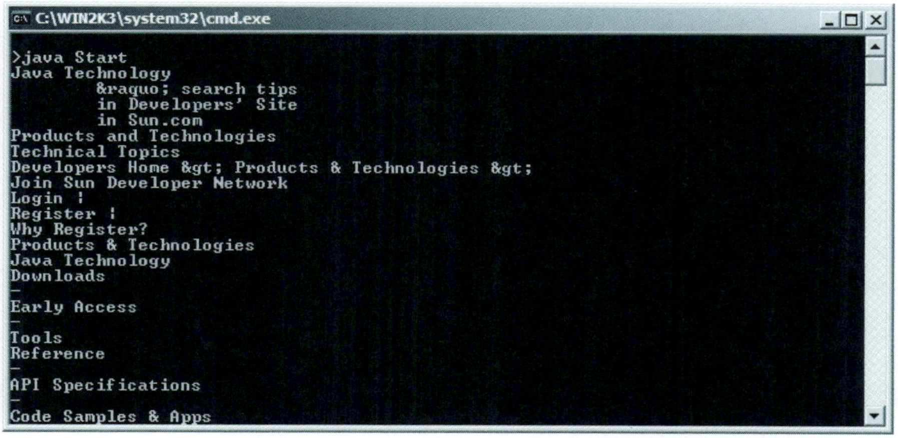

Abbildung 106: Darstellung von java.sun.com ohne HTML-Tags

177 RegEx für verschiedene Daten

Bei jedem der folgenden regulären Ausdrücke gilt es zu beachten, dass er zwar viele Einsatzzwecke abdeckt, jedoch nie auf alle möglichen und zulässigen Schreibweisen eingehen kann. Ebenso sollten reguläre Ausdrücke nie als alleinige Kontrollinstanz dienen, denn sie validieren nur die Syntax von Zeichenketten, nicht deren Inhalt.

> **Achtung**
>
> Die folgenden Beispiele stellen reguläre Ausdrücke dar, wie sie direkt in Java verwendet werden können. Aus diesem Grund sind Backslashes auch verdoppelt, damit keine ungültigen Escape-Sequenzen erzeugt werden. Wollen Sie diese Ausdrücke über die Kommandozeile (*siehe Rezept 170*) verwenden, müssen Sie die verdoppelten Backslashes (\\) in einfache Backslashes (\) umwandeln.

Auf PLZ prüfen

Die Prüfung auf eine deutsche Postleitzahl kann mit Hilfe des folgenden regulären Ausdrucks erfolgen:

```
^(?:(?:0[1-46-9])|(?:[1-357-9]\\d{1})|(?:4[0-24-9])|(?:6[013-9]))\\d{3}$
```

Dieser Ausdruck orientiert sich an den Nummernbereichen von Postleitzahlen, von denen einzelne nicht vergeben sind. Die Nummernbereiche 00, 05, 43 und 62 werden deshalb komplett übergangen. An die ersten beiden Ziffern kann sich eine beliebige dreistellige Ziffer anschließen.

RegEx

Österreichische und schweizerische Postleitzahlen sind leichter zu prüfen als ihre deutschen Pendants, denn sie sind nur vierstellig und fortlaufend nummeriert. Der reguläre Ausdruck muss also auf Zahlen prüfen, wobei die erste Zahl keine Null sein darf:

```
^[1-9]\\d{3}$
```

Auf Telefonnummer prüfen

Eine Prüfung auf eine Telefonnummer kann im einfachsten Fall der Prüfung auf ganze Zahlen entsprechen. Das Format von Telefonnummern kann jedoch variieren, so dass mit einer derartig simplen Prüfung möglicherweise mehr Fehler verursacht als vermieden werden.

Dieser reguläre Ausdruck prüft eine Telefonnummer auf die Einhaltung der deutschen DIN 5008 für die Formatierung von Telefonnummern, die im Wesentlichen festlegt, dass die Vorwahl in Klammern zu setzen ist und sämtliche Ziffern in Gruppen zu je zwei Ziffern geschrieben werden müssen. Eine Durchwahl ist durch einen Bindestrich vom Rest der Telefonnummer zu trennen:

```
^\\(\\d{1,2}(\\s\\d{1,2}){1,2}\\)\\s(\\d{1,2}(\\s\\d{1,2}){1,})((-(\\d{1,4})){0,1})$
```

Dieser reguläre Ausdruck kann auf diese Telefonnummern angewendet werden:

(0 30) 12 34 45
(0 30) 12 34 56 78
(0 30) 12 34 56 7 - 12

Er trifft jedoch nicht auf diese Telefonnummern zu:

(030) 12 34 456
+49 (0)30 12 34 56 78
(0 30) 12 34 56 78 - 12334

Auf Web- und FTP-Adresse prüfen

Um auf Web- und FTP-Adressen zu prüfen, können Sie diesen Ausdruck verwenden:

```
^(ht|f)tp(s?)://[a-zA-Z0-9-\\._]+(\\.[a-zA-Z0-9-\\._]+){2,}(/?)([a-zA-Z0-9-\\.\\?,'/
+=&amp;%$#_]*)?$
```

Er trifft auf alle Eingaben zu, die folgenden Konventionen entsprechen:

- Sie beginnen mit http://, https:// oder ftp://.
- Anschließend erfolgt die Angabe des Domain-Namens und einer Top-Level-Domain (.de, .com etc.).
- Danach kann ein Slash folgen, damit die Pfadkomponente angehängt werden kann.
- Die Pfadkomponente darf die Buchstaben und Ziffern sowie die Zeichen -.?,'+=& %$#_ enthalten. Diese Komponente ist optional.

Dieser reguläre Ausdruck findet folgende Adressangaben:

http://java.sun.com
http:// java.sun.com/
http:// java.sun.com/index.html
http:// java.sun.com/index.html?a=b
ftp://pearson.de

Folgende Angaben entsprechen hingegen nicht dem regulären Ausdruck:

java.sun.com
http://java.sun.com/index\html
http://user:pass@java.sun.com

RegEx

Auf Währungsangaben prüfen

Auch die Prüfung auf Währungsangaben kann per regulärem Ausdruck erfolgen. Folgender Ausdruck überprüft auf Währungsangaben, die als Tausendertrennzeichen einen Punkt enthalten und die Nachkommastellen durch ein Komma abtrennen – also der deutschen Schreibweise entsprechen. Am Ende darf auch ein €-Zeichen folgen:

```
^\\s*-?((\\d{1,3}(\\.(\\d){3})*)|\\d*)(,\\d{1,2})?\\s?(\\u20AC)?\\s*$
```

Dieser Ausdruck findet folgende Zeichenketten:

123
123,4
123,45
1.234,56 €
1.234,56 €

Nicht gefunden werden diese Zeichenketten:

o1.234,56€
1.234,56 $
1.234,567

Kreditkartennummer überprüfen

Die Verifikation von Kreditkartennummern kann mit Hilfe des folgenden regulären Ausdrucks erfolgen:

```
(^(4|5)\\d{3}-?\\d{4}-?\\d{4}-?\\d{4}|(4|5)\\d{15})|(^(6011)-?\\d{4}-?\\d{4}-
?\\d{4}|(6011)-?\\d{12})|(^((3\\d{3}))-\\d{6}-\\d{5}|^((3\\d{14})))
```

Dieser reguläre Ausdruck prüft auf die Nummern gängiger Kreditkarten (Amex, Visa, Mastercard). Dabei wird jedoch nicht die Gültigkeit der Nummern, sondern ausschließlich deren korrektes Format überprüft:

- Beginnt mit 4 oder 5, gefolgt von drei Ziffern, einem Bindestrich und zwölf Ziffern in Vierergruppen durch Bindestriche getrennt oder
- beginnt mit 4 oder 5, gefolgt von fünfzehn Ziffern.
- Beginnt mit 6011, gefolgt von zwölf Ziffern in Vierergruppen, getrennt durch Bindestriche oder
- beginnt mit 6011, gefolgt von zwölf Ziffern.
- Beginnt mit 3, gefolgt von drei Ziffern, gefolgt von einem optionalen Bindestrich und sechs Ziffern, gefolgt von einem optionalen Bindestrich und fünf Ziffern oder
- beginnt mit 3, gefolgt von vierzehn Ziffern.

SQL-Injection verhindern

Ein regulärer Ausdruck kann SQL-Injection-Attacken unterbinden, indem er Schlüsselwörter wie SELECT, UPDATE, INSERT, DELETE, GRANT, REVOKE oder UNION herausfiltert. Die Einschleusung von Hochkommata sollte ebenfalls verhindert werden:

```
(%3c)|(%3e)|(SELECT) |(UPDATE) |(INSERT) |(DELETE) |(GRANT) |(REVOKE) |(UNION)
```

Dieser reguläre Ausdruck sollte am besten mit der Methode `replaceAll()` einer `Matcher`-Instanz eingesetzt und auf jeden Wert, der in ein SQL-Statement eingefügt werden soll, angewendet werden.

Einen weitaus wirksameren Schutz vor SQL-Injection stellt allerdings die Verwendung von PreparedStatements dar (*siehe Rezept 182*).

Wortverdoppelungen verhindern

Das Herausfiltern doppelter Worte kann aufwändig werden, wenn man es auf herkömmliche Art und Weise machen möchte. Reguläre Ausdrücke erlauben es, diese Überprüfung mit Hilfe eines Musters vorzunehmen:

```
(\\b\\w+\\b)\\s+([\\w\\W]*?)\\1
```

Dieser Ausdruck trifft auf alle Zeichenketten zu, in denen ein beliebiges Wort an beliebiger Stelle doppelt vorkommt:

Dieser Ausdruck ist ist doppelt.

Dieser Ausdruck ist Ausdruck doppelt.

Wollen Sie nur auf hintereinander stehende Wortverdopplungen prüfen, können Sie folgenden Ausdruck verwenden:

```
(\\b\\w+\\b)\\s+\\1
```

Diese Zeichenkette wird erfolgreich getestet:

Dieser Ausdruck ist ist doppelt.

Diese Zeichenkette dagegen nicht:

Dieser Ausdruck ist Ausdruck doppelt.

RegEx

Datenbanken

178 Datenbankverbindung herstellen

Das Aufbauen einer Verbindung zu einer Datenbank besteht aus zwei Aspekten. Zunächst muss ein geeigneter JDBC-Treiber geladen werden, üblicherweise mit der statischen Methode `DriverManager.registerDriver()` aus dem Paket `java.sql`. Dann erfolgt das eigentliche Verbinden zur Datenbank durch Erzeugen eines `Connection`-Objekts. Hierzu muss ein JDBC-URL im Format `jdbc:TreiberIdentfifer:Name` an die Methode `DriverManager.getConnection()` übergeben werden (das genaue Format ist leider datenbankabhängig). Das folgende Beispiel zeigt das Vorgehen im Falle einer Oracle-Datenbank, mit dem Oracle-JDBC-Thinclient sowie der populären MySQL-Datenbank:

```
import java.sql.*;

class DatabaseUtil {

   /**
    * Verbindungsaufbau zu Oracle-Datenbank mit Thinclient-Treiber
    *
    * @param server      Servername/IP
    * @param port        Portnummer
    * @param serviceName Oracle Service Name
    * @param user        Oracle Username
    * @param password    Oracle User Passwort
    * @return            Connection-Objekt oder null
    */
   public static Connection makeOracleConnection(String server, String port,
                                           String serviceName,
                                           String user, String password) {
      Connection conn = null;

      try {
         // Oracle Treiber laden
         DriverManager.registerDriver (new oracle.jdbc.driver.OracleDriver());

         // Verbindung herstellen
         String str = "jdbc:oracle:thin:@" + server + ":" + port + ":" +
                      serviceName;
         conn = DriverManager.getConnection(str, user, password);

      } catch(SQLException e) {
         e.printStackTrace();
      }

      return conn;
   }
```

Listing 233: Methoden zur Verbindung mit Oracle- bzw. MySQL-Datenbanken

```
   /**
    *  Verbindungsaufbau zu MySQL-Datenbank
    *
    *  @param server    Servername/IP
    *  @param port      Portnummer
    *  @param database  MySQL Datenbankname
    *  @param user      MySQL Username
    *  @param password  MySQL User Passwort
    *  @return          Connection-Objekt oder null
    */
   public static Connection makeMySQLConnection(String server, String port,
                                                String database,
                                                String user,
                                                String password) {
      Connection conn = null;

      try {
          //  Treiber laden
          DriverManager.registerDriver (new com.mysql.jdbc.Driver());

          // Verbindung herstellen
          String str = "jdbc:mysql://" + server + ":" + port + "/" + database;
          conn = DriverManager.getConnection(str, user, password);

      } catch(SQLException e) {
         e.printStackTrace();
      }

      return conn;
   }
}
```

Listing 233: Methoden zur Verbindung mit Oracle- bzw. MySQL-Datenbanken (Forts.)

Der Verbindungsaufbau zu einer Oracle-Datenbank könnte mit Hilfe der Methode `DatabaseUtil.makeOracleConnection()` beispielsweise wie folgt aussehen:

```
Connection conn =  DatabaseUtil.makeOracleConnection("192.168.1.1",
                              "1521","kdb","dba","geheim");

if(conn == null)
   System.out.println("Verbindungsaufbau ist fehlgeschlagen");
else
   System.out.println("Oracle Verbindung hergestellt");
```

Beachten Sie dabei Folgendes:

- Das jar-Archiv des Datenbanktreibers (z.B. für Oracle 9i die Datei *ojdbc14.jar*) muss im CLASSPATH aufgeführt sein.
- Der konkrete Name für die zu ladende Treiberklasse sowie der Aufbau des Verbindungsstrings ist abhängig von Treiber und Datenbankversion. Konsultieren Sie hierzu die Handbücher. Der Standardport für Oracle-Datenbanken ist meist 1521, für MySQL 3306.

- Der Verbindungsaufbau ist recht zeitaufwendig und sollte nur selten durchgeführt werden. Es ist besser, ein vorhandenes Connection-Objekt so oft wie möglich wiederzuverwenden (*siehe hierzu auch Rezept 179*).
- Wenn ein Connection-Objekt für längere Zeit nicht mehr benötigt wird, sollte die close()-Methode aufgerufen werden, um die gebundenen Ressourcen freizugeben.

179 Connection-Pooling

Die im vorigen Abschnitt gezeigte Vorgehensweise zum Anfordern einer Datenbankverbindung ist relativ zeitaufwendig – weswegen einmal erhaltene Connection-Objekte mehrfach verwendet werden sollten (statt für jeden SQL-Befehl eine neue Verbindung aufzubauen). Solange man ein überschaubares Programm schreiben muss, ist dieser Tipp auch nicht weiter schwer zu befolgen. Etwas komplizierter wird es bei Webanwendungen und Ähnlichem, wo Dutzende oder vielleicht sogar Hunderte von internen Threads bzw. Servlets auf die Datenbank zugreifen. Die Threads/Servlets leben meist nur kurze Zeit und können daher selbst keine Verbindung halten. Die Anwendung auf der anderen Seite hat das Problem, dass bei einer hohen Anzahl an gleichzeitig gehaltenen Verbindungen alle Datenbankressourcen blockiert werden und die ganze Anwendung »einfriert«.

Hier bietet sich der Einsatz eines *Connection-Pools* an. Hierbei handelt es sich um eine begrenzte Menge an echten (physikalischen) Datenbankverbindungen, die von einem Programm nach Bedarf mit getConnection() angefordert werden, für eine oder mehrere SQL-Befehle genutzt werden und dann sofort durch Aufruf von close() geschlossen werden. Die Verbindung wird dabei jedoch nur virtuell geschlossen; in Wirklichkeit bleibt sie bestehen und kann beim nächsten Anfordern mit getConnection() wieder ohne zeitaufwendigen Neuaufbau zugeteilt werden. Aus Programmsicht gibt es hierbei keinen Unterschied zwischen einer solchen logischen/virtuellen Verbindung und einer echten wie in *Rezept 178* erhaltenen und der Code muss in keinster Weise umgeschrieben werden.

Um Connection-Pooling einzusetzen, muss man ein Objekt haben, welches das Interface ConnectionPoolDataSource aus dem Paket javax.sql implementiert. Die hierzu notwendige Klasse ist leider treiberabhängig, für den Oracle Thinclient ist es OracleConnectionPoolDataSource, für MySQL Connector heißt sie MysqlConnectionPoolDataSource. Eine Instanz dieser Klasse wird bei einer typischen Webanwendung mit Hilfe von JNDI ermittelt. (Hierzu muss der Applikationsserver die Datenbank als Datenquelle mit allen notwendigen Einstellungen wie Username, Passwort, Größe des Connection-Pools registriert und veröffentlicht haben[1].)

Für einfache (Test-)Zwecke kann man auch eine Instanz direkt anlegen, z.B. für MySQL:

```
import java.sql.*;
import javax.sql.*;
import com.mysql.jdbc.jdbc2.optional.*;

class DatabaseUtil {

   /**
```

Listing 234: Connection-Pooling

1. Aufgrund der Vielzahl an Applikationsservern können wir hier nicht auf diese speziellen Konfigurationsaspekte eingehen. Bitte lesen Sie die entsprechende Dokumentation.

```
 * Liefert eine ConnectionPoolDataSource zu der angegebenen Datenbank
 *
 * @param server    Datenbankserver
 * @param port      Port
 * @param database  Datenbankname
 * @param user      Username
 * @param password  Password
 * @return          DataSource
*/
public static DataSource getConnectionPoolDataSource(String server,
                         String port, String database,  String user,
                         String password) {
   MysqlConnectionPoolDataSource source;

   try {
      source = new MysqlConnectionPoolDataSource();
      source.setServerName(server);
      source.setPort(Integer.parseInt(port));
      source.setDatabaseName(database);
      source.setUser(user);
      source.setPassword(password);


   } catch(Exception e) {
      e.printStackTrace();
      source = null;
   }

  return source;
 }
}
```


Listing 234: Connection-Pooling (Forts.)

Der Regelfall sieht allerdings wie erwähnt den Weg über JNDI vor, bei dem über den konfigurierten Ressourcenname die Datenbank als Datenquelle (DataSource) bekannt gemacht wird, z.B.

```
import java.sql.*;
import javax.sql.*;
import javax.naming.*;

class DatabaseUtil {

   /**
    * Liefert eine ConnectionPoolDataSource zu der angegebenen JNDI-Ressource
    *
    * @param resource  Name der Datenquelle
    * @return          DataSource-Objekt
    */
```

Listing 235: Methode für Connection-Pooling via JNDI

```
    public static DataSource getConnectionPoolDataSource(String resource ) {
      InitialContext ic = null;
      DataSource result = null;

      try {
          ic = new InitialContext();
          result = (DataSource) ic.lookup(resource);

      } catch (Exception e) {
          e.printStackTrace();
      }

      return result;
    }
}
```

Listing 235: Methode für Connection-Pooling via JNDI (Forts.)

Mit Hilfe der zurückgelieferten `DataSource`-Instanz kann ein Programm dann (virtuell) eine Verbindung aufbauen (`getConnection()`-Aufruf) und nach Gebrauch sofort wieder mit `close()` schließen – und dies beliebig oft wiederholen, ohne dass dabei ein physikalischer zeitaufwendiger Verbindungsaufbau stattfindet:

```
DataSource ds;

try {
    ds =
       DatabaseUtil.getConnectionPoolDataSource("java:comp/env/jdbc/kunden");

    Connection conn =  ds.getConnection();

    // conn für Queries einsetzen
    // ...

    conn.close();

} catch(Exception e) {
   e.printStackTrace();
}
```

Listing 236: Connection-Pooling via JNDI

180 SQL-Befehle SELECT, INSERT, UPDATE und DELETE durchführen

Für das Durchführen eines SQL-Befehls wird neben einem gültigen `Connection`-Objekt eine Instanz von `Statement` benötigt, die mit der statischen Methode `Connection.createStatement()` erzeugt werden kann. Je nach Art des SQL-Befehls muss dann eine geeignete `execute()`-Methode der Klasse `Statement` zum Ausführen eingesetzt werden:

- `ResultSet.executeQuery(String sql)` für SELECT-Befehle; gefundene Zeilen werden als `ResultSet`-Objekt zurückgegeben.
- `int execute(String sql)` für INSERT/UPDATE/DELETE-Befehle; Rückgabe ist die Anzahl der betroffenen Zeilen.

Die nachfolgend definierten Hilfsmethoden kapseln die erforderlichen Aufrufe und übernehmen die notwendige Exception-Behandlung:

```
import java.sql.*;

class DatabaseUtil {

   /**
    * Ausführen einer SELECT-Query
    *
    * @param conn   Connection Objekt
    * @param sql    SQL-SELECT Query
    * @return       ResultSet oder null
    */
   public static ResultSet executeSelect(Connection conn, String sql) {
      ResultSet res = null;

      try {
         Statement stm = conn.createStatement();
         res = stm.executeQuery(sql);

      } catch(SQLException e) {
         e.printStackTrace();
      }

      return res;
   }

   /**
    * Ausführen eines INSERT/UPDATE/DELETE-Befehls
    *
    * @param conn  Connection Objekt
    * @param sql   SQL-Befehl
    * @return      Anzahl betroffene Zeilen oder -1 bei Fehler
    */
   public static int execute(Connection conn, String sql) {
      int res = 0;

      try {
         Statement stm = conn.createStatement();
         boolean st = stm.execute(sql);
         res = stm.getUpdateCount();

      } catch(SQLException e) {
         e.printStackTrace();
```

Listing 237: Hilfsmethoden zum Ausführen von SQL-Befehlen

Datenbanken

```
            res = -1;
        }

        return res;
    }


    /**
     * Verbindungsaufbau zu Oracle-Datenbank mit Thinclient-Treiber
     */
    public static Connection makeOracleConnection(String server, String port,
                                                  String serviceName,
                                                  String user, String password) {
        siehe Rezept 178
    }

    /**
     *  Verbindungsaufbau zu MySQL-Datenbank
     */
    public static Connection makeMySQLConnection(String server, String port,
                                                 String database,
                                                 String user,
                                                 String password) {
        siehe Rezept 178
    }
}
```

Listing 237: Hilfsmethoden zum Ausführen von SQL-Befehlen (Forts.)

Ein möglicher Aufruf könnte beispielsweise wie folgt aussehen:

```
// Muster für fiktive Datenbank
Connection conn = Database.makeOracleConnection("mein.server.de",
                               "1521", "db", "dbdba", "geheim");
ResultSet result = Database.executeSelect(conn,
                     "SELECT * FROM kunden WHERE name = 'Meier'");
```

Hinweis

SQL-Befehlsstrings dürfen nicht mit einem Semikolon enden, also z.B.

```
String sql = "SELECT * FROM DEMOTABELLE";
```

Anzahl Treffer für eine SELECT-Query ermitteln

Das bei einer SELECT-Query zurückgegebene `ResultSet`-Objekt bietet keine direkte Möglichkeit, um die Anzahl der gefundenen Zeilen zu ermitteln. Man kann sich auf zwei Arten behelfen: Entweder führt man zusätzlich eine separate Query mit dem SQL-Befehl *SELECT COUNT(*)* durch oder man verwendet ein scrollbares `ResultSet`-Objekt und springt an das Ende und zählt so die Zeilen:

```
Connection conn = ...
Statement stm = conn.createStatement(ResultSet.TYPE_SCROLL_INSENSITIVE,
                                     ResultSet.CONCUR_UPDATABLE );
```

```
ResultSet rs = stm.executeQuery("SELECT * FROM DEMOTABELLE");

rs.last();  // zur letzten Zeile springen
int num = rs.getRowNum();
rs.first();  // zur ersten Zeile springen
```

Hinweis

Die obige Vorgehensweise funktioniert nur, wenn der eingesetzte JDBC-Treiber scrollfähige ResultSet-Objekte unterstützt und die abgefragte Tabelle einen Primärschlüssel definiert hat.

181 Änderungen im ResultSet vornehmen

Mit einem ResultSet-Objekt kann man nicht nur die einzelnen gefundenen Treffer auslesen, man kann sie auch editieren und die Änderung in die Datenbank zurückschreiben. Darunter fällt natürlich auch das Hinzufügen oder Löschen von Datensätzen. Voraussetzung ist allerdings, dass man bei Anlage des zugrunde liegenden Statement-Objekts ein scroll- und updatefähiges ResultSet erlaubt hat:

```
Statement st = conn.createStatement (ResultSet.TYPE_SCROLL_INSENSITIVE,
                                     ResultSet.CONCUR_UPDATABLE);
```

Anstelle von TYPE_SCROLL_INSENSITIVE kann auch TYPE_SCROLL_SENSITIVE verwendet werden. Bei Letzterem wirken sich Änderungen an den zugrunde liegenden Zeilen in der Datenbank durch andere Sessions auf die Daten im ResultSet-Objekt aus.

Wert in Datenfeld ändern

Das Durchführen von Änderungen in einem vorhandenen ResultSet-Objekt geschieht immer auf der aktuellen Zeile und erfolgt durch Aufruf einer passenden updateXxx()-Methode. Welche Update-Methode genau zum Einsatz kommt, hängt vom Datentyp der zugrunde liegenden Tabellenspalte ab, z.B. updateString() oder updateInt(). Alle Update-Methoden erwarten den Namen oder Spaltenindex – bezogen auf die zugrunde liegende SELECT-Query – und den neuen Wert. Wirksam wird eine Änderung allerdings erst durch einen nachfolgenden Aufruf von updateRow():

```
try {
   ResultSet rs = st.executeQuery("SELECT name, vorname from KUNDEN");

   // erste Zeile bearbeiten
   rs.first();
   rs.updateString("name", "Korn-Westfelder");
   rs.updateRow();

} catch(Exception e) {
   e.printStackTrace();
}
```

Zeilen (Datensätze) einfügen

Das Einfügen einer neuen Zeile erfolgt über die so genannte Einfügezeile (InsertRow), die durch moveToInsertRow() angesprungen wird und dann wie im Update-Fall geändert wird. Mit insertRow() wird die neue Zeile in die Datenbank geschrieben. Mit moveToCurrentRow() springt man dann zurück zur aktuellen Zeile:

```
try {
   ResultSet rs = st.executeQuery("SELECT name, vorname from KUNDEN");

   // Zeile hinzufügen
   rs.moveToInsertRow();

   // Zeile mit Werten füllen
   rs.updateString("name", "Hintermoser");
   rs.updateString("vorname", "Kurt");

   // Zu aktueller Zeile zurückspringen
   rs.moveToCurrentRow();

} catch(Exception e) {
   e.printStackTrace();
}
```

Zeilen (Datensätze) löschen

Für das Löschen genügt das Positionieren in der gewünschten Zeile, gefolgt von einem Aufruf deleteRow():

```
try {
   ResultSet rs = st.executeQuery("SELECT name, vorname from KUNDEN");

   // Zeile 3 löschen
   rs.absolute(3); // auf Zeile 3 positionieren
   rs.deleteRow();

} catch(Exception e) {
   e.printStackTrace();
}
```


182 PreparedStatements ausführen

Wenn immer wieder der gleiche SQL-Befehl ausgeführt werden soll, kann man unter Umständen dadurch Zeit sparen, dass man sie vorkompiliert. Hierbei wird das zeitaufwendige Parsen und Analysieren des SQL-Befehls nur einmal gemacht. Beim wiederholten Aufrufen muss man dann lediglich die aktuellen Werte für die gewünschten Parameter einsetzen. Hierzu dient die Klasse java.sql.PreparedStatement und die Factory-Methode prepareStatement() von Connection. Als Argumente übernimmt die Methode den SQL-String, wobei konkrete, sich ändernde Werte durch den Platzhalter ? ersetzt werden.

Ein vorkompilierter SQL-Befehl für die Query

```
select * from kunden where name = 'Meier' and vorname = 'Hugo'
```

würde man beispielsweise wie folgt anlegen:

```
Connection conn = ...
PreparedStatement ps = conn.prepareStatement(
                       "select * from kunden where name = ? and vorname = ?");
```

Die Platzhalter werden dabei von links nach rechts mit 1 beginnend gezählt. Wenn es an das Ausführen des SQL-Befehls mit konkreten Werten geht, wird nun mit je nach Datentyp passenden `setXxx()`-Methoden wie `setString()`, `setInt()`, `setFloat()` der Wert gesetzt und bei SELECT-Befehlen mit `executeQuery()`, bei INSERT/UPDATE/DELETE mit `execute()` angewendet:

```
ps.setString(1, "Meier");
ps.setString(2, "Hugo");
ResultSet rs = ps.executeQuery();
```

183 Stored Procedures ausführen

Eine Stored Procedure oder Stored Function ist eine Methode, die innerhalb des Datenbankservers ausgeführt wird und dadurch in der Regel sehr performant sein kann. Leider ist dieses Feature für MySQL erst in zukünftigen Versionen geplant (jetziger Stand: ab Version 5.1), so dass wir hier das Vorgehen nur für Oracle-Datenbanken zeigen. Theoretisch sollte das gezeigte Vorgehen aber bei beliebigen Datenbanken funktionieren, sofern ein JDBC 3.0-kompatibler Treiber verfügbar ist.

Beispiel:

Eine Oracle-Stored Function mit der folgenden Signatur soll aufgerufen werden:

```
searchCustomer(p1 IN varchar2, p2 IN varchar2, p3 OUT int) RETURN VARCHAR2
```

Diese Function erwartet zwei Eingabeparameter `p1` und `p2` und liefert ein `int`-Ergebnis im Parameter `p3` zurück sowie einen String als Funktionswert.

Für den Aufruf wird ein besonderes Objekt vom Typ `java.sql.CallableStatement` benötigt, dem man ähnlich wie bei `PreparedStatement` den gewünschten Aufruf übergibt, wobei alle Übergabeparameter (bei Functions auch der Rückgabewert) als Parameter, d.h. per Platzhalter `?`, definiert werden.

Datenbanken

Für die Parameter vom Typ `IN` werden die zu übergebenden Werte mit Hilfe von entsprechenden `setXxx()`-Methoden gesetzt, z.B. `setString()`.

Für `OUT`-Parameter (hierzu zählt auch der Funktionsrückgabewert, der als Nummer 1 gezählt wird!) muss der Datentyp gesondert registriert werden – mit Hilfe der Methode `registerOutParameter()`, der Sie neben der Nummer des Parameters die zu dem SQL-Datentyp passende Konstante in `java.sql.Types` (*siehe Tabelle 46*) übergeben.

```
try {
   // siehe Rezept 178 für makeOracleConnection
   Connection conn = DatabaseUtil.makeOracleConnection("mein.server.de",
                                        "1521", "db", "dbdba", "geheim");

   // Aufruf-String
   String query = "{?= call searchCustomer(?,?,?)}";

   // Call-Objekt erzeugen
   CallableStatement st = conn.prepareCall(query);
```

Listing 238: Aufruf einer Stored Procedure

```
        // Übergabewerte setzen
        st.setString(2, "Meier");
        st.setString(3, "Hugo");

        // OUT-Parameter registrieren
        // Funktionsrückgabewert
        st.registerOutParameter(1, java.sql.Types.VARCHAR);

        // OUT-Parameter p3
        st.registerOutParameter(4, java.sql.Types.INTEGER);

        // ausführen
        st.execute();

        // Ergebnis auslesen
        String status = st.getString(1); // Funktionswert
        int num = st.getInt(4);          // OUT-Parameter p3 (Nr 4)

      } catch(Exception e) {
        e.printStackTrace();
      }
```

Listing 238: Aufruf einer Stored Procedure (Forts.)

SQL-Typ	JDBC-SQL-Typ in java.sql.Types	Java-Typ	Beschreibung
ARRAY	ARRAY	java.sql.Array	SQL-Feld
BIGINT	BIGINT	long	64 Bit Ganzzahl
BIT	BIT	boolean	Einzelnes Bit (0,1)
BLOB	BLOB	java.sql.Blob	Beliebige Binärdaten
BOOLEAN	BOOLEAN	boolean	Boolescher Wert
CHAR	CHAR	String	Zeichenkette fester Länge
CLOB	CLOB	java.sql.Clob	Für große Zeichenketten
DATE	DATE	java.sql.Date	Datumsangaben
DECIMAL	DECIMAL	java.math.BigDecimal	Festkommazahl
DOUBLE	DOUBLE	double	Gleitkommazahl in doppelter Genauigkeit
FLOAT	FLOAT	double	Gleitkommazahl in doppelter Genauigkeit
INTEGER	INTEGER	int	32 Bit Ganzzahl
–	JAVA_OBJECT	Object	Speicherung von Java-Objekten

Tabelle 46: Typzuordnung zwischen SQL und Java

SQL-Typ	JDBC-SQL-Typ in java.sql.Types	Java-Typ	Beschreibung
NULL	`NULL`	`null` für Java-Objekte, `false` für `boolean`, `0` für numerische Typen	Darstellung des NULL-Werts (= kein Wert)
NUMERIC	`NUMERIC`	`java.math.BigDecimal`	Dezimalzahlen mit fester Genauigkeit
REAL	`REAL`	`float`	Gleitkommazahl einfacher Genauigkeit
TIME	`TIME`	`java.sql.Time`	Zeitdarstellung (Stunden, Minuten, Sekunden)
VARCHAR	`VARCHAR`	`String`	Zeichenketten variabler Länge

Tabelle 46: Typzuordnung zwischen SQL und Java (Forts.)

184 BLOB- und CLOB-Daten

Das Speichern von größeren Zeichenketten oder beliebigen Binärdaten ist mit den gängigen Datenbanken und JDBC erstaunlich beschränkt, da der Datentyp VARCHAR auf 255 Zeichen beschränkt ist (und auch spezifische Datentypen wie VARCHAR2 bei Oracle erlauben nur eine bescheidene Länge von maximal 4096 Zeichen). Abhilfe schaffen die Datentypen BLOB für die Speicherung beliebig großer binärer Daten sowie CLOB für Zeichenketten.

Achtung

Die genauen Namen der Datentypen sind teilweise abhängig von der Datenbank, z.B. kennt MySQL die Typen BLOB (bis 65.535 Byts), MEDIUMBLOB (bis 1,6 Mbyte) und LARGEBLOB (bis 4,2 Gbyte) sowie anstelle von CLOB die Typen TEXT, MEDIUMTEXT, LONGTEXT (Größen wie bei BLOB-Varianten).

BLOB-/CLOB-Daten in Datenbank schreiben

Um BLOB-Daten aus Dateien einzulesen und in eine Datenbank zu schreiben, gehen Sie wie folgt vor:

1. Sie lesen die Daten ein.

   Für Binärdateien verwenden Sie einen `FileInputStream`, für Textdaten einen `FileReader`.
2. Sie setzen einen SQL-Befehl oder eine `PreparedStatement` zum Einfügen der Daten auf.
3. Sie schicken den SQL-Befehl mit `executeUpdate()` ab.

Der folgende Code geht von einer Oracle-Tabelle `Buecher` aus, mit einer BLOB-Spalte für das Titelbild und einer CLOB-Spalte für den Buchtext:

```
import java.io.*;
import java.sql.*;
...
```

Listing 239: Schreiben von BLOB-/CLOB-Daten

```
try {
   // siehe Rezept 178 für makeOracleConnection
   Connection c = DatabaseUtil.makeOracleConnection("mein.server.de",
                               "1521", "db", "dbdba", "geheim");

   // Daten einlesen
   File img = new File("cover.tif");
   File text = new File("content.txt");
   FileInputStream fisImage = new FileInputStream(img);
   FileReader frText = new FileReader(text);

   // PreparedStatement aufsetzen
   PreparedStatement ps = c.prepareStatement("INSERT into buecher" +
                    " VALUES (?, ?, ?)");
   ps.setString(1, "3645-57876-46565-6");
   ps.setBinaryStream(2,fisImage,(int) img.length());
   ps.setCharacterStream(3, frText, (int) text.length());

   // SQL-Befehl abschicken
   int num = ps.executeUpdate();

} catch(Exception e) {
   e.printStackTrace();
}
```

Listing 239: Schreiben von BLOB-/CLOB-Daten (Forts.)

BLOB-/CLOB-Daten lesen

Die umgekehrte Richtung, das Lesen von BLOB/CLOB-Daten, kann über eine normale SELECT-Query erfolgen. Vom `ResultSet`-Objekt können Sie sich dann mit den Methoden `getBlob()` bzw. `getClob()` einen »Locator« vom Typ `java.sql.Blob` bzw. `java.sql.Clob` zurückliefern lassen, mit dessen Methoden – `getBytes()` für BLOB-Daten bzw. `getSubString()` für CLOB-Daten – Sie auf die Daten zugreifen können.

```
import java.sql.*;

class DatabaseUtil {

   /**
    * Lesen eines BLOB aus der Datenbank
    *
    * @param rs    ResultSet-Objekt von SELECT-Query
    * @param num   Nummer der Spalte mit dem Blob
    * @return      Array byte[] mit Blobdaten oder null bei Fehler
   */
   public static byte[] readBlob(ResultSet rs, int num) {
      try {
         Blob b = rs.getBlob(num);
```

Listing 240: Hilfsmethoden zum Auslesen von BLOB- und CLOB-Daten

```
         int len = (int) b.length();
         return b.getBytes(1, len);

      } catch(Exception e) {
         return null;
      }
   }

   /**
    * Lesen eines CLOB aus der Datenbank
    *
    * @param rs   ResultSet-Objekt von SELECT-Query
    * @param num  Nummer der Spalte mit dem Clob
    * @return     String mit Clobdaten oder null bei Fehler
   */
   public static String readClob(ResultSet rs, int num) {
      try {
         Clob c = rs.getClob(num);
         int len = (int) c.length();
         String str = c.getSubString(1,len);
         return str;
      } catch(Exception e) {
         return null;
      }
   }

   /**
    * Verbindungsaufbau zu Oracle-Datenbank mit Thinclient-Treiber
    */
   public static Connection makeOracleConnection(String server, String port,
                                           String serviceName,
                                           String user, String password) {
      siehe Rezept 178
   }

   /**
    *  Verbindungsaufbau zu MySQL-Datenbank
    */
   public static Connection makeMySQLConnection(String server, String port,
                                             String database,
                                             String user,
                                             String password) {
      siehe Rezept 178
   }
}
```

Listing 240: Hilfsmethoden zum Auslesen von BLOB- und CLOB-Daten (Forts.)

Der folgende Code geht von einer Oracle-Tabelle Buecher aus, mit einer BLOB-Spalte für das Titelbild und einer CLOB-Spalte für den Buchtext:

```
try {
   // siehe Rezept 178 für makeOracleConnection
   Connection conn = DatabaseUtil.makeOracleConnection("mein.server.de",
                              "1521", "db", "dbdba", "geheim");

   Statement stm = conn.createStatement();
   String sql = "SELECT * FROM buch where isbn = '3645-57876-46565-6'";
   ResultSet res = stm.executeQuery(sql);

   if(res.next() == true) {
       // das Buchcover laden
       byte[] imageBytes = DatabaseUtil.readBlob(res, 2);
       ImageIcon bookCover = new ImageIcon(imageBytes);

       // den Buchtext laden
       String bookText = DatabaseUtil.readClob(res,3);
   }

} catch(Exception e) {
   e.printStackTrace();
}
```

Listing 241: Lesen von BLOB-/CLOB-Daten

185 Mit Transaktionen arbeiten

Unter einer Transaktion versteht man die Zusammenfassung von mehreren SQL-Befehlen zu einer logischen Einheit, so dass entweder alle erfolgreich ausgeführt werden oder keine. Normalerweise ist eine per JDBC-Treiber geöffnete JDBC-Verbindung im Autocommit-Modus, d.h., nach jedem einzelnen Befehl wird in der Datenbank ein Commit durchgeführt und die Änderungen sind bleibend. Für Transaktionen muss man daher diesen Automatismus im erhaltenen Connection-Objekt ausschalten und dann an den gewünschten Stellen durch Aufruf der commit()-Methode die bisher abgesetzten SQL-Befehle persistent machen oder mit rollback() wieder rückgängig machen:

```
// AutoCommit ausschalten
Connection conn =  ... siehe Rezept 178
conn.setAutoCommit(false);

// SQL-Befehl durchführen
Statement st = conn.createStatement();
st.executeUpdate("INSERT ...");

// Transaktion beenden
conn.commit();     // Datenbankänderungen akzeptieren
// oder: conn.rollback();  um Änderungen rückgängig zu machen
```

Listing 242: Mit Transaktionen arbeiten

Savepoints

Der Aufruf von `commit()` bzw. `rollback()` betrifft alle SQL-Befehle, die seit dem letzten `commit()` an die Datenbank gesendet worden sind. Eine etwas genauere Unterteilung bietet der Einsatz von `java.sql.Savepoint`. Ein `Savepoint`-Objekt ist eine Markierung innerhalb einer Transaktion und man kann sie an die `rollback()`-Methode übergeben: Dann werden nur die SQL-Befehle rückgängig gemacht, die nach dem Setzen der `Savepoint`-Markierung gesendet worden sind, z.B.

```
// AutoCommit ausschalten
Connection conn =  ... siehe Rezept 178
conn.setAutoCommit(false);

// SQL-Befehl durchführen
Statement st = conn.createStatement();
st.executeUpdate("INSERT ...");      // SQL Nr 1

// Savepoint setzen
Savepoint sp = conn.setSavepoint();

// Weitere SQL-Befehle durchführen
st.executeUpdate("INSERT ...");       // SQL Nr 2
st.executeUpdate("UPDATE ...");       // SQL Nr. 3

// Rollback
conn.rollback(sp);                    // SQL Nr 2&3 rückgängig

// Commit
conn.commit();                        // SQL 1 persistent
```


186 Batch-Ausführung

Wenn viele einzelne Datensatzänderungen (INSERT; UPDATE; DELETE) vorgenommen werden sollen, kann es (sofern von der Datenbank/vom Treiber unterstützt) sinnvoll sein, eine so genannte Batch-Ausführung zu verwenden. Hierbei werden alle SQL-Befehle gesammelt und in einem Block zur Datenbank geschickt, was teilweise deutliche Geschwindigkeitsvorteile bringen kann. Häufig werden Batch-Operationen als Transaktionen ausgeführt, so dass alle oder keine der SQL-Operationen erfolgreich ist.

```
import java.sql.*;

class DatabaseUtil {

   /**
    * Abarbeitung von SQL-Befehlen im Batch-Modus
    *
    * @param conn           Connection-Objekt
    * @param sql            Array mit SQL-Befehlen
    * @param asTransaction  Angabe, ob als Transaktion zusammenfassen
    * @return               int-Array mit Anzahl betroffener Zeilen pro
    *                       SQL-Befehl oder null bei Fehler
```

Listing 243: Hilfsmethode zur Batch-Ausführung von SQL-Befehlen

```
 */
public static int[] executeBatch(Connection conn, String[] sql,
                                 boolean asTransaction) {
  int[] result = null;
  boolean autoCommitOld = true;
  Savepoint sp = null;

  try {
     if(asTransaction) {
       autoCommitOld = conn.getAutoCommit(); // alten Zustand merken
       conn.setAutoCommit(false);
       sp = conn.setSavepoint();
     }

     Statement stm = conn.createStatement();

     for(String str : sql) {
       stm.addBatch(str);
     }

     result = stm.executeBatch();

  } catch(BatchUpdateException bex) {
     result = null;
     SQLException n = bex;

     while( n!= null) {
        System.out.println(n);
        n = n.getNextException();
     }
  } catch(Exception e) {
     e.printStackTrace();
     result = null;
  }

  try {
     if(result == null && asTransaction == true)
       // in transaction modus, bei Fehler alles rückgängig machen
       conn.rollback(sp);
     else if(result != null && asTransaction == true)
            conn.commit();

     // aufräumen
     if(asTransaction ==  true) {
       conn.releaseSavepoint(sp);
       conn.setAutoCommit(autoCommitOld);
     }

  } catch(Exception e) {
     e.printStackTrace();
  }
```

Listing 243: Hilfsmethode zur Batch-Ausführung von SQL-Befehlen (Forts.)

```
        return result;
    }


    /**
     * Verbindungsaufbau zu Oracle-Datenbank mit Thinclient-Treiber
     */
    public static Connection makeOracleConnection(String server, String port,
                                                  String serviceName,
                                                  String user, String password) {
        siehe Rezept 178
    }

    /**
     *  Verbindungsaufbau zu MySQL-Datenbank
     */
    public static Connection makeMySQLConnection(String server, String port,
                                                 String database,
                                                 String user,
                                                 String password) {
        siehe Rezept 178
    }
}
```

Listing 243: Hilfsmethode zur Batch-Ausführung von SQL-Befehlen (Forts.)

Das folgende Codefragment demonstriert die Verwendung:

```
// siehe Rezept 178 für makeOracleConnection
Connection conn = DatabaseUtil.makeOracleConnection("mein.server.de",
                                 "1521", "db", "dbdba", "geheim");

// SQL-Befehle für Batch-Ausführung sammeln
String[] sql = new String[3];
sql[0] = "INSERT INTO kunden VALUES(1,'Meier','Kurt')";
sql[1] = "INSERT INTO kunden VALUES(2,'Müller','Peter')";
sql[2] = "DELETE FROM kunden WHERE name = 'Schmidt'";

// Batch-Ausführung starten
int[] result = DatabaseUtil.executeBatch(conn, sql, false);


for(int i = 0; i < 3; i++)
  System.out.println("Ergebnis SQL Nr. " + i + ":" + result[i]);
```

187 Metadaten ermitteln

Metadaten sind Informationen über die Struktur von anderen Daten. In JDBC werden dabei zwei Datengruppen unterschieden:

- die Datenbank selbst sowie
- die zurückgelieferten Daten einer SELECT-Query (in Form eines `ResultSet`-Objekts).

Datenbank-Metadaten

Zum Ermitteln von Metadaten über die Datenbank dient die Klasse `java.sql.DatabaseMetaData`, von der man eine Instanz über das `Connection`-Objekt erhalten kann. `DatabaseMetaData` bietet über 150 Methoden zum Abfragen diverser Informationen ab.

Die nachfolgend definierte Methode demonstriert den Zugriff auf die Metadaten und gibt selbst einige grundlegende Informationen wie Datenbankversion und JDBC-Treiber auf die Konsole aus.

```
import java.sql.*;

class DatabaseUtil {

   /**
    * Gibt Datenbank-Infos auf Konsole aus
    *
    * @param conn  Connection-Objekt
    */
   public static void printDBMetaData(Connection conn) {
      try {
         DatabaseMetaData md = conn.getMetaData();

         System.out.println("Datenbanktyp   : "
                                 + md.getDatabaseProductName() + " "
                                 + md.getDatabaseProductVersion());
         System.out.println("JDBC Treiber   : "
                                 + md.getDriverName() + " "
                                 + md.getDriverVersion());
         System.out.println("angemeldet als : "
                                 + md.getUserName() + "\n");

         // Achtung: getCatalogTerm() wird nicht von allen Treibern sinnvoll
         // implementiert!
         System.out.println("vorhandene " + md.getCatalogTerm() + "(s)");
         ResultSet cats = md.getCatalogs();

         while(cats.next()) {
           System.out.println(cats.getString(1));
         }

      } catch(Exception e) {
         e.printStackTrace();
      }
   }
}
```

Listing 244: Hilfsmethode zum Ausgeben einiger wichtiger Datenbank-Metadaten

Aufgerufen wird die Methode einfach mit dem `Connection`-Objekt der abzufragenden Datenbank als Argument:

```
Connection conn = ... // siehe Rezept 178
DatabaseUtil.printDBMetaData(conn);
```

ResultSet-Metadaten

Über das von einer SELECT-Query zurückgegebene ResultSet-Objekt lassen sich ebenfalls Metadaten ermitteln, z.B. die Anzahl der Spalten und ihre Datentypen.

Die nachfolgend definierte Methode demonstriert den Zugriff auf die Metadaten und gibt selbst einige grundlegende Informationen wie die Anzahl der Datensätze sowie Spaltennamen und -typen auf die Konsole aus.

```
import java.sql.*;

class DatabaseUtil {

   /**
    * Gibt ResultSet-Infos auf Konsole aus
    *
    * @param conn  ResultSet-Objekt
    */
   public static void printResultSetMetaData(ResultSet rs) {

      try {
         ResultSetMetaData md = rs.getMetaData();

         int num = md.getColumnCount();
         System.out.println("Anzahl Spalten im ResultSet: " + num);

         for(int i = 1; i <= num; i++) {
           System.out.println("Spalte " + i
                                + " Name: " + md.getColumnName(i)
                            + " Datentyp: " + md.getColumnTypeName(i));
         }
      } catch(Exception e) {
         e.printStackTrace();
      }
    }

}
```

Listing 245: Abfrage von ResultSet-Metadaten

Aufgerufen wird die Methode einfach mit dem abzufragenden ResultSet-Objekt als Argument:

```
try {
   Connection conn = ... // siehe Rezept 178

   Statement st = conn.createStatement();
   ResultSet rs = st.executeQuery("SELECT name, vorname from KUNDEN");

   DatabaseUtil.printResultSetMetaData(rs);

} catch(Exception e) {
   e.printStackTrace();
}
```

188 Datenbankzugriffe vom Applet

Im Prinzip gelten für JDBC-Zugriffe aus einem Applet heraus natürlich die gleichen Regeln wie für normale Anwendungen oder auch Servlets. Allerdings gibt es – natürlich! – Kleinigkeiten, die man beachten muss, damit der Zugriff wie gewünscht klappt:

- **Sicherheit**: Ein Applet darf eine JDBC-Verbindung nur zu seinem Ursprungsserver aufbauen (es sei denn, die entsprechenden Policy-Dateien der verwendeten Java Runtime wurden entsprechend angepasst).
- **Treiber**: Es sollte ein Typ 3 oder Typ 4 sein (keinesfalls ein JDBC-ODBC-Treiber), der zusammen mit dem Applet-Code in einem jar-Archiv gebündelt ist.
- **Browser**: Der Browser muss ein aktuelles Java-Plugin installiert haben; die insbesondere beim Internet Explorer fest eingebaute Virtual Machine kennt kein JDBC.

Das folgende Beispiel zeigt ein einfaches Applet, welches eine Tabelle aus einer MySQL-Datenbank ausliest und anzeigt.

```
import java.sql.*;
import java.awt.*;
import java.applet.*;

public class DatabaseApplet extends Applet  {
   int numRows = 0;
   int numColumns = 0;
   String[][] tabdata;

   String myServer = null;
   String myPort   = "3306";
   String database = "kosamig";
   String user     = "root";
   String password = "root";


   /**
    * in start-Methode die Datenbankverbindung herstellen und Daten lesen
    */
   public void start() {
      try {
         // Mit Datenbank verbinden
         myServer = getDocumentBase().getHost();
         Connection conn = DatabaseUtil.makeMySQLConnection(myServer, myPort,
                                                    database,
                                                    user, password);
         // Query durchführen
         Statement stm = conn.createStatement(
                               ResultSet.TYPE_SCROLL_INSENSITIVE,
                               ResultSet.CONCUR_READ_ONLY);
         String sql ="SELECT * from mig_status";
         ResultSet rs = stm.executeQuery(sql);
```

Listing 246: Datenbankzugriff via Applet

```
            // Anzahl Spalten und Datensätze abfragen
            ResultSetMetaData meta = rs.getMetaData();
            numColumns = meta.getColumnCount();
            rs.last();
            numRows = rs.getRow();
            rs.beforeFirst();

            // ResultSet-Daten in String-Array einlesen
            tabdata = new String[numRows][numColumns];

            int row = 0;
            while(rs.next()) {

               for(int col = 0; col < numColumns; col++)
                tabdata[row][col] = rs.getString(col+1);

               row++;
            }

            // Ergebnis ausgeben
            repaint();

            // Datenbankverbindung schließen
            conn.close();

         } catch(Exception e) {
            System.err.println("Exception bei Verbindung " + e);
            repaint();
         }
      }

      /**
       * in paint-Methode Daten ausgeben
       */
      public void paint(Graphics g) {
         String output;

         for(int i = 0; i < numRows; i++) {
            output = "";

            for(int j = 0; j < numColumns; j++)
              output = output + tabdata[i][j] + "   ";

            g.drawString(output,20,20 + i * 30);
         }
      }
   }
```

Listing 246: Datenbankzugriff via Applet (Forts.)

Die HTML-Seite zum Aufruf:

```
<!DOCTYPE html PUBLIC "-//W3C//DTD HTML 4.01//EN"
   "http://www.w3.org/TR/html4/strict.dtd">
<html>
<head>
   <title> Datenbank-Zugriff über Applet </title>
</head>

<body>

   <p>Zugriff auf Datenbank-Server</p>

   <applet code="DatabaseApplet.class"
           archive="DatabaseApplet.jar"
           width="600" height="500">
   </applet>

</body>
</html>
```

Listing 247: Einbettung des Applets in Webseite

Achtung

Beachten Sie hierbei bitte, dass das Archiv *DatabaseApplet.jar* sowohl die *jar*-Datei des Datenbanktreibers enthalten muss als auch die *.class*-Datei des obigen Applets.

Netzwerke und E-Mail

189 IP-Adressen ermitteln

Die Klasse java.net.NetworkInterface verfügt über eine statische Methode getNetworkInterfaces(), die eine Enumeration vom Typ java.net.NetworkInterface zurückgibt. Jedes Element dieser Enumeration repräsentiert einen Netzwerkadapter samt Anzeigename und IP-Adressen.

Diese Adressen können in Form einer Enumeration aus java.net.InetAddress-Instanzen über die Methode getInetAddresses() der NetworkInterface-Instanz abgerufen werden. Die Methode getHostName() einer InetAddress-Instanz liefert die IP-Adresse, die der Netzwerkverbindung zugeordnet ist.

```
import java.net.*;
import java.util.Enumeration;

public class DisplayInterfaces {

   /**
    * Gibt eine Liste aller Netzwerk-Interfaces samt
    * zugeordneter IP-Adressen aus
    */
   public static void display() {
      try {
         // Netzwerk-Interfaces abrufen
         Enumeration<NetworkInterface> interfaces =
            NetworkInterface.getNetworkInterfaces();

         // Alle Interfaces durchlaufen
         while(interfaces.hasMoreElements()) {
            // Aktuelles Element abrufen und Namen ausgeben
            NetworkInterface ni = interfaces.nextElement();
            System.out.println(
               String.format("Netzwerk-Interface: %s (%s)",
               ni.getName(), ni.getDisplayName()));

            // Adressen abrufen
            Enumeration<InetAddress> addresses =
               ni.getInetAddresses();

            // Adressen durchlaufen
            while(addresses.hasMoreElements()) {
               InetAddress address = addresses.nextElement();

               // Adresse ausgeben
               System.out.println(
                  String.format("- %s",
                  address.getHostAddress()));
            }
```

Listing 248: Ausgabe aller Netzwerk-Interfaces samt deren IP-Adressen

```
                System.out.println();
            }
        } catch (SocketException e) {
            e.printStackTrace();
        }
    }
}
```

Listing 248: Ausgabe aller Netzwerk-Interfaces samt deren IP-Adressen (Forts.)

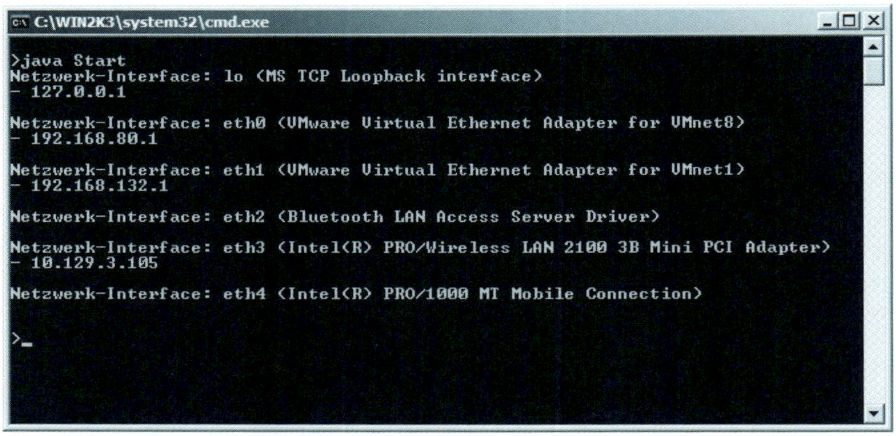

Abbildung 107: Ausgabe der verfügbaren Netzwerk-Interfaces samt deren zugeordneten IP-Adressen

190 Erreichbarkeit überprüfen

Mit Hilfe der Methode `isReachable()` einer `InetAddress`-Instanz kann überprüft werden, ob diese von außen erreichbar ist. Dabei wird eine ECHO-Request an den jeweiligen Server gesendet. Wird sie beantwortet, gilt die Adresse als erreichbar.

Die Methode `isReachable()` ist überladen:

```
boolean isReachable(int timeout) throws IOException

boolean isReachable(NetworkInterface netif, int ttl, int timeout)
   throws IOException
```

Der Parameter `timeout` gibt die Zeitspanne, wie lange auf eine Antwort vom Server gewartet wird, in Millisekunden an. Wird diese Zeitspanne überschritten, gilt die Prüfung als fehlgeschlagen.

Über die explizite Angabe einer `java.net.NetworkInterface`-Instanz kann angegeben werden, welche Netzwerkschnittstelle verwendet werden soll. Sollen alle Netzwerkschnittstellen verwendet werden, ist der Wert `null` zu übergeben.

Die maximale Anzahl an Hops wird über den Parameter ttl definiert. Der Standardwert ist hier null (= unendlich). Wird eine negative Anzahl an Hops übergeben, wird eine IllegalArgumentException ausgeworfen. Selbiges gilt für die Angabe eines negativen Werts für das Timeout der Anfrage.

Bei Verwendung der Methode isReachable() kann es zu IOExceptions kommen, wenn Netzwerkprobleme auftreten. Diese Ausnahme ist entweder zu deklarieren oder abzufangen:

```
import java.io.IOException;
import java.net.InetAddress;
import java.net.UnknownHostException;

public class CheckAvailability {

   /**
    * Prüft, ob eine IP-Adresse erreichbar ist
    */
   public static boolean isReachable(
      String host, int timeout) throws IOException {

      // InetAddress-Instanz erzeugen
      InetAddress address = null;
      try {
         address = InetAddress.getByName(host);
      } catch (UnknownHostException e) {
         // Wird nicht speziell behandelt
      }

      // Überprüfen, ob Adresse erreichbar ist
      if(null != address) {
         return address.isReachable(timeout);
      }

      // Default-Rückgabe
      return false;
   }
}
```

Listing 249: Überprüfung, ob ein Host per ECHO-Request erreichbar ist

Beim Erzeugen einer InetAddress-Instanz mit Hilfe der statischen Methode InetAddress.getByName() kann eine UnknownHostException geworfen werden, wenn der Hostname nicht in eine IP-Adresse aufgelöst werden kann. Dies ist ein starkes Indiz für eine nicht existente Internetverbindung oder einen falsch geschriebenen Hostnamen.

Die Verwendung der beschriebenen Methode aus eigenen Klassen heraus ist sehr simpel: Die statische Methode CheckAvailability.isReachable() nimmt als Parameter den Hostnamen und das Timeout in Millisekunden entgegen. Es kann eine IOException geworfen werden, die aufgefangen oder deklariert werden muss:

```
import java.io.IOException;

public class Start {

   public static void main(String[] args) {
      if(args != null && args.length > 0) {
         // Host ermitteln
         String host = args[0];

         // Standard-Timeout festlegen
         int timeout = 4000;
         if(args.length > 1) {
            // Versuchen, übergebenes Timeout einzulesen
            String to = args[1];

            // In Integer casten
            if(to.length() > 0 && !to.equals("0")) {
               try {
                  timeout = Integer.parseInt(to);
               } catch (NumberFormatException e)
               {
                  // Wird nicht speziell behandelt
               }
            }
         }

         // Ergebnis-Variable definieren
         boolean reachable = false;
         try {
            // Erreichbarkeit prüfen
            reachable =
               CheckAvailability.isReachable(host, timeout);
         } catch (IOException e) {
            e.printStackTrace();
         }

         // Ergebnis ausgeben
         System.out.println(
            String.format("Host %s is %3$sreachable in %2$d MilliSeconds.",
               host, timeout, reachable ? "" : "not "));
      }
   }
}
```

Listing 250: Überprüfen der Erreichbarkeit eines Hosts

Der hier vorgestellten Konsolenanwendung wird über ihre Argumente der zu überprüfende Host und – optional – das maximale Timeout für die Überprüfung der Erreichbarkeit angegeben:

Abbildung 108: Ein Host ist erreichbar

> **Hinweis**
>
> Neben dem Prüfen der Erreichbarkeit eines Servers per ECHO-Request muss oder soll oftmals ein PING durchgeführt werden – allein schon deshalb, weil PING eine weit verbreitete Möglichkeit ist, zu erfahren, ob ein System im Netzwerk angesprochen werden kann.

In *Rezept 72* finden Sie ein Beispiel zu diesem Thema.

191 Status aller offenen Verbindungen abfragen

Leider gibt es keine direkte Möglichkeit, einen Überblick über den aktuellen Status der offenen Verbindungen eines Systems zu erhalten. Je nach Betriebssystem gibt es jedoch verschiedene Konsolenprogramme, die diese Aufgabe erledigen. Unter Windows wird dafür das Tool *netstat* eingesetzt, das alle bestehenden Verbindungen samt deren Status auf einem System anzeigen kann.

Das *netstat*-Tool muss über die `java.lang.Runtime`-Klasse aufgerufen werden. Da damit gleichzeitig die Plattformunabhängigkeit von Java aufgehoben wird, ist der Einsatz einer derartigen Lösung gründlich zu durchdenken. Die Rückgabe von *netstat* kann entweder direkt in eine Textdatei geschrieben und anschließend weiterverwendet oder eingelesen und innerhalb der Anwendung analysiert werden:


```
import java.io.*;

/**
 * Klasse zum Aufruf von netstat unter Windows
 */
public class Netstat extends Thread {

   public void run() {
      // Runtime-Instanz erzeugen
      Runtime r = Runtime.getRuntime();

      Process p = null;
      try {
         // Process-Instanz erzeugen
         p = r.exec("cmd.exe /C netstat -anb");

         // Lesen der Ausgabe
         new OutputReader(this, p).start();
```

Listing 251: Abrufen des Verbindungsstatus

```
         // Ausführen
         p.waitFor();
      }
      // Ausnahmen abfangen
      catch (IOException e) {
         return;
      } catch (InterruptedException e) {
         return;
      }
   }
}
```

Listing 251: Abrufen des Verbindungsstatus (Forts.)

Das Handling von *netstat* unter Windows ist allerdings nicht befriedigend umgesetzt. Dies liegt weniger an Java als vielmehr an der Implementierung dieses Tools. Wenn wie gewöhnlich mit *netstat* als externem Prozess gearbeitet werden würde, bliebe die Java-Anwendung einfach stehen. Aus diesem Grund ist die Klasse als Ableitung von Thread ausgeführt und verwendet einen `OutputReader`-Thread, um die Ausgabe entgegenzunehmen und weiterzuverarbeiten.

Achtung

Unter Windows XP/Vista kann *netstat* nur mit entsprechenden Benutzerrechten ausgeführt werden.

Der Konstruktor der Klasse `OutputReader` nimmt als Parameter den aufrufenden Thread und die `java.lang.Process`-Instanz entgegen, in deren Kontext die *netstat*-Ausführung stattfindet. Innerhalb ihrer `run()`-Methode wird die Ausgabe des *netstat*-Tools eingelesen und verarbeitet. Sobald keine Ausgabe mehr erfolgt, werden der aufrufende und der aktuelle Thread beendet und somit auch die Abarbeitung des im aufrufenden Thread gestarteten Prozesses unterbrochen:

```
import java.io.*;

/**
 * Hilfsklasse für den Aufruf von netstat unter Windows
 */
public class OutputReader extends Thread {

   private InputStream in;
   private Thread caller;

   // Konstruktor
   OutputReader(Thread caller, Process p) {
      // InputStream abrufen
      in = p.getInputStream();

      // Aufrufenden Thread merken
```

Listing 252: Einlesen und Ausgeben der Rückgabe des externen Prozesses

```
        this.caller = caller;
    }

    public void run() {
        // Wenn kein InputStream vorhanden, dann beenden
        if(null == in) {
            return;
        }

        // BufferedReader zum Auslesen der Informationen
        BufferedReader br = new BufferedReader(
            new InputStreamReader(in));

        // Informationen zeilenweise einlesen
        String line = null;
        try {
            while(null != (line = br.readLine())) {
                // Informationen wieder auslesen
                System.out.println(line);
            }
        } catch (IOException e) {
            e.printStackTrace();
        }

        // Thread und aufrufenden Thread beenden
        if(null != caller) {
            // Aufrufenden Thread unterbrechen
            caller.interrupt();
            return;
        } else {
            // Ausführung beenden
            System.exit(0);
        }
    }
}
```

Listing 252: Einlesen und Ausgeben der Rückgabe des externen Prozesses (Forts.)

Da die Netstat-Klasse selbst als java.io.Thread-Ableitung ausgeführt ist, muss ihre Ausführung über ihre start()-Methode angestoßen werden:

```
public class Start {

    public static void main(String[] args) {
        // Erzeugen einer Netstat-Instanz und
        // starten dieser Instanz
        new Netstat().start();
    }
}
```

Listing 253: Erzeugen einer neuen Netstat-Instanz und Starten dieser Instanz

Bei Ausführung des Programms werden alle offenen Ports des Systems samt der öffnenden Anwendungen angezeigt.

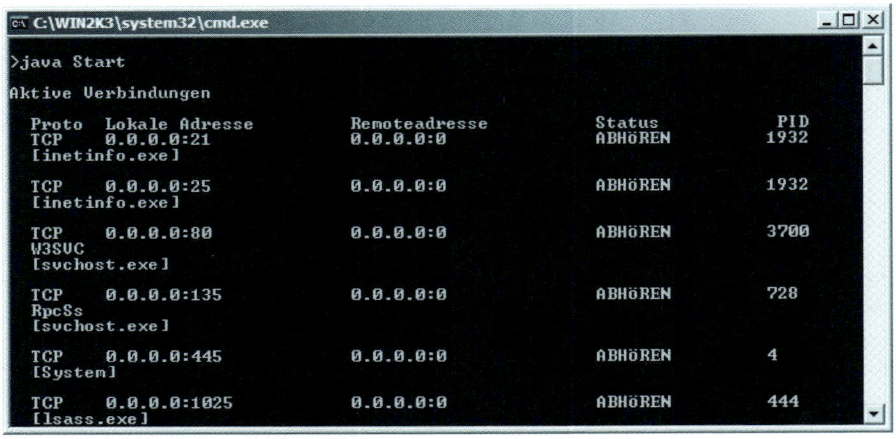

Abbildung 109: Ausgabe aller offenen Ports samt deren Status

192 E-Mail senden mit JavaMail

Mit Hilfe des JavaMail-Frameworks können Sie E-Mails versenden und abrufen. Das Framework benötigt als zusätzliche Komponente das JavaBeans Activation Framework.

JavaMail selbst ist ein komplettes Framework für das Senden und Empfangen von E-Mails. Es unterstützt verschiedene Protokolle (SMTP für den Versand sowie POP3 und IMAP für den Empfang und das Verarbeiten von Nachrichten) und kann bei Bedarf um eigene Protokolle erweitert werden. JavaMail unterstützt verschiedene Nachrichtentypen und kann sehr flexibel konfiguriert werden.

Unter der Adresse *http://java.sun.com/products/javamail/* können Sie die derzeit aktuellste Version von JavaMail kostenlos herunterladen. Das JavaBeans Activation Framework kann unter *http://java.sun.com/products/javabeans/glasgow/jaf.html* heruntergeladen werden.

Das Versenden von E-Mails per JavaMail erfolgt in mehreren Schritten:

- Erzeugen einer `java.util.Properties`-Instanz, die einige Konfigurationsparameter enthält
- Erzeugen einer `javax.mail.Session`-Instanz, in deren Kontext die weitere Verarbeitung stattfindet
- Erzeugen einer `javax.mail.MimeMessage`-Instanz, die die zu versendende Nachricht repräsentiert
- Versenden der Nachricht per `javax.mail.Transport`

Die Konfigurationsparameter in der `Properties`-Instanz bestimmen das Verhalten von JavaMail. Mit ihrer Hilfe kann unter anderem festgelegt werden, welcher Mailserver für den Versand verwendet werden soll:

Parameter	Bedeutung
mail.transport.protocol	Standardprotokoll für die Kommunikation
mail.host	Standard-Mail-Host. Wird verwendet, wenn der protokollspezifische Host leer oder nicht angegeben ist.
mail.user	Standard-Username für den Zugriff auf den Mail-Host. Wird verwendet, wenn der protokollspezifische Username leer oder nicht angegeben ist.
mail.<protokoll>.host	Protokollspezifischer Hostname. Der Platzhalter <protokoll> muss durch das Protokollkürzel ersetzt werden.
mail.<protokoll>.username	Protokollspezifischer Username. Der Platzhalter <protokoll> muss durch das Protokollkürzel ersetzt werden.
mail.from	Gibt die Standard-Antwortadresse an.
mail.debug	Gibt an, ob der JavaMail-Debugging-Modus aktiviert (true) oder deaktiviert ist.

Tabelle 47: JavaMail-Umgebungsparameter

Nach dem Setzen der benötigten Konfigurationsparameter kann eine E-Mail generiert und versendet werden:

```
import javax.mail.MessagingException;
import javax.mail.Session;
import javax.mail.Transport;
import javax.mail.internet.InternetAddress;
import javax.mail.internet.MimeMessage;
import java.util.Properties;

public class SendMail {

   /**
    * E-Mail senden
    */
   public static void send(String from, String to,
                           String subject, String message,
                           String host) throws MessagingException {

      // Properties erzeugen
      Properties props = new Properties();
      props.setProperty("mail.smtp.host", host);

      // Session erzeugen
      Session session = Session.getInstance(props);

      // Mail-Repräsentation erzeugen
      MimeMessage mail = new MimeMessage(session);

      // Absender setzen
      mail.setFrom(new InternetAddress(from));
```

Listing 254: Versenden einer E-Mail per JavaMail

```
        // Empfänger setzen
        mail.setRecipient(MimeMessage.RecipientType.TO,
           new InternetAddress(to));

        // Betreff
        mail.setSubject(subject);

        // Text
        mail.setText(message);

        // Nachricht senden
        Transport.send(mail);
    }
}
```

Listing 254: Versenden einer E-Mail per JavaMail (Forts.)

Das Versenden einer E-Mail über die hier beschriebene statische Methode `SendMail.send()` gestaltet sich sehr einfach:

```
import javax.mail.MessagingException;

public class Start {

   public static void main(String[] args) {
      String from = "...";
      String to = "...";
      String host = "...";
      String subject = "Test-Email via JavaMail";
      String message =
         "Diese Email ist über JavaMail gesendet worden.\r\n\r\n" +
         "Dabei ist es auch möglich, Zeilenumbrüche zu verwenden.";

      // Parameter überprüfen
      if(null != args && args.length > 0) {
         for(String arg : args) {
            // Schlüssel
            String argKey = arg.substring(0, 2);

            // Wert
            String argVal = arg.substring(2);

            // Zuweisen der Argumente zu den lokalen Variablen
            if(argKey.equals("-f")) {
               from = argVal;
            } else if(argKey.equals("-t")) {
               to = argVal;
            } else if(argKey.equals("-h")) {
               host = argVal;
```

Listing 255: Senden einer Nachricht

```
            } else if(argKey.equals("-s")) {
               subject = argVal;
            } else {
               message = argVal;
            }
         }
      }

      // Nachricht versenden
      try {
         SendMail.send(from, to, subject, message, host);
      } catch (MessagingException e) {
         e.printStackTrace();
      }
   }
}
```

Listing 255: Senden einer Nachricht (Forts.)

Die so generierte Nachricht wird umgehend versendet.

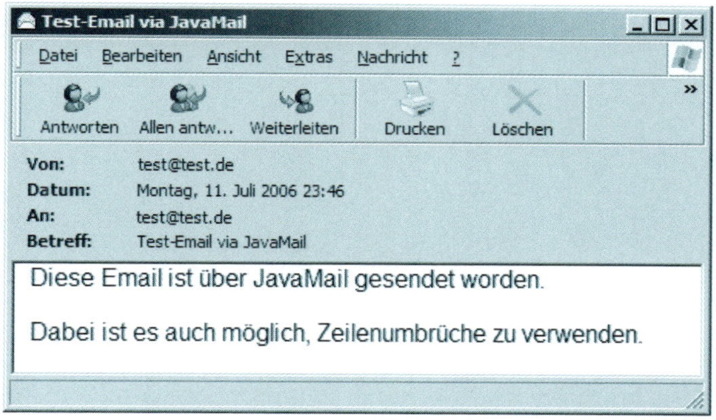

Abbildung 110: Per JavaMail gesendete Nachricht

193 E-Mail mit Authentifizierung versenden

Nicht jeder Mailserver erlaubt den Versand von Nachrichten ohne vorherige Authentifizierung. Das JavaMail-Framework gestattet es aber, die benötigten Informationen zu Username und Host mitzugeben.

Dazu wird eine `com.sun.mail.smtp.SMTPTransport`-Instanz verwendet, die den Versand von E-Mails per SMTP vornimmt. Deren `connect()`-Methode können als Parameter Mailserver, Benutzername und Kennwort übergeben werden. Die zu verwendende `SMTPTransport`-Instanz wird über die Methode `getTransport()` der bereits zuvor genutzten `javax.mail.Session`-Instanz abgerufen:

```
import com.sun.mail.smtp.SMTPTransport;
import javax.mail.MessagingException;
import javax.mail.Session;
import javax.mail.Transport;
import javax.mail.internet.MimeMessage;
import javax.mail.internet.InternetAddress;
import java.util.Properties;

public class SendMail {

   /**
    * E-Mail mit Authentifizierung senden
    */
   public static void sendAuth(String from, String to,
                               String subject, String message,
                               String host, String username, String password)
                                     throws MessagingException {
      // Properties erzeugen
      Properties props = new Properties();
      props.setProperty("mail.smtp.host", host);

      // Session erzeugen
      Session session = Session.getInstance(props);

      // Mail-Repräsentation erzeugen
      MimeMessage mail = new MimeMessage(session);

      // Absender setzen
      mail.setFrom(new InternetAddress(from));

      // Empfänger setzen
      mail.setRecipient(MimeMessage.RecipientType.TO,
         new InternetAddress(to));

      // Betreff
      mail.setSubject(subject);

      // Text
      mail.setText(message);

      // SMTPTransport-Instanz referenzieren
      SMTPTransport smtp = (SMTPTransport)
         session.getTransport("smtp");
      smtp.connect(host, username, password);

      // Nachricht senden
      Transport.send(mail);
   }
}
```

Listing 256: Versenden einer E-Mail über einen Server mit Authentifizierung

194 HTML-E-Mail versenden

Wenn E-Mails im HTML-Format versendet werden sollen, handelt es sich bei diesen Mails streng genommen nicht mehr um textbasierte E-Mails, sondern um E-Mails mit einem Anhang im *text/html*-Format. Dies muss beim Erstellen der E-Mail berücksichtigt werden, denn hier wird der Inhalt nicht mehr über die Convenience-Methode `setText()` zugewiesen, sondern per `javax.activation.DataHandler`-Instanz eingelesen.

Die zu verwendende `DataHandler`-Instanz wird der `MimeMessage`-Instanz über deren Methode `setDataHandler()` zugewiesen. Der Konstruktor der `DataHandler`-Klasse nimmt dabei unter anderem eine `javax.activation.DataSource`-Implementierung entgegen, die über ihre Methode `getInputStream()` den Zugriff auf den zu versendenden HTML-Code erlaubt.

DataSource

Leider existiert weder im JavaBeans Activation Framework noch im JavaMail-Framework eine geeignete `DataSource`-Implementierung zum Versenden von HTML-E-Mails. Es ist jedoch kein großer Aufwand nötig, um eine eigene `DataSource`-Implementierung zu erstellen, die zu diesem Zweck verwendet werden kann.

Das Interface `javax.activation.DataSource` definiert folgende Methoden:

```
java.lang.String getContentType()
java.io.InputStream getInputStream()
java.lang.String getName()
java.io.OutputStream getOutputStream()
```

Diese Methoden müssen in der abgeleiteten Klasse implementiert werden. Für eine Klasse `HtmlDataSource` zum Verarbeiten von HTML-Texten kann dies so aussehen:

```
import javax.activation.DataSource;
import java.io.*;

/**
 * javax.activation.DataSource-Implementierung
 */
public class HtmlDataSource implements DataSource {
   // Darzustellender Text
   private String text;

   /**
    * Text erfassen
    */
   public String getText() {
      return text;
   }

   /**
    * Text abrufen
    */
   public void setText(String text) {
       this.text = text;
```

Listing 257: javax.activation.DataSource-Implementierung

Netzwerke, E-Mail

```
    }

    /**
     * Konstruktor
     */
    public HtmlDataSource(String text) {
       this.setText(text);
    }

    /**
     * Content-Type des Inhalts
     */
    public String getContentType() {
        return "text/html";
    }

    /**
     * InputStream zum Einlesen der Daten
     */
    public InputStream getInputStream() throws IOException {
       return new ByteArrayInputStream(getText().getBytes());
    }

    /**
     * Name der DataSource
     */
    public String getName() {
       return "HtmlDataSource";
    }

    /**
     * OutputStream, in den die Daten geschrieben werden können
     */
    public OutputStream getOutputStream() throws IOException {
       return new ByteArrayOutputStream();
    }
}
```

Listing 257: javax.activation.DataSource-Implementierung (Forts.)

Beim Instanzieren einer HtmlDataSource-Instanz muss deren Konstruktor der darzustellende HTML-Text als String übergeben werden. Per getText() und setText() kann auf diesen Text zur Laufzeit zugegriffen werden.

Da die Methode getInputStream() eine java.io.InputStream-Implementierung zurückgeben muss, wird hier eine neue java.io.ByteArrayInputStream-Instanz erzeugt, die den HTML-Code repräsentiert. Deren Konstruktor nimmt ein Byte-Array entgegen, das mit Hilfe der Methode getBytes() der String-Instanz erzeugt werden kann.

Ebenfalls eine Rolle bei der weiteren Verarbeitung des Inhalts der DataSource spielt die Methode getContentType(), die den Inhaltstyp der repräsentierten Daten zurückgibt. In diesem Fall handelt es sich um den Inhaltstyp *text/html*, durch den die E-Mail im Mailprogramm erst als HTML-E-Mail behandelt werden kann.

Versand der E-Mail

Der eigentliche Versand der E-Mail unterscheidet sich nicht wesentlich vom oben gezeigten Vorgehen – mit dem Unterschied, dass statt der Convenience-Methode `setText()` nunmehr die Methode `setDataHandler()` verwendet wird, die eine `javax.activation.DataHandler`-Instanz entgegennimmt. Deren Konstruktor erhält die zuvor erzeugte `javax.activation.DataSource`-Implementierung, die den Zugriff auf den eigentlichen Inhalt erlaubt:

```
import com.sun.mail.smtp.SMTPTransport;
import javax.mail.MessagingException;
import javax.mail.Session;
import javax.mail.Transport;
import javax.mail.internet.MimeMessage;
import javax.mail.internet.InternetAddress;
import javax.activation.DataHandler;
import java.util.Properties;

public class SendMail {

   /**
    * E-Mail mit HTML-Text senden
    */
   public static void sendHtml(String from, String to,
                               String subject, String message,
                               String host, String username, String password)
                                  throws MessagingException {
      // Properties erzeugen
      Properties props = new Properties();
      props.setProperty("mail.smtp.host", host);

      // Session erzeugen
      Session session = Session.getInstance(props);

      // Mail-Repräsentation erzeugen
      MimeMessage mail = new MimeMessage(session);

      // Absender setzen
      mail.setFrom(new InternetAddress(from));

      // Empfänger setzen
      mail.setRecipient(MimeMessage.RecipientType.TO,
         new InternetAddress(to));

      // Betreff
      mail.setSubject(subject);

      // HTML-Nachricht erfassen
      DataHandler dh = new DataHandler(
         new HtmlDataSource(message));
      mail.setDataHandler(dh);
```

Listing 258: Versand einer HTML-E-Mail

```
        // SMTPTransport-Instanz referenzieren
        SMTPTransport smtp = (SMTPTransport) session.getTransport("smtp");
        smtp.connect(host, username, password);

        // Nachricht senden
        Transport.send(mail);
    }
}
```

Listing 258: Versand einer HTML-E-Mail (Forts.)

Die so versendete E-Mail kann vom E-Mail-Programm im HTML-Format angezeigt werden. Beachten Sie jedoch, dass Sie keinen Einfluss auf die Anzeige im E-Mail-Programm des Empfängers haben. Wenn dieses nicht entsprechend konfiguriert ist, werden Sie eine Darstellung im HTML-Format nicht erzwingen können.

Abbildung 111: Per JavaMail als HTML versendete E-Mail

195 E-Mail als multipart/alternative versenden

E-Mails im HTML-Format können Darstellungsprobleme bei Mail-Clients verursachen, die aus Sicherheitsgründen auf die Anzeige von HTML verzichten. Als Lösung für dieses Problem hat sich der Versand derartiger E-Mails im Format *multipart/alternative* etabliert. Hier wird die E-Mail als Text- und HTML-E-Mail versendet. Mail-Clients, die eine reine Textansicht bevorzugen, stellen den Textteil der E-Mail dar, während Mail-Clients, die HTML darstellen können und wollen, den HTML-Teil der E-Mail anzeigen.

Tipp

Sowohl Text- als auch HTML-Teil sollten den gleichen Text enthalten, damit jedes Mail-Programm die optimierte Version anzeigen kann.

Wenn E-Mails aus mehreren Teilen bestehen sollen, müssen diese über eine `javax.mail.MimeMultipart`-Instanz zusammengefasst werden. Deren Konstruktor nimmt die Bezeichnung eines alternativen Multipart-Typs entgegen – in diesem Fall muss es der Typ *alternative* sein, da die E-Mail sonst nicht korrekt dargestellt werden würde.

Jeder einzelne Teil wird durch eine javax.mail.MimeBodyPart-Instanz repräsentiert, die der MimeMultipart-Instanz zugewiesen werden muss. Diese wird ihrerseits der Nachricht über deren Methode setContent() zugewiesen:

```
import com.sun.mail.smtp.SMTPTransport;
import javax.mail.MessagingException;
import javax.mail.Session;
import javax.mail.Transport;
import javax.mail.internet.MimeMessage;
import javax.mail.internet.InternetAddress;
import javax.mail.internet.MimeMultipart;
import javax.mail.internet.MimeBodyPart;
import javax.activation.DataHandler;
import java.util.Properties;

public class SendMail {

   /**
    * E-Mail als multipart/alternative senden
    */
   public static void sendMultipartAlternative(String from, String to,
                        String subject, String message, String htmlMessage,
                        String host, String username, String password)
                           throws MessagingException {
      // Properties erzeugen
      Properties props = new Properties();
      props.setProperty("mail.smtp.host", host);

      // Session erzeugen
      Session session = Session.getInstance(props);

      // Mail-Repräsentation erzeugen
      MimeMessage mail = new MimeMessage(session);

      // Absender setzen
      mail.setFrom(new InternetAddress(from));

      // Empfänger setzen
      mail.setRecipient(MimeMessage.RecipientType.TO,
         new InternetAddress(to));

      // Betreff
      mail.setSubject(subject);

      // Multipart-Nachricht erfassen
      MimeMultipart mp = new MimeMultipart("alternative");

      // Einzelne Elemente anfügen:
      // 1. Text zuweisen
      MimeBodyPart text = new MimeBodyPart();
      text.setText(message);
```

Listing 259: Versenden einer E-Mail im Format multipart/alternative

```
        mp.addBodyPart(text);

        // 2. HTML-Teil zuweisen
        MimeBodyPart html = new MimeBodyPart();
        DataHandler dh = new DataHandler(
           new HtmlDataSource(htmlMessage));
        html.setDataHandler(dh);
        mp.addBodyPart(html);

        // Multipart-Element der Mail zuweisen
        mail.setContent(mp);

        // SMTPTransport-Instanz referenzieren
        SMTPTransport smtp = (SMTPTransport) session.getTransport("smtp");
        smtp.connect(host, username, password);

        // Nachricht senden
        Transport.send(mail);
    }
}
```

Listing 259: Versenden einer E-Mail im Format multipart/alternative (Forts.)

Eine derart versendete E-Mail wird vom E-Mail-Programm im für den Anzeigemodus am besten geeigneten Format dargestellt: als Plain-Text, wenn nur dies unterstützt wird, oder als HTML, wenn die Einstellungen dies erlauben.

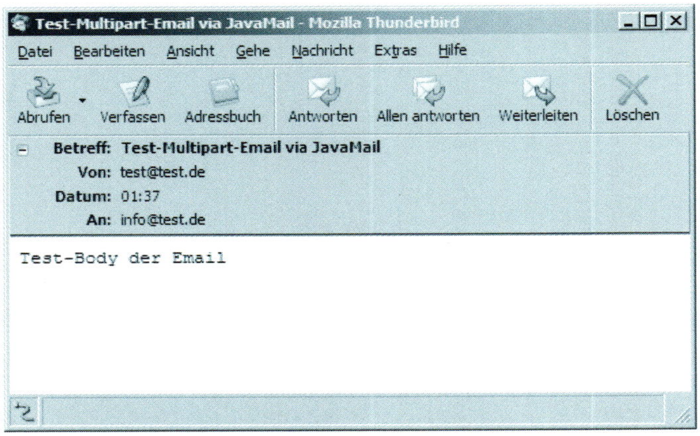

Abbildung 112: Darstellung der E-Mail als Nur-Text

Abbildung 113: Darstellung der E-Mail als HTML

196 E-Mail mit Datei-Anhang versenden

Beim Versand von Datei-Anhängen kommt ein `javax.mail.MimeMultipart`-Element zum Einsatz. Diesem kann zunächst der eigentliche Nachrichtentext (egal, ob Text oder HTML) zugewiesen werden. Anschließend wird die Datei per `javax.activation.FileDataSource`-Instanz einer `MimeBodyPart`-Instanz zugewiesen. Deren Konstruktor nimmt eine `java.io.File`- oder eine `String`-Instanz entgegen, die den zu versendenden Datei-Anhang repräsentiert:

```
import com.sun.mail.smtp.SMTPTransport;
import javax.mail.MessagingException;
import javax.mail.Session;
import javax.mail.Transport;
import javax.mail.internet.MimeMessage;
import javax.mail.internet.InternetAddress;
import javax.mail.internet.MimeMultipart;
import javax.mail.internet.MimeBodyPart;
import javax.activation.DataHandler;
import javax.activation.FileDataSource;
import java.util.Properties;
import java.io.File;

public class SendMail {

   /**
    * E-Mail mit Datei-Anhang senden
    */
   public static void sendAttachment(String from, String to, String subject,
                                     String message, File file,
                                     String host, String username,
                                     String password)
                                        throws MessagingException {
      // Properties erzeugen
```

Listing 260: Versenden einer E-Mail mit Datei-Anhang

```
        Properties props = new Properties();
        props.setProperty("mail.smtp.host", host);

        // Session erzeugen
        Session session = Session.getInstance(props);

        // Mail-Repräsentation erzeugen
        MimeMessage mail = new MimeMessage(session);

        // Absender setzen
        mail.setFrom(new InternetAddress(from));

        // Empfänger setzen
        mail.setRecipient(MimeMessage.RecipientType.TO,
           new InternetAddress(to));

        // Betreff
        mail.setSubject(subject);

        // Multipart-Nachricht erfassen
        MimeMultipart mp = new MimeMultipart();

        // Einzelne Elemente anfügen:
        // 1. Text zuweisen
        MimeBodyPart text = new MimeBodyPart();
        text.setText(message);
        mp.addBodyPart(text);

        // 2. Datei-Referenz einfügen
        MimeBodyPart filePart = new MimeBodyPart();
        DataHandler dh = new DataHandler(
           new FileDataSource(file));
        filePart.setDataHandler(dh);

        // Dateiname setzen
        filePart.setFileName(file.getName());
        mp.addBodyPart(filePart);

        // Multipart-Element der Mail zuweisen
        mail.setContent(mp);

        // SMTPTransport-Instanz referenzieren
        SMTPTransport smtp = (SMTPTransport) session.getTransport("smtp");
        smtp.connect(host, username, password);

        // Nachricht senden
        Transport.send(mail);
    }
}
```

Listing 260: Versenden einer E-Mail mit Datei-Anhang (Forts.)

In diesem Beispiel wird die Übergabe einer `java.io.File`-Instanz an die Methode erwartet. Die referenzierte Datei muss tatsächlich existieren. Ist dies nicht der Fall, wird eine `FileNotFoundException` geworfen.

Achtung

Vergessen Sie nicht, den Dateinamen des Anhangs zu setzen, da sonst ein interner Dateiname zum Versand verwendet wird. Ein korrektes Speichern des Anhangs wäre so beim Client eventuell nicht mehr möglich.

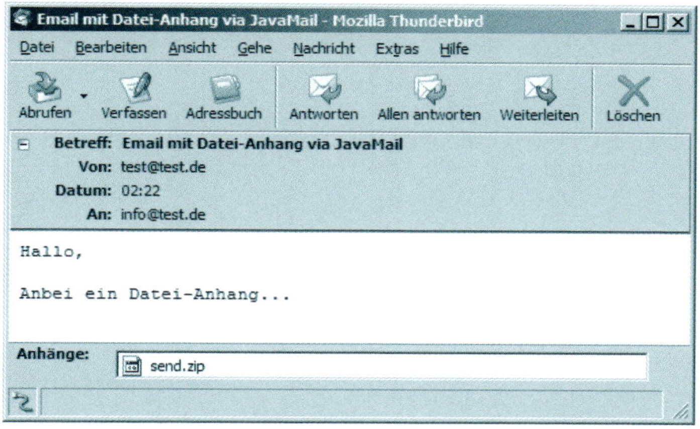

Abbildung 114: E-Mail mit Datei-Anhang

197 E-Mails abrufen

Das Abrufen von E-Mails über das »nackte« POP3-Protokoll ist beim Einsatz von JavaMail nicht notwendig, denn das Framework bringt schon alles Notwendige mit. Die Vorgehensweise ist dabei nicht am POP3-Protokoll orientiert, sondern bedient sich einer `javax.mail.Store`-Instanz, die einen Speicherort von Nachrichten repräsentiert. Der Inhalt dieser `Store`-Instanz kann in Ordnern organisiert sein, die ihrerseits durch `javax.mail.Folder`-Instanzen repräsentiert werden können. Die Implementierung für den Zugriff auf ein POP3-Postfach verwendet dabei den Standardordner *INBOX*, dessen Inhalt über die Methode `getMessages()` der `Folder`-Instanz abgerufen werden kann. Die Nachrichten liegen chronologisch geordnet vor.

Die Vorgehensweise beim Abrufen der E-Mails sieht wie folgt aus:

- `javax.mail.Session` erzeugen
- `javax.mail.Store`-Instanz abrufen
- Standardordner abrufen und zur *INBOX* wechseln
- Nachrichten per `getMessages()` abrufen und weiterverarbeiten
- Aufräumen der genutzten Ressourcen

Das Verarbeiten der einzelnen Nachrichten ist in diesem Beispiel relativ einfach gehalten: Zu jeder Nachricht werden die Informationen zu Absender, Größe, Betreff, Empfangsdatum und Multipart-Status ausgegeben. Insbesondere bei der Verarbeitung des Absenders ist Aufmerksamkeit geboten, denn nicht immer wird ein Name für einen Absender angegeben – und manchmal (Nachrichten, die per CC oder BCC gesendet werden, etwa Newsletter) existiert gar überhaupt keine Absenderangabe.

Das Abrufen der genannten Informationen findet übrigens sehr ressourcenschonend statt: Statt die komplette Nachricht abzurufen, werden für diese Ausgaben nur die Header-Informationen herangezogen, was die Geschwindigkeit der Verarbeitung deutlich steigert. Das eigentliche Abrufen der Inhalte findet nur bei Bedarf statt – und der besteht hier nicht.

Im folgenden Beispiel findet das Abrufen der E-Mails innerhalb der Methode `readAll()` statt, die die E-Mails im *INBOX*-Ordner in umgekehrter chronologischer Reihenfolge durchläuft, d.h., die neuesten E-Mails werden zuerst ausgegeben. Innerhalb der Methode `processMessage()` findet dann die Ausgabe der Informationen zur übergebenen `javax.mail.Message`-Instanz statt:

```
import javax.mail.*;
import javax.mail.internet.InternetAddress;
import java.util.Date;
import java.util.Properties;

public class ReadMail {

   /**
    * Ruft die im angegebenen E-Mail-Konto enthaltenen E-Mails in
    * umgekehrter Reihenfolge (neueste zuerst) ab
    * @param server    Name oder IP-Adresse des Mailservers
    * @param user      Username für den Zugriff
    * @param password  Password für den Zugriff
    */
   public static void readAll(String server, String user, String password) {
      Store store=null;
      Folder folder=null;

      try {
         // Session-Instanz erzeugen
         Properties props = System.getProperties();
         Session session = Session.getDefaultInstance(props, null);

         // POP3-Store instanzieren und mit Server verbinden
         store = session.getStore("pop3");
         store.connect(server, user, password);

         // Auf den Standardordner zugreifen
         folder = store.getDefaultFolder();

         // Standardordner kann nicht gefunden werden
         if (folder == null) {
           throw new Exception("No default folder");
         }

         // Nachrichten liegen stets im Ordner INBOX
         folder = folder.getFolder("INBOX");
```

Listing 261: Abrufen und Verarbeiten von E-Mails per JavaMail

```
            // Posteingang kann nicht gefunden werden
            if (folder == null) {
               throw new Exception("No POP3 INBOX");
            }

            // Ordner öffnen
            folder.open(Folder.READ_ONLY);

            // Messages abrufen und verarbeiten
            Message[] msgs = folder.getMessages();
            for (int msgNum = msgs.length - 1; msgNum >= 0; msgNum--) {
               // Nachricht verarbeiten
               processMessage(msgs[msgNum]);
            }
         } catch (Exception ex) {
            ex.printStackTrace();
         }
         finally {
            // Aufräumen
            try {
               if (folder!=null) {
                  folder.close(false);
               }

               if (store!=null) {
                  store.close();
               }
            } catch (Exception ex2) {
               ex2.printStackTrace();
            }
         }
      }

      /**
       * Gibt die Informationen der übergebenen Message-Instanz aus
       * @param message   Zu verarbeitende Message
       */
      private static void processMessage(Message message) {
         try {
            // Absender ermitteln
            InternetAddress fromAddress =
               (InternetAddress)message.getFrom()[0];
            String from = null;

            if(null != fromAddress) {
               if(null != fromAddress.getPersonal()) {
                  // Wenn ein Name angegeben ist, dann wird dieser
                  // als Absender angenommen
                  from = fromAddress.getPersonal();
               } else {
```

Listing 261: Abrufen und Verarbeiten von E-Mails per JavaMail (Forts.)

```
                // Kein Name angegeben, also die eigentliche
                // E-Mail-Adresse verwenden
                from  = fromAddress.getAddress();
             }
          }
          System.out.println(String.format("Absender: %s", from));

          // Betreff ausgeben
          String subject = message.getSubject();
          System.out.println(String.format("Betreff: %s", subject));

          // Eigentliche Nachricht abrufen
          Part messagePart = message;
          Object content = messagePart.getContent();

          // Überprüfen, ob es sich bei der Nachricht
          // um eine Multipart-Nachricht handelt
          if (content instanceof Multipart) {
             System.out.println("(Multipart-Email)");
          }

          // Inhalts-Typ abrufen
          String contentType = messagePart.getContentType();
          System.out.println(String.format("Inhalts-Typ: %s", contentType));

          // Datum ausgeben
          Date date = message.getSentDate();
          System.out.println(String.format("Datum: %tc", date));

          // Größe ausgeben
          System.out.println(
             String.format("Groesse: %0,2d Byte",
                message.getSize()));

          System.out.println("*************************************");
       } catch (Exception ex) {
          ex.printStackTrace();
       }
    }
 }
```

Listing 261: Abrufen und Verarbeiten von E-Mails per JavaMail (Forts.)

Die Klasse `javax.mail.MimeMessage`, die eine per POP3-Protokoll empfangene Nachricht repräsentiert, verfügt über wesentlich mehr Informationen, als hier verwendet wurden.

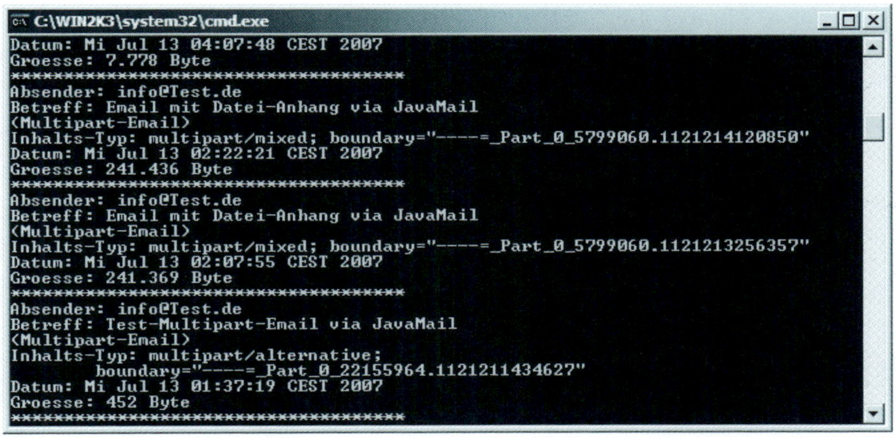

Abbildung 115: Abrufen von E-Mails per JavaMail

Achtung

Das Abrufen und Parsen von E-Mails ist alles andere als trivial. Dies liegt weniger am Protokoll, als vielmehr an der Art, wie verschiedene Mail-Programme E-Mails erzeugen, denn die ist häufig alles andere als standardkonform. Es empfiehlt sich daher, alle Feldinhalte, mit denen gearbeitet werden soll, mit besonderer Vorsicht zu behandeln.

Methode	Beschreibung
`java.util.Enumeration getAllHeaders()`	Gibt alle Header-Felder zurück.
`Address[] getAllRecipients()`	Gibt alle Empfänger der E-Mail (Werte aus den TO- und CC-Feldern) zurück.
`Object getContent()`	Gibt den Inhalt der E-Mail zurück.
`String getContentID()`	Gibt den Wert des »Content-ID«-Header-Felds zurück.
`String[] getContentLanguage()`	Gibt den Wert des »Content-Language«-Header-Felds zurück.
`protected java.io.InputStream getContentStream()`	Erlaubt den Zugriff auf den Inhalt als InputStream.
`String getContentType()`	Gibt den Wert des »Content-Type«-Header-Felds zurück.
`String getDescription()`	Gibt den Wert des »Content-Description«-Header-Felds zurück.
`String getDisposition()`	Gibt den Wert des »Content-Disposition«-Header-Felds zurück.
`String getEncoding()`	Gibt den Wert des »Content-Transfer-Encoding«-Header-Felds zurück.
`String getFileName()`	Gibt den Dateinamen der Nachricht zurück.
`Flags getFlags()`	Gibt eine `javax.mail.Flags`-Instanz zurück, die den Status der Nachricht repräsentiert.

Tabelle 48: Methoden, um die Informationen in einer MimeMessage-Instanz abzurufen

Methode	Beschreibung
`Address[] getFrom()`	Gibt alle im »From«-Header-Feld definierten Adressen zurück.
`String[] getHeader(java.lang.String name)`	Gibt den Wert des angegebenen Headers zurück.
`java.io.InputStream getInputStream()`	Erlaubt den Zugriff auf einen dekodierten InputStream, der den Nachrichteninhalt repräsentiert.
`int getLineCount()`	Gibt die Anzahl der Zeilen in der Nachricht zurück.
`String getMessageID()`	Gibt den Wert des »Message-ID«-Header-Felds zurück.
`java.util.Date getReceivedDate()`	Gibt den Zeitpunkt zurück, zu dem die Nachricht empfangen worden ist.
`Address[] getRecipients(Message.RecipientType type)`	Gibt alle Empfänger vom angegebenen Typ zurück.
`Address[] getReplyTo()`	Gibt die Antwortadressen der Nachricht zurück.
`Address getSender()`	Gibt den Absender der Nachricht zurück.
`java.util.Date getSentDate()`	Gibt den Zeitpunkt zurück, zu dem die Nachricht gesendet worden ist.
`int getSize()`	Gibt die Größe der Nachricht in Byte zurück.
`String getSubject()`	Gibt den Betreff der Nachricht zurück.

Tabelle 48: Methoden, um die Informationen in einer MimeMessage-Instanz abzurufen (Forts.)

Auch diese Auflistung ist noch nicht komplett; die Klasse `MimeMessage` stellt weitere, weniger gebräuchliche Methoden zur Verfügung, auf die hier aus Platzgründen nicht weiter eingegangen werden soll. Werfen Sie deshalb auch einen Blick in die Dokumentation von JavaMail.

198 Multipart-E-Mails abrufen und verarbeiten

Die Verarbeitung von Multipart-E-Mails lässt sich basierend auf dem in *Rezept 197* gezeigten Ansatz recht einfach umsetzen, da hierfür lediglich eine Erweiterung der Methode `processMessage()` notwendig wird.

Innerhalb der Methode `processMessage()` wird nunmehr überprüft, ob der Inhalt der Mail, auf den via `<MessageInstanz>.getContent()` zugegriffen werden kann, vom Typ `javax.mail.Multipart` ist. Wenn dem so ist, wird er an die Methode `handleMultipart()` übergeben, die alle Elemente der Multipart-Instanz durchläuft und in der Methode `handlePart()` behandeln lässt.

Innerhalb der Methode `handlePart()` wird anhand von *Content-Disposition* (Inhaltsangabe) und *Content-Type* (Inhaltstyp) eine Verarbeitung des Inhalts vorgenommen. Ist keine Content-Disposition vorhanden, wird davon ausgegangen, dass es sich beim zu behandelnden Inhalt entweder um Plain-Text handelt oder es ein nicht gekennzeichneter Inhalt ist. Ersteres führt zur direkten Ausgabe des Inhalts, Letzteres sorgt zusätzlich dafür, dass der Inhalt im aktuellen Verzeichnis entweder unter seinem eigenen Dateinamen oder einem neu generierten Dateinamen gespeichert wird. Gleiches gilt für Inhalte, die als Anhang (*Attachment*) oder inline mitgeführtes binäres Objekt (*Inline*) gekennzeichnet sind.

Die Speicherung der Daten erfolgt mit Hilfe der Methode saveFile(). Einzige Besonderheit hier ist die Prüfung darauf, ob in der E-Mail ein Dateiname angegeben worden ist. Falls dem nicht so sein sollte, wird ein neuer eindeutiger Dateiname generiert. Der eigentliche Inhalt der Datei wird anschließend per java.io.BufferedOutputStream geschrieben.

Dieses Vorgehen wird für alle Elemente der E-Mail wiederholt:

```
import javax.mail.*;
import javax.mail.internet.InternetAddress;
import java.io.*;
import java.util.Properties;
import java.util.Date;

public class ReadMail {

   /**
    * Ruft die im angegebenen E-Mail-Konto enthaltenen E-Mails in
    * umgekehrter Reihenfolge (neueste zuerst) ab
    */
   public static void readAll(String server, String user, String password) {
      // ...
      // Nachricht verarbeiten
      processMessage(msgs[msgNum]);
      // ...
   }

   /**
    * Gibt die Informationen der übergebenen Message-Instanz aus
    */
   private static void processMessage(Message message) {
      try {
         // ...

         // Eigentliche Nachricht abrufen
         Part messagePart = message;
         Object content = messagePart.getContent();

         // ...
         // Überprüfen, ob es sich bei der Nachricht
         // um eine Multipart-Nachricht handelt
         if (content instanceof Multipart) {

            // Multipart-Nachricht behandeln
            System.out.println("(Multipart-Email)");
            handleMultipart((Multipart) content);
         } else {
            // Normale Nachricht behandeln
            handlePart(messagePart);
         }
         // ...
      } catch (Exception ex) {
```

Listing 262: Verarbeiten von Elementen einer E-Mail

```
         ex.printStackTrace();
      }
   }

   /**
    * Behandelt eine Multipart-E-Mail
    */
   public static void handleMultipart(Multipart multipart)
      throws MessagingException, IOException {

      // Alle Elemente durchlaufen und einzeln behandeln
      for (int i=0, n=multipart.getCount(); i<n; i++) {
         // Element behandeln
         handlePart(multipart.getBodyPart(i));
      }
   }

   /**
    * Behandelt einen Teil einer Message
    */
   public static void handlePart(Part part)
      throws MessagingException, IOException {

      // Content-Disposition und Content-Type ermitteln
      String disposition = part.getDisposition();
      String contentType = part.getContentType();

      // Wenn Content-Disposition null ist, ist das aktuelle
      // Element nur ein Body-Element
      if (disposition == null) {
         // Überprüfen, ob es sich um text/plain handelt -
         // der kann direkt ausgegeben werden
         if ((contentType.length() >= 10) &&
            (contentType.toLowerCase().substring(
               0, 10).equals("text/plain"))) {

            // Part ausgeben
            part.writeTo(System.out);
            System.out.println();
         } else {
            // Fallback-Möglichkeit für unbekannten Body-Typ
            // Wird beispielsweise für application/octet-stream
            // aufgerufen
            System.out.println(
               String.format("Body-Typ: %s", contentType));

            // Part ausgeben
            part.writeTo(System.out);
            System.out.println();

            // Speichern
```

Listing 262: Verarbeiten von Elementen einer E-Mail (Forts.)

```
            saveFile(part.getFileName(), part.getInputStream());
         }
      } else if (
         disposition.equalsIgnoreCase(Part.ATTACHMENT) ||
         disposition.equalsIgnoreCase(Part.INLINE)) {

         // Datei-Anhang oder Inline-Element
         System.out.println(
            String.format("%s: %s (%s)",
               disposition.equalsIgnoreCase(Part.ATTACHMENT)
                  ? "Anhang" : "Inline",
               part.getFileName(), contentType));

         // Speichern...
         saveFile(part.getFileName(), part.getInputStream());
         System.out.println();
      } else {
         // Unbekannter Inhaltstyp
         System.out.println(
            String.format("Unbekannt: %s",
               disposition));
      }
   }

   /**
    * Speichert einen Anhang im aktuellen Anwendungsverzeichnis
    */
   public static void saveFile(String filename, InputStream input)
                                              throws IOException {
      // Wenn kein Dateiname vorhanden, dann eine temporäre Datei
      // anlegen und deren Dateiname verwenden
      if (filename == null) {
         filename = File.createTempFile("xxxxxx", ".out").getName();
      }

      // Vorhandene Dateien werden nicht überschrieben
      File file = new File(filename);
      for (int i=0; file.exists(); i++) {
         // Dateiname um eine Zahl erweitern,
         // damit er eindeutig ist
         file = new File(filename+i);
      }

      // BufferedOutputStream zum Schreiben
      // in die Datei verwenden
      BufferedOutputStream bos =
         new BufferedOutputStream(
            new FileOutputStream(file));

      // BufferedInputStream zum Lesen des Parts
      BufferedInputStream bis =
```

Listing 262: Verarbeiten von Elementen einer E-Mail (Forts.)

```
            new BufferedInputStream(input);

        // Auslesen der Daten und Schreiben in den OutputStream
        int aByte;
        while ((aByte = bis.read()) != -1) {
            bos.write(aByte);
        }

        // Ressourcen freigeben
        bos.flush();
        bos.close();
        bis.close();
    }
}
```

Listing 262: Verarbeiten von Elementen einer E-Mail (Forts.)

Achtung

Da diverse Mail-Programme und Mailer die Komposition von E-Mails »kreativ« handhaben, kann es beim Abruf von E-Mails oder beim Durchlaufen einzelner Body-Elemente zu Abweichungen kommen.

Wenn Sie obige Klasse auf eine Multipart-E-Mail, wie sie etwa in Rezpet 196 generiert worden ist, anwenden, werden Sie im Anwendungsverzeichnis zwei oder mehrere Dateien finden: den eigentlichen Datei-Anhang und zusätzlich noch einen eventuell generierten HTML-Bereich, da dieser ebenfalls als Anhang aufgefasst wird. Alle diese Inhalte werden auch auf der Kommandozeile ausgegeben.

199 URI – Textinhalt abrufen

Eine `java.net.URL`-Instanz repräsentiert einen Verweis auf eine Ressource, wobei nicht zwingend gesagt sein muss, dass es sich dabei um eine Ressource auf einem anderen Rechner oder gar im Internet handeln muss. Typisch sind etwa Verweise auf Dateien (»file://...«), E-Mail-Adressen (»mailto://...«, die jedoch nicht per `java.net.URL`-Instanz verarbeitet werden können) oder Verweise auf Inhalte auf anderen Servern (»http://...«, »https://...«, »ftp://...«).

Der Abruf von Inhalten geschieht unter Verwendung einer `java.io.InputStreamReader`-Instanz. Diese nimmt im Konstruktor die `InputStream`-Instanz entgegen, die die initialisierte `URL`-Instanz durch ihre Methode `getStream()` zurückgibt. Die zurückgegebenen Zeilen können so lange durchlaufen und verarbeitet werden, bis die `InputStreamReader`-Instanz keine Inhalte mehr zurückliefert:

```
import java.io.BufferedReader;
import java.io.IOException;
import java.io.InputStreamReader;
import java.net.MalformedURLException;
import java.net.URL;
```

Listing 263: Inhalt einer externen Ressource einlesen

```
public class UrlReader {
   /**
    * Liest den Inhalt einer externen Ressource als String ein
    */
   public static String read(String address) {
      // StringBuffer zum Halten der Daten
      StringBuffer buff = new StringBuffer();
      try {
         // URL-Instanz, die den Zugriff auf die externe
         // Ressource erlaubt
         URL url = new URL(address);

         // BufferedReader zum Einlesen der Textdaten
         BufferedReader rdr = new BufferedReader(
            new InputStreamReader(url.openStream()));

         // Einlesen der Daten
         String line = null;
         while((line = rdr.readLine()) != null) {
            buff.append(line + "\n");
         }

         // Aufräumen
         rdr.close();
      } catch (MalformedURLException e) {
         e.printStackTrace();
      } catch (IOException e) {
         e.printStackTrace();
      }

      // Geladene Daten zurückgeben
      return buff.toString();
   }
}
```

Listing 263: Inhalt einer externen Ressource einlesen (Forts.)

Achtung

Beim Zugriff auf Ressourcen können diverse Ausnahmen auftreten, die abgefangen oder deklariert werden müssen. Typische Ausnahmen sind `MalformedURLExceptions` (URL-Angabe war nicht gültig) oder `IOExceptions` (Fehler beim Lesen der Inhalte).

200 URI – binären Inhalt abrufen

Beim Abruf von binären Inhalten kommt statt eines `java.io.BufferedReaders` eine `java.io.BufferedInputStream`-Instanz zum Einsatz. Die Daten werden anschließend mit einer `java.io.BufferedOutputStream`-Instanz, die einen `FileOutputStream` kapselt, gespeichert.

Der eigentliche Vorgang des Abrufens findet analog zum Laden des Inhalts einer Textressource statt: Es werden so lange Daten aus dem InputStream in den Puffer geschrieben, bis keine Daten mehr zurückgegeben werden. Der Puffer wird direkt in den Ausgabe-Stream entleert. Sobald der Ausgabe-Stream geschlossen worden ist, ist die abgerufene Datei lokal verfügbar und kann verwendet werden:

```
import java.io.*;
import java.net.MalformedURLException;
import java.net.URL;

public class UrlReader {

   /**
    * Ruft den Inhalt einer externen Ressource ab und speichert ihn
    */
   public static void readAndSaveBinary(String address, String filename)
   {
      try {
         // File-Instanz, die die zu speichernde Datei repräsentiert
         File file = new File(filename);

         // URL-Instanz, die die zu ladende Ressource repräsentiert
         URL url = new URL(address);

         // OutputStream zum Speichern des Downloads
         BufferedOutputStream bos =
           new BufferedOutputStream(
              new FileOutputStream(file));

         // InputStream zum Laden des Downloads
         BufferedInputStream bin =
            new BufferedInputStream(
               url.openStream());

         // Puffer von 16.382 Bytes zum Einlesen der Daten
         byte[] buffer = new byte[16382];
         int bytes = 0;

         // Einlesen und Speichern der Daten
         while((bytes = bin.read(buffer)) > 0) {
            bos.write(buffer, 0, bytes);
         }

         // Aufräumen
         bos.close();
         bin.close();
      } catch (MalformedURLException e) {
         e.printStackTrace();
      } catch (IOException e) {
         e.printStackTrace();
```

Listing 264: Speichern von binärem Content aus einer externen Ressource

```
         }
      }
   }
```

Listing 264: Speichern von binärem Content aus einer externen Ressource (Forts.)

201 Senden von Daten an eine Ressource

Mit Hilfe der `java.net.URLConnection`-Klasse können Daten an eine Ressource gesendet werden – etwa um das Ausfüllen von Formularfeldern zu simulieren. Eine Instanz dieser Klasse kann über die Methode `openConnection()` einer `java.net.URL`-Instanz referenziert werden. Durch Übergabe des Werts `true` an die Methode `setDoOutput()` der `URLConnection`-Instanz kann der Modus zum Übertragen von Informationen aktiviert werden.

Die zu sendenden Parameter werden als Name-Wert-Paare gesendet. Zum Einsatz kommt dabei eine `java.io.PrintWriter`-Instanz. Mehrere Name-Wert-Paare werden durch kaufmännisches Und (&) getrennt.

Die Antwort des externen Servers kann per `java.io.InputStreamReader` und einer `java.io.BufferedInputStream`-Instanz abgerufen und weiterverarbeitet werden:

```
import java.util.Properties;
import java.io.*;
import java.net.MalformedURLException;
import java.net.URLConnection;
import java.net.URL;

public class UrlSender {
   /**
    * Übergibt die in der Properties-Instanz data enthaltenen
    * Informationen an den durch address bezeichneten Server und
    * liefert dessen Rückgabe zurück
    */
   public static String send(String address, Properties data) {
      StringBuffer buff = new StringBuffer();

      try {
         // Repräsentation der Ressource
         URL url = new URL(address);

         // URLConnection instanzieren
         URLConnection conn = url.openConnection();

         // Output zulassen
         conn.setDoOutput(true);

         // PrintWriter erzeugen, mit dem in den Output
         // geschrieben werden kann
         PrintWriter outputToServer = new PrintWriter(
            new OutputStreamWriter(conn.getOutputStream()));
```

Listing 265: Senden von Daten an eine Ressource

Netzwerke, E-Mail

```
            // Hält die Parameter
            StringBuffer params = new StringBuffer();

            // Alle Schlüssel aus der Properties-Instanz auslesen
            for(Object key : data.keySet().toArray()) {
               String keyVal = key.toString();

               // Wert abrufen
               String val = data.getProperty(keyVal);

               // An die zu übergebenden Daten anhängen
               params.append(String.format("%s=%s&", keyVal, val));
            }

            // Parameter schreiben
            outputToServer.print(params.toString());

            // OutputStream schließen
            outputToServer.close();

            // BufferedReader zum Einlesen der Rückgabe erzeugen
            BufferedReader in = new BufferedReader(
               new InputStreamReader(conn.getInputStream()));

            // Rückgabe einlesen und ausgeben
            String line = null;
            while((line = in.readLine()) != null) {
               buff.append(line + "\n");
            }

            // Aufräumen
            in.close();

         } catch (MalformedURLException e) {
            e.printStackTrace();
         } catch (IOException e) {
            e.printStackTrace();
         }

         // Ergebnis zurückgeben
         return buff.toString();
      }
   }
```

Listing 265: Senden von Daten an eine Ressource (Forts.)

Hinweis

Die Daten werden in diesem Beispiel per GET übergeben. Wollen Sie Daten per POST senden, müssen Sie die `java.net.URLConnection`-Instanz explizit in eine `java.net.HttpURLConnection`-Instanz casten und deren Methode `setRequestMethod()` die Art des Zugriffs mitteilen:

```
((HttpURLConnection) conn).setRequestMethod("POST");
```

Die dabei möglicherweise auftretende `ProtocolException` muss deklariert oder abgefangen werden.

202 Mini-Webserver

Ein Webserver ist ein sehr gutes Beispiel für die Verbindung von Netzwerkprogrammierung und Thread-Programmierung und eignet sich häufig als Ausgangsbasis für eigene Entwicklungen, da viele Anwendungen den gleichen Kern besitzen: In einer Endlosschleife wird auf eingehende Ereignisse gewartet (beim Webserver auf eine eingehende TCP/IP-Verbindung als Socket) und dann wird jedes Ereignis einem eigenen Thread zugeordnet und von diesem bearbeitet, während das Hauptprogramm wieder in der Endlosschleife auf Ereignisse wartet.

Im Folgenden soll ein simpler Webserver gezeigt werden, der auf Anfrage HTML-Seiten bereitstellt. Technisch bedeutet dies, dass der Server auf HTTP-Anfragen des Typs GET reagieren soll. Wenn Sie z.B. *www.carpelibrum.de* im Browser eintippen, wird er das Kommando `GET/ HTTP/1.1` an diejenige IP-Adresse senden[1], die mit *www.carpelibrum.de* verknüpft ist.

Ein Webserver muss auf eine GET-Anfrage eine Antwort liefern, die zunächst aus einem Prolog mit Statusangaben und Informationen besteht, gefolgt von einer Leerzeile und den Daten der angeforderten HTML-Seite, z.B.

```
HTTP/1.0 200 OK
Server: Microsoft-PWS/2.0
Date: Wed, 11 May 2005 7:04:55 GMT
Content-Type: text/html
Accept-Ranges: bytes
Last-Modified: Sat, 09 May 1998 09:52:22 GMT
Content-Length: 18

Ab hier die Daten
```

Was der Webserver an Daten zu senden hat, ergibt sich aus der relativen Pfadangabe des Dateinamens in der GET-Anfrage. So besagt z.B. das obige GET / HTTP/1.1, dass das Root-Verzeichnis angefordert wird. In der Regel übersetzt der Server dies in eine fest konfigurierte Standarddatei wie */index.html*. Wenn der Webserver z.B. als Datenverzeichnis *c:\Web* verwendet, dann wird er versuchen, die Datei *c:\Web\index.html* zu lesen und dem anfragenden Browser zu senden. Hierbei muss der Webserver noch mitteilen, um welche Art von Daten es sich handelt (content-type) und wie viele Bytes er senden wird (content-length). Typische Formate für den Datentyp sind »text/html« für HTML-Text und »image/gif« oder »image/jpeg« bei Bilddaten.

1. Es werden in der Regel noch weitere optionale Zusatzinformationen an den Webserver übertragen, z.B. der Name des Browsers und welche Dateiformate verarbeitet werden können.

```
import java.io.*;
import java.net.*;
import java.util.*;

/**
 * Einfacher Webserver zum Bedienen von GET-Anfragen
 */
public class MiniWebServer {
   public static void main(String[] args) {
      int port = -1;
      String www_dir = null;

      if(args.length != 2) {
         System.out.println("Aufruf mit <www-Verzeichnis> <Port-Nummer>");
         System.exit(0);
      } else {
         www_dir = args[0];
         port = Integer.parseInt(args[1]);
      }

      // einen Server-Socket anlegen und auf Anfragen warten
      int requestID = 0;

      try {
         ServerSocket serverSock = new ServerSocket(port);
         System.out.println("Webserver läuft auf Port " + port);

         // in einer Endlosschleife auf Anfrage warten
         while(true) {
            Socket request = serverSock.accept();

            // eine neue Anfrage in eigenem Thread bearbeiten
            requestID++;
            RequestThread tmp = new RequestThread(requestID,request,www_dir);
            tmp.start();
         }
      } catch(IOException e) {
         System.err.println("Fehler beim Socket-Aufbau!");
         e.printStackTrace();
      }
   }
}

/**
 * Diese Thread-Klasse bearbeitet die Anfrage
 */
class RequestThread extends Thread {
   private Socket mySocket;
   private int    myID;
   private BufferedReader inStream;
   private PrintStream outStream;   // kann auch Binärdaten enthalten, daher
```

Listing 266: Einfacher Webserver für GET-Anfragen

```
                                    // kein BufferedWriter
    private String www_dir;

    // der Konstruktor
    RequestThread(int id, Socket sock,String dir) {
       myID = id;
       mySocket = sock;
       www_dir = dir;
    }

    public void run() {
       System.out.println("Anfrage " + myID + " wird bearbeitet");

       // den Input/Output-Stream eröffnen
       try {
          inStream = new BufferedReader(new
                            InputStreamReader(mySocket.getInputStream()));
          outStream = new PrintStream(mySocket.getOutputStream());
       } catch(IOException e) {
          System.err.println("Anfrage "
                            + myID
                            + " I/O Socket-Stream Exception");
          e.printStackTrace();
       }

       // den Header einlesen
       ArrayList<String> header = readRequestHeader();
       printHeader(header);

       // Kommando und URL extrahieren; der Rest interessiert uns nicht
       StringTokenizer st = new StringTokenizer((String) header.get(0));
       String command = st.nextToken();
       String url = st.nextToken();

       ArrayList<String> response = new ArrayList<String>();
       boolean dataSegment = false;

       // wir beachten nur das GET-Kommando
       if(command.equals("GET") == true) {
          // URI in betriebssystem-spezifischen Dateinamen konvertieren
          // indem der notwendige Dateitrenner (/ oder \) genommen wird
          String separator = System.getProperty("file.separator");
          StringBuffer buf = new StringBuffer(url.length());

          for(int i = 0; i < url.length(); i++) {
             char c = url.charAt(i);

             if(c == '/')
                buf.append(separator);
             else
                buf.append(c);
```

Listing 266: Einfacher Webserver für GET-Anfragen (Forts.)

```
        }

        url = buf.toString();

        // testen, ob die Datei existiert und gelesen werden kann
        File file = new File(www_dir + url);

        if(file.canRead() == true) {
           // die Antwort zusammenbauen
           response.add("HTTP/1.0 200 OK");

           // den Content-type der gewünschten Datei aufgrund der Dateiendung
           // setzen
           if(url.endsWith(".gif") == true)
              response.add("Content-type: image/gif");

           if((url.endsWith(".jpeg") == true)
                                   || (url.endsWith(".jpg") == true))
              response.add("Content-type: image/jpeg");

           if((url.endsWith(".html") == true)
                                   || (url.endsWith(".htm") == true))
              response.add("Content-type: text/html");

           response.add(""); // Leerzeile beendet den Header
           dataSegment = true;

        } else {
           // die gewünschte Datei gibt es nicht
           response.add("HTTP/1.0 404 Not Found");
           response.add("Content-type: text/html");
           response.add("");   // Leerzeile beendet die Headersektion
           response.add("<HTML><HEAD><TITLE> MiniWebServer-Fehlermeldung" +
                        "</TITLE></HEAD>");
           response.add("<BODY> Angeforderte Datei nicht vorhanden " +
                        "oder nicht lesbar!</BODY></HTML>");
        }

     } else {
        // ein nicht unterstütztes Kommando
        response.add("HTTP/1.0 501 Not implemented");
        response.add("Content-type: text/html");
        response.add("");
        response.add("<HTML><HEAD><TITLE>MiniWebServer-Fehlermeldung "
                 + "</TITLE></HEAD>");
        response.add("<BODY> Angeforderte Datei nicht vorhanden " +
                     "oder nicht lesbar!</BODY></HTML>");
     }

     // Die Antwort an den Client schicken. Bei Bedarf auch den Inhalt der
     // angeforderten Datei als Byte-Stream
```

Listing 266: Einfacher Webserver für GET-Anfragen (Forts.)

```
      try {
         for(String line : response)
            outStream.println(line);

         // die gewünschte Datei laden und senden
         if(dataSegment == true) {
            byte[] readBuffer = new byte[4096];
            int num;

            try {
               FileInputStream file = new FileInputStream(www_dir + url);

               while((num = file.read(readBuffer)) != -1)
                  outStream.write(readBuffer,0,num);

               file.close();
               outStream.flush();

            } catch(IOException e) {
               System.err.println("Anfrage " + myID + ": Datei " + url
                                  + " konnte nicht gelesen werden");
            }
         }

      // Verbindung schließen
      mySocket.close();
      System.out.println("Anfrage " + myID + " abgearbeitet!");

      } catch(IOException e) {
         System.err.println("Anfrage " + myID +
                            ": Header konnte nicht geschrieben werden ");
         e.printStackTrace();
      }
   }

   // für Kontrollzwecke: Ausgabe des Headers
   void printHeader(ArrayList<String> header) {
      for(String str : header)
         System.out.println(str);
   }

   // Diese Methode liest den Header ein, der vom Client geschickt worden ist
   ArrayList<String> readRequestHeader() {
      String line;
      ArrayList<String> result = new ArrayList<String>();

      while(true) {
         try {
            line = inStream.readLine();

            if(line != null) {
```

Listing 266: Einfacher Webserver für GET-Anfragen (Forts.)

```
                // der Header endet mit einer Leerzeile
                if(line.length() <=0)
                   break;
                else
                   result.add(line);
             } else
                break;

          } catch(IOException e) {
             System.err.println("Anfrage " + myID
                                     + " Exception beim Headerlesen");
          e.printStackTrace();
             break;
          }
       }

       return result;
    }
 }
```

Listing 266: Einfacher Webserver für GET-Anfragen (Forts.)

Der Webserver benötigt beim Start zwei Parameter: den Namen seines Datenverzeichnisses, wo die zu liefernden Dateien abgelegt sind, sowie den Port, auf dem er lauschen soll (z.B. den Standardport für HTML = 80). Sie können den Server testen, indem Sie in Ihrem Browser eine lokale Datei anfordern, z.B. für die Datei *index.html* geben Sie als URL ein: *http://localhost/index.html*. Zum Beenden des Servers drücken Sie Strg+C.

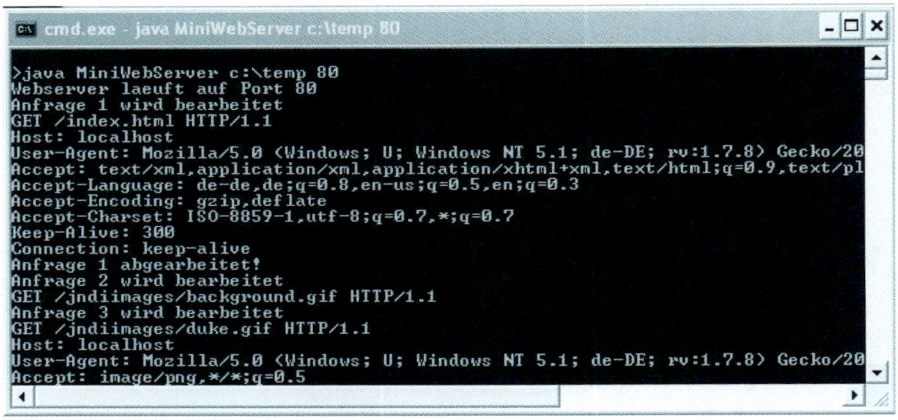

Abbildung 116: Log-Ausgaben des Mini-Webservers

Schauen Sie gegebenenfalls auch in *Rezept 240*, falls Sie einen Webserver mit Thread-Pooling realisieren möchten.

XML

203 Sonderzeichen in XML verwenden

Da bestimmte Sonderzeichen Teil der XML-Sprache sind, können sie nicht einfach als Wert eines Elements verwendet werden, sondern müssen durch eine besondere Kodierung (auch als Escape-Sequenz oder Entity bezeichnet) beschrieben werden. Es handelt sich um die folgenden fünf Zeichen:

Zeichen	Escape-Sequence (Entity)
`<`	`<`
`>`	`>`
`&`	`&`
`"`	`"`
`'`	`'`

Tabelle 49: Sonderzeichen in XML

Wenn Sie also beispielsweise in ein XML-Element den Text `C & A` einfügen wollen, müssen Sie schreiben:

```
<name>C &amp; A</name>
```

Neben den oben aufgelisteten Entities können auch eigene definiert werden. Zusätzlich dienen Entities dazu, nicht vom Zeichensatz abgedeckte Elemente einzubinden, sofern diese über eine Unicode-Darstellung verfügen:

```
&#Dezimalcode_im_Unicode-Zeichensatz;
&#xHexadezimalcode_im_Unicode-Zeichensatz;
```

Um beispielsweise einen Zeilenumbruch (Code 13) einzufügen, können Sie folgende Entity verwenden:

```
<satz>Dies ist ein &#13; umbrochener Satz.</satz>
```

Hinweis

In der Standardeinstellung werden alle führenden und abschließenden Whitespace-Zeichen (SPACE, TAB, RETURN) ignoriert, sofern sie nicht durch die Option `xml:space` geschützt werden.

Eine andere Möglichkeit zur Darstellung von Text mit Sonderzeichen ist der Einsatz von CDATA (*siehe Rezept 206*).

204 Kommentare

Um ein XML-Dokument oder Teile davon auch später noch verstehen zu können oder ihre Funktion für andere zu dokumentieren, empfiehlt es sich, Kommentare in das Dokument einzufügen. Kommentare dienen aber nicht nur der Dokumentierung. Während der Testphase können Sie die Kommentarzeichen dazu nutzen, einzelne Elemente temporär auszukommentieren.

Kommentare haben in XML folgende Form:

```
<!-- Dies ist ein Kommentar -->
```

Achtung

Die XML-Definition verbietet es, Kommentare ineinander zu verschachteln.

205 Namensräume

Da in XML eigene Tags definiert werden können, muss sichergestellt sein, dass gleichnamige Tags auseinander gehalten werden können. Die Lösung dieses Problems ist das auch aus Java bekannte Konzept der Namensräume.

Namensräume werden durch das Präfix *xmlns*, gefolgt vom Kurznamen des Namensraums und einem URL deklariert:

```
xmlns:cb="http://java.codebooks.de/xml"
```

Diese Deklaration kann bei der ersten Verwendung eines Namensraums oder auf Ebene des Root-Elements erfolgen. Der URL muss nicht physisch existieren – er dient lediglich der Verdeutlichung der Zugehörigkeit des Namensraums. Allerdings kann am angegebenen Ort ein XML-Schema oder eine DTD hinterlegt sein, wodurch die möglichen Elemente des Namensraums bestimmt werden können:

```
xmlns:cb="http://java.codebooks.de/xml/validate.dtd"
```

Nach dieser Deklaration kann der Namensraum verwendet werden:

```
<cb:book book-number="2294"
      xmlns:cb="http://java.codebooks.de/xml">
   <cb:title>Codebook Java</cb:title>
   <cb:content>
      <cb:chapter number="11">Netzwerke</cb:chapter>
      <cb:chapter number="12">XML</cb:chapter>
   </cb:content>
</cb:book>
```

Innerhalb eines Dokuments können verschiedene Namensräume definiert werden. Auch die Angabe eines Standard-Namensraums ist möglich. In diesem Fall muss kein Kurzname angegeben werden:

```
<book book-number="2294" xmlns="http://java.codebooks.de/xml">
   ...
</book>
```

Achtung

Beachten Sie, dass alle anderen Elemente, die über keine explizite Namensraumangabe verfügen, implizit dem Standard-Namensraum zugehörig sind. Sollte eine Validierung stattfinden, muss dies natürlich berücksichtigt werden, die betreffenden Elemente müssen im Schema oder der DTD deklariert sein.

Hinweis

Laut Spezifikation ist das Präfix nur ein Platzhalter für den URL des Namensraums, der dann die eindeutige Zuordnung übernimmt. Zwei gleichnamige Tags, die über unterschiedliche Präfixe den gleichen URL referenzieren, sind demnach also identisch, auch wenn nicht jede Anwendung diese Unterscheidung vornimmt.

206 CDATA-Bereiche

Per Voreinstellung parst ein XML-Parser alle Elemente eines XML-Dokuments. Dies bedeutet, dass diese Elemente wohlgeformt sein müssen. HTML-Tags beispielsweise können so nicht transportiert werden, da sie in der Regel nicht den Anforderungen der Wohlgeformtheit genügen.

Um dennoch nicht wohlgeformte Inhalte einbauen zu können, müssen sie als nicht zu interpretierende Zeichenkette (Character Data = CDATA) markiert werden. Ein CDATA-Abschnitt beginnt stets mit der Zeichenkette *<![CDATA[* und wird mit *]]>* abgeschlossen.

```
<text><![CDATA[Dieser Text wird nicht interpretiert<br>]]></text>
```

Ein CDATA-Block kann sowohl Sonderzeichen (Entities) als auch binäre Daten, z.B. Bilder, enthalten. In ihm enthaltene Elemente werden als Text gelesen und nicht interpretiert.

207 XML parsen mit SAX

Das Verarbeiten von XML-Dokumenten per *SAX* (*Simple API for XML*, mehr über SAX erfahren Sie beispielsweise unter ***http://sax.sourceforge.net/***) funktioniert ereignisgesteuert. Beim Auftreten bestimmter Ereignisse bindet der SAX-Parser eine `org.xml.sax.ContentHandler`-Implementierung ein und ruft deren Methoden auf.

Das Interface `org.xml.sax.ContentHandler` definiert folgende zu implementierende Methoden:

```
void characters( char[] ch, int start, int length )
void endDocument( )
void endElement( java.lang.String uri,
                 java.lang.String localName, java.lang.String qName )
void endPrefixMapping( java.lang.String prefix )
void ignorableWhitespace( char[] ch, int start, int length )
void processingInstruction( java.lang.String target, java.lang.String data )
void setDocumentLocator( Locator locator )
void skippedEntity( java.lang.String name )
void startDocument( )
void startElement( java.lang.String uri, java.lang.String localName,
                   java.lang.String qName, Attributes atts )
void startPrefixMapping( java.lang.String prefix, java.lang.String uri )
```

Diese Methoden werden beim Auftreten von bestimmten Ereignissen eingebunden:

Methode	Ereignis
`characters ()`	Textdaten werden verarbeitet.
`endDocument()`	Das Ende des Dokuments ist erreicht.
`endElement()`	Das Ende eines Tags ist erreicht.
`endPrefixMapping()`	Das Ende eines Namensraum-Präfixes ist erreicht.

Tabelle 50: Methoden des Interfaces ContentHandler

Methode	Ereignis
ignorableWhitespace()	Ignorierbare Leerzeichen werden verarbeitet.
processingInstruction()	Eine Processing-Instruction ist erreicht worden.
setDocumentLocator()	Übergibt eine Locator-Instanz, mit deren Hilfe die aktuelle Position innerhalb des XML-Dokuments bestimmt werden kann.
skippedEntity()	Eine XML-Entity musste verworfen werden (etwa, weil sie nicht deklariert worden ist).
startDocument()	Parsen des Dokuments startet.
startElement()	Beginn eines Tags wird erreicht.
startPrefixMapping()	Ein Namensraum-Präfix wird erreicht.

Tabelle 50: Methoden des Interfaces ContentHandler

Dieses Interface muss implementiert werden, um Dokumente per SAX parsen zu können. Um die Arbeit aber ein wenig zu erleichtern, existiert mit der Klasse `org.xml.sax.helpers.DefaultHandler` eine Adapter-Implementierung dieses Interfaces, die alle Methoden als leere Methoden umsetzt. Wenn von dieser Implementierung abgeleitet wird, müssen nur noch die Methoden überschrieben werden, die die eigentliche Anwendungslogik beinhalten sollen.

Im Folgenden wird eine `DefaultHandler`-Ableitung eingesetzt, um alle Knoten eines XML-Dokuments samt möglicherweise vorhandenem Inhalt auszugeben. Dabei wird innerhalb der Methode `read()` zunächst eine `SAXParser`-Instanz erzeugt. Anschließend wird der Verarbeitungsprozess über die Methode `parse()` der `SAXParser`-Instanz angestoßen.

```
import javax.xml.parsers.*;
import org.xml.sax.*;
import org.xml.sax.helpers.*;
import java.io.*;

public class SaxReader extends DefaultHandler {

   private SAXParser parser = null;

   public SaxReader() {
      // Parser instanziieren
      try {
         SAXParserFactory fac = SAXParserFactory.newInstance();
         parser = fac.newSAXParser();
      } catch(Exception e) {
         e.printStackTrace();
      }
   }

   /**
    * Parsen einer XML-Datei
    * @param              Einzulesende Datei
    */
   public void read(File f) {
```

Listing 267: Verarbeiten eines XML-Dokuments per SAX

XML

```
      try {
         // Dokument parsen
         parser.parse(f, this);
      } catch(SAXException e) {
         e.printStackTrace();
      } catch(Exception e) {
         e.printStackTrace();
      }
   }

   /**
    * Parsen eines XML-Strings
    * @param              String mit XML-Dokument
    */
   public void read(String document) {
      try {
         InputSource input = new InputSource(new StringReader(document));

         // Dokument parsen
         parser.parse(input, this);
      } catch(SAXException e) {
         e.printStackTrace();
      } catch(Exception e) {
         e.printStackTrace();
      }
   }

   /**
    * Wird aufgerufen, wenn ein Element beginnt
    * @param uri          Namensraum-Präfix
    * @param name         Name des Elements
    * @param qname        Voll qualifizierter Name mit uri und name
    * @param attributes   Attribute
    * @throws SAXException
    */
   public void startElement(String uri, String name, String qname,
                         Attributes attributes) throws SAXException {
      // Ausgeben des Elementnamens
      System.console().printf("Element gefunden:  Qualified Name = %s\n",
                               qname);
   }

   /**
    * Wird aufgerufen, wenn ein Text-Element behandelt wird
    * @param chars    Komplettes Dokument
    * @param start    Beginn des Textes
    * @param end      Ende des Textes
    * @throws SAXException
    */
   public void characters(char[] chars, int start, int end)
                                              throws SAXException {
```

Listing 267: Verarbeiten eines XML-Dokuments per SAX (Forts.)

```
        // Text in String casten und führende bzw. folgende
        // Leerzeichen entfernen
        String text = new String(chars, start, end).trim();

        // Wenn Text nicht leer ist, dann ausgeben
        if(text.length() > 0) {
           System.console().printf("                  Wert: %s\n", text);
        }
     }
  }
```

Listing 267: Verarbeiten eines XML-Dokuments per SAX (Forts.)

Das Start-Programm zu diesem Rezept nutzt die Klasse `SaxReader` zur Analyse des folgenden XML-Dokuments:

```
<?xml version="1.0" encoding="iso-8859-1"?>
<book>
   <title>Java Codebook</title>
   <authors>
      <author>Dirk Louis</author>
      <author>Peter Müller</author>
   </authors>
   <publisher>Addison-Wesley</publisher>
   <content>
      <chapter number="11">Netzwerk</chapter>
      <chapter number="12">XML</chapter>
      <!-- ... -->
   </content>
</book>
```

Listing 268: XML-Beispieldokument

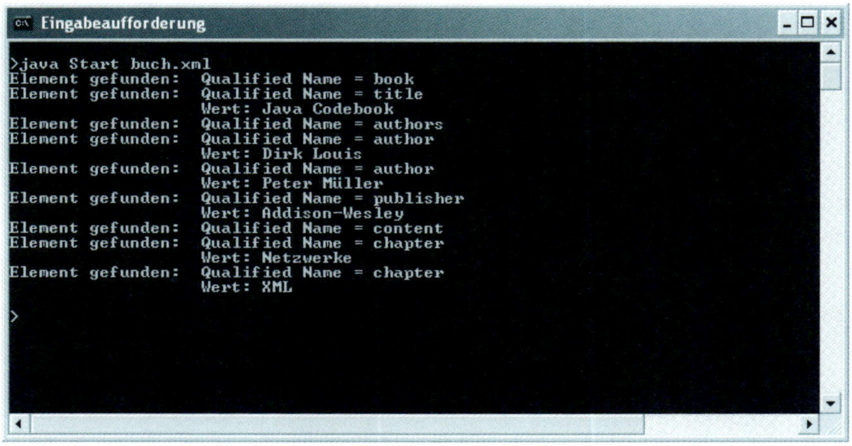

Abbildung 117: Ausgabe von Elementnamen und -inhalten des Beispieldokuments

208 XML parsen mit DOM

Ein anderer Weg, XML-Dokumente zu parsen, besteht in der Verwendung des *Document Object Model* (*DOM*), einer systemunabhängigen Definition des Zugriffs auf XML-Dokumente, die sich stark an deren Struktur orientiert.

Grundprinzip der Arbeit mit dem DOM ist die Orientierung an der Dokumentenstruktur. Hier wird nicht auf das Eintreten bestimmter Ereignisse gewartet, sondern man traversiert über die Baumstruktur eines XML-Dokuments vom Root-Element hin zu den untergeordneten Elementen. Ein wesentlicher Unterschied zwischen SAX und DOM ist somit, dass bei DOM das gesamte XML-Dokument im Speicher gehalten wird.

Bei der Arbeit mit dem DOM befindet man sich meist auf Knotenelementen. Diese werden durch `org.w3c.dom.Node`- und `org.w3c.dom.Element`-Implementierungen repräsentiert. Sogar das zugrunde liegende Dokument wird als `Node` repräsentiert. Für den Entwickler bietet dies den unschätzbaren Vorteil, dass sich die verschiedenen Elementtypen, die im DOM definiert sind, weitestgehend identisch handhaben lassen – das Hinzufügen oder Auslesen von Informationen geschieht stets über das gleiche API.

Um ein XML-Dokument per DOM zu laden und zu parsen, ist – wie bereits mehrfach erwähnt – ein anderer Denkansatz notwendig, als dies beim Einsatz von SAX der Fall war. Beim DOM wird das Dokument von außen nach innen durchlaufen, wobei jeder Knoten über einen oder mehrere untergeordnete Knoten verfügen kann. Ob ein Knoten untergeordnete Knoten enthält, lässt sich mit der Methode `hasChildNodes()` der `Node`-Implementierung feststellen. Die Methode `getChildNodes()` des aktuellen Knotens gibt eine `org.w3c.dom.NodeList`-Implementierung zurück, die alle untergeordneten Knoten enthält. Der Textinhalt eines Knotens kann per `getNodeValue()` bestimmt werden. Über die Methode `getNodeType()` kann der Typ des aktuellen Knotens bestimmt werden.

Folgende Knoten-Typen können auftreten:

Knoten-Typ	Beschreibung
ATTRIBUTE_NODE	Das Element ist ein Attribut.
CDATA_SECTION_NODE	Das Element ist ein CDATA-Bereich.
COMMENT_NODE	Das Element ist ein Kommentar-Element.
DOCUMENT_FRAGMENT_NODE	Das Element ist ein Dokumentfragment.
DOCUMENT_NODE	Das Element ist ein Dokument.
DOCUMENT_TYPE_NODE	Das Element ist ein Document-Type-Node.
ELEMENT_NODE	Das Element ist ein Knoten und kann untergeordnete Inhalte besitzen.
ENTITY_NODE	Das Element ist eine definierte Entity.
ENTITY_REFERENCE_NODE	Das Element verweist auf eine definierte Entity.
NOTATION_NODE	Das Element ist ein Notation-Element.
PROCESSING_INSTRUCTION_NODE	Das Element ist eine Processing-Instruction.
TEXT_NODE	Das Element ist reiner Text.

Tabelle 51: Knoten-Typen

Um ein XML-Dokument analog zum Beispiel aus Rezept XML parsen mit SAX zu verarbeiten, müssen vor der eigentlichen Analyse und Verarbeitung der Knoten noch folgende Schritte durchgeführt werden:

- `javax.xml.parsers.DocumentBuilder`-Instanz erzeugen
- XML-Datei laden
- `org.w3c.dom.Document`-Instanz abrufen

Die so geladene `Document`-Instanz kann nun verarbeitet werden. Da sie sich wie jedes andere XML-Element verhält und das Interface `org.w3c.dom.Node` implementiert, kann sie analog zu allen untergeordneten Elementen in einer rekursiv arbeitenden Methode verarbeitet werden. In dieser Methode kann anhand des Knoten-Typs und der Anzahl der untergeordneten Elemente bestimmt werden, ob eine weitere Rekursion erfolgen soll oder ob ein eventuell vorhandener Textinhalt ausgegeben werden kann:

```
import org.w3c.dom.*;
import org.xml.sax.*;
import javax.xml.parsers.*;
import java.io.*;

public class DOMReader {

   private DocumentBuilder parser = null;

   public DOMReader() throws ParserConfigurationException {
      DocumentBuilderFactory fac = DocumentBuilderFactory.newInstance();
      parser = fac.newDocumentBuilder();
   }

   /**
    * Parsen einer XML-Datei
    * @param              Einzulesende Datei
    */
   public void read(File f) {
      try {
         // Dokument einlesen
         Document doc = parser.parse(f);

         // Dokument verarbeiten
         analyze(doc);

      } catch(SAXException e) {
         e.printStackTrace();
      } catch(Exception e) {
         e.printStackTrace();
      }
   }

   /**
    * Parsen eines XML-Strings
```

Listing 269: Verarbeiten eines XML-Dokuments per DOM

XML

```
     * @param              String mit XML-Dokument
     */
    public void read(String str) {
       try {
          // aus dem String ein InputSource-Objekt erstellen
          InputSource input = new InputSource(new StringReader(str));

          // Dokument einlesen
          Document doc = parser.parse(input);

          // Dokument verarbeiten
          analyze(doc);

       } catch(SAXException e) {
          e.printStackTrace();
       } catch(Exception e) {
          e.printStackTrace();
       }
    }



    /**
     * Analysiert den übergebenen Knoten
     * @param node         Zu analysierender Knoten
     */
    private void analyze(Node node) {

       // Wenn es sich um einen Text-Knoten handelt, Inhalt ausgeben
       if(node != null && node.getNodeType() == Node.TEXT_NODE) {

          // Wert lokal zwischenspeichern
          String value = node.getNodeValue().trim();

          // Wenn Textinhalt vorhanden, dann ausgeben
          if(value.length() > 0) {
             System.console().printf("                Wert: %s\n", value);
          }

       } else {
          // Name des Knotens ausgeben
          System.console().printf("Gefundendes Element: %s\n",
                                  node.getNodeName());

          // Überprüfen, ob untergeordnete Knoten existieren
          if(node.hasChildNodes()) {
             // Alle untergeordneten Knoten durchlaufen
             int num = node.getChildNodes().getLength();

             for(int i=0; i < num; i++) {
                // Aktuellen Knoten analysieren
```

Listing 269: Verarbeiten eines XML-Dokuments per DOM (Forts.)

```
                    analyze(node.getChildNodes().item(i));
                }
            }
        }
    }
}
```

Listing 269: Verarbeiten eines XML-Dokuments per DOM (Forts.)

Das Start-Programm zu diesem Rezept nutzt die Klasse `DOMReader` zur Analyse des folgenden XML-Dokuments:

```
<?xml version="1.0" encoding="iso-8859-1"?>
<book>
   <title>Java Codebook</title>
   <authors>
      <author>Dirk Louis</author>
      <author>Peter Müller</author>
   </authors>
   <publisher>Addison-Wesley</publisher>
   <content>
      <chapter number="11">Netzwerk</chapter>
      <chapter number="12">XML</chapter>
      <!-- ... -->
   </content>
</book>
```

Listing 270: XML-Beispieldokument

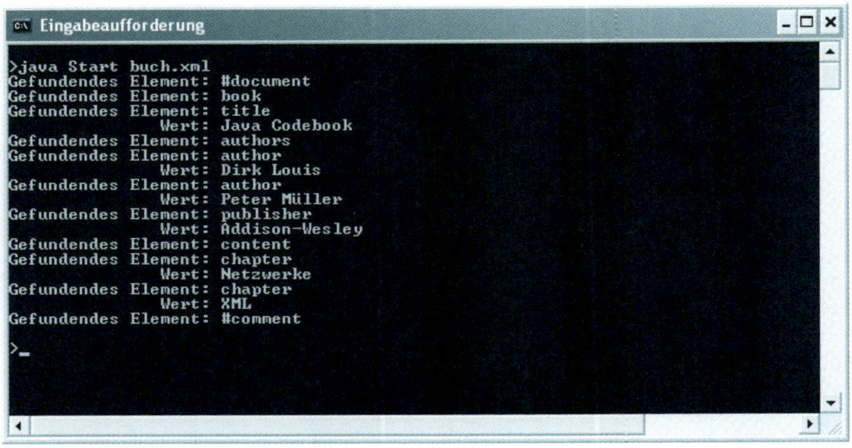

Abbildung 118: Verarbeiten eines XML-Dokuments per DOM

Hinweis

Neben der unterschiedlichen Herangehensweise an die Analyse und Verarbeitung eines Dokuments unterscheiden sich die Ansätze SAX und DOM insbesondere in einem Punkt: der Verarbeitungsgeschwindigkeit. SAX ist deutlich schneller als DOM, besonders bei großen Dokumenten, und benötigt viel weniger Speicher. Dafür ist DOM wesentlich flexibler – und spätestens wenn es darum geht, die enthaltenen Daten oder die Struktur zu manipulieren, muss SAX ohnehin passen.

209 XML-Dokumente validieren

XML-Dokumente sollten nach Möglichkeit validiert werden, d.h. man testet, ob sie einer definierten Struktur entsprechen. Während in der Frühzeit von XML vorwiegend ein sogenanntes *DTD* (*Document Type Definition*) zum Einsatz kam, ist mittlerweile das *XML Schema* der übliche Mechanismus, um die Syntax eines XML-Dokuments festzulegen. Auf die genaue Syntax von DTDs oder XML Schemata an dieser Stelle einzugehen, würde jedoch den Rahmen dieses Buchs sprengen. Einen guten Einstieg in dieses Thema finden Sie unter *http://www.w3schools.com/schema/default.asp.*

Das weiter unten abgedruckte Schema validiert die Struktur des folgenden XML-Dokuments

```
<?xml version="1.0" encoding="iso-8859-1"?>
<book>
   <title>Java Codebook</title>
   <authors>
      <author>Dirk Louis</author>
      <author>Peter Müller</author>
   </authors>
   <publisher>Addison-Wesley</publisher>
   <content>
      <chapter number="11">Netzwerk</chapter>
      <chapter number="12">XML</chapter>
      <!-- ... -->
   </content>
</book>
```

Listing 271: XML-Beispieldokument

Das Schema definiert als Root-Element ein *book*-Element, das *title-*, *authors-*, *publisher-* und *content*-Elemente enthalten darf. Den *authors-* und *content*-Elementen können *author-* bzw. *chapter*-Elemente untergeordnet sein.

```
<?xml version="1.0"?>
<xs:schema
   xmlns="http://tempuri.org/XMLFile1.xsd"
   xmlns:xs="http://www.w3.org/2001/XMLSchema">
  <xs:element name="book">
    <xs:complexType>
      <xs:sequence>
        <!-- Titel -->
        <xs:element name="title"
```

Listing 272: buchSchema.xsd – Schema, das auf das XML-Beispieldokument angewendet werden soll

```
            type="xs:string" minOccurs="0" />
          <!-- Autoren -->
          <xs:element name="authors"
             minOccurs="0" maxOccurs="unbounded">
            <xs:complexType>
              <xs:sequence>
                <!-- Ein Autor -->
                <xs:element name="author" nillable="true"
                   minOccurs="0" maxOccurs="unbounded">
                  <xs:complexType>
                    <xs:simpleContent>
                      <xs:extension base="xs:string">
                      </xs:extension>
                    </xs:simpleContent>
                  </xs:complexType>
                </xs:element>
              </xs:sequence>
            </xs:complexType>
          </xs:element>
          <!-- Verlag -->
          <xs:element name="publisher"
             type="xs:string" minOccurs="0" />
          <!-- Inhalt des Buchs -->
          <xs:element name="content"
             minOccurs="0" maxOccurs="unbounded">
            <xs:complexType>
              <xs:sequence>
                <!-- Einzelne Kapitel -->
                <xs:element name="chapter"
                   nillable="true" minOccurs="0" maxOccurs="unbounded">
                  <xs:complexType>
                    <xs:simpleContent>
                      <xs:extension base="xs:string">
                        <xs:attribute name="number"
                           form="unqualified" type="xs:string" />
                      </xs:extension>
                    </xs:simpleContent>
                  </xs:complexType>
                </xs:element>
              </xs:sequence>
            </xs:complexType>
          </xs:element>
        </xs:sequence>
      </xs:complexType>
    </xs:element>
  </xs:schema>
```

Listing 272: buchSchema.xsd – Schema, das auf das XML-Beispieldokument angewendet werden soll (Forts.)

Um nun eine XML-Datei gegen ein Schema zu validieren, benötigt man eine Instanz der Klasse `javax.xml.validation.Validator`, die man jedoch nicht direkt erzeugen kann, sondern mit Hilfe der Klassen `SchemaFactory` und `Schema` besorgen muss.

```
import org.xml.sax.*;
import javax.xml.*;
import javax.xml.transform.stream.*;
import javax.xml.validation.*;
import java.io.*;

public class SchemaValidator {

   private Validator validator = null;

   public SchemaValidator(File schemaDatei) throws SAXException {

      SchemaFactory schemaFac =
           SchemaFactory.newInstance(XMLConstants.W3C_XML_SCHEMA_NS_URI);

      Schema schema = schemaFac.newSchema(schemaDatei);
      validator = schema.newValidator();
   }


   /**
    * Validiert den übergebenen XML-String
    *
    * @param      XML-String
    * @return     true, falls valid, sonst false
    */
   public boolean validate(String str) throws IOException {
      boolean result = true;

      try {
         StreamSource input = new StreamSource(str);
         validator.validate(input);

      } catch (SAXException ex) {
        System.err.println("Nicht schema-konform: " + ex.getMessage());
        result = false;
      }

      return result;
   }



   /**
    * Validiert die übergebene XML-Datei
    *
    * @param      XML-String
```

Listing 273: Validierung eines Schemas

```
    * @return     true, falls valid, sonst false
    */
   public boolean validate(File f) throws IOException {
      boolean result = true;

      try {
         StreamSource input = new StreamSource(f);
         validator.validate(input);

      } catch (SAXException ex) {
         System.out.println("Nicht schema-konform: " + ex.getMessage());
         result = false;
      }

      return result;
      }
}
```

Listing 273: Validierung eines Schemas (Forts.)

210 XML-Strukturen mit Programm erzeugen

Das programmgestützte Erzeugen von XML-Strukturen geschieht von außen nach innen: Zunächst wird über eine javax.xml.parsers.DocumentBuilder-Instanz eine neue Document-Instanz erzeugt. Anschließend wird deren Root-Element über die Methode createElement() der Document-Instanz erzeugt. Jedes weitere Element wird ebenfalls über createElement() erzeugt und dann dem jeweils übergeordneten Knoten über dessen appendChild()-Methode zugewiesen. Textinhalte werden über die Methode setTextContent() eines Knotens erfasst. Attribute können dem Knoten über dessen Methode setAttribute() zugewiesen werden.

```
import org.w3c.dom.Document;
import org.w3c.dom.Element;
import javax.xml.parsers.DocumentBuilder;
import javax.xml.parsers.DocumentBuilderFactory;
import javax.xml.parsers.ParserConfigurationException;

public class DocumentCreator {

   public static Document createProgrammatically() {
      Document doc = null;
      try {
         // DocumentBuilder instanzieren
         DocumentBuilder docBuilder =
            DocumentBuilderFactory.newInstance().newDocumentBuilder();

         // Document-Instanz erzeugen
         doc = docBuilder.newDocument();
      } catch (ParserConfigurationException e) {
         e.printStackTrace();
      }
```

Listing 274: Erzeugen eines XML-Dokuments

```
if(null != doc) {
   // Root-Element erzeugen
   Element book = doc.createElement("book");

   // Element anfügen
   doc.appendChild(book);

   // Titel-Element erzeugen
   Element title = doc.createElement("title");

   // Inhalt anfügen
   title.setTextContent("Java Codebook");

   // Titel-Knoten anfügen
   book.appendChild(title);

   // Autoren-Element erzeugen und anfügen
   Element authors = doc.createElement("authors");
   book.appendChild(authors);

   // Einzelne Autor-Elemente erzeugen und anfügen
   Element author = doc.createElement("author");
   author.setTextContent("Dirk Louis");
   authors.appendChild(author);

   author = doc.createElement("author");
   author.setTextContent("Peter Müller");
   authors.appendChild(author);

   // Verlags-Info
   Element publisher = doc.createElement("publisher");
   publisher.setTextContent("Addison-Wesley");
   book.appendChild(publisher);

   // Kapitel-Element
   Element content = doc.createElement("content");
   book.appendChild(content);

   // Einzelne Kapitel erzeugen und anfügen
   Element chapter = doc.createElement("chapter");
   chapter.setAttribute("number", "11");
   chapter.setTextContent("Netzwerk");
   content.appendChild(chapter);

   chapter = doc.createElement("chapter");
   chapter.setAttribute("number", "12");
   chapter.setTextContent("XML");
   content.appendChild(chapter);
}
```

Listing 274: Erzeugen eines XML-Dokuments (Forts.)

```
        // Document-Instanz zurückgeben
        return doc;
    }
}
```

Listing 274: Erzeugen eines XML-Dokuments (Forts.)

Das erzeugte XML-Dokument sieht wie folgt aus:

```
<?xml version="1.0" encoding="UTF-8" standalone="no"?>
<book>
   <title>Java Codebook</title>
   <authors>
      <author>Dirk Louis</author>
      <author>Peter Müller</author>
   </authors>
   <publisher>Addison-Wesley</publisher>
   <content>
      <chapter number="11">Netzwerk</chapter>
      <chapter number="12">XML</chapter>
   </content>
</book>
```

Tipp

Um den Tippaufwand für die Erzeugung von XML-Dokumenten zu minimieren, empfiehlt es sich, typische Schritte in kleinen Methoden zu kapseln.

211 XML-Dokument formatiert ausgeben

Die Ausgabe eines XML-Dokuments in gut lesbarer – also eingerückter Schreibweise – ist gar nicht so einfach, wie man vielleicht erwarten würde.

Man benötigt hierfür die Klasse `TransformerFactory`, welche eine Instanz von `javax.xml.transform.Transformer` erzeugen kann. Diese transformiert die `Document`-Instanz in ihrer `transform()`-Methode in eine `javax.xml.transform.stream.StreamResult`-Instanz, die in einen `java.io.OutputStream` schreiben kann. Diese `OutputStream`-Instanz kann beispielsweise `System.out` sein, wodurch die Ausgabe auf Konsole erfolgt.


```
import org.w3c.dom.Document;
import javax.xml.transform.*;
import javax.xml.transform.stream.StreamResult;
import javax.xml.transform.dom.DOMSource;
import java.io.OutputStreamWriter;

public class DocWriter {

   /**
    * Schreibt die übergebene Document-Instanz nach System.out
    */
   public static void writeToSystemOut(Document content) {
```

Listing 275: Formatierte Ausgabe eines XML-Dokuments nach System.out

```
        // TransformerFactory instanzieren
        TransformerFactory tf =
           TransformerFactory.newInstance();

        // Einrückungstiefe definieren
        tf.setAttribute("indent-number", new Integer(3));
        Transformer t = null;
        try
        {
           // Transformer-Instanz abrufen
           t = tf.newTransformer();

           // Parameter setzen: Einrücken
           t.setOutputProperty(OutputKeys.INDENT, "yes");

           // Ausgabe-Typ: xml
           t.setOutputProperty(OutputKeys.METHOD, "xml");

           // Content-Type
           t.setOutputProperty(
              OutputKeys.MEDIA_TYPE, "text/xml");

           // Transformation durchführen und Ergebnis in einen Stream speichern
           t.transform(new DOMSource(content),
              new StreamResult(
                 new OutputStreamWriter(System.out)));

        } catch (TransformerConfigurationException e) {
           e.printStackTrace();
        } catch (TransformerException e) {
           e.printStackTrace();
        }
     }
  }
```

Listing 275: Formatierte Ausgabe eines XML-Dokuments nach System.out (Forts.)

Wird das in *Rezept 210* erzeugte XML-Dokument auf diese Art nach `System.out` geschrieben, ergibt sich die Ausgabe aus *Abbildung 119*.

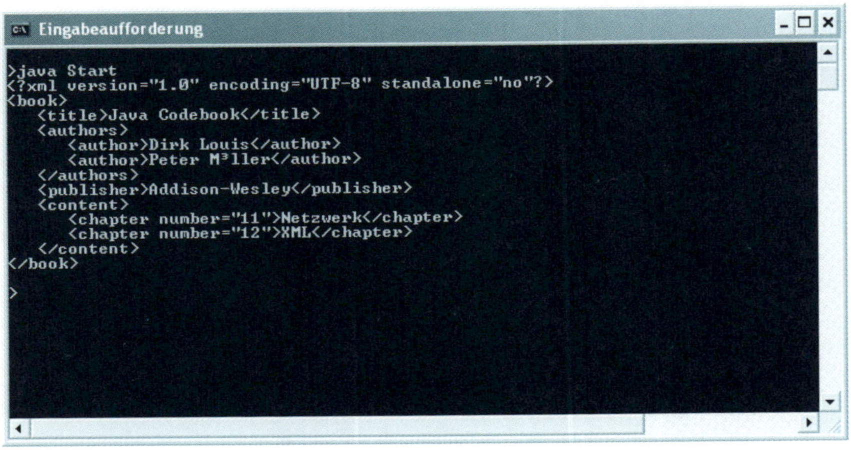

Abbildung 119: Ausgabe eines XML-Dokuments auf die Konsole

212 XML-Dokument formatiert als Datei speichern

Analog zur Ausgabe einer `Document`-Instanz auf die Konsole können Sie auch beim Speichern in eine Datei vorgehen. Der einzige Unterschied zwischen den beiden Aufgaben ist die Art, wie geschrieben wird: Beim Schreiben nach `System.out` kommt eine `java.io.PrintWriter`-Instanz zum Einsatz, während beim Speichern in eine Datei eine `java.io.FileWriter`-Instanz verwendet wird:

```
import org.w3c.dom.Document;
import javax.xml.transform.*;
import javax.xml.transform.dom.DOMSource;
import javax.xml.transform.stream.StreamResult;
import java.io.FileWriter;
import java.io.IOException;

public class DocWriter {

   /**
    * Schreibt die übergebene Document-Instanz in die angegebene Datei
    */
   public static void writeToFile(Document content, String fileName) {
      // TransformerFactory instanzieren
      TransformerFactory tf = TransformerFactory.newInstance();

      // Einrückungstiefe definieren
      tf.setAttribute("indent-number", new Integer(3));
      Transformer t = null;
      try {
         // Transformer-Instanz abrufen
         t = tf.newTransformer();

         // Parameter setzen: Einrücken
```

Listing 276: Speichern einer Document-Instanz in eine Datei

```
        t.setOutputProperty(OutputKeys.INDENT, "yes");

        // Ausgabe-Typ: xml
        t.setOutputProperty(OutputKeys.METHOD, "xml");

        // Content-Type
        t.setOutputProperty(OutputKeys.MEDIA_TYPE, "text/xml");

        // Encoding setzen
        t.setOutputProperty(OutputKeys.ENCODING, "iso-8859-1");

        // FileWriter erzeugen
        FileWriter fw = new FileWriter(fileName);

        // Transformation durchführen und Ergebnis in einen Stream speichern
        t.transform(new DOMSource(content),
           new StreamResult(fw));

      } catch (TransformerConfigurationException e) {
        e.printStackTrace();
      } catch (TransformerException e) {
        e.printStackTrace();
      }  catch (IOException e)  {
        e.printStackTrace();
      }
   }
}
```

Listing 276: Speichern einer Document-Instanz in eine Datei (Forts.)

Achtung

Vergessen Sie nicht, beim Einsatz von Umlauten die korrekte Kodierung anzugeben, so wie hier durch Aufruf von `setOutputProperty(OutputKeys.ENCODING, "iso-8859-1");` demonstriert. Tun Sie dies nicht, gehen bestenfalls Umlaute verloren oder werden nicht korrekt dargestellt; schlimmstenfalls ist die XML-Datei nicht mehr lesbar.

Die so gespeicherte Datei kann anschließend weiterverarbeitet werden. Ist die korrekte Kodierung gesetzt, werden auch die enthaltenen Umlaute ordnungsgemäß visualisiert.

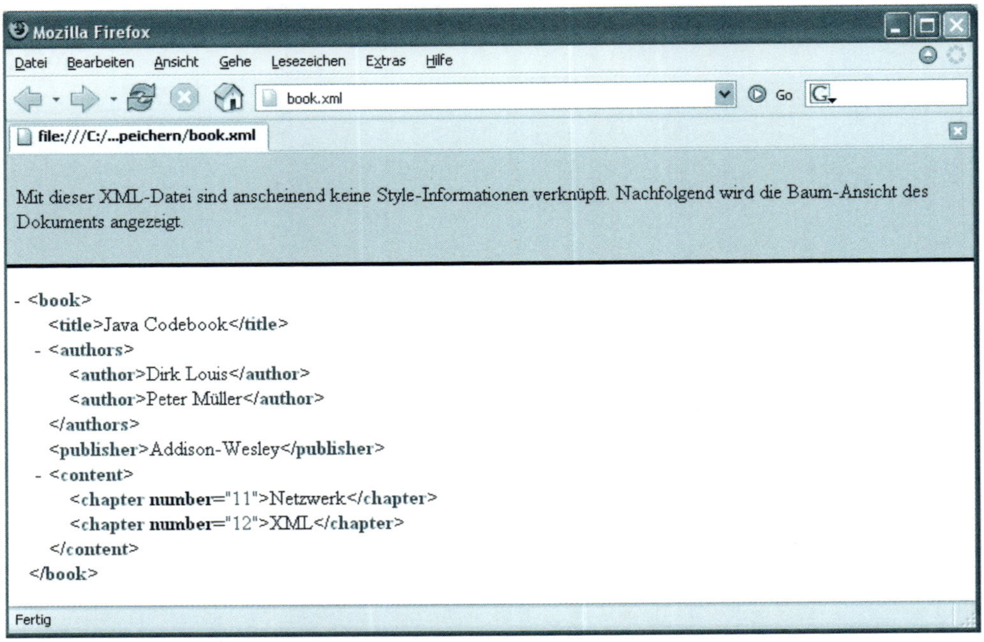

Abbildung 120: Diese Datei ist aus einer Document-Instanz erzeugt worden.

213 XML mit XSLT transformieren

Ein sehr häufiger und immer wichtiger werdender Teil der Arbeit mit XML ist *XSLT*. Das Kürzel *XSLT* steht für *eXtensible Markup Language for Transformations* und bezeichnet einen XML-Dialekt, mit dessen Hilfe XML-Dokumente in andere Zielformate (z.B. HTML) umgewandelt werden können.

Diese Transformationen benötigen neben dem XML-Parser auch einen XSLT-Interpreter. Der De-facto-Standard dafür ist Apaches *Xalan-J*, der unter der Adresse *http://xml.apache.org/xalan-j/* heruntergeladen werden kann.

Wichtigstes Element einer XSLT-Transformation ist neben dem XML-Dokument ein XSL-Stylesheet. Dieses definiert, wie das XML-Dokument in ein Zielformat (HTML, XML, andere textbasierte Formate) transformiert werden soll. XSLT setzt sehr stark auf den Einsatz von *XPath*, einer Technologie, die der Lokalisierung von Knoten in einem XML-Dokument dient. Eine Einführung in XSLT finden Sie unter der Adresse *http://www.w3schools.com/xsl/default.asp*. Mehr zu XPath erfahren Sie unter *http://www.w3schools.com/xpath/default.asp*. Im *J2EE Codebook* finden Sie ein eigenes Kapitel, das sich nur mit der Verwendung von XSLT und XPath befasst.

Betrachten Sie das folgende XML-Dokument:

```
<?xml version="1.0" encoding="iso-8859-1"?>
<book>
   <title>Java Codebook</title>
   <authors>
      <author>Dirk Louis</author>
```

Listing 277: XML-Beispieldokument

```
        <author>Peter Müller</author>
    </authors>
    <publisher>Addison-Wesley</publisher>
    <content>
        <chapter number="11">Netzwerk</chapter>
        <chapter number="12">XML</chapter>
        <!-- ... -->
    </content>
</book>
```

Listing 277: XML-Beispieldokument (Forts.)

Dieses XML-Dokument soll mit Hilfe des folgenden XSL-Stylesheets nach HTML transformiert werden.

```
<?xml version="1.0" encoding="iso-8859-1"?>
<xsl:stylesheet
    xmlns:xsl="http://www.w3.org/1999/XSL/Transform"
    version="1.0">

    <xsl:output method="html" indent="yes" />

    <!-- Start-Element ist "Book" -->
    <xsl:template match="book">
        <html>
            <head>
                <!-- Titel ausgeben -->
                <title><xsl:value-of select="./title" /></title>
            </head>
            <body>
                <!-- Titel nochmals ausgeben -->
                <h3><xsl:value-of select="./title" /></h3>
                <div>
                    <!-- Verlag ausgeben -->
                    <strong>Verlag</strong><br />
                    <xsl:value-of select="./publisher" /><br /> 
                </div>
                <div>
                    <!-- Autoren ausgeben -->
                    <strong>Autoren</strong>
                    <ul>
                        <!-- Alle Autoren durchlaufen -->
                        <xsl:for-each select="./authors/author">
                            <!-- Einzelnen Autor ausgeben -->
                            <li><xsl:value-of select="." /></li>
                        </xsl:for-each>
                    </ul>
                </div>
                <div>
                    <!-- Inhalte ausgeben -->
```

Listing 278: buchStil.xsd – XSL-Stylesheet zur Transformation des XML-Beispieldokuments nach HTML

```
            <strong>Inhalte</strong><br />
            <ul>
               <!-- Alle Kapitel durchlaufen -->
               <xsl:for-each select="./content/chapter">
                  <!-- Kapitel-Nummer und Bezeichnung ausgeben -->
                  <li>#<xsl:value-of select="@number" />:
                     <xsl:value-of select="." /></li>
               </xsl:for-each>
            </ul>
         </div>
      </body>
   </html>
</xsl:template>

</xsl:stylesheet>
```

Listing 278: buchStil.xsd – XSL-Stylesheet zur Transformation des XML-Beispieldokuments nach HTML (Forts.)

Die Transformation von Dokumenten wird innerhalb der *Transformation API for XML* (*TrAX*) beschrieben. Dieses API steht dem Entwickler innerhalb des Namensraums `javax.xml.transform` zur Verfügung.

Eine Transformation benötigt fünf Elemente, um erfolgreich durchgeführt zu werden:

Element	Beschreibung
`TransformerFactory`	Diese Factory durchsucht den Klassenpfad nach einem geeigneten Prozessor für die Transformation.
`Transformer`	Diese konkrete Implementierung wird von der `TransformerFactory` erzeugt und steuert die eigentliche Umwandlung.
`Source`	Die konkrete Implementierung des Interfaces `Source` repräsentiert das Quelldokument.
`Result`	Die konkrete Implementierung des Interfaces `Result` repräsentiert das Zieldokument.
Stylesheet	Das Stylesheet wird ebenso wie das Quelldokument durch eine `Source`-Implementierung repräsentiert.

Tabelle 52: Elemente einer erfolgreichen Transformation

Der Ablauf einer XSL-Transformation sieht so aus:

Zunächst wird über `TransformerFactory.newInstance()` eine `javax.xml.TransformerFactory`-Instanz erzeugt. Anschließend können die Quelldateien der Transformation per `javax.xml.transform.stream.StreamSource`-Instanz referenziert werden.

Nach dem Referenzieren der beiden Quelldateien für die Transformation wird deren Ziel angegeben. In diesem Fall wird eine `java.io.FileOutputStream`-Instanz verwendet, um den generierten Output speichern zu können.

Die Transformer-Implementierung, die als Letztes instanziert werden muss, nimmt als Parameter die StreamSource-Instanz des XSLT-Stylesheets entgegen und wird von der Methode newTransformer() der TransformerFactory-Instanz erzeugt. Diese verwendet dazu den im Classpath hinterlegten XSLT-Prozessor.

Ein Aufruf der Methode transform() der Transformer-Instanz unter Angabe von Quell- und Ausgabestream führt die Transformation durch.

```
import javax.xml.transform.*;
import javax.xml.transform.stream.StreamSource;
import javax.xml.transform.stream.StreamResult;
import java.io.*;

public class XslTransform {

   /**
    * Methode zur Durchführung einer XSL-Transformation
    *
    * @param Name der XML-Datei
    * @param Name des XSL-Datei
    * @param Name der Ausgabedatei
    */
   public static void transform(String xmlFile, String xslFile,
                                String resultFile) {
      try {
         // Transformer-Factory erzeugen
         TransformerFactory fact =
            TransformerFactory.newInstance();

         // Stylesheet referenzieren
         Source xsl = new StreamSource(
            new FileInputStream(xslFile));

         // Quelldokument referenzieren
         Source xml = new StreamSource(
            new FileInputStream(xmlFile));

         // Ausgabeziel definieren
         Result output = new StreamResult(
            new FileOutputStream(resultFile));

         // Transformer erzeugen
         Transformer transformer = fact.newTransformer(xsl);

         // Transformation durchführen
         transformer.transform(xml, output);

      } catch (TransformerException e) {
         e.printStackTrace();
      } catch (FileNotFoundException e) {
         e.printStackTrace();
```

Listing 279: Transformation eines XML-Dokuments mit Hilfe eines XSL-Stylesheets

```
            }
        }
    }
```

Listing 279: Transformation eines XML-Dokuments mit Hilfe eines XSL-Stylesheets (Forts.)

Da die generierte Datei aus reinem HTML besteht, kann sie in jedem Browser angezeigt werden.

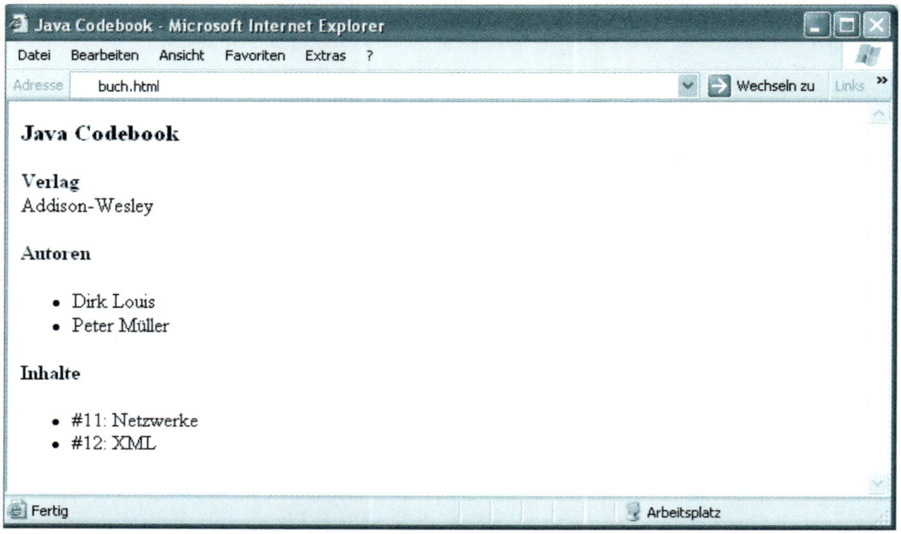

Abbildung 121: Generierte HTML-Datei im Browser

Internationalisierung

214 Lokale einstellen

Javas Unterstützung für die Internationalisierung[1] von in Java geschriebener Software ruht auf zwei wichtigen Säulen: Unicode als universeller Zeichensatz[2] und das Konzept der Lokale zur Anpassung an landes- und kulturspezifische Eigenheiten.

Unter einer *Lokale* (Gebietsschema) versteht man eine politische, geographische oder kulturelle Region, mit eigener Sprache und eigenständigen Regeln für die Formatierung von Datumsangaben, Zahlen etc. In Java-Programmen werden diese Lokalen durch Instanzen der Klasse `java.util.Locale` repräsentiert.

Sprach- und länderspezifische Aufgaben (wie z.B. die Formatierung von Zahlen, Datumsangaben, Stringvergleiche etc., siehe nachfolgende Rezepte) können Sie in Java grundsätzlich auf vier verschiedene Weisen erledigen:

- *Sie scheren sich nicht um Lokale-spezifische Eigenheiten.*
  Wenn Sie beispielsweise `Double`-Werte mittels `toString()` in Strings umwandeln, werden die Nachkommastellen immer durch einen Punkt dargestellt (wie in Großbritannien/USA üblich).
- *Sie erledigen die Aufgaben gemäß der Lokale, die auf dem aktuellen System eingestellt ist.*
  So erreichen Sie, dass sich Ihre Anwendung automatisch an die vom Benutzer eingestellten landes- und kulturspezifischen Eigenheiten anpasst (beispielsweise Nachkommastellen in Gleitkommazahlen auf einem US-Rechner mit Punkt und auf einem für deutsche Benutzer konfigurierten Rechner mit Komma abgetrennt).

  Hierzu müssen Sie sich der jeweiligen Lokale-sensitiven Klasse/Methode bedienen, die Java zur Lokale-typischen Erledigung der Aufgabe vorsieht. Für die Formatierung von Zahlen ist dies beispielsweise `NumberFormat`.

  ```
  import java.text.NumberFormat;
  import java.util.Locale;
  ...

  NumberFormat nf = NumberFormat.getNumberInstance();
  ```

International

1. Die Bemühungen, ein Programm so zu implementieren, dass es möglichst gut für den internationalen Markt vorbereitet ist, bezeichnet man als **Internationalisierung**, die Anpassung eines Programms an die nationalen Eigenheiten eines Landes als **Lokalisierung**. Beide verfolgen letzten Endes den gleichen Zweck und beruhen zum Teil auf identischen Techniken.
2. Da Java intern Unicode zur Darstellung von Zeichen verwendet, kann es (grundsätzlich) sämtliche bekannten Zeichen verarbeiten. Die `Reader`- und `Writer`-Klassen von Java berücksichtigen automatisch die auf dem jeweiligen Rechner vorherrschende Zeichenkodierung und wandeln automatisch von dieser Kodierung in Unicode (Eingabe) oder umgekehrt (Ausgabe) um. Lediglich wenn Sie Daten einlesen, die anders kodiert sind, oder Textdaten in einer anderen Kodierung ausgeben wollen, müssen Sie auf `InputStreamReader` (bzw. `OutputStreamReader`) zurückgreifen, und die betreffende Zeichenkodierung explizit angeben (*siehe Rezept 102*).
   Achtung! Auch wenn Java alle Zeichen kodieren kann, heißt dies nicht umgekehrt, dass ein Java-Programm alle beliebigen Zeichen auf jedem Rechner korrekt anzeigen kann. Dazu muss auch eine entsprechende Unterstützung, beispielsweise passende Fonts, auf dem Rechner installiert sein.

Obige Zeile erzeugt eine `NumberFormat`-Instanz, die Zahlen gemäß der Standardlokale formatiert. Die **Standardlokale** ist die Lokale, die von allen Lokale-sensitiven Klassen/Methoden verwendet wird, wenn keine andere Lokale explizit angegeben wird. Beim Start der Anwendung setzt die Java Virtual Machine die aktuell auf dem System verwendete Lokale als Standardlokale der Anwendung ein.

Zur Formatierung rufen Sie die Methode `format()` auf:

```
String formatted = nf.format(aNumber);
```

- *Sie erledigen die Aufgaben gemäß einer bestimmten, von Ihnen vorgegebenen Lokale.* So erreichen Sie, dass Ihre Anwendung, unabhängig von dem System, auf dem sie ausgeführt wird, landes- und kulturspezifische Aufgaben immer nach Maßgabe einer festen Lokale erledigt.

  Hierzu gehen Sie wie im vorhergehenden Punkt vor, nur dass Sie zu Beginn der Anwendung Ihre eigene Lokale als Standardlokale einrichten:

```
import java.util.Locale;
...

Locale.setDefault(new Locale("de", "DE"));
```

- *Sie erledigen einzelne Aufgaben gemäß einer bestimmten, von der Standardlokale abweichenden Lokale.*

  Hierzu bedienen Sie sich ebenfalls der Lokale-sensitiven Klassen/Methoden, jedoch unter expliziter Angabe der zu verwendenden Lokale. Für die Formatierung von Zahlen mit `NumberFormat` sähe dies beispielsweise wie folgt aus:

```
import java.text.NumberFormat;
import java.util.Locale;
...

NumberFormat nf
       = NumberFormat.getNumberInstance(new Locale("de", "DE"));

String formatted = nf.format(aNumber);
```

International

Locale-Objekte erzeugen

Wenn Sie eine Aufgabe gemäß einer bestimmten Lokale erledigen möchten (siehe vorangehender Abschnitt oder nachfolgende Rezepte), müssen Sie für diese Lokale ein passendes `Locale`-Objekt erzeugen. Zur Identifizierung der Lokale übergeben Sie wahlweise den Sprachcode, Sprach- und Ländercode oder, in seltenen Fällen, Sprach-, Länder- und Umgebungscode.

```
Locale  eigene = new Locale("de");         // Lokale für deutsch
Locale  eigene = new Locale("de","CH");    // Lokale für deutsch, Schweiz
```

Die Sprachcodes sind durch ISO-639 standardisiert, die Ländercodes durch ISO-3166. (Vorsicht! Die Standards verändern sich gelegentlich.)

Sprachcode	Sprache	Ländercode	Land
ar	Arabisch	LB	Libanon
da	Dänisch	DK	Dänemark

Tabelle 53: Ausgesuchte Sprach- und Ländercodes

Sprachcode	Sprache	Ländercode	Land
de	Deutsch	DE	Deutschland
		CH	Schweiz
		AT	Österreich
el	Griechisch	GR	Griechenland
en	Englisch	GB	Großbritannien
		US	USA
		AU	Australien
		CA	Kanada
eo	Esperanto		
es	Spanisch	ES	Spanien
		CO	Kolumbien
fr	Französisch	FR	Frankreich
		BE	Belgien
		CA	Kanada
it	Italienisch	IT	Italien
ja	Japanisch	JP	Japan
nl	Niederländisch	NL	Niederlande
no	Norwegisch	NO	Norwegen
sv	Schwedisch	SE	Schweden
tr	Türkisch	TR	Türkei
zh	Chinesisch	CN	China
		HK	Hongkong
		TW	Taiwan

Tabelle 53: Ausgesuchte Sprach- und Ländercodes (Forts.)

Vollständige Listen finden Sie im Internet[3]. Sie können Sie sich aber auch selbst ausdrucken. Die `Locale`-Methoden `getISOLanguages()` und `getISOCountries()` liefern die Codes nach ISO-639 und ISO-3166 zurück.

Achtung

Die Erzeugung einer eigenen Lokale instanziert lediglich ein `Locale`-Objekt, das die gewünschte Lokale im Quellcode repräsentiert. Die mit dieser Lokale verbundenen, Lokale-spezifischen Formatierungen sind nur verfügbar, wenn die Lokale von der installierten Java-Laufzeitumgebung (JRE) unterstützt wird (*siehe Rezept 216*).

3. Für ISO-Sprachcodes beispielsweise *http://www.loc.gov/standards/iso639-2/englangn.html*. Für ISO-Ländercodes siehe *http://www.iso.ch/iso/en/prods-services/iso3166ma/02iso-3166-code-lists/list-en1.html*.

215 Standardlokale ändern

Die Lokale-sensitiven Klassen/Methoden der Java-API arbeiten – sofern Sie nicht explizit bei der Instanzierung der Klassen (bzw. Aufruf der Methoden) eine andere Lokale vorgeben – mit der Standardlokale der Anwendung. Die Standardlokale wird beim Start der Anwendung von der Java Virtual Machine initialisiert. Die Java Virtual Machine prüft dazu die Gebietsschemaeinstellungen des Betriebssystems, ermittelt die zugehörige Lokale und setzt diese als Standardlokale ein.

Standardlokale abfragen

Falls Sie einmal direkten Zugriff auf die Standardlokale benötigen, beispielsweise um den Anwender über sein Gebietsschema zu informieren, zum Vergleichen mit einer erwarteten Wunsch-Lokale, zum Debuggen Ihrer Anwendung oder auch um sie explizit an eine Methode zu übergeben (einige wenige Lokale-sensitiven Methoden arbeiten nicht automatisch mit der Standardlokale, sondern übernehmen die Lokale stets als Argument), so liefert Ihnen `getDefault()` die Standardlokale zurück:

```
import java.util.Locale;
...

Locale loc = Locale.getDefault();
```

Standardlokale einstellen

Wenn Sie möchten, dass Ihre Anwendung sprach- und länderspezifische Aufgaben stets gemäß ein und derselben Lokale erledigt, unabhängig davon, welche Lokale auf dem Rechner eingestellt ist, richten Sie die gewünschte Lokale zu Beginn des Programms als Standardlokale ein:

```
import java.util.Locale;
...

Locale.setDefault(new Locale("de", "DE"));
```

Achtung

Die ursprüngliche Standardlokale kann nach Einstellung einer anderen Standardlokale nicht mehr ermittelt werden, es sei denn, Sie speichern sie zuvor ab:

```
Locale save = Locale.getDefault();
Locale.setDefault(new Locale("de", "DE"));
```


Das Start-Programm zu diesem Rezept gibt den Namen der auf dem System installierten Lokale aus und verwendet sie zur Formatierung des aktuellen Datums. Dann ändert das Programm die Standardlokale (betrifft natürlich nur das Programm und nicht die landesspezifische Einstellung des Betriebssystems) und gibt das Datum erneut aus.

```
public class Start {

    public static void main(String args[]) {
        Date today = new Date();
        DateFormat df;
```

Listing 280: Standardlokale ändern

```
        // Standardlokale = Lokale des Systems
        System.out.println("\n Aktuelle Lokale: " + Locale.getDefault() );
        df = DateFormat.getDateInstance(DateFormat.LONG);
        System.out.println(" Aktuelles Datum: " + df.format(today));

        // Standardlokale = fr_Fr für Frankreich
        Locale.setDefault(new Locale("fr", "FR"));
        System.out.println("\n Aktuelle Lokale: " + Locale.getDefault() );
        df = DateFormat.getDateInstance(DateFormat.LONG);
        System.out.println(" Aktuelles Datum: " + df.format(today));
    }
}
```

Listing 280: Standardlokale ändern (Forts.)

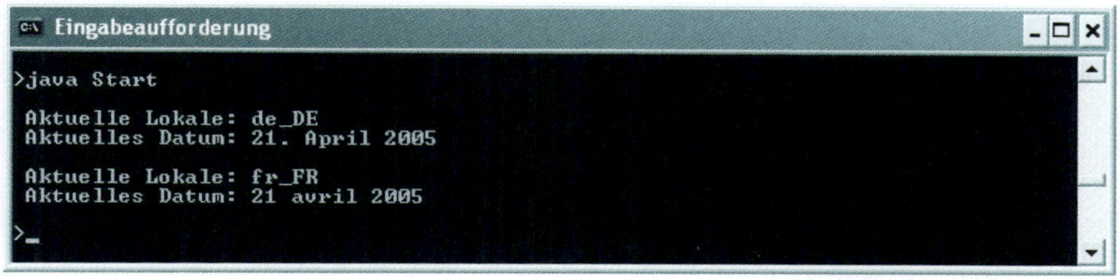

Abbildung 122: Datumsausgabe gemäß den Lokalen für Deutschland und Frankreich

216 Verfügbare Lokalen ermitteln

Die Erzeugung einer Lokale mit `new Locale()` instanziert lediglich ein `Locale`-Objekt, das die gewünschte Lokale im Quellcode repräsentiert. Die mit dieser Lokale verbundenen, Lokale-spezifischen Formatierungen sind nur dann verfügbar, wenn eine entsprechende Lokale auf dem aktuellen Rechner (als Teil der Java-Laufzeitumgebung) installiert ist.

Die Liste der garantiert unterstützten Lokalen ist nicht sehr lang. Sun fordert, dass jeder Provider von Java-Laufzeitumgebungen diese mit mindestens einer Lokale ausstattet: en_US (Englisch, USA). Die meisten JREs unterstützen natürlich weit mehr Lokalen, Suns JRE der Version 1.5.0 unterstützt gar über 100 Lokalen, von denen allerdings nur 21 ausführlich getestet sind (*siehe Tabelle 54*).

ID	Sprache	Land
ar_SA	Arabic	Saudi Arabia
zh_CN	Chinese (Simplified)	China
zh_TW	Chinese (Traditional)	Taiwan
nl_NL	Dutch	Netherlands
en_AU	English	Australia
en_CA	English	Canada

Tabelle 54: Voll unterstützte und getestete Lokale der Sun-JRE

ID	Sprache	Land
en_GB	English	United Kingdom
en_US	English	United States
fr_CA	French	Canada
fr_FR	French	France
de_DE	German	Germany
iw_IL	Hebrew	Israel
hi_IN	Hindi	India
it_IT	Italian	Italy
ja_JP	Japanese	Japan
ko_KR	Korean	South Korea
pt_BR	Portuguese	Brazil
es_ES	Spanish	Spain
sv_SE	Swedish	Sweden
th_TH	Thai (Western digits)	Thailand
th_TH_TH	Thai (Thai digits)	Thailand

Tabelle 54: Voll unterstützte und getestete Lokale der Sun-JRE (Forts.)

Achtung

Auf Windows-Systemen, die nur europäische Sprachen unterstützen, wird auch die JRE als rein europäische Version installiert.

Um sicherzustellen, dass eine Lokale, die Sie in einem Programm verwenden, auf den jeweiligen Systemen, auf denen das Programm ausgeführt wird, auch tatsächlich verfügbar ist, gibt es zwei Möglichkeiten:

- Sie sorgen dafür, dass die Unterstützung für die Lokale zusammen mit Ihrem Programm installiert wird.
- Sie überprüfen im Programmcode, ob die Lokale von der auf dem aktuellen System installierten JRE unterstützt wird.

Letzteres ist dank der statischen `Locale`-Methode `getAvailableLocales()` gar nicht so schwer:

```
Locale[] list = Locale.getAvailableLocales();
```

Die Methode liefert ein Array der auf dem System verfügbaren Lokalen zurück. Diese Liste brauchen Sie nur noch mit der von Ihnen gesuchten Lokale abzugleichen.

```
// Feststellen, ob Lokale unterstützt wird
Locale requested = new Locale(de, DE);
boolean found = false;
Locale[] locs = Locale.getAvailableLocales();
```

Listing 281: Test auf Verfügbarkeit einer Lokale

```
for(Locale l : locs) {
   if(l.equals(requested)) {
      found = true;
      break;
   }
}
if(found) {
    // Lokale verwenden
} else {
    // Andere Lokale verwenden, evt. Benutzer informieren
}
```

Listing 281: Test auf Verfügbarkeit einer Lokale (Forts.)

Zwei Punkte sind noch zu beachten:

- **Eine installierte Lokale muss nicht alle Aspekte der Lokalisierung unterstützen!**

  Es ist absolut zulässig, dass eine installierte Lokale lediglich die Formatierung von Zahlen oder das Vergleichen von Strings unterstützt. Die Lokale-sensitiven Klassen wie `NumberFormat` definieren daher eigene `getAvailableLocales()`-Methoden, die nur die Lokalen auflisten, die den entsprechenden Aspekt unterstützen.

  Es gibt aber auch eine gute Nachricht: Die von der Sun-JRE unterstützten Lokalen sind alle vollständig implementiert.

- **Was tun Sie, wenn die gewünschte Lokale nicht verfügbar ist?**

  Eine Möglichkeit ist, die nächstbeste Lokale auszuwählen. In diesem Fall können Sie unter Umständen sogar auf die Überprüfung mit `getAvailableLocales()` verzichten, denn die Lokale-sensitiven Klassen/Methoden gehen bereits nach diesem Verfahren vor. Sie ermitteln die »nächstbeste« Lokale durch schrittweisen Verzicht auf Umgebungs-, Länder- und Sprachcode. Letztes Refugium ist immer die Standardlokale.

  Angenommen, Sie fordern eine Lokale `new Locale("de", "DE")` an:

  - Ist keine de-Lokale mit dem Ländercode »DE« verfügbar, verwenden die Klassen/Methoden die Lokale de.
  - Ist auch keine Lokale de verfügbar, verwenden die Klassen/Methoden die Standardlokale.
  - Die Standardlokale entspricht entweder der Lokale des aktuellen Systems oder – falls versucht wurde, die Standardlokale auf eine nicht unterstützte Lokale einzustellen – en_US.

Achtung

Die Sprach-, Länder- und Umgebungscodes einer mit `new Locale()` erzeugten Lokale werden nicht an die tatsächlich verfügbare Lokale-Unterstützung angepasst. Wenn Sie also eine Lokale `new Locale("fr","FR")` erzeugen, die installierte JRE jedoch keine Lokale für Französisch enthält und daher auf die Standardlokale ausweicht, wird die erzeugte Lokale vom Programm immer noch mit dem Sprachcode »fr« und dem Ländercode »FR« geführt.

Das Start-Programm zu diesem Rezept nimmt Sprach- und Ländercode der einzustellenden Standardlokale über die Befehlszeile entgegen. Ist die gewünschte Lokale verfügbar, wird sie eingerichtet, ansonsten wird eine Fehlermeldung auf die Konsole ausgegeben und die ursprüngliche Standardlokale beibehalten. Zum Schluss zeigt das Programm einen Meldungsdialog mit einem gemäß der Standardlokale formatierten Datum an.

```
import java.util.Locale;
import java.util.Date;
import java.text.DateFormat;
import javax.swing.JOptionPane;

public class Start {

    public static void main(String args[]) {
        System.out.println();

        if (args.length != 2) {
           System.out.println(" Aufruf: Start <Sprachcode> <Laendercode>");
           System.exit(0);
        }

        Locale requested = new Locale(args[0], args[1]);

        // Feststellen, ob Lokale unterstützt wird
        boolean found = false;
        Locale[] locs = Locale.getAvailableLocales();
        for(Locale l : locs) {
           if(l.equals(requested)) {
              found = true;
              break;
           }
        }
        if(found) {
            System.out.println(" Standardlokale wird umgestellt");
            Locale.setDefault(requested);

        } else {
            System.out.println(" Gewuenschte Lokale ist nicht verfuegbar.");
            System.out.println(" Standardlokale wird nicht geaendert.");
        }

        // Datum nach Standardlokale formatieren
        Date today = new Date();
        DateFormat df = DateFormat.getDateInstance(DateFormat.LONG);
        String out = "Aktuelle Lokale:  " + Locale.getDefault()
                     + "\n\n" + df.format(today) + "\n\n";
        javax.swing.JOptionPane.showMessageDialog(null, out);

    }
}
```

Listing 282: »Abgesicherte« Umstellung der Standardlokale

Abbildung 123: »Abgesicherte« Umstellung der Standardlokale

Tipp

In dem Verzeichnis zu diesem Rezept finden Sie zudem ein Programm *PrintLocales*, mit dem Sie sich die Liste der verfügbaren Lokalen auf die Konsole ausgeben lassen können.

217 Lokale des Betriebssystems ändern

Die Lokalisierung von Java-Anwendungen beruht allein auf Mitteln der Sprache (namentlich der Unterstützung von Unicode und den Lokale-Klassen aus der Java-Laufzeitumgebung), ist also nicht auf Unterstützung seitens des Betriebssystems angewiesen.

Hinweis

Der einzige Kontakt zu den Lokale-Informationen des Betriebssystems ist das Setzen der Standardlokale beim Start einer Anwendung. Aber auch hier gilt: Die Java Virtual Machine fragt die landesspezifische Konfiguration des Betriebssystems lediglich ab und wählt dann als Standardlokale die Lokale aus der JRE aus, die mit der Betriebssystemkonfiguration am besten übereinstimmt.

Sie können daher in Java – immer vorausgesetzt, die JRE unterstützt die betreffenden Lokalen – Anwendungen schreiben, die a) auf allen Betriebssystemen die gleiche Lokale verwenden, die b) sich der Konfiguration des Betriebssystems angleichen oder die c) unabhängig vom Betriebssystem vom Benutzer auf verschiedene Lokale umgestellt werden können.

Und Sie können Java-Anwendungen durch Umstellung der Standardlokale für Länder und Regionen schreiben und testen, die von Ihrem Entwicklungsrechner nicht unterstützt werden.

Nichtsdestotrotz ist es natürlich ein Vorteil, wenn auch der Entwicklungsrechner für verschiedene Länder und Regionen konfiguriert werden kann:

- Sie können Anwendungen, die sich der landesspezifischen Konfiguration des Betriebssystems anpassen sollen, bequem für verschiedene Lokale testen.
- Sie können die Tastatur auf verschiedene Sprachen umstellen.

Wie Sie die Lokalen für Betriebssystem und Tastatur umstellen, hängt von dem jeweiligen Betriebssystem ab.

Unter Windows XP/Vista wählen Sie in der Systemsteuerung die Option für Region- und Spracheinstellungen.

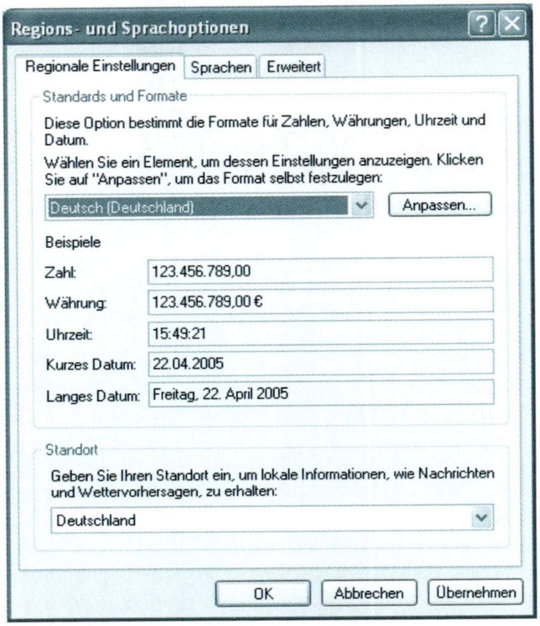

Abbildung 124: Einstellung eines Gebietsschemas (Lokale) unter Windows XP

Im Dialogfenster REGIONS- UND SPRACHOPTIONEN können Sie im oberen Listenfeld auf der Registerseite REGIONALE EINSTELLUNGEN (FORMATE unter Vista) die zu verwendende Lokale auswählen.

Hinweis

Wenn Sie im gleichen Dialogfenster auf der Registerseite SPRACHEN die Schaltfläche DETAILS anklicken, gelangen Sie zum Textdienste-Dialog, wo Sie die Unterstützung für verschiedene Tastaturen installieren und auswählen können. Damit Sie bequem zwischen verschiedenen Tastaturen wechseln können, sollten Sie die EINGABEGEBIETSSCHEMA-LEISTE einblenden lassen bzw. die Tastaturen mit TASTATURKÜRZEL verbinden.

Unter Linux hängt der Weg zum Erfolg vom installierten Window Manager ab. Unter KDE 3.2 rufen Sie beispielsweise das Kontrollzentrum auf und gehen zu den Regionaleinstellungen. Auf der Seite LAND/REGION & SPRACHE können Sie dann die gewünschten Einstellungen vornehmen.

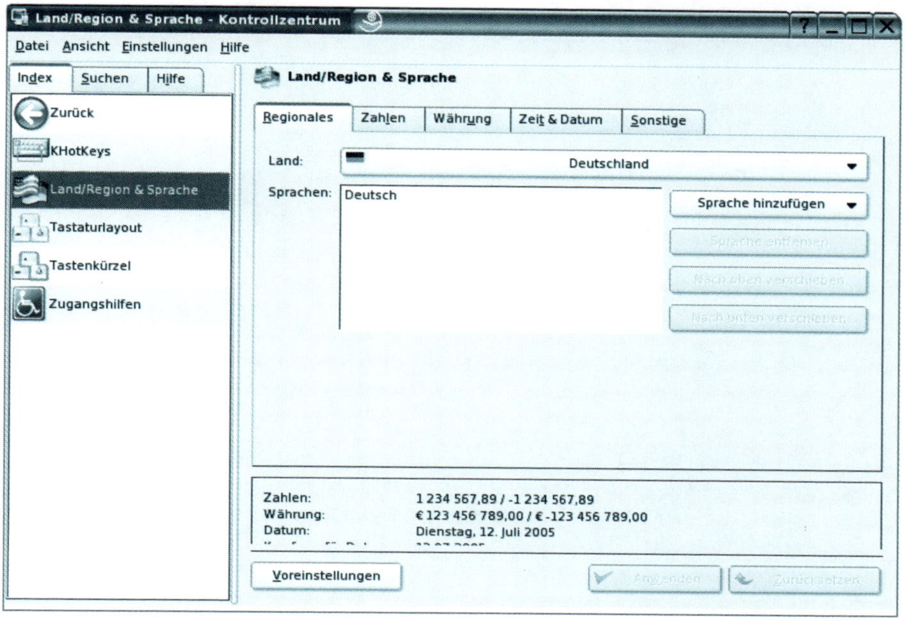

Abbildung 125: Regionaleinstellungen unter Linux/KDE 3.2

218 Strings vergleichen

Die Methode `compareTo()` vergleicht Strings anhand der Unicode-Werte der einzelnen Zeichen. Aus Sicht von `compareTo()` sind daher Kleinbuchstaben »größer« als Großbuchstaben und nationale Sonderzeichen (ä, ö, ß. é, è ...) ausnahmslos »größer« als die Buchstaben des lateinischen Alphabets. »Stäbe« käme im `compareTo()`-Lexikon also noch nach »Stube«, wo es wohl kein Mensch beim Nachschlagen finden würde. Wie aber kann man Strings alphabetisch korrekt vergleichen?

Für Stringvergleiche unter Berücksichtigung der Besonderheiten eines nationalen Alphabets gibt es die Klasse `Collator`.


```
String str1 = "Stäbe";
String str2 = "Stube";

Collator coll = Collator.getInstance(new Locale("de"));

if (coll.compare(str1, str2) < 0)
   // str1 < str2
else
   // str1 >= str2
```

Listing 283: Strings nach deutschem Alphabet vergleichen

1. Lassen Sie sich von `Collator.getInstance()` ein `Collator`-Objekt zurückliefern, welches gemäß dem gewünschten Alphabet (sprich Lokale) vergleicht.

   - Wenn Sie wissen, von welcher Sprache die zu vergleichenden Strings sind, erzeugen Sie ein `Locale`-Objekt für diese Sprache und übergeben Sie es `getInstance()`, beispielsweise:

     ```
     Collator coll = Collator.getInstance(new Locale("de"));
     ```

   - Wenn Sie die Sprache nicht kennen, aber davon ausgehen, dass es die Sprache des Benutzers ist, übergeben Sie keine Lokale. Die Methode verwendet dann die Standardlokale, die per Voreinstellung dem Gebietsschema des Betriebssystems entspricht.

     ```
     Collator coll = Collator.getInstance();
     ```

2. Vergleichen Sie die Strings mit Hilfe der `Collator`-Methode `compare()`.

   Sie übergeben die beiden zu vergleichenden Strings und erhalten als Ergebnis -1, 0 oder 1 zurück, je nachdem, ob der erste String kleiner, gleich oder größer als der zweite String ist.

Achtung

Die Klasse `Collator` ist an sich abstrakt. Ihre `getInstance()`-Methode liefert ein Objekt einer abgeleiteten Klasse zurück. Beachten Sie außerdem, dass der Rückgabewert von `Collator.compare()` immer -1, 0 oder 1 lautet, während `String.compareTo()` die Differenz zwischen den Unicode-Werten der ersten abweichenden Zeichen (bzw. der Stringlängen) zurückliefert.

219 Strings sortieren

Am einfachsten sortieren Sie Strings mit Hilfe eines Arrays oder einer Collection-Instanz.

Einige Collections speichern die eingefügten Elemente direkt in einer sortierten Reihenfolge (`TreeMap`, `TreeSet`), die restlichen Collections können mit `Collections.sort()`, Arrays mit `Arrays.sort()` sortiert werden. Wenn die eingefügten Elemente das Interface `Comparable` implementieren, können sie nach der Maßgabe ihrer `compareTo()`-Methode verglichen und sortiert werden. Alternativ kann ein `Comparator`-Objekt zum Sortieren der Elemente spezifiziert werden.

Strings implementieren das `Comparable`-Interface, doch ihre `compareTo()`-Methode vergleicht allein anhand der Unicode-Werte ihrer Zeichen, ohne Berücksichtigung der Buchstabenfolge in nationalen Alphabeten.

Um Strings alphabetisch korrekt zu sortieren, müssen Sie also auf den Einsatz eines `Comparator`-Objekts ausweichen. Glücklicherweise ist dies viel einfacher als man vielleicht annehmen würde, denn die Klasse `Collator`, die Strings gemäß einer Lokale vergleicht (siehe vorangehendes Rezept), implementiert dankenswerter Weise bereits für uns das Interface `Comparator`.

Arrays von Strings sortieren

Arrays können Sie mit Hilfe der statischen `sort()`-Methode der Klasse `Arrays` sortieren. Als Parameter übergeben Sie das zu sortierende Array und – falls die Array-Elemente nicht das `Comparable`-Interface implementieren oder Sie wie in unserem Beispiel eine andere Sortierreihenfolge vorgeben möchten – ein `Comparator`-Objekt:

```
import java.util.Arrays;
import java.text.Collator;
...
String[] wordsArray = { "Stäbe", "Stube", "Stange", "Stoß", "Stottern" };

Arrays.sort(wordsArray, Collator.getInstance());
```

Collections von Strings sortieren

Arrays können Sie mit Hilfe der statischen `sort()`-Methode der Klasse `Collections` sortieren. Als Parameter übergeben Sie die zu sortierende Collection und – falls die Collection-Elemente nicht das `Comparable`-Interface implementieren oder Sie wie in unserem Beispiel eine andere Sortierreihenfolge vorgeben möchten – ein `Comparator`-Objekt:

```
import java.util.LinkedList;
import java.text.Collator;
...
LinkedList<String> wordsList = new LinkedList<String>();
wordsList.add("Stäbe");
wordsList.add("Stube");
wordsList.add("Stange");
wordsList.add("Stoß");
wordsList.add("Stottern");

Collections.sort(wordsList, Collator.getInstance());
```

Sortierte Collections mit Strings als Elementen

Die Collections `TreeSet` und `TreeMap` ordnen ihre Elemente bereits beim Einfügen in aufsteigender Reihenfolge an. Falls die Elemente nicht das `Comparable`-Interface implementieren oder Sie eine andere Sortierreihenfolge vorgeben möchten, müssen Sie das `Comparator`-Objekt daher bereits dem Konstruktor übergeben.

```
import java.util.TreeSet;
import java.text.Collator;
...
TreeSet<String> wordsTreeSet = new TreeSet<String>(Collator.getInstance());
wordsTreeSet.add("Stäbe");
wordsTreeSet.add("Stube");
wordsTreeSet.add("Stange");
wordsTreeSet.add("Stoß");
wordsTreeSet.add("Stottern");
```

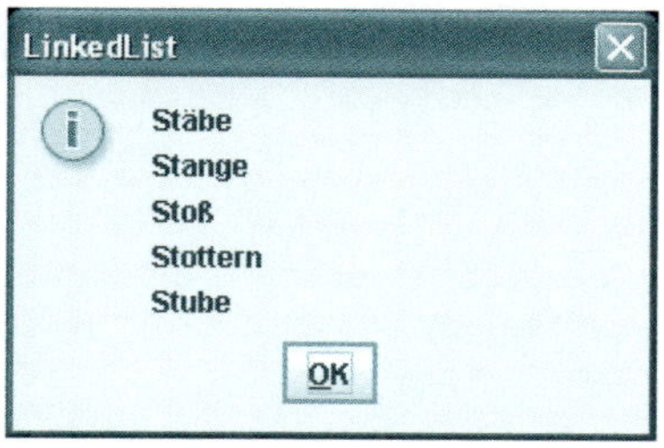

Abbildung 126: Sortierte String-Sammlung

220 Datumsangaben parsen und formatieren

Datums- und Zeitangaben werden in Java durch Objekte der Klasse `Date` oder `Calendar` (genauer gesagt `GregorianCalendar`, *siehe Rezept 39*) repräsentiert und mit Hilfe von `DateFormat` bzw. `SimpeDateFormat` in formatierte Datum-/Zeitstrings umgewandelt, *siehe Rezept 41*.

Da die Klasse DateFormat und ihre abgeleiteten Klassen (SimpleDateFormat) Lokale-sensitiv sind, müssen Sie zur Lokalisierung Ihrer Datums- und Zeitangaben grundsätzlich nichts weiter tun, als die gewünschte Lokale mitzugeben.

- Den Methoden

  ```
  getDateInstance()
  getTimeInstance()
  getDateTimeInstance()
  ```

  übergeben Sie die Lokale als zweites (bzw. drittes) Argument hinter dem Formatierungsstil. Der Methode getInstance() können Sie keine Lokale übergeben, sie arbeitet immer mit der Standardlokale.
- Wenn Sie SimpleDateFormat explizit instanzieren, übergeben Sie die Lokale als zweites Argument hinter dem Formatstring.
- Wenn Sie keine Lokale übergeben, wird jeweils die Standardlokale herangezogen.

```
import java.util.Locale;
import java.util.Calendar;
import java.text.DateFormat;
import java.text.SimpleDateFormat;
...
Calendar today = Calendar.getInstance();
String dateTimeStr;

// Formatierung mit vordefinierter DateFormat-Instanz
DateFormat df = DateFormat.getDateTimeInstance(DateFormat.LONG,
                                               DateFormat.FULL,
                                               new Locale("en", "US"));
dateTimeStr = df.format(today.getTime());


// Formatierung mit eigenem SimpleDateFormat-Objekt
SimpleDateFormat sdf = new SimpleDateFormat("dd. MMMM yyyy', 'H:mm",
                                            new Locale("en", "US"));
dateTimeStr = sdf.format(today.getTime());
```

Listing 284: Datum und Zeit gemäß vorgegebener Lokale formatieren

International

Die Lokalisierung betrifft den allgemeinen Aufbau der Datums- und Zeitangaben sowie natürlich Textteile wie Monats- oder Wochentagsnamen, soweit sie eingebaut werden (vgl. Formatstile LONG und FULL).

Einlesen von Datums- und Zeitangaben

Das Einlesen von Datums- und Zeitangaben wurde bereits in *Rezept 43* behandelt, so dass ich hier nur kurz die Kernpunkte erwähne:

1. Sie erzeugen für das gewünschte Eingabeformat eine DateFormat-Instanz,
2. lesen die Datums-/Zeitangabe als String ein und
3. wandeln sie mit Hilfe der parse()-Methode der DateFormat-Instanz in ein Date-Objekt um.

```
import java.util.Calendar;
import java.util.Locale;
import java.text.DateFormat;
import java.text.ParseException;
...
Calendar date = Calendar.getInstance();

DateFormat parser = DateFormat.getDateInstance(DateFormat.MEDIUM,
                                               new Locale("de", "DE"));
try {
    // Datum aus Befehlszeile einlesen
    date.setTime(parser.parse(args[0]));
} catch(ParseException e) {
    System.err.println("\n Kein gueltiges Datum (TT.MM.JJJJ)");
    System.err.println("\n Programm arbeitet mit aktuellem Datum.");
}
```

Listing 285: Datum und Zeit gemäß vorgegebener Lokale einlesen

Das Start-Programm zu diesem Rezept nimmt über die Befehlszeile ein Datum entgegen (Format TT.MM.JJJJ) und gibt es nach verschiedenen Lokalen formatiert aus (*siehe Abbildung 127*).

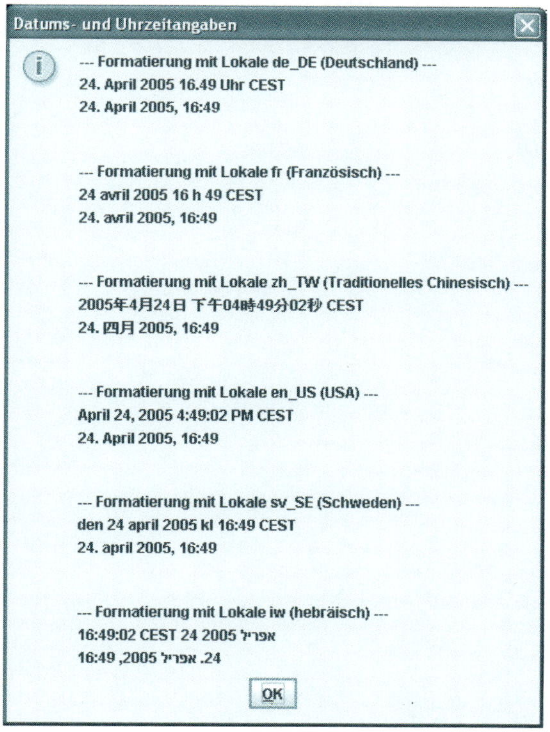

Abbildung 127: Datum- und Zeitangaben; die erste Zeile wurde jeweils mit einer getDateTimeInstance(DateFormat.LONG, DateFormat.FULL, Lokale)-Instanz, die zweite Zeile mit einer SimpleDateFormat(dd. MMMM yyyy', 'H:mm", Lokale)-Instanz formatiert.

221 Zahlen parsen und formatieren

Wenn Sie eine Zahl über die toString()-Methode der zugehörigen Wrapper-Klasse in einen String umwandeln lassen, wird dieser gemäß englischen Konventionen formatiert, also mit einem Komma als Tausendertrennzeichen und einem Punkt als Dezimalzeichen.

Wenn Sie eine Zahl gemäß einer bestimmten Lokale formatierten wollen, müssen Sie den Zahlenwert mit Hilfe der Klasse NumberFormat bzw. ihrer abgeleiteten Klasse DecimalFormat umwandeln (*siehe auch Rezept 8* zur formatierten Umwandlung von Zahlen in Strings).

- Den NumberFormat-Methoden

  ```
  getInstance()
  getNumberInstance()
  getIntegerInstance()
  getPercentInstance()
  ```

  übergeben Sie als Argument die Lokale, nach der der Zahlenwert formatiert werden soll.
- Wenn Sie DecimalFormat explizit instanzieren, übergeben Sie dem Konstruktor als zweites Argument eine lokalisierte DecimalFormatSymbols-Instanz.
- Wenn Sie keine Lokale spezifizieren, wird jeweils die Standardlokale herangezogen.

```
import java.util.Locale;
import java.text.NumberFormat;
import java.text.DecimalFormat;
import java.text.DecimalFormatSymbols;
...
double number = 3344.588;
String numberStr;

// Formatierung mit vordefinierter NumberFormat-Instanz
NumberFormat nf = NumberFormat.getNumberInstance(new Locale("de", "DE"));
numberStr = nf.format(number);


// Formatierung mit eigenem DecimalFormat-Objekt
DecimalFormat df = new DecimalFormat(
                          "#,##0.00",
                          new DecimalFormatSymbols(new Locale("en", "US")));
numberStr = df.format(number);
```

Listing 286: Zahl gemäß vorgegebener Lokale formatieren

International

Einlesen von Zahlen

Um Zahlen in einem landesspezifischen Format einzulesen, gehen Sie wie folgt vor:

1. Sie erzeugen für das gewünschte Zahlenformat eine NumberFormat-Instanz,
2. lesen die Zahl als String ein und
3. wandeln sie mit Hilfe der parse()-Methode der NumberFormat-Instanz in ein Number-Objekt um.

```
import java.util.Locale;
import java.text.NumberFormat;
import java.text.ParseException;
...
double number;

// Zahl einlesen
NumberFormat parser = NumberFormat.getNumberInstance(new Locale("de", "DE"));
try {
    // Zahl aus Befehlszeile einlesen
    number = (parser.parse(args[0])).doubleValue();
} catch(ParseException e) {
    System.err.println("\n Keine korrekte Zahlenangabe");
}
```

Listing 287: Zahl gemäß vorgegebener Lokale einlesen

Das Start-Programm zu diesem Rezept nimmt über die Befehlszeile eine Zahl entgegen (deutsches Format) und gibt sie nach verschiedenen Lokalen formatiert aus (*siehe Abbildung 128*).

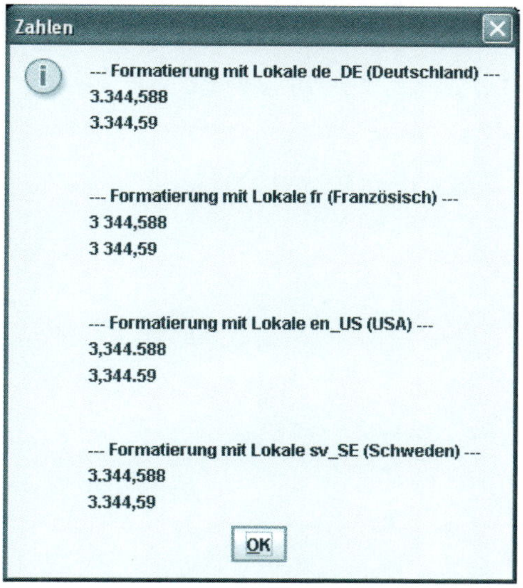

Abbildung 128: Zahlenformatierungen; die erste Zeile wurde jeweils mit einer getNumberInstance()-Instanz, die zweite Zeile mit einer DecimalFormat-Instanz formatiert.

222 Währungsangaben parsen und formatieren

Für die lokalisierte Formatierung von Währungsangaben gilt grundsätzlich das Gleiche wie für die lokalisierte Formatierung von Zahlen, nur dass Sie das Formatierer-Objekt

- über die Methode `NumberFormat.getCurrencyInstance()` anfordern oder
- im Pattern-Argument für den `DecimalFormat`-Konstruktur das Stellvertreterzeichen für das Währungssymbol (`\u00A4`) einbauen.

```
import java.util.Locale;
import java.text.NumberFormat;
import java.text.DecimalFormat;
import java.text.DecimalFormatSymbols;
...
double number = 3344.588;
String currencyStr;

// Formatierung mit vordefinierter NumberFormat-Instanz
NumberFormat nf = NumberFormat.getCurrencyInstance(new Locale("de", "DE"));
currencyStr = nf.format(number);


// Formatierung mit eigenem DecimalFormat-Objekt
DecimalFormat df = new DecimalFormat(
                        "#,##0.00 \u00A4 ",
                        new DecimalFormatSymbols(new Locale("en", "US")));
currencyStr = df.format(number);
```

Listing 288: Preisangabe gemäß vorgegebener Lokale formatieren

Einlesen von Währungsangaben

Hierfür gilt grundsätzlich das Gleiche wie für das Einlesen von Zahlen, *siehe Rezept 221*.

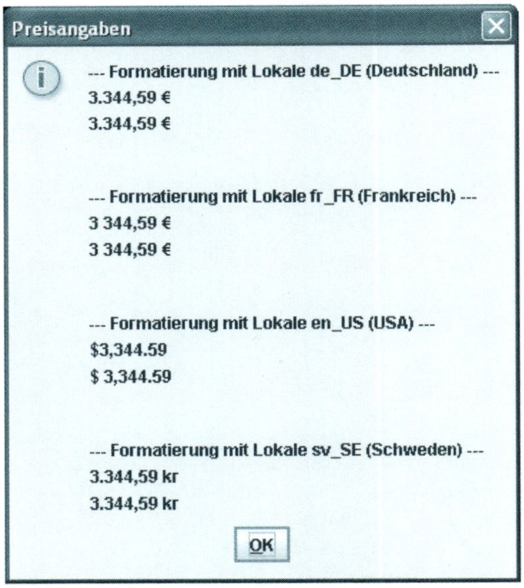

Abbildung 129: Formatierung von Währungsangaben; die erste Zeile wurde jeweils mit einer getCurrencyInstance()-Instanz, die zweite Zeile mit einer DecimalFormat-Instanz formatiert.

223 Ressourcendateien anlegen und verwenden

Ressourcendateien sind ein probates Mittel, um programminterne Daten wie Fehlermeldungen, Texte von GUI-Elementen oder die Namen von Bilddateien (für Schaltersymbole, Animationen, Hintergründe, Füllmuster etc.) als externe Ressourcen auszulagern.

Format

Ressourcendateien sind letztlich Properties-Dateien und folgen daher dem gleichen Format:

- Die Ressourcen werden als Schlüssel/Wert-Paare zeilenweise in der Datei abgespeichert. Über den Schlüssel kann das Programm später den Wert abfragen.
- Schlüssel und Wert werden durch =, : oder durch Leerzeichen (bzw. jedes Whitespace-Zeichen außer dem Zeilenumbruchzeichen) getrennt.
- Schlüssel müssen eindeutig sein und enden mit dem ersten Leerzeichen, dem kein Escape-Zeichen vorangestellt ist.
- Der Wert beginnt mit dem ersten Nicht-Whitespace-Zeichen hinter dem Trennzeichen und reicht bis zum Ende der Zeile.
- Um einen Wert über mehrere Zeilen zu schreiben, beenden Sie die Zeilen mit `\`. Führende Leerzeichen in der neuen Zeile werden (glücklicherweise) ignoriert.
- Schlüssel und Wert dürfen Latin-1-Zeichen und Escape-Sequenzen (mit Ausnahme des Zeilenumbruchzeichens \n) enthalten. Leerzeichen sind nur als Escape-Sequenzen (`\ `) erlaubt. Nicht-Latin-1-Zeichen können als Escape-Sequenzen (beispielsweise `\u1234`) in Schlüssel oder Werte eingebaut werden.
- Kommentare beginnen mit `#` oder `!`.
- Ressourcendateien haben immer die Extension *.properties*.

Hier die Ressourcendatei für das Programm zu diesem Rezept:

```
# Program.properties

# Hauptfenster
MW_TITLE = Ressourcen-Demo
MW_SYMBOL  = resources/Germany.png

# Schaltflaeche
BTN_TITLE = Klick mich!

# Dialog
MDLG_TITLE = Nachricht
MDLG_MESSAGE = Gut geklickt!
```

Listing 289: Program.properties – Beispiel für eine Ressourcendatei

Exkurs

Pfadangaben in Ressourcendateien

Ressourcen wie Bilder, Sound, Class-Dateien können Sie in Ressourcendateien nur indirekt, als Pfade zu den eigentlichen Ressourcen, angeben. Dabei ist zu beachten, dass das Programm als »Resource« aus der Ressourcendatei zuerst nur den Pfad lädt und über diesen dann auf die eigentliche Ressource zugreift. Der Pfad ist daher so anzugeben, wie man ihn im Programmcode spezifizieren würde. (Für relative Pfadangaben bedeutet dies üblicherweise, dass sie sich auf das aktuelle Verzeichnis beziehen, aus dem das Programm und die JVM gestartet wurde.)

Ressourcen laden

Um Ressourcen aus einer Ressourcendatei zu laden, gehen Sie wie folgt vor:

1. Erzeugen Sie für die Ressourcendatei eine `ResourceBundle`-Instanz.

   Da Sie die `ResourceBundle`-Instanz vermutlich durch den gesamten Programmcode hindurch verwenden werden, empfiehlt es sich, die Instanz in der `main()`-Methode zu erzeugen und in einem statischen Feld der Klasse zu speichern. So ist sichergestellt, dass Sie später jederzeit über den Namen der Klasse auf die Instanz und damit auf die Ressourcen zugreifen können.

   Zur Erzeugung der Instanz rufen Sie die `getBundle()`-Methode von `ResourceBundle` auf und übergeben ihr den Pfad vom aktuellen Verzeichnis (von dem aus das Programm und die JVM gestartet werden) zur Ressourcendatei. Der Name der Ressourcendatei wird dabei ohne Extension angegeben.

   Der folgende Code weist den Weg zu einer Ressourcendatei namens *Program.properties* in einem Unterverzeichnis *resources*.

```
public class Start extends JFrame {
   public static ResourceBundle resources;
   ...

   public static void main(String args[]) {

      // ResourceBundle aus Ressourcendatei laden
      try {
         resources =
                ResourceBundle.getBundle("resources/Program");

      } catch (MissingResourceException e) {
          System.err.println("Missing resource file");
          System.exit(1);
      }

      // Hauptfenster erzeugen und anzeigen
      ...
   }
}
```

International

Hinweis

Wenn Sie Ihre Klassen in Paketen definieren, müssen Sie den Paketpfad in dem Pfad zur Ressourcendatei mit angeben. Angenommen, Sie haben die Klasse `Program` mit der `main()`-Methode im Paket `ihreFirma.paketname` definiert. Dann rufen Sie die Class-Datei aus dem *ihreFirma* übergeordneten Verzeichnis mit

```
java ihreFirma.paketname.Program
```

auf. Befindet sich die Ressourcendatei in einem, dem Verzeichnis mit den Class-Dateien untergeordneten Verzeichnis *resources*, geben Sie als Pfad zur Ressourcendatei an: `ihreFirma/paketname/resources/Program`.

2. Laden Sie bei Bedarf die gewünschte Ressource aus der Ressourcendatei.

   Zu diesem Zweck rufen Sie die `getString()`-Methode der in Schritt 1 erzeugten `ResourceBundle`-Instanz auf und übergeben ihr den Schlüssel für die Ressource. Wenn Sie die Instanz, wie in Schritt 1 vorgeschlagen, in einem statischen Feld der Programmklasse gespeichert haben, sieht dies wie folgt aus:

   ```
   String s = Start.resources.getString("MW_TITLE");
   ```

   Start ist hierbei der Name der Programmklasse, `resources` der Name des statischen Felds für die `ResourceBundle`-Instanz und `MW_TITLE` der Schlüssel der gewünschten Ressource. Der Wert der Ressource steht nach Ausführung der Methode in `s`.

   Handelt es sich bei der `MW_TITLE`-Ressource um einen String, was angesichts des Schlüsselnamens zu erwarten ist, sind Sie damit bereits fertig. Handelt es sich bei der Ressource um eine Pfadangabe, laden Sie in einem weiteren Schritt die eigentliche Ressource aus der Datei, auf die die Pfadangabe weist. Das Icon für einen Schalter könnten Sie beispielsweise wie folgt laden:

   ```
   String path = Start.resources.getString("MW_SYMBOL");
   ImageIcon icon = new ImageIcon(path);
   JButton btn = new JButton("Klick mich", icon);
   ```

   oder kürzer

   ```
   JButton btn = new JButton("Klick mich",
             new ImageIcon(Start.resources.getString("MW_SYMBOL")));
   ```

Das Start-Programm zu diesem Rezept lädt die Ressourcen aus der weiter oben abgedruckten Ressourcendatei *Program.properties*.

```
import java.awt.*;
import java.awt.event.*;
import javax.swing.*;
import java.util.*;
import java.io.*;
import javax.imageio.ImageIO;

public class Start extends JFrame {
   public static ResourceBundle resources;

   public Start() {

      // Fenstertitel laden
      setTitle(Start.resources.getString("MW_TITLE"));
```

Listing 290: Start.java

```
      // Anwendungssymbol laden
      String symbolFile = Start.resources.getString("MW_SYMBOL");
      setIconImage(Toolkit.getDefaultToolkit().getImage(symbolFile));

      // Schaltertitel laden
      JButton btn = new JButton(Start.resources.getString("BTN_TITLE"));
      btn.setFont(new Font("Dialog", Font.PLAIN, 34));
      btn.addActionListener(new ActionListener() {
         public void actionPerformed(ActionEvent e) {

            // Titel und Text der Meldung laden
            JOptionPane.showMessageDialog(null,
                                    Start.resources.getString("MDLG_MESSAGE"),
                                    Start.resources.getString("MDLG_TITLE"),
                                    JOptionPane.INFORMATION_MESSAGE);
         }
      });
      getContentPane().add(btn, BorderLayout.CENTER);

      setDefaultCloseOperation(JFrame.EXIT_ON_CLOSE);
   }

   public static void main(String args[]) {
      // s.o.
}
```

Listing 290: Start.java (Forts.)

Hinweis

Kann die ResourceBundle-Methode getString() die gewünschte Ressource nicht finden, löst sie eine MissingResourceException aus.

Abbildung 130: GUI-Anwendung, deren Strings und Anwendungssymbol aus einer Ressourcendatei geladen wurden

224 Ressourcendateien im XML-Format

Um es gleich vorwegzunehmen: Nein, es gibt derzeit noch keine direkte Unterstützung für Ressourcendateien im XML-Format. Zumindest nicht in dem Sinne, dass Sie nur eine XML-Ressourcendateien aufsetzen und deren Namen an `ResourceBundle.getBundle()` übergeben müssten.

Immerhin, seit Java 6 können Sie den vormals starres Mechanismus zum Laden der Ressourcen erweitern und so konfigurieren, dass auch XML-Ressourcendateien (oder beliebige andere Formate) verwendet werden können. Sie müssen dazu allerdings eigene `ResourceBundle`- und `ResourceBundle.Control`-Klassen schreiben. Doch lassen Sie sich nicht gleich abschrecken. Der Aufwand hält sich – zumindest soweit es die Unterstützung für XML-Dateien betrifft – in Grenzen, denn für die schwerste Arbeit, das Parsen der XML-Daten in Properties (Schlüssel/Wert-Paare), können Sie die `loadFromXML()`-Methode der Klasse `Properties` verwenden – sofern Sie sich beim Aufbau der XML-Datei an das korrekte Format (DTD) halten.

Format

Um die Schlüssel/Wert-Paare aus der XML-Ressourcendatei bequem mit Hilfe der `loadFromXML()`-Methode der Klasse `Properties` einlesen und in einer Properties-Instanz speichern zu können, müssen Sie Ihre Ressourcendatei so aufbauen, dass Sie unter dem Root-Element `properties` für jedes Schlüssel/Wert-Paar ein eigenes `entry`-Element mit dem Attribut `key` (für den Schlüssel) und dem gewünschten Wert als Inhalt anlegen:

Hier die Ressourcendatei für das Programm zu diesem Rezept:

```
<?xml version="1.0" encoding="UTF-8"?>
<!DOCTYPE properties SYSTEM "http://java.sun.com/dtd/properties.dtd">

<properties>
   <entry key="MW_TITLE">Ressourcen-Demo</entry>

   <entry key="MW_SYMBOL">resources/Germany.png</entry>

   <entry key="BTN_TITLE">Klick mich!</entry>

   <entry key="MDLG_TITLE">Nachricht</entry>

   <entry key="MDLG_MESSAGE">Gut geklickt!</entry>
</properties>
```

Listing 291: Program.xml – Beispiel für eine XML-Ressourcendatei

Achtung

Achten Sie beim Speichern Ihrer XML-Datei darauf, dass der Text auch wirklich in der Kodierung gespeichert wird, die Sie in der XML-Deklaration angezeigt haben (im obigen Fall also `UTF-8`). Falls Sie z.B. mit dem Notepad-Editor von Windows arbeiten, können Sie die Kodierung im SPEICHERN UNTER-Dialog auswählen. Und denken Sie beim Aufsetzen der Schlüssel/Wert-Paare daran, dass der Inhalt der XML-Elemente buchstabengetreu, inklusive der enthaltenen Zeilenumbrüche und anderer Whitespace-Zeichen, wiedergegeben wird.

Ressourcen laden

Das Laden der XML-Ressourcendatei erfolgt in drei Schritten:

1. In der Anwendung laden Sie die Ressourcendatei wie gehabt durch Aufruf von `ResourceBundle.getBundle()`. Nur dass Sie neben dem Namen der Ressourcendatei auch noch eine Instanz Ihrer (selbst geschriebenen) `XMLResourceBundleControl`-Klasse übergeben.

```
...
// ResourceBundle aus XML-Ressourcendatei laden
try {
   resources = ResourceBundle.getBundle("resources/Program",
                                new XMLResourceBundleControl());
} catch (MissingResourceException e) {
   System.err.println("Missing resource file, Program aborted");
   System.exit(1);
}
...
```

Listing 292: Aus Program.java – XML-Ressourcendatei laden

2. Sie leiten Ihre Klasse `XMLResourceBundleControl` von der Basisklasse `java.util.ResourceBundle.Control` ab und überschreiben die Methoden `getFormats()` und `newBundle()`.

Aufgabe dieser Klasse und speziell ihrer `newBundle()`-Methode ist es:

- Die Ressourcendatei zu lokalisieren.

  Diese Aufgabe ist keineswegs so trivial wie sie klingt, denn der Lademechanismus für Ressourcen sieht vor, dass nie nur nach einer Datei, sondern nach einer ganzen Familie von Ressourcendateien mit unterschiedlicher Lokale-Spezifität gesucht wird (*siehe Rezept 225*).

  Das Grundprinzip sieht so aus, dass die Methode `ResourceBundle.getBundle()` die `newBundle()`-Methode mehrfach aufruft und ihr dabei verschiedene Kombinationen von Argumenten für den Ressourcendateinamen (wie an `getBundle()` übergeben), die Lokale (siehe unten) und das Format (wie von der `getFormats()`-Methode Ihrer `ResourceBundle.Control`-Klasse zurückgeliefert) übergibt. Ihre `getBundle()`-Methode muss diese Parameter zu einem vollständigen Dateinamen zusammensetzen und diese zu öffnen versuchen.

  Was relativ kompliziert klingt, ist in der Praxis allerdings recht schnell erledigt, da Sie letzten Endes nur die Parameter der Methode an geerbte Methoden der Basisklasse übergeben müssen.

- Einen Stream zur Ressourcendatei zu erstellen.
- Ein `ResourceBundle`-Objekt zu erzeugen, das über den Stream die Ressourcendaten einliest.
- Das `ResourceBundle`-Objekt zurückzuliefern.

```
import java.io.*;
import java.util.*;
import java.net.*;

public class XMLResourceBundleControl extends ResourceBundle.Control {
```

Listing 293: XMLResourceBundleControl.java – Klassen zum Laden von XML-Ressourcendateien

```
    public List<String> getFormats(String name) {
       return Arrays.asList("xml");
    }

    public ResourceBundle newBundle(String name, Locale loc,
                                    String format, ClassLoader loader,
                                    boolean reload)
                                    throws IOException,
                                           IllegalAccessException,
                                           InstantiationException {
      if ( (name == null) || (loc == null) || (format == null) ||
           (loader == null))
         throw new NullPointerException();

      ResourceBundle bundle = null;

      if (format.equals("xml")) {

        // Punkt 1: Ressourcendatei lokalisieren
        String bundleName = toBundleName(name, loc);
        String resName = toResourceName(bundleName, format);
        URL url = loader.getResource(resName);

        // Punkt 2: Stream zur Ressourcendatei herstellen
        if (url != null) {
          URLConnection conn = url.openConnection();
          if (conn != null) {
             if (reload) {
               conn.setUseCaches(false);
             }

            InputStream stream = conn.getInputStream();
            if (stream != null) {
              // Punkt 3: ResourceBundle-Objekt erzeugen
              bundle = new XMLResourceBundle(stream);
              stream.close();
            }
          }
        }
      }

      // Punkt 4: ResourceBundle-Objekt zurückliefern
      return bundle;
    }
 ...
```

Listing 293: XMLResourceBundleControl.java – Klassen zum Laden von XML-Ressourcendateien (Forts.)

Geht alles gut, liefert `newBundle()` ein `ResourceBundle`-Objekt für Ihre XML-Ressourcendatei an `getBundle()` zurück und `getBundle()` reicht es weiter an Ihre Anwendung.

International

Was allerdings noch fehlt, ist der Klassentyp für das zurückgelieferte ResourceBundle-Objekt. Im obigen Code (Punkt 3) wurde der Name für diese Klasse schon festgelegt: XMLResourceBundle. Definiert ist die Klasse aber noch nicht.

3. Sie müssen von ResourceBundle eine eigene Klasse ableiten, die einen Stream auf die Ressourcendatei übernimmt, diesen öffnet, die XML-Daten parst und als Schlüssel/Wert-Paare in einem internen Properties-Objekt speichert. Hierbei hilft uns die Properties-Methode loadFromXML():

```
...
   // wird als innere Klasse von XMLResourceBundleControl implementiert
   private static class XMLResourceBundle extends ResourceBundle {
     private Properties props;

     XMLResourceBundle(InputStream stream) throws IOException {
       props = new Properties();
       try {
          props.loadFromXML(stream);
       } catch(Exception e) {
          System.err.println(e.getMessage());
       }
     }

     protected Object handleGetObject(String schluessel) {
       return props.getProperty(schluessel);
     }

     public Enumeration<String> getKeys() {
       Set<String> key = props.stringPropertyNames();
       return Collections.enumeration(key);
     }
   }
}
```

Listing 294: XMLResourceBundleControl.java – Klassen zum Laden von XML-Ressourcendateien

International

225 Ressourcendateien für verschiedene Lokale erzeugen

Benutzerschnittstellen, die mit Hilfe von Ressourcendateien erstellt wurden (siehe vorangehendes Rezept), können in Java äußerst komfortabel lokalisiert werden. Sie müssen lediglich für jede Lokale, die Sie unterstützen möchten, eine eigene lokalisierte Kopie der Ressourcendatei erzeugen.

Lokalisierte Kopien erstellen Sie, indem Sie

1. alle Strings lokalisieren.

   Übersetzen Sie die Werte aller Schlüssel/Wert-Paare, die keine Pfadangaben sind. (Oder lassen Sie die Werte übersetzen.)

2. kulturspezifische Symbole gegebenenfalls austauschen.

   GUI-Anwendungen arbeiten viel mit Symbolen (für Symbolleisten, Menübefehle, als Icons in Meldungsdialogen etc.). Doch nicht jedes Symbol ist in jedem Kulturkreis verständlich. Gegebenenfalls müssen Sie das eine oder andere Symbol für eine bestimmte Lokale austauschen und den Pfad der Ressource auf das neue Symbol richten, um Missverständnissen vorzubeugen.

3. den Namen der Ressourcendatei um die ISO-Codes für Sprache und Land (gegebenenfalls auch Variante) erweitern.

   Angenommen, Ihre Ressourcendatei heißt *Program.properties* und Sie möchten Ihre Software in Großbritannien und Deutschland vertreiben. Dann würden Sie die Kopien als *Program_de_DE.properties* für Deutschland und *Program_en_GB.properties* für Großbritannien speichern.

Hinweis

Für die ISO-Codes zu Sprache und Land *siehe Rezept 214* bzw. *http://www.loc.gov/ standards/iso639-2/englangn.html* und *http://www.iso.ch/iso/en/prods-services/iso3166ma/02iso-3166-code-lists/list-en1.html.*

```
# Program_de_DE.properties

# Hauptfenster
MW_TITLE  = Ressourcen-Demo
MW_SYMBOL = resources/Germany.png

# Schaltflaeche
BTN_TITLE = Klick mich!

# Dialog
MDLG_TITLE = Nachricht
MDLG_MESSAGE = Gut geklickt!
```

Listing 295: Ressourcendatei für Deutschland

```
# Program_en_GB.properties

# Hauptfenster
MW_TITLE = Resources-Demo
MW_SYMBOL  = resources/UK.png

# Schaltflaeche
BTN_TITLE = Press me!

# Dialog
MDLG_TITLE = Message
MDLG_MESSAGE = Well done!
```

Listing 296: Ressourcendatei für Großbritannien

Exkurs

Zuordnung Lokale – Ressourcendatei

Geladen werden die Ressourcendateien durch Angabe des Namens (ohne die Suffixe für Sprach- und Ländercode) und die gewünschte Lokale, siehe nachfolgende Rezepte. Dabei versucht die `getBundle()`-Methode der Klasse `ResourceBundle` die jeweils am besten passende Ressourcendatei für die gegebene Lokale zu laden.

Angenommen, Sie rufen die `getBundle()`-Methode wie folgt auf

```
resources = ResourceBundle.getBundle("resources/Program",
                                     new Locale("es", "ES", "WIN");
```

In diesem Fall würde `getBundle()` im Verzeichnis *resources* zuerst nach einer Ressourcendatei *Program_es_ES_WIN.properties* für die zu der Lokale passende Sprache ("`es`"), das Land ("`ES`") und die Variante ("`WIN`") suchen. Existiert diese Datei nicht, verzichtet `getBundle()` nach und nach auf die Übereinstimmung mit der Varianten und dem Land. Kann auch für die Sprache keine Ressourcendatei gefunden werden, sucht `getBundle()` nach einer Ressourcendatei, die statt zur angegebenen Lokale zur Standardlokalen (per Voreinstellung die Lokale des Systems, *siehe Rezept 215*) gehört. Führt auch dies nicht zum Erfolg, lädt `getBundle()` die Ressourcendatei *Program.properties* aus dem Verzeichnis *resources* oder löst, wenn auch diese nicht zu finden ist, eine `MissingResourceException` aus.

Angenommen, die Standardlokale wäre de_DE, so sähe die Abfolge der gesuchten Dateien wie folgt aus:

```
Program_es_ES_WIN.properties
Program_es_ES.properties
Program_es.properties

Program_de_DE.properties
Program_de.properties

Program.properties
```

226 Ressourcendatei für die Lokale des aktuellen Systems laden

International

Sie möchten erreichen, dass jeder Anwender, der mit Ihrem Programm arbeitet, eine lokalisierte Benutzeroberfläche vor sich sieht, die möglichst gut zu seinem Kulturkreis (sprich zu der auf seinem Rechner eingestellten Lokale) passt.

Um dies zu erreichen, müssen Sie

1. nationale und kulturspezifische Eigenheiten (alphabetische Reihenfolge in String-Vergleichen, Formatierung von Zahlen, Währungsangaben etc.) berücksichtigen.

   Siehe Rezepte 218 bis 222.

2. Ressourcen, die lokalisiert werden müssen, in Ressourcendateien auslagern.

   Siehe Rezept 223 und 224.

3. für alle Länder, in denen das Programm vertrieben wird, lokalisierte Ressourcendateien anlegen.

   Siehe Rezept 225.

Nicht immer ist es möglich oder notwendig, für wirklich alle Länder lokalisierte Ressourcendateien zur Verfügung zu stellen. Eine gute Strategie ist

- für die wichtigsten Länder eigene Ressourcendateien anzulegen (wichtige Länder sind in diesem Sinne diejenigen, aus denen viele Kunden/Anwender kommen).

```
Program_de_DE.properties
Program_fr_FR.properties
Program_es_ES.properties
Program_en_GB.properties
Program_en_US.properties
```

- für die in diesen Ländern gesprochenen Sprachen eigene Ressourcendateien anzulegen (wobei diese durchaus Kopien der zugehörigen länderspezifischen Ressourcendateien sein können).

```
Program_de.properties //für Schweiz(de_CH),Österr.(de_AT) etc
Program_fr.properties //für Belgien(fr_BE),Kanada(fr_CA) etc
Program_es.properties //für Kolumbien(es_CO) etc
Program_en.properties //für Kanada(en_CA),Austral.(en_AU)etc
```

- für alle anderen Lokalen eine Standard-Ressourcendatei anzulegen (diese sollte eine Kopie der Ressourcendatei für die Sprache des Software-Vertreibers, der Sprache der meisten Kunden oder für Englisch sein).

```
Program.properties
```

4. Vom Programm aus die Ressourcendatei für die Standardlokale (sprich die Lokale des aktuellen Systems) laden.

   Rufen Sie dazu `getBundle()` mit dem Namen der Ressourcendatei als einzigem Argument auf oder übergeben Sie an zweiter Stelle die Standardlokale des Systems (Aufruf `Locale.getDefault()`).

```
public static void main(String args[]) {

   // ResourceBundle aus Ressourcendatei laden
   try {
      resources = ResourceBundle.getBundle("resources/Program");

   } catch (MissingResourceException e) {
       System.err.println("Missing resource file, Abort");
       System.exit(1);
   }

   // Hauptfenster erzeugen und anzeigen
   ...
}
```

Achtung

Die hier vorgestellte Lokalisierung auf Basis der Standardlokale funktioniert natürlich nur dann wunschgemäß, wenn die Standardlokale die landesspezifischen Einstellungen des aktuellen Systems widerspiegelt und nicht vom Programm aus umgestellt wurde (*siehe Rezept 215*).

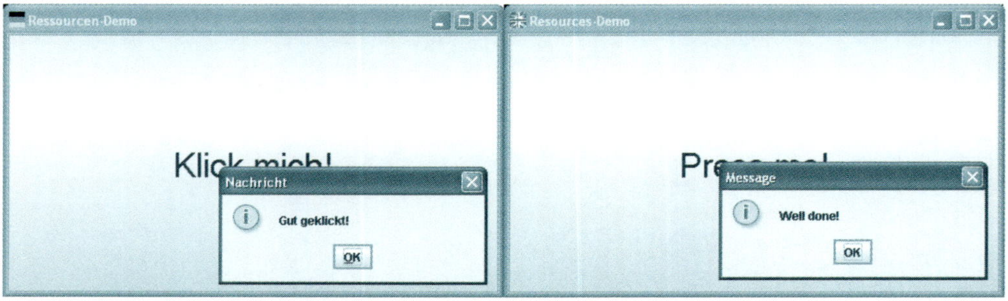

Abbildung 131: Das Programm zu diesem Rezept für die Lokalen de_DE und en_GB

Tipp

Wenn Ihr Betriebssystem mehrere Lokalen unterstützt, können Sie die korrekte Auswahl der Ressourcendateien und das Erscheinungsbild der lokalisierten Benutzeroberflächen auf unkomplizierte Weise prüfen, indem Sie einfach die Lokale-Einstellung des Rechners umstellen (*siehe Rezept 217*).

227 Ressourcendatei für eine bestimmte Lokale laden

Um eine Ressourcendatei für eine bestimmte Lokale zu laden, übergeben Sie einfach die Lokale an die `getBundle()`-Methode:

```
try {
   resources = ResourceBundle.getBundle("resources/Program",
                                       new Locale("de", "DE"));

} catch (MissingResourceException e) {
    System.err.println("Missing resource file, Abort");
}
```

Etwas komplizierter wird es, wenn Sie dem Anwender Schalter oder Menübefehle anbieten möchten, über die die Lokalisierung zur Laufzeit verändert werden kann. In diesem Fall müssen Sie nicht nur die passende Ressourcendatei laden, sondern auch dafür sorgen, dass die Benutzeroberfläche mit den neuen Ressourcen aktualisiert wird.

Das Programm zu diesem Rezept löst diese Aufgabe mit Hilfe einer eigenen Methode `localizeGUI(Locale loc)`, die die Ressourcendatei zu der übergebenen Lokale lädt und dann die GUI-Elemente des Fensters aktualisiert:

```
import java.awt.*;
import java.awt.event.*;
import javax.swing.*;
import java.util.*;
import java.io.*;
import javax.imageio.ImageIO;


public class Start extends JFrame {
```

Listing 297: Start.java – Lokalisierung zur Laufzeit

```
    public static ResourceBundle resources;
    private JMenu languageMenu;
    private JMenuItem miGerman;
    private JMenuItem miEnglish;
    private JButton btn;

    public Start() {

       // Fenstertitel laden
       setTitle("Ressourcen-Demo");

       // Anwendungssymbol laden
       setIconImage(Toolkit.getDefaultToolkit().getImage(
                                             "resources/Germany.png"));

       // Menü erzeugen
       JMenuBar menuBar = new JMenuBar();
       String mnemo;

       languageMenu = new JMenu("Sprache");

       miGerman = new JMenuItem("Deutsch");
       miGerman.addActionListener(new ActionListener() {
          public void actionPerformed(ActionEvent e) {
             localizeGUI(new Locale("de"));
          }
       });
       miEnglish = new JMenuItem("Englisch");
       miEnglish.addActionListener(new ActionListener() {
          public void actionPerformed(ActionEvent e) {
             localizeGUI(new Locale("en"));
          }
       });

       languageMenu.add(miGerman);
       languageMenu.add(miEnglish);
       menuBar.add(languageMenu);

       setJMenuBar(menuBar);


       // Schaltertitel laden
       btn = new JButton("Klick mich!");
       btn.setFont(new Font("Dialog", Font.PLAIN, 34));
       btn.addActionListener(new ActionListener() {
          public void actionPerformed(ActionEvent e) {

             // Titel und Text der Meldung laden
             JOptionPane.showMessageDialog(null,
                                Start.resources.getString("MDLG_MESSAGE"),
                                Start.resources.getString("MDLG_TITLE"),
```

Listing 297: Start.java – Lokalisierung zur Laufzeit (Forts.)

International

```
                                        JOptionPane.INFORMATION_MESSAGE);
          }
       });
       getContentPane().add(btn, BorderLayout.CENTER);

       setDefaultCloseOperation(JFrame.EXIT_ON_CLOSE);

       localizeGUI(Locale.getDefault());
    }


    /*
     * GUI-Elemente des Fensters mit lokalisierten Ressourcen aktualisieren
     */
    public void localizeGUI(Locale loc) {
       // ResourceBundle aus Ressourcendatei laden
       try {
           resources = ResourceBundle.getBundle("resources/Program", loc);

          // Fenstertitel
          setTitle(Start.resources.getString("MW_TITLE"));

          // Anwendungssymbol
          String symbolFile = Start.resources.getString("MW_SYMBOL");
          setIconImage(Toolkit.getDefaultToolkit().getImage(symbolFile));

          // Menü
          String mnemo;
          languageMenu.setText(Start.resources.getString("M_LANGUAGE"));
          mnemo = Start.resources.getString("M_LANGUAGE_MNEMO");
          languageMenu.setMnemonic(mnemo.codePointAt(0));

          miGerman.setText(Start.resources.getString("M_LANGUAGE_GERMAN"));
          mnemo = Start.resources.getString("M_LANGUAGE_GERMAN_MNEMO");
          miGerman.setMnemonic(mnemo.codePointAt(0));
          miEnglish.setText(Start.resources.getString("M_LANGUAGE_ENGLISH"));
          mnemo = Start.resources.getString("M_LANGUAGE_ENGLISH_MNEMO");
          miEnglish.setMnemonic(mnemo.codePointAt(0));

          // Schalter
          btn.setText(Start.resources.getString("BTN_TITLE"));
       } catch (MissingResourceException mre) {
          System.err.println(Start.resources.getString("ERR_NO_RESOURCEFILE"));
       }
    }


    public static void main(String args[]) {

       // ResourceBundle aus Ressourcendatei laden
       try {
```

Listing 297: Start.java – Lokalisierung zur Laufzeit (Forts.)

```
            resources = ResourceBundle.getBundle("resources/Program");
        } catch (MissingResourceException e) {
            System.err.println("Missing resource file, Program aborted");
            System.exit(1);
        }

        // Hauptfenster erzeugen und anzeigen
        Start frame = new Start();
        frame.setSize(500,300);
        frame.setLocation(300,300);
        frame.setVisible(true);
    }
}
```

Listing 297: Start.java – Lokalisierung zur Laufzeit (Forts.)

Alle Anweisungen zur Lokalisierung des Fensters sind hier in die Methode `localizeGUI()` gepackt, die von den ActionListenern der Menübefehle `miGerman` und `miEnglish` mit den entsprechenden Lokalen aufgerufen wird.

Der Konstruktor übernimmt weiterhin die Aufgabe, das Fenster mit den eingebetteten Komponenten aufzubauen und funktionsfähig einzurichten (inklusive vorläufiger Titel, Texte, Symbole etc.). Seine letzte Amtshandlung ist dann der Aufruf von `localizeGUI()`, um die GUI-Oberfläche lokalisieren zu lassen und die Konfiguration der GUI-Komponenten abzuschließen (Zuweisung der [Alt]-Tastenkombinationen an die Menüelemente).

In Anwendungen, die mehrere Fenster umfassen, könnte nach diesem Muster jedes Fenster seine eigene `localizeGUI()`-Methode bereitstellen.

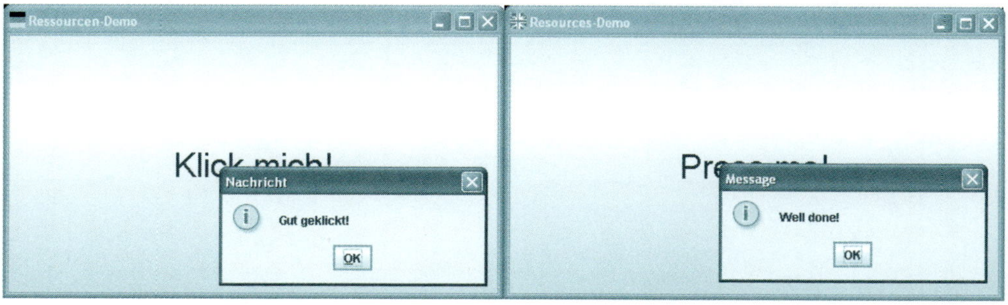

Abbildung 132: Das Programm zu diesem Rezept für die Lokalen de und en

Threads

228 Threads verwenden

Threads sind in Java Klassen, die das Interface `java.lang.Runnable` implementieren oder von der Basisklasse `java.lang.Thread` erben. In beiden Fällen implementieren Sie die Methode `run()`, die beim Starten des Threads ausgeführt wird und somit bestimmt, was der Thread macht.

```
import java.util.Calendar;
import java.text.DateFormat;

public class SimpleThread implements Runnable {

   private boolean running = false;

   /**
    * Hauptmethode des Threads
    */
   public void run() {

      // Endlosschleife, damit der Thread weiterläuft
      while(true) {
         String date = DateFormat.getTimeInstance().format(
            Calendar.getInstance().getTime());

         String message = running ?
            "%s: Still running (%s)" : "%s: Started! (%s)";

         // Ausgeben einer Nachricht mit der aktuellen Uhrzeit
         System.out.println(String.format(
            message, "SimpleThread", date));

         if(!running)
            running = true;

         // Thread 1 Sekunde pausieren lassen
         try {
            Thread.sleep(1000);
         } catch (InterruptedException e) {}
      }
   }
}
```

Listing 298: Runnable-Implementierung, die als Thread laufen kann

Ein Thread läuft so lange, bis er seine `run()`-Methode verlässt (dann *stirbt* er und ist beendet) oder das Betriebssystem ihm die CPU entzieht und einem anderen Thread die Rechenzeit zugute kommen lässt. Nach einer gewissen Zeit ist der Thread dann wieder an der Reihe und erhält eine Zeitscheibe, so dass er weiterarbeiten kann. Ein Thread kann jedoch auch selbst die CPU abgeben, wenn er nichts Sinnvolles mehr tun kann, also beispielsweise eine Zeitlang warten soll. Dies kann mit dem Aufruf `Thread.sleep(int millis)` erreicht werden.

Wird eine Runnable-Implementierung verwendet, muss vor der Ausführung des Threads eine Instanz der Thread-Klasse erzeugt und dieser im Konstruktor die instanzierte Runnable-Implementierung übergeben werden. Bei Ableitungen von Thread reicht es aus, die Ableitung zu instanzieren.

Der instanzierte Thread wird anschließend mit Hilfe seiner start()-Methode gestartet:

```
public class Start {

   public static void main(String[] args) {
      // Runnable-Implementierung instanzieren
      Runnable runnable = new SimpleThread();

      // Thread instanzieren
      Thread thread = new Thread(runnable);

      // Thread starten
      thread.start();
   }
}
```

Listing 299: Instanzierung eines Threads

Der Thread läuft nun so lange, bis die Ausführung der Anwendung beendet wird.

229 Threads ohne Exception beenden

War es bei älteren Java-Versionen möglich, Threads mit Hilfe ihrer stop()-Methode zu beenden, wird diese Vorgehensweise nun nicht mehr empfohlen. Die stop()-Methode selbst ist als *deprecated* gekennzeichnet. Ein Beenden erscheint nur noch über die Verwendung der nicht als *deprecated* gekennzeichneten Methode interrupt() möglich – jedoch führt dies zu unschönen Nebeneffekten:

- Es wird stets eine InterruptedException geworfen.
- Dem Thread wird unter Umständen keine Möglichkeit gelassen, sich kontrolliert zu beenden und seine Ressourcen wieder freizugeben.

Aus diesem Grund ist die Verwendung von interrupt() oft nicht zielführend und sollte deshalb weitestgehend vermieden werden.

Ein Lösungsansatz ist, ein Interface Stoppable zu definieren, das es erlaubt, dem Thread mitzuteilen, dass er beendet werden soll. Der Thread kann nun selbstständig überprüfen, ob er weiterlaufen soll und sich gegebenenfalls kontrolliert beenden.

Ein solches Stoppable-Interface könnte folgenden Aufbau haben:

```
public interface Stoppable {

   // Stoppt die Ausführung des Threads
```

Listing 300: Das Interface Stoppable dient dem Zweck, Threads kontrolliert beenden zu können.

```
    void setIsStopped(boolean stop);

    // Ruft den Status des Threads ab
    boolean getIsStopped();
}
```

Listing 300: Das Interface Stoppable dient dem Zweck, Threads kontrolliert beenden zu können. (Forts.)

In eigenen `Thread`-Ableitungen und `Runnable`-Implementierungen sollte nun auch das Interface `Stoppable` implementiert werden. Mit Hilfe von `getIsStopped()` kann der Thread überprüfen, ob er sich beenden soll, und entsprechend reagieren:

```
import java.util.Calendar;
import java.text.DateFormat;

public class StoppableThread implements Runnable, Stoppable {

   private boolean isStopped = false;
   private boolean running = false;

   // run()-Implementierung von Runnable
   public void run() {

      // Schleife, die so lange läuft, bis der Thread gestoppt
      // wird
      while(!getIsStopped()) {

         String date = DateFormat.getTimeInstance().format(
            Calendar.getInstance().getTime());

         String message = running ?
            "%s: Still running (%s)" : "%s: Started! (%s)";

         // Ausgeben einer Nachricht mit der aktuellen Uhrzeit
         System.out.println(String.format(
            message, "SimpleThread", date));

         if(!running)
            running = true;

         // Thread 1 Sekunde pausieren lassen
         try {
            Thread.sleep(1000);
         } catch (InterruptedException e) {}
      }

      // Thread wurde beendet
      System.out.println("Thread stopped!");
   }
```

Listing 301: Neben dem Interface Runnable wird hier auch Stoppable implementiert.

```
    // isStopped-Setter
    public void setIsStopped(boolean stop) {
        isStopped = stop;
    }

    // isStopped-Getter
    public boolean getIsStopped() {
        return isStopped;
    }
}
```

Listing 301: Neben dem Interface Runnable wird hier auch Stoppable implementiert. (Forts.)

Um einen Thread zu beenden, der nach obigem Muster das Interface `Stoppable` implementiert, muss nur seine `setIsStopped()`-Methode mit dem Wert `true` aufgerufen werden.

```
public class Start {

    public static void main(String[] args) {
        // Runnable-Implementierung instanzieren
        StoppableThread instance = new StoppableThread();

        // Thread instanzieren
        Thread thread = new Thread(instance);

        // Thread starten
        thread.start();

        // 10 Sekunden warten
        try {
            Thread.sleep(10000);
        } catch (InterruptedException e) {}

        // Thread beenden
        ((Stoppable)instance).setIsStopped(true);
    }
}
```

Listing 302: Beenden eines Stoppable-Threads

Bei der Ausführung kann man sehr gut erkennen, dass der Thread nach einiger Zeit abbricht und eine Nachricht ausgibt. Statt der Ausgabe dieser Nachricht könnten ebenso gut Aufräumarbeiten verrichtet werden.

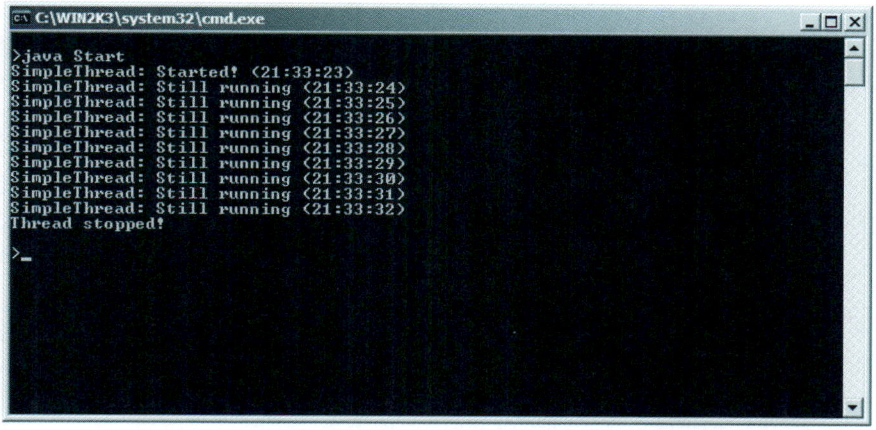

Abbildung 133: Kontrolliertes Beenden eines Threads

230 Eigenschaften des aktuellen Threads

Jeder Code kann auf den Thread zurückgreifen, in dem er gerade ausgeführt wird. Dieser Zugriff geschieht mit Hilfe der statischen Methode `Thread.currentThread()`. Die dabei zurückgegebene `Thread`-Instanz verfügt über weitere Informationen, die anschließend ausgewertet werden können:

```
public class Start {

   public static void main(String[] args) {
      // Aktuellen Thread ermitteln
      Thread thread = Thread.currentThread();

      // Informationen ausgeben
      System.out.println(
         String.format("Id: %d", thread.getId()));
      System.out.println(
         String.format("Name: %s", thread.getName()));
      System.out.println(
         String.format("Priorität: %d", thread.getPriority()));
      System.out.println(
         String.format("Status: %s", thread.getState()));
      System.out.println(
         String.format("Thread-Gruppe: %s",
         thread.getThreadGroup().getName()));
      System.out.println(
         String.format("Aktiv: %s", thread.isAlive()));
      System.out.println(
         String.format("Daemon: %s", thread.isDaemon()));
      System.out.println(
         String.format("Unterbrochen: %s", thread.isInterrupted()));
   }
}
```

Listing 303: Auslesen der Eigenschaften eines Threads

Folgende Eigenschaften eines Threads können ausgelesen und verarbeitet werden:

Methode	Beschreibung
getId()	Gibt die ID des Threads zurück.
getName()	Gibt den Namen des Threads zurück.
getPriority()	Gibt die Priorität des Threads an.
getState()	Gibt den aktuellen Status des Threads an; seit Java 5 verfügbar. Mögliche Werte sind: ▶ ThreadState.NEW: Thread ist noch nicht gestartet. ▶ ThreadState.RUNNABLE: Thread wird in der JVM ausgeführt. ▶ ThreadState.BLOCKED: Thread, der derzeit blockiert ist und darauf wartet, dass der Monitor seinen Status ändert. ▶ ThreadState.WAITING: Thread, der auf die Fertigstellung der Ausführung eines anderen Threads wartet. ▶ ThreadState.TIMED_WAITING: Thread, der eine bestimmte Zeit auf die Fertigstellung der Ausführung eines anderen Threads wartet. ▶ ThreadState.TERMINATED: Beendeter Thread.
getThreadGroup()	Gibt die Thread-Gruppe zurück, zu der ein Thread gehört.
isAlive()	Gibt an, ob der Thread gestartet, aber noch nicht beendet worden ist.
isDaemon()	Gibt an, ob es sich bei dem Thread um einen Dämon-Thread handelt.
isInterrupted()	Gibt an, ob die Ausführung des Threads unterbrochen worden ist.

Tabelle 55: Eigenschaften eines Threads

231 Ermitteln aller laufenden Threads

Die statische Methode Thread.enumerate() kann verwendet werden, um alle laufenden Threads der Thread-Gruppe des aktuellen Threads zu ermitteln. Sie kopiert die vorhandenen Threads in ein Thread-Array, dessen Länge mit Thread.activeCount() bestimmt werden kann, und gibt gleichzeitig die Anzahl der Threads der aktuellen Gruppe zurück:

```
public class Start {

   public static void main(String[] args) {
      // Threads anlegen
      for(int i=1; i <= 15; i++) {
         SimpleThread st = new SimpleThread();
         st.setName(String.format("Thread %d", i));
         st.start();
      }

      // Alle Threads auslesen
      Thread[] threads = new Thread[Thread.activeCount()];
      Thread.enumerate(threads);
```

Listing 304: Durchlaufen aller Threads

```
        // Alle Threads durchlaufen und jeweils beenden
        for(Thread current : threads) {
           System.out.println(current.getName());
           if(current instanceof Stoppable) {
              ((Stoppable)current).setIsStopped(true);
           }
        }
     }
  }
```

Listing 304: Durchlaufen aller Threads (Forts.)

Beim Ausführen des Beispiels werden Sie feststellen, dass neben den im Beispiel erzeugten Threads noch ein weiterer Thread ausgegeben wird: der Hauptthread, der die untergeordneten Threads erzeugt hat.

Abbildung 134: Auflistung aller laufenden Threads

232 Priorität von Threads

Threads können mit einer Priorität versehen werden. Diese kommt dann zum Tragen, wenn Threads zeitgleich ausgeführt werden sollen. Anhand der Prioritäten wird dann entschieden, welcher Thread tatsächlich als Erster ausgeführt wird und in welcher Reihenfolge weitere Threads ablaufen sollen.

Wenn mehrere Threads mit der gleichen Priorität auf Ausführung warten, entscheidet Java, welcher Thread als Erstes zur Ausführung kommt. Die weiteren Threads werden anschließend einer nach dem anderen im *Round-Robin*-Verfahren, bei dem die CPU-Zeit gleichmäßig verteilt wird, abgearbeitet. Allerdings muss man beachten, dass auch das zugrunde liegende Betriebssystem noch eine Rolle spielt. Ein Programm, das starken Gebrauch von expliziter Prioritätensteuerung macht, kann auf verschiedenen Betriebssystemen ein unterschiedliches Verhalten zeigen! Verwenden Sie Thread-Prioritäten daher nur, wenn es nicht anders geht.

Die Priorität von Threads wird mit Hilfe der Methode `setPriority()` einer `Thread`-Instanz gesetzt, die einen Integer-Wert als Parameter entgegennimmt, der zwischen `MIN_PRIORITY` und

MAX_PRIORITY liegen muss. MIN_PRIORITY kennzeichnet die geringste Priorität, MAX_PRIORITY steht für die höchste mögliche Priorität eines Threads. Beide Konstanten sind in der Klasse Thread definiert.

Zur Illustration wird eine Thread-Klasse definiert, die den eigenen Namen und die zugewiesene Priorität ausgibt:

```
public class SimpleThread extends Thread {

   public void run() {
      // Meldung mit Namen und Priorität ausgeben
      System.out.println(
         String.format(
            "Thread %s mit Priorität %s wurde ausgeführt!",
            this.getName(), this.getPriority()));
   }
}
```

Listing 305: Thread-Klasse, die ihren Namen und ihre Priorität ausgibt

Im Folgenden werden zwei SimpleThread-Instanzen mit den Prioritäten MIN_PRIORITY und MAX_PRIORITY erzeugt und gestartet. Der Start der Instanz, die mit einer Priorität von MIN_PRIORITY läuft, erfolgt vor dem Start der mit MAX_PRIORITY gekennzeichneten Instanz:

```
public class Start {

   public static void main(String[] args) {
      // Thread mit geringer Priorität erzeugen
      Thread minPrio = new SimpleThread();
      minPrio.setName("Minimum Priority");
      minPrio.setPriority(Thread.MIN_PRIORITY);

      // Thread mit hoher Priorität erzeugen
      Thread maxPrio = new SimpleThread();
      maxPrio.setName("Maximum Priority");
      maxPrio.setPriority(Thread.MAX_PRIORITY);

      // Thread mit geringer Priorität starten
      minPrio.start();

      // Thread mit hoher Priorität starten
      maxPrio.start();
   }
}
```

Listing 306: Threads mit unterschiedlicher Priorität

Java behandelt beide Threads tatsächlich unterschiedlich: Der mit MIN_PRIORITY gekennzeichnete Thread wird zwar eher gestartet, ausgeführt wird aber zunächst sein mit MAX_PRIORITY gekennzeichnetes Pendant:

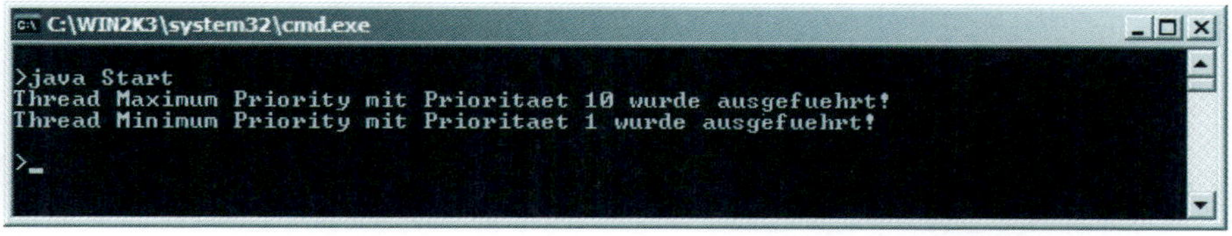

Abbildung 135: Ausführung von Threads nach ihrer Priorität

233 Verwenden von Thread-Gruppen

Thread-Gruppen stellen eine Organisationsform von Threads dar, mit deren Hilfe diese leichter verwaltet werden können. Jeder Thread kann genau einer Thread-Gruppe angehören und von dieser beeinflusst werden.

Thread-Gruppen werden durch `java.lang.ThreadGroup`-Instanzen repräsentiert. Diese Instanzen können benannt werden und ihnen können Prioritäten zugewiesen werden. Daneben können Thread-Gruppen weitere Thread-Gruppen beinhalten und bilden somit eine Hierarchie, in der nur die oberste Thread-Gruppe keine übergeordnete Thread-Gruppe mehr hat.

Beim Erzeugen eines Threads kann die `ThreadGroup`-Instanz, der der Thread zugeordnet werden soll, als Parameter übergeben werden. Über die `ThreadGroup`-Instanz können alle zugeordneten Threads beendet werden. Änderungen, die an den Eigenschaften der Gruppe vorgenommen werden, beeinflussen auch die zugehörigen Threads – allerdings nur, wenn sie vor dem Zuweisen der Threads vorgenommen wurden.

Binden von Threads an eine Thread-Gruppe

Um einen Thread an eine Thread-Gruppe zu binden, muss seinem Konstruktor die `ThreadGroup`-Instanz, zu der er gehören soll, übergeben werden. Die in der Thread-Gruppe definierten Informationen zu Priorität und Dämon-Typ werden automatisch übernommen:

```
// ThreadGroup anlegen
ThreadGroup tg = new ThreadGroup("ThreadGroup");

// Thread erzeugen
Thread st = new SampleThread(tg, "Sample thread");

// Thread starten
st.start();
```

Listing 307: Anlegen einer ThreadGroup und Zuweisen zu einem Thread

Setzen der Priorität

Mit Hilfe von `setMaxPriority()` kann festgelegt werden, welche Prioritäten die zugehörigen Threads einer Thread-Gruppe maximal haben dürfen. Threads, deren Prioritäten die definierten Werte überschreiten, werden bei der Festlegung der neuen Priorität nicht berücksichtigt, ihre Priorität bleibt unverändert. Werte, die `Thread.MIN_PRIORITY` unter- oder `Thread.MAX_PRIORITY` überschreiten, werden ignoriert.

```
// ThreadGroup anlegen
ThreadGroup tg = new ThreadGroup("ThreadGroup");

// Priorität setzen
tg.setMaxPriority(Thread.MAX_PRIORITY);

// Thread erzeugen
Thread st = new SampleThread(tg, "Sample thread");

// Thread starten
st.start();
```

Listing 308: Anlegen einer ThreadGroup und Setzen der maximalen Thread-Priorität

Setzen des Dämon-Typs

Grundsätzlich endet ein Java-Programm, wenn im Code `System.exit(0)` aufgerufen wird oder wenn alle Threads des Programms beendet wurden. Wenn Sie innerhalb des Programms einen Thread erzeugen möchten, der das Programmende nicht blockieren soll, müssen Sie diesen Thread als Hintergrund-Thread (»Dämon«) markieren. Um einzelne Threads oder Thread-Gruppen als Dämonen zu markieren, definieren die Klassen `Thread` und `ThreadGroup` die Methode `setDaemon(bool)`.

```
// ThreadGroup anlegen
ThreadGroup tg = new ThreadGroup("ThreadGroup");

// Dämon-Typ setzen
tg.setDaemon(true);

// Thread erzeugen
Thread st = new SampleThread(tg, "Sample thread");

// Thread starten
st.start();
```

Listing 309: Anlegen einer ThreadGroup und Setzen des Dämon-Typs

234 Iterieren über Threads und Thread-Gruppen einer Thread-Gruppe

Mit Hilfe der überladenen Methode `enumerate()` kann über alle Threads einer `ThreadGroup`-Instanz iteriert werden. Folgende Überladungen stehen zur Verfügung:

Überladung	Beschreibung
`public int enumerate(Thread[] list)`	Kopiert alle aktiven Threads dieser Gruppe und untergeordneter Gruppen in das übergebene Array. Gibt die Anzahl der ermittelten Threads zurück. Ist die Anzahl der Threads größer als das Array, werden die übrigen Threads ignoriert.

Tabelle 56: Methoden zum Iterieren über Threads und Thread-Gruppen

Überladung	Beschreibung
`public int enumerate(Thread[] list, boolean recurse)`	Kopiert alle aktiven Threads dieser Gruppe und – falls `recurse` den Wert `true` hat – auch aller untergeordneter Gruppen in das übergebene Array. Ist die Anzahl der Threads größer als das Array, werden die übrigen Threads ignoriert.
`public int enumerate(ThreadGroup[] list)`	Kopiert alle aktiven Thread-Gruppen dieser Gruppe und untergeordneter Gruppen in das übergebene Array. Ist die Anzahl der Thread-Gruppen größer als das Array, werden die übrigen Thread-Gruppen ignoriert.
`public int enumerate(ThreadGroup[] list, boolean recurse)`	Kopiert alle aktiven Thread-Gruppen dieser Gruppe und – falls `recurse` den Wert `true` hat – auch aller untergeordneter Gruppen in das übergebene Array. Ist die Anzahl der Thread-Gruppen größer als das Array, werden die übrigen Thread-Gruppen ignoriert.

Tabelle 56: Methoden zum Iterieren über Threads und Thread-Gruppen (Forts.)

Um über alle Threads einer Thread-Gruppe und deren möglicherweise untergeordneten Gruppen zu iterieren, verwenden Sie die Methode `enumerate()` mit einem initialisierten Thread-Array in der erforderlichen Größe. Die genaue Größe, sprich die Anzahl der aktiven Threads, liefert Ihnen die Methode `getActiveCount()` zurück.

Achtung

Sie sollten beim Einsatz der verschiedenen `enumerate()`-Methoden stets berücksichtigen, dass zwischen dem Dimensionieren des Arrays und dem Abrufen des letzten Threads durchaus weitere Threads erzeugt oder existierende Threads beendet werden können. Verwenden Sie diese Methoden also stets mit einer gewissen Vorsicht und prüfen Sie den Status der ermittelten Threads und Thread-Gruppen vor deren Verwendung.

Die statische Methode `iterate()` der Klasse `ThreadIterator` wird verwendet, um über die enthaltenen Threads zu iterieren und deren wesentlichen Eigenschaften auszugegeben. Als Parameter werden die Thread-Gruppe und die Angabe, ob der jeweils analysierte Thread beendet werden soll, erwartet:

```
public class ThreadIterator {

   /**
    * Iteriert über die Threads einer Thread-Gruppe, gibt
    * Statusinformationen aus und beendet die Threads auf Wunsch
    */
   public static void iterate(ThreadGroup tg, boolean stop) {
      // Anzahl der aktiven Threads ermitteln
      int count = tg.activeCount();

      // Array mit count Elementen instanzieren
      Thread[] threads = new Thread[count];
```

Listing 310: Iterieren über alle Threads einer Thread-Gruppe

```
      // Array befüllen lassen
      tg.enumerate(threads);

      // Threads durchlaufen
      for(Thread thread : threads) {
         // Namen und Priorität ausgeben
         System.out.println(String.format("Thread %s\nPrioritaet: %d\n",
            thread.getName(), thread.getPriority()));

         // Thread beenden
         if(stop) {
            ((Stoppable)thread).setIsStopped(true);
         }
      }
   }
}
```

Listing 310: Iterieren über alle Threads einer Thread-Gruppe (Forts.)

Das Erzeugen von Thread-Gruppe und Threads kann so vonstatten gehen, dass zunächst die Thread-Gruppe angelegt und anschließend die einzelnen `Thread`-Instanzen erzeugt werden. Jeder `Thread`-Instanz wird die `ThreadGroup`-Instanz, zu der der Thread gehören soll, als Parameter im Konstruktor übergeben:

```
public class Start {

   public static void main(String[] args) {
      // ThreadGroup anlegen
      ThreadGroup tg = new ThreadGroup("ThreadGroup");

      // 15 Threads anlegen
      for(int i=0; i<15; i++) {
         // Thread erzeugen
         Thread st = new SampleThread(
            tg, String.format("Thread %d", i+1));

         // Thread starten
         st.start();
      }

      // Threads durchlaufen und deren Informationen ausgeben
      ThreadIterator.iterate(tg, true);
   }
}
```

Listing 311: Erzeugen von Thread-Gruppe und Threads

Beim Durchlaufen der Thread-Gruppen-Mitglieder innerhalb der Methode `iterate()` der `ThreadIterator`-Klasse werden die Informationen zu Name und Priorität des Threads ausgegeben.

Abbildung 136: Ausgabe der Informationen zu den Threads einer ThreadGroup-Instanz

235 Threads in Swing: SwingWorker

Beim Erstellen einer grafischen Benutzeroberfläche muss man zwei wichtige Punkte beachten:

- Der Event-Handling-Thread (oft auch Event-Dispatch-Thread oder EDT genannt) darf nicht durch lang andauernde Aktivitäten blockiert werden. Sonst besteht die Gefahr, dass das Programm »hängt« und nur mit Verzögerung auf Mausklicks etc. reagiert.
- Grafische Komponenten, die bereits gerendert (also auf dem Bildschirm sichtbar dargestellt) wurden, dürfen nur innerhalb des Event-Handling-Threads manipuliert werden[1].

Hieraus folgt, dass man für lang andauernde Aktionen einen Thread benötigt, der zum Manipulieren von GUI-Elementen mit dem Event-Handling-Thread von Swing interagiert. Da dies in der Umsetzung durchaus etwas kompliziert werden kann, gibt es seit Java 6 eine spezielle Klasse `javax.swing.SwingWorker<T,V>`, welche die Sache etwas vereinfacht.

`T` ist dabei der Rückgabetyp der Methode `doInBackground()`, in der man die gewünschte Aktivität kodiert. `V` ist der Typ des Parameters, der an eine Methode namens `publish()` übergeben wird. Die `publish()`-Methode dient zur Übergabe von Daten an den Event-Handling-Thread, der diese dann durch Aufruf der Methode `process()` bearbeitet. Die Methode `process()` muss daher in geeigneter Weise implementiert werden.

Das folgende Beispiel zeigt, wie eine lang andauernde Aktivität (Durchsuchen des Dateisystems) von einer `SwingWorker`-Instanz durchgeführt wird.

```
/*
 * Einsatz von SwingWorker in Swing-Oberflächen
 *
 * @author Peter Müller
 */
import java.awt.BorderLayout;
```

Listing 312: Einsatz von SwingWorker

1. Hiervon gibt es nur einige wenige Ausnahmen. (Beispielsweise darf man mit `setText()` den Wert einer `JTextArea` auch außerhalb des Event-Handling-Threads ändern.)

```
import java.awt.Dimension;
import java.awt.geom.*;
import java.awt.event.*;
import javax.swing.*;
import java.util.*;
import java.io.*;


// SwingWorker Klasse für Hintergrund-Aktivität
class TIFSearch extends SwingWorker<Integer, String> {
   private JTextArea fileList;
   private int counter = 0;
   private JButton startStop;
   private String path;

   TIFSearch(String path, JTextArea fileList, JButton startStop) {
      super();
      this.fileList = fileList;
      this.startStop = startStop;
      this.path = path;
   }


   //  durchsuchen nach TIF-Dateien und  anzeigen
   public Integer doInBackground() {

      try {
         File f = new File(path);
         searchTIFFiles(f);

      } catch(Exception e) {
         System.err.println(e);
      }

      return new Integer(counter);
   }

   // wird von Event-Thread aufgerufen
   protected void process(List<String> fileNames) {
      for(String s : fileNames)
         fileList.append(s + "\n");
   }


   // Ergebnis von doInBackground() ausgeben; wird vom Event-Thread aufgerufen
   protected void done() {
      try {
         System.out.println("Anzahl Treffer: " + get() + "\n");
         startStop.setText("TIFs suchen");

     } catch(Exception e) {
```

Listing 312: Einsatz von SwingWorker (Forts.)

```
            System.err.println(e);
        }
    }


    // sucht rekursiv nach TIF-Dateien
    private void searchTIFFiles(File f) throws IOException {
        if(isCancelled())
            return;

        if(f.isDirectory()) {
            File[] files = f.listFiles();

        for(int i = 0; i < files.length; i++)
            searchTIFFiles(files[i]);

        } else {
            if(f.getName().toLowerCase().endsWith(".tif")) {

            publish(f.getCanonicalPath()); // Anzeige updaten

            counter++;
          }
        }
    }
}


class Start extends JFrame implements ActionListener {
    private JPanel contentPane;
    private JTextArea fileList;
    private JButton startStop;
    private TIFSearch tifSearch;
    private JTextField rootDir;

    public Start(String startDirectory) {
        contentPane = (JPanel) this.getContentPane();
        contentPane.setLayout(new BorderLayout());
        setSize(new Dimension(500, 200));
        setTitle("SwingWorker-Demo");

        JPanel tmp = new JPanel();
        rootDir = new JTextField(startDirectory);
        rootDir.setColumns(30);
        tmp.add(new JLabel("Startverzeichnis:"));
        tmp.add(rootDir);
        contentPane.add(tmp, BorderLayout.NORTH);

        fileList = new JTextArea();
        JScrollPane scrollPane = new JScrollPane(fileList);
        contentPane.add(scrollPane, BorderLayout.CENTER);
```

Listing 312: Einsatz von SwingWorker (Forts.)

```
        tmp = new JPanel();

        startStop = new JButton("TIFs suchen");
        startStop.addActionListener(this);
        tmp.add(startStop);
        contentPane.add(tmp,BorderLayout.SOUTH);

        setDefaultCloseOperation(JFrame.EXIT_ON_CLOSE);
    }

    // Suche starten/stoppen
    public void actionPerformed(ActionEvent e)  {
        String cmd = e.getActionCommand();

        if((cmd.equals("TIFs suchen") == true))  {
            startStop.setText("Suche beenden");
            fileList.setText("");
            tifSearch = new TIFSearch(rootDir.getText(), fileList, startStop);
            tifSearch.execute();

        } else {
            tifSearch.cancel(true);
            startStop.setText("TIFs suchen");
        }
    }

    public static void main(String args[]) {
        Start frame = new Start("c:\\");
        frame.setVisible(true);
    }
}
```

Listing 312: Einsatz von SwingWorker (Forts.)

In der Ereignisbehandlung der Fensterklasse `SwingWorkerDemo` wird eine Instanz der von `SwingWorker` abgeleiteten Klasse `TIFSearch` angelegt und als separater Thread mit Hilfe der `execute()`-Methode gestartet. Damit ist für den Event-Handling-Thread die Arbeit erledigt und er ist wieder frei, um auf die nächsten Mausaktionen reagieren zu können. Währenddessen macht sich die `SwingWorker`-Instanz an die Arbeit und führt die Methode `doInBackground()` aus, die das Dateisystem durchsucht. Werden dabei Dateien mit der Endung *.tif* gefunden, wird die Anzeige über den `publish()`/`process()`-Mechanismus aktualisiert. Wenn die `doInBackground()`-Methode endet, wird der Event-Handling-Thread automatisch informiert, der daraufhin die `done()`-Methode von `SwingWorker` aufruft. In unserem Beispiel geben wir einfach die Anzahl an gefundenen Treffern aus.

Beenden lässt sich übrigens eine laufende `SwingWorker`-Instanz durch den Aufruf ihrer `cancel()`-Methode. Wichtig ist außerdem, dass eine `SwingWorker`-Instanz nicht wieder verwendet werden darf (unabhängig davon, ob sie regulär geendet hat oder abgebrochen worden ist). Man muss immer eine neue Instanz erzeugen.

Hinweis

Im obigen Beispiel ist der Einsatz von `publish()`/`process()` nicht zwingend notwendig, da man auch direkt die `append()`-Methode von (einer in `TIFSearch` bekannt zu machenden) `JTextArea` verwenden könnte. Dies ist aber nur möglich, weil `append()` eine der wenigen Swing-Methoden ist, die threadsicher sind und auch außerhalb des Event-Handling-Thread aufgerufen werden dürfen (weitere wichtige Ausnahmen sind beispielsweise `repaint()` und `setText()`).

236 Thread-Synchronisierung mit synchronized (Monitor)

Einer der schwierigsten Aspekte der Thread-Programmierung ist die Koordination von mehreren Threads, die auf gemeinsame Daten zugreifen. Dies nennt man auch Synchronisierung. Ein simples Beispiel für die Problematik ist ein gemeinsamer Zähler Z, der zur Erzeugung einer fortlaufenden Nummer genutzt werden soll. Ein Thread T1 liest dabei den Wert von Z und erhöht Z um eins. Mit viel Pech könnte es passieren, dass zwischen dem Lesen des Werts und dem Erhöhen aber gerade ein weiterer Thread T2 auf Z zugreift, den aktuellen Wert liest und um eins erhöht. Erst danach kommt T1 wieder zum Zuge und kann seine Operation beenden, indem er Z erhöht, allerdings ausgehend von seinem alten Wert, den er vor der Unterbrechung gelesen hatte. Die Folge ist, dass beide Threads T1 und T2 die gleiche Nummer gezogen haben (was wir nicht wollten) und zudem der Zähler nur um eins erhöht worden ist (obwohl zwei Nummern gezogen wurden).

Das Problem ist offensichtlich, dass das Lesen und Erhöhen des Zählers mehrere Anweisungen umfasst und daher mittendrin unterbrochen werden kann. Man muss daher diese Anweisungen zu einem unteilbaren (= atomaren) Block machen: Sobald ein Thread angefangen hat, den Block zu durchlaufen, darf er ungestört weitermachen, bis er den Block verlassen hat. In Java verwendet man hierzu das Schlüsselwort `synchronized`.

Verwendung von synchronized

Man kann das Schlüsselwort `synchronized` einer ganzen Methode voranstellen und sie somit atomar machen:

```
class ThreadSicher {
   private long number = 0;

   // gibt aktuellen Wert und erhöht Variable für nächsten Aufruf
   synchronized long getNextNumber() {
      long num = number++;
      return num;
   }
}
```

Die obige Vorgehensweise hat den Nachteil, dass damit die ganze Methode synchronisiert wird. Dies kann bei umfangreichen Methoden die Programmausführung deutlich ausbremsen, weil dann alle anderen Threads recht lange warten müssen, bis die Methode wieder »frei« ist. Meist sind aber nur wenige Zeilen Code innerhalb der Methode der kritische Abschnitt, den es zu synchronisieren gilt. Dazu benutzt man folgende Syntax:

```
synchronized(dasObjekt) {
   // kritischer Codeabschnitt
}
```

Bei dieser Variante muss dem Schlüsselwort synchronized in Klammern ein zu schützendes Objekt mitgegeben werden. Häufig nimmt man dazu das aktuelle Objekt, in dessen Bereich der kritische Block liegt. Die obige Methode getNextNumber() könnte also auch folgendermaßen definiert werden:

```
class ThreadSafe {
   private long number = 0;

   // gibt aktuellen Wert und erhöht Variable für nächsten Aufruf
   long getNextNumber() {
      long num;

      synchronized(this) {
         num = number++;
         return num;
      }
   }
}
```

Ein Beispiel für die Verwendung von synchronized finden Sie im nachfolgenden Rezept zu wait() und notify().

237 Thread-Synchronisierung mit wait() und notify()

Als Ergänzung zur Absicherung mit synchronized bietet Java noch besondere Methoden an:

- void wait(), void wait(long ms): Legen den aufrufenden Thread schlafen, bis ein notify() für das mit synchronized geschützte Objekt aufgerufen wird. Bei Angabe einer maximalen Wartezeit in Millisekunden wird der aufrufende Thread nur diese Zeit lang warten.
- void notify(), void notifyAll() weckt einen beliebigen Thread auf, der per wait() auf den Zugang zu dem geschützten Objekt wartet. notifyAll() weckt alle ggf. vorhandenen Threads auf, die auf das Objekt warten.

Diese Methoden können nur innerhalb von synchronized-Blöcken/Methoden aufgerufen werden und beziehen sich dadurch auf das jeweilige geschützte Objekt.

Ein typischer Einsatz ist das Produzenten-Verbraucher-Problem: Ein Thread (= Produzent) legt Daten in einem zentralen Objekt ab, die dann von einem anderen Thread (= Verbraucher) weiterbearbeitet werden müssen. Eine elegante Lösung sieht folgendermaßen aus: Der Verbraucher schaut im Objekt nach, ob Arbeit anliegt; falls nicht, legt er sich mit wait() schlafen. Wenn der Produzent wieder Daten abgelegt hat, informiert er per notify() den Verbraucher, dass er wieder etwas zu tun hat.


```
import java.util.*;

public class Start  {

   public static void main(String[] args)  {

      // zentrale Datenstruktur, die von beiden Threads verwendet wird
      LinkedList<Date> timeStamps = new LinkedList<Date>();
```

Listing 313: Produzenten-Verbraucher-Problem mit wait()/notify()

```
      Producer producer   = new Producer(timeStamps);
      Consumer consumer = new Consumer(timeStamps);

      // Produzent-Thread starten
      producer.start();

      // Konsumenten-Thread starten
      consumer.start();
   }
}

/**
 * Der Produzent kreiert Zeitstempel und legt sie in der zentralen Liste ab
 */
class Producer extends Thread {
   private LinkedList<Date> timeStamps;

   public Producer(LinkedList<Date> list) {
      super();
      timeStamps = list;
   }

   public void run() {
      Date tmp;

      for(int i = 0; i < 10; i++) {

         // ein bißchen warten
         try {
            sleep(2000);
         } catch(Exception e) { }

         tmp = new Date();

         synchronized(timeStamps) {
            timeStamps.add(tmp);
            // Verbraucher informieren, dass etwas zum Lesen da ist
            timeStamps.notify();
         }
      }
   }
}

/**
 * Der Verbraucher liest und entfernt Zeitstempel aus der zentralen Liste
 */
class Consumer extends Thread {
   private LinkedList<Date> timeStamps;

   public Consumer(LinkedList<Date> list) {
```

Listing 313: Produzenten-Verbraucher-Problem mit wait()/notify() (Forts.)

```
      super();
      timeStamps = list;
   }

   public void run() {
      Date tmp;

      while(true)  {
         synchronized(timeStamps) {

            try {
               timeStamps.wait(5000);
            }
            catch(InterruptedException e) {}

            if(timeStamps.size() > 0)  {
               tmp = timeStamps.removeFirst();
               System.out.println("Zeitstempel: " + tmp);
            } else
               break;
         }
      }
   }
}
```

Listing 313: Produzenten-Verbraucher-Problem mit wait()/notify() (Forts.)

238 Thread-Synchronisierung mit Semaphoren

Der Einsatz von `synchronized`, ggf. in Verbindung mit `wait()` und `notifiy()`, hat neben dem allgemeinen Umstand, dass der zu erstellende Code unübersichtlicher und damit fehleranfälliger wird, auch noch einen weiteren Nachteil: Immer nur ein Thread darf sich in einem geschützten Abschnitt befinden.

Aus diesen Gründen wurde mit J2SE 1.5 ein weiterer Synchronisierungsmechanismus aufgenommen, das Semaphore. Dies kann man sich als einen Wächter vorstellen, der am Eingang des zu schützenden Bereichs postiert wird und einen gewissen Vorrat an Passierscheinen besitzt. Jeder Thread, der passieren will, kann durch Aufruf der Methode `acquire()` einen Schein anfordern und mit diesem dann den gesicherten Bereich betreten und beim Verlassen den Schein wieder zurückgeben (Aufruf der Methode `release()`). Wenn kein Passierschein beim Wächter mehr vorhanden ist, muss der Thread warten, bis wieder ein Schein zurückgegeben worden ist. Die Anzahl *num* der Passierscheine kann der Programmierer beliebig festlegen (bei *num* = 1 spricht man von einem binären Semaphore oder **Mutex**, was dem üblichen `synchronized`-Mechanismus entspricht).

Der Einsatz eines Semaphores bietet sich beispielsweise an, wenn innerhalb eines Codeabschnitts auf bestimmte, nur begrenzt vorhandene Ressourcen zugegriffen wird, z.B. um die Anzahl an gleichzeitigen Datenbankverbindungen zu begrenzen:

```
import java.util.concurrent.*;
import java.util.*;

public class Start {

   public static void main(String[] args) {

      Semaphore sem = new Semaphore(10); // 10 Passierscheine

      // 100 Threads starten
      for(int i = 0; i < 100; i++) {
         Worker w = new Worker(sem);
         w.start();
      }
   }
}


/**
 * Worker muss Passierschein haben, um zu arbeiten
 */
class Worker extends Thread {
   private Semaphore semaphore;

   Worker(Semaphore s) {
      semaphore = s;
   }

   public void run() {
      // in Endlosschleife wild arbeiten
      try {
         while(true) {
            // Passierschein  beantragen
            semaphore.acquire();

            // Zugriff auf beschränkte Ressource,
            // z.B. Datenbankverbindung öffnen und arbeiten
            // ...

            // Passierschein zurückgeben
            semaphore.release();
         }
      } catch(Exception e) {
         e.printStackTrace();
      }
   }
}
```

Listing 314: Einsatz von Semaphore

239 Thread-Kommunikation via Pipes

In vielen Anwendungen soll ein Thread Daten liefern und an einen anderen Thread zur Weiterbearbeitung übergeben. Dies nennt man in der Informatik das Produzenten-Verbraucher-Problem, das auch schon im *Rezept 237* zur Sprache kam. Durch die notwendige Absicherung über `synchronized`-Abschnitte sowie `wait()`/`notify()`-Aufrufe kann die Programmierung bei komplexeren Aufgaben recht schwierig werden. Deutlich einfacher wird es, wenn immer nur genau zwei Threads miteinander kommunizieren sollen (also ein Produzent und ein Verbraucher) und keine Objektstrukturen als solche benötigt werden, denn in diesem Fall lassen sich die Klassen `PipedInputStream` und `PipedOutputStream` bzw. `PipedReader`/`PipedWriter` aus dem Paket `java.io` verwenden[2].

Die zentrale Idee ist eine *Pipe* (= Röhre), bei der an der einen Seite vom Produzenten Daten hineingestopft werden, die auf der anderen Seite vom Verbraucher herausgenommen werden. Der Vorteil der PipedXxx-Klassen ist, dass hinter den Kulissen für die notwendige Synchronisierung gesorgt wird, d.h., der Programmierer muss sich darum keine Gedanken mehr machen. Das folgende Beispiel zeigt, wie das *Listing aus Rezept 237* mit Hilfe einer Pipe realisiert werden kann.

```
import java.util.*;
import java.io.*;

public class Start  {

   public static void main(String[] args)  {

      try  {
         PipedWriter writer = new PipedWriter();
         PipedReader reader = new PipedReader(writer);

         Producer producer  = new Producer(writer);
         Consumer consumer  = new Consumer(reader);

         // Produzent-Thread starten
         producer.start();

         // Konsumenten-Thread starten
         consumer.start();

      } catch(IOException e) {
         e.printStackTrace();
      }
   }
}


/**
```

Listing 315: Produzenten-Verbraucher-Problem mit Pipes

2. Der Unterschied zwischen den beiden Paaren ist lediglich, dass die Reader/Writer-Varianten zeichenorientiert sind (also Unicode verarbeiten), während die Stream-Klassen rein mit Bytes arbeiten.

```
 * Produzent schreibt Zeitstempel in die Pipe
 */
class Producer extends Thread {
   private PipedWriter thePipe;

   public Producer(PipedWriter pipe)  {
      super();
      thePipe = pipe;
   }

   public void run() {
      Date tmp;
      try  {
         for(int i = 0; i < 10; i++)  {
            tmp = new Date();
            thePipe.write(tmp.toString() + "\n");
            sleep(2000);
         }

         thePipe.close();
      } catch(Exception e) { }
   }
}

/**
 * Verbraucher liest Zeitstempel als Zeichenfolge aus Pipe
 */
class Consumer extends Thread {
   private PipedReader thePipe;

   public Consumer(PipedReader pipe)  {
      super();
      thePipe = pipe;
   }

   public void run() {

      while(true)  {
         try {
            int c = thePipe.read();

            if(c != -1)
               System.out.print((char) c);
            else
               break;
         } catch(IOException e) {
            e.printStackTrace();
         }
      }
   }
}
```

Listing 315: Produzenten-Verbraucher-Problem mit Pipes (Forts.)

Das obige Beispiel zeigt Ihnen auch, dass der Komfortgewinn bei der Programmierung einen Nachteil hat: Die Pipes arbeiten nur auf Byte- bzw. Zeichenebene. Man kann nicht Objekte an sich austauschen, sondern nur einzelne Bytes (mit dem Umweg über die Serialisierung könnte man natürlich auch ganze Objekte übermitteln).

240 Thread-Pooling

Das Erzeugen eines Threads nimmt naturgemäß eine gewisse Zeit in Anspruch. Dies ist für viele Anwendungen kein Problem, wenn nur relativ wenige Threads erzeugt werden und/oder die Zeit zur Thread-Erzeugung im Verhältnis zur Lebenszeit (Zeit zur Abarbeitung der `run()`-Methode) sehr gering ist.

Die Lage ändert sich, wenn sehr viele Threads benötigt werden, die nur relativ kleine Aufgaben erledigen. Hierbei wird dann prozentual gesehen ein merklicher Anteil an Ressourcen nur zur Thread-Erzeugung anfallen, d.h., der Rechner arbeitet nicht effektiv. In solchen Fällen bietet sich das so genannte Thread-Pooling an. Hierbei wird eine bestimmte Menge an Threads vorab erzeugt (der Thread-Pool) und zur Bearbeitung von Aufgaben vorgehalten: Jede neue Aufgabe wird einem freien Thread aus dem Pool übertragen und wenn er diese erledigt hat, wird er nicht wie üblich beendet, sondern bleibt am Leben und kehrt in den Pool zurück, um auf die nächste Aufgabe zu warten. Dies senkt den Overhead beträchtlich und ermöglicht es einem Programm, eintreffende Aufgaben schneller bzw. mehr Aufgaben pro Zeitintervall abzuarbeiten.

In früheren Java-Versionen musste man sehr mühselig einen Pooling-Mechanismus selbst implementieren, aber mittlerweile bietet das neue Paket `java.util.concurrent` eine komplette Infrastruktur zur komfortablen Realisierung von Thread-Pooling. Die wesentlichen Zutaten sind:

- `Executor.newFixedThreadPool(int)`: Mit dieser Methode wird ein Pool mit der gewünschten Anzahl an Threads angelegt.
- `ExecutorService`: Diese Klasse übernimmt die Ausführung der auszuführenden Ausgaben und verteilt sie auf die zur Verfügung stehenden Threads aus dem Pool.
- `FutureTask`: Diese Klasse repräsentiert die auszuführende Aufgabe (= Task).

Beim Erzeugen einer Instanz von `FutureTask` übergibt man dem Konstruktor ein Objekt einer selbst definierten `Callable`-Klasse. Der auszuführende Code muss in der Methode `call()` definiert sein. Der Rückgabewert der `call()`-Methode kann ein beliebiges Objekt sein, über das man Resultate und Statusinformationen zurückmelden kann.

Das folgende Beispiel zeigt einen Multithread-Server, der nach Aufbau eines Thread-Pools auf eingehende Socket-Verbindungen wartet und sie dann durch den Thread-Pool abarbeiten lässt. Das Programm eignet sich als Ausgangsbasis für eigene Serverimplementierungen.


```
/**
 * Thread-Server mit Thread-Pooling
 * Server wartet auf TCP/IP-Verbindungen und übergibt sie einem Thread aus
 * einem Pool zur Bearbeitung
 *
 * @author Peter Müller
```

Listing 316: Thread-Server mit Thread-Pooling

```
 */
import java.util.*;
import java.util.concurrent.*;
import java.net.*;


public class ThreadServer {
   private int port;
   private ExecutorService executorService;
   private int maxAccepted;

   /**
    * Konstruktor
    *
    * @param port      Port, auf den gelauscht werden soll
    * @param poolSize  Anzahl Threads in Pool
    */
   public ThreadServer (String port, String poolSize) {
      this.port = Integer.parseInt(port);
      int size = Integer.parseInt(poolSize);

      // maximale Zahl an Anfragen, die angenommen und gesammelt werden
      // (Überlastungsschutz)
      maxAccepted = 10 * size;

      // Thread-Pool anlegen
      executorService = Executors.newFixedThreadPool(size);
   }

   public static void main(String[] args) {

        if(args.length != 2) {
           System.out.println("Aufruf mit <Portnummer> <Poolgroesse>");
           System.exit(0);
        }

        ThreadServer server = new ThreadServer(args[0], args[1]);
        server.start();
   }


   /**
    * Die Kernmethode des Servers: hier wird in einer Endlosschleife aus
    * TCP/IP-Verbindungen gewartet und an einen Thread aus
    * dem Pool übergeben
    */
   public void start() {
       ServerSocket serverSocket;
       ConcurrentLinkedQueue<FutureTask<RequestResult>> taskList =
                   new ConcurrentLinkedQueue<FutureTask<RequestResult>>();
```

Listing 316: Thread-Server mit Thread-Pooling (Forts.)

```
        int requestID = 0;

        ControlThread control = new ControlThread(taskList);
        control.start();

        try {
              serverSocket = new ServerSocket(port);

        } catch(Exception e) {
              e.printStackTrace();
              return;
        }

        while(true) {

           try {
              Socket requestSocket = serverSocket.accept();
              requestID++;

              // Anfrage an Thread aus Pool übergeben
              RequestThread rt = new RequestThread(requestID, requestSocket);
              FutureTask<RequestResult> ft = new FutureTask<RequestResult>(rt);
              executorService.submit(ft);

              // in dieser Liste alle FutureTask-Objekte verwalten
              taskList.add(ft);

              // Evtl. warten, wenn zu viele Anfragen auf Abarbeitung warten
              while(true) {
                 int number = taskList.size();

                 if(number > maxAccepted) {
                    System.out.println("Maximum ueberschritten. Warte ...");

                    try { // bisschen warten
                       Thread.sleep(10000);
                    }
                    catch(Exception e) {
                    }
                 } else
                    break;
              }
           } catch(Exception e) {
              e.printStackTrace();
           }

        }
    }
}
```

Listing 316: Thread-Server mit Thread-Pooling (Forts.)

```
/**
 * Diese Klasse überwacht die aktuelle Task-Liste als separat laufender
 * Thread
 */
class ControlThread extends Thread {
   private ConcurrentLinkedQueue<FutureTask<RequestResult>> taskList;

   /**
    * Konstruktor
    *
    * @param list  Liste mit allen Tasks
    */
   ControlThread(ConcurrentLinkedQueue<FutureTask<RequestResult>>  list) {
      taskList = list;
   }

   /**
    * In einer Endlosschleife prüfen, welche Tasks beendet sind und das
    * Ergebnis ausgeben
    */
   public void run() {

      while(true) {
         try {
           Iterator<FutureTask<RequestResult>> it = taskList.iterator();

           while(it.hasNext()) {
              FutureTask<RequestResult> task = it.next();

              if(task.isDone()) {
                 RequestResult result = task.get();
                 System.out.println("Anfrage " + result.requestID + " Start: "
                                    + result.start + "  Ende: " + result.end);
                 it.remove();
              }
           }

           Thread.sleep(2000);
         }
         catch(Exception e) {
           e.printStackTrace();
         }
      }
   }

}


/**
 * Diese Klasse definiert den Arbeiter-Thread, der die eigentliche Arbeit
```

Listing 316: Thread-Server mit Thread-Pooling (Forts.)

```
 * macht
 */
class RequestThread implements Callable<RequestResult> {
   private int id;
   private Socket socket;
   private RequestResult result;

   RequestThread(int id, Socket socket) {
      this.id = id;
      this.socket = socket;
   }

   /**
    * Die main-Methode des Threads (entspricht run() von Thread-Klasse)
    */
   public RequestResult  call() {
      result = new RequestResult();
      result.requestID = id;
      result.start = new Date();

      //  die Arbeit erledigen;
      // in diesem Beispiel  einfach etwas warten
      try {
         Thread.sleep(5000);

      } catch(Exception e) {
      }

      result.end = new Date();
      return result;
   }
}


/**
 * Diese Klasse definiert das Ergebnis eines Arbeiter-Threads; hier als
 * Beispiel wird ganz simpel die Start- und Endzeit zurückgeliefert
 */
class RequestResult {
   public Date start;
   public Date end;
   public int requestID;
}
```

Listing 316: Thread-Server mit Thread-Pooling (Forts.)

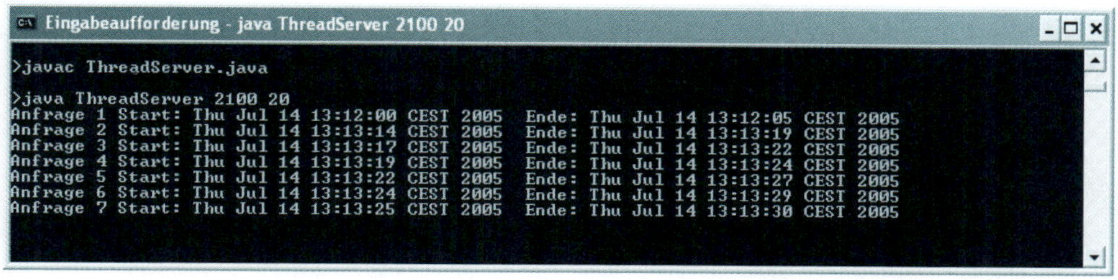

Abbildung 137: Ausgabe des Thread-Servers

241 Thread-globale Daten als Singleton-Instanzen

Singleton-Klassen sind Klassen, die statt eines Konstruktors eine `getInstance()`-Methode anbieten, welche immer dieselbe (und einzige) Instanz der Klasse zurückliefert. Singleton-Instanzen eignen sich damit auch für den Datenaustausch zwischen Threads.

Die nachfolgend abgedruckte Klasse `Singleton` verwaltet eine Collection von Strings, über die die Threads und andere Clients Daten austauschen können.

```
import java.util.Vector;

/**
 * Modell-Klasse für den Datenaustausch über Singleton-Instanzen
 */
public class Singleton {
    private static Singleton instance;
    private Vector<String> data;

    // direkte Instanzbildung unterbinden
    private Singleton() {
        data = new Vector<String>();
    }

    /**
     * Singleton-Instanz zurückliefern
     */
    public static Singleton getInstance() {
       if (instance == null)
           instance = new Singleton();

       return instance;
    }

    // synchronisierter Zugriff auf die data-Collection
    public synchronized Vector<String> getData() {
       return data;
    }
    public synchronized void setData(String value) {
       data.add(value);
```

Listing 317: Demo-Klasse für den Datenaustausch über Singleton-Instanzen

```
    }
}
```

Listing 317: Demo-Klasse für den Datenaustausch über Singleton-Instanzen (Forts.)

Threads (und andere Clients), die über die Klasse `Singleton` Daten austauschen möchten, gehen so vor, dass sie sich

- zuerst von `getInstance()` eine Referenz auf die `Singleton`-Instanz besorgen
- und dann über die synchronisierten Methoden `getData()` oder `setData()` auf die Collection zugreifen – sei es, um deren Inhalt abzufragen (`getData()`) oder weitere Strings einzufügen (`setData()`).

Zu beachten ist lediglich, dass der Lesezugriff über `getData()` zusätzlich synchronisiert werden muss, da `getData()` eine Referenz auf die Collection zurückliefert.

Das Start-Programm zu diesem Rezept demonstriert anhand dreier Threads den Datenaustausch.

```
import java.util.Vector;

/**
 * Thread, der seinen "Namen" in die data-Collection der Singleton-Instanz
 * schreibt
 */
class EntryThread extends Thread {
    Singleton singleObj = Singleton.getInstance();
    boolean weiter = true;
    String name;
    int period;

    public EntryThread(String name, int period) {
       this.name = name;
       this.period = period;
    }

    public void run() {
       while(weiter) {
            try {
                sleep(period);
            } catch(Exception e) {}

            singleObj.setData(name);
       }
    }
}

/**
 * Thread, der die data-Collection der Singleton-Instanz ausliest
 * und ausgibt
 */
```

Listing 318: Start.java – demonstriert den Datenaustausch über die Singleton-Klasse.

```
class ReadThread extends Thread {
    Singleton singleObj = Singleton.getInstance();
    boolean weiter = true;

    public void run() {
       Vector<String> data;

       while(weiter) {
          synchronized(singleObj) {
             data = singleObj.getData();

             System.out.println();
             for( String s : data)
                 System.out.print(" " + s);
          }

          try {
              sleep(2000);
          } catch(Exception e) {}
       }
    }
}


public class Start {

    public static void main(String args[]) {
        Singleton singleObj = Singleton.getInstance();
        int l;
        System.out.println();

        EntryThread entry1 = new EntryThread("Hi", 1000);
        EntryThread entry2 = new EntryThread("Hoo", 4000);
        ReadThread read = new ReadThread();
        entry1.start();
        entry2.start();
        read.start();

        do {
           l = singleObj.getData().size();
        } while (l < 20);

        entry1.weiter = false;
        entry2.weiter = false;
        read.weiter = false;

    }
}
```

Listing 318: Start.java – demonstriert den Datenaustausch über die Singleton-Klasse. (Forts.)

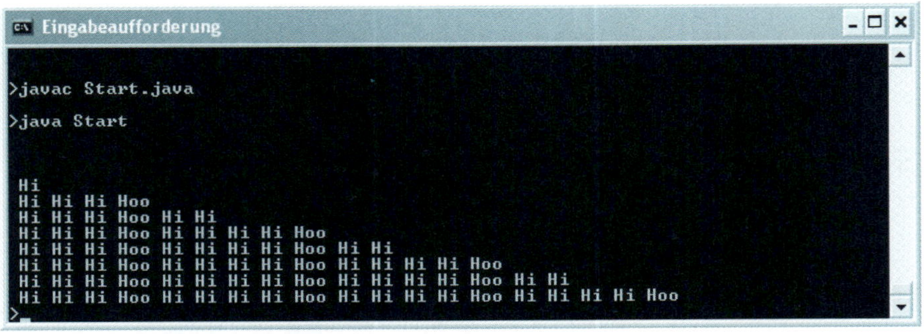

Abbildung 138: Anwachsen der data-Collection während der Programmausführung

Applets

242 Grundgerüst

Applets sind Java-Programme, die in Webseiten (HTML-Dokumente) eingebettet werden können. Als Ende der neunziger Jahre Java zum ersten Mal einer breiteren Öffentlichkeit bekannt wurde, standen in den Regalen der Buchhändler fast ausschließlich Java-Bücher, die der Applet-Programmierung gewidmet waren. Heute hat sich die Situation gewandelt und es gibt immer mehr Java-Bücher, die überhaupt nicht auf die Applet-Programmierung eingehen. Darum erhalten Sie hier eine Schnelleinführung, wie Sie Applets programmieren und in Webseiten einbinden.

Das Applet-Grundgerüst

Applets werden von einer der beiden Klassen `Applet` oder `JApplet` abgeleitet, wobei `JApplet` einfach die Swing-Version von `Applet` ist.

Die Basisklasse `JApplet` (oder `Applet`) vererbt Ihrer Klasse eine Reihe von Standardmethoden, die jedes Applet besitzen muss und die von der Virtual Machine des Browser-Plugins aufgerufen werden.

- `init()` wird aufgerufen, nachdem der Browser das Applet geladen hat.
- `start()` wird aufgerufen, wenn der Browser das Applet startet.
- `paint()` wird aufgerufen, wenn der Browser möchte, dass sich das Applet ganz oder teilweise neu zeichnet.
- `stop()` wird aufgerufen, wenn der Browser das Applet anhält (beispielsweise weil der Anwender die Webseite verlassen und zu einer anderen Webseite gewechselt hat).
- `destroy()` wird aufgerufen, bevor der Browser das Applet aus dem Arbeitsspeicher entfernt.

Hinweis

Welche Aktionen genau welche Applet-Methoden aufrufen, variiert ein wenig von Browser zu Browser und von Version zu Version. Die neueren Versionen des Internet Explorers und des Netscape-Browsers rufen beispielsweise bei jedem Verlassen der Webseite, die das Applet enthält, `stop()` und `destroy()` auf und führen bei einer Rückkehr auf die Webseite Konstruktor, `init()`, `start()` und `paint()` aus. Bei einer Aktualisierung exerzieren Sie die gesamte Palette von `stop()` bis `start()` durch.

Die Methoden sind nicht abstrakt, müssen also nicht überschrieben werden. Sie können sie aber überschreiben, um das Verhalten Ihres Applets anzupassen.

Das folgende Applet gibt vor einem farbigen Hintergrund den Text »Hallo vom JApplet« aus. Die Farbe für den Hintergrund wird bei jedem Neustart des Applets (Aufruf seiner `start()`-Methode) neu ausgewählt. Außerdem gibt jede der fünf Applet-Methoden eine Meldung auf die Konsole aus, so dass Sie den Lebenszyklus des Applets und den Aufruf der Methoden durch den Browser mitverfolgen können (*siehe Abschnitt »Applet testen«*).

```
import java.awt.*;
import java.awt.event.*;
```

Listing 319: TheApplet.java – Applet-Grundgerüst

```
import javax.swing.*;
import java.util.Random;

/**
 * Applet-Grundgerüst
 */
public class TheApplet extends JApplet {
   Color bgColor;
   Random generator;

   // Konstruktor
   public TheApplet() {
      System.out.println("Konstruktor");
   }


   /**
    * init()-Methode, wird aufgerufen, nachdem der Browser
    * das Applet gestartet hat
    */
   public void init() {
      System.out.println("init()");

      getContentPane().add(new ContentPane());
      generator = new Random();
   }

   /**
    * start()-Methode, wird aufgerufen, wenn der Browser
    * das Applet startet
    */
   public void start() {
      System.out.println("start()");

      bgColor = new Color(generator.nextInt(255),
                          generator.nextInt(255),
                          generator.nextInt(255));
   }

   /**
    * paint()-Methode, wird aufgerufen, wenn der Browser möchte, dass
    * das Applet neu gezeichnet wird
    */
   public void paint() {
      System.out.println("paint()");
   }

   /**
    * stop()-Methode, wird aufgerufen, wenn der Browser das Applet
    * anhält
    */
```

Listing 319: TheApplet.java – Applet-Grundgerüst (Forts.)

```
   public void stop() {
      System.out.println("stop()");
   }

   /**
    * destroy()-Methode, wird aufgerufen, wenn der Browser das Applet
    * aus dem Arbeitsspeicher entfernt
    */
   public void destroy() {
      System.out.println("destroy()");
   }


   /**
    * Anzeige-Panel
    */
   class ContentPane extends JPanel {
      JLabel lb;

      public ContentPane() {
         setLayout(null);
         lb = new JLabel("Hallo vom JApplet");
         lb.setBounds(10, 10, 200, 20);
         lb.setBackground(Color.WHITE);
         add(lb);
      }

      public void paintComponent(Graphics g) {
         super.paintComponent(g);

         setBackground(bgColor);
         g.draw3DRect(5, 5, 210, 30, true);
      }
   }
}
```

Listing 319: TheApplet.java – Applet-Grundgerüst (Forts.)

Einbettung in Webseiten

Applets können nur als Teil einer Webseite in der Umgebung eines Browser (oder eines geeigneten Simulators) ausgeführt werden.

Die Einbindung eines Applets geschieht am einfachsten mit Hilfe des `<applet>`-Tags:

```
<applet code="TheApplet.class"
        width="100" height="100"
        alt="Hier sollte ein Applet erscheinen">
</applet>
```

Das Attribut `code` gibt den Namen der Class-Datei des Applets an; `width` und `height` teilen dem Browser mit, wie groß die Anzeigefläche für das Applet sein soll. Über das Attribut `alt` können Sie einen alternativen Text angeben, der in Browsern erscheint, die keine Applets unterstützen (für weitere Attribute *siehe Tabelle 57*).

Attribut	Beschreibung
`align`	Ausrichtung des Applets; mögliche Werte sind: `left` am linken Rand der Seite `right` am rechten Rand der Seite `absmiddle` in der Mitte der aktuellen Zeile `bottom` am unteren Textrand `middle` an der Grundlinie der Zeile `top` am oberen Zeilenrand `texttop` am oberen Textrand

`archive`	Zur Angabe eines jar-Archivs.
	Wenn zu dem Applet mehrere Dateien (Class-Dateien und Ressourcendateien gehören, können Sie diese in ein jar-Archiv packen und den Pfad zu dieser im `archive`-Attribut angeben.
	`<applet code="TheApplet.class"`
	`archive="Appletarchiv.jar"`
	`width="100" height="100">`

`code`	Name der Applet-Classdatei (relativ zur Codebasis, siehe Attribut `codebase`) Liegt die Applet-Klasse in einem Paket, müssen Sie den Namen mit Paket angeben: `code="paketname.Appletklasse.class"`

`codebase`	Liegt das Applet nicht in demselben Verzeichnis wie die Webseite, die es einbindet, müssen Sie im `codebase`-Attribut den Verzeichnispfad von dem Verzeichnis der Webseite zum Verzeichnis des Applets angeben.
	Liegt das Applet in einem Unterverzeichnis *./Applets*, wäre die richtige Einstellung:
	`<applet code="Appletklasse.class"`
	`codebase="Applets"`
	`width="100" height="100">`

`height`	Höhe des Applets im Browser
`width`	Breite des Applets im Browser

Tabelle 57: Attribute des <applet>-Tags

Beispiel:

```
<!DOCTYPE html PUBLIC "-//W3C//DTD HTML 4.01//EN"
   "http://www.w3.org/TR/html4/strict.dtd">
<html>
<head>
  <title>Applet-Demo</title>
</head>

<body>
<p>Webseite ruft Applet. Bitte antworten.</p>

<applet code = "TheApplet.class"
        width = "300" height = "100">
</applet>
```

Listing 320: HTML-Code einer Webseite, die das Applet TheApplet einbindet

```
</body>
</html>
```

Listing 320: HTML-Code einer Webseite, die das Applet TheApplet einbindet (Forts.)

Exkurs

<applet> versus <object>

Laut HTML-Spezifikation sollte zur Einbettung von Applets eigentlich das `<object>`-Tag benutzt werden. Dessen Einsatz ist, nicht zuletzt wegen der Unterschiede zwischen den Browsern, recht kompliziert. Ein guter Mittelweg ist daher, die Webseite mit dem `<applet>`-Tag aufzusetzen und dann von dem Java-Tool HtmlConverter in ein `<object>`-Tag umwandeln zu lassen.

Mit dem JDK-Tool HtmlConverter können Sie Ihre HTML-Seiten ohne große Mühe, soweit möglich, an den aktuellen HTML-Standard sowie die Anforderungen der wichtigsten Browser anpassen und gleichzeitig dafür sorgen, dass Websurfer, die Ihre Applets nicht ausführen können, weil sie veraltete Browser-Plugins verwenden, zur Sun-Download-seite für das aktuelle Plugin geführt werden.

Alles, was Sie tun müssen, ist

1. den HTML-Code wie oben beschrieben mit dem Applet-Tag aufsetzen.
2. das Tool HtmlConverter aus dem Bin-Verzeichnis Ihrer Java-SDK-Installation aufrufen. (Sie können dies über die Konsole oder über den Windows Explorer tun – HtmlConverter ist eine Swing-Anwendung.)
3. im Fenster die zu konvertierende HTML-Datei auswählen.
4. die gewünschte Java-Version auswählen und
5. auf KONVERTIEREN drücken.

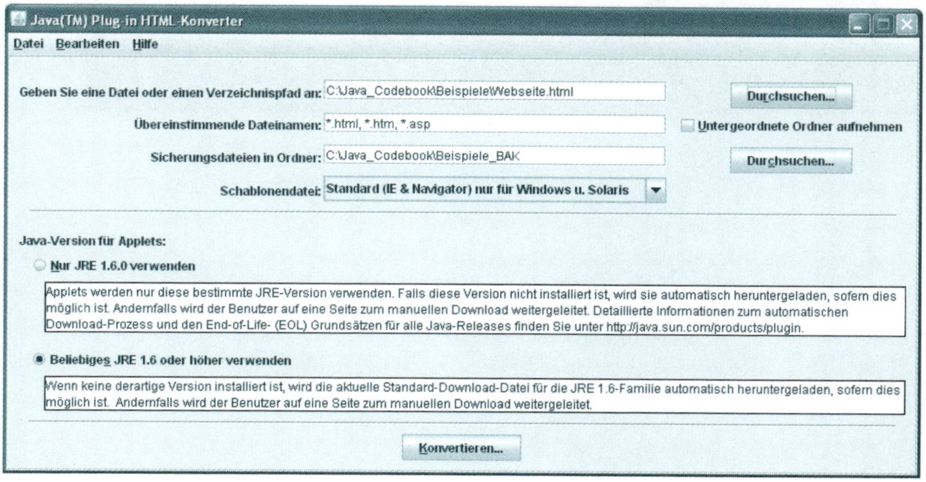

Abbildung 139: Überarbeitung des HTML mit HtmlConverter

Exkurs

Mehr Informationen zur Verwendung der `<object />`-Tags finden Sie unter folgenden Adressen:

- *http://ww2.cs.fsu.edu/~steele/XHTML/appletObject.html*
- *http://java.sun.com/j2se/1.5.0/docs/guide/plugin/developer_guide/contents.htm*
- *http://www.w3.org/TR/1999/REC-html401-19991224/*

Applet testen

Nachdem Sie die Webseite zusammen mit der Class-Datei des Applets in einem Verzeichnis gespeichert haben, können Sie das Applet mit dem AppletViewer-Tool von Java testen.

1. Öffnen Sie ein Konsolenfenster und wechseln Sie in das Verzeichnis mit dem Applet und der zugehörigen Webseite.
2. Rufen Sie den AppletViewer auf und übergeben Sie ihm die Webseite:

```
Prompt:> appletviewer Webseite.html
```

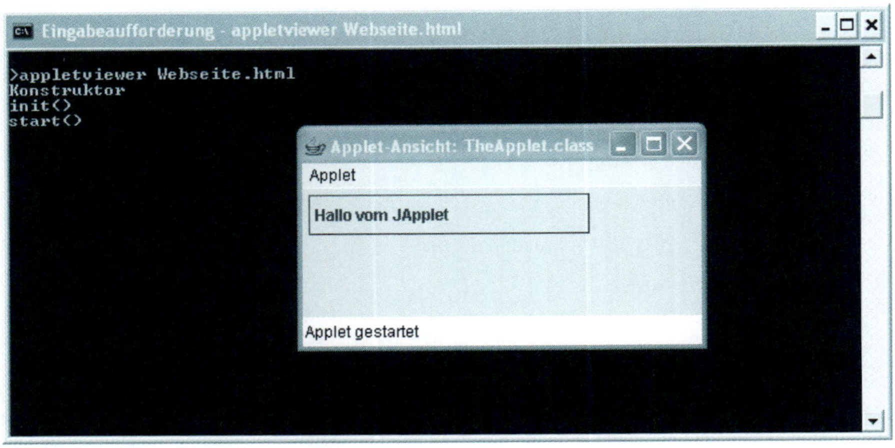

Abbildung 140: Applet in AppletViewer

oder

2. Laden Sie die Webseite in einen Browser.

   Gibt das Applet Debug- oder Fehlermeldungen auf die Konsole aus, müssen Sie die Unterstützung für die Konsole im Java-Plugin-Bedienungsfeld (Seite ERWEITERT für Version 1.5) und/oder in den Optionen Ihres Browsers aktivieren. Unter Windows wird das Java-Plugin über die Systemsteuerung aufgerufen.

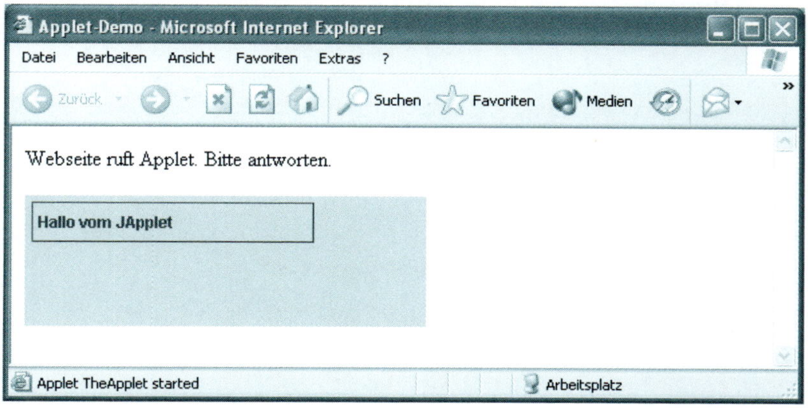

Abbildung 141: Applet in Browser

Achtung

Damit ein Applet in einem Browser angezeigt werden kann, muss

- der Browser Java unterstützen. (Die großen Browser unterstützen mittlerweile alle Java. So verwundert es nicht, dass nach einer unabhängigen Umfrage 90% der Internetanwender einen java-fähigen Browser verwenden.)
- der Browser das Format der Bytecode-Klassen lesen können. (Schwierigkeiten treten immer dann auf, wenn die Anwender alte Plugins verwenden, die das Klassenformat, in dem Sie Ihre Applets erstellt haben, nicht verstehen.)
- der Browser die Class-Dateien des Applets (sowie sonstige Dateien, die das Applet lädt) finden. Dies können Sie durch korrekte Angaben im HTML-Code sicherstellen. Außerdem sollte das Applet-Verzeichnis mit einem Buchstaben beginnen.

  Beachten Sie diesbezüglich auch, dass die Rezepte-Verzeichnisse auf der Buch-CD durchnummeriert sind. Zum Ausführen und Testen der Applet-Beispiele müssen Sie diese daher in ein Verzeichnis kopieren, das nicht mit einer Nummer beginnt.

Achtung

Wenn Sie beim Testen Ihrer Applets feststellen, dass sich Änderungen am Code augenscheinlich nicht im Applet im Browser niederschlagen, liegt dies vermutlich am Caching durch das Java-Plugin. Starten Sie dann das Bedienungsfeld des Java-Plugins und deaktivieren Sie auf der Seite CACHE das Caching.

243 Parameter von Webseite übernehmen

Manchmal sollen einem Applet, das in ein HTML-Dokument eingebettet ist, bestimmte Parameter mitgegeben werden – beispielsweise die Abmessungen des Applets im Browser oder irgendwelche zu verarbeitenden Daten. Hierzu gehen Sie wie folgt vor:

1. Definieren Sie im HTML-Code der Webseite, welche Parameter mit welchen Werten übergeben werden sollen.

   Fügen Sie für jeden Parameter, den Sie an das Applet übergeben wollen, ein `<param>`-Tag in den Aufruf des Applets ein.

```
<applet code="TheApplet.class"
        width="400" height="200" >
        <param name="TEXT" value="Hallo Webseite">
        <param name="COLOR_R" value="255">
        <param name="COLOR_G" value="100">
        <param name="COLOR_B" value="150">
</applet>
```

Jeder Parameter besteht aus einem Name/Wert-Paar, das im `<param>`-Tag durch die Attribute `name` und `value` spezifiziert wird. `name` dient der Identifizierung des Parameters, `value` gibt den Wert an, der für den Parameter an das Applet übergeben wird.

2. Fragen Sie in der `init()`-Methode des Applets im Applet die Werte der Parameter ab.

Die `JApplet`-Methode, mit der Sie die einzelnen Parameter vom HTML-Dokument abfragen können, heißt `getParameter()` und erwartet als Argument den Namen des Applet-Parameters, der von der HTML-Seite übergeben wird. Als Ergebnis liefert sie den Wert dieses Applet-Parameters als String zurück. Dieser muss gegebenenfalls in seinen eigentlichen Typ umgewandelt werden.

```
import java.awt.*;
import java.awt.event.*;
import javax.swing.*;
import java.util.Random;

public class TheApplet extends JApplet {
   // Felder für Parameter, die von Webseite entgegen genommen
   // werden. Standardwerte werden benutzt, wenn die
   // Parameter nicht von der Webseite übergeben werden
   String text = "Hallo";
   Color bgColor = Color.CYAN;


   /**
    * init()-Methode
    */
   public void init() {
      String param;
      Short r, g, b;

      // Text-Parameter von Webseite abfragen
      param = getParameter("TEXT");
      if (param != null)
         text = param;

      // RGB-Werte für Hintergrundfarbe von Webseite abfragen
      try {
          param = getParameter("COLOR_R");
          r = Short.parseShort(param);
          param = getParameter("COLOR_G");
          g = Short.parseShort(param);
          param = getParameter("COLOR_B");
          b = Short.parseShort(param);
```

```
            if (r*g*b >= 0 && r <= 255 && g <= 255 && b <= 255)
               bgColor = new Color(r, g, b);

         } catch(NumberFormatException e) {
            // Farbe nicht ändern
         }


         // ContentPane einrichten
         getContentPane().add(new ContentPane());
      }


      /**
       * Anzeige-Panel
       */
      class ContentPane extends JPanel {
         JLabel lb;

         public ContentPane() {
            setLayout(null);
            lb = new JLabel();
            lb.setBounds(10, 10, 200, 20);
            lb.setBackground(Color.WHITE);
            add(lb);
         }

         public void paintComponent(Graphics g) {
            super.paintComponent(g);

            // Hintergrundfarbe nach Vorgaben von Webseite setzen
            setBackground(bgColor);

            // Text nach Vorgaben von Webseite setzen
            lb.setText(text);
            g.draw3DRect(5, 5, 210, 30, true);
         }
      }
   }
```

Achtung

Die Methode `getParameter()` kann nicht im Konstruktor verwendet werden, da Methoden von Klassen erst nach Erzeugung der Objekte zur Verfügung stehen.

244 Bilder laden und Diashow erstellen

Zum Laden von Bilddateien stehen Ihnen in Applets folgende Methoden zur Verfügung:

```
Image getImage(URL url)
Image getImage(URL url, String name)
```

Beide Methoden erwarten einen URL bzw. einen URL und eine dazu relative Pfadangabe. Der URL muss auf den Server des Applets verweisen (wie er von der Applet-Methode `getCodeBase()` zurückgeliefert wird).

Eine Besonderheit der `getImage()`-Methode ist, dass sie das Bild selbst nicht lädt, sondern lediglich ein passendes `Image`-Objekt zurückliefert (bzw. `null`, wenn die Bilddatei nicht existiert). Der Ladevorgang wird zwar automatisch im Hintergrund angestoßen, wenn Sie das Bild ins Applet zeichnen, doch dieses Verfahren ist nicht immer befriedigend.

Die Alternative ist, den Ladevorgang mit Hilfe eines MediaTrackers direkt in Gang zu setzen. Dazu erzeugen Sie eine `MediaTracker`-Instanz, übergeben dieser die zu ladenden Bilder (`addImage()`-Methode) und rufen dann eine der wait-Methoden des MediaTrackers auf, um mit dem Laden einzelner oder aller Bilder anzufangen und eventuell auch auf den Abschluss des Ladevorgangs zu warten.

Methode	Beschreibung
`boolean waitForAll()` `boolean waitForAll(long ms)`	Beginnt mit dem Laden der Bilder und kehrt erst zurück, wenn alle Bilder geladen sind oder ein Fehler aufgetreten ist. Wird eine Zeit in Millisekunden angegeben, kehrt die Methode spätestens nach Ablauf dieser Zeit zurück.
`boolean waitForID(int id)` `boolean waitForID(int id, long ms)`	Beginnt mit dem Laden des angegebenen Bilds und kehrt erst zurück, wenn das Bild geladen oder ein Fehler aufgetreten ist. Wird eine Zeit in Millisekunden angegeben, kehrt die Methode spätestens nach Ablauf dieser Zeit zurück.

Listing 321: Lademethoden der Klasse MediaTracker

Die nachfolgend abgedruckte Klasse `ImageManager` demonstriert das Laden mit `MediaTracker`-Unterstützung – siehe Konstruktor, der über den zweiten Parameter ein Array oder eine Auflistung von Bilddateinamen übernimmt, für jede Bilddatei ein `Image`-Objekt erzeugt und in einer internen `Vector`-Collection ablegt und schließlich das Laden der Bilder anstößt.

```
import java.awt.*;
import java.awt.event.*;
import javax.swing.*;
import java.io.*;
import javax.imageio.ImageIO;
import java.util.Vector;
import java.applet.Applet;

/**
 * Klasse zum Laden und Verwalten von Bildern
 */
public class ImageManager {
    private Vector<Image> images = new Vector<Image>(5);
    private MediaTracker tracker;
    private int current = 0;
```

Listing 322: ImageManager-Klasse, die Bilder lädt und verwaltet

```
    private boolean isApplet = false;

    /*
     * Konstruktor
     */
    ImageManager(JApplet applet, String... imageFilenames) {
       Image pic = null;

       // images-Collection füllen
       for (String filename : imageFilenames) {

           // Image-Objekt erzeugen und in Vector-Collection speichern
           pic = applet.getImage(applet.getCodeBase(), filename);
           if (pic != null)
               images.add(pic);
       }

       // Bilder zur Überwachung des Ladevorganges an einen MediaTracker
       // übergeben
       tracker = new MediaTracker(applet);
       for (int i = 0; i < images.size(); i++) {
           tracker.addImage(images.get(i), i);
       }

       // Ladevorgang im Hintergrund starten, ohne zu warten.
       try {
           tracker.waitForAll(0);
       } catch (InterruptedException e) {
       }

       // festhalten, dass Bilder für Applet verwahrt werden
       isApplet = true;
    }


    /*
     * Index des aktuellen Bildes zurückliefern
     */
    public int currentImage() {
        return current;
    }

    /*
     * Index auf nächstes Bild vorrücken und zurückliefern
     */
    public int nextImage() {
        current++;
        if (current >= images.size())
            current = 0;

        return current;
```

Listing 322: ImageManager-Klasse, die Bilder lädt und verwaltet (Forts.)

```
    }

    /*
     * Index auf vorheriges Bild zurücksetzen und zurückliefern
     */
    public int previousImage() {
        current--;
        if (current < 0)
            current = images.size()-1;

        return current;
    }


    /*
     * Bild mit dem angegebenen Index zurückliefern
     */
    public Image getImage(int index) {

        if (index >= 0 && index <= images.size()) {

            // Wenn Image für Applet ist, sicherstellen, dass Bild
            // vollständig geladen ist
            if (isApplet) {
                try {
                    tracker.waitForID(current);
                } catch (Exception e) {
                }
            }

            return images.get(index);
        }

        return null;
    }

}
```

Listing 322: ImageManager-Klasse, die Bilder lädt und verwaltet (Forts.)

Das Pendant zum Konstruktor, der die Bilder lädt, ist die Methode `getImage()`, die auf Anfrage ein geladenes Image aus der internen `Vector`-Collection zurückliefert. Die Methode übernimmt den Index des `Image`-Objekts in der `Vector`-Collection und stellt dann mit Hilfe des MediaTrackers sicher, dass das Bild fertig geladen ist (zur Erinnerung: `waitForID()` kehrt, wenn die Methode ohne Zeitlimit aufgerufen wird, erst zurück, nachdem das Bild mit der übergebenen ID komplett geladen ist). Anschließend liefert sie das Bild zurück.

Ansonsten unterhält die Klasse noch einen internen Positionszeiger `current`, der in Kombination mit den Methoden `currentImage()`, `nextImage()` und `previousImage()` zum Durchlaufen der Bildersammlung verwendet werden kann.

Das Applet zu diesem Rezept nutzt die Klasse `ImageManager` zur Implementierung einer einfachen Bildergalerie.

```
import java.awt.*;
import java.awt.event.*;
import javax.swing.*;

public class TheApplet extends JApplet {
   ImageManager images;   // Bildersammlung
   DisplayPanel display;  // Panel zum Anzeigen der Bilder
   JPanel top;
   JPanel bottom;

   /*
    * Bildersammlung füllen und ContentPane einrichten
    */
   public void init() {
      images = new ImageManager(this, "pic01.jpg", "pic02.jpg", "pic03.jpg");

      getContentPane().add(new ContentPane());
   }

   /*
    * Zweiteilige ContentPane für eine Bildergalerie
    *    oben:   DisplayPanel
    *    unten:  Navigationsschalter
    */
   class ContentPane extends JPanel {

      public ContentPane() {
         setLayout(new BorderLayout());

         // Anzeigebereich
         top = new JPanel(new FlowLayout(FlowLayout.CENTER));
         display = new DisplayPanel();
         top.add(display);


         // Navigationsschalter
         bottom = new JPanel(new FlowLayout(FlowLayout.CENTER));
         JButton btnPrevious = new JButton("Voriges Bild");
         btnPrevious.addActionListener(new ActionListener() {
            public void actionPerformed(ActionEvent e) {

                 // Vorangehendes Bild anzeigen lassen
                 display.setImage(images.getImage(images.previousImage()));
                 top.doLayout();
            }
         });
         JButton btnNext = new JButton("Nächstes Bild");
         btnNext.addActionListener(new ActionListener() {
            public void actionPerformed(ActionEvent e) {

                 // Nächstes Bild anzeigen lassen
```

Listing 323: TheApplet.java implementiert mit Hilfe von ImageManager eine Bildergalerie.

```
               display.setImage(images.getImage(images.nextImage()));
               top.doLayout();
            }
         });
         bottom.add(btnPrevious);
         bottom.add(btnNext);

         add(top, BorderLayout.CENTER);
         add(bottom, BorderLayout.SOUTH);


         // Anfangs das erste (aktuelle) Bild aus der Bildersammlung anzeigen
         display.setImage(images.getImage(images.currentImage()));
      }
   }


   /*
    * Panel zum Anzeigen der Bilder
    *
    */
   private class DisplayPanel extends JPanel {
      Image pic = null;

      /*
       * Neues Bild anzeigen
       */
      public void setImage(Image pic) {
         this.pic = pic;

         // Größe des Panels an Bild anpassen
         this.setSize(pic.getWidth(this), pic.getHeight(this));
         this.setPreferredSize(new Dimension(pic.getWidth(this),
                                             pic.getHeight(this)));

         // Neuzeichnen
         repaint();
      }

      public void paintComponent(Graphics g) {
         super.paintComponent(g);

         // Bild in Panel zeichnen
         if (pic != null)
            g.drawImage(pic, 0, 0, pic.getWidth(this),
                                   pic.getHeight(this), this);
      }
   }
}
```

Listing 323: TheApplet.java implementiert mit Hilfe von ImageManager eine Bildergalerie.

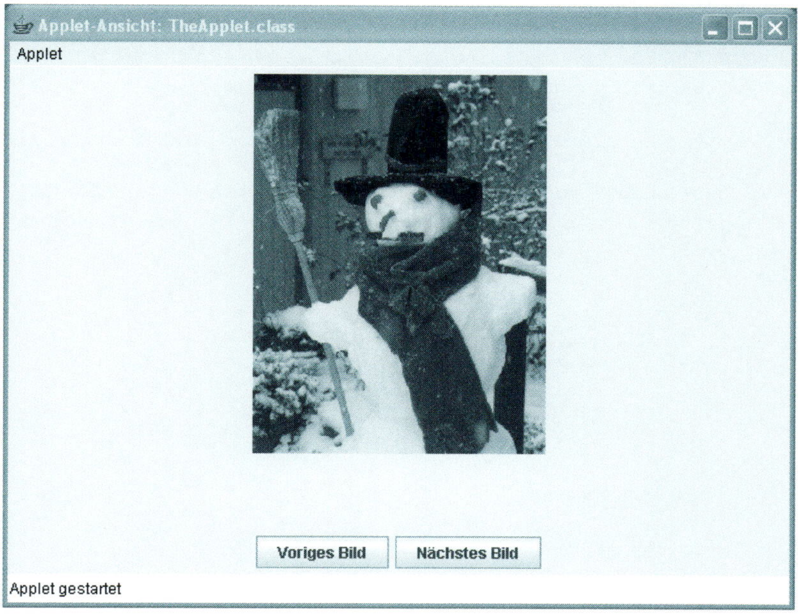

Abbildung 142: Applet als Bildergalerie

Hinweis

Die Bilder zu diesem Rezept sind Privateigentum des Autors und dürfen außer in Verbindung mit diesem Buch weder weitergegeben noch genutzt werden.

245 Sounds laden

Sounddateien können mit Hilfe der Methode `getAudioClip()` als `AudioClip`-Instanzen in Applets geladen werden. Als Argumente übergeben Sie der Methode den URL des Servers, von dem das Applet stammt (wie er von der Applet-Methode `getCodeBase()` zurückgeliefert wird), und den Namen der zu ladenden Sounddatei (unterstützte Formate sind z.B. WAV, MIDI, AIFF, RMF und AU).

```
AudioClip sound = getAudioClip(getCodeBase(),"ein_toller_Sound.au");
```

Im Gegensatz zum Laden von Bildern kehrt der Aufruf von `getAudioClip()` erst zurück, wenn die Datei vollständig geladen worden ist. Eine `MediaTracker`-Instanz zur Überwachung ist daher unnötig. Falls die angegebene Datei nicht geladen werden konnte (weil sie zum Beispiel nicht existiert), wird der Wert `null` zurückgegeben.

Zum Abspielen der Sounddateien stehen die in dem `AudioClip`-Interface definierten Methoden zur Verfügung:

```
sound.play() // spielt den Inhalt ab bis zum Dateiende,

sound.stop() // beendet das Abspielen,

sound.loop() // spielt die Sounddatei in einer Endlosschleife ab.
```

Achtung

Beachten Sie bitte, dass beim Einsatz der `loop()`-Methode das Abspielen explizit durch `stop()` beendet werden muss. Ansonsten kann es passieren, dass Applet oder Anwendung schon beendet sind, aber die Musik munter weiterspielt!

Die Klasse `SoundManager` lädt eine dem Konstruktor übergebene Auflistung von Sounddateien, verwaltet sie in einer internen `Vector`-Collection und liefert einzelne Sounddateien aus der Collection auf Anfrage zurück.

```
import java.awt.*;
import java.awt.event.*;
import javax.swing.*;
import java.util.Vector;
import java.applet.*;

/**
 * Klasse zum Laden und Verwalten von Sounds
 */
public class SoundManager {
    private Vector<AudioClip> sounds = new Vector<AudioClip>(5);

    SoundManager(JApplet applet, String... imageFilenames) {
       AudioClip clip = null;

       // sounds-Collection füllen
       for (String filename : imageFilenames) {

           // AudioClip-Objekt erzeugen und in Vector-Collection speichern
           clip = applet.getAudioClip(applet.getCodeBase(), filename);
           if (clip != null)
               sounds.add(clip);
       }
    }

    /*
     * Sound mit dem angegebenen Index zurückliefern
     */
    public AudioClip getSound(int index) {

        if (index >= 0 && index <= sounds.size())
           return sounds.get(index);

        return null;
    }

}
```

Listing 324: SoundManager-Klasse, die Sounddateien lädt und verwaltet

Das Applet zu diesem Rezept nutzt die Klasse `SoundManager`, um die Navigationsschalter der Bildergalerie aus dem vorangehenden Rezept mit unterschiedlichen Sounds zu unterlegen.

```
/*
 *
 * @author Dirk Louis
 */
import java.awt.*;
import java.awt.event.*;
import javax.swing.*;
import java.applet.AudioClip;

public class TheApplet extends JApplet {
   SoundManager sounds;   // Klängesammlung
   ImageManager images;   // Bildersammlung
   DisplayPanel display;  // Panel zum Anzeigen der Bilder
   JPanel top;
   JPanel bottom;

   /*
    * Bildersammlung füllen und ContentPane einrichten
    */
   public void init() {
      images = new ImageManager(this, "pic01.jpg", "pic02.jpg", "pic03.jpg");
      sounds = new SoundManager(this, "klick.au", "klack.au");

      getContentPane().add(new ContentPane());
   }

   /*
    * Zweiteilige ContentPane für eine Bildergalerie
    *    oben:   DisplayPanel
    *    unten:  Navigationsschalter
    */
   class ContentPane extends JPanel {

      public ContentPane() {
         setLayout(new BorderLayout());

         // Anzeigebereich
         top = new JPanel(new FlowLayout(FlowLayout.CENTER));
         display = new DisplayPanel();
         top.add(display);


         // Navigationsschalter
         bottom = new JPanel(new FlowLayout(FlowLayout.CENTER));
         JButton btnPrevious = new JButton("Voriges Bild");
         btnPrevious.addActionListener(new ActionListener() {
            public void actionPerformed(ActionEvent e) {
               AudioClip sound = sounds.getSound(0);
               sound.play();

               // Vorangehendes Bild anzeigen lassen
```

Listing 325: TheApplet.java – Bildergalerie mit Sound-unterstützten Schaltern

```
                display.setImage(images.getImage(images.previousImage()));
                top.doLayout();
             }
          });
          JButton btnNext = new JButton("Nächstes Bild");
          btnNext.addActionListener(new ActionListener() {
             public void actionPerformed(ActionEvent e) {
                AudioClip sound = sounds.getSound(1);
                sound.play();

                // Nächstes Bild anzeigen lassen
                display.setImage(images.getImage(images.nextImage()));
                top.doLayout();
             }
          });
          bottom.add(btnPrevious);
          bottom.add(btnNext);

          add(top, BorderLayout.CENTER);
          add(bottom, BorderLayout.SOUTH);


          // Anfangs das erste (aktuelle) Bild aus der Bildersammlung anzeigen
          display.setImage(images.getImage(images.currentImage()));
       }
   }


   private class DisplayPanel extends JPanel {
      s.o. Rezept 244
   }

}
```

Listing 325: TheApplet.java – Bildergalerie mit Sound-unterstützten Schaltern (Forts.)

Hinweis

Die Sounddateien zu diesem Rezept entstammen dem Java SE 5-JKD, Verzeichnis *\demo\applets\Animator\audio.*

246 Mit JavaScript auf Applet-Methoden zugreifen

Um via JavaScript auf ein Applet zuzugreifen, wählen Sie am besten den Weg über das `document`-Objekt und die ID des Applet-Tags, d.h.

1. Sie weisen dem Applet eine eindeutige ID zu.

```
<applet id = "theApplet"
        code = "TheApplet.class"
        width = "100%" height = "100">
</applet>
```

2. Sie greifen über das document-Objekt auf das Applet zu.

```
<script type="text/javascript">
  <!--

  function jsFunc() {
     ...
     document.theApplet.aMethod(aParam);
     ...
  }

  //-->
</script>
```

Dieser Weg wird derzeit von den meisten aktuellen Browsern (Internet Explorer, Netscape – aber nicht Netscape Navigator, Opera) unterstützt, so dass Ihnen die für JavaScript nicht gerade untypischen if-Verzweigungen zur Anpassung an unterschiedliche Browser-Typen erspart bleiben.

Die folgende Webseite ruft beim Laden (onLoad-Ereignis des <body>-Tags) eine JavaScript-Funktion personalize() auf, die in Abhängigkeit von dem Browser, mit dem der Websurfer unterwegs ist, eine individuelle Begrüßungsformel generiert und an das Applet der Webseite weitermeldet (wozu die setWelcome()-Methode des Applets aufgerufen wird).

```
<!DOCTYPE html PUBLIC "-//W3C//DTD HTML 4.01//EN"
   "http://www.w3.org/TR/html4/strict.dtd">
<html>
<head>
  <title>Applet-Demo</title>
  <script type="text/javascript">
    <!--

    function personalize() {
       var welcomeText;

       if (navigator.appName == "Microsoft Internet Explorer")
          welcomeText = "Hallo IE-Surfer";

       else if (navigator.appName == "Netscape")
          welcomeText = "Hallo Netscape-Surfer";

       else
          welcomeText = "Hallo Websurfer";

       document.theApplet.setWelcome(welcomeText);
    }

    //-->
  </script>
</head>

<body onLoad="personalize()">
```

Listing 326: Webseite, die via JavaScript eine Applet-Methode aufruft

```
  <applet id = "theApplet"
          code = "TheApplet.class"
          width = "100%" height = "100">
  </applet>

</body>
</html>
```

Listing 326: Webseite, die via JavaScript eine Applet-Methode aufruft (Forts.)

Das zugehörige Applet ist wie folgt definiert:

```
import java.awt.*;
import java.awt.event.*;
import javax.swing.*;

public class TheApplet extends JApplet {
   JLabel lbWelcome;   // Label zum Anzeigen des Willkommensgrußes
   Color bgColor;


   /**
    * init()-Methode
    */
   public void init() {
      lbWelcome = new JLabel("Hallo Websurfer");
      bgColor = new Color(200,200,200);

      getContentPane().add(new ContentPane());
   }


   /**
    * Methode, die neuen Begrüßungstext setzt und via JavaScript
    * aufgerufen werden kann
    */
   public void setWelcome(String text) {
      lbWelcome.setText(text);
   }


   /**
    * Anzeige-Panel
    */
   class ContentPane extends JPanel {

      public ContentPane() {
         setLayout(new FlowLayout(FlowLayout.CENTER));
         add(lbWelcome);
```

Listing 327: TheApplet.java

```
    }

    public void paintComponent(Graphics g) {
      super.paintComponent(g);

      setBackground(bgColor);
    }
  }
}
```

Listing 327: TheApplet.java (Forts.)

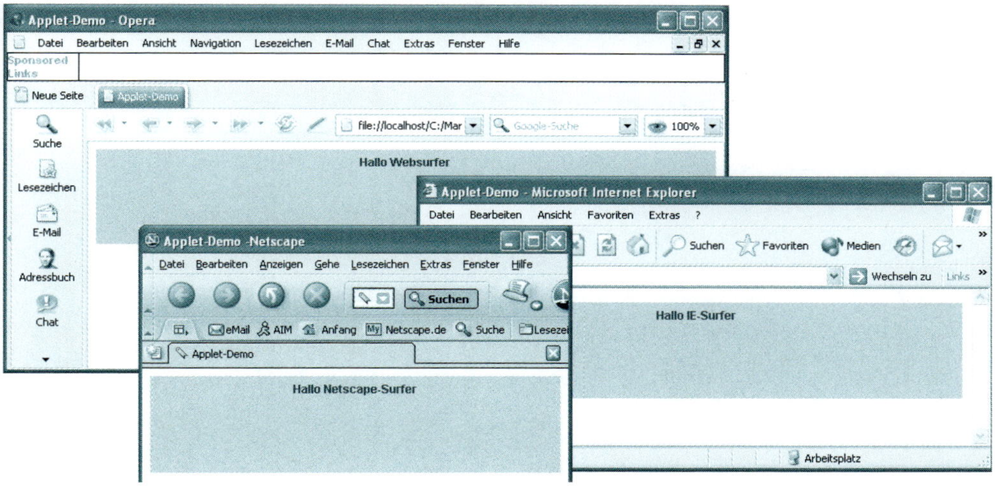

Abbildung 143: Applet in Opera, Netscape und Internet Explorer

247 Datenaustausch zwischen Applets einer Webseite

Applets, die sich zusammen auf einer Webseite befinden, können, wenn sie vom gleichen Server (genauer gesagt der gleichen `codebase`) stammen, miteinander kommunizieren – d.h., sie können gegenseitig ihre `public`-Methoden ausführen.

Damit ein Applet A eine Methode eines zweiten Applets B auf der gleichen Webseite aufrufen kann (beispielsweise um Applet B Daten zu übergeben), sind folgende Anpassungen nötig:

Auf der Webseite:

1. Applet B muss mit einem eindeutigen `name`-Attribut deklariert werden.

```
<applet name = "B"
        code = "AppletB.class"
        width = "40%" height = "200">
</applet>
```

Im Code von Applet B:

2. Applet B muss eine passende `public`-Methode definieren.

```
// Methode, über die das Applet Strings entgegen nehmen kann
public void setData(String text) {
   // tue irgendetwas mit dem übergebenen Text;
}
```

Im Code von Applet A:

3. Applet A besorgt sich eine Referenz auf Applet B. Dann ruft es über diese Referenz die `public`-Methode von Applet B auf.

```
import java.applet.*;
...

// Applet-Kontext besorgen
AppletContext ac = getAppletContext();

// Über den "Namen" des HTML-Tags eine Referenz auf das Applet
// besorgen
Applet receiver = ac.getApplet("ReceiverApplet");

// Methode aufrufen
if(receiver != null)
   ((ReceiverApplet) receiver).setData(ta.getText());
```

Das `SenderApplet` zu diesem Rezept schickt nach diesem Verfahren den Text aus seiner `JTextArea`-Komponente an das `ReceiverApplet`.

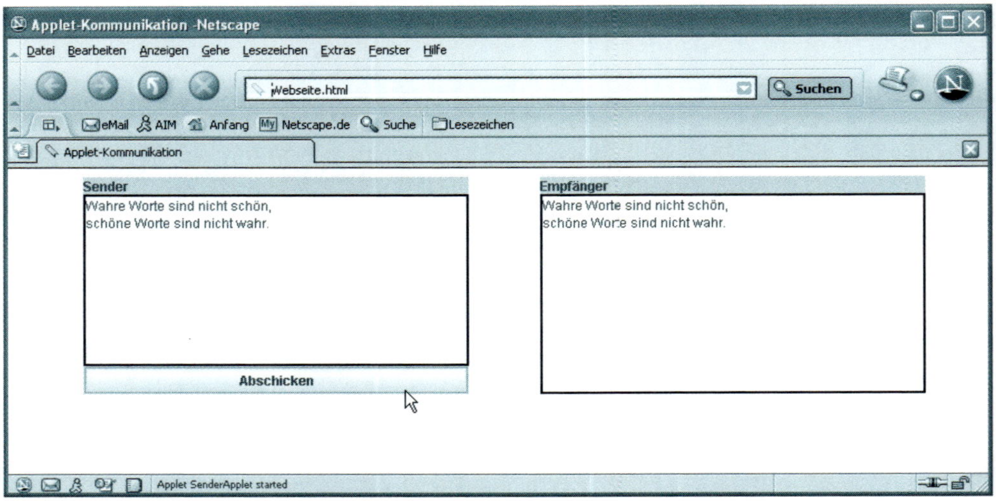

Abbildung 144: Datenübertragung zwischen Applets

248 Laufschrift (Ticker)

Das Applet aus diesem Rezept erzeugt eine Laufschrift, die endlos von rechts nach links über das Anzeigefeld des Applets läuft.

Für das Vorrücken der Laufschrift sorgt ein Thread, der alle 100 ms den Text vorrückt und das Neuzeichnen des Applets veranlasst. Als Run-Object des Threads wird das Applet herangezogen, das zu diesem Zweck das Runnable-Interface implementiert und eine passende run()-Methode definiert.

Die init()-Methode nimmt von der Webseite verschiedene Parameter entgegen, über die Text und Aussehen der Laufschrift angepasst werden können.

```
import java.awt.*;
import java.awt.event.*;
import javax.swing.*;

public class TickerApplet extends JApplet implements Runnable {
   Thread  thread = null;

   String text;
   int    width;
   int    height;
   int    bg_red, bg_green, bg_blue;
   int    fg_red, fg_green, fg_blue;
   int    font_size;
   int    x, y;


   /**
    * init-Methode
    */
   public void init() {

      // Parameter von HTML-Code abfragen
      text      = getParameter("TEXT");
      width     = Integer.valueOf(getParameter("WIDTH")).intValue();
      height    = Integer.valueOf(getParameter("HEIGHT")).intValue();
      bg_red    = Integer.valueOf(getParameter("BG_RED")).intValue();
      bg_green  = Integer.valueOf(getParameter("BG_GREEN")).intValue();
      bg_blue   = Integer.valueOf(getParameter("BG_BLUE")).intValue();
      fg_red    = Integer.valueOf(getParameter("FG_RED")).intValue();
      fg_green  = Integer.valueOf(getParameter("FG_GREEN")).intValue();
      fg_blue   = Integer.valueOf(getParameter("FG_BLUE")).intValue();
      font_size = Integer.valueOf(getParameter("font_size")).intValue();

      // Startposition für Ticker-Text festlegen
      x = width;
      y = height/2;

      // Farben und Font für Ticker setzen
      setBackground(new Color(bg_red, bg_green, bg_blue));
```

Listing 328: TickerApplet.java

```
      setForeground(new Color(fg_red, fg_green, fg_blue));
      setFont(new Font("Monospaced", Font.BOLD, font_size));
   }

   /**
    * Ticker-Thread starten
    */
   public void start() {
      if (thread == null) {
         thread = new Thread(this);
         thread.start();
      }
   }

   /**
    * Ticker-Thread beenden
    */
   public void stop() {
      if (thread != null) {
         thread.interrupt();
         thread = null;
      }
   }

   /**
    * Ticker alle 100 ms vorrücken und neuzeichnen lassen
    */
   public void run() {
      while (thread.isInterrupted() == false) {
         try {

            // vorrücken
            x -= 5;

            // neuzeichnen
            repaint();

            // etwas warten
            Thread.sleep(100);

         } catch (InterruptedException e) {
            return;
         }
      }
   }

   /**
    * Ticker zeichnen
    */
   public void paint(Graphics gc) {
      // alten Schriftzug löschen
```

Listing 328: TickerApplet.java (Forts.)

```
        gc.clearRect(0, 0, width, height);

        // Wenn Ende erreicht, von vorne beginnen
        FontMetrics fm = gc.getFontMetrics();
        if( x < -fm.stringWidth(text))
            x = width;

        // Schriftzug an neuer Position zeichnen
        gc.drawString(text, x, y);
    }
}
```

Listing 328: TickerApplet.java (Forts.)

Eine mögliche Einbindung des Applets in eine Webseite könnte wie folgt aussehen:

```
<applet code="TickerApplet.class" width="800" height="40">
        <param name="TEXT" value="Heute Zucchinis im Sonderangebot" />
        <param name="WIDTH" value="800" />
        <param name="HEIGHT" value="40" />
        <param name="BG_RED" value="255" />
        <param name="BG_GREEN" value="0" />
        <param name="BG_BLUE" value="0" />
        <param name="FG_RED" value="255" />
        <param name="FG_GREEN" value="255" />
        <param name="FG_BLUE" value="255" />
        <param name="FONT_SIZE" value="18" />
</applet>
```

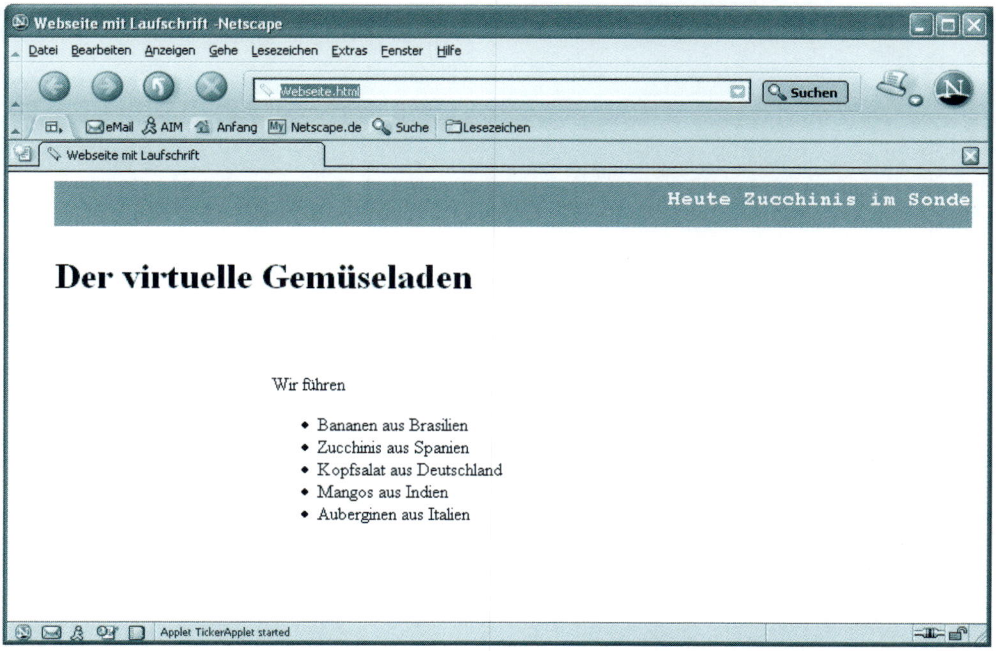

Abbildung 145: Webseite mit Ticker-Applet

Objekte, Collections, Design-Pattern

249 Objekte in Strings umwandeln – toString() überschreiben

Damit die Objekte einer von Ihnen implementierten Klasse nach Ihren Vorstellungen in Strings umgewandelt werden, müssen Sie die von Object geerbte Methode toString() überschreiben.

```
public String toString() {

   // Stringrepräsentation des Objekts (hier symbolisiert durch YOUR_STRING)
   // erstellen und zurückliefern
   return YOUR_STRING;
}
```

Listing 329: Schema zum Überschreiben von toString()

Warum ist es besser, die geerbte toString()-Methode zu überschreiben als eine eigene Methode zu definieren? Da Object die oberste Basisklasse aller Java-Klassen ist, ist sichergestellt, dass jedes Objekt über von Object vererbte Methoden, inklusive toString(), verfügt. Die Java-Implementierung nutzt dies, indem sie beispielsweise

- bei Konkatenationen von Strings mit Objekten Letztere automatisch durch Aufruf ihrer toString()-Methode in Strings »umwandelt«.
- die PrintStream-Methoden System.out.print() und System.out.println() für Objekte so implementiert, dass sie für das übergebene Objekt die Methode toString() aufrufen und den Rückgabestring ausgeben.

Indem Sie toString() überschreiben, unterstützen Sie die automatische Umwandlung, profitieren weiter von ihr und geben gleichzeitig selbst vor, wie die Objekte Ihrer Klasse in Strings verwandelt werden.

Die Object-Version

Die von Object vorgegebene Implementierung setzt den String aus den Rückgabewerten der Methoden getClass() und hashCode() zusammen:

```
getClass().getName() + "@" + Integer.toHexString(hashCode());
```

Eigene Versionen

Die Methode toString() sollte einen verständlichen, gut lesbaren String zurückliefern, der das aktuelle Objekt beschreibt. Da sich die Individualität und der aktuelle Zustand eines Objekts üblicherweise in den Werten seiner Felder widerspiegeln, fügen die meisten toString()-Implementierungen die wichtigsten Feldwerte zu einem String zusammen.

Für eine Klasse SimpleVector mit zwei Feldern x und y könnte toString() wie folgt aussehen:

```
class SimpleVektor {
    int x;
    int y;

    SimpleVektor(int x, int y) {
       this.x = x;
       this.y = y;
    }

    public String toString() {
       return new String("( " + x + " ; " + y + " )");
    }
}

public class Start {

    public static void main(String args[]) {
        System.out.println();

      SimpleVector v1 = new SimpleVector(12, 124);
      System.out.println(" v1 : " + v1.toString());

      SimpleVector v2 = new SimpleVector(20, 0);
      System.out.println(" v2 : " + v2.toString());

    }
}
```

Listing 330: toString() überschreiben

Ausgabe:

```
v1 : ( 12 ; 124 )
v2 : ( 20 ; 0 )
```

Tipp

Überlegen Sie sich genau, zu welchem Zweck Sie toString() überschreiben.

- Vorrangig sollte die Erzeugung eines Strings sein, der das Objekt beschreibt und sich problemlos in einen Fließtext einbauen oder zur Präsentation von Ergebnissen verwenden lässt. Ein solcher String sollte weder unnötige Informationen noch Zeilenumbrüche (\n) enthalten.
- Eine andere Möglichkeit ist, toString() zum Debuggen zu verwenden und eine vollständige Liste aller Feldwerte auszugeben.

Glücklich ist, wer beide Zielsetzungen miteinander verbinden kann – wie im Falle der oben vorgestellten SimpleVector-Klasse geschehen.

250 Objekte kopieren – clone() überschreiben

Das Kopieren von Objekten ist per se eine diffizile Angelegenheit; in Java ist es zudem eine Glaubensfrage, die die Gemeinde der Java-Programmierer in `clone()`-Befürworter, -Gegner und -Ignoranten spaltet.

Bevor ich jedoch näher auf die Tücken des Kopierens im Allgemeinen und der Verwendung von `clone()` im Besonderen eingehe, möchte ich Ihnen vorab zeigen, wie Sie grundsätzlich vorgehen sollten, wenn Sie in einer Klasse die von `Object` geerbte Methode `clone()` überschreiben.

```
class AClass implements Cloneable {
   ...

   public Object clone() {
      try {
         AClass obj = (AClass) super.clone();

         // Hier Felder mit Referenzen oder speziellen Werten nachbearbeiten
         // siehe nachfolgende Erläuterungen

         return obj;

      } catch (CloneNotSupportedException e) {
         throw new InternalError();
      }
   }
```

Listing 331: Schema zum Überschreiben von Object.clone()

Sinn und Zweck der `clone()`-Methode ist es, eine (tiefe) Kopie des aktuellen Objekts zurückzuliefern. Der Kontrakt zum Überschreiben von `clone()`, auf den ich im Abschnitt »Eigene Versionen« noch näher eingehen werde, schreibt diesbezüglich vor, dass Sie sich als Ausgangsmaterial von der `clone()`-Methode der Basisklasse (`super.clone()`) eine flache Kopie zurückliefern lassen.

Achtung

Achtung! Damit dies funktioniert, müssen alle Basisklassen bis hin zu `Object` die Methode `clone()` gemäß dieses Kontrakts implementieren. Im obigen Beispiel ist dies gegeben, weil `AClass` die Klasse `Object` als direkte Basisklasse hat.

Der nächste Schritt besteht darin, die flache Kopie in eine tiefe Kopie zu verwandeln.

- Wenn Ihre Klasse Felder von Referenztypen (Klassen, Interfaces) definiert, speichert die flache Kopie in diesen Feldern die gleichen Referenzen wie das Original. Original und Kopie greifen also auf ein und dieselben Objekte im Speicher zu. Um eine tiefe Kopie zu erhalten, müssen Sie die Objekte kopieren und die Referenzen auf die neuen Objekte in den Feldern Ihrer Kopie speichern (siehe Kasten). Ausgenommen hiervon sind Referenztypen, deren Objekte immutable sind (beispielsweise String) oder die sowieso nur ein einziges Objekt kennen (Singleton-Design, *siehe Rezept 259*).

- Eventuell müssen Sie auch die Werte von Feldern primitiver Typen anpassen. Beispielsweise könnte die Klasse ein `int`-Feld definieren, das für jedes Objekt eine eindeutige ID speichert. In solchen Fällen gilt es zu entscheiden, ob die Kopie tatsächlich denselben Wert wie das Original erhalten soll.

Schließlich wird die Referenz auf die Kopie zurückgeliefert.

Wie Sie die Behandlung der `CloneNotSupportedException` gestalten, bleibt weitgehend Ihnen überlassen. Die Exception wird von der `Object`-Version ausgelöst, falls die Klasse, für deren Objekt die `clone()`-Methode aufgerufen wurde, nicht das Interface `Cloneable` implementiert. Da dies in obigem Beispiel der Fall ist, wird die Exception nie ausgelöst. Trotzdem muss die Exception abgefangen werden oder ... Sie leiten die Exception weiter:

```
public Object clone() throws CloneNotSupportedException {
```

und überlassen die Behandlung dem aufrufenden Code, was das Kopieren von Objekten allerdings unnötig kompliziert.

Falls zwischen Ihrer Klasse und `Object` bereits eine Basisklasse zwischengeschaltet ist, die die `CloneNotSupportedException` abfängt, entfällt selbstverständlich die Exception-Behandlung.

Übrigens: Das Interface `Cloneable` deklariert keine Methode, nicht einmal `clone()`! Dass Sie es in der Liste der implementierten Interfaces ausführen, geschieht vor allem, um die Auslösung der `CloneNotSupportedException` zu verhindern (und natürlich um Objekte der Klasse als Objekte vom Typ `Cloneable` behandeln zu können, Stichwort Polymorphie).

Exkurs

Flaches und tiefes Kopieren

Das grundlegende Verfahren zum Kopieren von Objekten besteht aus zwei Schritten:

1. Es wird ein neues Objekt erzeugt, das vom gleichen Typ wie das zu kopierende Objekt ist.
2. Die Werte aus den Feldern des Originals werden in die Felder des neu angelegten Objekts kopiert.

Dieses Verfahren ist geradlinig und einfach zu implementieren, erzeugt aber nur eine flache Kopie, d.h., für Felder von Referenztypen werden lediglich die Referenzen (nicht die eingebetteten Objekte, auf die die Felder verweisen) kopiert. Die Folge: Sofern Original und Kopie ein Feld eines Referenztyps enthalten, das nicht gleich `null` ist, weisen beide auf ein und dasselbe Objekt (*siehe Abbildung 146*).

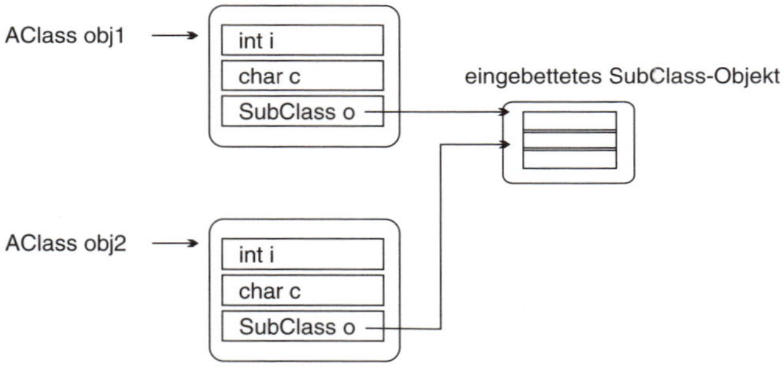

Abbildung 146: Flache Kopie

Um eine tiefe Kopie zu erhalten, müssen Sie dafür sorgen, dass auch die eingebetteten Objekte kopiert werden und die Felder der Kopie auf die duplizierten Objekte verweisen (*siehe Abbildung 147*).

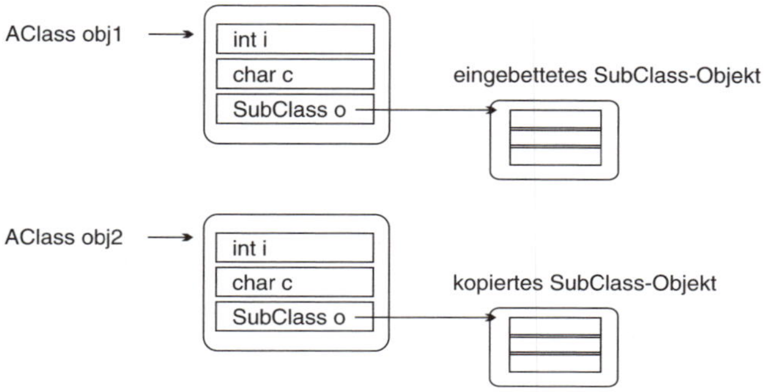

Abbildung 147: Tiefe Kopie

Die Object-Version

Die von `Object` vorgegebene Implementierung löst eine `CloneNotSupportedException` aus, wenn die Klasse, für deren Objekt die `clone()`-Methode aufgerufen wurde, nicht das `Cloneable`-Interface implementiert.

Ansonsten wird eine flache Kopie erstellt, d.h., es wird ein Objekt vom Typ des Originalobjekts erstellt und die Inhalte der Felder werden 1:1 kopiert.

Achtung! Die `Object`-Version ist `protected`. Sie kann also innerhalb abgeleiteter Klassen, nicht aber über Objektreferenzen aufgerufen werden.

Eigene Versionen

Wenn Sie `clone()` überschreiben, sollten Sie dies so tun, dass

1. eine tiefe Kopie zurückgeliefert wird,
2. das zurückgelieferte Objekt durch einen Aufruf von `super.clone()` erzeugt wird,
3. `x.clone() != x` ist,
4. `x.clone().getClass() == x.getClass()` ist,
5. `x.clone().equals(x)` als Ergebnis `true` liefert,

wobei Bedingung 3 und 4 automatisch erfüllt werden, wenn Sie und alle Basisklassen bis hin zu `Object` Bedingung 2 erfüllen.

Doch nicht immer ist es unbedingt erforderlich, `clone()` zu überschreiben. Wenn Ihre Klasse keine Felder von Referenztypen definiert, reicht es unter Umständen, zum Kopieren einfach die geerbte `clone()`-Version aufzurufen.

Wenn Sie `clone()` lediglich in den Methoden Ihrer Klasse aufrufen möchten ...

... genügt es, `Cloneable` in die Liste der implementierten Interfaces aufzunehmen.

```
class AClass implements Cloneable {
   ...
   public AClass aMethod() {
```

```
        try {
            AClass clone = (AClass) clone();
            ...
        } catch (CloneNotSupportedException e) {
           return null;
        }
      }
  }
```

Wenn Sie möchten, dass `clone()` auch zum Kopieren von Objekten Ihrer Klasse aufgerufen werden kann ...

... nehmen Sie `Cloneable` in die Liste der implementierten Interfaces auf und überschreiben Sie `clone()` durch eine `public`-Version.

```
class AClass implements Cloneable {
    ...

    public Object clone() {
      try {
          return super.clone();
      } catch (CloneNotSupportedException e) {
          throw new InternalError();
      }
    }
}

// Aufruf über Objektreferenz

AClass obj1 = new AClass();
AClass obj2 = (AClass) obj1.clone();
```

Das folgende Beispiel überschreibt `clone()`, um die Methode öffentlich zu machen und sicherzustellen, dass eine tiefe Kopie erzeugt wird.

```
/**
 * Zwei Klassen für eingebettete Objekte, die das Kopieren spannender machen
 */
class SomeClass {
    String name;

    SomeClass(String s) {
       name = s;
    }
}

class AnotherClass implements Cloneable {
    String name;

    AnotherClass(String s) {
       name = s;
    }
```

Listing 332: clone()-Implementierung für eine Klasse mit eingebetteten Objekten

```
    public Object clone() {
      try {
          return super.clone();
      } catch (CloneNotSupportedException e) {
          throw new InternalError();
      }
    }

}

/**
 * Die eigentliche klonbare Klasse
 */
class CloneableClass implements Cloneable {
   String name;
   SomeClass embeddedA;
   AnotherClass embeddedB;

   CloneableClass(String name1, String name2, String name3) {
      this.name       = name1;
      this.embeddedA  = new SomeClass(name2);
      this.embeddedB  = new AnotherClass(name3);
   }

   public Object clone() {
      try {
         // Ausgangsobjekt
         CloneableClass obj = (CloneableClass) super.clone();

         // eingebettete Objekte kopieren
         embeddedA = new SomeClass(obj.embeddedA.name);
         embeddedB = (AnotherClass) embeddedB.clone();
         return obj;
      } catch (CloneNotSupportedException e) {
         return null;
      }
   }

   public String toString() {
      return name + ", " + embeddedA.name + ", " + embeddedB.name;
   }
}
```

Listing 332: clone()-Implementierung für eine Klasse mit eingebetteten Objekten (Forts.)

Die Klasse `CloneableClass` definiert zwei Felder von Referenztypen:

- `embeddedA` ist vom Typ der Klasse `SomeClass`. Da diese die `clone()`-Methode nicht überschreibt, erzeugt `CloneableClass` die Kopie von `embeddedA` mit Hilfe des `SomeClass`-Konstruktors.
- `embeddedB` ist vom Typ der Klasse `AnotherClass`. Da diese die `clone()`-Methode als `public` deklariert, erzeugt `CloneableClass` die Kopie von `embeddedB` durch Aufruf von `clone()`.

Klonen oder nicht klonen – keine Gewissens-, sondern eine Glaubensfrage

Die `clone()`-Methode zu überschreiben, ist nur eine von mehreren Möglichkeiten, wie der Autor einer Klasse das Kopieren von Objekten seiner Klasse unterstützen kann. Gute Alternativen sind

- die Definition einer eigenen Kopiermethode namens `copy()`, `getDuplicate()` oder ähnlichen Namens, die die Kopie mit Hilfe eines Konstruktors der Klasse erzeugt.
- die Definition eines Kopierkonstruktors, der als Argument eine Referenz auf das Originalobjekt übernimmt.

Viele Programmierer ziehen diese Alternativen sogar vor. Nicht nur weil sie dies vom Kontrakt der `clone()`-Methode befreit, sondern auch, weil sie den `clone()`-Mechanismus wegen seiner eigenwilligen Konstruktion grundsätzlich ablehnen. Woher kommt diese Abneigung? Ein Blick auf das Design von `Object.clone()` enthüllt fünf Schwachpunkte:

- **Die Objekterzeugung erfolgt mit Hilfe von Techniken, die außerhalb der Sprache liegen.** Der `clone()`-Mechanismus weist zwei ganz bemerkenswerte Eigenschaften auf:
  - Die `clone()`-Version von `Object` liefert ein Objekt *der* Klasse zurück, für die `clone()` ursprünglich aufgerufen wurde. Wenn Sie also für ein Objekt der Klasse `C` die Methode `clone()` aufrufen, führt dies – vorausgesetzt, alle Basisklassen besitzen `clone()`-Versionen, die gemäß Kontrakt `super.clone()` aufrufen – zum Aufruf von `Object.clone()` und diese Methode ist nicht nur in der Lage zu eruieren, von welchem Typ das zu kopierende Objekt ist, sondern kann auch noch ein Objekt dieses Typs erzeugen.
  - Die `clone()`-Version von `Object` erzeugt das Objekt ohne Hilfe eines Konstruktors! Das schafft nicht einmal die Reflection-Methode `Class.newInstance()`!

  Dies ist nicht mit den üblichen Mitteln der Sprache möglich. Die `clone()`-Methode von `Object` muss sich also externer Hilfsmittel (vermutlich der JVM oder des Compilers) bedienen.
- **Es wird kein Konstruktor ausgeführt.** Dies ist dann nachteilig, wenn der Konstruktor neben der Zuweisung von Werten an die Felder noch andere Aufgaben erledigt. Diese Aufgaben müssen dann gegebenenfalls von der `clone()`-Methode übernommen werden.
- **Das Interface `Cloneable` ist kein standesgemäßer Vertrag.** Der Sinn eines Interfaces ist es, sicherzustellen, dass die implementierenden Klassen eine bestimmte Funktionalität samt passender öffentlicher Schnittstelle bereitstellen. Dazu deklariert das Interface eine oder mehrere `public`-Methoden, die die Klassen implementieren müssen. Als Belohnung können die Objekte der Klassen als Objekte vom Typ des Interface betrachtet werden.

  Das Interface `Cloneable` wird diesem Anspruch nicht gerecht, denn es deklariert keine Methode. Klassen, die das Interface implementieren, sind nicht deshalb klonbar, weil sie eine `public clone()`-Methode bereitstellen, sondern weil die nominelle Implementierung des Interfaces allein bereits genügt, die Arbeitsweise der `Object`-Version von `clone()` so umzustellen, dass sie statt eine `CloneNotSupportedException` auszulösen, eine Kopie erstellt. Der Vertrag des `Cloneable`-Interfaces lautet daher nicht »Für Klassen, die mich implementieren, kann zum Kopieren die `clone()`-Methode aufgerufen werden«, sondern »Für Klassen, die mich implementieren, kann zum Kopieren die `clone()`-Methode aufgerufen werden, ohne dass eine Exception ausgeworfen wird – sofern die Zugriffsrechte es erlauben.«

Ob der Autor einer Klasse lediglich `Cloneable` als implementiert auflistet, um die geerbte `protected`-Methode in seiner Klassendefinition nutzen zu können, oder die geerbte Methode mit einer `public`-Version überschreibt und so den üblichen Interface-Vertrag garantiert, bleibt also dem Autor überlassen.

- **Der Mechanismus funktioniert nur, wenn sich alle beteiligten Basisklassen an den Kontrakt halten.** Gibt es auf dem Weg von der Klasse `C` zur obersten Basisklasse `Object` eine Basisklasse `B`, die `clone()` überschreibt, ohne `super.clone()` aufzurufen, ist der Mechanismus ausgehebelt. Wenn `C` nun `clone()` überschreibt und sich ganz vorschriftsmäßig mit `super.clone()` eine flache Kopie zurückliefern lässt, erhält sie nicht mehr ein Objekt ihres eigenen Typs, sondern ein Objekt vom Typ der Basisklasse `B`!
- **Der Mechanismus erlaubt kein nachträgliches Korrigieren von final-Feldern.** Wie erläutert, liefert die `clone()`-Version von `Object` eine Kopie zurück, deren Feldwerte 1:1 von dem Originalobjekt übernommen wurden. Es ist Aufgabe des Programmierers, diese Feldwerte gegebenenfalls nachträglich zu ändern, beispielsweise um eine tiefe Kopie zu erzeugen oder Feldern, die nicht identisch sein dürfen, andere Werte zuzuweisen. Für `final`-Felder ist dies aber nach der Objekterzeugung nicht mehr möglich!

Warum diese Trickserei? Man kann nur spekulieren. Höchstwahrscheinlich ging es den Java-Vätern darum, alle von `Object` vererbten Methoden mit sinnvoller Funktionalität auszustatten, auf die alle Java-Klassen bauen und zurückgreifen können. Im Falle von `clone()` bedeutete dies, dass alle Klassen automatisch über eine `clone()`-Methode verfügen sollten, die zumindest eine flache Kopie liefert, und dies war eben nur mit Hilfe außersprachlicher Techniken zu realisieren.

Ob Sie nun den angebotenen `clone()`-Mechanismus nutzen oder lieber einen eigenen Kopiermechanismus implementieren, bleibt in der Regel ganz Ihnen überlassen. Wenn Sie sich aber entschließen, `clone()` zu überschreiben, dann sollten Sie sich an den Kontrakt halten und die oben aufgeführten Bedingungen erfüllen. Lediglich, wenn Sie `clone()` in einer `final`-Klasse überschreiben, können Sie sich überlegen, ob Sie die Kopie statt mit `super.clone()` durch Aufruf eines Konstruktors erzeugen!

251 Objekte und Hashing – hashCode() überschreiben

Die `hashCode()`-Methode von `Object` ist zweifelsohne die unbeliebteste unter den `Object`-Methoden. Vielen Programmierern ist der Sinn dieser Methode unklar und aus Ratlosigkeit, wie die Methode zu überschreiben ist – in der Tat kein ganz leichtes Unterfangen –, beschließen sie, die Methode einfach zu ignorieren. Dies ist in der Regel allerdings nur so lange möglich, wie auch die `Object`-Methode `equals()` nicht überschrieben wird (*siehe Rezept 252*), denn `hashCode()` und `equals()` sollten grundsätzlich aufeinander abgestimmt sein.

Was also ist ein Hashcode, wofür wird die Methode `hashCode()` gebraucht und was passiert, wenn sie nicht überschrieben wird?

Sinn und Zweck von hashCode()

Die Java-Standardbibliothek definiert in ihrer Collection-Bibliothek eine Reihe von Klassen, die intern mit dem Konzept der Hashtabelle arbeiten (`Hashtable`, `HashSet`, `LinkedHashSet`, `HashMap`, `LinkedHashMap`, `ConcurrentHashMap`). Hashtabellen verwalten Daten als Schlüssel/Wert-Paare und haben den Vorzug, dass man über den Schlüssel gezielt und effizient auf den Wert zugreifen kann. Das Verfahren, welches zu einem gegebenen Schlüssel den zugehörigen

Datensatz findet, bezeichnet man als *Hashing*. In der Regel besteht das Hashing aus drei Schritten:

1. Der Schlüssel, bei dem es sich grundsätzlich um jeden beliebigen Datentyp handeln kann, wird in einen ganzzahligen Wert (den *Hashcode*, abgekürzt *Hash*) umgerechnet.
2. Der Hashcode wird in einen Index in die Tabelle umgerechnet. (Im einfachsten Fall wird hierzu eine einzige Rechenoperation benötigt: `hashcode mod anzahlZeilenInTabelle`. Wegen Eigentümlichkeiten der Modulo-Operation sollte die Anzahl Zeilen in der Tabelle eine Primzahl sein.)
3. Da es möglich ist, dass nach obigem Verfahren unterschiedliche Schlüssel ein und denselben Index ergeben und daher zur gleichen Position in der Tabelle führen (*Collision*), können unter einer Tabellenposition mehrere Werte abgelegt sein. Der letzte Schritt besteht daher darin, die Werte unter der Tabellenposition durchzugehen, bis der passende Wert zu dem gegebenen Schlüssel gefunden ist.

Hinweis

Wie kann man sich eine Hashtabelle als realen Code vorstellen? Beginnen wir mit der Repräsentation der Schlüssel/Wert-Paare. Für diese bietet sich die Definition einer eigenen Klasse `Entry` an, die neben Schlüssel und Wert auch noch die Referenz auf das nächste `Entry`-Objekt speichert, dessen Schlüssel zum gleichen Index führt (Schritt 1 und 2).

```
class Entry<K, V> {
   K key;
   V value;
   Entry<K, V> next;
}
```

Die Hashtabelle selbst kann dann als Array von `Entry`-Objekten angelegt werden.

```
Entry[] table = new Entry(InitialSize);
```

Soll ein neues Schlüssel/Wert-Paar in diese Hashtabelle eingefügt werden, wird gemäß Schritt 1 und 2 aus dem Schlüssel der Index in das Array berechnet. Dann wird aus Schlüssel und Wert ein `Entry`-Objekt erzeugt, welches entweder direkt unter `table[index]` abgelegt wird oder, falls sich dort bereits ein `Entry`-Objekt befindet, ans Ende der `next`-Kette angehängt wird.

Meist werden als Schlüssel Zahlen oder Strings verwendet Ein typisches Beispiel ist die Ablage von Kontaktadressen unter den Namen der Kontakte. Java erlaubt als Schlüssel aber nicht nur Zahlen oder Strings, sondern Objekte beliebiger Klasse – was uns zur Methode `hashCode()` führt.

Den ersten Hashing-Schritt, die Umwandlung des Schlüssels in einen ganzzahligen Hashcode, kann die Datenstruktur unmöglich selbst vornehmen. Die Java-Collection-Klassen übertragen diese Aufgabe daher dem Schlüssel, d.h., sie rufen die `hashCode()`-Methode des Schlüssel-Objekts auf. Passend dazu haben die Entwickler von Java sichergestellt, dass jedes Objekt über die Methode `hashCode()` verfügt, indem sie diese in `Object` definierten. Was sie nicht sicherstellen konnten, ist, dass jedes Objekt über eine *korrekt* arbeitende `hashCode()`-Methode verfügt.

Was aber ist eine korrekt arbeitende `hashCode()`-Methode?

Der Sinn einer auf einer Hashtabelle basierenden Datenstruktur ist, dass Sie einen Wert mit Hilfe eines Schlüssels darin ablegen und jederzeit mit diesem Schlüssel auch wieder abfragen können. Dies bedeutet, dass ein und derselbe Schlüssel stets[1] denselben Hashcode erzeugen muss. Im Falle der Java-Collection-Klassen kommt nun noch hinzu, dass Schlüssel und Schlüssel-Objekt nicht identisch sind. Tatsächlich kann ein Schlüssel-Objekt mehrere Schlüssel repräsentieren und umgekehrt können verschiedene Schlüssel-Objekte ein und denselben Schlüssel darstellen. Dies liegt daran, dass die Java-Collection-Klassen die Gleichheit der Schlüssel mit Hilfe der `equals()`-Methode der Schlüssel-Objekte feststellen. Wenn also zwei Schlüssel-Objekte laut `equals()` gleich sind, repräsentieren sie für die Collection-Klassen ein und denselben Schlüssel. Wenn umgekehrt ein Schlüssel-Objekt im Laufe der Anwendung so verändert wird, dass sein aktueller Zustand laut `equals()` nicht mehr seinem früheren Zustand entspricht, repräsentiert es fortan einen anderen Schlüssel.

Da gewährleistet sein muss, dass gleiche Schlüssel im Verlauf einer Anwendung auch gleiche Hashcodes ergeben, die Schlüssel aber gleich sind, wenn die Schlüssel-Objekte im Sinne von `equals()` gleich sind, folgt, dass `hashCode()` für laut `equals()` gleiche Schlüssel-Objekte identische Hashcodes liefern muss.

Für die in `Object` vorgegebenen Standardimplementierungen von `equals()`- und `hashCode()`-Methoden ist die Bindung von `hashCode()` an `equals()` erfüllt. (Beide Methoden sind meist so implementiert, dass sie Gleichheit bzw. Hashcode auf der Grundlage der Speicheradresse des Objekts zurückliefern, d.h., ein Objekt ist nur zu sich selbst gleich und sein Hashcode ist seine Speicheradresse.) Sobald Sie aber für eine Klasse `equals()` überschreiben, um festzulegen, dass auch verschiedene Objekte als gleich anzusehen sind, wenn sie in bestimmten Feldwerten übereinstimmen, zerstören Sie die Bindung von `hashCode()` zu `equals()` und müssen zur Wiederherstellung der von der Java-API-Spezifikation vorgegebenen Beziehung auch `hashCode()` überschreiben.

```
public int hashCode() {

   // Hashcode aus Feldern berechnen, die von equals() berücksichtigt werden
   return HASHCODE;
}
```

Listing 333: Schema zum Überschreiben von hashCode()

Falls Sie die Beziehung nicht wiederherstellen, dürfen die Objekte Ihrer Klasse nicht als Schlüssel-Objekte für auf Hashtabellen basierende Collection-Klassen verwendet werden. Dies ist sicherlich eine Einschränkung, die man hinnehmen könnte, doch leider sind die Folgen noch weitreichender:

- Manche Collection-Klassen, die an sich nur mit »Werten« arbeiten (beispielsweise `HashSet`), speichern diese intern als Schlüssel! Es ist daher bei der Auswahl der Collection höchste Vorsicht geboten, wenn Sie in einer Collection Objekte von Klassen ablegen, deren `hashCode()`-Implementierung nicht zur `equals()`-Methode passt.
- Nicht nur Sie können Objekte in Collection-Klassen speichern. Etliche Klassen der Java-API (oder sonstiger Java-Bibliotheken) nutzen intern ebenfalls die Vorteile der Collections.
- Da die Java-API-Spezifikation vorschreibt, dass `hashCode()` für laut `equals()` gleiche Objekte identische Hashcodes liefert, verlassen sich andere Programmierer darauf, dass diese Bedingung erfüllt ist, und können Code schreiben, der nichts mit Collections zu tun hat, aber dennoch auf die `hashCode()`-Methode der bearbeiteten Objekte zugreift.

1. »Stets« bedeutet hier »für die aktuelle Sitzung mit der Anwendung«.

Fazit: Grundsätzlich sollten Sie den Anweisungen der Java-API-Spezifikation folgen und `hashCode()` in Übereinstimmung mit `equals()` implementieren!

Wenn Sie sicher sind, dass kein Bedarf besteht und nie bestehen wird, Objekte Ihrer Klasse (oder abgeleiteter Klassen) in Collections zu verwahren, ist die Gefahr, dass es zu Programmfehlern kommt, wenn Sie sich die Anpassung von `hashCode()` sparen, relativ gering, aber unter Umständen nur sehr schwer auszuschließen. Für diese Fälle gibt es die Möglichkeit, `hashCode()` mit einer Notversion zu überschreiben (*siehe Abschnitt »Eigene Versionen«*).

Exkurs

Hash-Funktionen

Als Hash-Funktion bezeichnet man ganz allgemein eine Funktion, die zu einer mehr oder weniger umfangreichen oder komplexen Eingabe einen vergleichsweise einfachen Wert aus einem begrenzten Wertebereich (meist eine Ganzzahl oder ein String fester Länge) zurückliefert.

Hash-Funktionen werden in ganz verschiedenen Bereichen der Informatik/Programmierung eingesetzt und müssen dabei unterschiedliche Anforderungen erfüllen. Die an `hashCode()` gestellten Bedingungen sind beispielsweise typisch für Hash-Funktionen, die Indizes in Tabellen liefern sollen. Für Hash-Funktionen, die zur Verschlüsselung eingesetzt werden, ist es hingegen ganz entscheidend, dass es keine Rückverfolgung vom Hashcode zu den Ausgangsdaten gibt.

Die Object-Version

Die von `Object` vorgegebene Implementierung liefert einen für jedes Objekt eindeutigen Integer-Wert zurück (meist wird die Methode so implementiert, dass sie die Speicheradresse des Objekts zurückliefert).

Eigene Versionen

Die vorrangige Aufgabe der Methode `hashCode()` ist es, Schlüssel in Hashcodes für den Zugriff auf Hashtabellen umzuwandeln. Die wichtigste Forderung an die `hashCode()`-Methode ist daher, dass gleiche Schlüssel stets[2] zum gleichen Hashcode führen. Da die Implementierung der Java-Collection-Klassen Objekte, die laut `equals()` gleich sind, als identische Schlüssel ansieht, leiten sich daraus folgende zwei Bedingungen ab, die `hashCode()` unbedingt erfüllen muss – oder die Objekte der Klasse können nicht sicher zusammen mit Collection-Klassen verwendet werden:

- Für zwei Objekte `obj1` und `obj2`, für die `obj1.equals(obj2)` den Wert `true` ergibt, müssen identische Integer-Werte zurückgeliefert werden.
- Für ein und dasselbe Objekt muss während der gesamten Ausführungszeit der Anwendung stets der gleiche Integer-Wert zurückgeliefert werden, es sei denn, es gab Änderungen in den Feldern, die in `equals()` verglichen werden.

Daneben gibt es noch einige unverbindliche Anforderungen, die die Güte der Hashfunktion betreffen. Ihre `hashCode()`-Implementierung muss diese Anforderungen nicht erfüllen – eine hundertprozentige Umsetzung ist in der Regel sowieso unmöglich –, sollte aber versuchen, dem Ideal möglichst nahe zu kommen, da dies die Performance der Hashtabellen-basierten Collections verbessert.

2. »Stets« bedeutet hier »für die aktuelle Sitzung mit der Anwendung«.

- Für Objekte, die gemäß `equals()` verschieden sind, sollten nach Möglichkeit unterschiedliche Integer-Werte zurückgeliefert werden.

  Gleiche Hashcodes für unterschiedliche Objekte (sprich Schlüssel) sind kein Beinbruch, bedeuten aber längere Zugriffszeiten. (Schlimmstenfalls, wenn für alle Objekte ein und derselbe Hashcode zurückgeliefert wird, degeneriert die Hashtabelle zu einer Liste.)

- Alle Zahlen aus dem Wertebereich der Hash-Funktion sollten gleich wahrscheinlich sein.

- Die Methode sollte möglichst effizient implementiert sein.

  Zu den immer wiederkehrenden Aufgaben, mit denen Hashtabellen-Implementierungen zu tun haben, gehört die Feststellung der Gleichheit zweier Schlüssel – beispielsweise, wenn zu einem gegebenen Schlüssel das zugehörige Schlüssel/Wert-Paar gefunden werden soll. Viele Implementierungen, darunter auch die Java-Collection-Klassen, vergleichen dazu vorab die Hashcodes und dann erst die Schlüssel – in der Annahme, dass die Hashcodes schneller zu vergleichen sind. Sind die Hashcodes unterschiedlich, können sie sich den Vergleich der Schlüssel sparen.

Wenn Sie in einer Klasse die von `Object` geerbte `equals()`-Methode so überschreiben, dass Objekte, die in bestimmten Feldern gleiche Werte besitzen, als gleich anzusehen sind, erfüllt die geerbte `hashCode()`-Implementierung nicht mehr den obigen Vertrag.

Die Notversion

Die einfachste Möglichkeit, den Vertrag wieder zu erfüllen, ist `hashCode()` so zu überschreiben, dass die Methode den immer gleichen Wert zurückliefert:

```
public int hashCode() {
    return 11;
}
```

So einfach kann die Überschreibung von `hashCode()` sein! Für Klassen, deren Objekte als Schlüssel oder Werte in Collection-Klassen verwahrt werden könnten, ist diese Implementierung natürlich absolut unbefriedigend, da sie eine effiziente Arbeitsweise der betroffenen Hashtabellen unmöglich macht. Wenn Sie aber davon ausgehen können, dass die Objekte Ihrer Klasse *nicht* in Collection-Klassen verwahrt werden, ist dies eine billige Möglichkeit, wie Sie `hashCode()` mit wenig Aufwand korrekt überschreiben können – für den Fall des Falles, dass Objekte der Klasse doch einmal in Hashtabellen landen oder als Schlüssel missbraucht werden.

Der Kompromiss

Eine gute, wenn auch nicht besonders effiziente `hashCode()`-Implementierung erhalten Sie, wenn Sie die Felder der Klasse, die in `equals()` berücksichtigt werden, in Strings umwandeln, aneinander hängen und dann den Hashcode des Ergebnisstrings zurückliefern.

```
public int hashCode() {
   StringBuilder s = new StringBuilder();
   s.append(feld1);
   s.append(feld2);

   return s.toString().hashCode();
```

Unter Umständen müssen Sie den String dazu nicht einmal selbst erstellen, sondern können `toString()` aufrufen. Voraussetzung ist, dass `toString()` in den Ergebnisstring keine veränderlichen Werte einbaut, die nicht aus den von `equals()` berücksichtigten Feldern stammen. (Achtung! Kann zu Überlauf führen, wenn der von `toString()` zurückgelieferte String zu viele Zeichen enthält.)

Die sauberste Lösung

Ein gängiges Standardverfahren zur Berechnung eines Hashcodes aus den Werten mehrerer Felder ist, die Feldwerte in Integer-Werte umzuwandeln und rekursiv aufzusummieren:

```
Hash(0) = 1;

Hash(n) = Hash(n-1)*Prim + Feld(n);
```

Entscheidend ist, dass die Felder nicht einfach aufsummiert, sondern zu dem Produkt aus dem letzten Zwischenergebnis mal einer Zahl (üblicherweise eine Primzahl) addiert werden. Auf diese Weise wird ausgeschlossen, dass das Assoziativgesetz der Addition zu unerwünschten identischen Hashcodes führt:

Die einfache Summation feld1 + feld2 liefert für (feld1 = 1, feld2 = 5) und (feld1 = 5, feld2 = 1) denselben Hashcode.

Obige rekursive Summation liefert für (feld1 = 1, feld2 = 5) den Hashcode 1*Prim + 5 und für (feld1 = 5, feld2 = 1) den Hashcode 5*Prim + 1.

Wie Sie die Feldwerte in Integer-Werte umwandeln, können Sie Tabelle 58 entnehmen.

Datentyp des Feldes	Umwandlung
`boolean`	1 für `true` 0 für `false`
`int`, `short`, `byte`, `char`	–
`long`	`(int) (feldwert * (feldwert >>> 32))`
`float`	`Float.floatToIntBits(feldwert)`
`double`	`long tmp = Double.doubleToLongBits(feldwert);` `(int) (tmp * (tmp >>> 32))`
Referenztyp	Die Umwandlung hängt davon ab, wie die `equals()`-Methode das Feld bei der Feststellung der Gleichheit berücksichtigt. Wenn die `equals()`-Methode einfach die `equals()`-Methode des Felds aufruft, können Sie analog in `hashCode()` die `hashCode()`-Methode des Felds aufrufen. 0, wenn Referenz gleich `null`.

Tabelle 58: Feldwerte in Integer-Werte für Hashcode-Berechnung umwandeln

```
class SimpleVector {
   int x;
   int y;

   ...

   public int hashCode() {
      int hash = 1;
      final int prime = 17;
```

Listing 334: Aus Start.java

```
        hash = hash*prime + x;
        hash = hash*prime + y;

        return hash;
    }
}
```

Listing 334: Aus Start.java (Forts.)

252 Objekte vergleichen – equals() überschreiben

Objekte können auf zweierlei Weise verglichen werden:

- Es kann überprüft werden, ob zwei Objekte gleich sind.
- Es kann überprüft werden, ob ein Objekt größer, kleiner oder gleich einem anderen Objekt ist.

Für den Größenvergleich ist die Methode `compareTo()` aus dem Interface `Comparable` verantwortlich (*siehe Rezept 253*). Für die Überprüfung auf Gleichheit dient die Methode `equals()`, die von der obersten Basisklasse `Object` vererbt wird. Wenn Sie selbst festlegen wollen, wann zwei Objekte einer Ihrer Klassen gleich sein sollen, müssen Sie `equals()` überschreiben.

```
public boolean equals(Object obj) {

    if (obj == this)                    // Schnelltest für Reflexivität
        return true;

    if (obj == null)                    // Schnelltest auf null
        return false;

    if (obj.getClass() != getClass() )  // Datentyp gleich?
         return false;


    TheClass o = (TheClass) obj;        // Feldwerte gleich
    if (FELDER VON o UND obj MIT GLEICHEN WERTEN ?)
        return true;
    else
        return false;
    }
}
```

Listing 335: Schema zum Überschreiben von equals()

Die Object-Version

Die von `Object` vorgegebene Implementierung liefert true, wenn die Referenzen auf das aktuelle Objekt und das Argument identisch sind – sie arbeitet also genauso wie der ==-Operator für Referenzen.

```
public boolean equals(Object obj) {
   return (this == obj);
}
```

Eigene Versionen

Die von Object vererbte Methode vergleicht lediglich Objektreferenzen, während für eine vernünftige Arbeit mit den Objekten einer Klasse eher Vergleiche auf der Basis von Feldwerten angebracht wären.

Betrachten Sie dazu die folgende Klasse:

```
class SimpleVector {
   int x;
   int y;

   SimpleVector(int x, int y) {
      this.x = x;
      this.y = y;
   }

   public String toString() {
      return new String("( " + x + " ; " + y + " )");
   }
}
```

Für diese Klasse würde man sich zweifelsohne eine equals()-Implementierung wünschen, die genau dann true zurückliefert, wenn zwei Vektoren die gleichen x,y-Koordinaten haben:

```
// voreilige equals()-Implementierung
public boolean equals(Object obj) {

   if (obj instanceof SimpleVector) {
      SimpleVector o = (SimpleVector) obj;
      return ( (o.x == x) && (o.y == y) );
   } else
      return false;
}
```

Hier prüft die Methode zuerst mittels des instanceof-Operators, ob sich das übergebene Objekt in ein Objekt der Klasse SimpleVector umwandeln lässt. Ist dies möglich, führt sie die Typumwandlung durch, um danach die Feldwerte des übergebenen Objekts mit den Feldwerten des aktuellen Objekts zu vergleichen. Das Ergebnis dieses Vergleichs wird zurückgeliefert.

Aus Sicht der Klasse SimpleVector wäre diese Implementierung absolut ausreichend, aber genügt sie auch den in der Java-Spezifikation festgeschriebenen, mehr oder weniger verbindlichen Regeln, die jede equals()-Implementierung erfüllen sollte? Diese Regeln lauten:

1. obj1.equals(obj1) soll true liefern (Reflexivität).
2. obj1.equals(null) soll false liefern (null-Vergleich).
3. obj1.equals(obj2) soll das gleiche Ergebnis liefern wie obj2.equals(obj1) (Symmetrie).
4. (obj1.equals(obj2) && obj2.equals(obj3)) soll nur dann true liefern, wenn auch obj1.equals(obj3) true liefert (Transitivität).
5. Wiederholte Aufrufe von obj1.equals(obj2) sollen, solange weder obj1 noch obj2 geändert wurden, immer das gleiche Ergebnis liefern (Konsistenz).
6. Klassen, die equals() überschreiben, sollten in der Regel auch hashCode() überschreiben (*siehe hierzu Rezept 251*).

Das sind eine Menge von Vorschriften, aber lassen Sie sich nicht abschrecken. Die meisten Vorschriften erfüllen sich ganz von selbst. Beispielsweise genügt die oben angedeutete Implementierung bereits sämtlichen Kriterien, mit Ausnahme von 3 und 6. Wie Vorschrift 6 zu erfüllen ist, lesen Sie in *Rezept 251*. Bleibt noch die Symmetrie.

Die Feldwerte sind bei Berücksichtigung der Symmetrie meistens unkritisch, d.h., wenn zwei Objekte `obj1` und `obj2` einer Klasse für die in `equals()` verglichenen Felder identische Werte besitzen, liefert `obj1.equals(obj2)` in der Regel auch das gleiche Ergebnis wie `obj2.equals(obj1)`.

Problematisch wird es, wenn `obj1` von einer Klasse `SimpleVector` und `obj2` von einer abgeleiteten Klasse `ExtSV` stammen und beide Klassen die `equals()`-Methode nach obigem Muster implementieren. Dann liefern die symmetrischen `equals()`-Vergleiche einmal `true` und einmal `false`:

```
SimpleVector   obj1 = new SimpleVector(1, 2);
ExtSV          obj2 = new ExtSV(1, 2);
obj1.equals(obj2);                    // SimpleVector.equals() liefert true
obj2.equals(obj1);                    // ExtSV.equals()        liefert false
```

Der Grund hierfür ist der `instanceof`-Operator.

- Im ersten Aufruf verweist `obj2` auf ein `ExtSV`-Objekt. Der Vergleich mit `instanceof` ergibt daher `true` (weil `ExtSV` implizit in die Basisklasse `SimpleVector` umgewandelt werden kann) und da auch die Feldwerte von `x` und `y` für beide Objekte übereinstimmen, liefert der gesamte Vergleich `true`.
- Im zweiten Aufruf verweist `obj1` auf ein `SimpleVector`-Objekt und der `instanceof`-Operator prüft, ob dieses in die abgeleiteten Klasse `ExtSV` umgewandelt werden kann. Da dies nicht geht, liefert er `false` zurück und als Gesamtergebnis des Vergleichs wird `false` zurückgeliefert.

Glücklicherweise ist es aber gar nicht so schwierig, die Symmetrie herzustellen. Sie müssen nur im `else`-Teil statt `false` das Ergebnis der Basisklassenimplementierung zurückliefern:

```
// endgültige equals()-Implementierung   / super-Version
public boolean equals(Object obj) {

   if (obj instanceof TheClass) {
      TheClass o = (TheClass) obj;
      return ( (o.x == x) && (o.y == y) );
   } else
      return super.equals(obj);
}
```

Wenn eine Rückführung auf die Basisklassenmethoden nicht möglich oder sinnvoll ist (Verlust der Transitivität, siehe oben), sollten Sie einen anderen Weg einschlagen und mit `getClass()` sicherstellen, dass das aktuelle und das übergebene Objekt dem gleichen Klassentyp angehören. In diesem Fall garantieren Sie die Symmetrie, opfern aber die Möglichkeit, mit `equals()` die Objekte einer Basisklasse mit Objekten ihrer abgeleiteten Klassen vergleichen zu können. Außerdem müssen Sie explizit auf Reflexivität und `null` testen:

```
// endgültige equals()-Implementierung   / getClass()-Version
public boolean equals(Object obj) {
```

Achtung

Wenn die abgeleitete Klasse neue Felder in den Vergleich einbezieht (wovon auszugehen ist, denn wozu sollte sie sonst `equals()` überschreiben), geht die Transitivität verloren!

Sind `a` ein Objekt einer Basisklasse und `b` und `c` Objekte abgeleiteter Klassen, deren geerbte Felder die gleichen Werte enthalten wie `a`, die sich aber in einem neu definierten Feld unterscheiden, folgt aus `b.equals(a)` gleich `true` und `a.equals(c)` gleich `true` eben *nicht* `b.equals(c)` gleich `true`. Dies lässt sich nicht grundsätzlich vermeiden. Im Einzelfall müssen Sie sich entscheiden, ob Sie lieber auf die Transitivität oder auf den Vergleich zwischen Objekten verschiedener Klassen einer Klassenhierarchie (siehe unten) verzichten möchten.

```
    if (obj == this)    // Schnelltest für Reflexivität
       return true;

    if (obj == null)    // Schnelltest auf null
       return false;

    if (obj.getClass() != getClass() )    // wegen Symmetrie
       return false;

    TheClass o = (TheClass) obj;

    return ( (o.x == x) && (o.y == y) );  // eigentlicher Vergleich
}
```

Hinweis

Definiert eine Klasse Felder von Klassentypen, die Sie in den Vergleich mit einbeziehen wollen, rufen Sie in Ihrer `equals()`-Implementierung deren `equals()`-Methoden auf.

Abbildung 148: Vergleiche von SimpleVector-Objekten mit equals()

253 Objekte vergleichen – Comparable implementieren

Wenn Sie die Objekte Ihrer Klassen nicht nur auf Gleichheit überprüfen, sondern auch in eine Reihenfolge bringen oder sortieren möchten, sollten Sie das Interface Comparable implementieren.

Das Interface Comparable<T> enthält eine einzige Methode:

```
public int compareTo(T o)
```

die so implementiert werden muss, dass sie:

- einen *positiven* Integer-Wert zurückliefert, wenn das aktuelle Objekt (für das die Methode aufgerufen wird) größer ist als das übergebene Objekt,
- einen *negativen* Integer-Wert zurückliefert, wenn das aktuelle Objekt kleiner ist als das übergebene Objekt,
- *0* zurückliefert, wenn die beiden Objekte gleich groß sind.

Des Weiteren sollte die Methode so implementiert werden, dass Folgendes gegeben ist:

1. Wenn x kleiner y ist, gilt umgekehrt, dass y größer x ist ((x.compareTo(y)) gleich -(y.compareTo(x))).
2. Wenn zwei Objekte gleich sind, sind sie entweder beide größer oder beide kleiner als irgendein beliebiges anderes Objekt (wenn x.compareTo(y)==0, dann haben x.compareTo(z) und y.compareTo(z) das gleiche Vorzeichen für jedes z).
3. Der Vergleich ist transitiv (aus (x.compareTo(y)>0 && y.compareTo(z)>0) folgt x.compareTo(z)>0).
4. Der Vergleich löst mit null eine NullPointerException aus.
5. Der Vergleich löst eine ClassCastException aus, wenn der Typ des übergebenen Objekts keinen Vergleich zulässt.
6. Die Methode stimmt in der Bewertung der Gleichheit mit equals() überein (x.compareTo(y)==0) gleich (x.equals(y)), wenn x und y einer gemeinsamen Klasse angehören). Ist diese Beziehung nicht gegeben, sollte dies in der Dokumentation der Klasse festgehalten werden.

Relativ viele Bedingungen also, die allerdings nicht allzu schwer einzuhalten sind. Wir unterscheiden zwischen der erstmaligen Implementierung von Comparable und der Überschreibung einer geerbten compareTo()-Methode.

Comparable implementieren

Eine Klasse, die `Comparable` implementiert, braucht sich grundsätzlich keine Gedanken über etwaige abgeleitete Klassen und deren Implementierung von `compareTo()` zu machen[3]. Es genügt daher, wenn Sie

- anzeigen, dass Sie `Comparable` für den Typ der Klasse implementieren.
- `compareTo()` überschreiben.
- darauf achten, dass Ihre `compareTo()`-Implementierung geeignet ist, die Objekte der Klasse in eine korrekte Reihenfolge zu bringen.

Betrachten Sie hierzu die Klasse `Contact`, deren `compareTo()`-Methode Objekte der Klasse nach den Namen (zuerst Nachname, dann Vorname) vergleicht.

```
class Contact implements Comparable<Contact> {
   String firstname;
   String familyname;

   Contact(String firstname, String familyname) {
      this.firstname = firstname;
      this.familyname = familyname;
   }

   public int compareTo(Contact obj) {
      int result = 0;

      if( (result = familyname.compareTo(obj.familyname)) != 0) {
         return result > 0 ? 1 : -1;

      } else if( (result = firstname.compareTo(obj.firstname)) != 0) {
         return result > 0 ? 1 : -1;

      } else
         return result;
   }
   ...
```

Listing 336: Comparable implementieren

Diese Methode vergleicht zwei Objekte der Klasse `Contact` durch Vergleich der Strings für Nach- und Vorname. Sind die Strings für Nach- und Vorname gleich, wird 0 zurückgeliefert, ansonsten das Ergebnis des Stringvergleichs. Beachten Sie die Bedeutung der Reihenfolge! Zuerst werden die Familiennamen verglichen. Nur wenn diese gleich sind, werden im nächsten Schritt die Vornamen verglichen. So ist sichergestellt, dass der Name »Richard Alt« gemäß `compareTo()` kleiner ist als »Anton Neu«.

3. Sie nimmt damit zwar den abgeleiteten Klassen die Chance, `compareTo()` so zu überschreiben, dass Symmetrie und Transitivität gewahrt bleiben, erlaubt dafür aber den Vergleich ihrer eigenen Objekte mit Objekten abgeleiteter Klassen (nach den Konditionen ihrer `compareTo()`-Methode). Die Alternative wäre, als Argumente nur Objekte des eigenen Typs zuzulassen und ansonsten eine `ClassCastException` auszulösen:

```
if (obj.getClass() != getClass())
throw new ClassCastException();
```

Hinweis

Die compareTo()-Methode von String liefert beim Vergleich unterschiedlicher Strings als Ergebnis nicht -1 oder 1 zurück, sondern entweder die Differenz zwischen den Zeichencodes an der ersten nicht übereinstimmenden Position oder die Differenz zwischen den Stringlängen. Da diese zusätzliche Information für den Vergleich von Contact-Objekten keinerlei sinnvolle Bedeutung hat, wird sie nicht weitergegeben. Die compareTo()-Methode von Contact prüft, ob die Differenz größer oder kleiner null ist und gibt entsprechend 1 oder -1 zurück.

Die Vergleiche erfüllen die Bedingungen 1 bis 3. Bedingung 4 ist automatisch erfüllt. Sollte obj gleich null sein, löst der erste Zugriff auf ein Feld von obj (hier obj.familyname) die NullPointerException aus. Bedingung 5 wird bereits dadurch erfüllt, dass die Methode nur Contact-Objekte als Argumente akzeptiert.

Allein Bedingung 6 ist etwas schwieriger zu erfüllen. Der sicherste Weg ist, die equals()-Methode mit Hilfe von compareTo() zu implementieren:

```
...
public boolean equals(Object obj) {

   if (obj instanceof Contact) {
      Contact o = (Contact) obj;
      return compareTo(o) == 0;
   } else
      return super.equals(obj);
}
```

Achtung

Bedingung 6 ist nicht obligatorisch. Es gibt sogar in der API Klassen, die Bedingung 6 nicht erfüllen.

Hinweis

Vor JDK-Version 1.5 war das Interface Comparable noch nicht parametrisiert und die Methode compareTo() war mit einem Object-Parameter definiert. Wenn Sie also mit JDK-Versionen vor 1.5 arbeiten, müssen Sie den Parameter in der Methode in den Typ der Klasse umwandeln, um auf die Felder zuzugreifen bzw. eine ClassCastException auszulösen.

compareTo() überschreiben

Wenn Sie von einer Klasse ableiten, die bereits Comparable implementiert, erben Sie die compareTo()-Methode, an die Sie grundsätzlich gebunden sind, d.h., Sie können Comparable nicht ein zweites Mal für einen anderen Typ implementieren:

```
class ExtContact extends Contact implements Comparable<ExtContact>    // Fehler
```

und es nutzt Ihnen auch wenig, wenn Sie compareTo() für einen Parameter anderen Typs überladen:

```
public int compareTo(ExtContact obj) {                               // meist ein Fehler
```

Die überladene Version kann zwar für die Objekte der Klasse aufgerufen werden, aber nur wenn auf diese über eine Referenz vom Typ der Klasse zugegriffen wird. Erfolgt der Zugriff über eine

Referenz vom Typ `Comparable` – wie dies beispielsweise der Fall ist, wenn Sie Objekte der Klasse in sortierten Arrays oder Collections verwahren –, wird die geerbte Version ausgeführt!

Wenn Sie das Verhalten von `compareTo()` anpassen wollen, sollten Sie also grundsätzlich die geerbte `compareTo()`-Version überschreiben.

Neben der Gestaltung des eigentlichen Vergleichs ist dabei zu überlegen, wie Vergleiche mit Objekten von Basisklassen oder abgeleiteten Klassen durchgeführt werden sollen. Sie können

- nur Vergleiche mit Objekten der eigenen Klasse zulassen.

  Hierzu prüfen Sie den Klassentyp des Arguments mit `getClass()` und lösen eine `ClassCastException` aus, wenn das Argument kein Objekt der eigenen Klasse ist.

  ```
  if (obj.getClass() != this.getClass())
      throw new ClassCastException();
  ```

  Dies ist der einzige sichere Weg, Symmetrie und Transitivität für `compareTo()` über Klassengrenzen hinweg sicherzustellen (vorausgesetzt, die Basisklassen und abgeleiteten Klassen verwenden denselben Test).

- nur Vergleiche mit Objekten der eigenen Klasse oder abgeleiteter Klassen zulassen.

  Hierzu speichern Sie die übergebene Objektreferenz (welche ja in einem Parameter vom Typ einer Basisklasse gespeichert ist) in einer lokalen Variable vom Typ der Klasse. Ist diese Umwandlung nicht möglich (das übergebene Objekt ist weder vom Typ der Klasse selbst noch vom Typ einer abgeleiteten Klasse), wird automatisch eine `ClassCastException` ausgelöst.

  ```
  TheClass o = (TheClass) obj;
  ```

  Obwohl dieser Weg am wenigsten geeignet ist, um Symmetrie und Transitivität über Klassengrenzen hinweg sicherzustellen, wird er am häufigsten gewählt, da er in der Regel den Erfordernissen der Praxis am nächsten kommt.

- Vergleiche mit Objekten der eigenen Klasse, der Basisklassen und abgeleiteter Klassen zulassen.

  Hierzu prüfen Sie mit Hilfe des `instanceof`-Operators, ob es sich bei dem übergebenen Objekt um ein Objekt der Klasse oder einer abgeleiteten Klasse handelt. Wenn ja, wandeln Sie die Referenz in den Typ der aktuellen Klasse um und führen den Vergleich durch. Liefert der `instanceof`-Operator `false` zurück, ist das Objekt vom Typ einer Basisklasse und Sie rufen die `compareTo()`-Version der Basisklasse auf.

  ```
  if (obj instanceof TheClass) {
      TheClass o = (TheClass) obj;

      // Vergleich durchführen
      return RESULT;
  } else
      return super.compareTo(obj);
  ```

  Dies erlaubt die Einhaltung der Symmetrie über Klassengrenzen hinweg, sofern die Basisklassen (bis zur Erstimplementierung von `Comparable`) ebenfalls für Basisklassenobjekte `super. compareTo()` aufrufen.

  Zudem können Sie Objekte der aktuellen Klasse, der Basisklasse und der abgeleiteten Klassen zusammen in einem Array oder einer Collection speichern und sortieren. (Achtung! Die Sortierung ist nur dann sinnvoll, wenn die Klassen die Sortierung durch die Basisklasse übernehmen und lediglich um untergeordnete Kriterien erweitern. In diesem Fall ist gewährleistet, dass die Objekte (zumindest) nach den Kriterien der Basisklasse sortiert werden.)

```
class ExtContact extends Contact {
   String city;

   ExtContact(String firstname, String familyname, String city) {
      super(firstname, familyname);
      this.city = city;
   }

   public int compareTo(Contact obj) {
      int result = 0;

      if (obj instanceof ExtContact) {
         ExtContact o = (ExtContact) obj;

         if( (result = familyname.compareTo(o.familyname)) != 0) {
            return result > 0 ? 1 : -1;

         } else if( (result = firstname.compareTo(o.firstname)) != 0) {
            return result > 0 ? 1 : -1;

         } else if( (result = city.compareTo(o.city)) != 0) {
            return result > 0 ? 1 : -1;

         } else
            return result;
      } else
         return super.compareTo(obj);
   }
}
```

Listing 337: compareTo() überschreiben

Arrays/Collections von Objekten sortieren

Objekte, deren Klasse das Interface `Comparable` implementiert, können von Arrays und `Collections`-Klassen sortiert werden. Die Utility-Klassen `Arrays` und `Collections` definieren hierfür eine statische Methode `sort()`, die als Argument das zu sortierende Array bzw. die zu sortierende Collection übernimmt.

Das Start-Programm zu diesem Rezept sortiert zwei Arrays: eines mit Objekten der Klasse `ExtContact` und ein zweites, welches sowohl `Contact`- als auch `ExtContact`-Objekte enthält.

```
class Contact implements Comparable<Contact> {
   // wie oben
}

class ExtContact extends Contact {
```

Listing 338: Arrays sortieren

```
    // wie oben
}

public class Start {

  public static void main(String args[]) {

      System.out.println("\n\n ExtContacts \n");

      ExtContact[] extcontacts = {
                          new ExtContact("Ingar", "Miller", "Stockholm"),
                          new ExtContact("Ingar", "Miller", "Oslo"),
                          new ExtContact("Ingar", "Stevens", "Oslo"),
                          new ExtContact("Ingrid", "Miller", "Oslo")
                          };
      java.util.Arrays.sort(extcontacts);

      for (ExtContact c : extcontacts)
           System.out.println(" " + c);


      System.out.println("\n\n Mixed Contacts \n");

      Contact[] mixedcontacts = {
                          new ExtContact("Ingar", "Miller", "Stockholm"),
                  new ExtContact("Ingar", "Miller", "Oslo"),
                          new Contact("Ingar", "Stevens"),
                          new Contact("Ingrid", "Miller"),
                          new ExtContact("Ingar", "Stevens", "Oslo"),
                          new Contact("Ingar", "Miller"),
                          new ExtContact("Ingrid", "Miller", "Oslo")
                          };
      java.util.Arrays.sort(mixedcontacts);

      for (Contact c : mixedcontacts)
           System.out.println(" " + c);

    }
}
```

Listing 338: Arrays sortieren (Forts.)

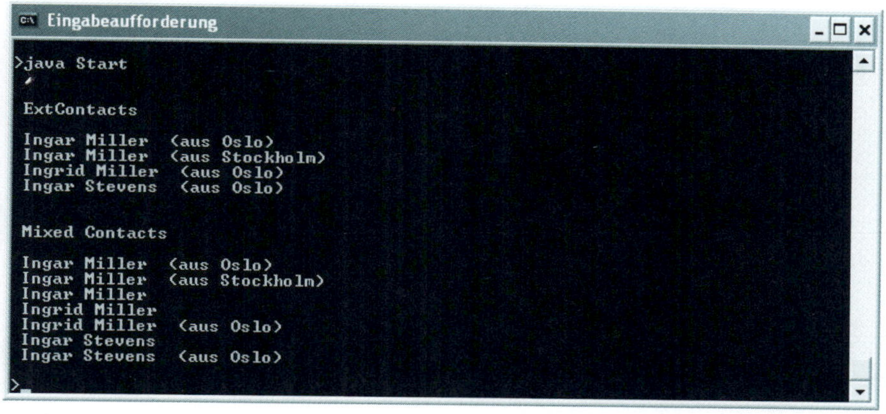

Abbildung 149: Nach Namen und Vornamen sortierte Arrays

254 Objekte serialisieren und deserialisieren

Mit Hilfe von `java.io.ObjectOutputStream`- und `java.io.ObjectInputStream`-Instanzen können Objekte serialisiert und wieder deserialisiert werden. Dabei werden ebenfalls Referenzen auf andere Instanzen serialisiert oder wiederhergestellt. Da `ObjectOutputStream` und `ObjectInputStream` andere Streams kapseln, können Objekte auch über Netzwerke hinweg serialisiert und wiederhergestellt werden.

Achtung

Objekte, die serialisiert werden sollen, müssen durch das Interface `java.io.Serializable` gekennzeichnet werden.

Das Speichern von Objekten geschieht mit Hilfe der Methode `writeObject()` einer `ObjectOutputStream`-Instanz, der als Parameter die zu serialisierende Instanz übergeben wird:

```
import java.io.*;

public class OutputStreamWrite {

   public void serialize(String file, Object instance) throws IOException {
      // ObjectOutputStream-Instanz erzeugen
      ObjectOutputStream oos = new ObjectOutputStream(
         new FileOutputStream(new File(file)));

      // Objekt speichern
      oos.writeObject(instance);

      // Ressourcen freigeben
      oos.close();
   }
}
```

Listing 339: Serialisieren eines Objekts per ObjectOutputStream

Das so serialisierte Objekt kann anschließend per java.io.ObjectOutputStream wieder geladen werden. Dabei wird die Methode readObject() eingesetzt, die ein Objekt zurückgibt, wenn die entsprechenden *.class*-Dateien im Klassenpfad gefunden und das Objekt über einen Konstruktor ohne Parameter verfügt. Anderenfalls kann es zu einer ClassNotFoundException oder anderen Ausnahmen kommen:

```
import java.io.*;

public class OutputStreamRead {

   public Object deserialize(String file)
      throws IOException, ClassNotFoundException {

      // ObjectInputStream instanzieren
      ObjectInputStream oin =
         new ObjectInputStream(
            new FileInputStream(
               new File(file)));

      // Objekt deserialisieren
      Object instance = oin.readObject();

      // Ressourcen freigeben
      oin.close();

      // Instanz zurückgeben
      return instance;
   }
}
```

Listing 340: Deserialisieren eines Objekts

Eigene Serialisierungen sind ebenfalls möglich. In diesem Fall müssen Objekte, die eine spezielle Form der Serialisierung erfordern, die Methoden readObject() und writeObject() implementieren:

```
private void readObject(java.io.ObjectInputStream stream)
                                   throws IOException, ClassNotFoundException

private void writeObject(java.io.ObjectOutputStream stream) throws IOException
```

Mit Hilfe von writeObject() können Felder und Werte manuell gespeichert werden. Die dabei vorgenommene Reihenfolge muss beim Auslesen per readObject() beibehalten werden.

Folgende Methoden stehen zum Lesen und Schreiben von Werten in eine java.io.ObjectOutputStream-Instanz zur Verfügung:

```
void write(byte[] buf)

void write(byte[] buf, int off, int len)

void write(int val)

void writeBoolean(boolean val)
```

`void writeByte(int val)`

`void writeBytes(String str)`

`void writeChar(int val)`

`void writeChars(String str)`

`protected void writeClassDescriptor(ObjectStreamClass desc)`

`void writeDouble(double val)`

`void writeFloat(float val)`

`void writeInt(int val)`

`void writeLong(long val)`

`void writeObject(Object obj)`

`void writeShort(int val)`

`void writeUTF(String str)`

Analog können die so geschriebenen Informationen mit Hilfe einer `java.io.ObjectInputStream`-Instanz wieder eingelesen werden. Dabei können neben `readObject()` folgende Methoden eingesetzt werden:

`int read()`

`int read(byte[] buf, int off, int len)`

`boolean readBoolean()`

`byte readByte()`

`char readChar()`

`protected ObjectStreamClass readClassDescriptor()`

`double readDouble()`

`float readFloat()`

`void readFully(byte[] buf)`

`void readFully(byte[] buf, int off, int len)`

`int readInt()`

`long readLong()`

`Object readObject()`

```
short readShort()

int readUnsignedByte()

int readUnsignedShort()

String readUTF()
```

Beim Lesen und Schreiben der einfachen Datentypen verhalten sich `ObjectInputStream` und `ObjectOutputStream` wie `java.io.DataInputStream`- und `DataOutputStream`-Instanzen. Tatsächlich basieren sie auf den gleichen Basisklassen und es gelten die gleichen Regularieren hinsichtlich der Reihenfolge der Felder.

Um per `ObjectOutputStream` Daten zu schreiben, könnten Sie folgendes Code-Beispiel verwenden:

```
import java.io.*;

public class Start {

   public static void main(String[] args) {

      try {
         // OutputStream erzeugen
         ObjectOutputStream out = new ObjectOutputStream(
            new BufferedOutputStream(
               new FileOutputStream("c:/example.txt")));

         // Booleschen Wert schreiben
         out.writeBoolean(true);

         // String schreiben
         out.writeUTF("Hello world!");

         // Integer schreiben
         out.writeInt(1234);

         // Umlaute ausgeben
         out.writeUTF("Deutsche Umlaute: ÄÖÜäöüß");

         out.flush();

         // Freigeben der Ressourcen
         out.close();
      } catch (FileNotFoundException e) {
         e.printStackTrace();
      } catch (IOException e) {
         e.printStackTrace();
      }
   }
}
```

Listing 341: Schreiben von Informationen per ObjectOutputStream

Die Daten werden in binärer Form abgelegt. Sollten Sie sie per `java.io.FileOutputStream` ablegen, können Sie die Datei in einem Texteditor öffnen:

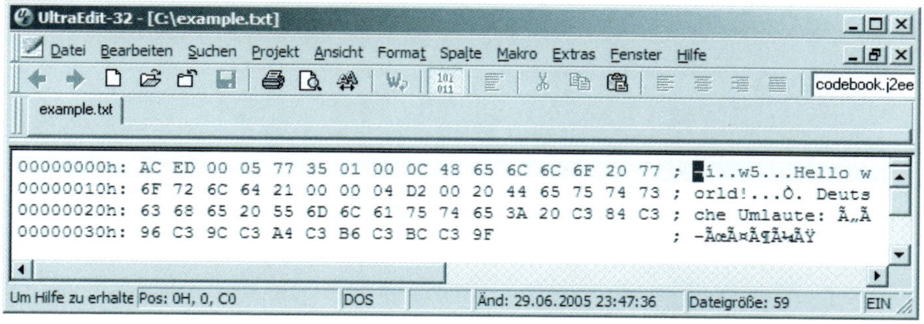

Abbildung 150: Anzeige der per ObjectOutputStream geschriebenen Daten

Beim Einlesen sollten Sie sicherstellen, dass die Daten in exakt der gleichen Reihenfolge und mit den korrekten Datentypen wieder eingelesen werden, da es sonst zu Ausnahmen kommen kann:

```
import java.io.*;

public class Start {

   public static void main(String[] args) {
      try {
         // ObjectInputStream erzeugen
         ObjectInputStream in = new ObjectInputStream(
            new BufferedInputStream(
               new FileInputStream("c:/example.txt")));

         // Booleschen Wert einlesen
         System.out.println(in.readBoolean());

         // String einlesen
         System.out.println(in.readUTF());

         // Integer einlesen
         System.out.println(in.readInt());

         // String einlesen
         System.out.println(in.readUTF());

         // InputStream schließen
         in.close();
      } catch (FileNotFoundException e) {
         e.printStackTrace();
      } catch (IOException e) {
         e.printStackTrace();
```

Listing 342: Einlesen von Informationen per ObjectInputStream

```
        }
    }
}
```

Listing 342: Einlesen von Informationen per ObjectInputStream (Forts.)

Sowohl `ObjectOutputStream`- als auch `ObjectInputStream`-Instanzen können mit Umlauten umgehen, diese speichern und wiederherstellen.

255 Arrays in Collections umwandeln

Achtung

Dieses Rezept gilt nur für Collections, die das `Collection`-Interface implementieren (`ArrayList`, `EnumSet`, `HashSet`, `LinkedList`, `PriorityQueue`, `Stack`, `TreeSet`, `Vector` etc.).

Der effizienteste Weg, die Elemente eines Arrays in eine bestehende Collection einzufügen, führt über die `addAll()`-Methode von `Collections`:

```
public static <T> boolean addAll(Collection<? super T> c, T... a)
```

Als Argumente übergeben Sie der Methode die `Collection`-Instanz, in die die Elemente eingefügt werden sollen, und das Array mit den Elementen. Voraussetzung ist, dass

- die Collection für einen Typ parametrisiert wurde, der ein Basistyp des Typs der Array-Elemente ist (im einfachsten Fall sind beide Typen identisch).
- die Collections das `Collection<E>`-Interface implementieren (gilt grundsätzlich für alle Collections mit Ausnahme der Maps und `Hashtable`).

```
import java.util.LinkedList;
import java.util.Collections;
...

// Array
String[] wordsArray = { "Die", "Narren", "reden", "am", "liebsten",
                        "von", "der", "Weisheit", ",", "die",
                        "Schurken", "von", "der", "Tugend" };


// Collection
LinkedList<String> wordsList = new LinkedList<String>();
Collections.addAll(wordsList, wordsArray);
```

Wenn Sie die Collection wie im obigen Fall gerade neu erzeugen, können Sie auch so vorgehen, dass Sie das Array in eine `List`-Collection umwandeln und an den Konstruktor übergeben. Voraussetzung ist, dass

- Die Collection-Klasse einen Konstruktor definiert, der als Argument ein `Collection<E>`-Objekt akzeptiert. Für die meisten Collection-Klassen, die das `Collection<E>`-Interface implementieren, trifft dies zu, da es von der `Collection<E>`-Spezifikation empfohlen wird. Ausnahmen in der Java-API sind `Stack` und `SynchronousQueue`.

```
import java.util.Arrays;
import java.util.LinkedList;
import java.util.Collections;
...

// Array
String[] wordsArray = { "Die", "Narren", "reden", "am", "liebsten",
                        "von", "der", "Weisheit", ",", "die",
                        "Schurken", "von", "der", "Tugend" };


// Collection
LinkedList<String> wordsList =
                     new LinkedList<String>(Arrays.asList(wordsArray));
```

Listing 343: Umwandlung eines Arrays in eine LinkedList

Tipp

Sie können die `Collections`-Methode `addAll()` auch dazu nutzen, mehrere Elemente in einem Schritt einzufügen. Statt

```
wordsList.add("Homo");
wordsList.add("homini");
wordsList.add("lupus");
```

schreiben Sie einfach:

```
Collections.addAll(wordsList, "Homo", "homini", "lupus");
```

256 Collections in Arrays umwandeln

Achtung

Dieses Rezept gilt nur für Collections, die das `Collection`-Interface implementieren (`ArrayList`, `EnumSet`, `HashSet`, `LinkedList`, `PriorityQueue`, `Stack`, `TreeSet`, `Vector` etc.).

Da die Umwandlung von Collections in Arrays eine recht häufige Aufgabe ist, gibt es hierfür eine eigene Collection-Methode: `toArray()`. Doch Vorsicht! Konstruktion und Gebrauch dieser Methode sind ungewöhnlich.

```
public <T> T[] toArray(T[] a)
```

Auffällig ist, dass die Methode nicht nur ein Array zurückliefert, sondern auch eines als Argument übernimmt. Wozu braucht die Methode dieses Array-Argument?

- Zum einen entnimmt sie diesem Argument den gewünschten Array-Typ.
- Zum anderen prüft sie, ob das übergebene Array groß genug ist, die Elemente aus der Collection aufzunehmen. Wenn ja, kopiert sie die Elemente beginnend bei Position 0 in das Array. Das Array-Element, welches auf das letzte Element der Collection folgt, wird auf `null` gesetzt, die restlichen Array-Elemente bleiben erhalten. Ist das übergebene Array nicht groß genug, wird ein neues Array desselben Typs erzeugt.

Egal, wie die Methode das Array erstellt, die Referenz auf das Array mit den Collection-Elementen wird immer als Rückgabewert zurückgeliefert.

Am sichersten verwenden Sie die Methode, wenn Sie als Argument ein ad hoc erzeugtes Array-Objekt übergeben, um den Datentyp vorzugeben, und das Ergebnisarray über den Rückgabewert entgegennehmen:

```
// Collection
Vector<String> wordsSet = new Vector<String>();
Collections.addAll(wordsSet, "Die", "Narren", "reden", "am", "liebsten",
                             "von", "der", "Weisheit", ",", "die",
                             "Schurken", "von", "der", "Tugend");


// Array
String[] wordsArray = wordsSet.toArray(new String[0]);
```

Listing 344: Umwandlung eines Vector in ein Array

Tipp

Die Umwandlung von Collections mittels `toArray()` ist trotz der eventuell zusätzlichen Array-Instanzierung um einiges schneller, als die Collection mit einer for-Schleife zu durchlaufen und Element für Element in ein Array zu kopieren.

257 Collections sortieren und durchsuchen

Ein häufig auftretendes Problem ist das Finden von gewünschten Einträgen in einer Collection. Bei kleinen Datenmengen oder wenn die Datenstruktur keine Anordnung ihrer Elemente zulässt (z.B. `HashMap`) kann man diese Aufgabe durch simples Durchlaufen der Collection erledigen. Für eine größere Anzahl von Elementen ist dieses Verfahren aber zu langsam und man sollte effiziente Suchalgorithmen wie die binäre Suche einsetzen. Dies setzt allerdings voraus, dass die Elemente geordnet vorliegen. Suchen ist daher eng mit dem Thema Sortieren verknüpft. Beide beruhen auf der Fähigkeit, dass einzelne Elemente in einer Collection miteinander verglichen werden können.

Zum Sortieren einer Collection (vom Typ `List`) stellt die Hilfsklasse `java.util.Collections` eine statische `sort(List<T> liste)`-Methode bereit, die alle Elemente aufsteigend nach ihrer so genannten natürlichen Ordnung sortiert: für Objekte vom Typ `Integer` also nach dem zugrunde liegenden Zahlwert, bei `String`-Objekten wird alphabetisch nach dem Unicode-Zeichensatz sortiert. Die `sort()`-Methode sortiert, indem sie für das Vergleichen der einzelnen Objekte die `compareTo()`-Methode aufruft, welche alle Klassen besitzen, die das Interface `java.lang.Comparable` implementieren (wie z.B. `String`). `compareTo()` muss einen Wert < 0 (kleiner), 0 (gleich) oder > 0 (größer) zurückliefern.

Das Comparable-Interface

Wer eigene Klassen sortieren will, muss dafür sorgen, dass diese Klassen das Interface `Comparable` implementieren und in der `compareTo()`-Methode den gewünschten Vergleich definieren. Im folgenden Beispiel wird eine Instanz der selbst definierten Klasse `Customer` nach dem Namen sortiert:

```
import java.util.*;

/**
 * Klasse, die Comparable implementiert, um ihre Objekte sortierbar zu machen
 */
class Customer implements Comparable<Customer> {
   public String name;
   public int custID;

   Customer(String n, int id) {
      name   = n;
      custID = id;
   }

   // vergleichen nach Namen
   public int compareTo(Customer c) {
      return name.compareTo(c.name);
   }
}


public class Start {

   public static void main(String[] args) {

      Customer c0 = new Customer("Xanther", 4);
      Customer c1 = new Customer("Louis", 1);
      Customer c2 = new Customer("Abel", 2);
      Customer c3 = new Customer("Becker", 3);

      ArrayList<Customer> customerList = new ArrayList<Customer>();
      customerList.add(c0);
      customerList.add(c1);
      customerList.add(c2);
      customerList.add(c3);

      // aufsteigend nach Namen sortieren
      Collections.sort(customerList);

      for(Customer c : customerList)
         System.out.println(c.name);
   }
}
```

Listing 345: Sortieren von selbst definierten Klassen

Das Comparator-Interface

Der obige Ansatz hat den Nachteil, dass die Art, wie Objekte miteinander verglichen werden, durch die `compareTo()`-Methode unveränderbar festgelegt ist. Das ist lästig, wenn Sie die gleiche Liste auf unterschiedliche Arten sortieren wollen, z.B. einmal aufsteigend, ein andermal absteigend. Für solche Fälle stellt die `Collections`-Klasse eine weitere Sortiermethode zur Verfügung:

```
sort(List<T> liste, Comparator<? super T> c)
```

Dieser Methode übergibt man neben der zu sortierenden Liste noch einen Komparator (Vergleicher), d.h. ein Objekt, das das Interface `java.util.Comparator` mit der Methode

```
public int compare(T o1, T o2)
```

implementiert. Der Sortieralgorithmus verwendet dann nicht die ggf. vorhandene `compareTo()`-Methode (von dem Interface `Comparable`) der zu sortierenden Elemente, sondern vergleicht je zwei Elemente mit dem übergebenen Komparator und dessen `compare()`-Methode. Durch die Definition von verschiedenen Komparatoren kann man somit sehr einfach auf verschiedene Arten sortieren lassen.

Im folgenden Beispiel wird die Klasse `Customer` auf zwei Arten sortiert: einmal aufsteigend nach Namen, ein andermal absteigend nach Kundennummer.

```
import java.util.*;

/**
 * Klasse, deren Objekte von den nachfolgend definierten Komparatoren
 * sortiert werden
 */
class Customer implements Comparable<Customer> {
   public String name;
   public int custID;

   Customer(String n, int id) {
      name   = n;
      custID = id;
   }

   // vergleichen nach Namen
   public int compareTo(Customer c) {
      return name.compareTo(c.name);
   }
}


/**
 * Komparator für Customer-Objekte (aufsteigende Sortierung nach Namen)
 */
class CustCompAscName implements Comparator<Customer> {
   public int compare(Customer obj1, Customer obj2) {
      String name1 = obj1.name;
      String name2 = obj2.name;

      return name1.compareTo(name2);
   }
}

/**
 * Komparator für Customer-Objekte (absteigende Sortierung nach ID)
 */
class CustCompDescID implements Comparator<Customer> {
```

Listing 346: Sortieren mittels Comparator-Objekten

```
    public int compare(Customer obj1, Customer obj2) {
       int id1 = obj1.custID;
       int id2 = obj2.custID;

       if(id1 < id2)
          return 1;
       else
         if(id2 > id1)
            return -1;
         else
            return 0;

    }
 }



 public class Start {

    public static void main(String[] args) {

       Customer c0 = new Customer("Xanther", 4);
       Customer c1 = new Customer("Louis", 1);
       Customer c2 = new Customer("Abel", 2);
       Customer c3 = new Customer("Becker", 3);

       ArrayList<Customer> customerList = new ArrayList<Customer>();
       customerList.add(c0);
       customerList.add(c1);
       customerList.add(c2);
       customerList.add(c3);

       // aufsteigend nach Namen sortieren
       Comparator<Customer> compName = new CustCompAscName();
       Collections.sort(customerList, compName);
       System.out.println("Nach Namen sortiert:");

       for(Customer c : customerList)
          System.out.println(c.name + "\t  " + c.custID);

       // absteigend nach ID sortieren
       Comparator<Customer> compID = new CustCompDescID();
       Collections.sort(customerList, compID);
       System.out.println("\nNach ID sortiert:");

       for(Customer c : customerList)
          System.out.println(c.name + "\t   " + c.custID);
    }
 }
```

Listing 346: Sortieren mittels Comparator-Objekten (Forts.)

Abbildung 151: Sortieren mit verschiedenen Comparator-Objekten

Collections durchsuchen

Für Listen mit einer kleinen Anzahl an Elementen (ca. 10–20) ist es am einfachsten und meist auch am schnellsten, einfach von Anfang bis Ende durchzulaufen, um das gewünschte Element zu finden. Bei größeren Datenmengen wird dies aber sehr langsam und man sollte spezielle Suchalgorithmen verwenden. Glücklicherweise muss man sich aber nicht selbst den Kopf zerbrechen und mühsam ein Suchverfahren implementieren, denn in der Klasse `java.util.Collections` findet sich die Methode `binarySearch()` zur Durchführung einer binären Suche, eines der schnellsten Verfahren. Voraussetzung für diesen Ansatz ist allerdings, dass die Liste aufsteigend sortiert ist:

```
ArrayList<Customer> customerList = ...;

// aufsteigend sortieren
Collections.sort(customerList);

// wonach soll gesucht werden
Customer test = new Customer(?Meier?, -1);

// suchen
int pos = Collections.binarySearch(customerList, test);
```

Die `binarySearch()`-Methode erwartet neben der sortierten Liste natürlich auch ein Objekt vom passenden Typ der Listenelemente mit dem Suchkriterium. Im obigen Beispiel verwenden wir wieder die selbst erstellte `Customer`-Klasse, bei der die `compareTo()`-Methode nur den Namen vergleicht. Aus diesem Grund wird beim Anlegen der Variable `test` dem Konstruktor für die ID ein beliebiger Wert mitgegeben (hier -1), da er sowieso keine Rolle spielt. Der Rückgabewert von `binarySearch()` ist die Position des gefundenen Elements in der Liste oder ein negativer Wert (nicht notwendigerweise -1), wenn kein Treffer gefunden wurde.

258 Collections synchronisieren

Fast alle Collection-Klassen aus dem Paket `java.util` sind grundsätzlich nicht synchronisiert, d.h., mehrere Threads sollten nicht gleichzeitig lesend/schreibend[4] darauf zugreifen, da es ansonsten zu Inkonsistenzen kommen kann. Falls parallele Schreib-/Lesezugriffe notwendig

4. Wenn mehrere Threads immer nur lesend zugreifen, ist dies kein Problem.

sind, muss also eine Synchronisierung erfolgen, so dass die Collection-Instanz immer nur von einem Thread zu einem beliebigen Zeitpunkt benutzt werden kann[5]. Hierfür gibt es mehrere Vorgehensweisen:

- Einsatz von `Hashtable` (anstelle von `HashMap`) und `Vector` (anstelle von `ArrayList`). Diese Klassen sind intern synchronisiert. Außerdem bietet das Paket `java.util.concurrent` noch die interessante Alternative `ConcurrentHashMap`, die nur die Schreibzugriffe (und nicht die Leseoperationen) synchronisiert. Sie ist damit ideal, wenn nur wenige Threads schreibend und viele lesend zugreifen.
- Explizite Synchronisierung durch Einsatz von `synchronized`-Abschnitten (mehr dazu auch in der Kategorie »Threads«).
- Einsatz der Klasse `Collections` und ihrer speziellen Methoden `synchronizedHashMap()` und `synchronizedList()`.

Während die ersten beiden Alternativen einigermaßen verbreitet sind, ist der Einsatz der zuletzt genannten Methoden nicht sehr verbreitet. Sie sind praktisch, wenn eine Collection überwiegend von einem Thread verwendet wird und nur zu bestimmten Zeitpunkten oder Phasen die Notwendigkeit entsteht, dass mehrere Threads gleichzeitig darauf arbeiten, z.B.

```
HashMap<String, String> map = new HashMap<String, String>();
// ... (HashMap einsetzen nur von einem Thread
// ...
// ab hier thread-sicher machen
Map<String,String> safeMap = Collections.synchronizedMap(map);
```

Neben der Methode `synchronizedMap()` für Hashtabellen und `synchronizedList()` für Listen existiert auch eine generische `synchronizedCollection()` für alle Collection-Klassen, welche das Interface `Collection` implementieren.

Achtung

- Auf der zugrunde liegenden Collection dürfen keine Schreiboperationen mehr erfolgen (im obigen Beispiel also muss die Instanz `map` unangetastet bleiben, solange mit `safeMap` gearbeitet wird).
- Auch wenn eine mit `synchronizedList()` o.ä. erhaltene Instanz synchronisiert ist, reicht das nicht für ein sorgloses Durchlaufen mit einem Iterator. Hierbei sollte man noch mit `synchronized` explizit sicherstellen, dass keine Änderungen erfolgen, während der Iterator durchlaufen wird:

```
ArrayList<String> myList = new ArrayList<String>();
List<String> list = Collections.synchronizedList(myList);
// ...
synchronized(list) {
      Iterator<String> i = list.iterator();

      while (i.hasNext()) {
          String str = i.next();
      }
}
```

5. Dies kann die Laufzeit deutlich erhöhen!

259 Design-Pattern: Singleton

Das Design-Pattern *Singleton* beschreibt das Konzept *einer Klasse, die selbst darüber wacht, dass von ihr nur eine einzige Instanz erzeugt werden kann.*

Der Trick ist, dass die Klasse intern ein Objekt von sich selbst erzeugt und eine Referenz auf dieses Objekt in einem private-Feld speichert. Der Konstruktor wird als protected erklärt, damit die Klasse nicht von außen instanziert werden kann. Als Ersatz stellt die Klasse eine statische Methode zur Verfügung, die die Referenz auf die eine Instanz zurückliefert.

```
public class Singleton {
    private static Singleton instance = null;

    // direkte Instanzbildung unterbinden
    private Singleton() {
    }

    public static Singleton getInstance() {
       if (instance == null)
           instance = new Singleton();

       return instance;
    }
}
```

Listing 347: Singleton-Pattern

Das Feld, in dem die Referenz auf die Instanz gespeichert wird, muss als static deklariert werden, damit die statische getInstance()-Methode, die die Referenz auf Anfrage zurückliefert, darauf zugreifen kann. (Zur Erinnerung: Statische Methoden können nicht auf nichtstatische Elemente zugreifen.)

Achtung

Klassen, die lediglich private-Konstruktoren definieren, können nicht als Basisklasse dienen. Wenn Sie also die Ableitung von Ihrer Singleton-Klasse erlauben möchten, definieren Sie den Konstruktor als protected. (Denken Sie dann aber daran, die Klasse in einem eigenen Paket zu definieren, sonst können alle Klassen im selben Paket den Konstruktor direkt aufrufen!

Wenn Sie möchten, können Sie die eine Instanz statt in getInstance() auch direkt im Zuge der Feldinitialisierung erzeugen. Die Implementierung ist dann aber weniger flexibel.

```
public class Singleton {
    private static Singleton instance = new Singleton();

    // direkte Instanzbildung unterbinden
    private Singleton() {
    }

    public static Singleton getInstance() {
       return instance;
    }
}
```

Exkurs

Singleton-Design

Letzten Endes stellt das Singleton-Design einen 1-Instanzen-Pool dar, dessen Sinn es in der Regel ist, ein einzelnes Objekt global zur Verfügung zu stellen. Daraus ergeben sich zwei typische Einsatzszenarien:

- Ihr Programm greift von mehreren Stellen auf eine bestimmte externe Ressource zu, beispielsweise eine spezielle Datei oder einen Drucker. Um von den Vorteilen der objektorientierten Programmierung zu profitieren, beschließen Sie, die Ressource im Programm durch ein Objekt zu repräsentieren, für das Sie folglich eine eigene Klasse schreiben.

  Code, der auf die betreffende Ressource zugreifen möchte, kann jetzt ein Objekt der Klasse erzeugen und mit dieser arbeiten. Greifen mehrere Codestellen auf die Ressource zu, bedeutet dies allerdings, dass unnötigerweise mehrere Objekte erzeugt und wieder aufgelöst werden. Effizienter wäre es, ein einziges Objekt zu erstellen und dieses den verschiedenen Codestellen zur Verfügung zu stellen. Aber wie? Wenn alle betreffenden Codestellen einer gemeinsamen Klasse angehören, geht dies noch, indem Sie die Referenz auf das Objekt in einem Feld der Klasse speichern. Verteilen sich die betreffenden Codestellen jedoch auf mehrere Klassen, müssen Sie die Referenz entweder als Argument von Methode zu Methode weiterreichen oder – was meist die sauberere Lösung ist – die Klasse des Ressourcen-Objekts als Singleton implementieren! Dann können sich die verschiedenen Codestellen die Referenz mit `Klassenname.getInstance()` beschaffen.

- Sie haben Daten, die von mehreren Klassen Ihrer Anwendung gemeinsam genutzt werden sollen. Eine Möglichkeit, die Daten global verfügbar zu machen, wäre, sie in statischen Feldern zu speichern (und gegebenenfalls statische Methoden zur Bearbeitung zu definieren). Wesentliche Vorzüge der objektorientierten Programmierung, von der Kapselung bis zur Möglichkeit der Erweiterung durch Vererbung, gehen damit aber verloren. Eine bessere Alternative ist daher oft die Definition einer Singleton-Klasse, deren Objekt ebenfalls als Medium globalen Datenaustauschs angesehen werden kann (*siehe auch Rezept 259*).

Beispiel

Das folgende Beispiel simuliert den Zugriff von verschiedenen Stellen im Code mittels Threads.

Die Singleton-Klasse `Bushisms` liefert auf Anfrage (Aufruf der Methode `getBushism()`) aus einem intern verwahrten Fundus von Bush-Zitaten ein zufällig gewähltes Zitat zurück. Die Klasse ist als Singleton implementiert, weil a) nur ein Objekt der Klasse benötigt wird und b) beliebige Codestellen (hier die Threads) auf dieses Objekt zugreifen können sollen.

```
public class Bushisms {
    private static Bushisms instance = null;
    private java.util.Random generator;
    private String[] phrases = {"The illiteracy level of our children"
                                + " are appalling.",
                                "Drug therapies are replacing a lot of"
```

Listing 348: Singleton-Klasse als »Server« für Bush-Zitate

```
                                    + " medicines as we used to know it.",
                                    "What I am suggesting is, if you cannot"
                                    + " name the foreign minister of Mexico,"
                                    + " therefore, you know, you are not"
                                    + " capable of what you do. But the truth"
                                    + " of the matter is you are, whether"
                                    + " you can or not.",
                                    "Our nation must come together to unite.",
                                    "If this were a dictatorship, it would be"
                                    + " a heck of a lot easier, just so long"
                                    + " as I am the dictator.",
                                    "They misunderestimated me.",
                                    "Yes, I read the newspaper."
                                    };


    // direkte Instanzbildung unterbinden
    private Bushisms() {
        generator = new java.util.Random();
    }

    public static Bushisms getInstance() {
       if (instance == null)
           instance = new Bushisms();

       return instance;
    }

    public String getBushism() {
       int index = generator.nextInt(phrases.length);
       return phrases[index];
    }
}
```

Listing 348: Singleton-Klasse als »Server« für Bush-Zitate (Forts.)

Das zugehörige Start-Programm erzeugt zwei Threads, die sich beide mittels `Bushisms.getInstance()` eine Referenz auf das Objekt mit den Bush-Zitaten besorgen und sich nach Ablauf einer kurzen Wartezeit ein Zitat zurückliefern lassen, das sie ausgeben.

```
class BushThread extends Thread {
    Bushisms singleObj = Bushisms.getInstance();
    boolean weiter = true;
    int period;

    public BushThread(int period) {
       this.period = period;
    }

    public void run() {
```

Listing 349: Start-Programm

```
        try {
            sleep(period);
        } catch(Exception e) {}

        System.out.println("\n Bush said: ");
        System.out.println("\t" + singleObj.getBushism());
    }
}


public class Start {

    public static void main(String args[]) {
        System.out.println();

        BushThread b1 = new BushThread(1000);
        BushThread b2 = new BushThread(2000);
        b1.start();
        b2.start();

    }
}
```

Listing 349: Start-Programm (Forts.)

Abbildung 152: Bush-Zitate

260 Design-Pattern: Adapter (Wrapper, Decorator)

Das Design-Pattern *Adapter* beschreibt wie man *einen Adapter konstruiert, mit dessen Hilfe man Objekte einer Klasse mit der Schnittstelle A in Kontexten verwenden kann, wo ein Objekt mit der Schnittstelle B erwartet wird.*

Achtung

Das Design-Pattern *Adapter* beschreibt Adapter, wie man sie aus der Technik kennt. Das Design-Pattern hat nichts mit den Adapter-Klassen aus dem Java-AWT-Paket zu tun, die lediglich dazu dienen, dem Programmierer bei der Implementierung von Ereignis-Listenern unnötige Arbeit zu ersparen.

Beispiel Objekt-Adapter

Stellen Sie sich folgende Situation vor:

Sie haben als Teil eines Grafikprogramms eine Klassenhierarchie für die wichtigsten Grafikprimitiven und Formen geschrieben. Oben in der Hierarchie steht die abstrakte Basisklasse Shape, von der die anderen Klassen abgeleitet sind.

```
/**
 * abstrakte Basisklasse
 */
abstract class Shape {
   String id;
   int x;
   int y;
   boolean visible;

   Shape(String id, int x, int y) {
      this.id = id;
      this.x = x;
      this.y = y;
      visible = true;
   }

   // Zeichen-Methode, wird in abgeleiteten Klassen überschrieben
   abstract void draw();

   void setVisible(boolean visible) {
      this.visible = visible;
   }
   boolean isVisible() {
      return visible;
   }
}

/**
 * abgeleitete Klassen
 */
class Rectangle extends Shape {

   Rectangle(String id, int x, int y) {
      super(id, x, y);
   }

   void draw() {
      System.out.println("[] \t(" + id + "," + x + "," + y + ")");
   }
}

class Snake extends Shape {

   Snake(String id, int x, int y) {
```

Listing 350: Hierarchie1.java – Modell einer polymorphen Klassenhierarchie

```
      super(id, x, y);
   }

   void draw() {
      System.out.println("~ \t(" + id + "," + x + "," + y + ")");
   }
}
```

Listing 350: Hierarchie1.java – Modell einer polymorphen Klassenhierarchie (Forts.)

Das Hauptprogramm nutzt an verschiedenen Stellen das polymorphe Design der Klassenhierarchie, um generische Methoden und Collections zu implementieren, die beliebige Objekte aus der Klassenhierarchie verarbeiten können.

```
import java.util.Vector;

public class Start {

   /**
    * generische Methode, Objekte vom Typ der Basisklasse erwartet
    */
   static void drawElement(Shape  shape) {
      if (shape.isVisible())
          shape.draw();
   }

   public static void main(String[] args) {

      // Collection vom Typ der Basisklasse
      Vector<Shape> shapes = new Vector<Shape>(5);

      shapes.add(new Rectangle("r1", 10, -10));
      shapes.add(new Snake("s1", 2, 22));
      shapes.add(new Snake("s2", -33, 303));
      shapes.get(1).setVisible(false);

      for (Shape s : shapes)
         drawElement(s);
   }
}
```

Listing 351: Start.java – verwendet Methoden und Collections mit Basisklassenparametern

Nun haben Sie von einem renommierten Software-Unternehmen eine Klasse für eine weitere Form, `Circle`, hinzugekauft. `Circle` wurde zwar für die Belange von Grafikprogrammen implementiert, hat aber eine andere Schnittstelle als `Shape`:

- Die Zeichenmethode von `Circle` heißt `drawIt()` statt `draw()` und nimmt die Zeichenkoordinaten als Argumente entgegen.
- Es gibt keine Unterstützung für ID und Sichtbarkeit.

```
class Circle {
   int x;
   int y;

   Circle(int x, int y) {
      this.x = x;
      this.y = y;
   }

   void drawIt(int x, int y) {
      System.out.println("o \t(" + x + "," + y + ")");
   }
}
```

Listing 352: So könnte die Klasse Circle definiert sein.

Weiter angenommen, Sie haben von `Circle` nur die Class-Datei oder wollen aus bestimmten Gründen[6] den Quelltext von `Circle` nicht verändern. Wie gehen Sie vor, um die Klasse `Circle` dennoch für Ihr Grafikprogramm nutzen zu können?

Lösung: Sie schreiben eine Adapter-Klasse, die genau die Schnittstelle anbietet, die Ihr Programm benötigt, intern aber die Funktionalität der `Circle`-Klasse nutzt.

```
class CircleAdapter extends Shape {
   Circle c;

   CircleAdapter(String id, int x, int y) {
      super(id, x, y);
      c = new Circle(x, y);
   }

   void draw() {
      // umleiten
      c.drawIt(c.x, c.y);
   }
}
```

Listing 353: CircleAdapter. java (Klassen-Adapter-Version)

Die Klasse `CircleAdapter` wird von `Shape` abgeleitet, um deren Schnittstelle zu übernehmen (folglich können `CircleAdapter`-Objekte in der `shapes`-Collection des Hauptprogramms abgespeichert und zum Zeichnen als Argumente an die `drawElement()`-Methode übergeben werden).

Gleichzeitig erbt `CircleAdapter` durch die Ableitung von `Shape` die Funktionalität, die `Circle` fehlt (Unterstützung für ID und Sichtbarkeit).

6. Möglicherweise ist `Circle` Teil einer ganzen Klassenbibliothek, die Sie erstanden haben, und kann nicht verändert werden, ohne das funktionale Gefüge der Bibliothek durcheinander zu bringen.

Schließlich kapselt `CircleAdapter` intern ein Objekt der Klasse `Circle` (der Klasse, für die der Adapter benötigt wird) und bildet, wo immer möglich, die benötigte Schnittstellenfunktionalität auf die vom `Circle`-Objekt bereitgestellte Funktionalität ab (`draw()`-Methode).

Nun können in `CircleAdapter`-Objekten gekapselte `Circle`-Objekte im Hauptprogramm ganz wie die eigenen `Shape`-Objekte verwendet werden:

```
import java.util.Vector;

public class Start {

   static void drawElement(Shape  shape) {
      if (shape.isVisible())
          shape.draw();
   }

   public static void main(String[] args) {

      Vector<Shape> shapes = new Vector<Shape>(5);
      shapes.add(new Rectangle("r1", 10, -10));
      shapes.add(new Snake("s1", 2, 22));
      shapes.add(new Snake("s2", -33, 303));
      shapes.add(new CircleAdapter("c1", 4, -4));
      shapes.add(new CircleAdapter("c2", 55, 55));
      shapes.get(1).setVisible(false);
      shapes.get(3).setVisible(false);

      for (Shape s : shapes)
         drawElement(s);
   }
}
```

Listing 354: Start.java mit CircleAdapter-Objekten

Abbildung 153: Ausgabe des Start-Programms

Adapter, die intern ein Objekt der adaptierten Klasse verwenden, nennt man Objekt-Adapter. Neben den Objekt-Adaptern gibt es noch die Klassen-Adapter, die von der zu adaptierenden Klasse abgeleitet werden.

Beispiel Klassen-Adapter

Klassen-Adapter übernehmen die Funktionalität der zu adaptierenden Klasse, indem sie von dieser abgeleitet werden. Da Java keine Mehrfachvererbung unterstützt, ist die Implementierung von Klassen-Adaptern nicht immer möglich. Im obigen Beispiel muss der Adapter beispielsweise von Shape abgeleitet werden, damit seine Objekte als Shape-Objekt verwendet werden können. Anders verhielte es sich, wenn die Klassenhierarchie so aufgebaut wäre, dass die Funktionalität für die generischen Collections und Methoden von einem Interface Drawable stammen würden:

```
/**
 * Abstrakte Basisklasse
 */
abstract class Shape {
   String id;
   int x;
   int y;
   boolean visible;

   Shape(String id, int x, int y) {
      this.id = id;
      this.x = x;
      this.y = y;
      visible = true;
   }

   void setVisible(boolean visible) {
      this.visible = visible;
   }
}

/**
 * Interface
 */
interface Drawable {
   void draw();
   boolean isVisible();
}


/**
 * abgeleitete Klassen
 */
class Rectangle extends Shape implements Drawable {

   Rectangle(String id, int x, int y) {
      super(id, x, y);
   }

   public void draw() {
      System.out.println("[] \t(" + id + "," + x + "," + y + ")");
   }
   public boolean isVisible() {
      return visible;
   }
}
```

Listing 355: Hierarchie1.java – Modell einer polymorphen Klassenhierarchie

```
class Snake extends Shape implements Drawable {

   Snake(String id, int x, int y) {
      super(id, x, y);
   }

   public void draw() {
      System.out.println("~ \t(" + id + "," + x + "," + y + ")");
   }
   public boolean isVisible() {
      return visible;
   }
}
```

Listing 355: Hierarchie1.java – Modell einer polymorphen Klassenhierarchie (Forts.)

Das Hauptprogramm sähe dann wie folgt aus.

```
import java.util.Vector;

public class Start {

   /**
    * generische Methode, Objekte vom Typ des Drawable-Interface erwartet
    */
   static void drawElement(Drawable  obj) {
      if (obj.isVisible())
          obj.draw();
   }

   public static void main(String[] args) {

      // Collection vom Typ des Drawable-Interface
      Vector<Drawable> shapes = new Vector<Drawable>(5);

      shapes.add(new Rectangle("r1", 10, -10));
      Snake snake = new Snake("s1", 2, 22);
      snake.setVisible(false);
      shapes.add(snake);
      shapes.add(new Snake("s2", -33, 303));

      for (Drawable s : shapes)
         drawElement(s);
   }
}
```

Listing 356: Start.java – verwendet Methoden und Collections mit Basisklassenparametern

In diesem Fall könnte die Adapter-Klasse von der hinzugekauften adaptionsbedürftigen Klasse `Circle` die Kernfunktionalität und von dem Interface `Drawable` die benötigte Schnittstelle erben.

```
class CircleAdapter extends Circle implements Drawable {
   String id;           // fehlende Funktionalität ergänzen
   boolean visible;     // fehlende Funktionalität ergänzen

   CircleAdapter(String id, int x, int y) {
      super(x, y);      // Basisklassenfunktionalität nutzen
      this.id = id;     // fehlende Funktionalität ergänzen
      visible = true;   // fehlende Funktionalität ergänzen
   }

   // Interface-Methoden implementieren
   public void draw() {
      drawIt(x, y);     // Basisklassenfunktionalität nutzen
   }
   public boolean isVisible() {
      return visible;
   }

   // fehlende Funktionalität ergänzen
   void setVisible(boolean visible) {
      this.visible = visible;
   }
}
```

Listing 357: CircleAdapter.java (Klassen-Adapter-Version)

Die Klasse `CircleAdapter` erbt von `Circle` die Funktionalität und von `Drawable` die Schnittstelle.

Sie implementiert die Methoden des Interface und fügt noch etwaige fehlende Funktionalität hinzu (Unterstützung für ID und Sichtbarkeit).

Soweit möglich bildet `CircleAdapter` die definierten Konstruktoren und Methoden auf die von `Circle` geerbte Funktionalität ab (`draw()`-Methode).

```
import java.util.Vector;

public class Start {

   static void drawElement(Drawable  obj) {
      if (obj.isVisible())
          obj.draw();
   }

   public static void main(String[] args) {

      Vector<Drawable> shapes = new Vector<Drawable>(5);
```

Listing 358: Start.java mit CircleAdapter-Objekten

```
        shapes.add(new Rectangle("r1", 10, -10));
        Snake snake = new Snake("s1", 2, 22);
        snake.setVisible(false);
        shapes.add(snake);
        shapes.add(new Snake("s2", -33, 303));
        CircleAdapter circle = new CircleAdapter("c1", 4, -4);
        circle.setVisible(false);
        shapes.add(circle);
        shapes.add(new CircleAdapter("c2", 55, 55));

        for (Drawable s : shapes)
           drawElement(s);
    }
}
```

Listing 358: Start.java mit CircleAdapter-Objekten (Forts.)

Abbildung 154: Ausgabe des Start-Programms

Adapter, die von der zu adaptierenden Klasse abgeleitet werden, nennt man Klassen-Adapter.

261 Design-Pattern: Factory-Methoden

Das Design-Pattern *Factory-Method* zielt darauf ab, die Implementierung einer oder mehrerer Methoden einer Klasse flexibler zu gestalten, indem man *die Objekterzeugung mit new durch den Aufruf extra für diesen Zweck definierter Factory-Methoden ersetzt.*

Das Factory-Method-Pattern ist für Klassenhierarchien interessant, in denen folgende Klassenbeziehung auftaucht: Eine (abstrakte) Basisklasse `Creator` erzeugt in ihren Methoden Instanzen einer anderen (abstrakten) Basisklasse `Product` aus der Klassenhierarchie. Üblicherweise würde die Klasse `Creator` dazu den `new`-Operator verwenden.

```
import javax.swing.*;

/*
 * Die Klasse ButtonCopyMachine ist der "Creator"
 */
class ButtonCopyMachine {

   /*
    * Methode, die JButton als "Produkt" erzeugt
```

Listing 359: ButtonCopyMachine.java – Version 1

```
    */
   static JPanel makeDualButton() {
      JButton btn;
      JPanel p = new JPanel();

      btn = new JButton("Nr. 1");
      p.add(btn);
      btn = new JButton("Nr. 2");
      p.add(btn);

      return p;
   }

   /*
    * Methode, die JButton als "Produkt" erzeugt
    */
   static JPanel makeTripleButton() {
      JButton btn;
      JPanel p = new JPanel();

      btn = new JButton("Nr. 1");
      p.add(btn);
      btn = new JButton("Nr. 2");
      p.add(btn);
      btn = new JButton("Nr. 3");
      p.add(btn);

      return p;
   }
}
```

Listing 359: ButtonCopyMachine.java – Version 1 (Forts.)

Problematisch wird es, wenn von `Creator` weitere Klassen abgeleitet werden, die selbst keine `Product`-Instanzen mehr erzeugen wollen, sondern Instanzen von Klassen, die von `Product` abgeleitet sind.

```
class FancyButton extends JButton {

   FancyButton() {
       setBorder(BorderFactory.createMatteBorder(4,4,4,4,
                                         new ImageIcon("pattern.gif")));
   }
}
```

Listing 360: Abgeleitete »Product«-Klasse

Sind die Methoden der `Creator`-Klasse, die die `Product`-Instanzen erzeugen wie in obigem Listing mit dem `new`-Operator implementiert, bleibt nichts anderes übrig, als die Methoden in den abgeleiteten Klassen zu überschreiben (selbst wenn der Code bis auf den Typ der erzeugten Instanzen absolut identisch ist).

Wurde dagegen in der Creator-Klasse für die reine Objekterzeugung eine Factory-Methode definiert, die von den eigentlichen Methoden verwendet wird, brauchen nur die Factory-Methoden überschrieben zu werden.

```
/**
 *
 * @author Dirk Louis
 */
import javax.swing.*;

class ButtonCopyMachine {

   /*
    * Factory-Method
    */
   JButton createButton() {
      return new JButton();
   }

   JPanel makeDualButton() {
      JButton btn;
      JPanel p = new JPanel();

      btn = createButton();
      btn.setText("Nr. 1");
      p.add(btn);
      btn = createButton();
      btn.setText("Nr. 2");
      p.add(btn);

      return p;
   }

   JPanel makeTripleButton() {
      JButton btn;
      JPanel p = new JPanel();

      btn = createButton();
      btn.setText("Nr. 1");
      p.add(btn);
      btn = createButton();
      btn.setText("Nr. 2");
      p.add(btn);
      btn = createButton();
      btn.setText("Nr. 3");
      p.add(btn);

      return p;
   }
}
```

Listing 361: ButtonCopyMachine.java – Version 2

```
import javax.swing.*;


/*
 * Abgeleitete "Creator"-Klasse
 */
class FancyButtonCopyMachine extends ButtonCopyMachine {

   /*
    * Für FancyButton überschriebene Factory-Methode
    */
   JButton createButton() {
      return new FancyButton();
   }
}
```

Listing 362: FancyButtonCopyMachine.java

Sonstiges

262 Arrays effizient kopieren

Arrays sind Objekte und erben als solche von der obersten Basisklasse `Object` die Methode `clone()`. Es ist daher nahe liegend, Arrays durch Aufruf ihrer `clone()`-Methode zu kopieren:

```
Point[] original = { new Point(1,1), new Point(2,2), new Point(3,3),
                     new Point(4,4), new Point(5,5), new Point(6,6) };

Point[] clone = (Point[]) original.clone();
```

Mittels `clone()` können Sie ein Array aber immer nur komplett klonen. Mit Hilfe der Systemmethode `arraycopy()` lassen sich dagegen beliebig viele Elemente aus einem Quellarray an eine beliebige Stelle in einem Zielarray kopieren:

```
static void arraycopy(src,      // Quellarray
                      int srcPos,     // Index des 1. kopierten Elements
                      dest,     // Zielarray
                      int destPos,    // Index, ab dem eingefügt wird
                      int length)     // Anzahl der zu kopierenden Elemente
```

Aber auch, wenn Sie eine vollständige 1:1-Kopie erzeugen wollen, lohnt es sich, `arraycopy()` aufzurufen, denn die Methode arbeitet in der Regel effizienter als `clone()`. (Auf einem Testsystem unter Windows war die Methode um den Faktor 2 schneller.)

```
public static void main(String args[]) {
   Point[] koords = { new Point(1,1), new Point(2,2), new Point(3,3),
                      new Point(4,4), new Point(5,5), new Point(6,6)
                    };

   // Array erzeugen, das die kopierten Elemente aus koords aufnimmt
   Point[] copy  = new Point[koords.length];

   // Elemente kopieren
   System.arraycopy(koords, 0, copy, 0, koords.length);

   System.out.println("\n Kopie: \n");
   for(Point p : copy)
      System.out.print(" (" + p.x + "," + p.y + ") ");

}
```

Listing 363: Arrays mit System.arraycopy() kopieren

Achtung

Achten Sie darauf, dass das Quellarray genügend Elemente enthält (`src.length >= srcPos + length`) und das Zielarray ausreichend groß ist, um die Elemente aufzunehmen (`src.length >= srcPos + length`). Keine Sorgen müssen Sie sich machen, wenn `src` und `dest` dasselbe Array bezeichnen und sich Quell- und Zielbereich überschneiden. Die Methode verfährt, als würden die zu kopierenden Elemente zuerst in einem temporären Array zwischengespeichert.

Hinweis

Object.clone() und System.arraycopy() erzeugen beide flache Kopien, d.h., für Elemente von Referenztypen werden nur die Referenzen kopiert.

263 Arrays vergrößern oder verkleinern

Seit Java 6 gibt es in der Klasse Arrays zwei Methoden, mit denen Sie bestehende Arrays vergrößern oder verkleinern können.

copyOf(typ[] original, int newLength)

Die Methode copyOf() erzeugt ein neues Array der angegebenen Größe und kopiert die Elemente aus dem Originalarray in die Kopie, die als Ergebnis zurückgeliefert wird.

copyOfRange(typ[] original, int from, int to)

Die Methode copyOfRange() erzeugt aus den Elementen mit den nullbasierten Indizes from (inklusive) bis to (exklusive) ein neues Array und liefert dieses als Ergebnis zurück.

```
import java.awt.Point;
import java.util.Arrays;

public class Start {

    public static void main(String args[]) {
        System.out.println();
        Point[] koords = { new Point(1,1), new Point(2,2), new Point(3,3),
                           new Point(4,4), new Point(5,5), new Point(6,6)
                         };

        System.out.println("\n\n Originalarray: \n");
        for(Point p : koords)
           System.out.print(" (" + p.x + "," + p.y + ") ");

        /*** Array   vergrößern ***/
        Point[] larger  = Arrays.copyOf(koords, koords.length + 4);
        larger[6] = new Point(7,7);
        larger[7] = new Point(7,7);
        larger[8] = new Point(8,8);
        larger[9] = new Point(9,9);

        System.out.println("\n\n\n vergroesserte Kopie: \n");
        for(Point p : larger)
           System.out.print(" (" + p.x + "," + p.y + ") ");


        /*** Array   verkleinern ***/
        Point[] smaller  = Arrays.copyOfRange(larger, 5, larger.length);

        System.out.println("\n\n\n verkleinerte Kopie: \n");
        for(Point p : smaller)
```

Listing 364: Arrays vergrößern oder verkleinern

```
            System.out.print(" (" + p.x + "," + p.y + ") ");

        System.out.println();
    }
}
```

Listing 364: Arrays vergrößern oder verkleinern (Forts.)

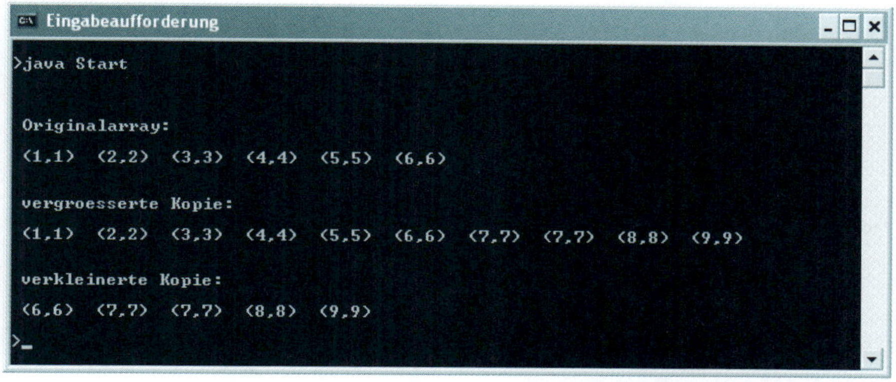

Abbildung 155: copyOf() und copyOfRange() erzeugen vergrößerte oder verkleinerte Kopien.

Hinweis

Beide Methoden arbeiten intern übrigens mit der `System.arraycopy()`-Methode, die in *Rezept 262* vorgestellt wurde.

264 Globale Daten in Java?

In Java können Variablen nur innerhalb von Klassen (als Felder), Methoden (Parameter und lokale Variablen) bzw. Anweisungsblöcken (lokale Variablen) definiert werden. Es gibt folglich keine Möglichkeit, Variablen außerhalb von Klassen zu definieren. Dies macht die Einrichtung anwendungsglobaler Variablen, auf die alle Klassen (respektive Objekte) der Anwendung gemeinsam zugreifen können, schwierig – jedoch nicht unmöglich.

Der Trick ist, die Variablen so in eine Klasse zu verpacken, dass sie global für alle Klassen (Objekte) der Anwendung verfügbar sind. Hierfür gibt es zwei Möglichkeiten:

- Definition als `public static`-Felder
- Definition als Felder einer Singleton-Klasse

Globale Daten als static-Felder

1. Definieren Sie für die globalen Daten nach Möglichkeit eine eigene `public`-Klasse.

   Zur Erinnerung: Die `public`-Deklaration garantiert, dass Sie aus allen Paketen der Anwendung (Bibliothek) auf die Klasse zugreifen können.

2. Definieren Sie in der Klasse statische Felder für den Datenaustausch.

   Wenn Sie den Zugriff auf die Felder kontrollieren möchten, definieren Sie die Felder als `private` und schreiben Sie `public`-Get-/Set-Methoden für den Zugriff.

Die Klasse `POBox` implementiert nach diesem Muster ein öffentlich zugängliches »Postfach«. Mit Hilfe der Methode `setData()` kann eine Nachricht im Postfach hinterlegt werden. Mit `getData()` können die Nachrichten im Postfach abgefragt werden.

```
import java.util.Vector;

public class POBox {
    private static Vector<String> data = new Vector<String>();

    public static Vector<String> getData() {
       return (Vector<String>) data.clone();
    }
    public static void setData(String value) {
       data.add(value);
    }
}
```

Listing 365: Globale Daten in Form statischer Felder

Achtung

Es ist wichtig, dass die Methode `getData()` nur eine Kopie des internen Collection-Objekts zurückliefert. Würde sie eine Referenz auf das Original zurückliefern, könnte diese dazu missbraucht werden, unter Umgehung der Get-/Set-Methoden von `POBox` das Collection-Objekt zu manipulieren.

Das Start-Programm zu diesem Rezept demonstriert, wie die Objekte zweier verschiedener Klassen über `POBox` Daten austauschen. Der Einfachheit halber sind die beteiligten Klassen zusammen mit `Start` in einer Datei definiert.

```
import java.util.Date;
import java.text.DateFormat;
import java.util.Vector;

/**
 * Klasse, die Nachrichten in POBox ablegt
 */
class Agent {
    String code;

    public Agent(String code) {
       this.code = code;
    }

    public void depositMessage(String text) {
        String message;
```

Listing 366: Datenaustausch via statische Felder

```
        // Zeitstempel + Code
        Date time = new Date();
        message = DateFormat.getDateTimeInstance().format(time);
        message += ", Agent " + code + ": ";

        // eigentliche Nachricht
        message += text;

        // Nachricht global speichern
        POBox.setData(message);
    }
}

/**
 * Klasse, die Nachrichten aus POBox ausliest
 */
class Middleman {

    public void collectMessages() {
       Vector<String> messages = POBox.getData();

       for( String s : messages)
           System.out.println(" " + s);
    }
}


public class Start {

    public static void main(String args[]) {

       Agent ag003 = new Agent("003");
       Agent ag021 = new Agent("021");

       ag003.depositMessage("Feind bringt Oelquellen unter seine Kontrolle.");
       ag021.depositMessage("Feind plant geheime Testbohrungen auf Mond.");
       ag003.depositMessage("Feind treibt Oelpreis in die Hoehe.");


       Middleman unknown = new Middleman();
       unknown.collectMessages();
    }
}
```

Listing 366: Datenaustausch via statische Felder (Forts.)

Globale Daten als Felder einer Singleton-Klasse

Die Alternative zur Definition einer Klasse mit statischen Feldern ist die Definition einer Klasse, die intern ein einzelnes Objekt von sich selbst verwaltet und auf Anfrage eine Referenz auf dieses Objekt zurückliefert – ein Design, das gemeinhin als Singleton-Pattern bezeichnet wird (*siehe Rezept 259*).

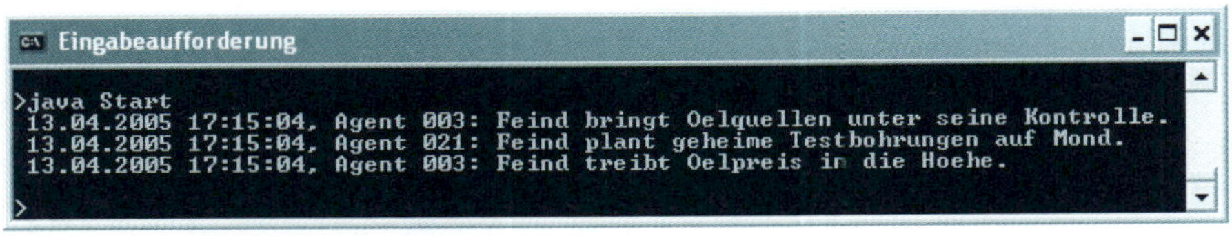

Abbildung 156: Postfächer sind nur eine von vielen möglichen Formen des Datenaustauschs.

```
import java.util.Vector;

public class POBox {
    private static POBox instance;
    private Vector<String> data;

    // direkte Instanzbildung unterbinden
    private POBox() {
        data = new Vector<String>();
    }

    public static POBox getInstance() {
       if (instance == null)
           instance = new POBox();

       return instance;
    }

    public Vector<String> getData() {
       return (Vector<String>) data.clone();
    }
    public void setData(String value) {
       data.add(value);
    }
}
```

Listing 367: Globale Daten in Form einer Singleton-Klasse

Code, der über das Objekt der Singleton-Klasse `POBox` Daten austauschen möchte, kann sich mit `getInstance()` eine Referenz auf das Objekt besorgen. Das Objekt kann dann ebenso verwendet werden, wie im vorangehenden Abschnitt die statische `POBox`-Klasse:

```
// Aus Agent.depositMessage()
    ...
    // Nachricht global speichern
    POBox.getInstance().setData(message);
```

265 Testprogramme schreiben

Die objektorientierte Programmierung führt nahezu zwangsläufig zum modularen Aufbau von Anwendungen und Bibliotheken. Selten besteht eine Anwendung allein aus der `main()`-Methode, meist verteilt sich der Code auf mehrere Klassen, deren Funktionalität wiederum auf mehrere Methoden (und vielleicht noch statische Anweisungsblöcke) verteilt ist. Diese Modularisierung können und sollten Sie zum Testen nutzen.

Während sich kleinere Anwendungen vielleicht noch als Ganzes am Ende des Entwicklungszyklus testen lassen, empfiehlt sich bei der Entwicklung größerer Anwendungen die sofortige Überprüfung bereits fertig gestellter Klassen – im Falle von Bibliotheken ist das Testen der einzelnen Klassen quasi obligatorisch.

Aufbau von Testprogrammen

Für den Aufbau von Testprogrammen gibt es meines Wissens nach keine verbindlichen Normen oder Vorgaben, außer natürlich, dass die Tests geeignet sein müssen, die korrekte Funktionalität des getesteten Codes – soweit möglich und vertretbar – sicherzustellen.

Ein gutes und bewährtes Konzept ist:

1. Für jede Klasse ein eigenes Testprogramm zu schreiben. (Das Testprogramm kann unter Umständen auch als `main()`-Methode in den Code der Klasse integriert werden.)
2. Im Testprogramm jede Methode der Klasse aufrufen und prüfen:
   - Liefert sie korrekte Ergebnisse?

     Denken Sie dabei daran, dass Ergebnisse nicht nur in Form von Rückgabewerten, sondern auch durch Änderung von Referenzparametern oder Feldern der Klasse zurückgeliefert werden können.
   - Wie verarbeitet sie kritische Eingaben?

     Kritische Werte sind meist die `0` (bzw. `0.0`), die `null`-Referenz und Argumente, die in der Methode erst noch in einen anderen Typ umgewandelt werden müssen. Kann es passieren, dass die Methode mit kritischen Werten konfrontiert wird? Wenn ja, testen Sie dies.
   - Wie verarbeitet sie Fehler?

     Vielleicht erlaubt die Methode für einen ihrer Parameter nur ganzzahlige Argumente im Bereich 0 bis 100 und wirft bei Übergabe größerer Zahlen eine `IllegalArgumentException` aus. Oder die Methode greift auf eine externe Ressource zu, die eventuell nicht vorhanden ist. Der Code zum Abfangen dieser Fehler sollte bereits in der Methode implementiert sein. Prüfen Sie, ob die Fehlerbehandlung der Methode zuverlässig arbeitet, indem Sie sie mit Eingaben aufrufen, die diese Fehler heraufbeschwören.
3. Die Tests automatisieren

   Kein Code wird für die Ewigkeit geschrieben. Die Software-Erstellung ist ein zyklischer Prozess, bei dem es immer wieder passiert, dass bereits fertig gestellte und korrekt funktionierende Klassen geändert oder erweitert werden müssen. Die logische Konsequenz: Sofern man das Testen nicht bis ganz zuletzt aufschiebt, muss man sich darauf einstellen, ein und dieselbe Klasse mehrmals zu testen. Und selbst der Abschluss eines Projekts bedeutet noch nicht das Ende des Testens. Irgendwann wird es eine neue Version der Software geben und dies heißt oftmals, dass die Klasse nochmals überarbeitet oder zumindest noch einmal getestet werden muss.

Es lohnt sich daher, das Testprogramm von vornherein so aufzusetzen, dass es automatisch abläuft. Das heißt, das Testprogramm wird so geschrieben, dass es selbstständig prüft, ob die getesteten Methoden wie erwartet arbeiten. Statt beispielsweise den Rückgabewert einer getesteten Methode auszugeben und es dem Programmierer zu überlassen, diesen mit dem erwarteten Rückgabewert zu vergleichen, führt das Testprogramm den Check selbst durch und gibt auf der Konsole nur noch aus, ob der Test erfolgreich war oder nicht.

Im Falle eines gescheiterten Tests muss der Programmierer auf den Test und die möglicherweise fehlerhafte Methode aufmerksam gemacht werden – beispielsweise indem das Testprogramm an der betreffenden Stelle mit einer Fehlermeldung oder einem Fehlerbericht abbricht.

Beispiel

Anhand eines einfachen Beispiels möchte ich zeigen, wie ein Testprogramm nach obigen Maßgaben aussehen könnte. Zu prüfen ist dabei lediglich eine einzelne statische Methode, die das Volumen einer Kugel berechnet:

```
// in Klasse MoreMath

/**
 * Volumen einer Kugel aus Radius berechnen
 */
public static double volumeSphere(double r) {
  if (r < 0)
     throw new IllegalArgumentException("nicht erlaubtes negatives Argument");

    return 4.0/3.0 * Math.PI * r*r*r;
}
```

Listing 368: Die zu testende Methode

Das zugehörige Testprogramm führt den Korrektheitsnachweis für die Methode mit Hilfe zweier Einzeltests:

- Aufruf mit einem negativen Radius, um zu testen, ob `IllegalArgumentException` ausgelöst wird.

  ```
  radius = -0.5;
  try {
       volume = MoreMath.volumeSphere(radius);
       error(" Neg. Argument hat keine Exception ausgeloest!");
  } catch (IllegalArgumentException e) {
  }
  ```

  Wird keine Exception ausgelöst, wird nach dem Aufruf von `MoreMath.volumeSphere()` die statische Hilfsmethode `error()` ausgeführt, die die übergebene Fehlermeldung ausgibt und das Programm abbricht.

  Wird hingegen wunschgemäß eine `IllegalArgumentException` ausgelöst, wird die `error()`-Methode nicht mehr ausgeführt, da die Programmausführung direkt zum behandelnden `catch`-Block springt (der nichts weiter macht, so dass das Programm normal fortgeführt wird).

- Aufruf mit positivem Radius, um zu testen, ob korrektes Volumen berechnet wird.

```
radius = 4.01;
corrValue = 270.0982231;
volume = MoreMath.volumeSphere(radius);

if( !equals(volume, corrValue, eps) )
    error(" Volumenberechnung liefert falsches Ergebnis");
```

Hier ist lediglich zu beachten, dass die `double`-Werte mit einer vorgegebenen Genauigkeit verglichen werden, *siehe Rezept 6*.

Und hier noch einmal der vollständige Quelltext:

```
public class Testlauf {

    // Hilfsmethode zum Ausgeben von Fehlermeldungen
    public static void error(String s) {
        System.out.println(" FEHLER: " + s);
        System.exit(0);
    }
    // Hilfsmethode zum Vergleichen mit definierter Genauigkeit
    public static boolean equals(double a, double b, double eps) {
       return Math.abs(a - b) < eps;
    }

    public static void main(String args[]) {

      System.out.println("\n ********************************");
      System.out.println(" Teste MoreMath.volumeSphere() : \n");

      double radius;
      double volume;
      double corrValue;
      double eps = 1e-7;

      // Methode soll bei negativem Argument IllegalArgumentException auslösen
      radius = -0.5;
      try {
           volume = MoreMath.volumeSphere(radius);
           error(" Negatives Argument hat keine Exception ausgeloest!");
      } catch (IllegalArgumentException e) {
      }
      System.out.println("\t IllegalArgumentException:  okay");


      // Methode soll für gegebenen Radius das korrekte Volumen zurückliefern
      radius = 4.01;
      corrValue = 270.0982231;
      volume = MoreMath.volumeSphere(radius);

      if( !equals(volume, corrValue, eps) )
```

Listing 369: Das Testprogramm

```
            error(" Volumenberechnung liefert falsches Ergebnis");

        System.out.println("\t Volumenberechnung:  okay");
        System.out.println("\n Methode okay!\n");

    }
}
```

Listing 369: Das Testprogramm (Forts.)

Abbildung 157: Testprogramm bricht mit Fehler ab (der Code von volumeSphere() wurde zuvor geändert).

Abbildung 158: Testprogramm läuft ohne Fehler bis zum Ende durch.

266 Debug-Stufen definieren

Das vorliegende Rezept ist für Programmierer, die das Debuggen mit Konsolenausgaben dem Einsatz eines Debuggers vorziehen, bzw. Programmierer, die für bestimmte Debug-Aufgaben eine Alternative zum Debugger suchen.

Testprogramme liefern in der Regel nur allgemeine Hinweise darauf, wo Fehler auftauchen und Fehlerquellen zu suchen sind. Hinzu kommt, dass es immer wieder Fehler gibt, die vom Testprogramm nicht entdeckt werden und die sich dann erst beim Abschlusstest oder – noch schlimmer – bei Ausführung durch den Kunden zeigen. Dann muss der Code debuggt werden.

Manchmal genügt es, die verdächtige Codestelle einfach nochmals gründlich anzuschauen, und schon springt der Fehler ins Auge. Meist bedarf es aber zusätzlicher Hilfsmittel, die dem Programmierer mehr Informationen darüber an die Hand geben, was während der Ausführung in dem Programm/Code passiert. Das wichtigste Hilfsmittel ist zweifelsohne der Einsatz eines Debuggers. Alternativ oder ergänzend bauen viele Programmierer aber auch `println()`-Ausgaben in den Code ein, um Informationen (aktuelle Werte wichtiger Variablen, Statusmeldungen) auf die Konsole auszugeben.

println()-Ausgaben lassen sich relativ schnell in den Code einfügen. Sie sind permanent, d.h. der Programmierer kann das Programm ganz (oder bis zu natürlichen Unterbrechungen) ausführen und danach die Konsolenausgaben prüfen. Umfangreichere Ausgaben lassen sich in Dateien umleiten, *siehe Rezept 88*. Mittels println()-Ausgaben kann man nachvollziehen, in welcher Reihenfolge die Methoden während der Ausführung des Programms ausgeführt werden. (Bei Einsatz eines Debuggers muss man dazu das Programm im Programm schrittweise ausführen und verfolgen, was zwar auch seine Vorzüge hat, aber eine langwierige Angelegenheit darstellt.)

Nachteilig ist, dass die println()-Ausgaben den eigentlichen Quelltext zerpflücken und die Lesbarkeit beeinträchtigen. Sie fließen in den Class-Code ein und müssen daher spätestens vor Kompilierung der Final-Version entfernt werden. Sie lassen sich leider nicht auf Wunsch einfach an- und ausschalten.

Halt! Zumindest der letzte Punkt lässt sich mit ein wenig Mehraufwand doch realisieren.

Debug-Stufen und bedingte Debug-Ausgaben

In C++ können Debug-Ausgaben in #ifdef-Präprozessordirektiven eingefasst werden:

```
#define DEBUG_LEVEL0;  // nur C++
...
#ifdef DEBUG_LEVEL0
    printf(" ... ");
#endif
```

Hier wird die printf-Ausgabe nur dann ausgeführt, wenn die Konstante DEBUG_LEVEL0 definiert ist. Tatsächlich, und dies ist der Vorteil des Präprozessors, wird der Code innerhalb der Präprozessor-Direktiven #ifdef – #endif gar nicht erst kompiliert, wenn DEBUG_LEVEL0 nicht definiert ist. Der C++-Programmierer kann also durch Ein- und Auskommentieren der #define-Zeile steuern, ob die Debug-Ausgaben in den kompilierten Code (entspräche in etwa dem Bytecode von Java) aufgenommen und ausgeführt werden.

Java kennt keine Präprozessordirektiven und so gibt es keine Möglichkeit, zu steuern, ob Debug-Ausgaben in den Bytecode aufgenommen werden sollen oder nicht (außer durch Auskommentierung oder Löschen). Wir können aber nach obigem Schema ein System von Debug-Ausgaben aufbauen, die auf einfache Weise ein- und ausgeschaltet werden können.

1. Zuerst definieren Sie einen Satz boolescher Debug-Konstanten, über die Sie die Debug-Ausgaben ein- und ausschalten können. Grundsätzlich würde eine einzige Konstante genügen. Durch Definition mehrerer Konstanten können Sie aber zwischen verschiedenen Arten von Debug-Ausgaben (Stackinformationen, Methodenparameter, berechnete Zwischenwerte etc.) unterscheiden und diese gezielt ein- und ausschalten. Wenn Sie grundsätzlich stets mit denselben Debug-Konstanten arbeiten, können Sie diese in einer eigenen public-Klasse definieren und dann in beliebigen Projekten verwenden:

   ```
   public class DEBUG {
      public final static boolean LEVEL0 = false; // Methoden-
                                                  // Tracing
      public final static boolean LEVEL1 = false; // Parameter und
                                                  // return-Werte
      public final static boolean LEVEL2 = false; // Hilfsvariablen
                                                  // Teilschritte
   }
   ```

Sonstiges

2. Anschließend fassen Sie im Quellcode die Debug-Ausgaben in if-Bedingungen ein, beispielsweise:

```
public static double eineMethode(int param) {
    int localVar = 1;

          if (DEBUG.LEVEL0)
             System.out.println("\n\t in Methode "
                                + "Klasse.eineMethode()");


    // tue etwas
}
```

   Wenn Sie die Debug-Ausgaben weiter einrücken als den eigentlichen Code, können Sie die Debug-Ausgaben später leichter aufspüren (möglich ist auch die Suche nach dem String »DEBUG«) und entfernen.

   Um die Debug-Ausgaben übersichtlicher zu gestalten, können Sie die Ausgaben umso weiter einrücken, je höher die Debug-Stufe ist.

Das folgende Listing enthält eine fehlerhafte Version der Methode `geomMean()` zur Berechnung des geometrischen Mittels (*siehe auch Rezept 20*). Der betriebene Aufwand zum Aufbau abgestufter, bedingter Debug-Ausgaben steht in diesem Fall zwar in keinem Verhältnis zur Komplexität der Methode, doch geht es uns ja vornehmlich um die Verdeutlichung des Prinzips.

```
public class MoreMath {

    // Instanzbildung unterbinden
    private MoreMath() { }


    /**
     * Geometrisches Mittel
     */
    public static double geomMean(double... values) {
       double sum = 0;
       double result;

               if (DEBUG.LEVEL0)
                   System.out.println("\n\t in Methode MoreMath.geomMean()");
               if (DEBUG.LEVEL1) {
                   System.out.print("\t\t Parameter: ");
                   for (double d : values)
                      System.out.print("  " + d);
                   System.out.println();
               }


       for (double d : values) {
           sum *= d;

               if (DEBUG.LEVEL2)
```

Listing 370: geomMean() mit bedingten Debug-Ausgaben

```
                System.out.println("\t\t\t sum = " + sum);
        }

            if (DEBUG.LEVEL2)
               System.out.println("\t\t\t exponent = " + 1/values.length);


        result = Math.pow(sum, 1/values.length);

            if (DEBUG.LEVEL1)
               System.out.println("\t\t Return-Wert:  " + result + "\n");
            if (DEBUG.LEVEL0)
               System.out.println("\t verlasse MoreMath.geomMean()\n");

        return result;
     }
  }
```

Listing 370: geomMean() mit bedingten Debug-Ausgaben (Forts.)

Um die Methode zu debuggen, können Sie nun so vorgehen, dass Sie in `DEBUG` die Debug-Konstanten auf `true` setzen, die Class-Dateien löschen, neu kompilieren und das Programm ausführen.

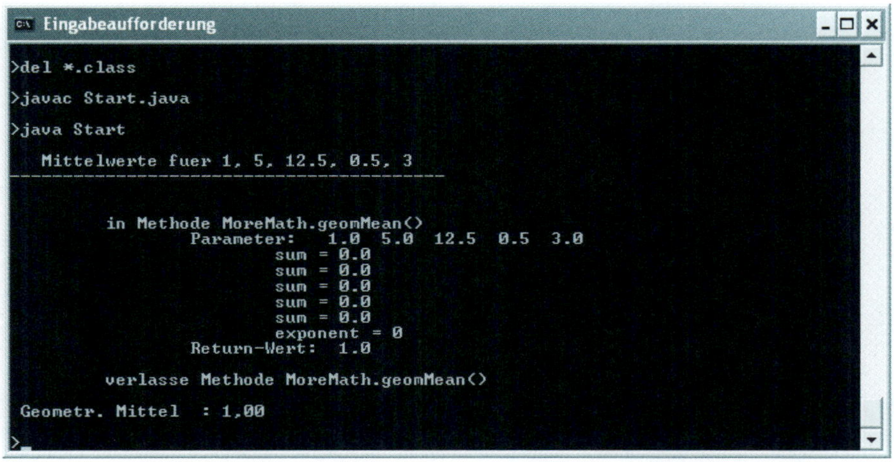

Abbildung 159: Ausführung mit Debug-Ausgaben der Stufen 0 bis 2

267 Code optimieren

Nachdem Sie den Code einer Anwendung, eines Moduls oder auch einer einzelnen Klasse fertig gestellt, auf Fehler untersucht, getestet und für gut befunden haben, sollten Sie ihn abschließend noch einmal kompilieren und dabei vom Compiler optimieren lassen.

Übergeben Sie dem *javac*-Compiler dazu beim Aufruf die Optionen `-O` (Optimierung einschalten) und `-g:none` (keine Debuginformationen aufnehmen):

```
javac -g:none -O quelldatei.java
```

Hinweis

Die Optimierung durch den Compiler ist selbstverständlich kein Ersatz für eigene Optimierungen, wie z.B.:

- Schleifen von unnötigen Anweisungen (inklusive Reservierung lokaler Variablen oder Erzeugung temporärer Objekte) befreien.
- Zeitkritische Algorithmen und Methoden einer Laufzeitmessung unterziehen (*siehe Rezept 62*) und gegebenenfalls verbessern.
- Prüfen, ob es zeitraubende Operationen gibt, die unnötigerweise wiederholt ausgeführt werden. (Beispiel: Eine Datei wird mehrfach an verschiedenen Stellen im Programm geöffnet, bearbeitet und wieder geschlossen. Mögliche Lösung: Die Datei wird zu Beginn des Programms einmalig geöffnet und gelesen, alle Änderungen werden zwischengespeichert und erst bei Beendigung des Programms in die Datei geschrieben. Beispiel: Eine Anwendung erzeugt an mehreren Stellen im Programm die gleichen Objekte. Mögliche Lösung: einmal erzeugte Objekte in einem Pool verwahren und bei wiederholter Anforderung aus dem Pool zurückliefern, *siehe Rezepte 179 und 240*.)

Übertreiben Sie es aber nicht mit eigenen Optimierungen. Wir leben nicht mehr in den Achtzigern, als Arbeitsspeicher in Kbyte statt in Gbyte angegeben wurde, und Programme nicht nur hinsichtlich der Laufzeit, sondern auch bezüglich ihres Speicherbedarfs, Arbeits- wie Festplattenspeicher, optimiert wurden. Ja, nicht selten wurden sogar Variablennamen gekürzt und Whitespace zusammengestrichen, damit die Quelltexte (!) nicht unnötig viel Speicher auf der Festplatte belegen. Die Folgen waren äußerst schlanke und effiziente Programme, aber auch kryptischer, schwer zu wartender und leider oft auch fehlerhafter Code. Kein Wunder also, dass viele namhafte Programmierer in der Optimierung den Ursprung allen Übels sahen.

Mittlerweile haben sich die Prioritäten verschoben. Ausführungsgeschwindigkeit und Speicherbedarf der Anwendungen sind heute angesichts immer schnellerer Prozessoren und immer üppiger ausgestatteter Speichermedien zumeist unkritisch.[1] Dies sollte jedoch kein Freibrief sein, mit den Ressourcen des Rechners in unverantwortlich verschwenderischer Weise umzugehen. Exzessive Optimierung sollte nur zum Einsatz kommen, wo es die Umstände erfordern bzw. die erzielten Ergebnisse den Aufwand rechtfertigen. Leistungsvermögen, Fehlerfreiheit, Wartbarkeit und Lesbarkeit des Codes sollten der Optimierung nach Möglichkeit nicht zum Opfer fallen.

268 jar-Archive erzeugen

Da sich ein Java-Programm oder auch ein Applet in der Regel aus mehreren, teilweise sogar Hunderten von Klassen zusammensetzt, besteht somit auch das kompilierte Programm aus genauso vielen *.class*-Dateien. Hinzu kommen möglicherweise noch viele weitere Dateien, wie zum Beispiel Bilder. Für die Weitergabe eines Programms ist dies ziemlich unpraktisch; bei Applets bedeutet es zudem sehr lange Ladezeiten, da für jede einzelne Datei, die zu einem Applet gehört, eine HTTP-Get-Anfrage gestellt werden muss. Aus diesen Gründen wurde das

1. Liest man die Systemanforderungen von neu erscheinenden State-of-the-Art-Programmen kann man sogar leicht den Eindruck gewinnen, dass die Software-Entwickler es darauf anlegen, die Leistungsgrenzen der aktuellen Rechnergeneration auszutesten, so als befürchteten sie, dass ihre Software als veraltet oder minderwertig eingeschätzt werden könnte, wenn sie noch auf einem Rechner der vorangehenden Generation lauffähig wäre.

jar-Archivformat eingeführt. Es ist eng an das ZIP-Format angelehnt, so dass die üblichen Tools wie WinZip solche Archive auch öffnen (aber in der Regel nicht erzeugen) können.

Zum Anlegen von Jar-Archiven benötigt man das Programm *jar*, das in jedem JDK enthalten ist. Die allgemeine Syntax zum Anlegen von jar-Dateien sieht wie folgt aus:

jar cf Archivname.jar Dateien

Angenommen, Sie möchten die *.class*-Dateien *MeinProg.class* und *Fenster.class* zu einem Archiv namens *Demo.jar* zusammenfassen. Dann würden Sie *jar* wie folgt ausführen:

jar cf Demo.jar MeinProg.class Hilfe.class

Inhalt eines jar-Archivs kontrollieren

Um zu kontrollieren, was sich in einem jar-Archiv befindet, können Sie fast alle Dateikomprimierer (z.B. WinZip) verwenden oder das jar-Programm selbst:

jar tf Demo.jar

Ausführbare Jar-Dateien

Für Java-Anwendungen, die aus einem jar-Archiv starten gestartet werden sollen, müssen Sie angeben, welche Klasse die `main()`-Methode enthält. Die nötigen Informationen können Sie via eine Manifest-Datei oder – seit Java 6 – über die Option `e` bereitstellen.

Angabe der Startklasse (hier *MeinProg.class*) über die Option `e`:

jar cfe Demo.jar MeinProg MeinProg.class Hilfe.class

Angabe der Startklasse (hier *MeinProg.class*) über eine Manifest-Datei:

Legen Sie im Projektverzeichnis ein Unterverzeichnis *meta-inf* an und darin eine simple Textdatei *Manifest.mf* mit der folgenden Zeile:

```
Start-Class: MeinProg
```

Anschließend können Sie das Archiv erzeugen, wobei Sie durch das Flag *m* signalisieren, dass eine Manifest-Datei mitgegeben werden soll:

jar cmf Demo.jar meta-inf/Manifest.mf MeinProg.class Hilfe.class

Um ein solches jar-Archiv für eine Java-Anwendung auszuführen, schicken Sie in der Konsole den Befehl *java –jar Demo.jar* ab oder doppelklicken in einem Dateifenster auf das jar-Archiv.

Selbstverständlich kann man nicht nur *.class*-Dateien, sondern auch komplette jar-Archive hinzufügen. Allerdings wird dann eine erweiterte Manifest-Datei erwartet, bei der das jar-Archiv im Parameter `Class-Path` definiert wird. Wenn beispielsweise das Archiv *jdom.jar* dazugehören soll, dann muss die Manifest-Datei folgendermaßen aussehen:

```
Main-Class: MeinProg
Class-Path: jdom.jar
```

Der Aufruf zum Erzeugen des Archivs lautet dann:

jar cmf Demo.jar meta-inf/Manifest.mf MeinProg.class Hilfe.class jdom.jar

Wenn Sie keine selbstständige Anwendung verpacken wollen, sondern vielmehr eine Sammlung von Klassen, die von anderen Java-Programmen aufrufbar sein sollen, müssen Sie die Null-Option (`0`) beim Erzeugen des jar-Archivs verwenden:

jar cmf0 Demo.jar meta-inf/Manifest.mf MeinProg.class Hilfe.class jdom.jar

Hierdurch werden die Dateien nicht komprimiert, so dass die Java Virtual Machine das jar-Archiv nach Klassen durchsuchen kann.

Applets

Für den Aufruf eines Applets müssen im `<applet>`-Tag die Attribute `code` und `archive` definiert sein:

```
<applet code = MeinProg.class
              archive = Demo.jar
              width = 300
              height = 300>
```

269 Programme mit Ant kompilieren

Zur Software-Entwicklung gehört neben dem Schreiben des Codes auch das Kompilieren und Verwalten desselbigen. Den meisten Programmierern sind diese Aufgaben lästig, lenken sie doch nur von dem eigentlichen, kreativen Prozess der Software-Entwicklung ab. Es gibt daher unzählige Programme auf dem Markt, die dem Programmierer bei der effizienten Bewältigung dieser Aufgaben zur Seite stehen: angefangen von einfachen make-Tools über Editoren mit integriertem Compiler-Aufruf bis zur ausgewachsenen IDE. Eines der herausragendsten und leistungsfähigsten Tools ist Ant. Ant stammt von der Apache Software Foundation und ist Open Source.

Mit Ant können Sie unter anderem

- Dateien und Verzeichnisse erstellen, kopieren, löschen,
- Java-Anwendungen kompilieren,
- Archiv-Dateien erstellen (JAR, WAR, TAR etc.),
- eine Versionskontrolle einrichten,
- mit IDE-Umgebungen interagieren,
- FTP-Befehle ausführen.

Zudem ist Ant erweiterbar, d.h., Sie können eigene Aufgaben definieren und von Ant ausführen lassen.

Ant herunterladen und einrichten

1. Ant können Sie als Binärdistribution von der Website *http://ant.apache.org/bindownload.cgi* herunterladen. Wenn Sie unter Windows arbeiten, werden Sie vermutlich die ZIP-Datei herunterladen, während sich Linux-Anwender wohl eher für die .tar.gz-Datei entscheiden.
2. Als Nächstes extrahieren Sie die Dateien unter Verwendung der Pfadinformationen in ein passendes Verzeichnis. Als Ergebnis wird unter dem Zielverzeichnis ein Verzeichnis *apache-ant-1.7.0* angelegt. (Version 1.7.0 war zum Zeitpunkt der Drucklegung dieses Buchs aktuell. Wenn Sie eine neuere Version installieren, lautet der Pfad entsprechend anders.)

Achtung

Wenn Sie unter Windows 95, 98 oder Me arbeiten, sollten Sie den Namen des Ant-Verzeichnisses so ändern, dass er dem 8.3-Format entspricht – also beispielsweise *Ant164* oder einfach *Ant*.

3. Um Ant von jedem beliebigen Verzeichnis aus aufrufen zu können, müssen Sie das Ant-bin-Verzeichnis in Ihren Systempfad (Umgebungsvariable `PATH`) eintragen.

   Unter Windows 95/98 setzen Sie die Umgebungsvariable in der *autoexec.bat*. Unter Windows2000/2003/XP/Vista setzen Sie die Umgebungsvariable über SYSTEMSTEUERUNG/SYSTEM/ERWEITERT/UMGEBUNGSVARIABLEN, Bereich SYSTEMSVARIABLEN. Unter Windows Vista setzen Sie die Umgebungsvariable über SYSTEMSTEUERUNG/KLASSISCHE ANSICHT/SYSTEM/ERWEITERTE SYSTEMEINSTELLUNGEN/UMGEBUNGSVARIABLEN, Bereich SYSTEMSVARIABLEN.

   Unter Unix/Linux definieren Sie die Umgebungsvariable in */etc/profile* (sofern Sie dazu berechtigt sind) oder in Ihrer lokalen Profile-Datei (je nach Konfiguration *.profile*, *.login*, *.tcshrc*, *.bashrc* o.Ä.)

4. Definieren Sie die Umgebungsvariable `ANT_HOME` und weisen Sie dieser den vollständigen Pfad bis zu dem Ant-Installationsverzeichnis, einschließlich apache-ant-x.x.x, zu.

5. Definieren Sie die Umgebungsvariable `JAVA_HOME` und weisen Sie dieser den vollständigen Pfad zu dem Installationsverzeichnis Ihres Java-SDK zu.

Um die Installation einem ersten Test zu unterziehen, müssen Sie je nach Betriebssystem ein neues Konsolenfenster starten, sich neu anmelden oder den Rechner gänzlich neu booten. Danach schicken Sie von einer Konsole den Befehl `ant -version` ab. Als Ergebnis sollten die Versionsnummer und das Datum der Kompilation angezeigt werden.

Ant-Grundprinzipien

Ant wird durch XML-Dateien namens *build.xml* gesteuert. Für jedes Software-Projekt, das Sie mit Ant kompilieren oder anderweitig bearbeiten und verwalten möchten, schreiben Sie eine eigene *build.xml*-Datei, die Sie im Projektverzeichnis abspeichern.

Die *build.xml*-Datei enthält eine Tag-Hierarchie, an deren Spitze der Projektknoten steht. Darunter folgen `<property>`-Tags zur Definition globaler Eigenschaften und `<target>`-Tags, die die eigentlichen Aufgaben darstellen, die von Ant ausgeführt werden können. Die `<target>`-Tags wiederum werden als eine Abfolge von Tasks definiert. Tasks sind elementare Befehle wie `<delete>` zum Löschen von Dateien und Verzeichnissen oder `<javac>` zum Kompilieren. Die wichtigsten Tasks sind bereits vordefiniert (siehe Ant-Dokumentation). Daneben ist es aber auch möglich, eigene Tasks in Form von Java-Klassen zu implementieren (siehe Ant-Dokumentation).

Um eine Target-Aufgabe auszuführen, rufen Sie Ant einfach aus dem Verzeichnis, in dem die *build.xml*-Datei steht, mit dem Namen der Task auf. Wenn Sie also beispielsweise ein Target `<compile>` definiert haben, können Sie dieses durch Aufruf von

```
ant compile
```

ausführen.

```
<?xml version="1.0" encoding="ISO-8859-1" ?>

<project name="DemoProject" default="compile" basedir=".">

    <!-- Globale Eigenschaften -->
    <property name="classes_dir"    location="${basedir}/classes"/>


    <!-- Target namens compile zum Kompilieren der Quelldateien -->
    <target name="compile">
       <!-- Aufruf der Task javac
            Die .java-Dateien aus dem Unterverzeichnis src werden kompiliert,
            die erzeugten .class-Dateien werden in dem Verzeichnis gespeichert,
            das durch die Eigenschaft classes_dir angegeben wird - in diesem
            Fall wäre dies das Unterverzeichnis classes
       -->
       <javac srcdir="src" destdir="${classes_dir}" />
    </target>

</project>
```

Listing 371: Aufbau einer typischen build.xml-Datei

Alle Tags lassen sich über Attribute konfigurieren.

Für das <project>-Tag gibt es drei optionale Attribute:

- name – der frei zu vergebende Name des Projekts.
- default – gibt an, welches Target auszuführen ist, wenn Ant ohne Angabe eines Targets aufgerufen wird.
- basedir – Basisverzeichnis des Projekts. Bezugspunkt für alle Pfadangaben, kann selbst in Target- und Task-Attributen verwendet werden.

<property>-Tags werden meist unter Angabe von Name und Wert bzw. Name und Pfadangabe definiert:

```
<property name="prop1" value="wert" />
<property name="prop2" location="./verzeichnisname" />
```

Der Wert (value) einer Eigenschaft kann in Attributen anderer Tags referenziert werden. Setzen Sie den Namen der Eigenschaft dazu in geschweifte Klammern und stellen Sie dem Ganzen das Dollarzeichen voran: ${prop1}.

Hinweis

Übrigens: basedir ist eine vordefinierte Eigenschaft, deren Wert über das gleichnamige <project>-Attribut gesetzt wird.

Die wichtigsten <target>-Attribute sind:

- name – obligatorisch. Um eine bestimmte Aufgabe auszuführen, rufen Sie von der Konsole Ant mit dem Namen des Targets auf.

- depends – eine durch Kommata getrennte Liste von Targets, die in der angegebenen Reihenfolge abgearbeitet werden, bevor das aktuelle Target ausgeführt wird.

Mit Ant kompilieren

Um die von Ant gebotene Flexibilität zu demonstrieren, nehmen wir an, Sie hätten sich entschlossen, Quelldateien und Class-Dateien in unterschiedlichen Verzeichnishierarchien zu organisieren. Für die Quelldateien legen Sie unter dem Projektverzeichnis ein Verzeichnis *src* an, in dem Sie Ihre Java-Quelltextdateien speichern. Ressourcendateien wie Bilder, Sound etc. speichern Sie in einem *src* untergeordneten Verzeichnis *resources*:

```
Projektverzeichnis
   |-- src
        |-- resources
```

Die Class-Dateien sollen beim Kompilieren in einem eigenen Verzeichnis *Projektverzeichnis/classes* abgelegt werden, welches notfalls automatisch neu anzulegen ist. Außerdem muss das *resources*-Verzeichnis mit den Ressourcendateien nach *classes* kopiert werden, damit die Ressourcen bei Ausführung des Programms gefunden werden. Sie können all dies mit einem einzigen Aufruf

```
ant compile
```

erledigen, wenn Sie zuvor folgende Build-Datei in dem Projektverzeichnis (von wo Sie auch Ant aufrufen) speichern:

```
<?xml version="1.0" encoding="ISO-8859-1" ?>

<project name="DemoProject" default="compile" basedir=".">
    <description> Beispiel für eine Build-Datei zum Kompilieren einer Java-Anwendung
    </description>

    <!-- Globale Eigenschaften -->
    <property name="resource_dirname"  value="resources"/>
    <property name="resource_dir"
              location="${basedir}/src/${resource_dirname}"/>


    <!-- Als Vorbereitung zum Kompilieren -->
    <!-- alte Class-Dateien löschen und Ressoucenverzeichnis kopieren -->
    <target name="prepare_compile">
       <mkdir dir="classes"/>

       <delete>
          <fileset dir="classes" includes="**/*.class" />
       </delete>

       <copy todir="classes/${resource_dirname}">
           <fileset dir="${resource_dir}" />
       </copy>

    </target>
```

Listing 372: Beispiel für eine Build.xml-Datei zum Kompilieren mit Ant

```
    <!-- Quelldateien kompilieren -->
    <target name="compile" depends="prepare_compile">
       <javac srcdir="src" destdir="classes" />
    </target>

</project>
```

Listing 372: Beispiel für eine Build.xml-Datei zum Kompilieren mit Ant (Forts.)

Zu Beginn werden drei globale Eigenschaften definiert:

- Als Basisverzeichnis basedir wird das aktuelle Verzeichnis, in dem die Build-Datei steht, festgelegt.
- resource_dirname speichert den Namen des Ressourcenverzeichnisses.
- resource_dir speichert das Ressourcenverzeichnis selbst.

Später, bei der Vorbereitung zum Kompilieren werden die beiden letztgenannten Eigenschaften herangezogen, um die Ressourcen aus dem Ressourcenverzeichnis unter *src* in ein gleichnamiges Verzeichnis unter *classes* zu kopieren.

Damit wären wir auch schon beim ersten Target: prepare_compile. Dieses Target führt drei Tasks aus. Zuerst wird mit <mkdir> unter dem basedir-Verzeichnis ein Verzeichnis *classes* angelegt. Existiert das Verzeichnis bereits, tut <mkdir> nichts weiter. Anschließend werden mit <delete> alle *.class*-Dateien in dem Verzeichnis *classes* gelöscht. (Für den Fall, dass von einer früheren Kompilation noch ältere Class-Dateien in dem Verzeichnis stehen.) Schließlich wird der Inhalt des Ressourcenverzeichnisses unter *src* in ein gleichnamiges Verzeichnis unter *classes* kopiert.

Das zweite Target lautet compile. Das depends-Attribut des Targets sorgt dafür, dass bei jedem Aufruf von compile zuerst prepare_compile ausgeführt wird. Danach wird die javac-Task ausgeführt, die die Java-Dateien aus dem Verzeichnis *src* kompiliert und die erzeugten Class-Dateien in *classes* ablegt.

Das Target compile kann wahlweise mit ant compile oder – da compile im <project>-Tag als Standardtarget (default-Attribut) ausgewählt wurde – einfach mit ant ausgeführt werden.

Die Befehle im prepare_compile-Target hätte man natürlich auch direkt im compile-Target unterbringen können. Durch die Auslagerung wird der Code aber modularer und das prepare_compile-Target kann im Falle einer Erweiterung der Build-Datei auch in anderen Targets verwendet werden – beispielsweise zur Erstellung einer Build-Kompilation.

```
Projektverzeichnis
   |-- classes
         |-- resources
   |-- src
         |-- resources
```

Listing 373: Verzeichnisstruktur nach Aufruf von ant compile

Von Ant eine Build-Version erstellen lassen

Mit dem compile-Target aus dem vorangehenden Abschnitt können Sie Ihr Projekt auf dem aktuellen Stand bequem kompilieren, um es anschließend auszuführen und zu testen. Vielleicht möchten Sie aber bei Erreichen bestimmter Projektphasen oder Zwischenstände das gesamte Projekt als »Build« speichern, mit Quelldateien und optimierten Class-Dateien? Für Ant kein Problem! Sie müssen lediglich ein passendes Target, wir nennen es hier build, definieren.

```
<?xml version="1.0" encoding="ISO-8859-1" ?>

<project name="DemoProject" default="compile" basedir=".">
    <description> Beispiel für eine Build-Datei </description>

    <!-- Globale Eigenschaften -->
    <property name="resource_dirname"  value="resources"/>
    <property name="resource_dir"
              location="${basedir}/src/${resource_dirname}"/>
    <property name="build_dir"
              location="${basedir}/build"/>


    <target name="prepare_compile">
       <!-- wie oben -->
    </target>

    <target name="compile" depends="prepare_compile">
       <!-- wie oben -->
    </target>



    <!-- Als Vorbereitung für neue Build-Version -->
    <!-- Build-Verzeichnis löschen und neu anlegen -->
    <target name="prepare_build" depends="clean, prepare_compile">
       <mkdir dir="${build_dir}"/>
    </target>


    <!-- Neue Build-Version erstellen -->
    <target name="build" depends="prepare_build">
       <javac srcdir="src" destdir="classes" debug="off"
              optimize="on" deprecation="off" />

       <copy todir="${build_dir}">
           <fileset dir="classes" />
       </copy>

       <copy todir="${build_dir}/src">
           <fileset dir="src" />
       </copy>
```

Listing 374: Erweitertes Beispiel für eine Build.xml-Datei zum Kompilieren mit Ant

```
    </target>

    <!-- Build-Verzeichnis komplett entfernen -->
    <target name="clean">
       <delete dir="${build_dir}"/>
    </target>

</project>
```

Listing 374: Erweitertes Beispiel für eine Build.xml-Datei zum Kompilieren mit Ant (Forts.)

Das Target `build` führt zuerst `prepare_build` aus, welches wiederum von `clean` und `prepare_compile` abhängt.

Das Target `clean` löscht das Build-Verzeichnis, sofern dies schon einmal angelegt wurde, komplett von der Festplatte.

Das Build-Verzeichnis ist nicht direkt angegeben, sondern wird über die Eigenschaft `build_dir` referenziert. Für Namen, Dateien oder Verzeichnisse, auf die mehrfach Bezug genommen wird, lohnt sich eigentlich immer die Definition einer entsprechenden Eigenschaft. Im Falle einer nachträglichen Änderungen müssen Sie dann nur die Eigenschaft korrigieren.

Das Target `prepare_compile` wurde bereits im vorangehenden Abschnitt beschrieben. Es sorgt dafür, dass ein Unterverzeichnis *classes* mit einem weiteren Unterverzeichnis für die Ressourcendateien existiert, und löscht vorhandene alte Class-Dateien.

Das neu hinzugekommene Target `prepare_build` legt das Verzeichnis für die Build-Dateien an.

Das Target `build` schließlich kompiliert die Anwendung. Im Gegensatz zum `compile`-Target werden aber keine Debug-Informationen in die Class-Dateien mit aufgenommen. Dafür wird der Code optimiert und anschließend die neu erstellten Class-Dateien aus dem Verzeichnis *classes* in das Build-Verzeichnis und der Inhalt des *src*-Verzeichnisses in ein gleichnamiges Verzeichnis unter dem Build-Verzeichnis kopiert.

```
Projektverzeichnis
   |-- build
         |-- resources
         |-- src
              |-- resources
   |-- classes
         |-- resources
   |-- src
         |-- resources
```

Listing 375: Verzeichnisstruktur nach Aufruf von ant build

270 Ausführbare jar-Dateien mit Ant erstellen

Um mit Ant eine ausführbare Jar-Datei zu erzeugen, müssen Sie eine passende Manifest-Datei anlegen und ein Target definieren, das mit Hilfe der vordefinierten jar-Task die Manifest-Datei zusammen mit den Class- und Ressourcendateien der Anwendung in eine Jar-Datei packt.

```
<target name="buildjar" depends="build">
    <jar jarfile="${build_dir}/${ant.project.name}.jar"
         basedir="${build_dir}"
         manifest="Manifest.mf"/>
</target>
```

Listing 376: Beispiel-Target zur Erzeugung einer ausführbaren Jar-Datei

Obiges Target ruft zuerst das Target build auf (siehe vorhergehendes Rezept), um sicherzustellen, dass die Class-Dateien in dem Verzeichnis, das von der Eigenschaft build_dir referenziert wird, auf dem neuesten Stand sind. Dann werden die Class- und Ressourcendateien aus build_dir zusammen mit der Manifest-Datei (die im Basisverzeichnis des Projekts steht) in eine Jar-Datei gepackt, welche schließlich unter dem Namen des Projekts (vordefinierte Eigenschaft ant.project.name) im build_dir-Verzeichnis abgelegt wird.

271 Reflection: Klasseninformationen abrufen

Reflection bezeichnet eine Technologie, mit der Informationen über den Aufbau von Klassen (Methoden, Felder) bereitgestellt und zur Laufzeit verarbeitet werden können. Reflection erlaubt es, Klasseninstanzen zu erzeugen und Methoden aufzurufen.

Eine Java-Klasse bietet stets die Möglichkeit, über ihre Methode getClass() eine java.lang.Class-Instanz abzurufen, die die Klasse repräsentiert. Mit deren Hilfe und der Reflection-API können diverse Informationen ermittelt werden:

- Typ eines Objekts
- Zugriffsmodifizierer einer Klasse
- Felder
- Methoden
- Konstanten
- Konstruktoren
- Basisklassen
- Konstanten und Methoden eines Interfaces

Darüber hinaus können diverse Operationen mit der repräsentierten Klasse vorgenommen werden:

- Instanzen von Klassen erzeugen, deren Namen und Typen zur Entwurfszeit nicht bekannt sein müssen
- Lesender und schreibender Zugriff auf Felder und deren Werte, auch wenn die Felder und deren mögliche Typen zur Entwurfszeit noch nicht bekannt sind
- Methoden aufrufen, auch wenn diese zur Entwurfszeit noch nicht bekannt sind

Um Informationen über eine Klasse zu erhalten, rufen Sie deren getClass()-Methode auf und arbeiten mit der erhaltenen java.lang.Class-Instanz. Deren Konstruktoren, Methoden und Felder können über die Methoden getConstructors(), getMethods() und getFields() ermittelt werden. Da diese Methoden jeweils Arrays mit java.lang.Member-Instanzen zurückgeben, lassen sich diese Informationen in nahezu identischer Weise verarbeiten: Die Methode getName() einer Member-Instanz gibt den Namen des Elements zurück, während getCannonicalName() den voll qualifizierten Typnamen inklusive Package ermittelt. Die reinen Package-Informationen können über getPackage() abgerufen werden und müssen einzeln geparst werden.

Ein Casting in den konkreten Typ erlaubt es, mögliche Parameter (für Konstruktoren und Methoden) und Rückgabewerte bzw. Feldtypen (Methoden und Felder) abzurufen und zu verarbeiten.

Die nachfolgend definierten statischen Methoden helfen bei der Analyse der Klassen:

```
import java.lang.reflect.Constructor;
import java.lang.reflect.Member;
import java.lang.reflect.Method;
import java.lang.reflect.Field;
import java.util.ArrayList;

public class Analyzer {
   /**
    * Gibt die Parameter einer Methode oder eines
    * Konstruktors zurück
    */
   private static String parseParameters(Class[] params) {
      ArrayList<String> paramsList = new ArrayList<String>();

      // Parameter durchlaufen
      for(Class param : params) {
         paramsList.add(param.getCanonicalName());
      }

      // Parameter durch Kommata getrennt in Liste zusammenfassen
      StringBuffer result = new StringBuffer();
      for(int i=0; i<paramsList.size(); i++) {
         result.append(paramsList.get(i));
         if(i < paramsList.size() - 1) {
            result.append(", ");
         }
      }

      // Liste zurückgeben
      return result.toString();
   }

   // Analysiert ein Klassenelement
   private static String analyzeMember(Member m) {
      Class[] params = null;

      // Je nach Typ werden die Parameter abgerufen
      if (m instanceof Constructor) {
         params = ((Constructor) m).getParameterTypes();
      } else if(m instanceof Method) {
         params = ((Method) m).getParameterTypes();
```

Listing 377: Analyse einer Klasse

```
      } else if(m instanceof Field) {
         // Felder haben nur einen Typ und einen Namen
         Field field = (Field) m;
         return String.format("%s %s",
            field.getType().getCanonicalName(),
            field.getName());
      }

      // Parameter ermitteln
      String paramList = "";
      if(null != params) {
         paramList = parseParameters(params);
      }

      // Ergebnis formatieren und zurückgeben
      // Für Methoden muss zusätzlich der Rückgabetyp ermittelt werden
      return String.format("%s%s(%s)",
         (m instanceof Method ? (
            (Method) m).getReturnType().
               getCanonicalName() + " " : ""),
         m.getName(), paramList);
   }

   /**
    * Analysiert eine Klasse
    */
   public static void analyze(Class cls) {
      System.out.println("Klasse");
      System.out.println("======");

      // Name ausgeben
      System.out.println(String.format(
         "Name: %s", cls.getName()));

      // Package ausgeben
      String pckg = (
         null != cls.getPackage() ?
            cls.getPackage().getName() : "---");
      System.out.println(String.format("Package: %s", pckg));

      // Konstruktoren ausgeben
      System.out.println();
      System.out.println("Konstruktoren");
      System.out.println("=============");

      // Konstruktoren-Array abrufen
      Constructor[] cons = cls.getConstructors();

      // Konstruktoren-Array durchlaufen
      for(Constructor con : cons) {
         System.out.println(analyzeMember(con));
```

Listing 377: Analyse einer Klasse (Forts.)

```
    }

    // Methoden ausgeben
    System.out.println();
    System.out.println("Methoden");
    System.out.println("========");

    // Methoden-Array abrufen
    Method[] methods = cls.getMethods();

    // Methoden-Array durchlaufen
    for(Method method : methods) {
       System.out.println(analyzeMember(method));
    }

    // Feld ausgeben
    System.out.println();
    System.out.println("Member");
    System.out.println("======");

    // Felder durchlaufen
    Field[] fields = cls.getFields();

    // Feld-Array durchlaufen
    for(Field field: fields) {
       System.out.println(analyzeMember(field));
    }
  }
}
```

Listing 377: Analyse einer Klasse (Forts.)

Ein Aufruf der Methode `analyze()` der `Analyzer`-Klasse erwartet die Übergabe einer `Class`-Instanz, die die zu analysierende Klasse repräsentiert:

```
public class Start {
   public static void main(String[] args) {

      Analyzer.analyze(SampleClass.class);
   }
}
```

Listing 378: Verwendung der Analyzer-Klasse

Die im Beispiel verwendete `SampleClass`-Klasse hat folgenden Aufbau:

```
public class SampleClass {

   // Feld
```

Listing 379: Beispiel-Klasse, die mittels der Analyzer-Klasse analysiert wird.

```
    public String name = null;

    // Konstruktor
    public SampleClass() {
       System.out.println("SampleClass initialisiert!");
    }

    // Konstruktor
    public SampleClass(String name) {
       System.out.println(
          String.format(
             "SampleClass mit Parameter %s initialisiert!", name));
       this.name = name;
    }

    // Methode
    public int add(int a, int b) {
       return a + b;
    }
}
```

Listing 379: Beispiel-Klasse, die mittels der Analyzer-Klasse analysiert wird. (Forts.)

Wird die Beispiel-Klasse `SampleClass` über die `Analyzer`-Klasse analysiert, ergibt sich die Ausgabe aus *Abbildung 160*.

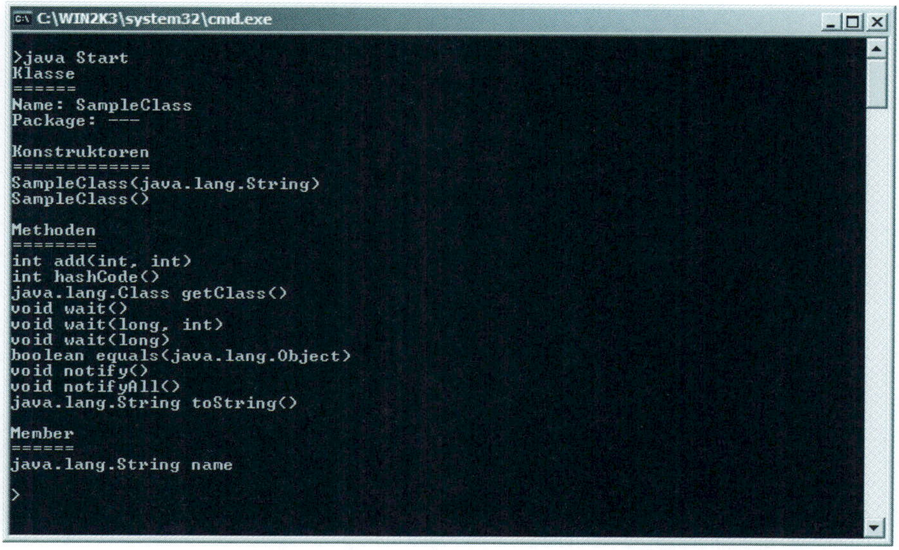

Abbildung 160: Analyse einer Klasse über Reflection

272 Reflection: Klasseninformationen über .class-Datei abrufen

Die Analyse von Klassen muss nicht über bekannte oder geladene Elemente erfolgen, sondern kann auch über die als Bytecode vorliegenden *.class*-Dateien erfolgen. Dies ist möglich, da der Aufbau einer derartigen .class-Datei einem strikten Schema folgt. Dieses Schema ist unter *http://java.sun.com/docs/books/vmspec/html/ClassFile.doc.html* beschrieben.

Grundsätzlich könnte die Analyse einer *.class*-Datei in Handarbeit über das Laden per `java.io.DataInputStream` und das anschließende Auswerten der Informationen geschehen. Bequemer jedoch ist der Einsatz des Frameworks *Apache BCEL* (*Byte Code Engineering Library*), das unter der Adresse *http://jakarta.apache.org/bcel/* heruntergeladen werden kann.

Die Analyse einer Klasse per BCEL gestaltet sich prinzipiell ähnlich wie beim Einsatz der Reflection-API. Statt aber die Klasseninformationen über eine `java.lang.Class`-Instanz zu beziehen, wird hier eine `org.apache.bcel.classfile.JavaClass`-Instanz eingesetzt, die über die statische Methode `lookupClass()` der `org.apache.bcel.Repository`-Klasse zurückgegeben wird. Die Methode `lookupClass()` nimmt als Parameter den voll qualifizierten Klassennamen als String entgegen.

Der tatsächliche Name der geladenen Klasse kann per `getClassName()` ermittelt werden. Die Package-Information wird über `getPackageName()` zurückgegeben. Ist keine Zugehörigkeit zu einem spezifischen Package gegeben, gibt `getPackageName()` eine leere Zeichenkette zurück.

Der Zugriff auf alle in der Klasse definierten Methoden (und die Konstruktoren) geschieht über die Methode `getMethods()` die ein `org.apache.bcel.classfile.Method`-Array zurückgibt. Konstruktoren sind dabei stets am Methodennamen `<init>` erkennbar. Analog erfolgt das Abrufen der definierten Felder – statt `getMethods()` kommt hier die Methode `getFields()` zum Einsatz, die ein `org.apache.bcel.classfile.Field`-Array zurückgibt.

Die so abgerufenen Arrays können durchlaufen und die Textdarstellung der jeweiligen Elemente kann über deren `toString()`-Methode abgerufen werden. Eine aufwändige Analyse der Elemente kann hier entfallen, so dass der Code-Umfang deutlich geringer als beim Einsatz der Reflection-API ausfällt:

```
import org.apache.bcel.Repository;
import org.apache.bcel.classfile.JavaClass;
import org.apache.bcel.classfile.Method;
import org.apache.bcel.classfile.Field;

public class Analyzer {
   /**
    * Analysiert eine Klasse
    */
   public static void analyze(String clsName) {
      // JavaClass-Repräsentation der angegebenen Klasse abrufen
      // Klasse (.class-Datei) muss sich im Klassenpfad befinden!
      JavaClass cls = Repository.lookupClass(clsName);

      System.out.println("Klasse");
      System.out.println("======");
```

Listing 380: Analyse einer Klasse per BCEL

```
      // Name ausgeben
      System.out.println(String.format(
         "Name: %s", cls.getClassName()));

      // Package ausgeben
      String pckg = (
         null != cls.getPackageName() &&
         cls.getPackageName().length() > 0 ?
         cls.getPackageName() : "---");
      System.out.println(String.format("Package: %s", pckg));

      // Methoden ausgeben
      System.out.println();
      System.out.println("Methoden");
      System.out.println("========");

      // Methoden-Array abrufen
      Method[] methods = cls.getMethods();

      // Methoden-Array durchlaufen
      for(Method method : methods) {
         System.out.println(method.toString());
      }

      // Feld ausgeben
      System.out.println();
      System.out.println("Member");
      System.out.println("======");

      // Felder durchlaufen
      Field[] fields = cls.getFields();

      // Feld-Array durchlaufen
      for(Field field : fields) {
         System.out.println(field.toString());
      }
   }
}
```

Listing 380: Analyse einer Klasse per BCEL (Forts.)

Beim Aufruf der statischen Methode `analyze()` der `Analyzer`-Klasse muss der voll qualifizierte Name (inklusive Namensraum) der zu analysierenden Klasse angegeben werden:

```
public class Start {
   public static void main(String[] args) {

      Analyzer.analyze("SampleClass");
   }
}
```

Listing 381: Aufruf der analyze()-Methode unter Angabe des Klassennamens

Achtung

Die *.class*-Datei der zu analysierenden Klasse muss sich im Klassenpfad befinden!

Abbildung 161: Analyse der Klasse SampleClass aus Rezept 271 per BCEL

273 Reflection: Klassen instanzieren

Über die Reflection-API ist es möglich, Klassen zur Laufzeit zu instanzieren, ohne den Typ der Klasse zuvor kennen zu müssen. Ein derartiges Vorgehen kommt häufig beim Einsatz des Factory-Entwurfsmusters oder bei Plug-In-Systemen zum Einsatz.

Das Erzeugen einer neuen Klasseninstanz erfolgt in zwei Schritten:

- Zuerst muss eine `java.lang.Class`-Instanz erzeugt werden, die den Typ der zu instanzierenden Klasse repräsentiert. Ob dies über die Methode `getClass()` einer Klasse oder den Java-Classloader (erreichbar über `Class.forName()`) geschieht, ist für das weitere Vorgehen irrelevant.
- Anschließend kann ein Konstruktor, repräsentiert durch eine `java.lang.Constructor`-Instanz, abgerufen werden. Dieser Abruf geschieht über die Methode `getConstructor()` der `Class`-Instanz, der als Parameter ein Array aus Typrepräsentationen für die einzelnen Parameter übergeben wird. Die Methode `newInstance()` der `Constructor`-Instanz erzeugt eine neue Klasseninstanz und kann ein Array mit benötigten Parametern entgegennehmen.

Instanzierung mit Standardkonstruktor

Verfügt die betreffende Klasse über einen Standardkonstruktor, kann dies wie folgt implementiert werden:

```
import java.lang.reflect.Constructor;
import java.lang.reflect.InvocationTargetException;

public class Creator {
```

Listing 382: Erzeugen einer Klasseninstanz über den Standardkonstruktor

```
    public static Object createInstance(String className) {
       try {
          // Typ-Repräsentation abrufen
          Class type = Class.forName(className);

          // Standardkonstruktor ermitteln
          Constructor con = type.getConstructor(null);

          // Wenn gefunden, dann neue Instanz erzeugen
          if(null != con) {
             return con.newInstance(null);
          }
       } catch (ClassNotFoundException e)
       {
          e.printStackTrace();
       } catch (NoSuchMethodException e)
       {
          e.printStackTrace();
       } catch (IllegalAccessException e)
       {
          e.printStackTrace();
       } catch (InvocationTargetException e)
       {
          e.printStackTrace();
       } catch (InstantiationException e)
       {
          e.printStackTrace();
       }

       // Fehler bei Verarbeitung
       return null;
    }
 }
```

Listing 382: Erzeugen einer Klasseninstanz über den Standardkonstruktor (Forts.)

Das Erzeugen einer neuen Klasseninstanz geschieht, indem der statischen Methode `createInstance()` der `Creator`-Klasse der voll qualifizierte Name (inklusive Package-Zugehörigkeit) übergeben wird:

```
public class Start {
   public static void main(String[] args) {
      // Instanz der Klasse SampleClass erzeugen
      Object cls = Creator.createInstance("SampleClass");

      // Instanz wurde erzeugt - Hinweistext ausgeben
      if(null != cls) {
         System.out.println(
            String.format(
               "Object vom Typ %s erzeugt",
```

Listing 383: Erzeugen einer neuen Klasseninstanz per Reflection

```
                cls.getClass().getCanonicalName()));
        }
    }
}
```

Listing 383: Erzeugen einer neuen Klasseninstanz per Reflection (Forts.)

Abbildung 162: Ausgaben beim Erzeugen einer Klasseninstanz per Reflection

Konstruktor mit Parametern

Das Vorgehen beim Verwenden eines Konstruktors mit Parametern unterscheidet sich nur an zwei Stellen von der Verwendung des Standardkonstruktors:

- Der Methode `getConstructor()` einer `Class`-Instanz muss als Parameter ein Array mit den Typangaben der Parameter des gesuchten Konstruktors übergeben werden.
- Beim Erzeugen des Konstruktors per `newInstance()` werden alle Parameter als Array übergeben.

Angewendet auf einen Konstruktor mit einem String-Parameter, ergibt sich folgender Code in der Klasse `Creator`:

```
import java.lang.reflect.Constructor;
import java.lang.reflect.InvocationTargetException;

public class Creator {
   // ...

   public static Object createInstance(String className, String value) {
      try {
         // Typ-Repräsentation abrufen
         Class type = Class.forName(className);

         // Konstruktor mit einem String ermitteln
         Constructor con =
            type.getConstructor(new Class[] {String.class});

         // Wenn gefunden, dann neue Instanz unter
         // Übergabe der Parameter erzeugen
         if(null != con) {
            return con.newInstance(
               new Object[] { value });
         }
```

Listing 384: Erzeugen einer Klasseninstanz über einen Konstruktor mit Parametern

```
        } catch (ClassNotFoundException e) {
            e.printStackTrace();
        } catch (NoSuchMethodException e) {
            e.printStackTrace();
        } catch (IllegalAccessException e) {
            e.printStackTrace();
        } catch (InvocationTargetException e) {
            e.printStackTrace();
        } catch (InstantiationException e)  {
            e.printStackTrace();
        }

        // Fehler bei Verarbeitung
        return null;
    }
}
```

Listing 384: Erzeugen einer Klasseninstanz über einen Konstruktor mit Parametern (Forts.)

Der Aufruf dieser Überladung von createInstance() kann nun unter Angabe des Klassennamens und des zu übergebenden Parameters erfolgen:

```
public class Start {
    public static void main(String[] args) {
        // Instanz der Klasse SampleClass erzeugen
        Object cls = null;

        if(null == args || args.length == 0) {
            // Standardkonstruktor verwenden
            cls = Creator.createInstance("SampleClass");
        } else {
            // Standardkonstruktor verwenden
            cls = Creator.createInstance("SampleClass", args[0]);
        }

        // Instanz wurde erzeugt - Hinweistext ausgeben
        if(null != cls) {
            System.out.println(
                String.format(
                    "Object vom Typ %s erzeugt",
                    cls.getClass().getCanonicalName()));
        }
    }
}
```

Listing 385: Übergabe eines String-Parameters an die Methode createInstance()

Abbildung 163: Eine Klasseninstanz ist unter Angabe eines Parameters erzeugt worden.

274 Reflection: Methode aufrufen

Die Reflection-API erlaubt das Aufrufen von Methoden, die zur Entwurfszeit nicht bekannt sein müssen. Der Prozess des Einbindens einer neuen Methode sieht wie folgt aus:

- Eine `java.lang.Class`-Instanz wird referenziert. Dies kann über die Methode `getClass()` einer Klasse oder den Java-Classloader (erreichbar über `Class.forName()`) geschehen.
- Anschließend kann die Methode, repräsentiert durch eine `java.lang.Method`-Instanz, abgerufen werden. Dies geschieht über die Methode `getMethod()` der `Class`-Instanz, der als Parameter ein Array aus Typrepräsentationen für die einzelnen Parameter übergeben wird. Soll eine Methode ohne Parameter verwendet werden, ist das Array `null`.
- Um eine Methode auszuführen, rufen Sie die `invoke()`-Methode der zugehörigen `Method`-Instanz auf. Als ersten Parameter übergeben Sie die Instanz, auf der die Methode ausgeführt werden soll, als zweiten Parameter ein Array aus zu übergebenden Werten oder `null`.

Für eine Methode mit zwei `int`-Parametern sieht dies wie folgt aus:

```
import java.lang.reflect.Method;
import java.lang.reflect.InvocationTargetException;

public class Invoker {

   public static Object invoke(
      Object instance, String methodName,
      int arg1, int arg2) {

      // Klassen-Repräsentation abrufen
      Class cls = instance.getClass();

      try {
         // Methoden-Repräsentation abrufen
         Method method = cls.getMethod(
            methodName, new Class[] {int.class, int.class});

         // Methode gefunden?
         if(null != method) {
            // Methode einbinden und Ergebnis zurückgeben
            return method.invoke(instance,
               new Object[] { arg1, arg2 });
         }
      } catch (NoSuchMethodException e) {
```

Listing 386: Dynamischer Aufruf einer Methode mit zwei int-Parametern

```
            e.printStackTrace();
         } catch (IllegalAccessException e) {
            e.printStackTrace();
         } catch (InvocationTargetException e) {
            e.printStackTrace();
         }

         return null;
      }
   }
```

Listing 386: Dynamischer Aufruf einer Methode mit zwei int-Parametern (Forts.)

Die statische `main()`-Methode der Klasse `Start` sollte nun noch um den Aufruf von `Invoker.invoke()` unter Übergabe des zu verwendenden Objekts, des Namens der einzubindenden Methode und der Werte erweitert werden:

```
public class Start {
   public static void main(String[] args) {
      // Instanz der Klasse SampleClass erzeugen
      Object cls = null;
      if(null == args || args.length == 0) {
         cls = Creator.createInstance("SampleClass");
      } else {
         cls = Creator.createInstance("SampleClass", args[0]);
      }

      // Instanz wurde erzeugt - Hinweistext ausgeben
      if(null != cls) {
         System.out.println(
            String.format(
               "Object vom Typ %s erzeugt",
               cls.getClass().getCanonicalName()));

         // Methode dynamisch einbinden
         System.out.println(
            String.format(
               "Rückgabe der Methode add mit den Werten 10 und 11: %s",
               Invoker.invoke(cls, "add", 10, 11)));
      }
   }
}
```

Listing 387: Einbinden der Methode add() einer SampleClass-Instanz

Kann die Klasse erfolgreich instanziert werden und existiert die angegebene Methode mit der korrekten Anzahl an Parametern mit dem richtigen Typ, kann sie eingebunden und ihre Rückgabe verarbeitet werden (*siehe Abbildung 164*).

Abbildung 164: Die Methode add() wurde dynamisch eingebunden.

275 Kreditkartenvalidierung

Eine vollständige Prüfung, ob eine eingegebene Kreditkartennummer gültig ist, lässt sich natürlich nur durch die Übermittlung der Nummer an die entsprechende Kreditkartengesellschaft bzw. eine hierfür geeignete Prüfstelle herausfinden.

Man kann jedoch schon in einer Anwendung einen ersten Test durchführen, ob die Nummer an sich den formalen Anforderungen genügt:

- 13 bis 16 Ziffern Länge
- Erfüllung des Luhn-Check-Algorithmus

Der Luhn-Check-Algorithmus wurde ursprünglich zur Verringerung von Tippfehlern eingeführt, bietet aber auch eine gewisse Sicherheitsfunktion, da es dadurch nicht ganz einfach ist, eine beliebige Kreditkartennummer zu erfinden. Der Algorithmus bildet die Quersumme der Ziffern, wobei von rechts begonnen wird. Jede zweite Ziffer wird dabei verdoppelt (und 9 abgezogen, falls der Wert größer als 9 ist). Die resultierende Summe muss durch 10 ohne Rest teilbar sein.

```
import java.util.*;

class CreditCard {
  private String number;

  /**
   * Konstruktor
   */
  public CreditCard(String n) {

    // zuerst evtl. vorhandene Leerzeichen entfernen
    StringBuilder tmp = new StringBuilder();

    for(int i = 0; i < n.length(); i++) {
      char c = n.charAt(i);

      if(c != ' ')
        tmp.append(c);
```

Listing 388: CreaditCard – Klasse zur Kreditkartenvalidierung

```
    }

    number = tmp.toString();
  }

  /**
   * Prüft eine Kreditkartennummer auf syntaktische Gültigkeit
   * nach Luhn-Algorithmus
   *
   * @return   true wenn korrekt, sonst false
   */
  boolean isValid() {
    int sum   = 0;
    int digit = 0;
    boolean multiply = false;

    if (number.length() < 13 || number.length() > 16)
      return false;

    // von rechts nach links vorgehen
    int num = number.length() - 1;

    for (int i = num;i >= 0;i--) {
       // Ziffer in Zahl umwandeln
      digit = Integer.parseInt(number.substring(i,i + 1));

      if (multiply == true) {
            digit = 2 * digit;

            if(digit > 9)
                digit -= 9;
      }

      sum += digit;

      // abwechselnd multiplizieren oder nicht
      multiply = !multiply;
    }

    int mod = sum % 10;

    if(mod == 0)
       return true;
    else
       return false;
  }
}
```

Listing 388: CreaditCard – Klasse zur Kreditkartenvalidierung (Forts.)

Das Start-Programm zu diesem Rezept prüft Kreditkartennummern mit Hilfe der Klasse `CreditCard`:

```
public class Start {

  public static void main(String[] args) {

     if(args.length != 1) {
       System.out.println("Aufruf: <Kartennummer>");
       System.exit(0);
     }

     CreditCard cc = new CreditCard(args[0]);
     System.out.println("Gueltig: " + cc.isValid());
  }
}
```

Listing 389: Programm zur Kreditkartenvalidierung

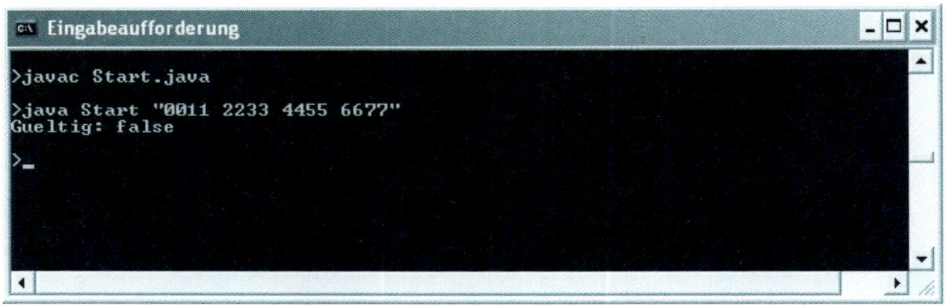

Abbildung 165: Pech gehabt

276 Statistik

Einige grundlegende Statistikfunktionen benötigt man immer wieder, aber leider finden sie sich nicht in der ansonsten schon recht umfangreichen Klasse `Math`. Daher wollen wir eine Klasse `Statistics` definieren mit einigen häufig benötigten Funktionen wie Mittelwerte (arithmetisch, geometrisch, Erwartungswert), Median, Modus, Varianz und Standardabweichung:

```
/**
 *
 * @author Peter Müller
 */
import java.util.*;

class Statistics {
   private double[] values;   // values
   private double[] probs;   // probabilities
```

Listing 390: Klasse mit grundlegenden statistischen Methoden

```
/**
 * Konstruktor
 *
 * @param values   Array mit Messwerten
 */
public Statistics(double[] values) {
   this.values = values;

   // keine Wahrscheinlichkeiten -> gleiche Wahrscheinlichkeiten annehmen
   int n = values.length;
   probs = new double[n];
   Arrays.fill(probs, (1.0/n));
}

/**
 * Konstruktor
 *
 * @param values   Array mit Messwerten
 * @param probs    Array mit Wahrscheinlichkeiten
 */
public Statistics(double[] values, double[] probs) {
  this.values = values;
  this.probs  = probs;

  // Plausibilitätstest; nur als Warnmeldung
  double sum = 0;

  if(values.length != probs.length)
     System.out.println("Anzahl Werte ist ungleich " +
                        "Anzahl Wahrscheinlichkeiten");

  for(int i = 0; i < probs.length; i++)
     sum += probs[i];

  if(sum != 1.0)
     System.out.println("Summe der Wahrscheinlichkeiten ungleich 1");
}

/**
 * Arithmetisches Mittel
 *
 * @return     das arithmetische Mittel ("Mittelwert")
 */
public double getArithmeticMean() {
   int n = values.length;
   double sum = 0;

   for(int i = 0; i < n; i++)
      sum += values[i];

   if(n > 0)
```

Listing 390: Klasse mit grundlegenden statistischen Methoden (Forts.)

```
         return (sum / n);
      else
         return 0;
   }

   /**
    * Geometrisches Mittel
    *
    * @return   das geometrische Mittel; nur bei positiven Zahlen möglich,
    *           sonst Rückgabe von -1
    */
   public double getGeometricMean() {
      int n = values.length;
      double product = 1;
      double result;

      try {
         for(int i = 0; i < n; i++) {
            product *= values[i];
         }

         result = Math.pow(product, (1.0/n));

      } catch(Exception e) {
         e.printStackTrace();
         result = -1;
      }

      return result;
   }

   /**
    * Median berechnen
    *
    * @return    Median, d.h. 50 % der Werter sind kleiner/gleich als
    *            dieser Wert, 50 % größer/gleich
    */
   public double getMedian() {
      int n = values.length;
      double[] copy = new double[n];
      double result;

      System.arraycopy(values, 0, copy, 0, n);
      Arrays.sort(copy);

      if(n % 2 != 0) {
         int index = ((n+1) / 2) - 1;
         result = copy[index];
      } else {
         int index = (n / 2) - 1;
         result = 0.5 * (copy[index] + copy[index + 1]);
```

Listing 390: Klasse mit grundlegenden statistischen Methoden (Forts.)

```
      }

      return result;
   }

   /**
    * Modus berechnen
    *
    * @return    Modus, d.h. der am häufigsten vorkommende Wert;
    *            wenn es mehrere solche Werte gibt, wird ein beliebiger
    *            davon zurückgeliefert
    */
   public double getMode() {
      HashMap<Double, Integer> map = new HashMap<Double, Integer>();

      for(int i = 0; i < values.length; i++) {
         Double d = new Double(values[i]);
         Integer counter = map.get(d);

         if(counter == null)
            map.put(d, 1);
         else
            map.put(d, counter.intValue() + 1);
      }

      Set<Double> keys = map.keySet();

      int max = 0;
      double result = 0;

      for(Double d : keys) {
         int counter = map.get(d).intValue();

         if(counter > max) {
            max = counter;
            result = d.doubleValue();
         }
      }

      return result;
   }

   /**
    * Erwartungswert berechnen (entspricht arithmetischem Mittel,
    * wenn dem Konstruktor keine Wahrscheinlichkeiten übergeben wurden)
    *
    * @return   Erwartungswert
    */
   public double getExpectation() {
      double result = 0;
```

Listing 390: Klasse mit grundlegenden statistischen Methoden (Forts.)

```
      for(int i = 0; i < values.length; i++) {
         result = result + values[i] * probs[i];
      }

      return result;
   }

   /**
    * Varianz berechnen
    *
    * @return   Varianz
    */
   public double getVariance() {
      double e = getExpectation();

      double result = 0;

      for(int i = 0; i < values.length; i++) {
         double diff = values[i] - e;
         diff = diff * diff;
         result += (diff * probs[i]);
      }

      return result;
   }

   /**
    * Standardabweichung berechnen
    *
    * @param estimate  Flag, ob eine Schätzung berechnet werden soll
    *                  ( Faktor 1/(n-1) statt 1/n)
    * @return          Standardabweichung
    */
   public double getStandardDeviation(boolean estimate) {
      double e = getExpectation();
      double sum = 0;

      for(int i = 0; i < values.length; i++) {
         double diff = values[i] - e;
         sum += (diff * diff);
      }

      if(estimate)
         sum = sum / (values.length - 1);
      else
         sum = sum / values.length;

      return Math.sqrt(sum);
   }

   /**
```

Listing 390: Klasse mit grundlegenden statistischen Methoden (Forts.)

```
     * Minimum ermitteln
     *
     * @return   der kleinste vorkommende Wert
     */
    public double getMinimum() {
       double min = values[0];

       for(int i = 1; i < values.length; i++)
         if(values[i] < min)
           min = values[i];

       return min;
    }

    /**
     * Maximum ermitteln
     *
     * @return   der größte vorkommende Wert
     */
    public double getMaximum() {
       double max = values[0];

       for(int i = 1; i < values.length; i++)
         if(values[i] > max)
           max = values[i];

       return max;
    }
}
```

Listing 390: Klasse mit grundlegenden statistischen Methoden (Forts.)

Teil III Anhang

Tabellen

Java

Java-Schlüsselwörter

abstract	do	implements	protected	true
assert	double	import	public	try
boolean	else	inner*	rest*	var*
break	enum	instanceof	return	void
byte	extends	int	short	volatile
byvalue*	false	interface	static	while
case	final	long	strictfp	
cast*	finally	native	super	
catch	float	new	switch	
char	for	null	synchronized	
class	future*	operator*	this	
const*	generic*	outer*	throw	
continue	goto*	package	throws	
default	if	private	transient	

Tabelle 59: Schlüsselwörter von Java

Die mit * markierten Schlüsselwörter sind für zukünftige Erweiterungen reserviert oder entstammen anderen Programmiersprachen und wurden in die Liste aufgenommen, damit der Java-Compiler ihre Vorkommen leichter erkennen und als Fehler markieren kann. Die »Schlüsselwörter« `false`, `true` und `null` sind Literale.

Java-Datentypen

Typ	Größe	Beschreibung und Wertebereich	Beispiele
`boolean`	1	Für Boolesche Wahrheitswerte (wie sie in Bedingungen von Schleifen und Verzweigungen verwendet werden) `true` (wahr) und `false` (falsch)	`true` `false`

`char`	2	Für einzelne Zeichen
		Wertebereich sind die ersten 65536 Zeichen des Unicode-Zeichensatzes
			`'a'`
			`'?'`
			`'\n'`

`byte`	1	Ganze Zahlen sehr kleinen Betrags -128 bis 127	-3 0 98
`short`	2	Ganze Zahlen kleinen Betrags -32.768 bis 32.767	-3 0 1205

Tabelle 60: Die elementaren Datentypen

Typ	Größe	Beschreibung und Wertebereich	Beispiele
int	4	Standardtyp für ganze Zahlen -2147483648 bis 2147483647	-3 0 1000000
long	8	Für sehr große ganze Zahlen -9223372036854775808 bis 9223372036854775807	-3 0 1000000000000
float	4	Für Gleitkommazahlen geringer Genauigkeit +/-3,40282347*10^{38}	123.56700 -3.5e10
double	8	Standardtyp für Gleitkommazahlen mit größerer Genauigkeit +/-1,79769313486231570*10^{308}	123.456789 12005.55e-12

Tabelle 60: Die elementaren Datentypen (Forts.)

Java-Operatoren

Die folgende Tabelle listet die Operatoren nach ihrer Priorität geordnet auf. 1 ist die höchste Priorität:

Priorität	Operatoren	Bedeutung	Assoz.
1	() [] .	Methodenaufruf Array-Index Elementzugriff	L-R
2	++ -- +, - ~ ! ()	Inkrement Dekrement Vorzeichen Bitkomplement logische Negation Typumwandlung	R-L
3	* / %	Multiplikation Division Modulo (Rest der Division)	L-R
4	+ - +	Addition Subtraktion Konkatenation (Stringverkettung)	L-R
5	<< >> >>>	Linksverschiebung Rechtsverschiebung Rechtsverschiebung	L-R
6	<, <= >, >= instanceof	kleiner, kleiner gleich größer, größer gleich Typüberprüfung eines Objekts	L-R

Tabelle 61: Priorität und Assoziativität der Operatoren

<table>
<tr><th>Priorität</th><th>Operatoren</th><th>Bedeutung</th><th>Assoz.</th></tr>
<tr><td>7</td><td>==
!=</td><td>gleich
ungleich</td><td>L-R</td></tr>
<tr><td>8</td><td>&
&</td><td>bitweises UND
logisches UND</td><td>L-R</td></tr>
<tr><td>9</td><td>^
^</td><td>bitweises XOR
logisches XOR</td><td>L-R</td></tr>
<tr><td>10</td><td>|
|</td><td>bitweises ODER
logisches ODER</td><td>L-R</td></tr>
<tr><td>11</td><td>&&</td><td>logisches UND</td><td>L-R</td></tr>
<tr><td>12</td><td>||</td><td>logisches ODER</td><td>L-R</td></tr>
<tr><td>13</td><td>?:</td><td>Bedingungsoperator</td><td>R-L</td></tr>
<tr><td>14</td><td>=
*=, /=, %=, +=,
-=, &=, ^=, |=,
<<=, >>=, >>>=</td><td>Zuweisung
zusammengesetzte Zuweisung</td><td>R-L</td></tr>
<tr><td>15</td><td>,</td><td>Kommaoperator</td><td>L-R</td></tr>
</table>

Tabelle 61: Priorität und Assoziativität der Operatoren (Forts.)

Stilkonventionen für Bezeichner

Bezeichner für	Schreibweise	Beispiel
Pakete	Paketnamen sollten nur Kleinbuchstaben enthalten. Pakete, die weitergegeben werden, sollten eindeutig sein. Sie können dies sicherstellen, indem Sie den Domänennamen Ihrer Firma oder Website (soweit vorhanden) komponentenweise umdrehen.	`statistik.tests` `com.enterprise.stats`
Klassen und Interfaces	Substantive; jedes Wort beginnt mit Großbuchstaben. (UpperCamelCase)	`Vector` `AClass`

Methoden	Verben; der Name beginnt mit Kleinbuchstaben, jedes weitere Wort mit Großbuchstaben. (lowerCamelCase)
	Methoden, die die Werte von Feldern abfragen oder ändern, beginnen mit »get« oder »set«, gefolgt von dem Variablennamen.
	Methoden, die die Länge von etwas zurückliefern, heißen »length«.
	Methoden, die Boolesche Variablen abfragen, beginnen mit »is«, gefolgt von dem Variablennamen.
	Methoden, die ihr Objekt umformatieren, beginnen mit »to«, gefolgt von dem Zielformat.
		`alarm()`
		`wakeUp()`
		`getFieldname()`
		`setFieldname()`
		`length()`
		`isFieldname()`
		`toString()`

Tabelle 62: Konventionen für Bezeichner

Bezeichner für	Schreibweise	Beispiel
Felder	Substantive; der Name beginnt mit Kleinbuchstaben, jedes weitere Wort mit Großbuchstaben. (lowerCamel-Case)	`color` `aField`
Konstanten	Vollständig in Großbuchstaben, einzelne Wörter werden durch Unterstriche getrennt.	`PI` `MAX_ELEMENTS`
Lokale Variablen und Parameter	Meist kurze, zum Teil auch symbolische Namen in Kleinbuchstaben. Einbuchstabige Namen werden üblicherweise so gewählt, dass der Buchstabe auf den Typ der Variablen hinweist: l für long, i, j, k für int, e für Exception.	`l` `tmp`

Tabelle 62: Konventionen für Bezeichner (Forts.)

Swing

Fenster-Konstanten

Konstante	Beschreibung
`DO_NOTHING_ON_CLOSE`	Führt keinerlei Aktionen beim Schließen des Fensters aus. Bei diesem Standardverhalten muss das Ereignis `windowClosing` abgefangen werden.
`HIDE_ON_CLOSE`	Verbirgt das Fenster, wenn es der Benutzer schließt.
`DISPOSE_ON_CLOSE`	Verbirgt das Fenster und löst es dann auf. Damit werden alle von diesem Fenster belegten Ressourcen freigegeben.
`EXIT_ON_CLOSE`	Beendet die Anwendung mit `System.exit(0)`.

Tabelle 63: Fensterkonstanten (WindowConstants), die das Verhalten beim Schließen eines Fensters steuern.

Die Konstanten sind verfügbar als Felder der Klassen `JFrame`, `JDialog` und `JInternalFrame` und können über deren `setDefaultCloseOperation()`-Methode gesetzt werden.

Ereignisbehandlung

Im Anhang zur Java-Syntax finden Sie tabellarische Auflistungen der wichtigsten Interfaces mit ihren Ereignisbehandlungsmethoden sowie den zugehörigen Adapter-Klassen und Registrierungsmethoden.

Interface (Adapter)	Interface-Methoden	Methoden des Ereignisobjekts	Auslösende (Swing-) Komponenten
ActionListener (-)	**Komponentenspezifische Aktion (beispielsweise Klick auf Schalter)** actionPerformed(ActionEvent)	String getActionCommand() int getModifiers() long getWhen String paramString()	AbstractButton JComboBox JFileChooser JTextField Timer
AdjustmentListener (-)	**Klick in eine Bildlaufleiste** adjustmentValueChanged(AdjustmentEvent)	int getAdjusmentType() int getValue() boolean getValueIsAdjusting() String paramString()	JScrollBar
CaretListener (-)	**Die Position des Textcursors hat sich geändert** caretUpdate(CaretEvent)	int getDot() int getMark()	JTextComponent
ChangeListener (-)	**Zustand der Komponente wurde geändert** stateChanged(ChangeEvent)	-	AbstractButton Caret JProgressBar JSlider JSpinner JTabbedPane JViewport
ComponentListener (ComponentAdapter)	**Komponente wurde verschoben, verborgen oder angezeigt, vergrößert oder verkleinert** componentHidden(ComponentEvent) componentMoved(ComponentEvent) componentResized(ComponentEvent) componentShown(ComponentEvent)	Component getComponent() String paramString()	Component

Tabelle 64: Die wichtigsten Listener-Interfaces

Interface (Adapter)	Interface-Methoden	Methoden des Ereignisobjekts	Auslösende (Swing-) Komponenten
ContainerListener (ContainerAdapter)	**Komponente wurde hinzugefügt oder entfernt** componentAdded(ContainerEvent) componentRemoved(ContainerEvent)	Component getChild() Container getContainer() String paramString()	Container
DocumentListener (-)	**Attribute oder Inhalte des Dokuments haben sich geändert** changedUpdate(DocumentEvent) insertUpdate(DocumentEvent) removeUpdate(DocumentEvent)	ElementChange getChange(Element) Document getDocument() int getLength() int getOffset() EventType getType()	AbstractDocument
FocusListener (FocusAdapter)	**Eine Komponente hat den Fokus erhalten oder verloren** focusGained(FocusEvent) focusLost(FocusEvent)	Component getOppositeComponent() boolean isTemporary() String paramString()	Component
ItemListener (-)	**Ein Element wurde ausgewählt (markiert) oder die Auswahl (Markierung) wurde aufgehoben** itemStateChanged(ItemEvent)	Object getItem() ItemSelectable getItemSelectable() int geStateChange() String paramString()	AbstractButton JComboBox
KeyListener (KeyAdapter)	**Eine Tastenbetätigung hat in einer Komponente stattgefunden** keyPressed(KeyEvent) keyReleased(KeyEvent) keyTyped(KeyEvent)	char getKeyChar() int getKeyCode() int getKeyLocation() static String getKeyModifiersText(int modifizerer) static String getKeyText(int keycode) boolean isActionKey() String paramString() void setKeyChar(char keyChar) void setKeyCode(int keyCode)	Component

Tabelle 64: Die wichtigsten Listener-Interfaces (Forts.)

Interface (Adapter)	Interface-Methoden	Methoden des Ereignisobjekts	Auslösende (Swing-) Komponenten

`ListSelectionListener`
`( - )`
	Änderung der Auswahl
	`valueChanged(ListSelectionEvent)`
		`int getFirstIndex()`
		`int getLastIndex()`
		`boolean getValueIsAdjusting()`
		`String toString()`
			`JList`

`MouseListener`
`(MouseAdapter)`
	Eine Mausaktion hat in einer Komponente stattgefunden
	`mouseClicked(MouseEvent)`
	`mouseEntered(MouseEvent)`
	`mouseExited(MouseEvent)`
	`mousePressed(MouseEvent)`
	`mouseReleased(MouseEvent)`
		`int getButton()`
		`int getClickCount()`
		`static String getMouseModifiersText(int modifizerer)`
		`Point getPoint()`
		`int getX()`
		`int getY()`
		`boolean isPopupTrigger()`
		`String paramString()`
		`void translatePoint(int x, int y)`
			`Component`

`MouseMotionListener`
`(MouseMotionAdapter)`
	Die Maus wurde bewegt
	`mouseDragged(MouseEvent)`
	`mouseMoved(MouseEvent)`
		`s.o.`	`Component`

`MouseWheelListener`
`( - )`
	Das Mausrädchen in einer Komponente wurde gedreht
	`mouseDragged(MouseEvent)`
	`mouseMoved(MouseEvent)`
		`int getScrollAmount()`
		`int getScrollType()`
		`int getUnitsToScroll()`
		`int getWheelRotation()`
		`String paramString()`
			`Component`

`PropertyChangeListener`
`( )`
	Eine »bound«-Property[33] einer Komponente hat sich geändert
	`propertyChange(PropertyChangeEvent)`
		`Object getNewValue()`
		`Object getOldValue()`
		`Object getPropagationId()`
		`Object getPropertyName()`
		`Object setPropagationId ()`
			`Component`
			`Container`

Tabelle 64: Die wichtigsten Listener-Interfaces (Forts.)

33. Properties sind Felder einer Klasse, für die Get-/Set-Methoden definiert sind. Eine Property, die ein PropertyChangeEvent auslöst, wenn sich ihr Wert ändert, ist eine »bound«-Property.

Interface (Adapter)	Interface-Methoden	Methoden des Ereignisobjekts	Auslösende (Swing-) Komponenten
WindowFocusListener (-)	**Fenster hat den Fokus erhalten oder verloren** windowGainedFocus(WindowEvent) windowLostFocus(WindowEvent)	int getNewState() int getOldState() Window getOppositeWindow() Window getWindow() String paramString()	Window
WindowListener (WindowAdapter)	**Der Zustand eines Fensters hat sich geändert** windowActivated(WindowEvent) windowClosed(WindowEvent) windowClosing(WindowEvent) windowDeactivated(WindowEvent) windowDeiconified(WindowEvent) windowIconified(WindowEvent) windowOpened(WindowEvent)	s.o.	Window
WindowStateListener (-)	**Der Zustand eines Fensters hat sich geändert** windowStateChanged(WindowEvent)	s.o.	Window

Tabelle 64: Die wichtigsten Listener-Interfaces (Forts.)

Rahmen

Rahmenklasse	Beschreibung
EmptyBorder	Rand in Farbe des Komponentenhintergrunds
LineBorder	Linie beliebiger Farbe und Stärke
BevelBorder	Zweifarbiger Rahmen (3D-Effekt)
EtchedBorder	Eingravierte Linie
MatteBorder	Farbiger oder gemusterter Rahmen mit unterschiedlichen Linienstärken für die einzelnen Seiten
TitledBorder	Rahmen mit Titel
CompoundBorder	Rahmen, der zwei Rahmenstile kombiniert

Tabelle 65: Vordefinierte Swing-Rahmen

Cursor

CROSSHAIR_CURSOR	NW_RESIZE_CURSOR
CUSTOM_CURSOR	S_RESIZE_CURSOR
DEFAULT_CURSOR	SE_RESIZE_CURSOR
E_RESIZE_CURSOR	SW_RESIZE_CURSOR
HAND_CURSOR	TEXT_CURSOR
MOVE_CURSOR	W_RESIZE_CURSOR
N_RESIZE_CURSOR	WAIT_CURSOR
NE_RESIZE_CURSOR	

Tabelle 66: Vordefinierte Cursor-Konstanten

Tastencodes aus KeyEvent

KeyEvent-Konstante	Taste(n)
VK_0 – VK_9	[0] ... [9]
VK_A – VK_Z	[A] ... [Z]
VK_ALT	(Alt)
VK_AMPERSAND	(&)
VK_ASTERISK	(*)
VK_AT	(@)
VK_BACK_SLACH	(\)
VK_BACK_SPACE	(æ___)
VK_BRACELEFT, VK_BRACERIGHT	[{], [}]
VK_CAPS_LOCK	(°)
VK_CLOSE_BRACKET, VK_OPEN_BRACKET	[□, □]
VK_CLEAR	(Entf)

Tabelle 67: Auswahl der wichtigsten in KeyEvent definierten Tastenkonstanten

KeyEvent-Konstante	Taste(n)
VK_COLON, VK_COMMA	[:], [,]
VK_CONTEXT_MENU	[Kontextmenü]
VK_CONTROL	[Strg]
VK_DOLLAR	[$]
VK_DOWN, VK_UP, VK_LEFT, VK_RIGHT	[↓], [↑], [←], [→]
VK_ENTER	[↵]
VK_ESCAPE	[Esc]
VK_EURO_SIGN	[€]
VK_F1 – VK_F24	[F1] ... [F24]
VK_GREATER, VK_LESS	[>], [<]
VK_HOME	[Pos1]
VK_INSERT	[Einfg]
VK_PAGE_DOWN, VK_PAGE_UP	[Bild ↓], [Bild ↑]
VK_QUOTE, VK_QUOTEDBL	['], ["]
VK_SEMICOLON	[;]
VK_SHIFT	[⇧]
VK_SLASH	[/]
VK_TAB	[⇆]
VK_UNDERSCORE	[_]
VK_WINDOWS	[Windows]

Tabelle 67: Auswahl der wichtigsten in KeyEvent definierten Tastenkonstanten (Forts.)

Drag-and-Drop-Unterstützung

Komponente	Drag-Unterstützung	Drop-Unterstützung
JColorChooser	Ja (nur COPY)	Ja
JEditorPane	Ja	Ja
JFileChooser	Ja (nur COPY)	Nein
JFormattedTextField	Ja	Ja
JList	Ja (nur COPY)	Nein
JPasswordField	Nein	Ja
JTable	Ja (nur COPY)	Nein
JTextArea	Ja	Ja
JTextField	Ja	Ja
JTextPane	Ja	Ja
JTree	Ja (nur COPY)	Nein

Tabelle 68: Vorinstallierte Drag-and-Drop-Unterstützung für Swing-Komponenten

Look&Feels

Look&Feel	Klasse
Metal	`javax.swing.plaf.metal.MetalLookAndFeel` Standard-Look&Feel (ab Java5 in neuem »Ocean«-Design)
Windows	`com.sun.java.swing.plaf.windows.WindowsLookAndFeel`
Motif	`com.sun.java.swing.plaf.motif.MotifLookAndFeel`
GTK	`com.sun.java.swing.plaf.gtk.GTKLookAndFeel`

Tabelle 69: Vordefinierte Look&Feels

Applets

Attribut	Beschreibung
`align`	Ausrichtung des Applets; mögliche Werte sind: `left` am linken Rand der Seite `right` am rechten Rand der Seite `absmiddle` in der Mitte der aktuellen Zeile `bottom` am unteren Textrand `middle` an der Grundlinie der Zeile `top` am oberen Zeilenrand `texttop` am oberen Textrand

`archive`	Zur Angabe eines JAR-Archivs
	Wenn zu dem Applet mehrere Dateien (Class-Dateien und Ressourcendateien, gehören, können Sie diese in ein Jar-Archiv packen und den Pfad zu diesem im `archive`-Attribut angeben.
	`<applet code="TheApplet.class"`
	`        archive="Appletarchiv.jar"`
	`        width="100" height="100">`

`code`	Name der Applet-Class-Datei (relativ zur Codebasis, siehe Attribut `codebase`) Liegt die Applet-Klasse in einem Paket, müssen Sie den Namen mit Paket angeben: `code="paketname.Appletklasse.class"`

`codebase`	Liegt das Applet nicht im selben Verzeichnis wie die Webseite, die es einbindet, müssen Sie im `codebase`-Attribut den Verzeichnispfad von dem Verzeichnis der Webseite zum Verzeichnis des Applets angeben.
	Liegt das Applet in einem Unterverzeichnis *./Applets*, wäre die richtige Einstellung:
	`<applet code="Appletklasse.class"`
	`        codebase="Applets"`
	`        width="100" height="100">`

`height`	Höhe des Applets im Browser
`width`	Breite des Applets im Browser

Tabelle 70: Attribute des <applet>-Tags

Reguläre Ausdrücke

Einzelzeichen in regulären Ausdrücken

Folgende Zeichen und Zeichenkombinationen können in regulären Ausdrücken verwendet werden. Die angegebenen Zeichenkombinationen werden als ein Zeichen aufgefasst:

Zeichen	Bedeutung
x	Der Buchstabe x
\\	Backslash
\0n	Zeichen mit dem oktalen Wert 0n (0 <= n <= 7)
\0nn	Zeichen mit dem oktalen Wert 0nn (0 <= n <= 7)
\0mnn	Zeichen mit dem oktalen Wert 0mnn (0 <= m <= 3, 0 <= n <= 7)
\xhh	Zeichen mit dem hexadezimalen Wert 0xhh
\uhhhh	Zeichen mit dem hexadezimalen Wert 0xhhhh
\t	Tab ('\u0009')
\n	Zeilenumbruch (Line Feed, '\u000A')
\r	Carriage-Return ('\u000D')
\f	Form-Feed ('\u000C')
\a	Alarm ('\u0007')
\e	Escape ('\u001B')
\cx	Zu x korrespondierendes Steuerzeichen

Tabelle 71: Einzelzeichen in regulären Ausdrücken

Zeichengruppen in regulären Ausdrücken

Mit Hilfe von Zeichengruppen können Reihen und einzelne Zeichen zusammengefasst werden:

Gruppe	Bedeutung
[abc]	a, b oder c
[^abc]	Jedes Zeichen außer a, b oder c (Negation)
[a-zA-Z]	a bis einschließlich z oder A bis einschließlich Z
[a-d[m-p]]	a bis d, oder m bis p: [a-dm-p]
[a-z&&[def]]	d, e oder f
[a-z&&[^bc]]	a bis z, mit Ausnahme von b und c: [ad-z]
[a-z&&[^m-p]]	a bis z, und nicht m bis p: [a-lq-z]

Tabelle 72: Zeichengruppen in regulären Ausdrücken

Vordefinierte Zeichenklassen

Die vordefinierten Zeichenklassen erlauben es, für bestimmte Zeichen, Zahlen und Steuerzeichen einen kürzeren Platzhalter zu verwenden:

Klasse	Bedeutung
.	Beliebiges Zeichen
\d	Zahl: [0-9]
\D	Nicht-Zahl: [^0-9]
\s	Whitespace-Zeichen: [\t\n\x0B\f\r]
\S	Nicht-Whitespace-Zeichen: [^\s]
\w	Zeichen, Unterstrich oder Zahl: [a-zA-Z_0-9]
\W	Weder Zeichen noch Unterstrich oder Zahl: [^\w]

Tabelle 73: Vordefinierte Zeichenklassen

POSIX-Zeichen-Klassen

Diese Zeichenklassen umfassen nur den für US-ASCII definierten Zeichenumfang, also keine Umlaute oder sonstige Nicht-US-ASCII-Zeichen:

POSIX-Klasse	Bedeutung
\p{Lower}	Kleingeschriebenes Zeichen: [a-z]
\p{Upper}	Großgeschriebenes Zeichen: [A-Z]
\p{ASCII}	Alle US-ASCII-Zeichen: [\x00-\x7F]
\p{Alpha}	Alphabetisches Zeichen: [\p{Lower}\p{Upper}]
\p{Digit}	Dezimalzahl: [0-9]
\p{Alnum}	Alphanumerisches Zeichen: [\p{Alpha}\p{Digit}]
\p{Punct}	Interpunktionszeichen: !»#$%&'()*+,-./:;<=>?@[\]^_`{|}~
\p{Graph}	Sichtbares Zeichen: [\p{Alnum}\p{Punct}]
\p{Print}	Druckbares Zeichen: [\p{Graph}\x20]
\p{Blank}	Leerzeichen oder Tab: [\t]
\p{Cntrl}	Steuerzeichen: [\x00-\x1F\x7F]
\p{XDigit}	Hexadezimal-Zeichen: [0-9a-fA-F]
\p{Space}	Whitespace-Zeichen: [\t\n\x0B\f\r]

Tabelle 74: Posix-Zeichenklassen

java.lang.Character-Eigenschaften

Diese Platzhalter repräsentieren `java.lang.Character`-Eigenschaften – also Angaben, ob es sich um Groß- oder Kleinschreibung oder Whitespace handelt:

Klasse	Bedeutung
`\p{javaLowerCase}`	Äquivalent zu `java.lang.Character.isLowerCase()`
`\p{javaUpperCase}`	Äquivalent zu `java.lang.Character.isUpperCase()`
`\p{javaWhitespace}`	Äquivalent zu `java.lang.Character.isWhitespace()`
`\p{javaMirrored}`	Äquivalent zu `java.lang.Character.isMirrored()`

Tabelle 75: java.lang.Character-Eigenschaften in regulären Ausdrücken

Unicode-Blöcke und -Kategorien

Folgende Platzhalter dienen der Verwendung mit Unicode:

Platzhalter	Beschreibung
`\p{InGerman}`	Ein Zeichen im deutschen Sprachblock
`\p{Lu}`	Ein großgeschriebenes Zeichen
`\p{Sc}`	Währungssymbol
`\P{InGreek}`	Alle Zeichen außer denjenigen aus dem griechischen Sprachblock
`[\p{L}&&[^\p{Lu}]]`	Jedes Zeichen mit Ausnahme großgeschriebener Zeichen

Tabelle 76: Unicode-Klassen

Die verschiedenen InXXX-Abfragen ergeben sich jeweils aus den im Unicode-Standard 4.0 definierten Blocknamen. Die Kategorien werden ohne das Präfix `In` beschrieben und entsprechen ebenfalls den im Unicode-Standard 4.0 beschriebenen Bezeichnungen.

Mehr Informationen zu diesem Standard erhalten Sie unter der Adresse *http://www.unicode.org/versions/Unicode4.0.0/*.

Begrenzer

Folgende Zeichen dienen der Markierung von Grenzen:

Zeichen	Bedeutung
`^`	Zeilenanfang
`$`	Zeilenende
`\b`	Wortgrenze
`\B`	Nicht-Wortgrenze
`\A`	Beginn der Eingabe
`\G`	Ende des vorherigen Treffers
`\Z`	Ende der Eingabe ohne letzten Begrenzer (soweit zutreffend)
`\z`	Ende der Eingabe

Tabelle 77: Begrenzungszeichen

Quantifizierer

Mit Hilfe der folgenden Kennzeichner lassen sich so genannte gierige Ausdrücke bilden, die versuchen, möglichst viel Text zu verarbeiten:

Quantifizierer	Bedeutung
X?	X, ein oder kein Mal
X*	X, kein Mal oder mehrmals
X+	X, mindestens ein Mal
X{n}	X, genau n Mal
X{n,}	X, mindestens n Mal
X{n,m}	X, mindestens n Mal, aber nicht mehr als m Mal

Tabelle 78: Quantifizierer

Nichtgierige Quantifizierer

Nichtgierige Quantifizierer versuchen nicht, möglichst viel Text zu verarbeiten, sondern suchen nach einer minimalen Entsprechung:

Quantifizierer	Bedeutung
X??	X, ein oder kein Mal
X*?	X, kein Mal oder mehrmals
X+?	X, mindestens ein Mal
X{n}?	X, genau n Mal
X{n,}?	X, mindestens n Mal
X{n,m}?	X, mindestens n Mal aber nicht mehr als m Mal

Tabelle 79: Nichtgierige Quantifizierer

Quantifizierer ohne Backtracking-Funktionalität

Sowohl gierige als auch nichtgierige Quantifizierer erlauben es, dass die Engine nach der Ermittlung von vorläufigen Treffern sämtliche Treffer erneut verarbeitet, um die Suchergebnisse zu verfeinern. Dies kann unter Umständen zu deutlich erhöhter Laufzeit und mehr Systemlast führen. Quantifizierer ohne Backtracking-Funktionalität verhindern dies – allerdings nur im Fehlerfall:

Quantifizierer	Bedeutung
X?+	X, ein oder kein Mal
X*+	X, kein Mal oder mehrmals
X++	X, mindestens ein Mal
X{n}+	X, genau n Mal
X{n,}+	X, mindestens n Mal
X{n,m}+	X, mindestens n Mal aber nicht mehr als m Mal

Tabelle 80: Quantifizierer ohne Backtracking-Funktionalität

Logische Operatoren

Operator	Beschreibung
XY	X, gefolgt von Y
X|Y	Entweder X oder Y
(X)	X wird als Entsprechung gespeichert

Tabelle 81: Logische Operatoren

Sonstige Metazeichen

Zeichen	Bedeutung
\n	Bezug auf die n-te einfangende Gruppe
\	Escaped das folgende Zeichen
\Q	Escaped alle Zeichen bis zum schließenden \E
\E	Beendet das durch \Q begonnene Escaping

Tabelle 82: Sonstige Metazeichen

Spezielle Konstrukte

Diese Konstrukte speichern die übereinstimmenden Zeichen nicht ab:

Konstrukt	Bedeutung
(?:X)	Die Entsprechnung (X) wird nicht abgespeichert.
(?idmsux-idmsux)	Schaltet die Flags i, d, m, s, u, x ein bzw. aus.
(?idmsux-idmsux:X)	Die Entsprechung von X wird nicht abgespeichert, die Flags werden ein- bzw. ausgeschaltet.
(?=X)	Die Entsprechung wird nicht abgespeichert, es wird aber an der gleichen Stelle mit der Suche fortgefahren.
(?!X)	Es darf keine Entsprechung von X an der Stelle gefunden werden und die Suche wird an dieser Stelle fortgesetzt.
(?<=X)	Die Entsprechung von X wird nicht abgespeichert und die Suche wird vor dieser Stelle fortgesetzt.
(?<!X)	Es darf keine Entsprechung von X gefunden werden und die Suche wird vor dieser Stelle fortgesetzt.
(?>X)	X ist eine unabhängige Gruppe, deren Entsprechung nicht gespeichert wird.

Tabelle 83: Spezielle Konstrukte

Flags

Folgende Flags können inline verwendet werden und haben Entsprechungen in Form von Konstanten der Klasse *java.util.regex.Pattern*:

Flag	Beispiel	Entsprechung	Beschreibung
d	(?d)	`java.util.regex.Pattern.UNIX_LINES`	Schaltet den Unix-Zeilenmodus ein oder aus. Falls eingeschaltet, wird ausschließlich das Unix-Zeilenende `\n` als Begrenzer für Zeilen akzeptiert.
i	(?i)	`java.util.regex.Pattern.CASE_INSENSITVE`	Schaltet die Nicht-Berücksichtigung der Groß-/Kleinschreibung ein oder aus.
x	(?x)	`java.util.regex.Pattern.COMMENTS`	Schaltet die Erkennung von Kommentaren und Whitespace ein oder aus. Falls eingeschaltet, werden Whitespace-Zeichen ignoriert und enthaltene Kommentare (# ...) werden bis zum Ende der Zeile nicht beachtet.
m	(?m)	`java.util.regex.Pattern.MULTILINE`	Schaltet den Multiline-Modus ein oder aus, bei dem die Symbole `^` und `$` auch am Zeilenanfang bzw. -ende matchen (und nicht nur am Anfang oder Ende des kompletten Textes).
		`java.util.regex.Pattern.LITERAL`	Schaltet den Literal-Modus ein oder aus, bei dem im Text enthaltene Steuer- oder Metazeichen nicht als solche interpretiert, sondern als gewöhnliche Zeichenketten aufgefasst werden. Hat keine Flag-Entsprechung.
s	(?s)	`java.util.regex.Pattern.DOTALL`	Wenn der DOTALL-Modus aktiviert ist, steht der Platzhalter `.` für alle Zeichen, inklusive Zeilenumbrüche. Per Voreinstellung werden Zeilenumbrüche nicht als Übereinstimmung gewertet.
u	(?u)	`java.util.regex.Pattern.UNICODE_CASE`	Aktiviert Unicode-konforme Behandlung von Groß- und Kleinschreibung. Wenn aktiviert, kann es zu deutlichen Performance-Verlusten kommen.
		`java.util.regex.Pattern.CANON_EQ`	Aktiviert kanonisches Matching, bei dem zwei Zeichen nur dann als identisch angesehen werden, wenn ihre kanonische Entsprechung identisch ist. Erlaubt es, Zeichen beispielsweise als Hexadezimal- oder Oktal-Werte anzugeben und sie gegen ausgeschriebene Zeichen mit demselben Code zu matchen. Für dieses Flag gibt es keine Inline-Entsprechung.

Tabelle 84: Flags

Die Inline-Flags können miteinander kombiniert werden. Um beispielsweise d und i miteinander zu kombinieren, kann folgendes Statement verwendet werden:

```
(?di)
```

Die als Konstanten aufgeführten Flags werden ODER-verknüpft:

```
int flags = Pattern.UNIX_LINES | Pattern.CASE_INSENSITIVE;
```

SQL

SQL-Typen

SQL-Typ	JDBC-SQL-Typ in java.sql.Types	Java-Typ	Beschreibung
ARRAY	ARRAY	java.sql.Array	SQL-Feld
BIGINT	BIGINT	long	64 Bit Ganzzahl
BIT	BIT	boolean	Einzelnes Bit (0,1)
BLOB	BLOB	java.sql.Blob	Beliebige Binärdaten
BOOLEAN	BOOLEAN	boolean	Boolescher Wert
CHAR	CHAR	String	Zeichenkette fester Länge
CLOB	CLOB	java.sql.Clob	Für große Zeichenketten
DATE	DATE	java.sql.Date	Datumsangaben
DECIMAL	DECIMAL	java.math.BigDecimal	Festkommazahl
DOUBLE	DOUBLE	double	Gleitkommazahl in doppelter Genauigkeit
FLOAT	FLOAT	double	Gleitkommazahl in doppelter Genauigkeit
INTEGER	INTEGER	int	32-Bit-Ganzzahl
–	JAVA_OBJECT	Object	Speicherung von Java-Objekten
NULL	NULL	null für Java-Objekte, false für boolean, 0 für numerische Typen	Darstellung des NULL-Werts (= kein Wert)
NUMERIC	NUMERIC	java.math.BigDecimal	Dezimalzahlen mit fester Genauigkeit
REAL	REAL	float	Gleitkommazahl einfacher Genauigkeit
TIME	TIME	java.sql.Time	Zeitdarstellung (Stunden, Minuten, Sekunden)
VARCHAR	VARCHAR	String	Zeichenketten variabler Länge

Tabelle 85: Typzuordnung zwischen SQL und Java

Lokale

Unterstützte Lokale

ID	Sprache	Land
ar_SA	Arabic	Saudi Arabia
zh_CN	Chinese (Simplified)	China
zh_TW	Chinese (Traditional)	Taiwan
nl_NL	Dutch	Netherlands
en_AU	English	Australia
en_CA	English	Canada
en_GB	English	United Kingdom
en_US	English	United States
fr_CA	French	Canada
fr_FR	French	France
de_DE	German	Germany
iw_IL	Hebrew	Israel
hi_IN	Hindi	India
it_IT	Italian	Italy
ja_JP	Japanese	Japan
ko_KR	Korean	South Korea
pt_BR	Portuguese	Brazil
es_ES	Spanish	Spain
sv_SE	Swedish	Sweden
th_TH	Thai (Western digits)	Thailand
th_TH_TH	Thai (Thai digits)	Thailand

Tabelle 86: Voll unterstützte und getestete Lokale der Sun-JRE

Die Java-SDK-Tools

Neben Laufzeitumgebung, Bibliotheken und Demobeispielen gehören zum Lieferumfang des Java-SDK auch eine Reihe von nützlichen bis unentbehrlichen Hilfsprogrammen – allen voran Compiler (javac) und Interpreter (java).

Hinweis

Die offizielle Dokumentation der JDK-Werkzeuge finden Sie in den JDK-Hilfedateien unter *\docs\tooldocs*. (Die gezippte Version der Hilfedateien können Sie von der Sun-Website herunterladen.)

javac – der Compiler

Der Compiler übersetzt die ihm übergebenen Quelldateien (.java) in Bytecode (.class-Dateien).

Typische Aufrufe

```
javac Datei.java
```

Dieser Aufruf übersetzt die übergebene Datei.

Klassen, die in *Datei.java* verwendet werden, aber nicht definiert sind, sucht sich der Compiler aus der Java-Standardbibliothek und den Verzeichnissen und Archiven (JAR und ZIP) des Klassenpfads zusammen.

Kann zu einer Klasse keine passende Datei gefunden werden, hat dies in der Regel einen von drei Gründen:

- Die Class- oder Quelldatei existiert nicht (kann auch die Ausgangsdatei *Datei.java* betreffen).
- Die Class- oder Quelldatei liegt nicht im Klassenpfad (kann auch die Ausgangsdatei *Datei.java* betreffen).

  In diesem Fall können Sie so vorgehen, dass Sie dem Compiler beim Aufruf einen Klassenpfad übergeben, der alle Verzeichnisse listet, auf die die benötigten Dateien verteilt sind. Im einfachsten Fall ist dies das aktuelle Verzeichnis, gegebenenfalls plus ein oder zwei Unterverzeichnissen.

  ```
  java -classpath . Datei.java
  ```

  ```
  java -classpath .;./unterVerz Datei.java
  ```

- Der Compiler vermisst eine Hilfsklasse, die in einer Datei definiert wurde, die nicht ihren Namen trägt. In diesem Fall kann der Compiler die Klassendefinition nur finden, wenn die Klasse schon einmal kompiliert wurde und daher eine Class-Datei verfügbar ist oder die java-Datei mit der gesuchten Klassendefinition bereits geladen wurde. Letzteres ist der Fall, wenn die andere Klasse, die der Datei den Namen gegeben hat, bereits geladen wurde, oder wenn Sie die java-Datei explizit im Aufruf mit aufführen:

  ```
  java Datei.java AndereDatei.java
  ```

Wenn Sie gezielt einzelne Dateien kompilieren wollen, listen Sie diese explizt auf:

```
javac Datei1.java Datei2.java Datei3.java
```

Wenn Sie alle Dateien im aktuellen Verzeichnis kompilieren wollen, verwenden Sie einfach den *-Platzhalter:

```
javac *.java
```

Wie der Compiler seine Arbeit verrichtet, kann über verschiedene Optionen gesteuert werden. In integrierten Entwicklungsumgebungen geschieht dies in der Regel über die Dialoge der Projektverwaltung; wenn Sie allein mit dem Java-SDK arbeiten und den Compiler über die Konsole aufrufen, geben Sie die gewünschten Optionen in der Befehlszeile an.

`javac` *`Optionen`* `Quelldatei`*`(en)`*

Option	Beschreibung
-classpath pfad	Gibt den Klassenpfad an, in dem der Compiler nach Typdefinitionen suchen soll. Die im Klassenpfad aufgeführten Verzeichnisse und Archive (JAR und ZIP) werden durch Semikolons (Doppelpunkt unter Linux) getrennt. Der Punkt ».« steht für das aktuelle Verzeichnis. Der folgende Klassenpfad besteht aus dem aktuellen Verzeichnis, dem Verzeichnis *c:\bin* und dem JAR-Archiv *klassen.jar*, das unter *c:\java* gespeichert ist. `-classpath .;c:\bin;c:\java\klassen.jar` Wenn Sie die `classpath`-Option setzen, wird der in der CLASSPATH-Umgebungsvariablen angegebene Klassenpfad ignoriert. (Wenn Sie weder die Option noch die Umgebungsvariable gesetzt haben, besteht der Klassenpfad aus dem aktuellen Verzeichnis.) Wie im vorangehenden Abschnitt beschrieben, wertet der Compiler nicht nur im Klassenpfad stehende Class-Dateien aus, sondern auch Quelldateien (es sei denn, Sie setzen die Option `-sourcepath`, siehe unten).
-d verzeichnis	Gibt das Verzeichnis an, in das die erzeugten Class-Dateien geschrieben werden. Für Klassen, die Teil eines Pakets sind, wird `verzeichnis` noch um den Paketpfad erweitert. `javac -d c:\klassen quelldatei.java` Wird die Option nicht gesetzt, werden die Class-Dateien zusammen mit ihren Quelldateien gespeichert.
-deprecation	Zeigt an, wo veraltete Bibliothekselemente verwendet werden. `javac -deprecation quelldatei.java` Voraussetzung ist allerdings, dass der Compiler etwas zum Kompilieren findet. Wenn Sie beispielsweise ein Projekt, das veraltete API-Elemente enthält, sonst aber fehlerfrei ist, normal kompilieren, gibt der Compiler eine Warnung aus, die auf vorhandene »deprecated« Elemente hinweist, erzeugt aber dennoch die gewünschten Class-Dateien. Wenn Sie daraufhin javac mit der Option `-deprecation` aufrufen, ohne zuvor die generierten Class-Dateien zu löschen, vergleicht der Compiler das Datum der Quelldateien mit dem Datum der Class-Dateien und erkennt, dass es keinen Grund gibt, die Dateien neu zu kompilieren. Folglich findet er auch keine veralteten API-Elemente und die Ausgabe bleibt leer.
-g	Nimmt Informationen für den Debugger (siehe unten) in die Class-Dateien mit auf. `javac -g quelldatei.java`

Tabelle 87: Die wichtigsten Compiler-Optionen

Option	Beschreibung

-g:none	Nimmt keinerlei Debug-Informationen mit auf.
	`javac -g:none quelldatei.java`
	Verwenden Sie diese Option zusammen mit `-O` für die abschließende Kompilation Ihrer fertigen Programme, Module etc.
	`javac -g:none -O quelldatei.java`

-help	Listet die Standardoptionen auf.
-nowarn	Unterbindet die Ausgabe von Warnungen.
-source 1.n	Kompiliert für die angegebene JDK-Version.
-sourcepath pfad	Gibt an, wo der Compiler nach Quelltextdateien suchen soll. Für die Zusammensetzung des »Quellpfads« gelten die gleichen Regeln wie für den Klassenpfad (siehe `-classpath`). Wenn der Compiler bei der Kompilation einer Quelltextdatei auf einen Typ (Klasse oder Interface) trifft, zu dem es weder in der Datei noch in der Java-Standardbibliothek eine Definition gibt, und Sie die Option `-sourcepath` nicht gesetzt haben, sucht der Compiler im Klassenpfad nach Class- und Quelltextdateien mit der benötigten Definition. Wenn Sie dagegen die Option `-sourcepath` setzen, sucht der Compiler im Klassenpfad nur nach Class-Dateien und in dem angegebenen Quellpfad nur nach Quelltextdateien.
-O	Optimiert den Quellcode. Verwenden Sie diese Option zusammen mit `-g:none` für die abschließende Kompilation Ihrer fertigen Programme, Module etc. `javac -g:none -O quelldatei.java` Verwenden Sie diese Option auf gar keinen Fall während des Debuggens. Durch die Optimierung kann es nämlich zu erheblichen Differenzen zwischen Quelltext und Bytecode kommen – beispielsweise, wenn im Quelltext vorhandene Variablen durch die Optimierung wegfallen.
-verbose	Gibt während des Kompilierens Statusmeldungen aus.
-Xlint:deprecation	Gibt detaillierte Meldungen aus, wenn Klassenelemente verwendet werden, von deren Gebrauch mittlerweile abgeraten wird.
-Xlint:unchecked	Gibt detaillierte Meldungen aus, wenn ein parametrisiertes Objekt ohne Typisierung verwendet wird.

Tabelle 87: Die wichtigsten Compiler-Optionen (Forts.)

Hinweis

Eine vollständige Beschreibung aller Compiler-Optionen finden Sie in den JDK-Hilfedateien unter *..\docs\tooldocs*.

java – der Interpreter

Um ein Java-Programm auszuführen (Konsolen- und GUI-Anwendungen, keine Applets), übergeben Sie die Class-Datei, die die `main()`-Methode enthält, an den java-Interpreter:

```
java Optionen Classdatei Kommandozeilenargumente
```

oder

```
javaw Optionen Classdatei Kommandozeilenargumente
```

Wenn Sie das Programm in ein Jar-Archiv gepackt haben (siehe unten), übergeben Sie die Jar-Datei zusammen mit der Option `-jar`:

```
java Optionen -jar Jardatei Kommandozeilenargumente

javaw Optionen -jar Jardatei Kommandozeilenargumente
```

`javaw` und `java` unterscheiden sich darin, dass zu `java` ein Konsolenfenster geöffnet wird, während für Programme, die mit `javaw` gestartet werden, kein Konsolenfenster erscheint. `javaw` wird daher üblicherweise zum Starten von GUI-Anwendungen verwendet.

Typische Aufrufe

```
java Hauptklasse
```

Zum Starten einer Anwendung. `Hauptklasse` ist dabei der Name der Klasse, die die `main()`-Methode des Programms definiert.

Klassen, die im Programm verwendet werden, sucht sich der Interpreter aus der Java-Standardbibliothek und den Verzeichnissen und Archiven (JAR und ZIP) des Klassenpfads zusammen.

Kann eine Klasse nicht gefunden werden, hat dies in der Regel einen von drei Gründen:

- Die zugehörige Class-Datei existiert nicht (kann auch die Class-Datei der Ausgangsklasse *Hauptklasse.class* betreffen).
- Die zugehörige Class-Datei liegt nicht im Klassenpfad (kann auch die Class-Datei der Ausgangsklasse *Hauptklasse.class* betreffen).

  In diesem Fall können Sie so vorgehen, dass Sie dem Interpreter beim Aufruf einen Klassenpfad übergeben, der alle Verzeichnisse auflistet, auf die die benötigten Dateien verteilt sind. Im einfachsten Fall ist dies das aktuelle Verzeichnis, gegebenenfalls plus ein oder zwei Unterverzeichnisse.

  ```
  java -classpath . Hauptklasse

  java -classpath .;./unterVerz Hauptklasse
  ```

Option	Beschreibung
-classpath pfad -cp pfad	Gibt den Klassenpfad an, in dem der Interpreter nach Typdefinitionen sucht. Die im Klassenpfad aufgeführten Verzeichnisse und Archive (JAR und ZIP) werden durch Semikolons (Doppelpunkt unter Linux) getrennt. Der Punkt ».« steht für das aktuelle Verzeichnis. Wenn Sie die `classpath`-Option setzen, wird der in der CLASSPATH-Umgebungsvariablen angegebene Klassenpfad ignoriert. (Wenn Sie weder die Option noch die Umgebungsvariable gesetzt haben, besteht der Klassenpfad aus dem aktuellen Verzeichnis.)
-Dname=Wert	Setzt eine Umgebungsvariable

Tabelle 88: Die wichtigsten Interpreter-Optionen

Option	Beschreibung
-jar	Zur Ausführung von Jar-Dateien. Die angegebene Jar-Datei muss in Ihrem Manifest einen Main-Class:-Eintrag haben, der die Class-Datei mit der `main()`-Methode angibt.
-verbose -verbose:class	Informiert über Klassen, die geladen werden. Die Meldungen erscheinen auf der Konsole. Zusätzlich können Sie sich über die Arbeit der Speicherbereinigung (`-verbose:gc`) und den Aufruf nativer Methoden (`-verbose:jni`) informieren lassen.
-version	Zeigt die Versionsnummer des Interpreters an.
-help -?	Listet die Standardoptionen auf.
-X	Informiert über Nicht-Standardoptionen.

Tabelle 88: Die wichtigsten Interpreter-Optionen (Forts.)

jar – Archive erstellen

Mit dem jar-Tool können Sie die Dateien eines Programms (Class-Dateien, Bilddateien, Sounddateien u.a.) zusammen in ein Archiv packen und ausliefern.

Es gibt verschiedene Gründe, die für die Erstellung eines Archivs sprechen:

- Die Dateien werden übersichtlich und sicher verwahrt.
- Für Anwendungen, die aus dem Internet heruntergeladen werden (insbesondere Applets) reduzieren sich die Download-Zeiten durch die Komprimierung und die Übertragung einer einzelnen Datei dramatisch.
- Die Dateien in einem Archiv können signiert werden.

Hinweis

Ein Archiv muss nicht entpackt werden, um das darin enthaltene Programm auszuführen oder die im Archiv abgelegten Bibliotheksklassen zu verwenden. Programme aus Archiven können direkt vom Interpreter ausgeführt werden (Option `-jar`), sofern das Archiv eine Manifest-Datei enthält, die auf die Class-Datei mit der `main()`-Methode verweist. Klassen aus Archiven können von anderen Programmen genutzt werden, wenn das Archiv im Klassenpfad steht.

Aufrufe

Die allgemeine Syntax für den Aufruf von jar lautet:

```
jar Optionen Zieldatei [Manifestdatei|MainKlasse] Eingabedateien
```

Die optionalen Argumente *Manifestdatei* und *MainKlasse* dienen dazu, *die* Klasse im jar-Archiv anzugeben, welche die `main()`-Methode enthält. Dies ist notwendig, damit der java-Interpreter später bei Ausführung des jar-Archivs weiß, wo die Programmausführung beginnt. Zwei Möglichkeiten gibt es, die Klasse mit der `main()`-Methode anzuzeigen:

- Vor Java 6 mussten Sie eine Manifest-Datei (Textdatei mit der Endung *.mf*) und einen `Main-Class`-Eintrag erstellen – beispielsweise

  ```
  Main-Class: Hauptklasse
  ```

wobei »Hauptklasse« hier für die Klasse steht, in der `main()` definiert ist. Anschließend rufen Sie *jar* mit der Option `m` und der Manifest-Datei auf (*siehe* die unten nachfolgenden Aufruf-Beispiele). (Alternativ können Sie auch zuerst das jar-Archiv erstellen, die automatisch erstellte Manifest-Datei entpacken, die Zeile mit der Hauptklasse einfügen und dann das Archiv neu erstellen.)

- Seit Java 6 geht es auch etwas einfacher. Sie setzen die Option `e` und übergeben den Namen der Hauptklasse als Argument an *jar*.

```
jar cfe archiv.jar Hauptklasse Hauptklasse.class Hilfsklasse.class
```

> **Hinweis**
> Applets benötigen keinen `Main-Class`-Eintrag. Der Name der Applet-Klasse, deren Methoden der Browser zur Ausführung des Applets aufruft, wird im HTML-Code der Webseite angegeben.

Typische Aufrufe sind:

Aufruf	Beschreibung
`jar cf archiv.jar k1.class k2.class`	Erzeugt ein neues Archiv namens *archiv.jar* und fügt diesem die Dateien *k1.class* und *k2.class* hinzu. Zusätzlich erzeugt *jar* eine passende Manifest-Datei *Manifest.mf*, allerdings ohne `Main-Class`-Eintrag.
`jar cf archiv.jar *.*`	Erzeugt ein neues Archiv und fügt alle Dateien im aktuellen Verzeichnis (inklusive Unterverzeichnisse) hinzu.
`jar cf archiv.jar images sound *.class`	Erzeugt ein neues Archiv und fügt alle Class-Dateien im aktuellen Verzeichnis und die Unterverzeichnisse *images* und *sound* hinzu.
`jar cfm archiv.jar manifest.mf *.*`	Erzeugt ein neues Archiv und fügt alle Dateien im aktuellen Verzeichnis (inklusive Unterverzeichnisse) hinzu. Verwendet die angegebene Manifest-Datei.
`jar cfe archiv.jar Hauptklasse *.*`	Erzeugt ein neues Archiv und fügt alle Dateien im aktuellen Verzeichnis (inklusive Unterverzeichnisse) hinzu. Registriert `Hauptklasse` als `Main-Class`. (*Hauptklasse.class* muss selbstredend unter den in das Archiv aufgenommenen Class-Dateien sein.)
`jar tf archiv.jar`	Gibt das Inhaltsverzeichnis des angegebenen Archivs aus. (Sie können jar-Archive auch zum Einsehen in Winzip laden.)
`jar xf archiv.jar`	Entpackt das jar-Archiv.

Tabelle 89: Typische jar-Aufrufe

Achtung

Automatisch erzeugte Manifest-Dateien enthalten natürlich keine Hinweise auf eventuell vorhandene `main()`-Methoden. Wenn Sie also eine Anwendung in ein JAR-Archiv packen, müssen Sie die Manifestdatei entweder nachbearbeiten und eine Zeile:

```
Main-class: Hauptklasse
```

hinzufügen (wobei »Hauptklasse«, hier für die Klasse steht, in der `main()` definiert ist). Oder Sie erstellen zuerst eine Manifest-Datei und übergeben diese *jar* (Option `m`).

Applets benötigen keinen vergleichbaren Eintrag. Der Name der Applet-Klasse, deren Methoden der Browser zur Ausführung des Applets aufruft, wird im HTML-Code der Webseite angegeben.

Optionen

Die jar-Optionen bestehen aus einzelnen Buchstaben ohne Bindestrich, die mehr oder weniger beliebig kombiniert werden können. Beachten Sie aber, dass bei Optionen, die weitere Argumente erfordern (`f`, `m` ...), die Reihenfolge der Optionen auch die Reihenfolge der Argumente vorgibt.

Option	Beschreibung
`c`	Erzeugt ein neues Archiv. (`c` steht für *create.*)
`f`	Name des zu bearbeitenden Archivs. (`f` steht für *file.*)
`e`	Name der Klasse mit der `main()`-Methode. (`e` steht für *executable.*)
`i`	Erzeugt Indexinformationen für ein Archiv. (Beschleunigt das Laden der Klassen.) (`i` steht für *index.*)
`-Joption`	Übergibt die angegebene *java*-Option an den Interpreter.
`m`	Verwendet die angegebene Manifest-Datei. (`m` steht für *manifest.*)
`M`	Es wird keine Manifest-Datei erzeugt.
`0`	Die Dateien werden nicht komprimiert.
`t`	Gibt den Inhalt des angegebenen Archivs auf die Konsole aus. (`t` steht für *table.*)
`u`	Fügt dem angegebenen, bestehenden Archiv weitere Dateien hinzu. (`u` steht für *update.*)
`v`	Erzeugt ausführliche Statusmeldungen. (`v` steht für *verbose.*)

Tabelle 90: Wichtige jar-Optionen

javadoc – Dokumentationen erstellen

Mit *javadoc* können Sie die Klassen Ihrer Programme und Bibliotheken im Stile der offiziellen Java-API-Referenz dokumentieren. Sie müssen lediglich entsprechend formatierte Kommentare in Ihre Quelltexte einfügen und dann *javadoc* aufrufen.

javadoc-Kommentare gleichen den üblichen mehrzeiligen Kommentaren, beginnen aber mit zwei Sternchen hinter dem Slash:

```
/**
 * Dies ist ein Dokumentationskommentar.
 */
```

Mit diesen Kommentaren können Sie Klassen, Interfaces, Konstruktoren, Methoden und Felder dokumentieren. Stellen Sie den Kommentar dazu einfach direkt vor die Definition des Elements:

```
/**
 * Dokumentation zu EineKlasse
 */
public class EineKlasse {
   /**
    * Dokumentation des Feldes einFeld
    */
    public int einFeld;

   /**
    * Dokumentation der Methode main()
    *
    */
   public static void main(String[] args) {
...
```

Der Dokumentartext sollte zwei Teile umfassen:

- eine Kurzbeschreibung, die aus einem Satz besteht, und
- eine nachfolgende ausführliche Beschreibung.

Hinweis

Es ist üblich, die einzelnen Zeilen eines Dokumentationskommentars mit einem Sternchen zu beginnen, notwendig ist dies aber nicht.

Dokumentartexte enden mit dem abschließenden */ oder wenn innerhalb des Kommentars ein Tag (siehe unten) auftaucht.

Aufruf

Zur Erzeugung der HTML-Dokumentation rufen Sie `javadoc` von der Konsole aus dem Verzeichnis der Quelldateien auf – beispielsweise:

```
javadoc *.java
```

Tags

Tags sind Marker, die alle mit @ beginnen und spezielle Informationen kennzeichnen, die von *javadoc* gesondert formatiert werden – beispielsweise die Parameter einer Methode.

Tag-Marker	Beschreibung
`@author`	Angabe des Autors `@author name`
`@deprecated`	Zeigt an, dass das Element nicht mehr verwendet werden sollte `@deprecated Hinweistext`
`@exception` `@throws`	Angabe der Exception-Klasse, die von der Methode ausgelöst oder weitergeleitet werden kann `@throws Exceptionklassenname Beschreibung`
`@param`	Beschreibung eines Parameters `@param Name Beschreibung`
`@return`	Beschreibung des Rückgabewerts `@return Beschreibung`
`@see`	Verweis auf eine andere Textstelle `@see Referenz` »Referenz« kann beispielsweise der Name einer Methode oder Klasse sein, aber auch ein HTML-Tag

`@serial`
`@serialData`
`@serialField`
	Zur Kennzeichnung serialisierter Elemente
	`@serial`

`@since`	Gibt an, seit wann dieses Element existiert `@since   JDK1.0`
`@version`	Angabe der Versionsnummer `@version 1.73, 12/03/01`

Tabelle 91: Die javadoc-Tags

jdb – der Debugger

Ein Debugger ist eine Art Super-Programm, das andere Programme ausführen und dabei überwachen kann. Eine Fehleranalyse führt der Debugger selbst aber nicht durch – dies ist Ihre Aufgabe. Der Debugger hilft Ihnen lediglich dabei, zur Laufzeit gezielt Informationen über die Ausführung des Programms zu sammeln.

Grundsätzlich gehen Sie beim Debuggen folgendermaßen vor:

1. Sie laden das Programm in den Debugger.
2. Sie definieren Haltepunkte, d.h., Sie teilen dem Debugger mit, dass die Ausführung des Programms bei Erreichen bestimmter Quelltextzeilen angehalten werden soll.
3. Sie führen das Programm von Haltepunkt zu Haltepunkt oder schrittweise mit speziellen Debuggerbefehlen aus und kontrollieren dabei, ob der Programmfluss korrekt ist (ob beispielsweise in einer `if`-Bedingung korrekt verzweigt wird, ob eine Schleife ausgeführt oder eine Methode aufgerufen wird).
4. Wurde die Programmausführung vom Debugger angehalten, können Sie sich vom Debugger die Inhalte der Variablen des Programms anzeigen lassen. Auf diese Weise kontrollieren Sie beispielsweise die Ausführung von Berechnungen oder die Inkrementierung von Schleifenvariablen.

Der Java-SDK-Debugger

Der Java-SDK-Debugger heißt `jdb` und eignet sich zur Fehlersuche in Anwendungen und Applets. Allerdings handelt es sich um ein recht einfaches Programm. Wesentlich komfortabler ist der Einsatz von Debuggern aus integrierten Entwicklungsumgebungen (beispielsweise JBuilder).

Vorbereitungen

Um ein Programm mit dem `jdb` zu debuggen, muss zunächst der `javac`-Compiler spezielle Debug-Informationen hinzufügen, die der `jdb`-Debugger benötigt. Dazu geben Sie beim Kompilieren mit `javac` die Option `-g` an:

```
javac -g Fehler.java
```

Debug-Sitzung starten

Nun kann das Programm im Debugger gestartet werden:

```
jdb Fehler
```

Falls ein Applet debuggt werden soll, muss der Appletviewer mit der Option `-debug` aufgerufen werden. Er sorgt dann dafür, dass der `jdb` mit aufgerufen wird.

Nach dem Laden und Initialisieren wartet der `jdb` auf Ihre Befehle.

Wichtige jdb-Kommandos:

Kommando	Beschreibung
`run arg1 arg2`	Startet die Ausführung des Programms; falls das Programm Parameter erwartet, können sie mit angegeben werden.
`stop at Klasse:Zeile`	Setzt einen Haltepunkt in der Klasse `Klasse` in Zeile `Zeile`.
`stop in Klasse.methode`	Setzt einen Haltepunkt in der Methode `methode` von Klasse `Klasse`. Gestoppt wird bei der ersten Anweisung.
`step`	Eine Codezeile ausführen.
`cont`	Programmausführung fortsetzen (nach einem Haltepunkt).
`list`	Den Quellcode anzeigen.
`locals`	Anzeigen der lokalen Variablen.
`print Name`	Anzeigen der Variablen `Name`.
`where`	Die Abfolge der Methodenaufrufe zeigen.
`quit`	`jdb` beenden.
`help`	Übersicht über alle `jdb`-Befehle ausgeben.
`!!`	Letztes Kommando wiederholen.

Tabelle 92: jdb-Befehle

Weitere Tools

Zum Java-SDK gehören noch eine Reihe weiterer Tools, deren Verwendung zum Teil in den entsprechenden Kapiteln des Buchs beschrieben ist:

Tool	Verwendungszweck
appletviewer	Zum Ausführen und Testen von Applets
htmlconverter	Bereitet HTML-Code zur Einbettung von Applets auf
jarsigner	Zum Signieren von Jar-Dateien, siehe oben
keytool	Zum Erstellen von Schlüsseln und Zertifikaten
policytool	Zum Bearbeiten von Java-Policy-Dateien
rmic	Zur Generierung von Stub- und Skeleton-Klassen
rmiregistry	Startet die RMI-Systemregistrierung

Tabelle 93: Weitere Tools

Stichwortverzeichnis

K

L

M

S

Z

Lizenzvereinbarungen

Sun Microsystems, Inc. Binary Code License Agreement for the JAVA SE DEVELOPMENT KIT (JDK), VERSION 6

SUN MICROSYSTEMS, INC. ("SUN") IS WILLING TO LICENSE THE SOFTWARE IDENTIFIED BELOW TO YOU ONLY UPON THE CONDITION THAT YOU ACCEPT ALL OF THE TERMS CONTAINED IN THIS BINARY CODE LICENSE AGREEMENT AND SUPPLEMENTAL LICENSE TERMS (COLLECTIVELY "AGREEMENT"). PLEASE READ THE AGREEMENT CAREFULLY. BY DOWNLOADING OR INSTALLING THIS SOFTWARE, YOU ACCEPT THE TERMS OF THE AGREEMENT. INDICATE ACCEPTANCE BY SELECTING THE "ACCEPT" BUTTON AT THE BOTTOM OF THE AGREEMENT. IF YOU ARE NOT WILLING TO BE BOUND BY ALL THE TERMS, SELECT THE "DECLINE" BUTTON AT THE BOTTOM OF THE AGREEMENT AND THE DOWNLOAD OR INSTALL PROCESS WILL NOT CONTINUE.

1. DEFINITIONS. "Software" means the identified above in binary form, any other machine readable materials (including, but not limited to, libraries, source files, header files, and data files), any updates or error corrections provided by Sun, and any user manuals, programming guides and other documentation provided to you by Sun under this Agreement. "Programs" mean Java applets and applications intended to run on the Java Platform, Standard Edition (Java SE) on Java-enabled general purpose desktop computers and servers.

2. LICENSE TO USE. Subject to the terms and conditions of this Agreement, including, but not limited to the Java Technology Restrictions of the Supplemental License Terms, Sun grants you a non-exclusive, non-transferable, limited license without license fees to reproduce and use internally Software complete and unmodified for the sole purpose of running Programs. Additional licenses for developers and/or publishers are granted in the Supplemental License Terms.

3. RESTRICTIONS. Software is confidential and copyrighted. Title to Software and all associated intellectual property rights is retained by Sun and/or its licensors. Unless enforcement is prohibited by applicable law, you may not modify, decompile, or reverse engineer Software. You acknowledge that Licensed Software is not designed or intended for use in the design, construction, operation or maintenance of any nuclear facility. Sun Microsystems, Inc. disclaims any express or implied warranty of fitness for such uses. No right, title or interest in or to any trademark, service mark, logo or trade name of Sun or its licensors is granted under this Agreement. Additional restrictions for developers and/or publishers licenses are set forth in the Supplemental License Terms.

4. LIMITED WARRANTY. Sun warrants to you that for a period of ninety (90) days from the date of purchase, as evidenced by a copy of the receipt, the media on which Software is furnished (if any) will be free of defects in materials and workmanship under normal use. Except for the foregoing, Software is provided "AS IS". Your exclusive remedy and Sun's entire liability under this limited warranty will be at Sun's option to replace Software media or refund the fee paid for Software. Any implied warranties on the Software are limited to 90 days. Some states do not allow limitations on duration of an implied warranty, so the above may not apply to you. This limited warranty gives you specific legal rights. You may have others, which vary from state to state.

5. DISCLAIMER OF WARRANTY. UNLESS SPECIFIED IN THIS AGREEMENT, ALL EXPRESS OR IMPLIED CONDITIONS, REPRESENTATIONS AND WARRANTIES, INCLUDING ANY IMPLIED

WARRANTY OF MERCHANTABILITY, FITNESS FOR A PARTICULAR PURPOSE OR NON-INFRINGEMENT ARE DISCLAIMED, EXCEPT TO THE EXTENT THAT THESE DISCLAIMERS ARE HELD TO BE LEGALLY INVALID.

6. LIMITATION OF LIABILITY. TO THE EXTENT NOT PROHIBITED BY LAW, IN NO EVENT WILL SUN OR ITS LICENSORS BE LIABLE FOR ANY LOST REVENUE, PROFIT OR DATA, OR FOR SPECIAL, INDIRECT, CONSEQUENTIAL, INCIDENTAL OR PUNITIVE DAMAGES, HOWEVER CAUSED REGARDLESS OF THE THEORY OF LIABILITY, ARISING OUT OF OR RELATED TO THE USE OF OR INABILITY TO USE SOFTWARE, EVEN IF SUN HAS BEEN ADVISED OF THE POSSIBILITY OF SUCH DAMAGES. In no event will Sun's liability to you, whether in contract, tort (including negligence), or otherwise, exceed the amount paid by you for Software under this Agreement. The foregoing limitations will apply even if the above stated warranty fails of its essential purpose. Some states do not allow the exclusion of incidental or consequential damages, so some of the terms above may not be applicable to you.

7. TERMINATION. This Agreement is effective until terminated. You may terminate this Agreement at any time by destroying all copies of Software. This Agreement will terminate immediately without notice from Sun if you fail to comply with any provision of this Agreement. Either party may terminate this Agreement immediately should any Software become, or in either party's opinion be likely to become, the subject of a claim of infringement of any intellectual property right. Upon Termination, you must destroy all copies of Software.

8. EXPORT REGULATIONS. All Software and technical data delivered under this Agreement are subject to US export control laws and may be subject to export or import regulations in other countries. You agree to comply strictly with all such laws and regulations and acknowledge that you have the responsibility to obtain such licenses to export, re-export, or import as may be required after delivery to you.

9. TRADEMARKS AND LOGOS. You acknowledge and agree as between you and Sun that Sun owns the SUN, SOLARIS, JAVA, JINI, FORTE, and iPLANET trademarks and all SUN, SOLARIS, JAVA, JINI, FORTE, and iPLANET-related trademarks, service marks, logos and other brand designations ("Sun Marks"), and you agree to comply with the Sun Trademark and Logo Usage Requirements currently located at http://www.sun.com/policies/trademarks. Any use you make of the Sun Marks inures to Sun's benefit.

10. U.S. GOVERNMENT RESTRICTED RIGHTS. If Software is being acquired by or on behalf of the U.S. Government or by a U.S. Government prime contractor or subcontractor (at any tier), then the Government's rights in Software and accompanying documentation will be only as set forth in this Agreement; this is in accordance with 48 CFR 227.7201 through 227.7202-4 (for Department of Defense (DOD) acquisitions) and with 48 CFR 2.101 and 12.212 (for non-DOD acquisitions).

11. GOVERNING LAW. Any action related to this Agreement will be governed by California law and controlling U.S. federal law. No choice of law rules of any jurisdiction will apply.

12. SEVERABILITY. If any provision of this Agreement is held to be unenforceable, this Agreement will remain in effect with the provision omitted, unless omission would frustrate the intent of the parties, in which case this Agreement will immediately terminate.

13. INTEGRATION. This Agreement is the entire agreement between you and Sun relating to its subject matter. It supersedes all prior or contemporaneous oral or written communications, proposals, representations and warranties and prevails over any conflicting or additional terms of any quote, order, acknowledgment, or other communication between the parties rela-

ting to its subject matter during the term of this Agreement. No modification of this Agreement will be binding, unless in writing and signed by an authorized representative of each party.

SUPPLEMENTAL LICENSE TERMS

These Supplemental License Terms add to or modify the terms of the Binary Code License Agreement. Capitalized terms not defined in these Supplemental Terms shall have the same meanings ascribed to them in the Binary Code License Agreement . These Supplemental Terms shall supersede any inconsistent or conflicting terms in the Binary Code License Agreement, or in any license contained within the Software.

A. Software Internal Use and Development License Grant. Subject to the terms and conditions of this Agreement and restrictions and exceptions set forth in the Software “README” file incorporated herein by reference, including, but not limited to the Java Technology Restrictions of these Supplemental Terms, Sun grants you a non-exclusive, non-transferable, limited license without fees to reproduce internally and use internally the Software complete and unmodified for the purpose of designing, developing, and testing your Programs.

B. License to Distribute Software. Subject to the terms and conditions of this Agreement and restrictions and exceptions set forth in the Software README file, including, but not limited to the Java Technology Restrictions of these Supplemental Terms, Sun grants you a non-exclusive, non-transferable, limited license without fees to reproduce and distribute the Software, provided that (i) you distribute the Software complete and unmodified and only bundled as part of, and for the sole purpose of running, your Programs, (ii) the Programs add significant and primary functionality to the Software, (iii) you do not distribute additional software intended to replace any component(s) of the Software, (iv) you do not remove or alter any proprietary legends or notices contained in the Software, (v) you only distribute the Software subject to a license agreement that protects Sun’s interests consistent with the terms contained in this Agreement, and (vi) you agree to defend and indemnify Sun and its licensors from and against any damages, costs, liabilities, settlement amounts and/or expenses (including attorneys’ fees) incurred in connection with any claim, lawsuit or action by any third party that arises or results from the use or distribution of any and all Programs and/or Software.

C. License to Distribute Redistributables. Subject to the terms and conditions of this Agreement and restrictions and exceptions set forth in the Software README file, including but not limited to the Java Technology Restrictions of these Supplemental Terms, Sun grants you a non-exclusive, non-transferable, limited license without fees to reproduce and distribute those files specifically identified as redistributable in the Software “README” file (“Redistributables”) provided that: (i) you distribute the Redistributables complete and unmodified, and only bundled as part of Programs, (ii) the Programs add significant and primary functionality to the Redistributables, (iii) you do not distribute additional software intended to supersede any component(s) of the Redistributables (unless otherwise specified in the applicable README file), (iv) you do not remove or alter any proprietary legends or notices contained in or on the Redistributables, (v) you only distribute the Redistributables pursuant to a license agreement that protects Sun’s interests consistent with the terms contained in the Agreement, (vi) you agree to defend and indemnify Sun and its licensors from and against any damages, costs, liabilities, settlement amounts and/or expenses (including attorneys’ fees) incurred in connection with any claim, lawsuit or action by any third party that arises or results from the use or distribution of any and all Programs and/or Software.

D. Java Technology Restrictions. You may not create, modify, or change the behavior of, or authorize your licensees to create, modify, or change the behavior of, classes, interfaces, or subpackages that are in any way identified as "java", "javax", "sun" or similar convention as specified by Sun in any naming convention designation.

E. Distribution by Publishers. This section pertains to your distribution of the Software with your printed book or magazine (as those terms are commonly used in the industry) relating to Java technology ("Publication"). Subject to and conditioned upon your compliance with the restrictions and obligations contained in the Agreement, in addition to the license granted in Paragraph 1 above, Sun hereby grants to you a non-exclusive, nontransferable limited right to reproduce complete and unmodified copies of the Software on electronic media (the "Media") for the sole purpose of inclusion and distribution with your Publication(s), subject to the following terms: (i) You may not distribute the Software on a stand-alone basis; it must be distributed with your Publication(s); (ii) You are responsible for downloading the Software from the applicable Sun web site; (iii) You must refer to the Software as JavaTM SE Development Kit 6; (iv) The Software must be reproduced in its entirety and without any modification whatsoever (including, without limitation, the Binary Code License and Supplemental License Terms accompanying the Software and proprietary rights notices contained in the Software); (v) The Media label shall include the following information: Copyright 2006, Sun Microsystems, Inc. All rights reserved. Use is subject to license terms. Sun, Sun Microsystems, the Sun logo, Solaris, Java, the Java Coffee Cup logo, J2SE, and all trademarks and logos based on Java are trademarks or registered trademarks of Sun Microsystems, Inc. in the U.S. and other countries. This information must be placed on the Media label in such a manner as to only apply to the Sun Software; (vi) You must clearly identify the Software as Sun's product on the Media holder or Media label, and you may not state or imply that Sun is responsible for any third-party software contained on the Media; (vii) You may not include any third party software on the Media which is intended to be a replacement or substitute for the Software; (viii) You shall indemnify Sun for all damages arising from your failure to comply with the requirements of this Agreement. In addition, you shall defend, at your expense, any and all claims brought against Sun by third parties, and shall pay all damages awarded by a court of competent jurisdiction, or such settlement amount negotiated by you, arising out of or in connection with your use, reproduction or distribution of the Software and/or the Publication. Your obligation to provide indemnification under this section shall arise provided that Sun: (a) provides you prompt notice of the claim; (b) gives you sole control of the defense and settlement of the claim; (c) provides you, at your expense, with all available information, assistance and authority to defend; and (d) has not compromised or settled such claim without your prior written consent; and (ix) You shall provide Sun with a written notice for each Publication; such notice shall include the following information: (1) title of Publication, (2) author(s), (3) date of Publication, and (4) ISBN or ISSN numbers. Such notice shall be sent to Sun Microsystems, Inc., 4150 Network Circle, M/S USCA12-110, Santa Clara, California 95054, U.S.A , Attention: Contracts Administration.

F. Source Code. Software may contain source code that, unless expressly licensed for other purposes, is provided solely for reference purposes pursuant to the terms of this Agreement. Source code may not be redistributed unless expressly provided for in this Agreement.

G. Third Party Code. Additional copyright notices and license terms applicable to portions of the Software are set forth in the THIRDPARTYLICENSEREADME.txt file. In addition to any terms and conditions of any third party opensource/freeware license identified in the THIRDPARTYLICENSEREADME.txt file, the disclaimer of warranty and limitation of liability provisions in paragraphs 5 and 6 of the Binary Code License Agreement shall apply to all Software in this distribution.

H. Termination for Infringement. Either party may terminate this Agreement immediately should any Software become, or in either party's opinion be likely to become, the subject of a claim of infringement of any intellectual property right.

I. Installation and Auto-Update. The Software's installation and auto-update processes transmit a limited amount of data to Sun (or its service provider) about those specific processes to help Sun understand and optimize them. Sun does not associate the data with personally identifiable information. You can find more information about the data Sun collects at http://java.com/data/.

For inquiries please contact: Sun Microsystems, Inc., 4150 Network Circle, Santa Clara, California 95054, U.S.A.